世界传世藏书 图文珍藏版

世界百科全书

王艳军◎主编

线装書局

目 录

军事篇

世界百科全书·目录

文化篇

现代篇

布尔什维克的成立

1903 年 7 月,俄国社会民主工党的第二次代表大会在布鲁塞尔召开,大会主席团的主席是普列汉诺夫,列宁为副主席。大会的主要议程就是通过党纲和党章。会议争议的焦点是,在党的纲领上要不要写上无产阶级专政和有关党员资格问题。会议投票表决的结果是:在党纲问题上列宁的意见获得了大多数人的支持,但在党员资格问题上列宁的意见被否决了。

在最后选举党的中央领导机构时,由于部分反对列宁的代表退出大会,而使拥护列宁这一派的代表变成多数。俄国社会民主工党从此形成两派,即多数派和少数派,布尔什维克是俄文多数派的音译,孟什维克为俄文少数派的音译。

1912 年 1 月在第六次全俄代表大会中把孟什维克等少数派清除出党,自此,布尔什维克成了独立的马克思主义政党。党的名称在原名后面加括号标明"布尔什维克"。1918 年改名为俄国共产党,简称俄共(布)。十月革命胜利后,各国共产党都以俄共为榜样。

四月提纲

1917 年 4 月 16 日,列宁经过长期流放以后,回到彼得格勒。第二天,他在布尔什维克的会议上发表了《四月提纲》《四月提纲》指出目前俄国革命的特点是从资产阶级民主革命过渡到无产阶级社会主义革命。政权在第一阶段转到资产阶级手中,在第二阶段应该转到无产阶级和贫苦农民手中。《四月提纲》还提出了"不给临时政府以任何支持""全部政权归苏维埃"的口号。《四月提纲》为布尔什维克党明确规定了从资产阶级民主革命过渡到社会主义革命的路线,指明了革命发展的前途。

1917 年 7 月中旬,参加第一次世界大战的俄国临时政府在前线遭到惨败的消息传到彼得格勒后,使民众群情激愤。7 月 17 日,群众自发地展开了反对临时政府的示威游行,参加游行的人数达 50 余万人,他们要求苏维埃中央执行委员会夺取政权,但遭到了孟什维克和社会革命党人把持的苏维埃的拒绝。军事当局派军队枪杀示威群众,死 56 人,伤 650 人。七月流血事件后,两个政权并存的局面破裂,革命与反革命的搏斗到了最后的时刻。这时,布尔什维克党不得不转入地下,并决定秘密举行武装起义。

罗曼诺夫王朝的覆灭

1917 年 2 月 23 日（公历 3 月 8 日），俄国妇女为纪念三八国际妇女节，几千名彼得格勒纺织厂的女工关掉了机器，上街举行示威游行。2 月 24 日，罢工和示威游行迅速在全城蔓延，到 25 日，彼得格勒的所有工厂全部停产，所有的商店关门，街上到处是游行队伍。一些示威者捣毁警察局，解除了警察的武装。骚乱演变为革命。

当骚乱开始之时，聚集俄国各种政治势力的杜马（即议会）正在彼得格勒塔夫里达宫开会，一些议员严厉批评沙皇专制，要求立即成立对杜马负责的内阁政府，声称只有这样才能使首都恢复秩序。尼古拉二世闻讯后大怒，26 日他电令解散杜马。与此同时，下令彼得格勒的卫戍部队以武力平息骚乱。军队开始向人群开枪，许多示威者伤亡。这立即激怒了游行示威的人们，他们响应布尔什维克的号召，开始武装起义。一些士兵也开始站在起义者一边。二月革命进入了高潮。起义者打开监狱，释放政治犯，解除反动军警武装，占领政府机关，逮捕沙皇的大臣和将军。2 月 27 日晚，彼得格勒工人苏维埃成立，在塔夫里达宫召开第一次代表大会。

杜马不愿看到由苏维埃掌握政权，3 月 1 日晚，它与彼得格勒苏维埃的代表进行谈判，同意接受苏维埃提出的大多数条件，苏维埃也同意由杜马组织临时政府。当天夜里，杜马任命了由贵族李沃夫亲王为首的第一届临时政府。

沙皇匆忙从莫吉廖夫赶回首都。列车行驶了一半路程时沙皇获悉前面的铁路与车站已被起义者控制，不得不决定改道去北方前线司令部所在地普斯科夫。当天深夜，沙皇的专列驶入普斯科夫车站，沙皇走出车厢时发现并没有仪仗队前来欢迎，前去迎接的鲁茨基将军表情冷淡，甚至在他的眼睛中可以看出一丝敌意。在双方的会谈中，鲁茨基告诉沙皇，后方的军队已开始哗变，军队已无法控制，只有进行政治改革，才能稳定局势。

3 月 2 日上午，杜马的两位代表来到普斯科夫，正式要求尼古拉二世将皇位让与年幼的皇储阿历克赛，并由尼古拉二世的弟弟米哈依尔摄政。沙皇接受了杜马的建议，但决定将皇位直接让与米哈依尔，而不是年幼的儿子。

当天夜里 11 时 40 分，尼古拉二世用颤抖的手在退位诏书上签上自己的名字。第二天傍晚，仅仅出任一天沙皇的米哈依尔同样在退位诏书上签字。至此，建立于1613 年的罗曼诺夫王朝灭亡了。

俄国十月革命

俄国二月革命以后，出现了两个政权并存的局面，一个是由窃取了革命果实的孟什维克和社会革命党人建立的资产阶级临时政府，它掌握着各级权力机构；另一个是工人士兵代表的苏维埃,它拥有实权,但它只是辅助性政权。由于资产阶级临时政府依然推行沙皇的政策,拒绝满足人民的和平与土地的要求,因此,布尔什维克还必须领导人民继续为退出帝国主义战争,为没收地主的土地,为把全部政权交给苏维埃而斗争。

1917 年 4 月 16 日,列宁回到彼得格勒,并在党的会议上做了被称为《四月提纲》的报告,它指明了俄国革命的方向。7 月,在临时政府的指令下,30 多万俄军贸然向同盟国发动进攻,结果遭到惨败,10 天内俄军损失 6 万余人。消息传到彼得格勒以后,群情激愤,50 万群众走上街头,举行和平示威,要求全部权力归苏维埃,游行遭到临时政府的血腥镇压,史称"七月革命"。临时政府掌握了全部权力,开始大肆逮捕布尔什维克和革命群众,布尔什维克的活动转入地下。8 月,布尔什维克党召开代表大会,确定了武装起义的方针,并粉碎了俄军最高总司令科尔尼洛夫的武装叛乱。

1917 年秋天,俄国爆发了全国性危机,促进了革命运动的蓬勃发展。10 月 20 日,列宁从芬兰秘密回到彼得格勒,亲自领导和组织武装起义。10 月 25 日,根据党中央的决定,成立了革命军事委员会。11 月 7 日上午,革命军事委员会散发了列宁起草的《告俄国公民书》,宣告临时政府已经被推翻,政权已转到彼得格勒苏维埃。晚上 9 点,随着停泊在涅瓦河上的"阿芙乐尔"号巡洋舰上的一声炮响,工人赤卫队和革命士兵立即向冬宫发起总攻。刹那间,起义部队潮水般冲进冬宫,与盘踞在宫里的敌人展开激战。直至深夜,终于全部占领了冬宫。彼得格勒的武装起义胜利了!

在彼得格勒起义的影响下,从 1917 年 11 月到 1918 年 3 月,社会主义革命在俄国各地先后取得胜利,全国各地相继建立了苏维埃政权,苏维埃俄国的首都也从彼得格勒迁到了莫斯科。十月革命的胜利为历史翻开了新的一页。它为当时处于同样遭遇的各国无产阶级树立了榜样。

无产阶级政权的巩固

十月革命胜利后,废除了临时政府时代从中央到地方的各级官僚,建立了各级人民政权机关——工兵农代表苏维埃和人民委员会。

1917 年 12 月 4 日,人民委员会颁布了关于法院的第一号法令,废除旧的司法制度、旧法院和旧警察,建立新型的苏维埃司法机关和工人民警。

军队是国家机器的主要组成部分。苏维埃政权建立后,一方面立即着手在旧军队中实行民主化措施,另一方面则新建一支正规的工农红军。

苏维埃政权还颁布了一系列法令,彻底铲除封建残余,废除等级制度,实行国家与教会分离,学校与教会分离,宣布男女平等,国内各民族一律平等,废除民族压迫和宗教特权。

1918 年 7 月,第五次全俄苏维埃代表大会上又通过了《俄罗斯苏维埃联邦社会主义共和国宪法》。列宁起草的《被剥削劳动人民权利宣言》是宪法的第一章,起着宪法总纲的作用。宪法明确规定了苏维埃政权的无产阶级性质,把苏维埃政权成立以来社会主义革命和建设的成果用根本大法的形式固定下来。

苏维埃国内战争

1918 年初,英、法、美、日等协约国军队入侵苏俄,占领了大面积的土地。苏俄内部的反动势力在帝国主义的支持下纷纷叛乱,苏维埃共和国四面受敌,全国大部分领土为反革命所控制。苏维埃政权实行战时共产主义政策,创立红军,提出了"一切为了前线,一切为了共和国"的口号,并同敌人展开了顽强的斗争。到 1918 年底,红军在东面把敌人打回了乌拉尔地区,在南面赢得了察里津保卫战的胜利。到 1920 年底,反苏武装的基本力量已被歼灭。苏维埃国内战争的胜利,保卫了十月革命的成果,巩固了世界上第一个无产阶级政权的统治。

布列斯特和约

1917 年,俄国十月革命成功后,苏维埃代表大会通过了列宁提出的《和平法令》,宣布退出帝国主义战争,并向参加第一次世界大战的各国建议,立即实现不割地、不赔款的和平。英、法等协约国拒绝了这个和平建议,德国却宣布同意和谈。

两国在俄国边境的布列斯特举行谈判。2 月 9 日,在经过两个多月的讨价还价后,德国向苏俄发出最后通牒。让苏俄割让 15 万平方公里的国土,外加 30 亿卢布的赔款。当时,代表苏俄与德国谈判的是外交人民委员托洛茨基。托洛茨基向列宁致电询问对策,列宁立即复电坚持接受德国的条件,立即签约。但是托洛茨基没有接受列宁的建议,而是发表了拒绝签约的声明,率团离开布列斯特。

面对苏维埃政权的强硬态度,德国政府立即宣布:8 天后恢复军事行动。在这 8 天中,苏俄党中央连续开会讨论是否恢复对德和谈的问题,但以反对而结束。8 天后,德军向俄军发动了全线进攻,俄军溃退。苏俄党中央委员会召开紧急会议,通过了列宁的提案:电告德国政府,苏俄同意按他们的条件签订和约。5 天后,德国政府回电,提出了更苛刻的条件,不仅要求扩大割让国土的面积,而且把赔款数增加到 60 亿卢布,并限令苏俄在 48 小时内答复。

在布尔什维克党中央内部展开了激烈争论后,大家通过了列宁的提案。1918 年 3 月 14 日,苏维埃代表大会批准了对德和约,这就是《布列斯特和约》。《布列斯特和约》使新生的苏维埃政权赢得了喘息的机会,得以为夺取国内战争的胜利和粉碎帝国主义的武装干涉做了准备。1918 年 11 月 11 日,德国作为战败国正式宣布投降,第一次世界大战结束。13 日,苏维埃政府宣布废除《布列斯特和约》。

共产国际的建立

十月革命胜利后，俄国共产党积极筹备建立第三国际。1918年1月24日，俄共在彼得格勒举行了一些左派政党和国际主义者代表会议，建立国际局，负责筹备召开国际共产主义代表会议。会议还确定了出席代表会议的各党各组织的条件。到1918年底，成立共产国际的主张得到了许多左派政党组织的支持。1919年1月，许多国家的共产党和左派政党的代表在莫斯科聚会，一致同意列宁提出的在近期召开国际共产党人和左派社会民主党人代表大会的建议。1月24日，《真理报》发表了由俄、波、匈、奥、拉脱维亚、芬兰、巴尔干革命社会民主主义联盟和美国社会主义工人党代表联合签署的邀请书，建立共产国际的准备工作已大体就绪了。

1919年3月2日，在莫斯科克里姆林宫里，来自30个国家35个组织的82名代表正式举行共产国际第一次代表大会。列宁在会上做了关于资产阶级民主和无产阶级专政的报告。3月5日，大会通过了由列宁起草的《共产国际宣言》和《共产国际行动纲领》，号召各国无产阶级为夺取政权、实现无产阶级专政而斗争。3月6日，大会选举了共产国际的领导机构——共产国际执行委员会和执行局。执委会又选出列宁、季诺维也夫、托洛茨基、拉科夫斯基和普拉廷5人组成执行局。

1919年3月6日，共产国际成立大会，即第一次大会胜利闭幕。列宁在总结三个国际的历史任务时指出："第一国际奠定了国际无产阶级争取社会主义斗争的基础；第二国际是给工人运动在许多国家的广大发展准备基础的时代；第三国际继承了第二国际的工作成果，消除了它的机会主义、社会沙文主义、资产阶级和小资产阶级的脏东西，并已开始实现无产阶级专政。"

共产国际成立以后，世界革命运动更加蓬勃地发展起来。苏俄取得了反对外国武装干涉和国内反革命叛乱的重大胜利。匈牙利和德国巴伐利亚地区一度建立了苏维埃共和国。欧美各国爆发空前规模的群众运动。中国、印度等亚洲国家兴起波澜壮阔的民族解放斗争。在革命高潮中，荷兰、丹麦、保加利亚、墨西哥、美国于1919年建立了共产党。希腊、西班牙、印尼、英国于1920年春夏也成立了共产党。在共产国际的领导下，世界范围内的无产阶级革命运动轰轰烈烈地开展起来，取得了巨大的胜利。

社会主义国家之父——列宁

弗拉基米尔·伊里奇·列宁是全世界无产阶级的革命导师和领袖，俄国布尔什维克党的创建者，苏维埃社会主义国家的缔造者，被誉为"社会主义国家之父"。

列宁原名弗拉基米尔·伊里奇·乌里扬诺夫，参加革命后化名列宁。1887年，列宁随全家迁到喀山，同年进入喀山大学法律系学习。这年他的哥哥亚历山大因参与民意党人谋刺沙皇亚历山大三世案被处死刑,让列宁懂得革命必须探索一条新的途径。

在喀山大学,列宁结识了一批有革命思想的同学。由于他观点激进而被当局逮捕、流放。1888年,列宁从流放地回到喀山,但当局不准他再回到大学。这一年他参加了马克思主义小组,初步接触马克思主义。1889年,列宁随全家移居到萨马拉,他在那里埋头读了四年半的书,学了几门外语,并组织了当地第一个马克思主义小组。

1895年秋,列宁在圣彼得堡创建了"工人阶级解放斗争协会",但不久就被查封,列宁被流放西伯利亚东部。在这段时间,他完成了一部重要的著作《俄国资本主义的发展》。1898年3月,俄国社会民主工党成立,列宁参加了该党,成为布尔什维克的领军人物,并同以马尔托夫为首的孟什维克展开了不调和斗争。

1905年,俄国资产阶级民主革命爆发后,布尔什维克党在列宁的领导下制定了马克思主义的路线。1912年,俄国社会民主工党第六次代表会议在布拉格召开。在列宁的领导下,会议把孟什维克派清除出党,使布尔什维克正式成为一个独立的政党。1917年,俄国爆发二月革命,沙皇政府被推翻。列宁提出了《四月提纲》,号召把革命从资产阶级民主革命推向社会主义革命阶段。1917年11月7日(俄历10月25日),在列宁的亲自领导下,爆发了伟大的十月革命,掀开了人类历史的新篇章。

十月革命后,列宁领导俄国人民战胜了一个又一个困难,并粉碎了国内多起大规模的反革命叛乱和十四个帝国主义国家的联合武装干涉。1919年,列宁创立了第三国际,亲自组织并指导了第三国际的前几次代表大会。1921年初,列宁提出并实施了新经济政策。1924年1月21日,列宁因脑溢血去世,终年54岁。

新经济政策

1921年3月,俄共(布)第十次代表大会未做任何修改通过了列宁起草的决议,即新经济政策。新经济政策的内容是在无产阶级专政的国家掌握国民经济命脉的前提下,利用商品、货币、价值规律等"资本主义经济范畴"和市场机制,建立正常的城乡之间的经济联系。在农业方面俄共(布)在引导农民走社会主义集体化上实现了由"共耕制"到"合作制"的战略转变。实行粮食税极大地调动了农民的生产积极性。在工业方面,在坚持发展社会主义大生产和国家掌握经济命脉的前提下,将部分国有企业以租赁制和租让制的形式转变为国家资本主义企业。在商业方面废除了国家配给制和国家贸易垄断制,并废除了平均主义的实物分配,实行以技术程度和生产效率为标准的劳动报酬级差制。在管理权上实行由高度集中开始向多层次分级管理过渡的新体制。实行新经济政策后,工农联盟得到加强,苏维埃政权更加巩固。新经济政策是列宁领导的布尔什维克党对社会主义建设模式的一种成功的探索。

苏联的成立

1917 年 11 月 15 日,苏维埃政府公布了《俄国各族人民权利宣言》,宣布承认民族自决权,并主张各民族在平等、自主的基础上建立真诚的、巩固的联盟。1922年,在各个方面均已经成熟的条件下,各苏维埃共和国的共产党都提出了关于国家的联合问题。12 月 30 日,苏维埃社会主义共和国联盟第一次代表大会通过了苏联成立宣言和成立条约。宣布根据自愿和平等的原则成立统一的联盟国家。苏共二大宪法规定,联盟有统一的国家政权、军队、法律和国民经济体系,有统一的国籍;各加盟共和国又有自己的国家政权机关、宪法,有自由退出联盟的权利。到 1956年,苏联共有 15 个加盟共和国。

苏联社会主义工业化

1925 年 12 月 18 日至 31 日,联共召开了第十四次代表大会,提出了实现国家工业化的任务、方针和政策,制定了工业化发展的总路线。从 1926 年起,苏联人民开始为实现社会主义工业化而奋斗。其指导思想是:优先发展重工业,实行统一计划,集中管理,实行高积累、高速度,迅速消灭非社会主义经济成分。此次大会标志着有计划、大规模实现苏联工业化时期的正式开始。到 1937 年,国内所需的机床基本自给,拖拉机开始出口。苏联基本上完成了国民经济的技术改造,确立了苏联社会主义经济制度。

1936 年苏联宪法

社会主义工业化和农业集体化的实现,使苏联的经济和政治发生了很大的变化。1936 年 12 月 5 日苏联苏维埃第八次非常代表大会通过《苏维埃社会主义共和国联盟宪法(根本法)》。宪法共 13 章 146 条。在这次会上,斯大林宣布苏联已建立了社会主义制度,人剥削人的现象已经消灭。以此为出发点,宪法规定苏联为工农社会主义国家,全部权力属于城乡劳动者,由各级劳动者代表苏维埃行使;确定社会主义公有制为苏联的经济基础;扩大公民的基本权利,规定公民享有劳动、休息和物质保障等权利,实行普遍、平等、直接和秘密投票的选举制度;规定苏联是联邦制国家,苏联的最高权力机关是由联盟院和民族院两院组成的最高苏维埃及其主席团,主席团既是最高苏维埃的常设机关,也是集体元首。宪法还规定了有关社会制度和国家制度的其他内容。

肃反运动

1934 年 12 月 1 日,联共著名领导人基洛夫在斯莫尔尼宫被枪杀。前反对派领导人季诺维也夫、加米涅夫等 16 人被控策划恐怖行动而遭逮捕,并于 1936 年 8 月被处决。同时在全党开始展开大清洗运动,并在全国掀起了一场"揭发和铲除人民敌人"的运动。国家内务部对成年男子和知识分子进行审查,清洗、镇压的规模迅速扩大。不少党和国家的重要领导人,党中央政治局成员、军长、市长和一些有名的科学家、文化艺术家以及难以计数的群众,遭到逮捕与枪决。1936 年到 1939 年间遭到逮捕和判刑的政治犯将近 500 万人。肃反运动给苏联的经济建设、国防建设和政治生活带来了严重的消极影响,民主和法制遭到了严重的破坏,国际共产主义运动因此也受到了影响。1939 年初,肃反运动结束,斯大林公开承认在肃反时犯了严重的错误。

斯大林经济体制

斯大林经济体制是 20 世纪 30 年代在苏联形成的高度集中的计划经济管理体制。它的主要特征是:高度集中的部门管理;国家通过下达繁多的指令性计划指标来控制和管理企业;管理经济重行政手段,轻经济杠杆;在财政上实行统收统支,企业所需生产基金由国家拨给,所得利润基本上悉数上缴,亏损由国家补偿;在产品分配上实行统一调拨制,企业所需物资由国家统一拨给,所生产的产品由国家统一分配。这种体制之所以在 20 世纪 30 年代形成有其客观历史条件,起过积极作用。当时苏联处在帝国主义国家包围之中,面临战争威胁,有必要通过行政手段高度集中地利用有限资源来加速发展急需的工业。但是,它把计划经济同商品经济对立起来,把计划调节同市场调节对立起来,使企业没有必要的经营自主权,因而不利于生产力的发展。这种高度集中的经济体制和高度集权的政治体制结合,构成斯大林体制的主要特征。它使苏联的社会主义民主和法制建设受到阻碍,使千百万人的主动性、积极性和创造性得不到充分的发挥,并使个人崇拜越来越盛行,使社会主义建设中的重大失误难以及时纠正。1953 年斯大林逝世后,苏联开始体制改革。

短命的匈牙利苏维埃共和国

1919 年 3 月 21 日匈牙利苏维埃共和国建立,到同年 8 月 1 日政权被颠覆,匈牙利苏维埃共和国仅存在了 4 个多月,可以说是短命的共和国了,但它在国际共产主义运动史上却是一个具有历史意义的重大事件。

这次斗争充分表现了匈牙利人民的革命精神,对当时各国人民的共产主义斗争是一个巨大鼓舞;匈牙利革命牵制了帝国主义的力量,有力地支援了苏维埃俄国;匈牙利革命也为国际共产主义运动提供了宝贵的经验教训。

首先,无产阶级革命政党在任何时候、任何情况下都必须保持党的独立性和纯洁性,同机会主义划清界限。

其次,必须建立巩固的工农联盟,这是无产阶级专政的基础。匈牙利苏维埃政府忽视了农民问题的重要性,没有将没收地主的土地分配给贫苦农民,而是跳过民主革命阶段,采取了过"左"政策,直接组织社会主义性质的国营农场和生产合作社。广大农民由于没有获得土地,对苏维埃政权感到失望,这对工农联盟的巩固产生了消极影响。

再次,彻底打碎旧的国家机器,坚决镇压一切敌对分子的破坏活动,是巩固无产阶级专政的必要条件。

第三次英阿战争

1919年5月6日,英国殖民军向阿富汗宣战。阿富汗国王阿曼努拉向英国宣战,第三次英阿战争开始。战争开始后,英军主要攻击目标是喀布尔,在开伯尔山口一线配置了优势兵力。阿富汗军队和部族人民在开伯尔战线发动了进攻,给英军造成很大伤亡。阿曼努拉及其外交大臣塔齐尔及时提出了停战建议。印度革命运动的热潮和伊斯兰教徒的声援,也为阿富汗人民的反侵略战争造成有利的形势。英国当局迫于这种形势,同意了阿富汗的建议。

1919年6月3日,双方达成停战协定。同意维持以前的阿、印边界线。英方被迫在条约附录中承认阿富汗是"内政、外交自由的主权国家"。但英国迟迟不愿公开正式地承认阿富汗的完全独立。经过多次外交斗争,英国政府被迫于1921年11月22日同阿富汗缔结最后和约,承认阿富汗完全独立,放弃控制阿富汗外交的特权。阿富汗政府为了庆祝胜利,特意建立了一座独立纪念碑,碑座上用铁链拴着一头狮子,象征着被战败了的英国侵略者永远被锁在独立的阿富汗柱石之下。

日本"米骚动"

一战后,日本粮食短缺,米价上涨。1918年3月,富山县渔民妇女要求当局降低米价遭到拒绝。她们便捣毁奸商米店,并和前来镇压的警察发生冲突。这个运动迅速波及到全国各地。各地饥饿的劳动群众都起来袭击米店,分配粮食,并捣毁投机商店和警察署。与此同时,工人们举行了大规模的罢工支持"米骚动"。参加"米骚动"的群众达到1000万人以上,席卷了全国2/3的地区,延续了3个月之久。政府出动军队进行血腥镇压,有2645人被判处徒刑。在"米骚动"的打击下,以官僚、军阀为主的寺内正毅内阁垮台。接替它的是日本历史上第一个政党内阁,代表垄断资产阶级和地主阶级利益的政友会总裁原敬担任内阁首相。

朝鲜"三一"人民起义

由于受俄国十月革命的影响,朝鲜人民发动了一次反对日本殖民统治、争取民族独立的起义。1919 年 3 月 1 日,汉城学生和群众 2 万余人在塔洞公园举行集会,会上宣读了《独立宣言》,会后举行了有 30 多万人参加的游行示威,并高呼"朝鲜独立万岁!"全国各地纷纷响应,相继举行罢工、罢市、罢课和游行示威,许多地区迅即转为武装起义。4 月运动达到高潮,全国 218 个府、郡中有 203 个发生了示威与武装暴动,参加的群众达 200 万人以上。但由于资产阶级民族主义者的妥协和日本帝国主义的残酷镇压,朝鲜人民的反抗斗争被压制下去,起义最终失败。虽然这次斗争因领导不力,敌我力量悬殊而归于流产,但它唤醒和锻炼了朝鲜人民,从此朝鲜进入了无产阶级领导的民族解放运动的新时期。

祖国光复会

祖国光复会是朝鲜抗日武装斗争时期建立的抗日民族统一战线组织。1936 年 5 月 5 日金日成为团结中国东北地区朝侨和国内各阶层人民参加抗日救国斗争,在中国东北建立祖国光复会,金日成任会长。祖国光复会是朝鲜第一个由共产主义者领导的抗日民族统一战线组织,它对促进朝鲜民族解放事业具有重大贡献。祖国光复会在中国东北和朝鲜国内的咸镜南北道、平安南北道、江原道、京畿道、庆尚南道等城乡建立各种形式的基层组织。成员绝大多数是工农群众、青年学生、知识分子等其他各阶层人民。

祖国光复会制定了朝鲜人民的反帝反封的十大纲领,其中包括:实现广泛的统一战线,推翻日本帝国主义的殖民统治,建立真正的人民政府;实现朝、中民族的亲密联合,推翻伪满洲国;建立革命军队;没收日本帝国主义和卖国亲日分子占有的一切土地、企业、财产;发展民族工、农、商业;实行言论、出版、集会、结社自由;实行男女平等;废除奴化教育,实行使用本民族语言和文字的免费义务教育;实行 8 小时工作制,改善劳动条件;同平等对待朝鲜民族的国家实行亲密联合等。

祖国光复会创办了《三·一月刊》《火田民》等机关刊物,并开展宣传工作。祖国光复会为组织动员广大群众,推动抗日武装斗争起了巨大的作用,为在朝鲜建立马列主义政党,打下了坚实的基础。

印度"非暴力不合作运动"

在第一次世界大战和十月革命的影响下,印度掀起民族解放运动高潮。为了巩固殖民统治，英国一方面准备宪政改革，安抚和拉拢印度上层阶级，另一方面颁布罗拉特法，加强镇压。1919 年 4 月 13 日，发生阿姆利则惨案，反英斗争迅速高涨。1920 年 9 月，甘地提出非暴力不合作斗争纲领。甘地宣称，斗争的目的是达到自治，"如有可能就实行帝国内部的自治，如有必要就实行脱离帝国的自治"。在甘地号召下，人民举行罢工、罢课、罢市、集会游行，汇成一股反英洪流。1922 年 2月 5 日，联合省（今北方邦）戈勒克布尔县乔里乔拉村农民 2000 人将 22 名警察连同警察局一起，付之一炬。运动超出非暴力斗争范围，甘地闻后急忙制止。2 月 12日，国大党通过巴多利决议，谴责群众"越轨"行为，决定无限期地停止非暴力不合作运动。3 月 10 日，甘地入狱，运动遭到残酷镇压。

圣雄甘地

甘地是印度国民大会的领袖，民族解放运动最著名的领导人，非暴力不合作运动的倡导者，有"圣雄"的称号。甘地一生为印度摆脱英国的殖民统治而积极奔走，他徒步走遍全国，到处发表反对殖民统治的讲话。1920 年倡导和开展非暴力不合作运动，1924 年当选为国大党主席。他提倡开展文明不服从运动，强调非暴力原则，并领导"食盐进军"。1942 年发动"退出印度"运动，要求立即独立。战后接受蒙巴顿方案。1947 年 8 月印度宣告独立，但印度教与伊斯兰教之间的对立让社会很不稳定，于是甘地试图以绝食来平息两教的仇视。甘地的做法引起印度教的

圣雄甘地

不满，印度教的狂热分子于 1948 年 1 月 30 日将甘地刺杀，甘地终年 79 岁。

哈里发运动

第一次世界大战刚刚结束，英国背弃诺言，伙同其他帝国主义准备瓜分土耳其，引起印度穆斯林的反抗。1918 年，印度成立以塞特·考塔尼为主席、穆罕默德·阿里兄弟为首席发言人的基拉法特委员会。印度穆斯林掀起反对瓜分土耳其、保卫哈里发的浪潮。

1919 年，甘地当选为全印基拉法特委员会主席。次年，甘地与基拉法特运动领导人共同发起非暴力不合作运动。国大党也支持这一运动，决定将基拉法特运动的要求作为不合作运动的一部分。1921 年 8 月，1 万名莫普拉人在马拉尔海岸建立哈里发王国，但很快失败，3000 人被打死。同年 12 月，英国殖民当局逮捕在加

尔各答的基拉法特运动和国大党领袖。随着不合作运动的低落,哈里发运动也渐趋衰落。1924年,土耳其废除哈里发制,印度哈里发运动自行停止。

"撤离印度"运动

1942年3月克利普斯计划破产,国大党准备采取反英行动。同年4月甘地发表文章,对英国提出挑战:"英国撤出印度,把印度留给上帝。"7月,在国大党工作会议上,工作委员会接受甘地的决定。8月7日国大党全印委员会通过"撤离印度"的决议,并向英国殖民当局发出最后通牒,如果英国拒绝成立国民责任政府,国大党就立即发动大规模的群众非暴力斗争。但决议通过后的第三天,殖民当局对国大党进行全面反击,国大党领袖几乎全部被捕。殖民者的镇压激起了印度人民的反抗,暴力斗争席卷全国。到9月中旬,据不完全统计,共有250个火车站被破坏,通信联络中断,一些英军补给线被切断,550个邮局被捣毁,150个警察所被袭击,许多政府官员和警察在冲突中丧生。至11月底,印度群众有1028人被杀,3215人受伤,约6万人被捕。斗争虽然失败,但人民自发的暴力行动沉重打击了英国殖民者。

土耳其革命

第一次世界大战结束后,战败国土耳其遭到英、法、意和希腊等国的瓜分。1918年10月,被迫同英、法、意等协约国签订了内容极其苛刻的《摩德洛司停战协定》。为了民族的独立,土耳其人民终于爆发了大规模的民族解放斗争。其中最著名的就是由穆斯塔法·凯末尔领导的"护权协会"。

1920年1月,土耳其议会通过了反映资产阶级要求民族独立。反对帝国主义瓜分土耳其的《国民公约》。公约明确指出,当前维护民族独立和主权的斗争是土耳其取得"生存和基本存在的条件"。《国民公约》成为土耳其挽救民族危亡的独立宣言。3月,以英国为首的协约国军队占领伊斯坦布尔,并唆使土耳其苏丹政府解散议会,议会中的凯末尔派于4月毅然同苏丹政府决裂,并在安卡拉召开大国民议会,成立了临时政府,而且开始着手组织属于议会完全领导的正规军。在凯末尔的英明领导下,土耳其军队战败了来犯的希腊主力部队。

1922年10月,协约国同土耳其签署了停战文件。同年11月,土耳其国民政府派代表出席了在瑞士洛桑举行的重新调整土耳其关系的国际会议。最终确定了土耳其的主权。随后,协约国军队被迫撤离了伊斯坦布尔。土耳其民族解放斗争获得了巨大胜利。

1923年10月在安卡拉举行的国民大会上,宣布成立土耳其共和国,首都定在安卡拉。凯末尔当选为第一任总统,并被尊称为"土耳其之父"。

阿富汗的独立

20 世纪初期,阿富汗是一个处在英国半殖民统治下的封建国家。俄国十月革命和土耳其、印度等民族解放运动的高涨,对阿富汗人民产生了强烈的影响。人民越来越不满于现状,争取民族独立的革命情绪日益增长。"青年阿富汗"党人积极开展争取民族独立的活动。亲英的哈比布拉政府日益不得人心。1919 年 2 月 20日,哈比布拉被刺死,他的第三个儿子"青年阿富汗"党人阿马努拉于 2 月 28 日正式宣布即位。

阿马努拉政权把争取阿富汗的完全独立放在首位。他在以自己的名义写给英印总督的信中指出:英国政府必须承认阿富汗的"主权完整、行动自由和完全独立"。英国政府不仅不答应这一正当要求,反而在阿富汗边境集结大量军队,准备发动侵略战争。

1919 年 5 月 3 日,英国侵略军向开伯尔山口的阿富汗边防军发动进攻,随后出动 4 万英印军队发动侵阿战争。阿马努拉政府决定抵抗侵略,宣布进行圣战,呼吁阿富汗人民和印度穆斯林奋起反抗英国的侵略。战争开始后,居住在边区的阿富汗部族人民在阿富汗军司令部的号召下,发动了在开伯尔战线的联合进攻,阻止了英军,使之无法深入内地。在东南战线上,阿富汗部族义勇军同阿富汗正规军密切配合,协同作战,占领和包围了英军的许多军事要塞。

与此同时,印度掀起抗英怒潮,英国在土耳其、伊朗、阿拉伯诸国都遇到了重重困难,英国无力在阿富汗进行长期战争。阿富汗人民进行的是争取独立、保卫祖国的正义战争,因而得到许多国家的支持。苏俄政府承认阿富汗的独立,并给予阿富汗以外交和道义上的积极支持。但是,在战争中,阿富汗军事和经济上的落后等弱点也暴露出来。在这种情况下,英阿双方于 1919 年 6 月 3 日达成停战协议。1921年,英阿正式签订和约,英国正式承认阿富汗的完全独立,并同阿富汗建立了正常的外交关系。阿富汗成为十月革命后第一个赢得民族独立的国家。

埃及的独立运动

1918 年 11 月,埃及民族资产阶级的代表柴鲁尔等要求英国殖民当局撤回保护权,让埃及完全独立自主,但遭到了英国当局的拒绝。柴鲁尔等人想要组织代表团去英国谈判,又遭到了当局的拒绝。1919 年 3 月 8 日,殖民当局逮捕了柴鲁尔等四人并将其流放,这一举动引起了埃及人民反英的浪潮。3 月 9 日,开罗高校学生开始罢课,随后发展到全国工人罢工、商人罢市、群众上街示威游行,最后爆发了武装起义。面对压力,英国殖民当局一面被迫释放了柴鲁尔等人,一面派重兵镇压起义。4 月中旬起义失败。1921 年 12 月,英国殖民当局又逮捕了柴鲁尔,它进一步激起了人民反英的斗争。1922 年 2 月 28 日,英国政府被迫发表声明,宣布放弃对埃及的保护,承认埃及独立。

埃塞俄比亚的民族斗争

19 世纪 70 年代后,埃塞俄比亚的地位日益重要,特别是苏伊士运河建成,埃塞俄比亚和索马里成了西方列强争夺的目标。

意大利在非洲取得厄立特里亚和索马里一部分后,企图吞并埃塞俄比亚。英国支持意大利向埃塞俄比亚进攻,但遭到埃塞俄比亚的痛击后败退。意大利军失败后,支持绍阿公国的麦纳利克夺取皇位,来实现其侵略目的。由于约翰四世听从英国的怂恿,进攻苏丹,1889 年战败身死,孟尼利克继承皇位。

1894 年,意大利决定再次入侵埃塞俄比亚,向埃塞俄比亚发出最后通牒,出兵占领北部的阿迪、乌格尔和阿迪格拉等地。孟尼利克决定抗击意大利的侵略,这时孟尼利克已拥有一支 10000 人和 40 余门大炮的军队。

1895 年 12 月,埃塞俄比亚人民在安巴—阿拉吉战役中打败了意大利的两支军队,接着又攻下了意大利侵略者的马卡尔要塞。1896 年 3 月 1 日,意大利在阿杜亚遭到决定性的失败,英勇的埃塞俄比亚人民彻底粉碎了意大利的侵略。意军 17000 人死伤多半,被俘 4000 人,损失全部大炮和辎重。11 月双方签订和约,规定意大利无条件承认埃塞俄比亚独立,放弃其侵占土地,赔款 1000 万里拉。

埃塞俄比亚是非洲被瓜分时期唯一以胜利的民族战争打败外国侵略者,保卫住民族独立的国家,它为非洲人民树立了英勇斗争的光辉榜样。

巴西瓦加斯改革运动

1929 年爆发的世界性的经济危机使巴西经济受到了沉重的打击,社会矛盾也随之而激化。1930 年 10 月,代表地主资产阶级利益的瓦加斯通过发动军事政变,当上了总统。在瓦加斯执政期间,巴西实行了一系列的发展民族经济的政策,主要内容有:保护关税,扶持民族工业,限制外国资本;国家大力兴办主导工业和基础工业。由于这些措施的实施,到第二次世界大战结束时,巴西已经建立起能够基本满足本国需要的轻工业,有了一定规模的基础设施,并开始兴建金属、化学等新工业。

墨西哥资产阶级革命

墨西哥获得独立后,长期处于军阀混战状态中。1846～1848 年,美国通过侵略墨西哥的战争,抢走墨西哥一半的领土。严重的内忧外患,使墨西哥人民处于水深火热之中。

19 世纪末到 20 世纪初,墨西哥的资本主义工商业有了很大的发展。在军人独裁者波菲里奥·迪亚斯长达 34 年的统治下,外国资本大量侵入墨西哥。1912 年,美国控制了墨西哥矿产的 78%,钢铁业的 72%,石油开采的 58%,全国 1/4 的土地被赠送给外国及本国的公司和大地主。1910 年,全国 85% 的土地集中在 1% 的土地所有者手中。农民苦不堪言,大批印第安人沦为债务奴隶。土地问题空前尖锐,激起了印第安农民的暴动。

随着资本主义的发展,无产阶级队伍也逐渐壮大起来,并于 1906 年成立"自由工人大同盟",出版《社会革命报》号召工人为保卫自己利益,为推翻迪亚斯政权而斗争。但是由于墨西哥无产阶级的不成熟以及外国移民工人中无政府工团主义思潮的影响,使墨西哥无产阶级没有力量成为革命的领导者。

弗兰西斯科·马德罗与弗兰西斯科·比利亚率领的墨美边境齐华城地区的农民起义军联合推翻了迪亚斯政权。1911 年 11 月,马德罗就任墨西哥总统。但他没有解决农民土地问题,这使农民们大失所望,革命烽烟再起。

1913 年 2 月,前迪亚斯政府的反动军人维托利阿诺·韦尔塔在美帝国主义支持下发动政变,逮捕了马德罗,夺取政权,自任总统。面对韦尔塔的政变,革命斗争越发高涨,工人、农民和资产阶级都参加了反韦尔塔的斗争,韦尔塔政权摇摇欲坠。1914 年 4 月,美国总统威尔逊派遣军舰进行武装干涉,激起墨西哥人民在全国各城市都举行大规模示威游行。1915 年,比利亚和查巴塔领导的农民革命军占领了首都,夺取了政权,韦尔塔被迫逃亡国外。

1916 年 12 月,以卡兰沙为首的新政府召开制宪会议,通过了民主派弗兰西斯科·姆希卡起草的宪法。1917 年宪法是墨西哥人民反对国内外反动派长期斗争的结果,它是当时一部比较民主的宪法,体现了反封建主义和帝国主义的思想。

智利人民阵线的成立

1929 年,世界爆发了严重的经济危机,这次危机使智利政局动荡不安。20 世纪 30 年代后,智利当局加强了与西方法西斯的联系。面对法西斯的威胁,智利共产党、社会党、激进党和劳工联盟等组成人民阵线,并推举激进党人塞尔达为人民阵线的候选人。1938 年塞尔达当选为智利总统,同时宣布智利为西半球第一个人民阵线政府。人民阵线政府成立后,宣布要改善劳动者的生活状况,大力发展民族工业,以及对农业进行援助等。人民群众的政治地位得到了大幅度的改善。1941年,塞尔达辞职后,人民阵线开始解散。

宫廷谜案

古埃及金字塔仅仅是法老的葬身之地吗

金字塔是人类文明史中的一项伟大奇迹,更是永恒的谜团,数千年以来,它矗立在古老的尼罗河畔,迎曙光,浴暮霭,闪着神奇的智慧之光。然而,关于金字塔的起源问题,经过历代学者的激烈的论争,至今仍众说纷纭。

在中世纪,很多作家都认为,在埃及粮食充裕时期,金字塔是用来储藏粮食的大仓库。近几年来,金字塔被人描述为与日晷仪和日历、天文观测台、测量工具甚至与神秘的外星生命相联系的东西,把金字塔当作天外宇宙飞船的降落点。

然而,大部分有声望的埃及学者认为金字塔是法老们的坟墓。这一理论也最能被人们所广泛接受。金字塔散布于尼罗河的西岸,根据埃及神话,这里与通往来世的路途相通。考古学家们在金字塔附近发现了许多在葬礼仪式中使用的小船,据说,这些小船就是法老们驶向来世的工具。

许多金字塔中都有石棺或木棺,这早已被证实。19世纪之前,在石棺上或在石棺附近发现的神秘图画被确定为用来帮助法老们从一个世界通往另一个世界的咒语。

然而,一个铁的事实却让坟墓理论缺乏了最主要的依据,就是学者们在金字塔中找不到法老们的尸体,而且许多法老好像建造了不止一个金字塔。

20世纪著名的物理学家库尔特·门德尔松坚持认为法老们建造金字塔的目的是在到处是散落的部落的时代巩固埃及的国家地位,而金字塔不是坟墓。门德尔松的理论使坟墓理论不能解释的问题得以解决。

还有一些人认为金字塔中没有尸体,却有大量的陪葬品,说明金字塔是衣冠冢——死去的法老们的纪念碑,但不是他们真正的坟墓。

绝大多数埃及学者仍然认为,尽管金字塔也具有其他用途,但它们首先是作为坟墓而被建造的。它们的周围环绕着其他坟墓,这些坟墓的主人在当时的地位都在法老之下。

另外,关于金字塔的一个折中的观点认为,金字塔可以被理解为古代建筑进步的标志之一,这一种建筑从矩形、平顶、砖泥结构的坟墓开始,今天我们称之为古埃及墓室(里面曾经发现过尸体)。然后,建筑师们开始把一个平顶结构垒在另一个上,这样就建成了今天被我们称为"台阶式金字塔"的建筑物,其中最著名的那些现在仍坐落在撒哈拉地区开罗南部。

几乎所有的延续了埃及文明的东西都关系到了死亡,死亡好像成了他们宗教、文学的限定力量。法老们认为,他们的目的不是今生而是来世,不管是通过小船、台阶还是借助太阳光,只要能成功即可。因此,金字塔被设计成能存放他们遗体的式样,也就是坟墓,这是目前一种最合理的推测。

不过科学是永无止境的,历史在延续,人类的天性在于探索无限的未知世界,随着科学的发展,随着探索者们坚持不懈的努力和灵感的产生,金字塔之谜一定会真相大白,也许一个新的、不为人知的理论又摆在世人面前,也许又有更多的谜团不能解开,到那时又会怎样呢?

古埃及图坦卡蒙法老是死于谋杀吗

古埃及以其灿烂的文明和神秘的传说吸引了无数历史和考古学者。在开罗南700多公里的尼罗河西岸,埋葬着30多个法老,学者们称之为"帝王之谷"。

1922年,考古工作者在"帝王之谷"内发现了距今3000多年前十八王朝的法老图坦卡蒙的陵墓。图坦卡蒙是著名的阿蒙普特四世(即埃赫那吞)王后尼费尔提提的女婿。这位君主政绩平平,没有什么大作为。他大约于公元前1361年登基,当时年仅10岁,娶了一个12岁的少女。19岁时他便死去了(也有人认为他死时18岁)。这些就是史料传说对他生平的全部介绍。图坦卡蒙的陵墓是迄今为止所发现的最完整、最有价值的古代埃及法老的陵墓。

图坦卡蒙法老

1972年和1976年图坦卡蒙墓中出土的部分珍贵文物先后在伦敦、华盛顿展出,吸引了成千上万的欧美现众,再次轰动了整个世界。图坦卡蒙又一次成为人们津津乐道的话题。

古老、神秘的图坦卡蒙之墓发掘成功后,人们终于见到基本上完整的法老墓葬,也第一次看到了法老的葬制。

整座墓由前室、墓室、耳室、库室组成。除墓室外,所有的地方都放满了家具、器皿、箱匣等各类器物,其中包括墓主人的宝库。墓中的每件器物,都以金银珠玉装饰而成。在墓室中还发现了两尊真人大小的乌木镀金雕像,据学者们认为是图坦卡蒙的形象。这丽尊雕像生动逼真、栩栩如生,充分反映了古代艺术家们高超的技术和丰富的想象力。在 8 年的挖掘过程中,卡特在墓中发现了 2000 多件文物,墓中奇珍异宝非常丰富。

图坦卡蒙的木乃伊被密封在重重的棺椁之中,在棺材外面的 4 层是涂金的木椁。最里面的是黄金打制成的棺椁。当揭开裹在木乃伊脸部的最后一层亚麻时,人们突然发现图坦卡蒙的脸上靠近左耳垂的地方有一处致命的创伤,创伤是怎么造成的? 凶手是谁? 这一切都成了谜。

我们结合一些文献史料的记载和刚出土的壁画文物可以大体得知:由于图坦卡蒙登基时年纪非常小,只是同老臣阿伊共掌大权。他在 19 岁时突然死去。在他死后,他的年轻皇后请求赫梯王派一王子与她完婚。可是赫梯王子在来埃及途中被人杀害。接下来,老臣阿伊继承了王位。

可是,我们从这些零散的资料与传说中无法揭开图坦卡蒙猝死之谜,谜底在哪里? 也许仍长眠于尼罗河充满神奇色彩的土地下,我们只有期待更多的出土资料来揭开这个谜底,也许会由此发现更多不为人知的谜团,从而为世人留下更多的悬念、无限的遐想。

"万王之王"大流士是怎样获得波斯王位的

被尊称为"万王之王"的大流士登上王位的手段到底是怎样的呢? 有一天,冈比西斯过去的一个王妃发现新皇帝没有耳朵。她把这件事透露给了她的父亲、大臣欧塔涅斯。欧塔涅斯立即断定新皇帝是僧侣高墨达,而不是巴尔迪亚。因为在居鲁士当皇帝时,曾因高墨达有过失而将他的双耳割去。欧塔涅斯立刻将真情告诉了另外的 6 名波斯贵族,以后的皇帝大流士一世就是其中的一员。他们决定发动一次政变,把高墨达杀死以夺回政权。

这 7 个大臣先是派人在首都到处散布新皇帝是高墨达而不是巴尔迪亚的消息。很快,假巴尔迪亚的消息便在京城传开。

高墨达发现真相败露之后,十分惊慌,马上逃到米底的一个地方,最后被大流士和欧塔涅斯等人杀死。

根据希罗多德的《历史》记载,当 7 个起义的贵族把局势平定之后,在讨论波斯的统治权的时候,欧塔涅斯第一个发言说:"我认为应该停止一个人的独裁统治,因为这既不是一件快乐的事,也不是一件好事。当一个人愿意怎样做便怎样做而自己对所做的事又可以毫不负责的时候,那么这种独裁的统治有什么好处呢? 把这种权力给世界上最优秀的人,他也会脱离他的正常心情……相反,人民统治的优点首先在于它那美好的名声,那就是,法律面前人人平等。其次,那样也不会产生一个国王所易犯的错误……任职的人对他们任上所做的一切负责,而一切意见均交给人民大众加以裁决。因此我的意见是,我们废掉独裁政治并增加人民的权利,因为一切事情是必须取决于公众的。"美伽比佐斯则主张实行寡头统治而反对民主制。大流士则主张独裁。他说："没有什么能够比一个最优秀的人物的统治更好，他能够完美无缺地统治人民，为对付敌人而制定的计划又可以隐藏得最严密。"他接着论证了民主或者寡头制由于互相争斗都会最终导致独裁，结果，大流士的意见以4比3而获得通过，在决定由谁当这个独裁者的时候，7个贵族还约法三章：第一，欧塔涅斯明确表示未来的国王不能支配他及他的后代，相反，每年都要给予其奖赏；第二，7个人不经通报就可以进入皇宫，当然，国王正在和一个女人睡觉时除外；第三，国王必须在同谋者的家族里挑选妻子。

他们进行了一次比试，在一个清晨他们来到市郊，据说因为马夫在那个时候把摩擦过母马阴部的手放到了大流士的马的鼻子上，结果大流士的马首先嘶鸣起来。根据约定应由大流士当国王。

大流士自从坐稳王位以后，为自己树立了一个石碑，石碑上面有这样的句子：

"叙斯塔斯帕之子大流士，由于他的马和他的马夫欧伊巴雷的功绩，赢得了波斯帝国。"

和他一起杀高墨达的那几个大臣，这时都不敢提出异议了。其中有个叫尹塔普列涅的大臣因不识时务而冲撞了大流士，结果其全家都被大流士杀了。

大流士在公元前500年发动了对希腊的战争。在公元前490年的马拉松战役中，希腊人把波斯军队打得大败。10年后，大流士的儿子薛西斯第二次远征希腊又惨败而归。从那以后，波斯帝国逐渐走向衰落。

马其顿亚历山大大帝死于谁手

亚历山大大帝一生纵横无敌，他曾率领马其顿希腊联军发起对波斯帝国的远征，用近10年的时间把东方广大地区征服，从而建立了横跨欧、亚、非三大洲的庞大帝国，然而，这位纵横天下的大帝于公元前322年夏在巴比伦猝死，他到底死于什么原因呢？

生于马其顿都城伯拉的亚历山大大帝（公元前356~前323年）出身于新兴的王族家庭，他的父亲就是腓力二世。他小时候曾拜著名哲学家亚里士多德为师，从而受到良好的希腊文化教育，他16岁就随父出征，从而学得不少军事知识。他公元前336年即位，并先后平定宫廷内乱，制服北方诸侯反叛，击败了希腊各邦的反马其顿运动。公元前334年春，亚历山大带领着他的马其顿希腊联军，穿过赫斯斯湾海峡远征波斯。公元前333年，在小亚细亚伊苏城附近把大流士三世率领的波斯军打得落花流水，并俘获了大流士三世的母亲、妻子。公元前327年夏，利用印度诸国之间的矛盾，亚历山大占领印度西北的许多地区。但是由于当地人民的顽强抵抗以及战士的厌战情绪，再加上当地气温高，瘟疫流行，亚历山大被迫撤军。公元前324年，亚历山大军队分别从海陆两路回到了巴比伦。

公元前 323 年夏,亚历山大突然暴病而亡,这时他正准备着一次新的远征。是何种疾病夺去了亚历山大的生命? 史学家们有许多不同的看法。

第一种看法是他死于恶性疾病,苏联学者塞尔格叶夫曾在《古希腊》中提过。在《亚历山大新传》这本书中,美国学者高勒将军认为"亚历山大由于长期在沼泽地区作战而染上恶性疾病,在 6 月 13 日晚上发作,从此离开人世"。他来不及留下遗嘱,更没时间指定由谁来继位,持同样看法的还有我国史学家吴子谨教授。

第二种看法是,英国著名史学家赫·乔·韦尔斯认为:"在巴比伦,亚历山大有一回酩酊大醉以后,突然发烧,从此一病不起,不久就死去了。"《大英百科全书》也有这样的看法:"在一次超长的酒宴之后,他突然一病不起,10 天之后,即公元前 323 年 6 月 13 日去世了。"

第三种说法是亚历山大为毒药所害。在古希腊史学家阿里安的《亚历山大远征记》中说部将安提帕特鲁送给亚历山大一副药,正是这副药让亚历山大命丧黄泉。还说药是盛在一个骡蹄壳里,由安提帕特鲁的儿子卡山德送到亚历山大那里去,这副药是亚里士多德替安提帕特鲁配的。卡山德的弟弟埃欧拉斯里是亚历山大的御杯侍从。由于亚历山大不久前曾冤枉过他,他一直怀恨在心。但到底是什么原因使得这位正处于人生、事业巅峰的亚历山大大帝一病不起,至今仍让人不得而知,只有让后人面对着他所建立的不朽功勋大发感慨。

恺撒大帝是让私生子杀死的吗

在《哈姆雷特》一剧中,莎士比亚曾借哈姆雷特之口说"弱者,你的名字叫女人"。而在《裘力斯·恺撒》中,与此话形成鲜明对比的却是他对布鲁图的高度赞扬——"这才是一个真正的男人"。布鲁图何许人也? 传说中是恺撒大帝与其情人塞尔维利娅的私生子,也是后来阴谋刺杀恺撒的主要策划者之一。

罗马历史上已有尼禄弑母夺权的事迹,那么布鲁图杀父又是为什么呢? 他真的亲自参与了刺杀行动吗?

公元前 44 年 3 月 15 日,在庞培议事厅,当每个谋杀者都向恺撒身上捅刀时,布鲁图也刺了一刀,恺撒对别的刺杀者拼命进行反击,并一面喊叫一面挣扎,然而当他看到布鲁图手里的匕首时,竟然默默地用外袍蒙上了头,心甘情愿地挨刺。另有一些人写道:"当布鲁图向恺撒行刺时,恺撒用希腊语说道:'是你! 我善良的孩子? 为什么?'看来,恺撒在将死之时,仍认为布鲁图就是自己的孩子。"

普鲁塔克在给恺撒和布鲁图作传时,是以这些为基调的:"恺撒不但深爱塞尔维利娅而且也爱布鲁图,虽然他不过是私生子。"在普鲁塔克看来,恺撒如此仁慈地对待布鲁图,正是源于这种爱。

但当恺撒和庞培为争夺最高权力而开始内战时,人们没有料到的是,布鲁图没加入恺撒一方,而是站到处死自己的父亲的庞培一边。尽管如此,恺撒仍爱着布鲁图。他告诉下属,不许在战争中令布鲁图死亡。如果布鲁图投降,就俘虏他,如果他誓死不当俘虏,就随他便,总之千万不可伤害他。

恺撒对布鲁图可谓仁至义尽。普鲁塔克说,假如布鲁图愿意,他甚至可以成为恺撒最亲密的朋友。那么布鲁图到底为何要一向反叛恺撒,甚至一定要杀死他呢?从根本上说,布鲁图与卡西约一伙作为共和派,他们极端仇视君主专制制度。面对有称王企图的恺撒,布鲁图表示了坚决的立场:"为国家自由而死,是我们刻不容缓的职责!"

种种迹象表明,大义凛然的布鲁图对恺撒大帝可谓是恨之入骨,积怨不浅。在他心中,恺撒即是暴君的代表,而除暴安良是他作为"真正男人"所必定要做的。刺杀恺撒天经地义。但以上只是作者普鲁塔克的一些主观倾向而已。究竟恺撒大帝身死谁人之手,还有待做进一步的考察。

埃及艳后自杀之谜

在埃及,几乎无人不识克里奥帕特拉。她常像诡异壮观的金字塔群一样为众人所津津乐道。这不单得益于她沉鱼落雁、闭月羞花般的容貌和维纳斯般的身段,更得益于她那富有传奇色彩的一生及至今不为人知的死亡之谜。

公元前51年,托勒密十二世逝世后,依照埃及当时法律和遗诏规定,21岁的克里奥帕特拉和小她6岁的异母弟弟结为夫妻,共同执掌政权。公元前48年,在宫廷争斗中失败的她被其弟从亚历山大城逐出去。克里奥帕特拉野心极大,她在叙利亚和埃及边境一带招兵买马,打算重返埃及从弟弟手中夺取王位。

此时,适逢罗马国家元首恺撒追击庞培来到埃及,克里奥帕特拉的一个同党在此过程中为她献计:派士兵扮成商人,把包在毛毯里的女王抬到恺撒的行馆。恺撒打开来看,惊喜万分,在他面前出现的竟是克里奥帕特拉七世——她的美貌立刻使恺撒着迷了。自此,两人共浴爱河,成为一对佳偶。

埃及艳后

作为克里奥帕特拉夜闯军营这一"壮举"的回报,她成了埃及女王,独揽大权。克里奥帕特拉不久后便为恺撒生了一个儿子,取名恺撒·里昂或托勒密·恺撒。天有不测风云,公元前44年3月15日恺撒遇刺身亡,她失意地离开了罗马。

公元前31年,屋大维与安东尼在阿克提乌姆海角会战。

公元前 30 年,屋大维逼近埃及,此时埃及军队发生内乱,安东尼眼看大势将去,便把披甲解去,抽出佩剑,自杀了,时年 52 岁。

被屋大维活捉的克里奥帕特拉得到她将被作为战利品带往罗马游街示众的消息后,便请求屋大维让她祭奠去世的安东尼。之前,她已把自己的遗书写好了。沐浴后,她用了一顿丰富的晚餐。此后,便失落地进入自己的卧室,躺在一张金床上,非常安详地睡去,但从此没有再醒过来。

匆忙赶到的屋大维把她的遗书展开,女王请求把她与安东尼埋葬在一起,对她的自杀屋大维虽然有些失望,但由衷地佩服她的伟大,便依照她的遗书,把她的遗体葬在安东尼身边。

那么她究竟是用何种方法自寻死路的呢?

大多数人认为,女王提前安排将一只藏有一条叫"阿斯善"的小毒蛇的盛满无花果的篮子带进墓中,再让小毒蛇咬伤自己的手臂,因中毒昏迷而死亡。抑或是,女王早就在花瓶里喂养了毒蛇,然后用一支金簪在蛇的身体上刺,引它发狂,直到把她的手臂缠住。持这种观点的人依据考证资料提出:卧室朝向大海的一边开着一个窗户,从这里受惊的毒蛇完全可以溜走。此外,女王的医生证明:"她的手臂上,的确有两个不是很明显的疤痕。"

也有不少人不同意上述两种观点,因为咬伤或刺伤的痕迹没有在死者尸体上发现,在卧室中也没有发现任何有毒的小蛇。他们认为服毒而死的可能性最大。

古罗马皇帝提比略为何选择自我流放

古罗马的诸多皇帝在合上眼的那一刻不是轰轰烈烈战死疆场,就是暴虐过度被碎尸万段,要不就是毫无防备遇刺身亡。唯有提比略显得如此另类与安静。喜欢过离群索居生活的提比略直至生命的最后一刻依然驻守在自我放逐之地康帕尼亚。

可是,他为什么自我流放呢?罗马史学家塔西佗认为,提比略自我流放的原因有两个:一是由于提比略手下大将谢雅努斯的阴谋。但是塔西佗考虑到这样一个事实,那就是在谢氏被处死后,他同样离群索居达 6 年之久,所以另一面怀疑是出于己意,"目的是想借此来掩盖那由于他的行动而昭彰于世的残酷和淫乱"。这可能是其经过深思熟虑和下定决心才实施的。苏托尼乌斯则认为因为提比略的儿子分别不幸在叙利亚和罗马死亡,所以他想独自一人静一静。还有一种说法认为提比略老年时对自己的外貌特别敏感。他长得比较高,肩部下垂,却又瘦得出奇,脑袋上一根头发也没有,满脸又都长着脓疮,经常涂着各种膏药。当他隐退后已经习惯于不和人们见面,而只是自己偷偷地享乐。

与前述众说截然不同的是,提比略的出走是由于他母亲的专横性格而致。他不能容忍他母亲与他一起共掌大权,但又不可能除掉她。

总的说来,古代人对其放逐的原因侧重在他的体质弱点和伦理道德方面,而近代史学家对此的看法和猜测则偏重于社会和政治方面的考虑。苏联史学家科瓦略夫认为:"早在公元 26 年,在病态的对人的厌恶和谢雅努斯的劝说的影响下,提比略离开了罗马。"爱德华·特·萨尔蒙则认为:提比略的目的可能是"第一使他的继承人可以获得经验,第二是为了逃避阿格里帕那的对一个自然海岛堡垒的密谋"。

　　无论如何,猜测与推断终不能最终得出提比略长期自我放逐的真正原因。自我恐惧也好,心理变态也好,都可能只是诸多原因之一。现在,大量的中外史学家们正在全力以赴地揭开这个谜。至于提比略,只要死得其所,足矣!

英王威廉二世真是死于意外吗

　　白古宫廷多纷争。在权势和财富的驱使之下手足相残、杀母弑父之事可谓比比皆是。人称"红面庞"的威廉二世似乎也是因为此类原因而丧命于狩猎场的。

　　1100 年 8 月的一个下午,黄昏时分,英王威廉二世在新林骑马狩猎。新林占英国南部一大片土地,当时是皇家狩猎苑。威廉的弟弟亨利和一些随从同行。一行人分为几个狩猎小组,国王和他的亲信顾问蒂雷尔一组猎鹿。国王看见一只赤鹿跑过,立刻射了一箭,射中了赤鹿,但是它没有死。很长一段时间威廉坐在马鞍上不动声色,他用手挡着夕阳的斜照光线,想看清楚那只受伤的赤鹿的行走路线。

　　蒂雷尔就在此时射了一箭,鹿没有射到,却把国王射中,国王向前面倒下去,那支箭在国王摔到地上的时候更深地插入他的胸膛,国王当时便没了气息。蒂雷尔急忙跑出树林向法国逃去。亨利则和其他的人策马飞奔,赶到临近的收藏皇室财宝的曼彻斯特,亨利把财宝抢到并确实予以掌握后,便马上赶回伦敦,加冕登基为亨利一世。此时,距威廉去世之日仅 3 天,众人从猎鹿的树林离开时,威廉二世仍然暴尸荒野。

　　但是国王之死至今仍是疑点重重:威廉二世是死于意外,还是被他那充满野心的弟弟谋害了呢? 或是如最近有人所说的威廉二世心甘情愿依照异教徒的可怕教规自杀身亡呢? 大多数人当然相信传说中所出现的凶兆,这凶兆是威廉到新林行猎前夕所做的一个噩梦,梦见自己躺在血泊中而被惊醒,惊醒时不断狂叫。此外,还有人说听见国王命令蒂雷尔杀死他,因为根据威廉信仰的"宗教",他已经老而无用,作为一个权力逐渐衰落的国王,必须在仪式中引颈就戮。

　　威廉一世共有 3 个儿子,威廉二世是老二。威廉一世在世时已给 3 个儿子分家,留给长子罗伯特的是法国的诺曼底,给次子威廉的是英国,亨利则没有土地,只获得一笔财富。大哥与二哥经常争执不下,甚至兵戈相见,但是二人在 1096 年以诺曼底为抵押,向威廉借了他们所需的钱。罗伯特在 1100 年夏季启程返国时,还娶了一个十分富有的女人。威廉决定,决不让哥哥还债把诺曼底赎回,他开始计划强夺诺曼底。新林猎鹿驾崩事件就是在做这种准备的时候发生的。

同时,如果亨利真的企图篡夺英国王位,他一定已把形势看得非常清楚,出乎意料之外的新发展对他篡位的计划有所妨碍。所以亨利先下手为强,其后只需对付一个哥哥而不必再与两位兄长争雄。威廉驾崩,罗伯特又远在他乡,亨利就能篡夺他原本无权过问的王位。证明亨利要对猎鹿时发生"意外事故"负责的一个有力证据是他从未试图抓蒂雷尔回来以弑君之罪论处,甚至没有没收蒂雷尔的土地以示惩罚。

可是,以亨利的本领和为人是否能组织这样一个谋朝篡位的大阴谋呢?蒂雷尔跟主谋勾结杀掉恩公和朋友,又会得到什么好处呢?事实上自惨祸发生后直到去世时,蒂雷尔都不承认他有弑君行为。

依上所述,亨利的嫌疑不可不谓是最大。但他要策划这样一个缜密的阴谋却也不是件容易的事情。真凶何在,我们拭目以待。

亚瑟王及其圆桌武士传说之谜

被誉为樱花之国的日本自古以来就极其崇尚武士道精神,其忠君、坚毅的主旨也正是大和民族生生不息的动力之源。古老的西方也曾流行着武士的传说,那便是亚瑟王和他的圆桌武士。在大多数人的心目中,亚瑟王及其所率领的圆桌武士便是一个充满罪恶的世界中的坚忍忠勇志士的代表,是维护文明、抵制蛮强入侵的英雄。

那么为何称其为圆桌武士呢?圆桌一词从何而来呢?

圆桌就放置在亚瑟王宫廷正中央。它象征了蔓延到全国各地的荣耀和王权,和国王加冕时手握的宝球作用相同。但圆桌的含义要比很多宝球深远。圆桌在实际意义上象征的是友爱与和谐。任何在圆桌周围坐着的武士都不会觉得地位比别人低,不会觉得委屈。圆桌是嫉妒、贪图权力与高位的解药,而中古时代战争与动乱正源于上述种种人类缺点。但是亚瑟王也规定,只有最杰出的"威猛无比、本事极大"的武士才能成为圆桌武士。

一位精通木工的专家认真检查了这张桌子。它大概是14世纪制成的。他的看法也得到了碳14年代测定法证实,断定圆桌用的大约是14世纪30年代所砍伐的树木制成。所以,如果这张桌子不是亚瑟王所制,又会是谁制这张桌子的呢?英王爱德华一世可能性最大,他当政年代是1272~1307年。

亚瑟王的传说,与11~13世纪日趋形成的见义勇为和保卫宗教的理想密切相关。每一个战士倘若要做成功的十字军士兵,倘若要追寻耶稣基督举行首次弥撒时所用的圣杯,都应该以亚瑟王的武力为效法对象。见义勇为的骑士精神到14世纪发展到极致。爱德华三世当时企图把法国征服,就像传说中亚瑟王要与罗马"独夫卢修斯"打仗一样。由于对骑士精神的崇尚,再加上亚瑟王的传说,设立一个新的武士精英组织的构想便在爱德华脑中形成。这个新组织以伦敦西边的温莎宫为活动中心。根据法国史学家让·福罗萨特记载,这是 1344 年 4 月 23 日圣乔治节,在一次盛大的马上比武庆典上宣布的。

不管亚瑟王及其武士是否曾经坐过这张圆桌。它的存在不再仅为单纯的家具之用,更成为亚瑟王及其武士忠勇坚毅的一种象征。真正的圆桌抑或早已灰飞烟灭,抑或至今尚存某个不为人知的偏僻角落,而传奇的武士们则将流芳千古。

沙皇彼得三世死于叶卡捷琳娜之手吗

雄才大略的彼得大帝 1725 年驾崩后,俄国就陷入了长期动荡中。1762 年,沙皇彼得三世的王后叶卡捷琳娜发动宫廷政变,推翻了他的统治。7 月彼得三世在狱中突然死去。彼得三世因何而死? 他的死与叶卡捷琳娜是否有关呢?

彼得从小生活在德国,他非常崇拜普鲁士军事制度与德国文化,却对自己的祖国毫无兴趣。他甚至认为俄国是个令他厌烦的国家,他不愿意治理这种国家。1761 年伊丽莎白女皇逝世,彼得继位。由于国内政局长期动荡,人们都希望彼得三世可以整顿一下国家。然而刚刚上台的彼得三世却经常以自己的喜好对俄国现行制度和法令乱加改动,他推动的一些政策损害了教会与贵族的利益,令他们十分不满。尤其是在对外政策上,彼得三世的所作所为让政界和军界非常反感。

叶卡捷琳娜原名索菲亚·奥古斯特,出生于德国什末青一个贫穷的家庭。当她知道了自己成了彼得未婚妻后非常激动,她当即和母亲一起,不远万里来到俄国首府彼得堡。为了做个称职的皇后,她努力学习俄语,还改信了东正教,不久她就能用标准的俄语虔诚地朗诵东正教的誓言,在场的大主教和教徒们听后十分感动,并流下泪来。1745 年 8 月,彼得正式娶叶卡捷琳娜为妻。但是婚后,叶卡捷琳娜才发现彼得是个好色之徒,他甚至把情妇领到家中。而同时伊丽莎白也对她这个异邦女子有所怀疑,并派人监视她,年轻的叶卡捷琳娜暗暗地记着这些仇恨,并未做过多的反抗。她一面刻苦读书学习如何治国,一面在政界和军队中扶植拉拢亲信,并将情夫们都安排到重要部门,以为她夺权做准备。

1762 年 6 月 24 日彼得三世离开彼得堡去奥拉宁堡发动对丹麦的进攻,叶卡捷琳娜被留在彼得堡。7 月 9 日凌晨 5 时,叶卡捷琳娜发动政变,控制了首都局势,成为女皇。彼得三世要求与女皇平分政权,但遭到了断然地拒绝。他只好宣布退位,最后的条件就是女皇能归还他的情人、小提琴和一只猴子,以便他能度过后半生。7 月 18 日,叶卡捷琳娜在枢密院正式登基,史称叶卡捷琳娜二世。就在叶卡捷琳娜就任皇位的同一天,彼得三世暴死在了狱中。

俄国古老的封建宫廷中始终存在着阴险欺诈与不择手段的争斗,专制独裁与宫廷政变经常一起发生,彼得三世正是这种独裁政治的牺牲品。但彼得三世因何而死? 一种说法称他是被人毒死的,当时法国外交部档案记载:一些人按照俄国风俗吻彼得三世的遗体以示告别,这些人的嘴唇后来却奇怪地肿了起来,还有种说法称彼得三世是在酒后与人打骂被人失手打死的。第三种说法则是为除后患,女皇派人勒死了彼得三世。彼得三世的真正死因是什么? 叶卡捷琳娜又在其中做了什么手脚呢? 这一切都不得而知了。

伊丽莎白女王为何终身未嫁

伊丽莎白25岁登基为王,以其美貌、学识和至尊地位引得欧洲大陆无数王公贵胄尽折腰,争相向她邀宠求婚。然而她却终身未嫁,这究竟是怎么回事呢?

伊丽莎白虽然独身终生,但她也曾利用自己的婚姻大事作为资本,于欧洲各大国之间周旋。第一次是在她登基不久,当时国际社会迟迟未承认她作为英格兰女王的合法身份。法兰西人更在为结束西班牙与法兰西之间战争而举行的卡托一堪布累齐谈判中公然向伊丽莎白发难,提出了谁是英格兰王位合法继承人的问题。

伊丽莎白女王

伊丽莎白非常明白法兰西人的险恶用意,她不动声色地在暗中打起腓力二世这张牌来。在一段时间内,她对腓力二世的求婚既不回绝又不应允,使腓力二世对联姻怀有希望,然后借助西班牙在国际事务中的影响力,敦促其他国家认可伊丽莎白作为英格兰女王的合法身份。求婚之事因此就拖了几个月。直到伊丽莎白了解到英格兰特使已在卡托一堪布累齐和约上签字,说明国际社会已承认了她作为英格兰女王的合法身份后,她才一改几个月以来的模糊态度,明确告诉西班牙使节,她不能与西班牙国王腓力二世联姻,原因是双方宗教信仰不一样。

此后,伊丽莎白多次将自己的婚姻用作进行外交的一种工具。众多王公贵胄向伊丽莎白求婚时她都没有答应,她或许根本不打算结婚,然而她严密地隐藏自己的想法,她从不向各国王侯贵胄关上求婚的大门,而是欲言又止,一直让他们对联姻之事怀有希望。

不想结婚的伊丽莎白也喜欢与男人交往,在宫廷之中,就有不少她喜爱的庞臣,达德利勋爵是其中最令她心仪的人。高大强健的达德利是贵族之后诺森伯兰公爵的公子,他英俊潇洒,一表人才。伊丽莎白对他十分宠爱,在1564年竟加封他为莱斯特伯爵。实际上,伊丽莎白早就有与他结婚、永为伴侣的打算。可是有一件事情令她最终放弃了此念。那就是,莱斯特伯爵在成为女王宠臣之前已是有妻室之人。而且很凑巧，莱斯特之妻罗布莎特有一天突然命丧九泉，因此有好事者传说，罗布莎特是其丈夫为与女王成婚而故意谋杀致死的。不管此事是否属实，终究是人言可畏，女王深恐与莱斯特结婚会引来非议，有损君王尊严，终于未能结成连理。

1578 年，法兰西国王亨利二世之弟、年轻的阿朗松公爵亲自登门向伊丽莎白求婚，但这场求婚却成了一场马拉松，直到 5 年之后，即 1583 年，50 岁的伊丽莎白才明确宣布拒绝了他的求婚。

阿朗松成了最后一位求婚者。此后伊丽莎白便没有提过婚嫁之事，其中奥秘如何，那恐怕就是一个无法解释的谜了。

俄国女皇叶卡捷琳娜二世是怎样登上王位的

沙皇俄国在其长期的君主统治中出现了一位赫赫有名的类似中国的女皇武则天式的女沙皇——叶卡捷琳娜二世。那么叶卡捷琳娜二世是怎样登上皇帝的宝座呢？众说纷纭，有人说是继承，有人说是通过发动宫廷政变，那么她又是怎样发动宫廷政变的？这还得从她成为王室成员开始说起。

叶卡捷琳娜是俄皇彼得三世的妻子，她在为俄皇室完成传宗接代任务后，地位岌岌可危，丈夫彼得早已对其厌倦，人们早已将其忘记，她只是苦苦忍受耻辱和孤寂。

叶卡捷琳娜这位不同凡响的女人绝不可能心甘情愿做一名忠实的妻子和殉难者。她一方面靠追逐声色犬马的生活来满足自己已被激起的肉欲；另一方面，她在卧薪尝胆，耐心地等待着能使她成为女皇的机会。伊丽莎白通过没有流血的政变登上皇位就是她面前最好的例子。她将要在政坛上小试锋芒了。

叶卡捷琳娜为了达到目的，开始培植私党。她把禁卫军军官格里戈利·奥尔洛夫列为首选对象，奥尔洛夫的 4 个兄弟阿列克谢、费多尔、伊凡和弗拉基米尔都是禁卫军军官。叶卡捷琳娜如愿如偿，奥尔洛夫成了他的情夫。这既满足了她野马般的欲望，又为未来的宫廷政变提供了很好的机会。

彼得大公也并不是吃素的，他对叶卡捷琳娜的阴谋早有所闻，他也在积极行动。这个骨子里流着普鲁士的血液的昏庸之君，早就打算与他的情妇伊丽莎白·沃沦佐娃结婚而把叶卡捷琳娜甩掉。

1762 年，荒淫暴戾的伊丽莎白终于死去。根据遗诏，彼得做了皇帝。新登基的彼得三世注定是俄罗斯的克星，他把俄国推到灾难的边缘。而他的登基，也将为他的妻子叶卡捷琳娜带来灭顶之灾。

彼得决定把叶卡捷琳娜幽禁在舒吕塞尔堡要塞，并且以他凶残乖戾的性格，他下一步就要动手杀妻子。

彼得三世好像也预感到有某种阴谋正针对他而来。他将叶卡捷琳娜的党徒之一帕塞克逮捕了。叶卡捷琳娜明白只有先下手,否则就只能做阶下囚甚至是命归黄泉。事不宜迟,1762年,在奥尔洛夫兄弟的支持下,叶卡捷琳娜发动宫廷政变。士兵们穿着俄罗斯的传统军服,簇拥在新女皇叶卡捷琳娜周围并且冲上前吻她的手、她的脚和她的衣服的下摆。女皇置身于欢乐的喧嚣中。所有的俄国人好像都很兴奋,他们高呼着"叶卡捷琳娜!我们的母亲叶卡捷琳娜",宫廷显贵、各国公使、神父争先恐后地欢迎他们的新女皇。

软弱无能的彼得三世被迫退位,接着又被软禁起来。在给叶卡捷琳娜的信中他这样写道:"请陛下对我放心,我既不会想,也不会去做反对您本人和您的统治的事。"

虽然彼得对她已不构成威胁,但叶卡捷琳娜并不愿轻易放过曾给她耻辱的彼得,彼得不久就遭谋杀。叶卡捷琳娜的诏示说彼得死于剧烈绞痛,实际情况并非如此,彼得死时全身发黑,向遗体告别而吻他嘴唇的人自己的嘴都肿了。可见,叶卡捷琳娜对其十分怨恨,可能不管彼得对叶卡捷琳娜怎样,她都要当上女皇,但彼得对其确实起了极大的刺激作用。

日本皇女和宫下嫁将军德川家茂之谜

和宫是仁孝天皇的第八个女儿,贵为皇女的她在4岁时被许配给了贵族有栖川宫炽仁亲王。然而,在长大后,她却嫁给了将军德川家茂,这究竟是什么原因呢?

有人认为,正像历史上中外古今许多弱女子被作为政治交易的筹码一样,贵为天皇之女的和宫也身不由己地做了牺牲品,被政治的狂风怒涛推到历史舞台的前面。在德川幕府后期,掌握政权的幕府由于西方列强的侵犯,不得不屈从其强大压力,同意与西方各国通商,这种做法受到朝廷和尊王攘夷派的猛烈抨击。为了缓和与朝廷的紧张关系,同时,也为了平息普通百姓的不满情绪,幕府决策机构一方面重新明确幕府受命于朝廷的上下委任关系,另一方面推进"公武合体"运动。"公武合体"运动就是二者的联合,而作为"公武合体"的一项重大步骤,便是幕府奏请朝廷,希望将孝明天皇之妹和宫下嫁给第14代将军德川家茂。为此,幕府进行了许多活动,首先,他们中止了家茂与贵族见宫贞教亲王之妹伦宫的婚姻谈判,并且散布和宫的婚约者有栖川宫因为封禄甚少而对与和宫结婚感到不安等流言。但尽管如此,和宫仍然一如既往地加以拒绝,但是幕府还是再三奏请。孝明天皇迫于无奈,最后16岁的和宫只得十分不情愿地于1861年12月从京都来到江户,第二年2月,与同年龄的德川家茂正式举行婚礼。

但是也有人持反对意见,比如据将军府中的人的说法,和宫与德川家茂夫妻感情甚笃,家茂出征前一夜夫妻俩彻夜长谈,和宫还要求家茂顺路到京都替她买西阵出产的腰带,这后来作为家茂最后的礼物按照家茂的遗言被送到和宫手中,和宫收到这个礼物后,睹物思人,竟然茶饭不思,终日饮泣。又如和宫在朝廷官兵临城之际为德川家族通融说情,也似乎不是完全被逼无奈。有人认为,就和宫而言,与有栖川宫炽仁亲王的婚约并非出于自由的选择,其实和宫本人希望避开传统的皇族内部通婚的习俗,为寻求新的人生而与家茂结婚。这样说来,和宫与家茂结婚应该是非常幸福的了。

下嫁将军的和宫究竟是一个勇于追求幸福生活的榜样,还是一个值得同情的对象,这个问题和她下嫁将军的原因一样,成为解不开的谜。

日本天皇在二战后未被处死之谜

众所周知,日本是发动第二次世界大战的三大轴心国之一,而在二战的中国战场上日本军队更是对中国人民犯下令人发指的滔天罪行。那么为什么日本许多战犯被送上了国际军事法庭接受世界的审判,而作为当时日本最高统治者的天皇没有对战争罪行负责?而在众多日本战犯被处决的同时,天皇又身处何处呢?这在二战历史上不能不说是一件十分蹊跷的事情。

1945 年 8 月 15 日,日本裕仁天皇《终战诏书》的播出向日本民众乃至世界正式宣布日本无条件投降。日本投降后,日本国内部分民众、一些受害国、国际仲裁机构乃至裕仁本人都认为天皇对战争应负起责任。日本国内一些进步群众团体的领袖以及部分深受战争创伤的同盟国呼吁:裕仁作为战争期间的国家元首是发动战争的元凶,理应作为头号战犯接受国际法庭的审判与惩罚;并再三提出应废除日本天皇制,改变日本现存的政治体制。为清算法西斯余孽,重建世界和平与公正,战后在东京设立了远东国际军事法庭。澳大利亚法官威廉·维著作为军事法庭的审判长也认为:"如果不审理天皇,战犯一个也不能处以死刑。为了维护法律的公正,他应在国内或国外受到拘禁。"甚至裕仁本人也感到理亏,难以面对愤怒的世人,他觉得应理所当然地负起战争的所有责任。

于是,一个历史性的会面便决定了裕仁天皇的命运,世界历史也添上了几许神秘的色彩。1945 年 9 月 27 日上午 9 时,裕仁头戴大礼帽,身穿燕尾服,亲自正式地晋见了美国五星上将麦克阿瑟将军,当时这位声名显赫的将军是盟军驻日本占领军的最高官员。在这次具有特殊意义的会见中,裕仁表现得体、态度坦然,勇敢地承认"对于日本政府的每一个政治决定和军事行动……我是唯一的责任者"。也正因如此,裕仁天皇给麦克阿瑟留下了非常好的印象,若干年后这位上将回忆起裕仁时曾说:"在当时,我感到我面对着日本第一个当之无愧的有素养的人。"作为盟军驻日占领军总司令,麦克阿瑟指示裕仁否定日本注定统治世界的"大东亚"观点,维护世界和平,肃清国内黩武精神,另外否定天皇的神圣性,天皇由神回归为人。裕仁都一一照办。

在通盘考虑美国国家利益和盟军面临的形势后,麦克阿瑟在向总统杜鲁门的汇报中声称,"不能把日本昭和天皇作为战犯逮捕"。因为基于长久以来天皇在日本的特殊地位及对日,本民众的影响,保留天皇有利于帮助盟国占领控制日本。根据麦克阿瑟的建议,并考虑到政治上的需要,远东国际军事法庭审判员以表决的形式做出了裁决:凡涉及日本天皇的各类起诉,均不予受理。这在很大程度上可以说是美国基于国家利益及全球战略的考虑而给日本天皇的一块"免死牌"。

第二年4月3日,远东委员会决定对天皇不予起诉。

6月18日,远东审判首席检察官基南在华盛顿宣布对天皇不以战犯论处。

与华盛顿相呼应的远东审判日本辩护团一致通过决议"不追究天皇及皇室。"

历史就这样给我们开了个玩笑,当东条英机等7名日本甲级战犯接受绞刑之时,战争中日本的最高领袖裕仁天皇却安然无恙,这是历史的错误还是天意?

不爱江山爱美人——英王爱德华八世放弃王位之谜

浪漫电影中常常出现"不爱江山爱美人"让人心动的情节。然而现实世界中,面对权与利,英王爱德华八世却做出了这一惊人之举。1936年12月11日,爱德华八世自愿放弃王位,而与一个曾两次离婚的平民妇女结婚,确实让人惊叹。

这位平民妇女就是沃丽丝·沃菲尔德,她既没有漂亮的容貌也没有超人的才华。可是1931年王太子在伦敦第一次遇到沃丽丝时,就为她通晓事理、举止潇洒的风度所倾倒,沃丽丝虽已近中年,但依然窈窕如初。王子对沃丽丝一见倾心,但是父母、王室、内阁及各自治政府上上下下竭力反对王子的这一举动。身患重病的乔治五世曾满怀忧虑地对首相鲍尔温说:"我死之后,这个孩子很快就会把自己毁掉!"

乔治五世病逝之后,王子登上王位以后就马上宣布要迎娶沃丽丝。他的决定遭到了包括首相鲍尔温在内的谋臣们的一致反对,而爱德华八世却回答:"我现在考虑的唯一问题就是自己配不配当沃丽丝的丈夫,和她在一起就是我永远的幸福……无论当国王还是不当国王,我都要娶沃丽丝,为了达此目的,我宁愿退位。"

由于政治风暴骤然来临,沃丽丝在"存心勾引国王,妄想当王后的'美国冒险家'"等各种诽谤、咒骂声中悄然离去,她不愿由于自己的爱而使国王受到伤害。于是远在国外的沃丽丝写信给爱德华八世,要求分手。可是爱德华八世却说:"即使因为和你在一起我一无所有,我也没有怨言,比起你来,王冠、权杖和御座都不重要。"这爱情高于一切的誓言使沃丽丝在各种诽谤、咒骂声中得到安慰。

1936年12月11日,在位不到10个月还未加冕的爱德华八世发表了告别演说,他满怀激情地说:"我的朋友们,没有我所爱的那个女人的帮助和支持,我感到不可能承担我肩负的重任。"几个小时后,他便在皇家海军驱逐舰的护送下离开了英国,去有沃丽丝的地方了。

1937年乔治六世继位,封爱德华八世为温莎公爵。终于,爱德华八世与沃丽丝在法国结婚,并一起幸福地生活了35年。1972年,78岁的温莎公爵病逝,沃丽丝在对丈夫的思念中度过人生最后的 14 年。沃丽丝每天都要将丈夫的遗物整理好,并一直保持他生前的模样。在她的晚年整理了回忆录,并整天沉浸在她丈夫喜欢的音乐中。

1986 年 4 月 24 日,沃丽丝因肺炎在巴黎郊外逝世,享年 90 岁,他们之间动人的爱情故事也暂告一个段落。但是作为"历史上伟大爱情一例",它将永远被人们津津乐道。

人们对爱德华八世"不爱江山爱美人"的举动有着不同的看法和猜测,对此褒贬不一:有人认为,王子是受"现代派思潮"影响,要以此来冲击腐朽的君主制度;也有人认为是王子经受不住沃丽丝美色的引诱;还有人认为王子是为了真挚的爱情。更让人无法理解的是沃丽丝从来不公开地为温莎公爵辩解,也不为自己洗刷冤屈,是被世俗和礼教所束缚,还是另有隐私? 有朝一日人们也许可以了解这爱情的真正意义,也希望人们会从他们已公布的 80 多封情书中发现什么。

英国王妃戴安娜死之谜

在 1999 年,颇受世人瞩目的戴安娜王妃于巴黎死于车祸,使英法两国大为震惊,媒体与记者成了人们指责的对象,并由此而引发了一场长达数年的诉讼大战。究竟是谁制造了戴安娜的死亡事件呢?

1981 年 7 月 29 日,美丽的戴安娜与查尔斯王子在白金汉宫结为夫妇。但是,婚后,他们发现,两人性格差距很大,查尔斯喜爱的马球丝毫引不起王妃的兴趣;而戴安娜喜爱跳舞亦跟稳重的王子格格不入,再加上王室的礼仪烦琐,这些促使二人终于在 15 年后劳燕分飞。消息传出后,人们大多将责任归咎于查尔斯王储,对戴安娜王妃多抱同情态度。

后来,多迪·法耶兹出现在戴安娜的生活中,二人一见钟情,很快坠入爱河。1999 年 8 月 31 日,戴安娜与法耶兹在结束地中海之旅后返回巴黎,并在丽斯酒店共进晚餐,随后二人一同乘车前往法耶兹在巴黎第 16 区的豪华住宅。为躲避记者追踪,饭店派保罗为他们开车。保罗把时速提到 160 公里。在阿尔马桥下隧道前面发生了意外事故。司机保罗和多迪当场毙命,戴安娜在后座,也身受重伤。记者们追踪而至,但是他们没有对伤者进行抢救而是围在汽车残骸周围,举起相机从各个角度拼命拍照。尽管戴安娜后来被火速送往医院救治,但是,终因心肺受重伤不治而亡。保镖重伤后幸存。

戴安娜遇难事件使英法两国为之震惊。巴黎警方迅速对戴妃死因展开调查。最初调查指出司机保罗是酒后驾驶,每公升血液酒精含量达到 1.75 克。但是后来不断有人证实保罗早已戒酒,开车当晚并没有喝酒。

戴安娜的死使媒体与记者成为人们指责的对象。戴安娜早就指责过英国媒体对她的骚扰。这次车祸可以说又是为躲避记者追踪超速驾驶而造成的。更令人气愤的是,车祸发生后,记者没有对伤者进行及时抢救,反而忙于拍照抢镜头。戴安娜的弟弟潘塞伯爵反应强烈,他非常气愤地说:"那些鼓励摄影记者不顾一切拍摄戴安娜照片的报业主编们,你们的双手终于沾染了戴安娜的鲜血!"

1999年,法国地方法院裁定造成车祸的原因是司机酒后开车以及超速驾驶,但控方认为,法官在做出判决时还应该考虑摄影记者的因素,因为记者的追赶是导致车祸的直接原因。于是他们向最高上诉法院提出上诉。就这样,与戴安娜遇难车祸有关的9名摄影记者和1名报社摩托车手受到控告。

最后,法院最高上诉法院做出判决,支持下级法院决定,宣布这9名摄影记者和1名摩托车手杀人罪名不成立。最高上诉法院的这一判决结束了长达数年的诉讼大战。但在另外一起诉讼中,这9名摄影记者仍需接受侵犯隐私指控调查,因为他们在车祸发生后对车内拍照已触及人的隐私权。

尼泊尔王室枪杀案到底是谁制造的

要列举出世界上守卫森严的地方,王宫应该算得上是一个,然而,就在戒备森严的尼泊尔王宫里,发生了一起耸人听闻的枪杀案。

2001年6月1日晚,尼泊尔国王比兰德拉、王后艾什瓦尔雅、小王子尼拉詹、公主什鲁蒂等10名王室成员在纳拉扬希帝王宫被枪杀身亡,其他24名人员受伤。又据报道,王储迪彭德拉在开枪射杀了国王和王后后开枪自杀未遂,身受重伤,后经抢救无效于6月4日去世。

事后尼泊尔王宫事件调查委员会公布,这起王室枪杀事件完全是由前王储迪彭德拉一人造成的,其主要原因是他当天晚上喝威士忌酒过多。

而最流行说法是王后与王储在选择王妃问题上发生了争执,王储一怒之下杀了全家,最后饮弹自尽。当年王储迪彭德拉选定的意中人是德芙雅尼。德芙雅尼的母亲乌沙·拉吉是印度瓜廖尔土邦王的女儿,嫁给了尼泊尔拉纳家族的帕舒帕逊·拉纳,拉纳家族是尼泊尔最显赫的家族,后又分为两个相互对立的分支。而王后艾什瓦尔雅与德芙雅尼分别属于这两个分支,王后不希望与自己家族对立的成员成为未来尼泊尔的王妃,更何况德芙雅尼还具有印度血统,尼泊尔的反印情绪又很严重。

由于迪彭德拉坚持非德芙雅尼不娶,最后艾什瓦尔雅王后警告儿子说,如果他一意孤行,她将让国王废除迪彭德拉的王储身份。这无疑在迪彭德拉心上捅了一刀。同时,迪彭德拉对民主政治深恶痛绝,他敦促国王恢复君主立宪制度,遭到了父亲的否决。王储有一种巨大的挫折感。当他的婚姻受挫,在家族政治中不如意,他是否会下狠心报复全家呢?还是有人借机在制造灭门血案呢?

但调查委员会的调查结果本身亦难以服人。如果真的是王储醉酒杀人,为什么没有警卫上前阻止?既然是晚宴,难道没有服务人员在场吗?血案发生后,为什么没有验尸就把王室成员的尸体匆匆火化？

针对调查小组的王储酒后杀人一说，又有报纸宣称，尼泊尔军方一名军医在对迪彭德拉王储的血样进行化验后宣布，王储血样中并没有酒精成分。这一报道又为本已疑点丛生的血案抹上了一团疑云。

又据说让迪彭德拉王储致命的子弹是从其背后射进去的，这就排除了自杀的可能。许多尼泊尔国民对凶手是否另有其人提出了疑问。一位尼泊尔商人说："我认为这次血案是其他人干的。一个真正的尼泊尔人是不会杀父弑母、残害手足的。这是政府在捣鬼。"

一个王储真的会做下这种十恶不赦的杀父弑母的罪行吗？这场王室枪杀案的真相又如何呢？这所有一切，只能成为尼泊尔人民心中永远的谜了。

政界谜团

古罗马政治家苏拉退隐之谜

谁不想拥有最高的权力,谁不想处万人之上,君临天下?然而,古代罗马著名的政治家、军事家苏拉在夺得最高权力以后却又自愿放弃。他的突然引退,一直是千百年来人们感兴趣的问题。

苏拉公元前138年出生于古罗马的一个破落贵族家庭,他自幼喜爱文艺,善于交际。30岁之后,他时来运转,经济状况大为好转,战争中机缘巧合使其成为民族英雄,50岁时,他在元老院的支持下当选为执政官,后又经过与马略的两次斗争,终于建立了他的独裁统治。苏拉为了终身掌握国家的最高权力,不惜践踏民主传统,强奸民意,威慑元老院,最后终于取得终身独裁官职位,集军政财权于一身。苏拉为了确保自己的终身独裁统治,进行了种种"宪政改革"。他取消了民众大会的否决权,削减了保民官的权限,把自己的大量亲信安插在元老院。

可是,令人不解的是,苏拉在取得终身独裁统治权的第三年突然宣布辞职,最后竟以一个普通公民的身份到他的一座海滨别墅隐居。他曾经为争夺最高权力赴汤蹈火,甚至不惜以道德的堕落、国家的灾难和人民的生命为代价,而现在,正当他的权势如日中天的时候,他却自愿放弃了这种最高权力,这是为什么呢?

至于引退的原因,苏拉本人没有说。据说,当他决定放弃他的权力时,曾在广场上发表过一次演说。他在演说中提出,如果有人质问他的话,他愿意说明辞职的原因,可是,在那种情况下,绝不会有人敢冒着生命的危险去质问他。辞职以后,一个青年曾当面辱骂他,苏拉竟然默默忍受了这个青年的辱骂,但他说过这样一句话:"这个青年将使以后任何一个掌握这个权力的人都不会放弃它了。"

由于苏拉本人并没有说明引退的原因,人们纷纷猜测。有人说他在三年独裁统治后还政于民是明智之举;有人说他是由于改革无望而急流勇退;有人说是他在满足权力欲望后厌倦战争、厌倦权力、厌倦罗马而向往田园生活,更有人认为是他患了严重的皮肤病,无法亲理朝政而无可奈何地放弃了政权。

虽然说人生的价值在于过程而不在于结果,虽然说要只问耕耘,不问收获,但苏拉由一个权力狂一下子转变为笑观花开花落的隐士,这其中的滋味只有他自己才能体会了。

华盛顿死因难明

美国第一任总统华盛顿在完成了历史赋予他的使命之后,于 1798 年初冬,悄悄回到了自己离别 16 年的家乡——弗农山庄。66 岁的他准备在这里安度自己的晚年,一年以后,死神却奇迹般地夺去了他的生命。而对他的死因,至今没有一个确切的说法,两个世纪以来一直困扰着史学家们。

1799 年 12 月 12 日,天空阴沉沉的,好像要有一场大雪。对于这天的天气,华盛顿早有预见。但他仍旧骑上马开始巡视,他是上午 10 点钟出去的,下午 3 点钟才回来。

第二天早晨,他感到嗓子痛,不能再出去巡视了。下午,他的嗓子开始嘶哑。到了晚上,嗓子哑得更加严重。但到了夜里,他冷得全身发抖,呼吸不畅,凌晨两三点钟,他叫醒了夫人,但又怕她着凉,没让她起床。清晨,女仆进来生火,才把利尔先生叫来。此时华盛顿已呼吸困难,话也说不清。他让人去把克雷克大夫请来,同时,在医生没来之前,让罗森斯给他放血。

大约 4 点 30 分,他让夫人在写字台中取出他早就写好的两份遗嘱。他看了一下两份遗嘱后,让夫人把其中一份遗嘱烧掉,另一份保留,放到她的密室里。夫人从密室回来后,华盛顿握着妻子的手,说:"这场病可能马上让我离开这个世界,如果真是这样,你要清理一下账目,把款项结清,另外你还要把我那些关于军事的书信文件仔细整理一下。"

大约 5 点钟,克雷克大夫来到房间里。

华盛顿说:"医生,我现在很痛苦,从一得病我就知道死神这次是不会放过我的。不过,死对我来说并不可怕。"

华盛顿又说:"谢谢你们的照顾,不用替我操心,我很快就要去了。"

他接着又躺了下来,大家也都走出了房间,只留克雷克大夫一人照看。

晚上,又采取了其他的治疗方法,但都收效甚微,这次医生让他服什么药他就服什么药了,利尔先生后来在书中叙述道:

"大约 10 点钟,他几次都要说话,但都无法说出。最后,他终于说了一句话,'我快不行了。我死后的三天再下葬,葬礼要尽量简单。'我这时已难过得说不出话,只好向他鞠了一躬,表示同意。但他没有理解我的鞠躬,说:'我的意思你明白吗?'我说:'明白了。'他说:'那我就放心了。'"

"在他去世前大约 10 分钟,他的呼吸通畅了很多。他变得很安详。他还伸手,摸自己的脉。忽然他的脸色变了,我连忙叫克雷克大夫,坐在火边的大夫急忙到了病床边,但一切都结束了:华盛顿的手从腕部垂了下来,停止了呼吸。克雷克大夫蒙着脸哭了起来。华盛顿就这样没有叹息、没有挣扎地离开了我们。"

华盛顿的死因却一直没有被查实,他得的是什么病、医生为他诊断的结果是什么、给他吃的药对病情有没有作用、药名等都无人知道,而他生前为自己准备两份遗嘱的目的是什么？是不是其中另有隐情？

列宁是被毒死的吗

伟大的革命导师列宁一生光明磊落,坦坦荡荡地做人,然而,他的死却充满了神秘的色彩,成为一个难解之谜。

列宁在临死之前,暗中口述了《给代表大会的信》,这一文件将作为"列宁的遗嘱"载入史册,因为他提出的条件是这封信应当在他死后举行的那次代表大会上宣读。在这封信里,他评价了自己所有的亲密战友,并且指出了每个人的相当重大的缺点。斯大林是列宁最后说到的一位。领袖把斯大林同托洛茨基放在一起进行了评价:"分裂的危险,一大半是由他们之间的关系造成的,而这种分裂是可以避免的……把中央委员人数增加……就可以避免分裂……斯大林同志当了总书记,掌握了无限的权力,他能不能永远十分谨慎地使用这一权力,我没有把握。另一方面,托洛茨基同志……大概是现在的中央委员会中最有才能的人,但他又过分自信,过分热衷于事情的纯粹行政方面。"

列宁弥留之际,布哈林在列宁床边。布哈林回忆道:"我跑进伊里奇的房间,伊里奇已快咽气。他的脸向后仰,脸色苍白,呼呼地喘气,手悬在半空。"季诺维也夫在文中这么写道:"伊里奇死了,一小时后我们乘车去看已不在人世的伊里奇,有布哈林、托姆斯基、加里宁、斯大林、加米涅夫和我。"斯大林就这样把布哈林弄到莫斯科去了。托洛茨基后来也说,正是斯大林下毒害死了列宁。而从以上材料中也可以看出,似乎这一说法证据确凿。

然而有人却不这样看,维·什克洛夫斯基教授从名医什克洛夫斯基的遗物中找到了本来应该已被销毁的奥西波夫医生和多布罗加耶夫医生的诊断书。奥西波夫医生是列宁的一个主治医师,多布罗加耶夫医生是言语矫正专家,曾帮助列宁恢复语言能力。这份诊断书中这样写道:"最终诊断否定了列宁的病是由梅毒引起或他是被砒霜毒死的说法。原因是动脉粥样硬化和脑血管受损。列宁的父母也死于此病。"

列宁究竟是被毒死还是病死的呢？这位伟人如何走完他最后的人生旅程？这一切吸引着人们在领悟这位伟人的思想的同时思索着这个未解之谜。

希特勒性别之谜

法西斯头子希特勒一生臭名昭著,然而,正因为其臭名远扬,才让人对他更加感兴趣,甚至对于他的性别问题人们也产生了怀疑。

一位研究者写道:"从生理上看,希特勒不是一个仪表堂堂的男子汉,当然更不是理想观念中柏拉图式的伟大军事领袖和新德意志的缔造者。他的身高不及国人的平均高度，臀部宽大而双肩窄小，肌肉松弛且双腿短小，一副纺锤造型。沉重的长筒皮靴和宽大的长裤遮盖着他的臀部。他躯干宽大，但胸脯凹陷，人们说他的军服下填塞着棉花遮掩这一缺陷。"

曾在希特勒身边工作了3年的女秘书说希特勒在其情妇面前就像是慈父一般。他喜欢年轻貌美的女性不完全是由于性欲。他喜欢与女人调情，但他又考虑调情的后果。他不喜欢别人接触他的身体，甚至连医生的检查他都拒绝。一位西班牙外交官的回忆录中讲述希特勒曾向一位名叫玛杰达的女人透露：他之所以对许多女性在身体上的奉献嗤之以鼻，是因

希特勒

为第一次世界大战中一颗枪弹击中了他的生殖器，造成他性生活的障碍。而一些医学家倾向于认为希特勒是梅毒病患者，他的睾丸被他的私人医生切除了，倘若没有梅毒病使希特勒丧失了性欲这一原因的话，是很难解释清楚希特勒拒绝那么多美貌女性的奉献的原因的。

20世纪80年代，东德历史学家召集了一个会议，韦丹堡的历史学家史丹普佛宣布他获得了一份材料，证实希特勒并非一个十足的男子，而是一位女性。这份秘密材料是由希特勒过去的副手也就是战犯赫斯的一位友人提供的。在赫斯留下的日记中有许多关于希特勒的个人秘密，如他的出生时身体有严重缺憾，后来隐瞒了他的真正性别，一直当作男孩子养大。1916年他在第一次世界大战中受伤，军医发现他的生理构造类似女性，但希特勒冒充男性过活。因此他不得不经常服用雄性荷尔蒙，并且采用种种隐瞒的办法。所以他命令人把他的家庭日记、健康记录和军旅生活记载全部销毁。这些个人秘密，只有赫斯、希特勒的情妇爱娃·布朗、他的私人医生以及几个贴身仆人知晓。

金庸小说中的东方不败为求一统江湖而变得不男不女，最终落得一个悲惨的下场，这与力求统一全世界的战争狂人希特勒似乎有些相通之处，这一切只是为对二战感兴趣的人提供了一个新的话题。

希特勒选用卐作党徽有何用意

希特勒采用了红地、白心、黑卐字来作为纳粹党的党旗，作为法西斯主义的象

征,这是出于什么用意呢?

他在《我的奋斗》中这样解释说:"任何党都应该有一面党旗,用它来象征庄严和伟大……黑、白、红3色的旧帝国的国旗……不适合作为我党的象征,因为所代表的德国,可能在以后会受尽耻辱,要被马克思主义所击败,而我党却是要消灭马克思主义的。所以我们不应该沿用旧的德国国旗……但是,在我的理想中,我们的党旗也应保存旧国旗中的黑、白、红三色。我做了很多试验,终于决定我党的党旗最后的形式是红地之中的一个白圆,圆中再画上一个黑色的卐字……"不久,它也成了维持秩序的军队的臂带的图案。

从以上这些话,可以清楚地看到他既把卐当作反马克思主义的标志,又把它当作争取纳粹主义胜利的斗争使命的象征。但为何选用卐字来作为纳粹主义的象征,希特勒并没有明确解释其原因。西方学者对此做过许多推测。有的认为,当希特勒在维也纳流浪时,看到反犹政党的党徽是用卐字来做标志的;也有的认为,德国的反犹的一些右翼组织是用卐字作标志的。其实,当希特勒还很小的时候,就对卐字有着深刻的印象了。美国学者罗伯特·佩恩在其所著的《希特勒传》中对此有过一段描述。

希特勒全家于1897年迁到林茨和萨尔斯堡之间的兰巴赫镇居住。那里有许多古老的教堂,其中有一座建于11世纪的东正派大修道院,希特勒进了这所修道院的学校,立刻被这里的一切迷住了。在修道院的过道上、天井上、修道士的座位上及院长外套的袖子上他都能见到一个卐字标志。希特勒就在附近的拐角处居住,他每天都能透过他住房的窗口看见卐字。

卐字是一个带钩的十字。修道院院长西奥利多赫·冯·汉根视它为自己名字的双关语。希特勒非常崇拜院长显赫的权势,所以将卐看成是院长的象征。他后来回忆说:"我屡次因教堂里的庄严、豪华的庆典欣喜若狂。我崇拜修道院院长,把他看成是我最渴望、最崇高的理想,这就像我的父亲把乡下的神父看作是他的理想一样,我认为这是很自然的。"

罗伯特·佩恩认为,冯·汉根院长的标志图很可能就成为日后希特勒的卐字的原型。

但这种种猜测都是人们在研究希特勒这一特殊的历史人物时所做的假想,究竟希特勒采用卐作为纳粹党标志有何用意,里边是否藏有什么奥秘,目前还无人得知。

斯大林之子在纳粹集中营中死亡之谜

令苏联人万分意外的是,1941年6月22日,20个月以前还在与他们共享瓜分波兰的喜悦的昔日朋友希特勒,会在这一天下令向苏联全线发动战争突袭。在几乎没有准备的情况下,苏联全线溃败,主要的工业、农业区相继被德军占领。

更富戏剧性的事发生在战争开始20多天的时候。在苏联第14坦克师被击溃后,斯大林之子中尉军官雅科夫·朱加什维利成了德军的俘虏。

　　但苏联毕竟不是法国,有着广阔的土地、雄厚的工业基础和英勇的军队。随着德国多线作战,苏联逐步掌握了战争主动权,在斯大林格勒战役中的德军将领保卢斯失利被迫向苏军投降。希特勒传信给斯大林,希望苏方释放保卢斯将军,作为交换条件,德国方面愿意释放已关押了半年多的斯大林的儿子雅科夫·朱加什维利。苏军统帅斯大林没有因此动摇,他让中立国的红十字会转告希特勒:"我不喜欢用一名将军交换一名士兵。"这就是战争期间的价值观,由此苏联人民更加敬佩斯大林,为他毫不自私、一心为苏联人民着想深深感动。但这对于雅科夫无疑是当头一棒。

　　果然雅科夫得到这条消息后极其失望,他在饥饿的俘虏中间目睹了濒临死亡的人们那种绝望的神情,斯大林所说的"没有战俘只有叛徒"的话也使他无脸回到故土去。当听说斯大林不愿"用一名将军交换一名士兵"的消息后,雅科夫在精神上遭受重创。但是雅科夫却不知道,斯大林没有一刻不在为营救他而努力,他特别下令,责成有关方面进行过两次营救行动,但都以失败告终。

　　雅科夫被关押的集中营里还有许多英国军官。但是英俄两国的军人们关系并不是很好。他们互相指责对方与德军看守的关系,互相鄙视。雅科夫看到同盟军之间也是经常恶语相向,情绪低落到了极点。而这时,已到1943年4月。有一天,一名看守将有关苏军在苏联境内的卡廷森林屠杀成千上万的波兰军民的报道拿给雅科夫看,雅科夫脑中关于正义与非正义的观念彻底崩溃,这次,他更加失望了。

　　终于他在同一名英国人发狠打了一架后,突然飞奔而去,这位炮兵中尉疯狂地向电网奔去。当时,哨兵朝扑向电网的雅科夫开了枪。但有些历史学家认为,当时雅科夫已经在电网上自杀了,因为最高统帅的儿子落于敌人之手的羞愧、永远也无法获救的绝望、斯大林屠杀波兰军民这一切让他被钉在了耻辱柱上,他成了众人的敌人。在这种情况下,他别无他途,只有自杀。但这一点值得商榷,因为雅科夫在集中营已经待了两年,而且在斯大林屠杀波兰军民的前后,曾和他的几位波兰难友两次策划过越狱。这一切又表明雅科夫直到死前从未放弃过生的努力。由于雅科夫死前没有什么遗言留下,他是自杀还是他杀可能将永远成为一个谜。

女间谍川岛芳子有没有被枪决

　　二战时期的女间谍川岛芳子在日本可谓是闻名遐迩,在中国可谓是臭名昭著,在中国抗日战争胜利后,这位风流女间谍的去向如何呢? 她到底有没有被枪决呢?

　　日本在1945年8月15日投降之后,全国人民要求对汉奸进行严惩,几名手持短枪的国民党政府宪兵于10月10日在北京把川岛芳子逮捕了,他们把手铐戴到了她的手腕上,给她头上蒙上黑布,暂时在一个军队司令部的仓库内关押。两个月后先在北新桥的前日本陆军监狱内关押,后又转移到远郊姚家井河北第一监狱的女监第3号牢房,这是国民党的模范监狱,关押的主要是大汉奸。

1948年3月25日早晨6点40分,她在第一监狱西南角的场地上被秘密枪决。她在行刑前给狱长和其养父等人写了遗书,并曾请求穿上黑上衣、白绸裤子,但没有被批准。在行刑前各报记者被通知可以采访,但在执行死刑时,除了一位美籍美联社记者外,其他中国新闻记者全部被挡在了门外。事后女尸被停放在第一监狱后门的自强路上,直到7时半监狱方面才引导记者对此女尸进行参观。尸体脚朝北,头朝南,身着灰色囚衣,里面穿红色毛衣、蓝色毛裤,子弹从后脑射入,又从鼻梁射出,头发披散,满脸血污,根本无法分辨面目。

川岛芳子

但对于监狱方面的出尔反尔各报记者极其不满,不断质问司法部门。对于记者们的质问法院也无可奈何,最终不了了之。但是,对川岛芳子的枪决真相却众说纷纭,闹得满城风雨。传闻最多的是一个名叫刘凤玲的女犯以10根金条的代价做了川岛芳子死刑替身。

日本一位研究川岛芳子的专家、东京大学渡边龙策教授还就川岛芳子之死提出一连串质疑:最为关键的行刑场面为何会被搞得这样神秘?为什么会违背惯例,把新闻记者都赶出现场呢?被处决者的脸部为何被弄了那么多的泥土和血污,以致无法辨认人的面目?为何单单选择看不清人的面孔的时间行刑?渡边龙策教授还提道:川岛芳子的哥哥金宪立说川岛芳子已经去了蒙古,之后北上苏联;还有人说川岛芳子已到美国去了。

川岛芳子的来历本来就是一个谜,而到最后,她的死也成了一个谜,看来,这位风流女间谍真可谓做到了"来无影,去无踪"。

苏联政治家基洛夫死因莫测

充满了温馨甜蜜的爱情与充满了权力斗争的政治似乎是风马牛不相及的事情,然而,这二者却总是发生某种微妙的关系,苏联政治新星基洛夫被刺一案就是如此。

1934年12月1日,联共(布)中央政治局委员、列宁格勒州委第一书记基洛夫去找州委第二书记丘多夫了解关于取消列宁格勒实行的面包配给制的问题所做的准备工作进度情况。这个时候，基洛夫的警卫却违反了警卫工作守则，走在距离基洛夫很远的地方。当基洛夫伸手去开门时，一个潜伏在走廊已久的刺客向他射出了子弹。

基洛夫被誉为刚刚升起的政治新星，在党内的地位简直可以同斯大林平起平坐了，为什么他会如此神秘地陨落了呢？基洛夫为何会如此轻易地被谋杀？有没有其他的人在幕后指使？到了今天，人们尽管已揭露了许多真相，印证了许多事实，但还是有许多不被人所知的谜有待解开。

说法一是基洛夫死于情杀；说法二是情杀的背后隐藏着一场政治阴谋。总之，似乎都与一个"情"字有关。

许多当事人在回忆这起震撼整个苏联的"基洛夫案"时，谁都没有提到基洛夫有可能死于情杀。但却有大量的事实被揭露，是关于凶手尼古拉耶夫如何杀害基洛夫的内幕。亚历山大·奥尔洛夫将军曾经是一位苏联内务部官员，做了如下的记述：

"在党内地位愈发举足轻重的基洛夫，逐渐成了斯大林的绊脚石，而且他从不对斯大林唯唯诺诺。但在 1934 年的那时候，斯大林还没有足够的权力随意处置一位政治局委员。更何况随着基洛夫的威望越来越高，他的地位也越来越重要，要想定他的罪并不是一件容易的事，唯一的办法就是除掉他，并把这个弥天大罪加在原反对派领袖的头上，继而一箭双雕，一面高喊着'血债血还'的口号，一面大刀阔斧地除掉所有对领袖具有威胁的人。"

而且几乎所有当事人、知情人都非常肯定，"基洛夫案"是有着幕后策划的政治阴谋。常言道："若要人不知，除非己莫为。"据有关人士透露，早在 1934 年夏，基洛夫在哈萨克斯坦出差时，就有人企图杀害他。距基洛夫被害的 1 个月前，一位在内部工作的高级官员忧心忡忡并好像有先见之明地对他的朋友说："一场可怕的暗杀活动正在列宁格勒酝酿着。"

如果说基洛夫遇害前的种种迹象已向世人表明，这时一场蓄谋已久的政治阴谋，那么在案发后案件的见证人纷纷"失踪"，就更让人坚信这是一场政治的阴谋。

当然，在这个问题上，也有不同意这是一场政治阴谋的说法。基里琳娜就断言，关于斯大林参与谋杀基洛夫的说法是没有根据的，因为从来就没有发现过任何证据，无论间接的还是直接的。

"爱情与阴谋"这出戏在基洛夫案里上演完了，留给观众——后来者的印象是什么呢？

斯大林是死于谋杀吗

谁都不会忘记 20 世纪的那场反法西斯战争，在欧洲战场上，当法、英在希特勒的进攻下纷纷溃败的时候，是苏联人的火炮击碎德国人的坦克。斯大林的一声怒吼,使世界又看到了一位巨人。然而20多年后,这位巨人——苏联人的核心却死得不明不白,关于他的死因,至今仍是一个谜。

斯大林的生活以神秘开始,又以神秘告终。

1977年,斯大林逝世的周年纪念日里,雷宾找到了几个在斯大林逝世时近郊别墅工作过的卫队的工作人员。

雷宾说记录下了他们的叙述作为证词。

"2月28日夜里,政治局委员们在克里姆林宫中看完电影后,就驱车前往别墅。到斯大林别墅去的有赫鲁晓夫、贝利亚、马林科夫和布尔加宁。他们在别墅一直呆到清晨4点钟。当时在斯大林处值班的是高级工作人员斯塔罗斯京和他的助手图可夫。别墅值班的是警卫长奥尔洛夫的助手帕维尔·洛兹加乔夫……"

"客人走了以后,斯大林就躺下睡觉了。此后他就再也没有走出自己的房间。"

除了这些以外,雷宾还单独记录了斯塔罗斯京、图可夫和洛兹加乔夫的证词。斯塔罗斯京:"从19点钟起,我们开始为斯大林房间中的寂静感到不安……在没有召唤的情况下,我们两个(即斯塔罗斯京和图可夫)都不敢擅自进入斯大林的房间。"

于是,他们叫洛兹加乔夫进去看。帕维尔·洛兹加乔夫就成了第一个看见斯大林躺在桌旁地板上的人。洛兹加乔夫说,当把客人送走后,警卫员伊万·瓦西里耶维奇·赫鲁斯塔廖夫传达了"当家的"命令,让大家都去睡觉。洛兹加乔夫还是第一次听说"当家的"说这种话。

斯大林就这样在他自己造成的恐怖气氛和官样文章的环境下死去了。也许,人们永远也不会知道,那天夜里在"当家的"那几间关着的房里究竟发生了什么事情,但不外乎有两种可能:

或者是"当家的"真的让大家都去睡觉,而夜里他中了风;或者是……

或者是赫鲁斯塔廖夫被某人给收买了,受到某人的指使,让服务人员都去睡觉,为的是让某个人们不清楚的人物或者自己可以与"当家的"单独在一起。然而,收买赫鲁斯塔廖夫的又是谁呢?

是赫鲁斯塔廖夫自己潜入了斯大林的房间还是另有其人?抑或他们在"当家的"喝过酒后昏昏入睡的情况下给他打了针而引起了中风?是否"当家的"在感到不适之后仍然醒了过来,并挣扎着试图呼救?是否针剂起了作用,使他只能勉强走到桌旁?如果事情真的是这样,那他们理所当然可以去睡觉了。

后来,直到赫鲁晓夫时期,一直有这样一种传说流传着"当家的"并不像正式公告所宣布的那样死在克里姆林宫里,他是在近郊别墅去世的。

这不过也是传说而已,在找到确凿证据之前,斯大林的死因仍不能定论。

格瓦拉为何在古巴胜利后远走他乡

在中国,范蠡在吴越战争胜利后携西施隐居的故事被传为佳话,谁又能想到,有"红色思想家"之称的古巴革命领导人切·格瓦拉在异国也上演了同样的一幕,只是不知他身边有没有美女相伴。

古巴革命胜利以后,他先后被新政府委任以土地改革全国委员会工业部主任、国家银行行长和工业部长等重要领导职务。在任期间,他多次代表古巴政府和统一革命组织全国领导委员访问亚非拉各国,出席各种国际会议。他在国内外均享有盛誉。

然而,在1965年4月以后,格瓦拉退出了公众生活,而后就秘密出走了。当年,人们对他的出走感到迷惑不解,如今,对他出走的原因进行了长期探讨的学者们仍然众说纷纭,莫衷一是。尽管如此,对于格瓦拉出走的原因不外乎下述4种看法。

首先,格瓦拉在经济建设和思想建设路线上与古巴其他领导人存在着严重的分歧。新政府成立后,格瓦拉强烈要求实行严格的中央集权路线,要缔造"社会主义的新人"。可是有的人主张不要过度集中,应该给国营企业一定的自主权。卡斯特罗的观点却十分矛盾,他有时赞成精神鼓励,有时赞成物质刺激。

第二,格瓦拉对他主管的工业改革的失败感到极度失望,因而出走。

第三,有些学者认为,迫使他出走的因素是苏联对格瓦拉政策的反对。苏联在几个方面都不同意格瓦拉的政策。一是不同意格瓦拉在古巴国内推行反对物质刺激的政策,因为当时苏联赫鲁晓夫正在推行这样的政策;二是赫鲁晓夫对格瓦拉倾向中国的政策非常不满。

第四,与第三种意见紧密相关,格瓦拉对于在拉丁美洲直接开展革命战争更感兴趣。格瓦拉的这一思想,是经过长期考虑的。而且,格瓦拉的出走有明确的目的,他是怀着视死如归的决心出走的。他在临走之前写给母亲的告别信中作了如下表述:"我相信武装斗争是各族人民争取解放的唯一途径,而且我是始终不渝地坚持这一信念的。许多人会称我是冒险家,只不过是另一种类型的,是一个为宣扬真理而不惜捐躯的冒险家。也许结局就是这样。我并不寻找这结局,但是,这是势所难免的。如果是这样的话,我在此最后一次拥抱你们。"

在激流勇进还是功成身退之间,格瓦拉做出了自己的选择,至于做出这样选择的原因就只有他自己知道了。

刚果总理卢蒙巴是被比利时人杀害的吗

帕特里斯·埃梅里·卢蒙巴是著名的刚果民族英雄,刚果共和国首任总理。1960年9月,刚果陆军参谋长蒙博托发动军事政变。10月10日,刚果国民军和联合国军以保护为名,将卢蒙巴软禁在总理官邸。

1961年1月17日晚,卢蒙巴、奥基托和莫大波洛三个人,偷偷地被带到伊丽莎白维尔郊外一所孤零零的别墅里,加丹加宪兵里三层外三层将别墅围个严严实实。

这一夜,三人又受尽了非人的折磨。加丹加宪兵不让他们吃饭,不让他们喝水,还轮换着使用各种方法对三人进行侮辱、殴打。

随后不久即传出卢蒙巴的死讯,但到底是谁杀害了卢蒙巴呢?为什么要杀害卢蒙巴总理呢?这在40年后的今天才找到答案。

比利时社会学家卢多·德维特,在他的著作《杀害卢蒙巴》中证明了这位前刚果领导人的预感,最终推翻了在这以前布鲁塞尔一直宣称的原因:就是卢蒙巴被害应归结在"黑人政客"之间的算账行为的论点。对于他们——比利时的政府、军队和警察在杀害卢蒙巴这一事件中所扮演的角色,《杀害卢蒙巴》一书言之凿凿。至此,比利时名为路易·米歇尔的现任副首相兼外交大臣,也只好同意成立一个议会调查委员会,宣称一定要还总统一个清白。比利时外交部的文件资料详细地记载着卢蒙巴被害"是比利时政府做出的,并且,比利时的军官和外交官员以及一些拥护比利时的刚果人共同执行的"。在德维特看到的材料中,有比利时前非洲事务大臣哈罗德、达斯普勒蒙、兰当在1960年10月5日发给比利时驻布拉柴维尔领事馆的一份电报,兰当指出:"为了刚果、加丹加和比利时的利益,一定要除掉卢蒙巴。"

为什么比利时领导人如此仇恨卢蒙巴,以至于要策划和组织杀害卢蒙巴呢?首先,他们痛恨卢蒙巴使刚果军队实现非洲化,加快比利时人离开刚果的进程。其次,他们认为自己的利益受到了威胁,原因是卢蒙巴在冷战时期竟敢利用苏联援助,为了捍卫本国领土完整,反对加丹加分裂出去,这就损害了自私自利的比利时工商业者的利益,还有他们和一些政治盟友们的计划。比利时的工商业者及其政治盟友为继续控制富裕的加丹加省,曾企图将其分裂出去。1960年6月15日,为了让加丹加这个相当于半个比利时大的地区,痛快地从刚果分离出去,比利时议会修改了关于刚果结构的基本法,许多比利时"顾问"曾帮助夺取这些不当权力。所以,为除掉卢蒙巴,达到自己的目的,这是最痛快的手段。

对于卢蒙巴怎么死的,当时众说纷纭,莫衷一是。有的说被枪杀;也有的说是被扔在硫酸桶里活活烧死的;另外一些人说他是被活埋的。总之,卢蒙巴是如何死的谁也没有拿出确凿的证据,仍是个未解之谜,相信终有一天,真相会大白于天下。

谁谋杀了马丁·路德·金

以《我有一个梦想》的演讲闻名全世界的诺贝尔和平奖获得者马丁·路德·金也许不知道,他真正的"dream(梦想)"应该是让人们查出他被刺杀的真相。马丁·路德·金在1968年4月4日傍晚,在田纳西州孟菲斯市洛兰停车场旅馆遇刺身亡。警方查出凶手的真实姓名是詹姆斯·厄尔·雷,他是个抢劫惯犯,曾被判入狱20年,1967年4月成功越狱。他于1968年4月4日早晨住进贝西太太的出租公寓,傍晚开枪把马丁·路德·金打死了。对自己的犯罪事实,厄尔·雷供认不讳,他被判入狱99年,可是他在审判后不久就反悔了,坚持说自己是冤枉的,并要求对此案进行重新审理。

使人不解的是厄尔·雷在 1967 年的成功越狱。厄尔·雷是一个令人觉得好笑的三流窃贼，他在打劫杂货店后驾车逃跑被甩出车外，偷打字机时将存折丢下，两次越狱都没有成功。这样一个傻瓜，1967 年为何能成功越狱，并一下子过上富有而体面的生活，甚至四处旅游，挥金如土？

因而，人们怀疑联邦调查局参与了此案，联邦调查局早在 50 年代就对马丁·路德·金在的行动有所注意，1964 年还制定了"消灭金小姐"计划。在记者招待会上，联邦调查局局长胡佛甚

马丁·路德·金

至指责马丁·路德·金是全国最大的骗子，胡佛还在马丁·路德·金荣获诺贝尔和平奖之后，派人给他送恐吓信，要他"小心谨慎以谢国人"。

2001 年 1 月，即马丁·路德·金被害 35 年后，一名美国佛罗里达的牧师向《纽约时报》记者透露，杀害马丁·路德·金的直接罪魁就是他的父亲。这位牧师 61 岁，名叫威尔逊。他对记者说："我父亲亨利是一个三人小组的头，而 1968 年枪杀马丁·路德·金的正是这个小组。"威尔逊指出，虽然亨利并非种族主义者，但他觉得共产主义与马丁·路德·金有联系，因此必须杀掉马丁·路德·金。威尔逊说他父亲已经去世 10 多年了，但他父亲在世时曾反复强调，把马丁·路德·金杀掉是每一个热爱美国的人应该做的事，"为了整个国家的前途"，这样做完全是责任所在。

然而直到现在，马丁·路德·金之死还是一个谜，也许他的这篇演讲应该改为"We ha ve adrearn"了，那就是希望这件历史悬案的真相大白于天下。

肯尼迪遇刺之谜

美国总统的宝座似乎背负上了"所罗门的诅咒"，因为在这个位子上的人遇刺的几率远大于别人，解放黑人奴隶的林肯如此，多年后，约翰·肯尼迪又处在了这个恶毒的诅咒之中。

1963 年 11 月 22 日，美国总统约翰·肯尼迪乘坐他的轿车在得克萨斯州拉斯市埃尔姆大街上行驶时，突然传来一阵枪声，肯尼迪与陪同他的康纳利州州长同时被子弹击中。这位美国人颇为崇拜的总统倒在血泊中。

经过缜密调查，美国官方认定刺杀总统的唯一凶手名叫李·哈维奥斯瓦尔德。肯尼迪遇刺后的第三天，在警察局，奥斯瓦尔德被一个名叫杰克·鲁比的夜总会老板枪杀。

对肯尼迪遇刺案的背景，大家说法不尽相同。美国官方认定此案是由于对权

力的仇视所引起,并据此推断出几种原因:其一,凶手是由苏联克格勃所指使的。理由是此前凶手奥斯瓦尔德在苏联生活过3年,曾娶苏联妇女为妻,加入苏联国籍。其二,古巴当局有可能插手此事。理由是亲卡斯特罗派组织与奥斯瓦尔德关系密切。也有人说奥斯瓦尔德是美国联邦调查局的情报人员,是反对肯尼迪对古政策的古巴右翼分子和联邦调查局中的激进分子所采取的行动。

肯尼迪

事隔30年后,有关肯尼迪遇刺案的著作由包括知情人在内的研究人员相继推出。其中,曾经抢救奥斯瓦尔德的肯尼迪的外科大夫查尔斯·克伦肖披露的事件真相,极受人们关注。克伦肖坚信:"总统并不是被奥斯瓦尔德在楼房顶上被射中,而是被迎面射来的枪弹击中,凶手另有其人。"但是,经多年调查研究后,弹道专家霍华德·多纳荷指出,肯尼迪是被他的保镖误伤的。多纳荷认为,总统身后的保镖威廉·希基在刺杀事件的一瞬间,因轿车突然起动,手指碰触到扳机,导致步枪走火击中总统后脑。

林肯的遇刺本来就是美国历史上的一个难解之谜,前谜未解,后谜又至,杀死肯尼迪的凶手究竟是谁?事情的真相如何?美国总统之谜又添加了一位新的成员。

拉登财富之谜

拉登1957年出生在沙特的一个豪门之家,他的家庭一直保持着经商的传统。40年代末,居住在也门的拉登的祖父奥克巴迁往沙特阿拉伯。拉登的父亲穆罕默德·本·拉登,白手起家,经过多年奋斗,终于有了数百万家产。在创业期间,他也与政界相联合,与费萨尔国王建立起特殊关系,当然也能凭此不断致富,而且为家族争取了该国的公共设施与房屋建筑业,王宫、清真寺、王室别墅等建设都是可以迅速发财致富的大工程,本·拉登的家族成为沙特百大豪门之一。

1980年6月,27岁的本·拉登凭他那巨额财富在伊斯坦布尔的郊区设立了他的总部。他在这里对志愿者进行收容、组织,并承诺把他们送到阿富汗。可以说,提起拉登便咬牙切齿的美国人,当时曾把拉登当作亲密的朋友。拉登就是在土耳其这段时间里积聚了巨额财富。

拉登堪称出色的企业家,他经营的分公司遍及伊朗和巴基斯坦和海湾国家,他在日内瓦、苏黎世、法兰克福和伦敦等金融市场也有账户。他的先进的电子设备和武器弹药是通过一个错综复杂的银行网在瑞典、法国和德国购买的。同时，拉登也拥有先进的网络信息系统，办事效率也极高。1982 年底拉登从伊斯坦布尔来到巴基斯坦，在白沙瓦建立了"支持者之家"，还在阿富汗边境的柏克蒂亚建立了 16 个游击队训练营地，训练他的恐怖分子。

后来，拉登在阿富汗创办了一个工程公司，并且利用它建立了隐蔽的场所，挖隧道、筑路等，为以后的高明的藏身术打下基础。1989 年 10 月，苏联从阿富汗撤军期间，拉登离开了阿富汗。回国不久，政府就因他"支持恐怖组织"而取消了他的沙特国籍。1992 年他以投资者的身份来到苏丹。1993 年，"拉登控股公司"签订了 8500 万美元的巨额合同，就是承建苏丹喀士穆——尚迪——阿特巴拉之间的干道公路。同时他们还承建苏丹首都商业中心的三座大楼。本·拉登很善于经营，他还联合亲执政党的两个金融家创办了苏丹北方银行。这个银行至今在苏丹仍然是实力最强的。

这以后，本·拉登旅游欧洲各地，伦敦和瑞士是他最常去的地方，他在那里的众多投资都需要他去照看。仅在伦敦，拉登的财产估计已在 5000 万美元之上。拉登在全球拥有那么多公司和子公司，还有一个线面宽广的金融系统和网络系统，他到底有多少财富？这还是一个谜。

军事篇

战争史话

希波战争

波斯是西亚的一个强国,公元前550年由居鲁士大帝(Cyrus the Great)建立。它凭借强大的军事力量,东征西讨,四处扩张。到公元前525年,波斯的疆域已经扩大到东至印度河,西到小亚细亚沿岸,北达兴都库什山脉,南迄埃及,成为一个包括整个中近东地区的奴隶制大帝国。

"希波战争"图

波斯的扩张与希腊半岛上的城邦国家发生了碰撞。以雅典和斯巴达为代表的希腊城邦,与波斯帝国之间的矛盾日益加剧。

公元前492年,波斯皇帝大流士一世(Darius)委派女婿马多纽斯为统帅,率领一支庞大的陆海军向希腊进发。在阿托斯海角,波斯舰队遭到了飓风袭击,300多艘舰船沉入海底,2万多名海军官兵葬身鱼腹。

第一次远征半途而废。大流士一世随即进行更大规模和更加充分的准备。他派出大批使者,向城邦索取"土和水",迫使他们纳贡称臣。雅典和斯巴达表示了坚决的反对。

公元前490年,大流士派兵5万,开始了第二次远征。雅典城邦政府立即实行紧急动员,组成一支总数约万人的军队,由陆军统帅卡里玛巧斯和米太亚德等统率。这时,波斯军已经在马拉松登陆了。9月21日,两军在马拉松会战。米太亚德命令部队控制山头,占据有利地形,封锁通向雅典的道路。依山布阵的雅典军首先派出一支部队从高地上猛冲下来,进攻在平原上刚好布成阵势的波斯军,波斯军一时惊慌失措。不过,他们很快便稳住了阵脚,开始反攻。雅典军且战且退,主力部队在从左右两翼完成包围后开始发动凌厉反击。此时,波斯骑兵尚未全部赶到作战地点,而雅典军的长枪密集方阵又有着凌厉的进攻实力。波斯军抵挡不住,突进的重兵部队被迫后退。败退之军一泄不可收拾,纷纷抢着登船,雅典军趁机追杀,波斯军死亡6400人,雅典军只牺牲192人,还缴获了敌船7艘。马拉松从此成了世界知名之地。大流士一世对希腊的第二次入侵又以失败告终。

公元前480年春天,波斯皇帝薛西斯一世(Xerxes)率领百万大军,开始了第三次进军。波斯陆军总数为170万人(其中骑兵8万人),战舰1200艘,但后人估计,实际作战兵力约25万人,战船约1000艘。

这是一支奇形怪状的军队,穿着鳞状护身甲而挂短剑握长矛的米底人,头戴铁盔手拿盾牌木棍的亚述人,穿长袍的印度人,身着紧腰斗篷而右肩挂着长弓的阿拉伯人,披着狮子皮或豹子皮、用红白颜色涂身、使用棕榈树做弓、燧石做箭头的埃塞俄比亚人,构成了这支军队的主体。真正的波斯籍士兵不过数万人。这支庞杂的队伍武器不同,服装各异,语言不通,习惯有别,根本不可能实行统一指挥。

浩大的队伍在赫勒斯滂海峡通过浮桥渡海,据说用了整整7天7夜。随后分为水陆两路,沿色雷斯西进,很快占领了北希腊,迫使一些城邦投降,继而向中希腊进军,来势非常迅猛。

在波斯进军的前一年,即公元前481年,希腊30多个城邦已经在雅典的倡议下集会于科林斯,结成了全希腊同盟,组成希腊联军,拥有强大陆军的斯巴达成为盟主,斯巴达国王为联军统帅。同盟的总兵力大约为重装步兵4万人,轻装步兵7万人,战斗舰船400余艘。

8月中旬,波斯军进抵温泉关城前,希腊联军到达关上的部队约为6000余人。温泉关易守难攻。波斯军依仗优势首先发起猛击,斯巴达国王李奥尼达率领联军勇战迎敌,薛西斯出动了号称无敌的御林军,仍然无济于事。正当薛西斯一筹莫展之际,一个希腊叛徒带领波斯军从山间小路迂回到温泉关背后,向守关部队实施前后夹击。李奥尼达急令其他城邦军队迅速撤退,以便在南希腊选择险要地点组织抵抗,自己亲率斯巴达精兵300人断后阻击,并掩护全军后撤。因为双方兵力过于悬殊,返路又被切断,李奥尼达等全部壮烈牺牲。波斯军经过3天苦战夺得了温泉关,却付出了近2万人的生命为代价。

温泉关失守后,波斯军长驱直入,横扫阿提卡半岛,开进了雅典城。此时的雅典只是一座空城,仅有少数官兵守卫雅典娜神庙。恼羞成怒的薛西斯下令放火烧毁了希腊这座最大、最富庶的城市。但是,沿爱琴海南下的波斯海军却在航行中遇到了飓风,损失舰船近400艘。实力最雄厚的腓尼基舰队遭受了致命的打击,几乎完全丧失了战斗力。

　　9月23日凌晨,波斯舰队完成了对希腊舰队的包围。海湾西口,200艘埃及战舰按时到达指定位置,堵住了希腊舰队的退路;海湾东口,800多艘波斯战舰排成三列,将海面封锁得严严实实。波斯舰队在数量上占有绝对优势,但因船体硕大,调转不灵,作战很不方便。希腊舰队战船虽少,但船体较小,可以灵活袭击艇舰。

　　被逼到绝境的希腊舰队在提米斯托克利的指挥下迅速展开了阵形:科林斯舰队开往海湾西口顶住埃及人的冲击;主力舰队分为左、中、右三队,集中在海湾东口,与波斯主力抗衡。

　　战斗开始后,双方战舰性能优劣很快显示出来。雅典的新式三层战舰长40～45米,170名桨手分别固定在上中下三层甲板上,体积小、速度快、机动性强,吃水浅。波斯的挂帆战船体积大、速度慢、机动性差、吃水深。提米斯托克利发挥自己船小快速的优势,指挥战船不断地向波斯战船作斜线冲击,利用船头一根长约5米的包铜横杆,先将敌人的长桨划断,然后调转船头,用镶有铜套的舰首狠狠冲撞波斯战舰的腹部。波斯战舰就这样一艘一艘地被撞沉。一番激战后,波斯前锋舰队抵挡不住,被迫后撤。而正从后面增援的波斯战舰并不知道战况,它们笛鼓齐鸣,猛往前冲。由于正值顺风,鼓成满帆的后援战舰冲人海湾,正好同后撤的前锋舰只迎头相撞,乱成一团。提米斯托克利乘机指挥全军四面出击。波斯舰队被冲撞得七零八落。8个小时的激战,波斯舰队200艘战船被击沉,50艘被俘获。希腊联军只损失战舰40余艘,从此取得了东地中海水域的海上优势。

　　公元前479年8月中旬,希波双方陆军在普拉提亚附近进行了一次决定性的会战。波斯军仍占明显优势,但部署不当,队形前后重叠,不能充分发挥优势。全军陷入混乱,招致惨败。入侵的波斯军大部分被消灭在希腊境内,只有少数的残余部队逃回了亚洲。

　　公元前449年,希腊和波斯在苏萨签订了《卡利阿斯和约》,延续了数十年的希波战争正式结束。波斯吞并希腊的梦想彻底破灭,希腊各城邦赢得了独立和自由,获得了加速发展的机会。希腊的奴隶制文明进入了全盛时期。战争使雅典确立了海上霸权,控制了海上的重要战略据点和商路,从而获得了广阔的市场和粮食、原料供应地,促进了奴隶制经济的蓬勃发展,为雅典奴隶制城邦"黄金时代"的到来奠定了基础。

伯罗奔尼撒战争

　　在希腊各城邦共和国中,雅典和斯巴达最为强大。雅典是民主政治的、进步的、城市的、帝国主义的、文学艺术繁荣发达的国家,斯巴达是贵族政治的、保守的、农村的、地方性的、文化鄙俗落后的国家。双方都想把自己的政治制度扩大到其他希腊城邦。雅典支持各邦的民主派,斯巴达支持各邦的贵族派,相互敌对,各不相让。双方矛盾日益尖锐,最终使大部分城邦都卷入了一场大战——伯罗奔尼撒战争。

公元前 431 年 3 月,伯罗奔尼撒战争爆发。当时斯巴达方面有步兵、骑兵约 3.5 万人,强于雅典,其战略是发挥陆军优势,鼓动提洛同盟成员国叛离,削弱和孤立雅典。同年 5 月。斯巴达国王阿基丹姆率军侵入阿提卡,对雅典乡村恣意践踏,大批农民拥入雅典城。雅典执政者伯里克利(Pericles)决定在陆上取守势,海上取攻势,派舰船侵袭伯罗奔尼撒半岛沿海地区,鼓动希洛人暴动,逼对方求和。于是,居住在城外的公民举家搬进城中,但只有少数人能托庇在亲朋好友的屋宇下,大多数人只得栖身在神殿、庙宇和空地上安身。

公元前 430 年,雅典城内发生瘟疫。城内高度密集的人群,使瘟疫更加难以控制。住在空气污浊的茅舍中的人们像苍蝇一样死去,垂死者的身体堆积起来,半死的人在街上打滚,连食用了死尸的鸟兽也大量死去。瘟疫使人们不再关心宗教和法律条文,违法乱纪的情况空前突出。

公元前 422 年,双方在安菲波利斯激战,雅典主战派首领克里昂与伯拉西达均战死。公元前 421 年,雅典主和派首领尼西阿斯与斯巴达缔结《尼西阿斯和约》。条约规定:交战双方退出各自占领地,交换战俘,保持 50 年和平。然而,双方都没有履行诺言,也不愿意交出土地。在签约后的几年中,虽然没有进行大的战役,但违犯条约的事时有发生,导致战争的基本矛盾依然存在。

公元前 415 年 5 月,雅典由阿尔基比阿德斯与尼西阿斯等率领战舰 130 多艘,轻装步兵 1300 人,重装步兵 5100 人,出征科林斯殖民地西西里,与科林斯、斯巴达军激战。由于尼西阿斯优柔寡断,指挥不力,雅典军于公元前 413 年 9 月全军覆没,尼西阿斯被杀。经此严重打击,雅典渐失其海上优势。

公元前 413 年,斯巴达军大举入侵阿提卡,并长期占领德凯利亚(雅典城北部),破坏和消耗雅典力量。雅典的农业生产完全瘫痪,2 万名奴隶逃亡。公元前 411 年,雅典海军在阿拜多斯,次年在基齐库斯,先后打败斯巴达海军。斯巴达则寻求波斯援助,增建舰队,以备与雅典海军做最后的较量。

公元前 405 年夏末,斯巴达将军莱山德得到情报,获悉雅典人在赫勒斯滂海峡沿岸没有设防,立即带领全军从海上攻占了拉姆普萨科斯城。雅典人闻讯,派出一支拥有 180 艘战船的大舰队,火速奔向与拉姆普萨科斯隔岸相对的羊河口。莱山德以逸待劳,静候雅典人到来。雅典人向敌人挑战,可莱山德命令士兵们保持镇静,不许出击。雅典人渐渐滋长了麻痹轻敌的心理,士气也受到影响。第 5 天,雅典人依然挑战如初,喊叫之后无人理睬,便驶回驻地。莱山德派出的侦察船跟踪而来,一见雅典人离船上了陆地,就立刻返回并在船头举起一个发光的盾牌,示意大军可以进攻了。莱山德命令所有舰只全速冲向敌人的驻地。雅典人做梦也没有想到敌人会在这个时候进攻,许多船上空无一人,在船上的人不知所措。庞大的雅典舰队顷刻间土崩瓦解,只有 9 艘船只幸免。3000 名雅典人被俘并被处死。

羊河口之战彻底摧毁了雅典的海上优势,奠定了斯巴达人最终胜利的基础。

莱山德接连发动攻势,把各地的雅典人驱赶回雅典城,然后对雅典进行海陆包围。数月之后,不堪饥饿之苦的雅典人终于乞降。雅典人答应毁掉雅典城至港口的长城,交出全部舰队,只保留 12 条担任警戒的船只,恢复被流放者的地位,服从斯巴达的领导。公元前 404 年 4 月,双方签订了合约,长达 27 年的伯罗奔尼撒战争结束,斯巴达取得了希腊霸权。

伯罗奔尼撒战争给希腊世界带来了空前的破坏。阿提卡农村被占领、财产被掠夺、人力大批丧失,是雅典势力衰落的主要原因之一。战争对小农经济的毁灭性打击,摧毁了希腊文明的基础。作为城邦支柱的公民兵制度随着小所有者的没落而衰退,希腊城邦来日无多。斯巴达人为了称霸希腊,不惜牺牲希腊的长远利益,同宿敌波斯联手,加速了雅典的失败,但因此而留给自己的日子也不多了。公元前 3 世纪前半期,希腊境内战火不绝,各邦力量彼此消耗,终于被马其顿所灭。

伯罗奔尼撒战争在古代军事史上占有相当地位。对抗双方对海上通路的争夺,从海上对敌的封锁和侵入都达到了很大规模;挖地道、断水源、放火烧、长时间包围乃至以攻城机强攻或利用内奸里应外合捣毁城池,都是各方常用的破城手段;方阵虽还是战斗队形的基础,但步兵能以密集队形和散开队形在起伏地机动行动;职业军人开始出现。这些都对希腊以及西欧军事产生了深远影响。

布匿战争

布匿战争是古罗马与迦太基为争夺地中海西部霸权而进行的一场著名战争,时间长达百年,前后进行了 3 次。

公元前 3 世纪早期,罗马统一了意大利半岛,随即开始了向地中海周边区域扩张。它首先遇到的劲敌是西部地中海大国——北非的迦太基。迦太基是公元前 9 世纪由腓尼基人在北非建立的殖民地。到公元前 6 世纪时,它已成为一个囊括北非西部沿岸、西班牙南部、巴利阿里群岛、撒丁岛、科西嘉岛和西西里岛的帝国。当罗马兵锋指向西部地中海时,一场酷烈的战争不可避免地爆发了。因罗马人称腓尼基人为"布匿人",所以这场战争被称为"布匿战争"。

公元前 264 年,罗马军队开进西西里,第一次布匿战争爆发。罗马先后占领墨西拿和阿格里琴托,但在海上迦太基占有优势。善于模仿的罗马,以一艘搁浅的迦太基战舰为样板,在希腊人帮助下,迅速建立起一支强大的舰队。同迦太基战舰一样,罗马舰队的船只结构也是桨式战船,但罗马人制造了一种搭有尖钩的活动吊桥,将它钩到对方战舰的甲板上,这样不习水战的罗马人就可沿长板冲向敌船,在甲板上打一场陆地战,从而发挥罗马军团人数多的优势。在公元前 260 年的米列海战中,装有接舷吊桥的罗马舰队获胜。公元前 256 年罗马海军又在埃克诺穆斯海角大胜。占有优势的海军吃了败仗,这决定了迦太基的命运。

公元前 241 年,罗马海军大败迦太基舰队于埃加迪群岛附近。迦太基被迫求和,将西西里及其附近的利帕里群岛让给罗马,赔款 3200 塔兰特,分 10 年偿清。罗马遂在西西里建立第一个行省。公元前 238 年,罗马乘迦太基雇佣军暴动之机,又出兵强占了撒丁和科西嘉,于公元前 227 年将两岛置为行省。罗马取得第一次布匿战争的胜利,并掌握了地中海西部的制海权。

公元前 221 年,迦太基任命 25 岁的汉尼拔(Hannibal)为主帅,开始了第二次布匿战争。汉尼拔出身于一个军事贵族家庭,自幼随父从军,受过良好的军事训练和外交才能的培养,懂得几种语言。他生活简朴,极能吃苦,常常披着斗篷睡在放哨战士中间,和士兵同甘共苦,深受士兵的爱戴。

公元前 218 年 4 月,汉尼拔率领 9 万名步兵,1.2 万名骑兵和 37 头战象,越过了比利牛斯山脉,开始了对意大利的远征。他用 33 天时间,克服了许多难以想象的困难,越过了阿尔卑斯山麓,到达意大利北部的波河平原,从而把战火烧到罗马本土。

汉尼拔的突然出现使罗马人大为惊慌,罗马不得不集中兵力保卫本土。汉尼拔率领部队花了 4 天 3 夜时间,涉过齐胸的污水和沼泽地,绕过罗马军的设防阵地,踏上了通往罗马的大道。罗马执政官弗拉米纽斯率军尾追,落入了汉尼拔选好的战场。当弗拉米纽斯率大队人马进入山谷时,汉尼拔立即发出进攻的信号,迦太基人前后夹击,经过 3 小时厮杀,弗拉米纽斯全军覆没。

罗马元老院一面下令加固罗马城防,同时任命经验丰富的费边率领 4 个军团的兵力尾追汉尼拔军队,却不与他们正面交战。公元前 217 年底,好大喜功、主张速战速决的瓦罗接任执政官。双方于公元前 216 年 8 月 2 日在奥费达斯河岸的坎尼地区展开大战。汉尼拔事先了解到当地每天午后刮东南风,于是指挥部队紧急转移,处于上风方向。他把自己的部队列成半月凸字形:左右两翼是主力,由骑兵和重装步兵组成;将步兵突出配置于中央,前弱后强,中央兵力最弱,凸面向着敌方。汉尼拔亲自指挥中央一路,他的外甥汉诺指挥右翼,他的弟弟玛哥指挥左翼。

8 月 2 日上午 9 时,会战开始。凶悍的罗马军队列成 70 列横队,头戴铁盔、身穿厚实甲胄的罗马步兵向迦太基阵线中心部分发起猛攻,迦太基步兵逐步后退,军队由凸字形变成了"凹"字形阵势。罗马执政官将预备队全部投入了战斗。步兵由两侧向中央汇合进攻。汉尼拔见时机成熟,命令步兵从侧面出击,夹击罗马军的中央方阵,使其陷于被动;令左右翼的骑兵出击,从两翼包围敌人。玛哥的左翼重装骑兵势如破竹,迅速击垮罗马骑兵,然后分兵迂回敌后,直扑罗马军左翼骑兵的侧后,接应汉诺。舅甥前后夹击,击溃另一翼罗马骑兵,随即迅速从后面包抄过来,切断了敌人的退路,形成了对罗马军的四面包围之势。

中午时分,东南强风大起,风沙弥漫,面向东南的罗马步兵被风沙吹得两眼流泪,无法观察敌方行动,而迦太基士兵借助风力,投射出又远又猛的石头和箭矢。罗马步兵虽人多势众,素称强悍,此时却被挤成一团,只能束手待毙。

这一战从上午 9 点直杀到日落,罗马军几乎全军覆没,除了执政官瓦罗率 370

名骑兵逃跑之外,6 万名将士尸如山积,1.8 万名官兵成了俘虏,执政官鲍鲁斯和指挥官塞维利阿战死,而迦太基军仅伤亡 6000 人。坎尼会战,汉尼拔出奇制胜,以少胜多,成为古代战史上的杰作,显示了汉尼拔的卓越军事才能。

此后,汉尼拔继续在亚平宁半岛征战。16 年中,他仅靠家庭的力量,纵横亚平宁半岛,保持了不败的纪录,但其兄弟手足却先后战死沙场。经过长期战争后,罗马将领的世代交替已成可能。随着将领的年轻化,新的思想、新的战略也渐渐被采用,战争不可逆转地进入新阶段。公元前 213 年,卢西阿斯·西庇阿与其弟一起当选为罗马执政官。年轻的西庇阿从失败中吸取了教训,迅速在战争中成长起来。他不仅将所学运用于实践,而且还注入了天才的构思与不竭的创造力。

公元前 207 年,汉尼拔的弟弟哈士多路巴越过阿尔卑斯山到达高卢,企图与汉尼拔会合。然而由于情报泄露,他被罗马两个执政官的联合军团歼灭。这使汉尼拔征服罗马的雄心幻灭。至前 205 年,他已经被孤立在意大利的靴尖上,西西里已失,西班牙沦陷,罗马与马其顿国王菲利普五世也已议和。汉尼拔被迫采取守势。

公元前 205 年,年仅 33 岁的西庇阿率军渡海到迦太基本土,迦太基急召汉尼拔回军救援。公元前 202 年秋,双方在扎玛城附近决战。汉尼拔仍按常规列队和战法,西庇阿则不循常规,把一、二、三线各部队重叠配置,中间留出空道,以便让战象通过。双方的骑兵开始松散地接触,汉尼拔命令战象冲锋。但是当它们接近敌人时,罗马人号角齐鸣,响声震地,大象们惊慌失措,左翼的战象反转身来向后冲,汉尼拔的骑兵立即发生了混乱。西庇阿抓住这一有利时机,命令骑兵迂回包抄,同时将三线兵力集中起来,向汉尼拔军正面猛攻,终于取得了胜利。汉尼拔军战死约 2 万人,汉尼拔落荒而逃。这是汉尼拔第一次也是最后一次战败。迦太基被迫求和,失去一切海外属土,赔款 1 万塔兰特,除 10 艘战舰外,其余全部凿毁。从此,罗马成了西地中海的霸主。

公元前 196 年,汉尼拔成为迦太基的行政官,帮助迦太基恢复战争创伤。公元前 195 年,罗马人迫使迦太基驱逐汉尼拔。汉尼拔流亡到塞琉西王国。公元前 189 年,罗马打败安条克,要求引渡汉尼拔,汉尼拔逃到小亚细亚北部的比提尼亚王国。即使如此,罗马人仍然不放心汉尼拔,一直争取把他引渡到罗马受审。公元前 182 年,一代名将服毒自尽。

半个世纪以后,迦太基在军事上已经无力与罗马争锋,但其商业发展迅速,物质财富迅速增加,引起了罗马的妒忌。公元前 149 年,罗马进犯迦太基,第三次布匿战争爆发。迦太基措手不及,只得向罗马求和。罗马要迦太基交出全部武器和 300 名儿童做人质。迦太基满足了这一条件。然而,罗马又无理要求迦太基毁掉城市,移居离海 15 公里以外的内地。

迦太基人民愤怒已极,他们铸造武器,加固城墙,充实粮库,妇女们剪掉自己的头发,搓成绳子,供绑扎枪炮之用。公元前 149~前 147 年,罗马的进攻行动接连失利。公元前 146 年,罗马以饥饿围困迦太基,终于突破城外防线。残酷的巷战进行了 6 天 6 夜,许多迦太基人同庙宇同归于尽,战死者高达 8.5 万。罗马元老院下令焚烧迦太基城,大火延烧 16 天之久,残存的 5 万迦太基人被卖为奴隶,迦太基城被彻底毁灭。

持续 118 年的布匿战争,以迦太基的灭亡而告终。战争时间之长,规模之大、人民蒙受痛苦和灾难之深,世所罕见。今天,迦太基这个名字已不复存在,在古老的迦太基废墟上,突尼斯城建立起来。布匿战争使得罗马打开了通向与称霸世界的大门,但罗马也付出了极高的代价。许多城镇被毁,田园荒芜,无数的居民惨遭屠杀。

布匿战争在古代军事学术史上写下了重要的一篇。陆上强国罗马为战胜海上强国迦太基而建立了海军、汉尼拔从陆上翻越天险深入罗马腹地作战、汉尼拔以劣势兵力围歼优势之敌以及罗马海军所采取的接舷战,都是战争史上的杰作,这些对欧洲陆战和海战产生了深远的影响。

高卢战争

公元前 58~前 51 年,罗马共和国为了征服山北高卢,发动了一连串的征服战争,战争为恺撒壮大实力,战胜对手、确立独裁统治铺平了道路。

盖乌斯·尤利乌斯·恺撒(约前 100~前 44)是罗马共和末期著名的政治家和军事家,出身于古老的名门望族,是著名民主派领袖马略的内侄,18 岁时娶民主派人物秦纳的女儿为妻。当时,罗马的政治舞台上活跃着两个权势人物,一个是腰缠万贯的克拉苏,一个是屡立战功的庞培。公元前 63 年,恺撒当选大祭司长,次年担任行政长官,期满后出任西班牙总督。公元前 60 年,恺撒载誉回到罗马。此时,元老院怀疑庞培有搞军事独裁的野心,迟迟不批准庞培在东方行省实行的各项措施和把份地分配给他的退伍老兵,使庞培大为恼火。他决意支持恺撒当选执政官。恺撒趁机调解庞培与克拉苏的矛盾,以便共同对抗元老院。公元前 60 年,恺撒与克拉苏、庞培组成"前三头同盟"。据此协议,三方促成恺撒当选公元前 59 年的执政官,恺撒在任内须尽量设法批准庞培在东方所实行的各项政策,并通过一些有利于骑士的法案。恺撒不顾元老院的反对,将这些事情一一兑现,政治声望大为提高。作为马略、秦纳事业的继承人,恺撒有意培植他的平民领袖的声誉。他通过土地法,使 2 万个贫穷多子女的公民获得土地,并指使亲信到处为民请命,煽动贫穷公民起来反对元老贵族,并在作保民官期间把粮食无偿分配给 3.2 万公民。

恺撒深知,要超过另外两头,他必须掌握强大的军队和拥有雄厚的资财。他看中高卢总督这一肥缺,决定在执政官任满后前去高卢。

公元前 58 年,恺撒出任山南高卢总督,任期 5 年(前 58~前 54),公元前 56 年再续协议,继任高卢总督 5 年。恺撒出任高卢总督,即以罗马早已占领的山南(阿尔卑斯山以南)高卢为根据地,向山北高卢大举扩张,发起了大规模的高卢战争。

高卢战争包括 8 次军事远征。第一次远征发生在公元前 58 年,在比布拉克特交战中,恺撒军团击败了人数最多的高卢部落之一海尔维第人。同年,恺撒进行第二次远征,击败了各日耳曼部落联军,将其赶过雷努斯河(莱茵河)。公元前 57 年,恺撒发动第三次远征,征服了比尔及人和其他东北部的高卢部落。萨比斯河战役后,内尔维人的 600 个长老只幸存下来 3 人,能持武器作战的 6 万名士兵中,仅活下来 500 人,"差不多把内尔维人这个民族连带他们的名字都消灭掉了"。

公元前 56 年,韦内蒂人和阿奎达尼人发动起义,为镇压起义,恺撒进行了第四次远征,次年,恺撒又第五次远征高卢,袭击了韦内蒂人的同盟军——日耳曼部落的乌西佩特人和滕克特里人,并渡过莱茵河将他们歼灭。公元前 55 年秋天,恺撒率两个军团在不列颠登陆,遭到当地人的顽强抵抗。经过几次交战,恺撒同不列颠人签订和约,率军返回高卢。公元前 54 年,他发起了第六次远征。罗马大军渡过拉芒什海峡,试图再次占领不列颠群岛。恺撒军队在战斗中多次获胜,但由于在当地部落中没能找到同盟军,因此未能牢固控制不列颠群岛。第七次远征发生在公元前 54~前 53 年间,目的是镇压埃布龙人、阿杜阿蒂基人、内尔维人、特雷维里人和其他部族的起义。

最后一次远征发生在公元前 52 年,阿尔韦尼人部落酋长韦桑热托里克斯 (Vercingetorix)领导几乎所有高卢部落发动了起义。为了切断罗马人的给养供应,起义者烧掉了沿大路一带的村庄和 20 余个不易防守的市镇。在及尔哥维亚战役中,恺撒一天之内就损失了 46 个百夫长和 700 名士兵,被迫撤军。但由于恺撒的挑拨离间和各部落之间的纷争,韦桑热托里克斯的主力被罗马军包围在阿莱夏要塞。恺撒军队击溃了韦桑热托里克斯的援军,迫使守军投降。这次失败使恺撒获得了高卢的军事控制权,而聪明的罗马人的管理不仅使高卢人顺从了罗马人的统治,而且使高卢人的语言、文化和情感也逐渐地罗马化了。

恺撒对高卢的战争之所以能够取胜,其一,是因为罗马军队在人员和技术装备上占有优势。罗马经济水平较高,军队多年征战,素质好,经验丰富。而高卢各部族当时处于原始社会末期,没有形成国家,以游牧为主,经济十分落后,军队素质和装备都比较落后。其二,恺撒本人智勇双全,有一条正确的战略战术和谋略计策。他善于周密侦察敌情和地形,能够采用灵活多样的作战方式,行动果断,目的坚决,善于利用有利地形和迅速构筑工事,长于快速机动兵力,实施突然打击,一旦击溃敌人则定要跟踪追击,务求全歼敌人而取胜。另外,恺撒善于施展分化瓦解、各个击破的策略。恺撒在征战的几年间,突击占领了 800 多个城市,征服了 300 多个部落,300 万高卢人有 100 万人被歼灭,另 100 万人当了俘虏。

高卢战争的胜利,给罗马共和国带来深远的影响。大量的财富、奴隶源源不断地流入罗马,刺激了罗马奴隶制经济的发展;丰饶的高卢地区从此归属于罗马的版图。高卢战争为恺撒赢得了极大的声誉和政治资本,不仅拥有了雄厚的物质基础,拥有了高卢这一可靠的战略基地,而且还训练和培养出一支忠顺于他的强大军队,为他在罗马政治舞台上叱咤风云、独揽大权提供一切优势。因此,高卢战争是恺撒一生的转折点,其结果是加速了罗马共和国的解体。

罗马波斯战争

罗马波斯战争是萨珊波斯同罗马帝国为争夺东西方商路和小亚细亚霸权而进行的长达400年的征战。它是古代西方势力同东方势力千余年冲突的缩影,也是东西方文明继希波战争以后的第二次较量。

在希波战争中,希腊人取得了胜利。随后崛起的马其顿一鼓作气,在公元330年灭了波斯帝国。然而,公元前247年建立的安息王国却在迅速崛起,到公元前1世纪时已成为可以同罗马帝国抗衡的西亚帝国。公元前65年,罗马将领庞培与安息交战,不分胜负,两年后,克拉苏在东侵安息时全军覆灭。罗马东扩势头受到遏制,安息西境基本保持在幼发拉底河以西邻接叙利亚一线。

公元224年,安息的波斯地区王公阿达希尔起兵反对阿尔萨息王朝。是年4月,阿达希尔与安息王阿塔巴努五世在米底地区奥米尔兹塔干平原会战,安息王战败阵亡。公元226年,阿达希尔占领安息首都泰西封,建立萨珊王朝,仍定都泰西封。231年,阿尔达希尔一世致书罗马皇帝塞维鲁,要求罗马势力退出亚洲,长达400年的罗马波斯战争正式开始。公元243年,罗马皇帝戈尔迪亚进攻萨珊帝国,在雷塞那附近打败萨珊军队。公元244年,双方军队再战于泰西封附近,戈尔迪亚阵亡,罗马付出50万金与第纳尔缔结和约,亚美尼亚并入萨珊波斯。公元259年,萨珊军队和罗马军队在埃德萨决战,罗马皇帝瓦列里安与大批罗马士兵为波斯军俘虏,被送往胡齐斯坦修筑卡隆河水坝,萨珊王朝在纳克希鲁斯坦建造大型摩崖石刻来纪念这次胜利。在石刻中萨波尔一世骑在战马上,瓦列里安则跪在马前求饶,这块浮雕留存至今。萨珊势力扩张到卡帕多细亚。公元286年,罗马皇帝戴克里先扶植亚美尼亚原被萨珊朝处死的国王的王子复位,萨珊军队被赶出亚美尼亚。公元296年,萨珊军队进攻亚美尼亚,被罗马军队大败于两河流域的卡雷城。萨珊割出底格里斯河以西地区和米底的一部分。双方获得了40年的和平。363年,罗马皇帝朱里安率军侵入两河流域,在萨马拉附近被流矢所伤而死。萨珊朝获得公元296年丧失的地区。375年以后,罗马帝国忙于应付哥特人等日耳曼蛮族的入侵而无暇东顾,波斯也因抵御匈奴人的侵扰无力继续向罗马挑战。

395年1月17日,罗马皇帝狄奥多西逝世。临终前,他将帝国分与两个儿子继承,罗马帝国遂分裂为东、西罗马帝国。东罗马帝国的都城君士坦丁堡,是在希腊古城拜占庭的基础上建立起来的,因此又称拜占庭帝国,其疆域包括巴尔干半岛、小亚细亚、叙利亚、巴勒斯坦、埃及、美索不达米亚及外高加索的一部分,后来扩张为一个横跨三大洲的大帝国。476年,西罗马帝国为蛮族所灭。在罗马与萨珊波斯的第一回合战斗中,萨珊波斯略占上风。

487年,萨珊波斯的科巴德一世上台执政。他好大喜功,梦想再现其远祖的辉煌。他指挥由波斯人、匈奴人和阿拉伯人组成的联军从拜占庭帝国手中夺走了上美索不达米亚和亚美尼亚。502年,联军又围攻阿米达城,经80天鏖战攻陷该城,后又连续击败拜占庭军队的反击。505年,双方媾和,拜占庭以1000磅黄金为代价复得阿米达城,双方维持原有边界,处于和平状态20年。

527年,拜占庭皇帝查士丁一世去世,其外甥查士丁尼继位,即有名的查士丁尼一世。查士丁尼一世是东罗马诸帝中最著名的一个,也被尊称为"大帝"。他是一个野蛮农民的儿子,出生于483年,523年与一个声名狼藉的女人特欧多娜结婚,她是君士坦丁堡兽场中一个饲熊人的女儿,也曾在亚历山大城当过妓女和舞女。这个女人有坚强的决断和勇气,对她丈夫具有极大影响。查士丁尼做了皇帝之后即与妻子共治天下。

查士丁尼是一个中央集权主义者,自封为恺撒的继承人,以最高宗教领袖自居。他有两个坚定的信念,其一是重建西罗马帝国,其二是镇压雅利安异教徒。他认为他有领导世人进入基督圣城的使命,因此他进行的战争都具有十字军的意义。这就是查士丁尼一世。在查士丁尼统治拜占庭的38年里,东罗马帝国几乎光复了罗马帝国疆域,西边的哥特人、南边的旺达尔人都不是他的对手,尽管东方并不是查士丁尼的首要战略目标,但还是不可避免地与库斯鲁碰撞出火花。

527年,查士丁尼一世任命22岁的贝利撒留为东征大元帅。528年,波斯先发制人,命大将扎基西斯率3万大军向拜占庭军发动猛烈进攻,在529年的尼亚比斯首次战役中击败贝利撒留,并直扑上美索不达米亚平原上的战略重镇德拉城。当时查士丁尼将进攻重点放在西方,仅留给贝利撒留1万名步兵、500名骑兵及7000名近卫军,步、骑兵主要由游荡于帝国各地的日耳曼和匈奴雇佣兵组成,大部分未经过训练,对军队统帅也不忠诚,随时有倒戈相向的危险。可就在这样的情况下,贝利撒留还是取得了德拉城一战的胜利。波斯大军全军溃败,从叙利亚沙漠方向发动的多次进攻也在贝利撒留的巧妙反击下失败。531年,双方在卡尔基斯会战,波斯打退了贝利撒留的进攻。532年双方媾和,拜占庭撤回德拉城驻军,向波斯支付1000磅黄金。然而所谓永久和平,不过是库斯鲁和查士丁尼三度争雄的序曲而已。540年,库斯鲁一世率大军从首都泰西封出发,对拜占庭的幼发拉底防线发动突然袭击,先后攻下希拉波利斯、卡尔基斯,直捣叙利亚首都安条克。543年,乘拜占庭内讧之机,库斯鲁一世进占亚美尼亚,全歼了前来进攻的3万拜占庭大军。544年,库斯鲁再次亲征上美索不达米亚,围攻首府尼德撒城数月之久,但未果而撤。545年,双方缔结5年停战协定,拜占庭收复波斯占领的全部领土,支付赎金2000磅黄金。

547年,库斯鲁一世率8万大军进占科尔奇斯王国,攻陷庇特拉要塞。549年,查士丁尼一世应科尔奇斯人的邀请,派大军进攻庇特拉要塞。经过3年断断续续的战争,拜占庭军队夺回庇特拉要塞,波斯军伤亡惨重。此战之后,双方在高加索山麓又进行了6年的拉锯战。拜占庭先赢后输,波斯军队连续获胜。555年,法息斯河口一战,拜占庭军队背水一战,大获全胜。562年双方再次媾和,波斯军队撤出了为之浴血奋战了13年的南高加索科尔奇斯王国,拜占庭则每年向波斯支付黄金1.8万磅,有效期50年。

571年,查士丁尼二世停止向波斯支付年金,库斯鲁一世以敌人毁约为名派兵征讨。经过5个月的血战,拜占庭东方重镇、贝利撒留的扬名之地德拉城沦于波斯之手,查士丁尼二世奉上黄金4万磅,换得了波斯的撤军。589年,波斯发生内乱,皇帝被剜去双目囚入监牢,不久后被处死。政变者拥立了他的儿子继位,称库斯鲁二世。591年,拜军在幼发拉底河畔击败波斯军,攻陷泰西封,扶库斯鲁二世登上波斯王位。波斯将亚美尼亚的大部分和伊比利亚的一半割让给拜占庭,并订立"永久和平协定"。

606年,库斯鲁二世乘拜占庭内乱之机率大军西征,战火又起。波斯军经过9个月战斗攻陷德拉城。608年,波斯分两路大军西进,一路攻占卡帕多西亚、比西尼亚、卡拉奇亚,另一路攻占卡尔西顿城,并联合阿瓦尔人和斯拉夫人威胁君士坦丁堡。这时,拜占庭内战方酣。波斯大军长驱直入,609年攻下叙利亚,611年再下安条克,613年攻下耶路撒冷城,抢了当年钉死耶稣的"真十字架",并把该城洗劫一空。616年,巴夏·巴尔兹又率波斯大军侵入埃及,攻陷亚历山大里亚,到619年征服整个埃及。这是自大流士三世被亚历山大击溃后的近千年来,波斯势力第一次染指非洲,安卡拉、罗得岛望风而降。同时,另一支大军出征小亚细亚,直抵博斯普鲁斯海峡,再次威胁君士坦丁堡。至此,波斯版图达到极点,萨珊的势力达到了空前绝后的顶峰。617年,波斯军又一次攻占卡尔西顿城,并联合蛮族共同进攻君士坦丁堡。在海上攻势受挫后,双方达成休战协定。这一次休战,拜占庭充分利用了这一宝贵的喘息时机,皇帝希拉克略励行改革,以期重整雄风。

622年,希拉克略亲率大军出其不意地在小亚细亚的伊索斯港登陆。波斯军措手不及,仓促赶来迎战的部队在卡帕西亚与以逸待劳的拜占庭军遭遇,结果全军覆没。拜占庭军队先后占领了科尔奇斯、亚美尼亚、美地亚。

627年,已收复了小亚细亚全境和高加索地区的希拉克略挥师南下,攻入波斯本土。这年秋天,波斯拜占庭双方的大军会战于尼尼微,波斯军队再次被打败,战争形势完全逆转。

628年,希拉克略率军洗劫了库二在达斯特加德的行宫,随后向波斯帝国的首都挺进。库斯鲁二世慌了手脚,打算把作战不力的将领全部杀掉。部将们先下手为强,库斯鲁二世被废,随后被处死。631年,科巴德二世与拜占庭议和:波斯归还历代侵占的拜占庭领土、释放战俘、归还抢自耶路撒冷的"圣十字架"、归还抢自拜占庭的一切财物,偿还数年军费。波斯两手空空,一无所获。

罗马波斯战争历经400年,双方交战数百次,严重消耗了交战双方的力量。拜占庭帝国的军事力量由此大大削弱,后来竟无力抵御蛮族和阿拉伯人的入侵,波斯更是元气大伤,20年后的651年,萨珊波斯被阿拉伯帝国灭亡。

十字军东侵

　　11世纪末,西欧社会生产力有了长足的发展,手工业从农业中分离出来,城市崛起,许多不是长子的贵族骑士不能继承遗产,成为"光蛋骑士",他们热衷于在掠夺性的战争中发财;许多受压迫的贫民也幻想到外部世界去寻找土地和自由,摆脱被奴役的地位;罗马天主教会企图建立"世界教会",确立教皇的无限权威。这些动因促使他们把目光转向了地中海东岸国家。当中近东地区混乱不堪、君士坦丁堡皇帝阿历克修斯一世向罗马教皇乌尔班二世求援,以拯救东方帝国和基督教的时候,早已垂涎东方富庶的西欧教俗两界,由天主教会发起,以驱逐塞尔柱突厥人、收复圣地为目标,以解放巴勒斯坦基督教地(耶路撒冷)为口号,开始了十字军东侵。

十字军东侵

　　公元1095年11月,罗马教皇乌尔班二世在法国克勒芒宗教大会上说:"在东方,穆斯林占领了我们基督教教徒的'圣地'(耶路撒冷),现在我代表上帝向你们下令、恳求和号召你们,迅速行动起来,把那邪恶的种族从我们兄弟的土地上消灭干净!"教皇还蛊惑人们:"耶路撒冷是世界的中心,它的物产丰富无比,就像另一座天堂。在上帝的引导下,勇敢地踏上征途吧!"

　　十字军东侵前后进行了8次。十字军远征参加者的衣服上缝有用红布制成的十字,因此称为"十字军"。

　　第一次十字军远征(1096~1099),参加的约有10万人。十字军兵分4路,1097年会合于君士坦丁堡,旋即渡海进入小亚细亚,1099年6月7日,十字军到达耶路撒冷。经过5天激战,十字军突破了第一道防线,但守军箭如飞雨,十字军伤亡惨重,不得不退回到出发阵地,围攻40日而未果。这时十字军偶然在山洞中发现巨大木材,热那亚的能工巧匠制作出两台移动箭楼,在箭楼的掩护下,十字军接近城墙,攻下引桥的堡垒。7月15日星期五午后3时,在耶稣基督受难的同一时间,十字军登上耶路撒冷城墙。十字军入城后大肆烧杀劫掠,3日间杀死穆斯林7万之众,妇孺老幼都不能幸免。他们甚至把尸体堆成山,烧成灰烬,以便搜寻死者生前吞下的黄金。

　　第二次十字军远征(1147~1149),是在法国国王路易七世和"神圣罗马帝国"

皇帝、德意志国王康拉德三世率领下进行的。塞尔柱突厥人于 1144 年占领爱德沙,是这次远征的起因。1147 年 4 月,康拉德三世率 7 万军队自德国出发,经维也纳、贝尔格莱德、亚得里亚堡直奔君士坦丁堡。康拉德以 7000 骑兵队为先导,依次是轻骑队、步兵队以及僧侣和眷属队伍等。其中妇女队由高级将领的夫人及女仆组成,她们穿甲跨马,足登装有黄金马刺针的长靴,被称为"金足队"。这支部队在小亚细亚被土耳其人击溃。德国骑士出发后,路易七世率法国骑士开始东征。法军号称 20 万,实际不过 7 万。他们踏着德军的足迹前进,在阿克与德军会合。以耶路撒冷的十字军为先锋,法国骑士居中,德国骑士押后,三军合攻大马士革。但十字军劳师远征,战斗力大为减弱。大马士革守军以逸待劳,城防坚固,十字军伤亡惨重,士气低落。眼看取胜无望,康拉德垂头丧气,率残部归国。法国的数万大军伤亡殆尽,路易无颜见江东父老,又在耶路撒冷逗留 1 年。远征未达到任何目的。

第三次十字军远征(1189~1192),是在"神圣罗马帝国"皇帝红胡子腓特烈一世、法国国王奥古斯都腓力二世和英国国王理查一世率领下进行的。1171 年,萨拉丁(1137~1193)推翻埃及法蒂玛王朝,建立阿尤布王朝。经过近 20 年的征战,萨拉丁陆续合并了叙利亚、阿拉伯、美索不达米亚等地区,其势力范围西起的黎波利,东至底格里斯河,南到印度洋,北达亚美尼亚,从而完成了从东西两翼进攻十字军的战略部署。1187 年夏,萨拉丁亲率 6 万大军远征巴勒斯坦,9 月 20 日兵抵耶路撒冷城下。10 月 2 日,耶路撒冷城楼上升起了萨拉丁的旗子,被十字军占领 87 年的耶路撒冷重新回归穆斯林。耶路撒冷陷落的消息传到西欧,如晴天霹雳,教皇乌尔班三世惊惧而死,宫廷停止了飨宴,寺院以黑布包起圣像,乐队奏起哀乐。罗马教廷派遣一些红衣主教四处游说。德皇腓特烈一世(红胡子)、法王腓力二世、英王狮心理查以及意大利城市贵族表示愿意参加十字军。

腓特烈率其部队,沿上次远征的陆路穿越拜占庭。法国人和英国人由海路向巴勒斯坦挺进,途中占领了西西里岛。由于十字军内部矛盾重重,此次远征也没有达到目的。德意志十字军(最初约 10 万人)一路上伤亡惨重,冲过了整个小亚细亚。在通过塞琉西亚附近的山溪时,腓特烈一世不慎落水溺死,太子腓特烈和奥地利公爵利奥波尔带领德军继续征战,在进攻阿克时太子又不幸战死。德国十字军出师不利,未到达目的地就遭致覆灭。腓力二世占领了阿克拉(阿克)港后,于1191 年率部分十字军返回法国。腓力离去后,理查独掌十字军指挥权。英军占领了恺撒里亚、雅法、阿斯克伦等城市,但损失严重。不屈的理查继续前进,决心进攻耶路撒冷。1192 年春,他和退守到耶路撒冷的萨拉丁再次展开激烈的攻防战。理查利用攻城器械猛烈进攻,萨拉丁据城抗敌,双方不分胜负。1192 年 9 月,双方缔结 3 年 3 个月的休战条约。理查回国前夕派使者向萨拉丁告别时说:"3 年后必来与君一决雌雄。"萨拉丁回答说:"即或我若失掉此城,也决不会让给你。"然而理查一去不返,萨拉丁于翌年 3 月病故于大马士革。

第四次十字军远征(1202~1204),是由教皇英诺森三世组织进行的。英诺森三世是一个野心勃勃的政治家,决意建立以罗马教廷为中心的统一的基督教世界帝国。因此,这次东征没有进攻被"异教徒"占据的圣城耶路撒冷,而是进攻了信仰同一基督教(东正教)的拜占庭帝国。1192年10月,法德意十字军于威尼斯出发,扬帆东征。11月11日到达匈牙利治下的萨拉港,无情地对城中的基督教居民进行抢劫和屠杀。1203年4月,十字军从萨拉向君士坦丁堡进发。十字军编成6队,分7批强渡博斯普鲁斯海峡,直攻君士坦丁堡。7月17日,十字军占领君士坦丁堡。十字军纵火烧城,大火蔓延8昼夜,烧毁了半个城市。1204年4月9日,十字军再攻君士坦丁堡。君士坦丁堡再度陷落。十字军大肆烧杀劫掠3昼夜,无数艺术珍品和历史文物毁于一旦,2万人民死于非命。十字军和威尼斯人瓜分了拜占庭帝国,并决定在占领土地上建立十字军国家——拉丁帝国。1261年,拉丁帝国灭亡,拜占庭国家复兴,但复国后的拜占庭业已衰弱不堪,所谓帝国有名无实。

就军事而言,第4次十字军东征取得了相当成功,但就政治而言,第4次十字军是一次严重的失败,影响深远,贻害无穷。它公然背叛了十字军所标榜的宗教"神圣事业",不是去进攻穆斯林,"解放"基督圣地,而是进攻信仰同一基督教的希腊教友,在占领君士坦丁堡之后就置耶路撒冷于不顾了。这样,罗马教廷赋予十字军的灵光和神圣性,业已被第4次十字军的实际行动一扫而光。

第五次十字军远征(1217~1221),是奥地利公爵利奥波六世和匈牙利国王安德烈二世所率十字军联合部队对埃及进行的远征。十字军在埃及登陆后,攻占了杜姆亚特要塞,但被迫同埃及苏丹订立停战协定并撤离埃及。

第六次十字军远征(1228~1229),是在"神圣罗马帝国"皇帝腓特烈二世率领下进行的,这次远征使耶路撒冷在1229年暂时回到基督教徒手中,但1244年又被穆斯林夺回。

第七次十字军远征(1248~1254)和第八次十字军远征(1270),是法国国王"圣者"路易九世先后对埃及和突尼斯进行的两次远征,但均遭失败。

十字军远征总体上说是失败的,主要原因是参加者的社会成分繁杂不一,武器装备极不统一。身裹甲胄的骑士装备的是中等长度的剑和用于刺杀的重标枪。一些骑马或徒步的骑士除剑外,还装备有锤矛或斧子。大部分农民和市民装备的是刀、斧和长矛。十字军采用的是骑士军战术,战斗由骑士骑兵发起,一接战即单个对单个地决斗,协同动作有限。

与十字军作战的土耳其人和阿拉伯人的主要兵种是轻骑兵。交战时,他们先用箭击溃十字军的部队,然后将其包围,实施勇猛果敢的攻击,把它们分隔成数个孤立的部分加以歼灭。

十字军远征持续了将近200年,罗马教廷建立世界教会的企图不仅完全落空,而且由于其侵略暴行和本来的罪恶面目,使教会的威信大为下降,圣地耶路撒冷遭到空前的血洗。一个十字军头目在写给教皇的信里说,他骑马走过尸体狼藉的地方,血染马腿到膝。寺院、宫殿和民间的金银财物被抢劫一空,许许多多的古代艺术珍品被毁。十字军这种强盗行径,充分暴露了其宗教的欺骗性和虚假性。

十字军东侵在客观上打开了东方贸易的大门,使欧洲的商业、银行和货币经济发生了革命,并促进了城市的发展,创造了有利于产生资本主义萌芽的条件。东侵还使东西方文化交流增多,在一定程度上刺激了西方的文艺复兴,阿拉伯数字、代数、航海罗盘、火药和棉纸,都是在十字军东侵时期传到西欧的。

英法百年战争

英王爱德华三世的母亲是法王查理四世的姐姐伊莎贝拉,1325 年,为满足伊莎贝拉的要求,爱德华二世(爱德华三世的父亲)将奥斯坦德公国(位于法国)交给他的儿子统治,查理四世也欣然同意。这样,年轻的王子就变成查理的属臣。1327年 1 月 13 日,年仅 15 岁的爱德华三世被拥立为英王。一年以后,查理四世逝世,留下妻子和女儿,没有儿子。查理四世的堂兄弟以继承人只应限于男性为由,于 5 月 29 日加冕为法兰西王,就是菲利普六世。消息传到英国之后,伊莎贝拉大感不悦,因为她的儿子在开普坦世系中更有理由获得法王的继承权。

英国派了一个使团从伦敦前往巴黎为爱德华提出继承权要求,并对菲利普的篡位表示抗议。但由于英国宫廷没有贯彻这项要求的实力,所以抗议只是一纸空

英法百年战争

文。不久,菲利普就以牙还牙,也派出一个使团到伦敦对爱德华说:在菲利普的所有臣子中,只有他还没来朝贺,希望他也能照办。如果爱德华不向法王宣誓效忠,那么奥斯坦德领地将予以没收。威胁面前,爱德华不能不表示臣服。1329 年 6 月 6 日,他如约入朝,在亚眠大教堂中,正式成为菲利普的臣子。英国的国王是法王的臣民,这种复杂的臣属关系构成了百年战争的一个重要原因。

然而,百年战争并不仅限于王朝和封建的问题,而是那个时代中各种条件所造成的。教皇的权威已在消亡之中,帝国的影响趋于湮灭;王国开始兴起,贸易逐渐成为王国之间的主要竞争手段;制海权的问题开始出现了;从十字军时代产生的骑士精神也经演变成了好勇斗狠的风气。最重要的是,西欧太小了,不能供两个强国发展。这一切因素以爱德华的继承权的面目出现,造成所谓百年战争。

1331 年 11 月,7 岁的大卫在斯科尼加冕,成为苏格兰的国王,苏格兰和英格兰随即爆发了战争,法王菲利普给苏格兰提供了资助,后来又收容了大卫。这就使英

格兰和法兰西站到了对立面。爱德华决定经过低地国家进攻法兰西,1337年11月11日,英军登上了法国的坎德萨岛。百年战争自此开始。

14世纪的法兰西是一个巨大而繁荣的国家,人口达到了两千万。但在经过了黑死病之后,英国的人口只有370万。然而,中世纪的法国仍然保持着封建制的战争观念,军队以精选人员为基础,而不是依赖广大的人力。法国的骑士在数量上多于英国,但纪律却较差,仍然认为步兵在战场上出现是有辱尊严的,其战术还是设法将敌人挑下马来加以生擒以便勒索赎金,而爱德华却比较注重"杀伤"。在观念上,他的战术要比封建式更为"近代化"一些。

在战争的第一阶段(1337～1360),英法双方围绕争夺佛兰德尔和基恩展开战事。英王忙于扩大同盟,而法王则不声不响忙着对英吉利海岸作战。他利用诺曼底人、西班牙人、不列颠人和热那亚人的舰队扫荡海峡。没有一艘离开英格兰的船只不被抢劫,所有人员不是被杀就是被俘。不过,在1340年的斯鲁伊斯海战中,英国海军重创法国海军夺得了制海权,从而确保战争可以拖延下去。

1346年8月底,英法军队在克勒西会战。英军共有8500余人,包括重装甲兵、弓弩手。据说爱德华还有3门火炮。法国共有重装甲兵8000人,支援他们的是4000名步兵,其中包括一批热那亚十字弩手,法国的骑士(重装甲兵)也分为三个集团。这是一支强大的兵力,在中世纪,从来没有在一个战场上集中过这样多的骑士。

8月26日,菲利普沿着阿伯维利—赫斯丁大路前进,另派莫尼勋爵和三个骑士先去侦察敌情。莫尼说爱德华正在克勒西,建议国王暂停前进,宿营过夜,以便后队可以赶上来,然后在次日上午再用全军进攻。菲利普命令照计行事。然而就在这一过程中,法军发生了很大的意外,结果使会战一败涂地。一位名叫弗罗萨特的人记载道:"前面的人停了,可是后面的却说必须前进到与前排平行的位置再停止;由于后面在推进,所以前排也就停止不了,国王和元帅们都无法使他们停下来。于是他们虽未奉命,还是照样前进,直到看见敌人为止,当最前面的法军看到英军后,马上秩序大乱向后倒退,这又使后面的部队受到惊骇,以为已经发生了战斗。在阿伯维利和克勒匹之间的道路上,到处都挤满了人,虽然距离敌人还有三个'里格'(约等于三英里),他们却拔出刀剑,大声喊杀,好像疯了一样。除非在场的人,否则很难想象其混乱情形。"

黄昏时候,大雨倾盆,雷电交加,发生了非常恐怖的日食现象。大雨过后,法军开始向洼地中央进发。当他们接近英国人时,法军高声大喊,恐吓他们,但英军沉静异常。他们再喊一次,英军还是不动。他们大喊三次之后,开始发射方头箭。英军的弓弩手前进一步,霎时间,箭矢如雪片一样向法军飞去,射穿了他们的手臂和头部,透过了装甲,甚至割断了弓弦。法军纷纷向后奔逃。射到法国骑兵身上的箭,使他们的马匹乱跳乱跑,践踏在那些逃走的步兵身上。骑士们用刀剑在乱军中砍路前进,"弓弩手就把箭向他们中间射去,几乎不需瞄准就可箭无虚发,每一箭都可以射中人或马,射透他们的头、臂或腿并使马发狂。有的站立不动,有的向两边冲,有的回过头来跑,于是秩序大乱"。

在被击败之后,法军第一列并未让出正面好让第二列来进攻。于是当第二列冲锋时发生了极大的混乱。每当法国骑士退却之后,爱德华军中的威尔士人就挺着长刀冲上去杀人,被杀死的有许多公侯贵族。法王菲利普头上受了箭伤,坐骑也中了箭。

在整个会战中,法军完全没有一个具体的计划,每批骑士都只有一个观念,就是接近敌人,自始至终法军一直混乱不堪。而爱德华始终控制着他的部队,整夜严阵以待。到8月27日上午,当最后一批法军被击退之后,爱德华才允许部下解散行列,去搜劫死人身上的财物,这时才发现被杀的人中有波希米亚国王、洛林公爵和10位伯爵以及1542名骑士,普通士兵可能在一万人以上。英军的损失据说非常轻微,只有两位骑士、一位乡绅、40多名士兵和几十名威尔士人。克勒西一战中,法国被打晕了,英格兰却被灌醉了。它成了百年战争的精神基础。

1347年,经过11个月的围攻后,英国占领了海岸要塞加来港。这个要塞保留在英国人手中达200年以上,直到1558年1月8日才被格斯公爵攻陷。9月28日,双方同盟国之间签订了一个休战条约,有效期到1348年7月9日为止。

将近10年的休战之后,1356年,英军在普瓦提埃战役中再次击败法军。在这场战役中,英军弓箭手和马下的武装士兵与法国的骑士对抗,法军的战马很容易受伤,结果被轻易击败。法王和他的一个儿子沦为英军的阶下之囚。1360年,英法签订和约,从卢瓦尔河至比利牛斯以南的法国领土被割让给英国。为了夺回英占领区,法王查理五世改编了军队,整顿了税制。他用雇佣步兵取代部分骑士民团,并建立了野战炮兵和新的舰队。法军采用突袭和游击战术,到70年代末已逐步迫使英军退到沿海一带。英国与法国签订停战协定。

1415年,英国重启战端,在阿金库尔战役中大败法军,迫使法国于1420年5月21日签订丧权辱国的和约,法国沦为英法联合王国的一部分。英王亨利五世宣布自己为法国摄政王,有权在法王查理六世死后继承法国王位。法国遭到侵略者的洗劫和瓜分,处境十分困难。法国民众开始发动大规模的游击战争,其代表人物是圣女贞德。

贞德出生在法国北部香槟与洛林交界处的杜列米村,艰苦的生活使她逐渐成为一个性格坚强、不怕困难的少女。1428年,她3次求见王太子,陈述救国大计。1429年4月27日,王太子授予贞德以"战争总指挥"的头衔。她全身甲胄,腰悬宝剑,捧着一面大旗,上面绣着"耶稣马利亚"字样,跨上战马,率军向奥尔良进发。

4月29日晚8时,贞德进入奥尔良,全城军民燃着火炬来欢迎她。5月8日,被英军包围209天的奥尔良终于解围,战局朝有利于法国的方向发展。凄着,贞德又率军收复了许多北方领土。贞德变成了"天使",受到人们的称颂。但是,宫廷贵族和查理七世的将军们不满意这位"平凡的农民丫头"影响的扩大,他们蓄意谋害贞德。1430年在康边城附近的战斗中,封建主竟然以4万法郎的价格将她卖给了英国人。1431年5月29日上午,在备受酷刑之后,贞德在卢昂城下被活活烧死,骨灰被投到塞纳河中。死时,贞德还不满20岁。

贞德之死激起了法国人民的极大义愤和高度的爱国热情,在人民运动的压力下,法国当局对军队进行了整顿。1437年法军攻取巴黎,1441年收复香槟,1450年夺回曼恩和诺曼底,1453年又收复基恩。1453年10月19日,英军在波尔多投降,战争结束。

百年战争持续了116年,给法国人民带来了深重的灾难,同时也促进了法国民族意识的觉醒,加速了法兰西民族统一国家的形成,法兰西以一个崭新的统一的民族国家进入世界民族国家之林。战后的英国,在经历了一段内部的政治纷争后,也建立起中央集权的君主专制国家。

红白玫瑰战争

开启英法百年战争的英王爱德华三世是金雀花王朝(安茹王朝)的第七位国王。他共有四子:太子威尔士亲王爱德华王子(黑太子)、次子克拉伦斯公爵莱昂内尔、三子约克公爵埃德蒙和四子兰开斯特公爵约翰·冈特。1377年,爱德华三世去世,此时,战功卓著的太子爱德华王子已经去世,他的独子、10岁的理查二世即位,但朝政由其叔父、爱德华三世第四子兰开斯特公爵一世约翰·冈特把持。理查二世亲政后驱逐了兰开斯特公爵一世约翰·冈特的长子、兰开斯特公爵二世亨利,并没收了亨利的领地。1399年,

红白玫瑰战争

亨利在贵族的支持下拘捕了正在远征爱尔兰的理查二世,亨利成为英格兰国王,称亨利四世。次年,被废黜的理查二世被秘密处死于伦敦塔中,身后无嗣。

亨利四世的即位结束了金雀花王朝(安茹王朝)246年的统治,开创了兰开斯特王朝,但也同时触发了亨利四世王位合法性的问题。根据继承法,英国的王位无论如何轮不到亨利四世。因此自古至今,亨利四世的王位都存有异议,约克公爵家族尤其认定亨利四世是篡位者。

1413年,亨利四世去世,其长子即位,称亨利五世。1422年,35岁的亨利五世去世,年仅10个月的长子即位称亨利六世。1455年,亨利六世患病,约克公爵理查被任命为摄政王。兰开斯特家族在西北部旧贵族的支持下,废黜了理查的摄政王职位,起用兰开斯特家族的萨默塞特公爵。

1455年5月,亨利六世下令在莱斯特召开咨议会。约克公爵以自己赴会安全

无保证为由,率领其内侄、骁勇善战的沃里克伯爵及数千名军队随同前往。亨利六世在王后玛格利特和萨姆塞特公爵的支持下,也率领一小股武装赴会。5 月 22 日,双方在圣阿尔朋斯镇附近相遇。经数次交锋,亨利六世吃了败仗,死亡约 100 人,国王本人中箭负伤,藏在一个皮匠家中,战斗结束后被搜出抓获。历时 30 年的战争就此爆发。由于约克家族的徽记是白玫瑰,而兰开斯特家族的徽记是红玫瑰,这场战争被称为“玫瑰战争”。

1460 年 7 月 10 日,双方在北安普顿进行第二次战斗。兰开斯特军队再吃败仗,随军的亨利六世再次被抓住。约克家族屠杀了兰开斯特家族的贵族,据说只要有骑士和贵族徽章的兰开斯特贵族均被杀死,萨默塞特公爵等暴尸街头。复仇与屠杀成为玫瑰战争的准则。

两次胜利冲昏了约克公爵的头脑,他迫使亨利六世宣布自己为摄政和王位继承人。王后玛格利特从苏格兰借到一支人马,集合了追随兰开斯特家族的军队,在约克公爵的领地发动骚乱。约克公爵匆忙凑合一支几百人的队伍,前去征剿,由于轻敌冒进,被包围在威克菲尔德城。12 月 30 日,兰开斯特家族的继承者高呼“上帝作证,你父亲杀死了我父亲,所以我要杀死你,杀死你全家”,屠杀了约克公爵家族的贵族,约克公爵的首级被悬挂在约克城上示众,并扣上纸糊的王冠,用以讥讽。但约克公爵 19 岁的长子爱德华于 1461 年 2 月 26 日进入伦敦,3 月 4 日,他自立为王,称爱德华四世。他知道亨利六世的王后玛格利特决不肯罢休,遂在一些大城市召集部队,向北进发,攻打玛格利特。

1461 年 3 月 29 日,双方在约克城附近展开决战。兰开斯特军队有 2.2 万余人,远远超过了约克军。当时兰开斯特军队处于逆风之中,扑面的风雪打得他们睁不开眼睛,射出的箭也发挥不出威力。约克军队则借强劲的风力增加了发射弓箭的射程,兰开斯特军队损失惨重。约克军队一直追杀到深夜。玛格利特带着亨利六世和少数随从仓皇逃亡苏格兰。爱德华四世的王位暂时得以巩固。1465 年,亨利六世再次被俘,被囚禁在伦敦塔中,玛格利特只好携幼子逃往法国。

约克家族在与兰开斯特家族的交锋中占尽上风,没料到这时候却后院起火:爱德华四世与他的强有力的支持者沃里克伯爵反目成仇。爱德华四世趁沃里克不在伦敦之际,召集一支部队离开伦敦,一面镇压北方叛乱,一面迅速扩军。沃里克被迫投靠法王路易十一,不久卷土重来。爱德华四世逃到尼德兰,依附于妹夫勃艮第公爵查理。

1471 年 3 月 12 日,爱德华四世利用国人对沃里克普遍反感的情绪,亲率军队与沃里克在伦敦以北的巴恩特决战。爱德华四世共有 9000 人的军队,而沃里克却有 2 万人的军队,但爱德华四世先发制人,在浓雾中发起攻击。沃里克本人被杀,其部下战死者达 1000 人。5 月 4 日,爱德华四世又俘获了从南部港口威第斯偷偷登陆的玛格利特王后,将她和她的独生幼子及许多兰开斯特贵族杀死。被囚禁的亨利六世也被秘密处死。至此,兰开斯特家族被诛杀殆尽,只有远亲里士满伯爵亨利·都铎流亡法国。

英国国内恢复了和平,爱德华四世残暴地惩治了不顺从的大贵族,1483 年 4 月爱德华四世去世,其弟理查继续使用残酷的手段处决不驯服的大贵族,其所作所为促使兰开斯特和约克家族集结在兰开斯特家族的亨利·都铎旗下。1485 年,亨利·都铎的军队在博斯沃思击败理查三世的军队,理查三世战死,约克贵族 3000 人被屠杀,玫瑰战争终于以这种惨烈的方式结束了。

出身于族徽为红玫瑰的兰开斯特家族的亨利·都铎登上了英国王位,称亨利七世。为缓和紧张的政治局势,他同爱德华四世的长女伊丽莎白(约克家族的继承人)结婚,原两大家族合为一个家族。

玫瑰战争被认为是英格兰贵族的一次集体自杀行动,只有约克家族留下少许后嗣,其他大贵族与大多数的中小贵族都被消灭了,诺曼征服后在英国成长起来的诺曼贵族竟然"像狼一样罕见了",新兴贵族和资产阶级的力量在战争中迅速增长,并成了都铎王朝新建立的君主专制政体的支柱。

英西海战

1492 年,一个名叫哥伦布的意大利人,率领着 3 艘百十来吨的破旧小帆船,从西班牙出发向西航行,最后发现了美洲新大陆。这个事件改变了世界历史的进程。从那以后,西方终于走出了黑暗的中世纪,开始以不可阻挡之势崛起于世界,并在之后的几个世纪中成就了海上霸业。

哥伦布的远航计划得到刚刚完成国家统一的西班牙王的支持,他被任命为西班牙海军司令、钦差、总督,因此,直接从哥伦布远航得益的是西班牙。大量的财富源源不断地流入西班牙,而西班牙也出落成一个殖民大国,并成为天主教世界的顶梁柱。

西班牙和葡萄牙通过殖民扩张大发其财,着实让英、法等国家眼红。英国尤其对西班牙在美洲掠夺的金银垂涎三尺。眼看着西班牙满载财宝的船队在大西洋上往来穿梭,英国人妒从心头起,干起了杀人越货的勾当。从 1585 年到 1604 年,英国每年有少则一百、多到两百的武装商船出海,专门在大西洋和加勒比海劫掠西班牙运输船队,而每年的掳获平均可达 20 万英镑。英国政府出于政治目的,竟然给这些海盗船长们颁发了"私掠许可证"。上至女王,下到乡绅,都踊跃资助他们的劫掠行动。英国人为他们的胜利而欢欣鼓舞,为他们的失利而捶胸顿足。

这里面最出名的海盗是弗朗西斯·德雷克。1572 年,他怀揣女王签发的"私掠许可证",率领两艘武装商船和 73 名水手,开始了海盗生涯。1580 年 9 月 26 日,德雷克船队满载财宝驶进普利茅斯港,受到隆重欢迎。伊丽莎白女王登上德雷克的旗舰"金牝号"(Golden Hind),授予德雷克骑士爵位,任命他为普利茅斯市长。在德雷克身上,女王每投资 1 英镑,就可获得 47 英镑的回报。

除了经济上的矛盾外,英西两国在政治、宗教方面也充满矛盾。菲利普二世统治的西班牙是西方世界第一大国,而其时由伊丽莎白一世统治的英格兰却是尚未长成的小家碧玉。西班牙要遏制英国的成长,而英国则要挑战西班牙的霸权。

对英国的海盗行径和叛教行为,菲利普二世一忍再忍。他以为只要他自己或他儿子娶了伊丽莎白,那么英国就不会再与西班牙为敌。为了维持西班牙的霸主地位,菲利普二世与法国的吉斯家族结盟,又梦想使自己的女儿成为法国的王后,与法国联合荡平尼德兰新教徒的反叛,再让流浪苏格兰的苏格兰女王玛丽·斯图亚特成为英格兰国王。此女是菲利普二世在苏格兰布下的一枚棋子,是英王亨利七世的曾孙女,法王弗朗西斯二世的孀妇。按照天主教的眼光来看,她是英国王位的合法继承人,英国的天主教徒也希望同为天主教徒的玛丽女王成为王位继承者。然而,伊丽莎白以谋杀亲夫的罪名,逮捕了玛丽,把她关进恰尔特利城堡,后来又把玛丽处死。

菲利普二世再也忍不住了。他通知教皇,他准备出兵英国,促使伊丽莎白一世下台,要求教皇提供支援。一支庞大的舰队开始建造。其时西班牙拥有无可争议的海上霸权,其海军和战舰是整个欧洲的楷模。西班牙式样的战舰又称"巨舰"(The Great ships),船身宽阔,船艏和船艉建有高大的船楼,可以容纳数百士兵。西班牙巨舰重心高,航速慢,灵活性差,但航行平稳,抗风浪能力很强。西班牙的海战战术仍然是中世纪的接舷战,先用火炮破坏敌舰的风帆和缆绳,使敌舰失去行动能力,然后靠拢上去,由士兵登上敌舰实施攻击。因此,西班牙巨舰其实就是海上的移动堡垒,是陆军的载体而已。海战的主导力量是接舷作战的士兵,而不是火炮。

英国人对海战的设想与西班牙人恰好相反。海军司令霍金斯和他的助手认为,火炮将主宰未来的海战。据此,他们设计的新型战舰又称"快舰"(Race-built ships)。和巨舰相比,快舰体型窄长,船艏较低,完全取消了前船楼,又缩小了后船楼,重心大大降低,可以装备大口径重炮而不至于影响船身的稳定性。快舰的航速高,灵活性好,但是船舷低矮,如果被敌人接舷则必输无疑,但快舰的海战战术建立在机动和炮火的基础上,利用快速灵活的特点和敌舰保持距离,尽量不给敌舰接舷的机会。

1587年4月19日,德雷克率领他的私掠舰队突袭西班牙卡迪兹港(Cadiz),激战12个小时,击沉西班牙舰船24艘,并焚烧了大批军用物资。西班牙的入侵行动因此被推迟一年。经过两年的准备后,西班牙再组无敌舰队,130条船,平均每条445吨,其中半数为战舰,其余的为运输船。共有8050名船员,1.9万名士兵,统帅是梅迪纳公爵西多尼亚(Sidonia, Duke of Medina)。

1588年5月29日,无敌舰队驶离里斯本,西班牙全国均为之祈祷。然而,舰队不久就遭遇风暴,一些船受到损伤,不得不在西班牙北部的科卢那港休整。7月19日上午,英伦海峡峡口发现了西班牙舰队的前锋船只,65艘英国战舰随即冲出普利茅斯港,逆风航行,迅速绕到无敌舰队的侧后方,占据了上风向。西多尼亚看到战机已失，便命令舰队折向东北，同时保持整齐紧凑的队形，打算采取守势，和尼德兰的帕尔马公爵大军会合。

21日，英西两国舰队开始接战。英国战舰以纵列向无敌舰队逼近，依次从西班牙队列旁驶过，一侧舷炮齐发，然后迅速掉转头来，发射另一侧舷炮。西班牙战舰以一侧舷炮和尾炮还击，但由于英国战舰目标小、速度快、吃水线低，许多炮弹都掠过了英国船，只能造成很小的损害。经过一天的激战，西班牙战舰弹创累累，人员伤亡数百，但只有一艘战舰因为事故导致火药库爆炸而沉没。英国炮火奇准无比，摧毁了无敌舰队的士气。

西班牙无敌舰队以两节的速度缓慢向尼德兰前进，而英国舰队每天以相同的方式尾随攻击。27日，无敌舰队来到法国加莱地区下锚停泊。这时西多尼亚发现：无敌舰队大多数战舰吃水太深，根本无法靠近尼德兰海岸。他只得命令舰队在此抛锚，同时派快艇送信给帕尔马公爵，让他尽快前来会合。英国舰队也在西班牙入西南面一海里的地方停驻下来。

英国舰船源源不断地从英国各地汇集而来，总数达到136艘，超过了无敌舰队。激战中，西班牙人的航海技术及操炮技术欠佳，杀伤殊少，而英国战舰则可以集中火力炮轰无敌舰队。许多条舰船被毁，数千西班牙人被杀。

入夜，西班牙巨舰上搭载的士兵从舷窗望出去，可以看到英国战舰上星星点点的灯光像银河一般散布在西南方向。帕尔马公爵的回信终于到了：他需要至少一个星期的时间才能凑够运输船前来会合。西多尼亚明白入侵英国的计划已经流产，现在的问题是如何全身而退。

西多尼亚非常担心英国人火攻，他在无敌舰队和英国舰队之间部署了一条由快艇组成的警戒线，用以拦截英国人的火船。西多尼亚同时告诫各个船长，让他们保持高度警惕，不得擅自起锚脱离大部队。霍华德和德雷克正打算在夜里实施火攻。霍华德挑选了8艘老旧战舰，在船舱里塞满易燃物品，桅杆和风帆上都涂了柏油，火炮装填弹药上了引信，着火后能自动发射。入夜，一些勇士驾船乘着强劲的西南风急速冲向无敌舰队，接近西班牙快艇警戒线时在船上四处点火，然后跳上小艇逃生。西班牙人看见火船冲了过来，立刻惊慌失措，纷纷砍断锚索起航逃生，本来井然有序的阵列乱成一团。

天亮以后，西多尼亚发现他的舰队绝大部分已经离开了锚地，散布在敦刻尔克附近的海面上，而一些战舰在黑夜里慌不择路，冲到岸边搁浅。德雷克看到无敌舰队已经完全丧失队形，立刻指挥复仇号冲了上去，其他的英国战舰紧随其后。西多尼亚率领6艘巨舰挡住英舰去路。德雷克的复仇号从西多尼亚的旗舰旁边擦身而过，舷炮齐射，但并不与之纠缠，而是径直冲向散布在北面的西班牙舰船。这样双方两百多艘战舰在叫作"格雷夫林"（Graveline）的海面展开混战，战斗持续了整整一天。

以德雷克为首的皇家海盗们最擅长这样的混战，他们左冲右突，神出鬼没。英国战舰装备大量十八磅以上的重炮，炮手训练有素，射速极高，给西班牙舰船造成极大的破坏。但西班牙巨舰造得相当结实，往往中弹上百颗依然没有沉没。西多尼亚的旗舰"圣马丁号"（San Martin）被三艘英舰围攻，浑身弹洞累累，仍然能坚持战斗。西班牙战舰按照常规甩出铁抓（Grappler）企图钩住英舰登舷攻击，但英舰行动如风，旋转自如，加之战场上弥漫的硝烟阻挡视线，没有一艘西班牙战舰能够成功接舷。这样战斗到傍晚，英舰队弹药告罄，不得不撤出战场，著名的格雷夫林海战落下帷幕。此战无敌舰队被击沉、俘虏16艘战舰，而英舰无一损失。

现在，对无敌舰队来说，没有比西班牙更近的天堂了：苏格兰对西班牙极为敌视，爱尔兰已经被英国军队占领，受损伤的舰队和饥饿的士兵只能绕过英伦三岛回国。在爱尔兰以西海面，无敌舰队遭遇风暴，海水狂涌，风势狂暴，桅樯倾倒崩毁。有些舰船被冲到岸边触礁沉没，大批水手、士兵溺毙，1100名侥幸游上岸的西班牙人有大半被当地土人杀死。1588年10月，"无敌舰队"仅剩54艘残破船只返回西班牙，2.7万名士兵只有不到一万人安全返回家园。这一惨败成了西班牙全国的梦魇。菲利普二世日日自闭于密室之中，无人敢与其说话，而教皇竟称没有发生海战，拒绝兑现应该支付给菲利普二世的金币。英舰没有损失，阵亡海员水手只有百人左右。

西班牙无敌舰队的覆灭几乎影响了整个欧洲文明。英国夺取了海上霸权，西班牙从此一蹶不振。海战技术有了决定性转变，舰船的机动灵活和火炮优势取代了以往海战的短兵相接、强行登船的肉搏战，海上战争从此呈现出全新的格局。

30 年战争

公元961年，德意志国王奥托一世奥托派兵进入罗马，支持被罗马贵族驱逐的教皇约翰十二世复位。约翰十二世感恩戴德，翌年在罗马的圣彼得大教堂为奥托一世加冕。奥托一世成为古罗马帝国皇帝继承人，被称为"奥古斯都"即"罗马皇帝"。1155年，腓特烈一世加冕时，加上了"神圣"二字冠名。自1250年起，帝国被定名为神圣罗马帝国，1440年成为"德意志民族的神圣罗马帝国"。帝国强盛之时，领土包括今日之德国、奥地利、瑞士、卢森堡、荷兰、比利时、法国东南部、意大利北部、西西里岛、捷克、匈牙利以及波兰一部。疆域之辽阔，实在令人叹为观止。

然而，这一帝国既非神圣，亦非罗马，更不是帝国，它只不过是一群封建邦国的统一体。国王没有实权，300多个大小领主完全自治，拥有自己的军队和朝廷，甚至有收税的权力。一位商人走200公里，竟然需要交13次税！帝国之分裂，由此可见一斑。

1438年，奥地利的阿尔布雷希特五世自其岳父西吉斯蒙德手中继承了神圣罗马帝国皇位以及匈牙利、波希米亚的王位，从此神圣罗马帝国的皇位就落在哈布斯堡家族手中。1519年，查理登上所有哈布斯堡家族领地的君主宝座。他是西班牙的卡洛斯一世、神圣罗马帝国的卡尔五世、西西里的卡洛一世、那不勒斯的卡洛四世,尼德兰和西属美洲的统治者,以及其他许多小国的君主,是欧洲最为强大的封建领主。1522年,查理将奥地利诸邦以及家族在北意大利的领地分给其弟斐迪南,而西班牙、神圣罗马帝国钱仓尼德兰、西印度群岛及帝国在意大利的领地分给其子西班牙的菲力二世。哈布斯堡家族分裂成为西班牙哈布斯堡王朝和奥地利哈布斯堡王朝。

16世纪后期和17世纪初,欧洲社会的重大变化,各国政治经济矛盾冲突,封建王朝及诸侯的领土之争以及宗教派别的矛盾,使庞大的神圣罗马帝国处于风雨飘摇之中。1517年,马丁·路德举起宗教改革大旗,随后的德国农民战争使整个德国乱成一团。各邦的诸侯趁混乱的局势浑水摸鱼,或坚持天主教,或改宗新教。新旧教互相攻讦,天主教诸侯将新教徒斥为异端,新教诸侯则将扩张行为唤作"争得新福音"。

高居于皇位的哈布斯堡家族视各路诸侯的争斗为天赐良机,它想与西班牙联手,建立起一个统一的哈布斯堡大帝国。欧洲列强也希望德国就此争斗下去,他们可渔利其间。于是,新旧教之间,皇帝与诸侯之间,依据其不同利益,组合成"新教同盟"和"天主教同盟"两个同盟。教皇、皇帝、西班牙都支持天主教同盟;法国、荷兰和英国等支持新教同盟。

1526年,一度独立的捷克被重新并入神圣罗马帝国的版图,帝国皇帝兼捷克国王,但捷克保有很大的自治权。1617年,皇帝马蒂亚斯指定自己的堂兄斐迪南为捷克王位的继承人。斐迪南上台后,在捷克对新教徒进行迫害,拆毁新教教堂,禁止新教徒集会。1618年5月23日,捷克人民举行了武装起义。起义者冲入王宫,将国王的3名亲信走卒从7丈多高的窗户里扔出去,摔到宫外的壕沟里。这就是著名的"掷出窗外事件"。它成为捷克反对哈布斯堡王朝起义的开始,也是30年战争的开端。

战争开始时,捷克军队进展顺利,6月进抵维也纳近郊。斐迪南求助于天主教同盟,天主教同盟立即出兵。1620年11月,捷克军被天主教盟军击败,捷克成为奥地利的一省,天主教被立为国教,德语为捷克国语。第一阶段战争以天主教同盟的胜利而告终。

皇帝和天主教同盟的胜利,直接威胁法国和荷兰的安全。法国不能容忍查理五世帝国的复活,荷兰于1621年与西班牙处于战争状态。垂涎北德领土的丹麦和瑞典也不愿看到德皇对全国实现有效的统治。英王詹姆士一世只关心自己的女婿、普法尔茨选帝侯腓特烈的命运。1625年,法国首相黎塞留倡议英国、荷兰、丹麦缔结反哈布斯堡联盟,英、荷提供金钱,丹麦成为打手,战争进入第二阶段。

丹麦及新教军队多是临时拼凑的雇佣军队,组织松散,缺乏训练,但训练有素、久经征战的皇帝军队却连战皆北。原来,第一阶段的战争让皇帝耗资巨大,财政遇到了困难。没有钱打什么仗呢?万般无奈之际,皇帝起用了A·瓦伦斯坦。瓦伦斯坦是杰出的军事家和政治家,智珠在握,机变百出。他的雇佣军进行过严格训练,军队具有较强的战斗力,采用"以战养战"政策,每攻克一地,他的军队都像蝗虫一样将居民抢劫一空,人称他的军队为"瓦伦斯坦蝗群"。

丹麦军队连吃败仗,丹麦国王被迫于 1629 年 5 月 12 日在吕贝克签订和约,保证以后不再干涉德国的内务。皇帝规定,新教诸侯于 1552 年以后将所占教产全部归还原主,同时根据瓦伦斯坦的计划,德国将在波罗的海建立一支强大的舰队。这又惹恼了北欧另一大国瑞典。瑞典担心此计划影响它在波罗的海的优势地位,遂在法国大量金钱援助下,于 1630 年 7 月在波美拉尼亚登陆,战争进入第三阶段。

瑞典军队由国王古斯道夫率领。古斯道夫是一个出色的军事家,军队训练有素。他认识到最具优势的兵器还是火枪。他减少了长矛兵的数量,并将长矛从 16 英尺削短到 11 英尺,并把他们与火枪兵混编成连,每个连有 72 个火枪兵和 54 个长矛兵。另外,他创建了线式战术,一改传统的笨重方阵,可以在作战中更灵活快速地机动、布阵和进攻。这是军事史上的一个里程碑,标志着从古代和中世纪的战术向近代战术的转化。改革后的瑞典军队成了欧洲第一流的军队。

瑞典军队很快就占领波美拉尼亚,1632 年初,占领美因斯,4 月又攻陷奥格斯堡和慕尼黑。在列赫河战役中,天主教同盟军惨败。瑞典及新教联军顺利渡过列赫河,继续南进,占领了整个莱茵区,并把西班牙军赶回荷兰。瑞军沉重打击了天主教阵营的势力,但一路烧杀掳掠,给德国人民带来深重灾难。德皇在危急之中,重新起用瓦伦斯坦为统帅。

这时瑞典的后院起火。原来,法国担心瑞典的胜利会导致新教徒控制德国,威胁到法国在德国南部的利益,便千方百计阻止瑞典军队的行动,策动德国的新教诸侯不再支持瑞典。瑞典军队战线过长,军队过于分散,指挥困难,逐渐丧失了战略主动权。11 月,天主教军队与瑞典军在吕岑展开会战。16 日早晨,大雾迷漫,双方军队列阵相对,在浓雾中展开混战。瑞典获胜,但古斯塔夫二世头部中了流弹,一代名将,不幸身亡。战局逆转,皇帝和天主教阵营第三次占了上风。

战局演变导致了法国的参战,并形成全欧洲战争。

法国本是天主教国家,同德皇、西班牙和德国天主教诸侯并无宗教冲突,但法国对外扩张的国策,决定了它必须削弱哈布斯堡王朝。此前,法国一直在玩弄借刀杀人之术,假手丹麦和瑞典来打击哈布斯堡王朝。现在,它趁交战双方疲惫不堪、元气大伤之际,决定出兵收拾残局,给哈布斯堡王朝以最后一击,实现称霸欧洲的伟业。

法国宰相黎塞留的战略是:双管齐下,一方面打击西班牙,夺取它在尼德兰和意大利南部的属地,并使西班牙无力援助德皇和天主教贵族;另一方面,进军德国境内,建立法国的势力范围。

1635 年 5 月,法国对西班牙宣战。战场主要仍在德国境内,但蔓延到西班牙、西属尼德兰、意大利等国。双方蹂躏所占领的对方地区,掠夺和杀戮居民。1645

年,孔代亲王协同 H·杜伦尼元帅在诺德林根(德境)打败德皇军队。1648 年 5 月,法瑞联军在楚斯马斯豪森大胜巴伐利亚和帝国的军队,奠定了战争的结局。

哈布斯堡王朝集团无力再战。瑞典军的节节胜利,引起丹麦王的嫉妒和恐惧,乘瑞典军深入南德时期,丹麦对瑞典宣战。瑞军回师北上,反击丹麦军队。瑞荷舰队在洛兰岛海战中摧毁了丹麦的 17 艘战舰,丹麦海军的主力被消灭,瑞典从海陆两路围逼丹麦,丹麦被迫求和。

从 1643 年起,交战双方在威斯特伐利亚开始谈判,一直到 1648 年 10 月才达成协议,缔结了两个和约——《奥斯纳布吕条约》和《明斯特和约》(两个和约又统称为《威斯特伐利亚和约》),至此战争结束。

30 年战争结束了自中世纪以来"一个教皇、一个皇帝"统治欧洲的局面,德国分裂为近 300 个独立的大小不同的诸侯领地和 100 多个独立的骑士领土,神圣罗马帝国在事实上已不复存在。德国的生产力遭到严重破坏,六分之五的乡村被毁灭;工商业急剧衰退。西班牙失去了一等强国的地位。

法国得到了德国大片领土,成了欧洲霸主。瑞典也得到了波罗的海沿岸的大片土地,据有德意志北部各重要河口,并成了德意志的诸侯,可以随时干涉德意志的内部事务。瑞典因此成为北欧强国。和约正式承认荷兰独立;正式承认瑞士脱离神圣罗马帝国独立。在宗教方面,和约规定加尔文教徒享受与路德教徒同样的权利。

这次战争对世界军事学术和技术起了积极的推动作用。滑膛枪开始大量使用,火炮开始实行标准化,炮兵已成为一个独立兵种;战斗队形趋向灵活;许多国家军事制度发生变革。

美国独立战争

1775 年 4 月 18 日夜,驻马萨诸塞波士顿城的英军司令盖奇(Thomas Gage)派兵围剿设在城西北郊的反英团体通讯委员会的秘密军火库。争取独立的"自由之子"联盟的成员保罗·瑞沃(Paul Revere)和他的伙伴,从盖奇的情妇那里得到这一消息。他们立即骑着骏马,飞快地穿过寂静的街道,踏着厚厚的积雪,向郊外奔去。每经过一个村落,瑞沃就大声疾呼:英军要来了,英军要来了。房子亮起了灯光,孩子从睡梦中惊醒,猎人的警笛吹响,教堂的钟声鸣起。经过几个小时的疾驶,瑞沃赶到独立运动领袖阿达姆斯(Samuel Adams)和韩考克(John Hancok)的居所。几个小时后,英军在莱克星顿陷入民兵的埋伏。

美国独立战争

莱克星顿的枪声宣告北美独立战争的全面爆发。美国著名诗人爱默生写道：莱克星顿的枪声，全世界都听到了。

5月10日，第二届大陆会议在费城召开，决定成立大陆军，统一领导反英斗争，乔治·华盛顿被推举为大陆军总司令。持续8年之久的美国独立战争正式开始。

北美大陆的土著居民是印第安人。1607年，第一批英国移民乘"五月花"号轮船在弗吉尼亚建立了詹姆士城，从此掀起了奔向北美大陆的移民潮。1733年，最后一个殖民地佐治亚建立，英国移民先后在北美东海岸建立了13个殖民地，这就是美国最初的13个州。经过长期的民族融合，北美形成了一个不同于英国的新民族，即美利坚民族。它希望挣脱宗主国的控制独立地发展。英国殖民当局却把北美殖民地当成其廉价的原料基地和商品倾销市场，极力遏制殖民地经济的自由发展。它颁布一系列法令，禁止向阿巴拉契亚山以西迁移，禁止殖民地发行纸币，宣布解散殖民地议会，并对殖民地课以重税，加紧军事控制等等。英政府的所作所为，激起了殖民地各阶层人民的强烈反抗。1773年3月5日发生了驻北美英军枪杀波士顿居民的"波士顿惨案"，群情为之激愤。1774年英政府变本加厉，又接连颁布5项"不可容忍的法令"，使宗主国与殖民地矛盾进一步激化。北美殖民地人民忍无可忍，决心拿起武器与殖民当局抗争。托马斯·杰弗逊大声疾呼："自由之树必须不断用爱国者与暴君的血来灌溉。"1775年12月22日，英国议会通过了派遣5万军队赴北美殖民地镇压革命者的决议。约翰·柏高英、威廉·豪和亨利·克林顿等将领随增援部队到达北美指挥作战。

对交战双方而言，这是一场不对称的战争。北美人民面对的是有"日不落帝国"之称的世界头号殖民大国，拥有一支训练有素、装备精良、作战经验丰富的陆军和海军。其陆军在北美作战中首次装备和使用了新发明的后膛来复枪。而北美在宣布独立时尚没有正规军，只有分散各地的民兵。大陆军装备简陋，弹药缺乏，给养困难，刚组建时人均仅9发子弹，3个士兵才有1支火枪和1条被子，炮兵火药只有1天的使用量。提康德罗加堡1.2万名战士只有900双鞋子。交战双方强弱十分悬殊。

战争一开始，战略主动权即掌握在英军手中。1775年6月16日夜，威廉·普雷斯科特上校率1200名民兵占领了波士顿北部制高点查尔斯顿高地的邦克山，在布里德山顶修筑了工事，6月17日清晨，威廉·豪率领2200名英军在舰炮火力的支援下，向北美民兵发起攻击。英军发起3次冲锋，前两次均被民兵击退，北美民兵在弹药耗尽的情况下，被迫撤退。这就是著名的邦克山之战。这是北美民兵与装备精良的英军正规部队的第一次正面交锋。1776年12月，大陆军放弃纽约，独立战争进入困难时期。

1776年12月25日圣诞之夜，华盛顿率部渡过特拉华河，奇袭特伦顿黑森雇佣军兵营，1400名雇佣兵有近1000人被俘，美军仅2人冻死，5人受伤，受伤者中的詹姆斯·门罗后来成为第五届美国总统。在普林斯顿,大陆军再次重创英军。这样,在短短的 10 天内,大陆军取得两次胜利,虽未能根本上扭转战局,但大大激发了北美人民的革命热情。

1777 年 7 月,英军计划兵分三路,分进合击,会师奥尔巴尼,以尽快实现其切断新英格兰的战略企图。但英军对整个计划的实施没有协调,各路人马各行其是。北路 7200 余名英军在柏高英的率领下,从蒙特利尔孤军南下,盲目深入,结果陷入新英格兰民兵的汪洋大海之中。英军所到之处,当地民众和民兵纷纷组织起来坚壁清野,切断公路,破坏桥梁,布设路障,围追堵截,迟滞和消耗敌军。柏高英哀叹"不管皇家军队走到哪里,美国人都会在 24 小时内集结起三、四千民兵"。

英军被迫退守萨拉托加。大陆军和民兵以 3 倍于英军的优势兵力将英军团团围住,柏高英因弹尽粮绝,孤立无援,被迫于 10 月 17 日投降。萨拉托加大捷大大改善了美国的战略态势,成为美国独立战争的重要转折点。战争进入战略相持阶段。

萨拉托加大捷后,法国、西班牙、荷兰等改变了动摇不定的观望态度。1778 年 2 月法美签订军事同盟条约,法国正式承认美国。1778 年 6 月法英开战,西班牙也于 1779 年 6 月对英作战。俄国于 1780 年联合普鲁士、荷兰、丹麦、瑞典等国组成"武装中立同盟",打破英国的海上封锁。1780 年 12 月荷兰进一步加入法国方面对英作战。英国陷入空前孤立的境地。在大陆军和民兵的持久消耗下,英军渐感力量不支。

1781 年 8 月,康沃利斯率 7000 名英军退守弗吉尼亚半岛顶端的约克敦。此时在整个北美战场英军主要收缩于纽约和约克敦两点上。1781 年 8 月,华盛顿亲率法美联军秘密南下弗吉尼亚,法国舰队在约克敦城外海面击败了来援英舰,完全控制了战区制海权。9 月 28 日,1.7 万名法美联军从陆海两面完成了对约克敦的包围。在联军炮火的猛烈轰击之下,10 月 19 日,8000 名英军走出约克敦向衣衫褴褛的美军放下武器。军乐队奏响了《地覆天翻,世界倒转过来了》的著名乐章。

1782 年 11 月 30 日,英美签署《巴黎和约》草案,1783 年 9 月 3 日,英国正式承认美国独立。

美国独立战争是历史上以小胜大,以劣胜优,以弱胜强的杰出战例。独立战争的胜利,打碎了英国殖民统治的桎梏,实现了北美殖民地政治上的独立,大大解放了北美殖民地的生产力,为美国资本主义和现代文明的迅速发展开辟了广阔的道路。

拿破仑战争

1792 年,法国国民公会宣布成立法兰西第一共和国。国内王党分子纷纷发动叛乱,欧洲的反法势力组织了反法同盟。1793 年 8 月,盘踞在土伦城内的保王党引狼入室,将土伦拱手交给了英国和西班牙干涉军。10月15日,在讨论夺取土伦的作战会议上,名不见经传的拿破仑主张集结大量火炮,对付停泊在土伦港的英国舰队,切断英国舰队与土伦守敌之间的联系,令土伦守敌不攻自破。这一大胆而又新颖的作战计划,显示了他敏锐的洞察力和丰富的想象力,拿破仑因此被任命为攻城炮兵的副指挥官。战斗开始的当天晚上,英国舰队全部逃离土伦港,法军很快收复了土伦。拿破仑在土伦崭露头角,1794年1月14日,他被任为少将炮兵旅长。

拿破仑战争

　　1793年春,英、奥、普、荷、西和意大利的一些小国组成第一次反法同盟军,联合进攻法国。法国抵抗住了联军的进攻,战争推至法国境外,普、西、荷兰退出了反法联盟。1796年3月2日,年仅27岁的拿破仑受命为法国意大利军司令,开始了独当一面的战役指挥。

　　拿破仑率3万余人,翻越了阿尔卑斯山沿海山脉的天险,对奥萨联军实行中间突破,连战皆捷,迫使奥地利于1797年10月签订《坎波福米奥和约》,瓦解了第一次反法联盟。在一年多的意大利之战中,法军共俘敌15万名,缴获军旗170面,大炮550门,野战炮600门,并获舰船51艘等,从奥地利手中夺取了不少地区,并使"自由、平等"的口号和制度在意大利半岛流行起来。

　　1798年5月,拿破仑率法军远征埃及。同年12月,英国联合俄、奥、葡萄牙、那不勒斯和土耳其等国,结成第二次反法联盟。1799年10月,拿破仑从埃及回国,11月9日发动政变,成立以他为第一执政的新政府。1800年5月,拿破仑率军攻入意大利,在6月14日的马伦哥会战中大败奥军,重新占领了意大利。12月,法军又在霍恩林登击败奥军。1801年1月,法奥签订《吕内维尔和约》,第二次反法联盟解体。此时,意大利、莱茵河左岸、比利时、卢森堡均被法军占领。

　　1805年4~8月,英、俄、奥、瑞典和西西里王国等结成第三次反法联盟,俄奥联军充当主力。奥军急于复仇,不及盟军到来,首先出动大军南下意大利,另一路大军西出巴伐利亚。10月14日,法奥军队在乌尔姆会战,奥军损失5万余人,而法军伤亡不足1500人。法军长驱直入,直捣奥地利首都维也纳。12月2日,法军在维也纳以北的奥斯特里茨大败俄奥联军,俄奥联军损伤3万余众,而法军只折损8000余人。但在10月21日的英法特拉法加海战中,法国和西班牙舰队不敌由纳尔逊率领的英国海军,几乎全军覆没。奥地利战败求和,法奥签订《普雷斯堡和约》,奥地利承认拿破仑在意大利北部建立的"意大利王国",奥地利在南德意志的属地也被拿破仑分给了法国的附庸小国。第三次反法联盟失败。

　　1806年9月,英、俄、普、萨克森和瑞典等国结成第四次反法联盟,企图将法军从其侵占的地区逐出。此次反法同盟,由普军充当了主力。10月14日,法军与普萨联军在耶拿会战,普军主力损失殆尽,27日,法军占领了柏林。此时,与普鲁士结盟的俄军尚未来得及出兵。1807年2月8日,俄法军队在艾劳会战。由于法军的作战计划事先被俄军获取,法军伤亡惨重,但仍取得了最后胜利。在弗里德兰会战中,法军再获胜利,5万俄军悉数被歼。沙皇亚历山大向拿破仑求和。双方订立《提尔西提和约》,俄国承认了法国对普鲁士大片领土的占有,与法国缔结同盟,并出面调停法英关系。第四次反法联盟随即崩溃。

但是,法国与英国的关系并无改变的迹象,拿破仑发布大陆封锁令,不准英国的商品进入大陆,企图困死英国。1809年1月,英国和奥地利结成第五次反法联盟。奥军不宣而战,4月中、下旬,法军5战5胜,击退进到巴伐利亚境内的奥军,5月13日再占维也纳。此后奥军也有小胜,但在7月初的瓦格拉姆战役中,奥军又折损3.2万余人。奥军锐气尽失,无力再战,只得求和。10月14日,法奥签订《申布伦和约》,奥地利被迫让出大片领土,失去人口350万,还要交付大笔赔款,第五次反法联盟解体。

1812年6月,拿破仑率大军60多万入侵俄国。俄军实行坚壁清野政策,一遇法军即退。俄国的空旷令法军吃尽了苦头。8月17日,法军好不容易在斯摩棱斯克与俄军会战。岂料战后俄军再次后退,9月7日,法军已经进至莫斯科近郊的鲍罗金诺村。俄军统帅库图佐夫在此设下坚固阵地,但求战心切的法军还是令俄军大败。这一仗俄军折损5万余人,但法军也伤亡了3万余人。加上沿路损失,征俄的60万大军,已经有三分之一损失殆尽。9月14日法军进入莫斯科,但城内既无居民,也无粮草。10月18日,俄军开始反攻;翌日,法军撤出莫斯科,一路上遭受俄国军民袭击,冻饿疲病交错而来。到12月法军撤出俄境之时,60万大军只剩下1万余人。

拿破仑征俄战争的失败让反法同盟国家备受鼓舞。1813年2月,俄普率先结盟。3月,普鲁士对法宣战。随后,俄、英、普、西、葡和瑞典等国,结成第六次反法联盟(奥地利于8月加入)。此时,反法联军共有51万之众,拿破仑只凑起了40余万兵卒。随后进行了一系列会战,拿破仑接连获得小胜,但是挡不住联军的多路逼近。10月18日,双方在莱比锡大战,双方各自有6万人的损伤,但在拿破仑麾下效命的萨克森师临阵倒戈,令拿破仑措手不及,法军阵脚大乱,纷纷败退而逃。是年底,战局又回到1793年时的情景,战火烧到了法国本土。1814年3月30日,巴黎守军投降。4月6日,拿破仑被迫退位,并被放逐到厄尔巴岛。

1815年3月1日,拿破仑从厄尔巴岛秘密逃回法国,20日进入巴黎,重新掌握政权,史称"百日"王朝,出席维也纳会议的俄、英、普、奥、瑞典等国代表,当即结成第七次反法联盟,决定出兵70万,分5路进攻法国。6月,拿破仑率法军主动出击;16日进行利尼会战,普军失利后退。6月18日,法军与英荷联军在滑铁卢会战,英荷联军有22万人,法军只有12万。在交战的最后关头,普军突然赶到,法军彻底失败。拿破仑逃回巴黎,22日再次退位,被放逐到圣赫勒拿岛。

拿破仑在战争指导上,善于集中兵力,敢于以少击多,力求以一两次总决战决定战争的结局,在作战指挥上有过许多创新。拿破仑的战争实践把资产阶级作战思想发展到了一个顶峰,后来西方许多国家所进行的战争,都曾受到拿破仑战争思想的影响。

美国内战

美国独立后,南方和北方沿着两条不同的道路发展。北方的资本主义经济发展迅速,南方则实行种植园黑人奴隶制度,1860年有黑人奴隶400万人。南方奴隶制度严重窒息了北方工商业的发展,南北矛盾和斗争自19世纪起日趋激烈。到19世纪50年代,围绕奴隶制度,在局部地区酿成武装冲突。

1860年,反对奴隶制的共和党人林肯当选为总统,南方7州退出联邦,于1861年2月建立"美利坚诸州联盟",推选戴维斯为"总统",定都里士满。4月12日,南方军队炮击联邦军的萨姆特要塞,挑起了内战。

美国南北双方力量对比悬殊。北方有23个州。人口2200万。工业生产是南方的10倍。南方只有7个州900万人口。但南方早就从军事上做好了准备,南方军队素质高,军火工业发达,并得到英法等国的援助。南方军队统帅是罗伯特·李,他根据双方力量悬殊的状况,制定了以攻为守的战略,集中兵力寻歼北军主力,迫使北方签订城下之盟。而北方对战争准备不足,又采取了所谓的"大蛇计划",把兵力分散在8000英里长的战线上,北军总司令麦克莱伦战术失当,北军连连受挫。

1861年,双方在东战场进行了第一次马那萨斯会战。7月21日,3.5万联邦军队排着整齐队形,在军乐声中向里士满进军。邦联军队2.2万在铁路枢纽马那萨斯列阵相迎。南军击退了北军5次冲锋。由于双方军服几乎相同,一时敌我难辨,战场一片混乱。不久,南军援军赶到,发起反攻。缺乏训练的北军一触即溃。

1862年2月22日,林肯下令50万大军发起总攻。北军在西线节节胜利,几乎打通了南北大动脉密西西比河,海军也攻克了南方最大港口新奥尔良。但在东战场,北军连遭惨败。北军司令麦克莱伦拥兵10余万,却一连几个月按兵不动,后在林肯催促下,才发动"半岛战役",企图攻占里士满。6月25日至7月1日,邦联军9万军队同联邦军10万人展开"七日会战",罗伯特·李以机动寻找战机,调动北军,然后寻找北军薄弱环节发起进攻,把北军逐出了里士满附近的半岛,北军损失1.65万人,南军也损失2万人,但取得了保卫首都的胜利。李乘胜北上,8月底,与北军进行第二次马那萨斯会战。南军有5.4万人,北军8万人。李高超的指挥艺术发挥得淋漓尽致。他以小部队把北军主力吸引到阵地上,主力机动,从侧翼和后方发起进攻,然后正面、侧面夹击,一举击溃了北军。北军伤亡1.4万,被俘7000

人。南军兵临华盛顿城下。北军在9月的安提塔姆会战中顶住了李的攻势。在海战方面，虽然北方海军占压倒优势，但南方的装甲战舰也给北方带来很大麻烦。

1862年9月22日，林肯发表了《解放宣言》，宣布从1863年1月1日起解放400万黑人奴隶。这一伟大历史文件敲响了南方奴隶制的丧钟。同时，林肯还实行了一系列革命政策，如颁布《宅地法》，把西部土地分给人民；武装黑人；实行征兵制；改组军事指挥机构，任命格兰特为总司令；向富人征收累进所得税，镇压"铜头蛇"反革命分子，等等。这些措施极大地调动了北方人民的积极性，近百万人踊跃参军，其中有23万是黑人。格兰特和谢尔曼共同制定了"总体战略"，即不但消灭敌人军队，还要摧毁敌人的经济基础和敌方居民的战斗意志。

1863年4~5月，北军波托马克军团13万人同李指挥的南军6万人在昌西洛维尔激战。李克服了兵力上的劣势，机动灵活地与北军周旋，以少量兵力正面牵制北军主力，亲率主力迂回包抄北军，从侧翼和背后袭击北军，一举将北军击溃，北军损失了1.7万人，南军损失1.2万人。这是南方取得的最后一次战役的胜利。

1863年6月，李军8万攻入宾夕法尼亚州，北方再次告急。林肯急召波托马克军团11万人迎击。7月1日，李军向北军防守的高地发起猛攻，北军死伤惨重。7月2日下午，南军以300门大炮猛攻，北军奋勇抗击，顶住了南军的攻击。第三天，南军孤注一掷，发起总攻。师旅长亲自挥刀上阵。北军炮兵以猛烈火力吞噬了一群群南军士兵，但南军终于冲上北军主阵地公墓岭顶峰，双方展开白刃战。北军全线反攻，终将南军全歼。南军2个旅长和15个团长全都阵亡，死伤2.8万。北军伤亡也达2.3万。李率军后撤。这次大战是内战中最激烈的一次。这一仗扭转了东线战局，从此北方完全掌握了主动权。

从1863年2月开始，格兰特率3个军团7万多人围攻维克斯堡。格兰特采取围困战术，切断了敌军所有的供应线。堡内敌军弹尽粮绝，连猫、老鼠都被吃光。7月4日，南军举起白旗投降。北军共俘敌3.7万，缴获大炮172门。至此，北方控制了密西西比河，将南方领土一切两半。

经历三次大战役后，南军气数已尽，北军士气越来越高，不断发起强大攻势。1863年11月，北军取得查塔努加战役胜利，击溃南军4.6万，向南方后方进攻的大门敞开了。

1864年，北军向南方发起三路攻势。在东线，格兰特采用消耗战略，经荒野战役、冷港会战，使李军团主力消耗殆尽，再也无力发动进攻。在西线，谢尔曼指挥10万大军，通过长途奔袭插入南方腹地，9月攻占南方最大工业城市亚特兰大。从11月15日起，6.2万精兵在一个多月里长驱300多英里。北军实行"三光"政策，所到之处火光冲天。12月21日，大军攻占了萨凡纳，完成了摧毁南方后方的任务。与此同时，北方海军也对南方实行"窒息式封锁"，完全切断了南方对外联系。

1865年，北军从陆海两个方向发起最后攻势，北军攻克重镇彼得斯堡和南方首都里士满，4月9日，罗伯特·李被迫向格兰特投降。南方残军17万全部放下武器。然而,在北方取得胜利的时刻,演员布斯暗杀了林肯总统。

这场战争具有现代总体战争的许多特点:双方均实行征兵制,共动员了 400 万人参战;双方均动员全部人力物力投入战争。战争中,双方共死亡 62 万人,伤者百万以上,耗资 250 亿美元。损失之大,消耗之严重,均为近代战争之首。此外,战争中广泛使用了最新的科技成果,如无线电报、装甲列车、卡宾枪、开花炮弹、照相侦察、高空气球、装甲舰、水雷、潜水艇、扫雷装置,等等。这些使战争面貌大为改观,后勤供应也更为复杂。这场战争在军事史上占有显著地位,被称为"第一次现代战争"。

普奥战争

1815 年,反法同盟国家在维也纳召开会议,确定欧洲的新秩序。会议结束后,德国土地上建立了以奥地利为首的德意志邦联。它包括 34 个封建君主国和 4 个自由市,其中奥地利和普鲁士是该邦联中最大的两个国家,它们为争夺在德国的领导地位而长期进行斗争。

1861 年 1 月 2 日,威廉一世登上普鲁士王座。为了实现兼并全德的目的,他立即扩充军备,任命具有新思想的人物罗恩为军政部长,毛奇为总参谋长,俾斯麦为首相兼外交大臣。

俾斯麦是德国历史上有名的铁血宰相,他认为,当前的种种重大问题不是演说词与多数决议所能解决的。要解决德意志民族矛

普奥战争

盾,只有用铁和血。他积极开展外交活动,争取同盟者或中立者支持战争,积极进行财力准备,以筹备足够的军费,同时大力加强军事建设,积极改善武器装备,始终不懈地进行战争准备。到 1866 年上半年,普鲁士已经做好了战争准备。

6 月 14 日,德意志邦联议会通过了反对普鲁士的方案。俾斯麦立即授权普鲁士公使声明:邦联议会无权以这种方式对待它的成员,坚决要求解散邦联议会。同时,普鲁士向萨克森国王、汉诺威国王和黑森—加塞尔国王提出最后通牒,要求他们接受普鲁士提出的《联邦改革纲要》,允许普军自由通过他们的国土。这一要求遭到拒绝,奥地利对此也极为恼怒。6 月 17 日,奥地利首先发表宣战书;18 日,普鲁士对奥宣战。20 日,意大利按照意普盟约对奥宣战。普奥战争终于在俾斯麦的策划下揭开了序幕。

这场战争对双方都不意外,站在普鲁士方面的,有意大利王国以及北德的一些中小邦国;站在奥地利方面的,除地处北方的汉诺威外,其余皆为靠近奥地利的南方诸邦国。

普鲁士战争的实际指挥者为总参谋长毛奇将军。他利用先进的铁路运输线实施战略输送,使用先进的电报手段进行统一指挥,从而克服了远距离机动和外线作战所带来的困难。在很短的时间内,他就将25万兵力和800门火炮集结到了萨克森和奥地利的边境地区,使之在宽约420公里的正面完成了集结和展开。

整个战争行动在南、西、北三个战场同时展开。北线波希米亚为主战场,它决定着整个战争的命运。南线意大利战场由奥意军队交锋。

战事一开始,形势就对奥地利有利。在6月24日库斯托查会战中,意军大败,以致无力再战。意军的惨败使普军迫敌两线作战的计划不能实现。但奥军在意大利获胜后,并没有继续发展攻势,而是放弃了威尼斯,只留少量兵力驻防,而将大部分兵力迅速调回多瑙河沿线,以支援形势紧迫的北线战场作战。

西线德意志战场,由普鲁士军队与奥地利阵营的一些成员国交战。宣战后,普军迅速开进了奥地利的盟邦汉诺威、萨克森等毗邻国家。这些国家的军队,在普军的强大攻势下节节后退。6月27日,冯·法尔肯施泰因将军率领普军5万余人,在朗根萨尔察附近地区大败汉诺威军队,进而围困了汉诺威城。6月29日,汉诺威王奥格尔格投降。7月初,法尔肯施泰因挥师南下,准备先占领法兰克福,随后向巴登和符腾堡进军。

北线波希米亚战场由普军发起主要突击。毛奇按照先前制定的计划,令3个军团向东移动:第一军团向尼斯河以东地区挺进,第二军团进至格尔利次以东地区,易北河军团则沿易北河南移,向第一军团右翼靠拢,自己则在柏林通过电报统一运筹,动用五条铁路线予以调动。普军进展神奇,奥军对此浑然不觉。6月22日,易北河军团占领了德累斯顿,随后即与第一军团会合。这时,毛奇得知奥军正由摩拉维亚向西北方向边境开进,当机立断,命令第二军团翻越苏台德山脉,回师向西南突进,第一军团和易北河军团则沿厄尔士山脉的隘路行进,向山南进军。这样,普军构成钳形攻势,分进合击,首先消灭贝奈德克将军统率的奥军主力,然后直取维也纳。6月25日,普军按命令向前开进。两路大军因不知奥军的具体位置而摸索前进,指挥无法协调,在翻山越岭通过山隘时遇到了困难,但最终顺利通过了山地,进入到山南地区。6月26日,贝奈德克率领的奥军主力进至亚罗默希以西地带。次日,奥军主力一部与普军第二军团相遇,结果被普军打败。6月30日,贝奈德克率奥军主力向东南退却,以逃避普军的钳形攻势。7月1日夜间,奥军到达易北河上游凯尼格列茨与萨多瓦之间的高地上。贝奈德克眼见形势危急,决心在7月3日向南渡过易北河,经由帕尔杜比策向南撤退。

1866年7月3日,普奥两军相会在柯尼希格莱茨附近的萨多瓦小村,欧洲近代史上前所未有的大会战开始了。奥方兵力约23.8万,普方兵力为29.1万。普军士兵装备的是后膛枪,奥军士兵装备的是前膛枪,在火器上普军要胜出一筹。普军的大炮在膛内已经有了来复线,炮弹旋转射出,既远且准,而奥军的火炮依然是前膛炮。另外,普军是为统一德意志而战,士气高昂;奥军是为皇室效命,士气低落。

上午 8 时，普军第一军团自西向东对奥军发起了正面攻击。奥军挡住了普军的进攻，并且展开了攻击。普军第一军团陷入危急之中，但毛奇对于自己的部署信心十足，坚持按原计划作战。普军易北河军团和第二军团趁奥军主力不断向普军第一军团反击之机，迅速前进至奥军翼侧，勇猛发起攻击，很快突入奥军防御阵地，使奥军措手不及，整个阵线面临崩溃。

萨多瓦决战以普军的胜利而告终。奥军伤亡、被俘人员达 4.5 万余。普军伤亡了 1 万人。奥地利军队无力再战。此时，法皇拿破仑三世担心普鲁士灭了奥地利，主动在普奥之间调停。7 月 22 日，普奥双方代表在尼科尔斯堡谈判。8 月 23 日，双方正式签订《布拉格和约》。和约规定：德意志邦联议会解散，奥地利从此退出德意志事务。普鲁士有权建立以它为首的北德意志联邦；奥地利把它对石勒苏益格-荷尔斯泰因的管理权全部让给普鲁士，并向普鲁士偿付一笔赔款；同时，奥地利还把威尼斯割让给意大利。

普奥战争虽说进行 7 周，但决定胜败的战斗只有短短的 12 天。普鲁士军队胜利地打了一场外线的进攻速决战，在近代战争史上谱写了重要的一页。普奥战争的结局改变了德意志的内部面貌。1866 年 9 月 20 日，普鲁士吞并了汉诺威王国、黑森—加塞尔选帝侯国、拿骚大公国、法兰克福自由市、石勒苏益格—荷尔斯泰因两公国，同时夺走了巴伐利亚王国和黑森—达姆施塔德王国的部分领土。东、西普鲁士连接成为一片。1867 年，普鲁士组成了北德意志联邦，将美因河以北 19 个邦国以及 3 个自由市揽入囊中。联邦自定宪法，俨如统一国家。普王成了联邦元首，俾斯麦担任联邦首相。南德诸邦则与北德意志联邦订立关税及经商协定，其军队由普鲁士军队参谋总部监督。

普法战争

普奥战争确立了普鲁士在德意志的统治地位，但德国的统一还没有最后完成。巴伐利亚、巴登、维尔腾堡和黑森—达姆斯塔德等西南四邦仍保持着独立地位。这四邦紧邻法国，拿破仑三世不愿德国强大，极力施加影响，不让四邦统一于德国。俾斯麦下决心借助武力解决同法国的纷争。因此，普奥战争结束后，普法之间的关系很快便进入一个空前紧张时期。普法两国都在为赢得一场预想中的大规模厮杀而创造条件。

19 世纪中期的法国经济有了重大发展，工业革命处于最后完成阶段，生产能力在资本主义世界居第二位，但拿破仑三世对内独裁，对外扩张。法国对毗连的德国莱茵河地区丰富的天然资源垂涎三尺，60 年代末，法国的国内矛盾空前尖锐，为了转移人民视线，摆脱国内的政治危机，拿破仑三世急于发动一场对外战争。俾斯麦利用西班牙王位继承问题，预设圈套，诱使法皇拿破仑三世走上了宣战道路。1870 年 7 月 19 日，法国向普鲁士宣战，揭开了普法战争的序幕。

法军编成莱茵军团,在法德边境的阿尔萨斯和洛林共集结了 8 个军 22 万人,拿破仑三世亲任总司令,勒布夫为总参谋长。计划在普鲁士未及动员展开之际,先机制敌,集中兵力越过国界,直取法兰克福,切断南北德意志之联系,迫使德国南部诸邦保持中立,全力击败普鲁士。普军在莱茵河中游梅斯和斯特拉斯堡之间集结了 3 个军团,约 47 万人,由威廉一世为总司令,毛奇为总参谋长。计划集中优势兵力,向阿尔萨斯和洛林进攻。力争将法军主力围歼于边境地区或将其驱至法国北方,继而围攻巴黎,迫敌投降。

8 月 2 日,法军在萨尔布吕肯地区发动进攻,拉开了普法战争的序幕。普军进行了预有准备的抗击,攻入法境。8 月上旬,法军在几次会战中接连失利。到 8 月中旬。法军主力部队已被普军割裂。由巴赞元帅率领的左翼和中路的莱茵军团共 17 万人被围困于战略要地麦茨要塞,由拿破仑三世和麦克马洪元帅率领的右翼 3 个军共 12 万余人,在夏龙编成以麦克马洪为司令的夏龙军团。8 月 30 日,法军在博蒙地区与普军激战后退守色当。随即,毛奇命令普军向夏龙军团两侧运动。8 月 31 日,普军第四军团占领麦茨河右岸至法比边界的整个地区,封锁了法军经蒙梅迪东进驰援麦茨的道路。

9 月 1 日至 2 日,普法进行色当会战。9 月 1 日上午,普军第三军团占领符里济、栋舍里等地,切断了法军由色当经梅济埃尔西撤的铁路,进而插到法军侧后的圣芒若和弗累涅一带,堵住了法军向比利时撤退的通路。当天中午,普军完成了对夏龙军团的合围,开始进行猛烈的炮击。下午,法军数次突围失败。法军回天乏力,不得已于下午 4 时半挂起降旗,包括法皇拿破仑三世在内的 8.3 万名官兵成为普军俘虏。此次会战,法军共损失 12.4 万人,其中仅 3000 余人逃到比利时境内,普军损失近 9000 人。

色当惨败加速了拿破仑三世帝国的崩溃。9 月 4 日,法国宣布成立共和国,"国防政府"上台执政。

普法战争后,德意志民族统一的障碍业已消除,德国南部诸邦于 1870 年 11 月顺利并入北德意志联邦,但普鲁士当局并未因此而终止军事行动。9 月中旬,普军向巴黎进军。10 月 27 日,巴赞元帅率 17 万法军在麦茨投降。1871 年 1 月 18 日,普王威廉一世在凡尔赛宣告德意志帝国成立,至此,德国统一终告完成。

1871 年 1 月 28 日,普法在凡尔赛普军大营签订了停战三周的协定,2 月 26 日草签《凡尔赛和约》。3 月 18 日,巴黎人民起义成功,巴黎公社宣告成立。1871 年 5 月 10 日,就在巴黎公社失败前不久,法国外交部长茹尔·法夫尔与德意志帝国首相俾斯麦在德国美因河畔的法兰克福城签订了正式和约。和约规定,法国割让阿尔萨斯和洛林给德国,并赔款 50 亿法郎。

普法战争之后,德法矛盾进一步加剧,两国在这次战争中的结怨,成为后来引发第一次世界大战的主要因素之一。

普法战争的经验表明,实行普遍义务兵役制对于建立庞大的资产阶级军队并使其预先做好周密的战争准备具有重大意义；总参谋部在准备和实施作战方面作用极大；编制动员计划和铁路运输计划，以及在军事上使用电报都具有特殊意义。

英布战争

1867 年，一群南非儿童在奥兰治河边玩耍，一个男孩从岸边的沙砾里捡起一块闪闪发光的小石子，在七月的骄阳里，这块石头竟闪烁着比太阳还灿烂的光芒。这是在南非发现的第一颗金刚石。两年之后，一个欧洲人竟然以不可思议的低价从土著人手中买到了一颗价值 62.5 万英镑的大钻石，这颗后来被命名为"南方之星"的钻石立即使这个当时并不富裕的幸运儿成了富翁。

这样，继淘金热之后，欧洲出现了空前的金刚石热。水手抛弃了船只，士兵离开了军队，商人关上了店铺，职员走出了办公室，农场主抛弃了土地。大家一股脑儿跑到奥兰治河两岸寻找金刚石去了。逐利的人们，使原本人丁稀少的南非迅速繁华起来，一个荒凉的村落，很快成了一个名为约翰内斯堡的拥有 16 万人口的城市，南非的欧洲人口增至 30 万人。在 3 年时间内，德兰士瓦的采金量占世界采金量的 21.2%，国家收入增加了 3 倍。

在南非 141 家矿石公司中，英国人经营的金刚石公司最大，英国人掌握了大部分采矿权。但是，富裕的南非却掌握在荷兰的后裔布尔人手中！从 17 世纪中叶开始，荷兰就向这里大量移民，在开普顿建立了行政机构、军队和议会，甚至还任命了总督，建立了两个布尔人的共和国。对此，英国人决不能容忍。

英国政府曾想建立一个南非联邦，和平地吞并这两个布尔人共和国，但是，布尔人"不识相"，他们拒绝了英国人的"好意"。于是，双方只得兵戎相见。

1895 年 12 月～1896 年 1 月，英国发动"詹姆森袭击"，企图一举吞并布尔国家，但阴谋泄露，英军被布尔民团 2000 余人包围，英军惨败。德皇威廉二世发表贺电，说布尔人战胜外国侵略者"并未求助于友好的大国"。

1899 年 10 月 9 日，布尔人向英国发出最后通牒，要求英军立即从德兰士瓦边境撤退，英国人拒绝了。布尔人先发制人，战争爆发了。

这场战争根本不是两个同一数量级的对手之间的较量。英国是世界上最发达的国家，说布尔人的行动不过是"乡巴佬造反"，而军事行动不过是"一次愉快的旅行"。

可是，当战争刚起时，英国人的战争部署还没有完成。它在南非仅有 2.2 万人，且大都是没有作战经验的新兵。布尔人作战勇敢，善于骑射，又在本土作战，对地形比英国人熟悉得多，其装备虽较英军稍劣，但士气却极为旺盛。战争一开始，布尔人在战场上占尽优势。衣着华美、装备精良的英军面对装备低劣的布尔人一筹莫展。背着沉重的武器装备的英军，成了灵活机动的布尔骑兵的靶子。汗流浃背的英军常常只能在身着卡其布衣服的布尔人的欢呼声中狼狈逃窜。英军三个重要据点累迪史密斯、马弗京和金伯利被布尔人团团包围。

12月10日,英军南非远征军总司令是莱德弗斯·布勒亲自领兵,前往累迪史密斯解围,结果中了布尔人的埋伏。在风暴山战役、金伯利战役和累迪史密斯战役中,英国多次遭到重创。在金伯利战役中,英军一个旅在马格斯方丹全军覆没,后来,英国人将这一周称为"黑暗的一周"。

这一连串的打击,把布勒弄得晕头转向。英国政府只好撤掉布勒,换上了罗伯茨元帅。罗伯茨有着丰富的殖民地作战经验,战局开始向有利于英国的方向转变。

1900年9月,罗伯茨宣布,他已经打赢了这场战争。但事实证明这不过是他的自吹自擂,两个月后,罗伯茨悄然引退,他的参谋长基钦纳走马上任。此时英军在南非的兵力已经达到了20万,10倍于布尔军,实力上明显占有优势。

基钦纳改变了战术,他在南非地区建立了完善的战场情报系统。整个南非地区被分为四个大区,每区任命一个情报军官,区以下又设分区,分区以下也有基层组织。这样通过层层汇报,英军比较准确地掌握了布尔人的动向,英国人的火力优势逐渐体现出来了。

3月13日,英军包围了4000名布尔军人,迫使其投降。5月30日,布尔人主动放弃了约翰内斯堡,6月5日,德兰士瓦首都比勒陀利亚陷落。9月10日,英国政府宣布吞并德兰士瓦和奥兰治两个布尔共和国。

但是,战争并未就此结束。英军占领的只是布尔人的首都及几个大城市,广大的农村依然掌握在布尔人手中。正面战争失败后,布尔人又与英军展开了游击战,与英军周旋了两年时间。

为了对付布尔人的游击战,英军焚烧了布尔人的农庄,竖起了一排排的木房和铁丝网,建立了80个集中营。由于布尔男子已经上了前线,关进集中营里的尽是些妇孺病残。200万布尔人在集中营受到了非人的待遇,大约有2万人因为生病得不到治疗而死亡。这一悲惨事件使布尔人在几十年后想起来还是感到寒心。

1902年5月31日,165个布尔游击队的60名代表在韦雷尼京开会,讨论是和是战,多数人一致认为:战争已经使国家崩溃,集中营正毁灭着整个民族,如果继续战斗下去,那只有毁灭的前景。布尔人宣布投降。当天午夜前1小时,英布双方签订《韦雷尼京条约》,布尔人承认了英国的主权,从而确认了英国在南非的统治。

英布战争是早期三次帝国主义战争中的一次,这些战争和1900年的经济危机是世界历史新时代的主要历史标志。

日俄战争

在人们的心目中,日本这个东洋小国几乎是在一夜之间长成的。20年前,它还是一个被压迫、被殖民的对象,但经过20年的维新,它已经出落成一个资本主义国家,1894～1895年的甲午战争,更是让人们对它刮目相看。历史学家哈伯特·乔治·韦尔斯说:"1899 年,日本已经是一个完全西方化了民族,同最先进的欧洲列强处于同等水平上,而且比俄国还先进得多。……它使欧洲的一切进步相形之下显得是缓慢的和暂时的。"

日俄战争

不过,日本以为其大国地位还需要得到进一步确认。它是亚洲的最强者,这毫无疑问,可是,比之于欧洲国家,又如何? 韦尔斯的话,不过是站在历史的高度进行总结,从某种意义上说,这也是一种事后诸葛亮的判断。如果要欧洲国家承认日本的平起平坐地位,日本还有待表现。

日本迫切地寻找着表现的机会,这种机会很快就来了。

1900 年,中国爆发义和团运动,矛头直指帝国主义。8 个帝国主义国家互相勾结,出兵镇压。俄国以镇压东北义和团运动为名,单独大举入侵中国东北地区。俄国陆军大臣库罗帕特金公然叫嚷:"我们将把满洲变成第二个布哈拉。"

当参加八国联军的其他帝国主义侵略军撤出北京后,入侵东北的俄军仍赖着不走,图谋永远独霸中国东北,实现其所谓"黄俄罗斯计划"。1903 年 8 月,俄国悍然成立以旅顺为中心的远东总督区,任命阿列克塞耶夫为总督,实际上把我东北当成了俄国领土,接着又重占奉天(沈阳),摆出一副独占东北的架势。

俄国在东北的扩张刺激了日本。日俄矛盾进一步激化,战争一触即发。

1904 年 2 月 8 日,日本联合舰队司令官东乡平八郎亲自率领 18 艘战舰,对停泊在旅顺口的俄国舰队发动了突然袭击。

这一天是太平洋舰队斯达尔克将军夫人的命名日,太平洋舰队的军舰都在港外停泊。入夜,军舰上灯火通明,挂满了弦灯,充满了节日气氛。

午夜时分,日本的驱逐舰突然来到旅顺港外,向俄军发射鱼雷和炮弹,俄军三艘铁甲舰被炸坏。沉睡中的士兵从梦中惊起,而正在岸上的军官还沉浸在欢乐之中,他们把炮声当作是向舰队司令夫人祝贺的礼炮。等他们意识到这是战争时,日本的驱逐舰已经没有了影子。

第二天,沙皇对日本宣战,翌日,天皇也颁布了宣战诏书,战争就此展开。

这是一场侵略者之间的战争,其目的是日俄两国重新分配它们在远东特别是中国东北的利益。

战争开始前,双方都进行了扩军备战。就总体实力而言,俄国要强于日本。沙俄正规陆军超过 200 万,可动员兵力达到 500 万,海军船只的总吨位也达到 80 万吨,优于日海军两倍以上。但俄国传统上是一个欧洲国家,其主要兵力集中在欧洲,因此,在亚洲地区日军仍能达到相对优势。

3 月 8 日,沙皇任命马卡洛夫海军上将为太平洋舰队新任司令。马卡洛夫集学者、战略家和发明家于一身,是一个杰出的将才,在海战理论方面有很高的素养。他到任之后,立即提出太平洋舰队的新任务:重新夺回制海权。为此,他决定在辽东半岛沿海布雷,防止日军登陆从后方威胁旅顺,同时派舰队外出活动,袭扰日本的海上交通线。

马卡洛夫的措施很快收到了效果,然而与他对阵的东乡平八郎也不是无名之辈。这位留学于英国皇家海军学院的海军将领,抓住了马卡洛夫急欲雪耻、求战心切的弱点,为马卡洛夫设下了陷阱。

4月12日夜,日本海军借着夜幕的掩护,在俄国舰队经常出没的地方布下水雷,然后又引诱马卡洛夫出战。

马卡洛夫不知是计,带领舰队追赶,当他在海面上发现日本主力舰队时急忙回防,归航途中碰上了日本人布下的水雷。马卡洛夫的旗舰"彼得罗巴甫洛夫斯克号"立即倾斜,军舰上浓烟滚滚。一分钟后,马卡洛夫连同舰上的600余名官兵被汹涌的海浪所吞没。太平洋舰队不仅丧失了自己的旗舰,而且失去了一位能干的司令官。俄军的士气更为低落,基本上躲在港内不敢出战。

陆上的战斗在朝鲜和辽东两地同时进行。日军兵分三路,第一路在朝鲜与俄军激战,而第二路于5月5日在旅顺金州东北百余里处登陆。

5月26日,日俄两军激战于金州半岛最狭窄处南山。俄军在火力上占有明显的优势,7.6毫米的马克沁重机枪,在俄军手里像割草机一样,飞蝗般的子弹扑向进攻的日军,迫不及待地与他们的躯体亲吻。结果,日军在付出四倍于俄军的代价后,拿下金州。

8月28日,日军与俄军大战于辽阳,这一战役日军集中了9个师团共13.3万人,动用大炮480余门,而俄军的兵力则为22万人,大炮592门。战斗持续8天,双方使用炮弹12.4万余发,枪弹857万发,其激烈程度为此前所未见。俄军伤亡1.6万余人,而日军则伤亡23万余人。9月4日,辽阳落入日军手中。

辽阳失守后,旅顺已暴露在日军的炮火之下。

俄国在旅顺要塞投资巨万,设炮700门,有机枪42挺,守军人数超过4万,是当时世界上少有的坚固要塞。俄军总司令曾夸口说:"攻陷旅顺,欧洲最强之陆军也需要三年时间。"

8月19日,日军总指挥乃木希典下令对旅顺发动总攻击,主攻方向是203高地。日军出动三个主力师团,企图一举拿下。俄军依托坚固的防御工事,向日军进行猛烈的射击。俄军的大炮对准进攻的日军猛烈开火,子弹旋风所到之处,喊着天皇万岁的日本武士纷纷"玉碎"。

激战6天,5万日军伤亡了三分之一,而战果只是203高地的两个小堡垒。此种情形,令乃木大伤脑筋。

经过短暂的休战之后,乃木调集援兵,接连发动攻击。但除了付出大量的伤亡外,日军进展不大。11月26日,日军发起了第四次攻击,经过连续7天攻击,日军终于以伤亡 1.6 万人的代价,拿下了 203 高地。

控制了 203 高地,就控制了旅顺全港。日军在高地上架起了大炮,向港内猛轰,太平洋舰队的残余船只全部被毁,俄军的城防司令被炸死,俄军士气低落。1905 年 1 月 1 日,俄军旅顺要塞开城投降。

旅顺口战役历时 5 个月,日军伤亡 6 万人,俄军伤亡 3 万余人,另有 2 万人当了俘虏。

在这场战争初期,俄国就开始向远东增派海军。波罗的海舰队为太平洋第二舰队,海军军令部长罗日杰斯特文斯基被任命为舰队司令。1904 年 10 月 15 日,第二太平洋舰队从波罗的海起航,30 艘战舰,1.2 万余名官兵,开始了漫长的、蜗牛般的航程。列宁曾形容这支舰队"像整个俄罗斯帝国那样庞大,那样笨重、荒唐、无力、怪诞"。

这支舰队最初的任务是援救被困在旅顺港口内的太平洋舰队,夺回制海权,但当它刚绕过好望角,旅顺失守、太平洋舰队全军覆没的消息就传了过来;当它驶过印度洋时,又听说陆军在奉天会战中失利。按理说,沙皇给它规定的任务既已没有完成的前提,也没有去完成的必要了。

但圣命难违。沙皇没有收回成命,罗日杰斯特文斯基也没有勇气去与沙皇抗争。这支已经上了年纪的舰队,只得步履蹒跚,继续上路。

此时东乡平八郎的主要任务已经完成,他就等着再打一仗,结束这劳什子战争。东乡平八郎知道,如果不给俄军一点颜色看看,沙皇是不会同意坐下来谈判的。这第二太平洋舰队是他的救命稻草,在确信它不能救命之前,沙皇是不会放弃的。东乡确信,结束战争的机会在于歼灭第二太平洋舰队。

驶向海参崴的道路有三条:对马海峡、津轻海峡和宗谷海峡。日军不可能在三条道上守候着俄国人,那样兵力分得太散了。东乡认为,俄军必走对马海峡。联合舰队在对马海峡附近设下埋伏,等着俄国舰队的出现。

5 月 27 日,历时半年,航程万里的俄国第二太平洋舰队,终于出现在对马海峡。东乡平八郎立即命令舰队迎击,俄军的旗舰"苏沃洛夫号"和两艘主力舰"奥斯拉比号""亚历山大三世号"遭到日舰的围攻,很快沉入海底。失去指挥的俄军,队形混乱,丧失了抵抗能力。到第二天凌晨,俄国舰队除了一艘战舰逃脱外,其余的或是沉入海底,或成了日军的俘虏。倒霉的罗日杰斯特文斯基只好举起双手向日军投降。

东乡平八郎终于将沙皇押上了谈判席。1905 年 9 月 5 日,在美国总统西奥多·罗斯福的调停下,日俄双方在朴茨茅斯签订了和约,这就是《朴茨茅斯和约》。俄国承认了日本在朝鲜和中国东北的特权,原从中国手中夺占的库页岛,现在一分为二,南部归日本,而北部仍归俄国。

这场战争虽然名为日俄战争,但没有一仗是在这两个国家打的。中国和朝鲜成了侵略者演兵鏖战的场所。东北人民"陷于枪烟弹雨之中,死于炮林雷阵之上者数万生灵，血飞肉溅，产破家倾，父子兄弟哭于途，夫妇亲朋呼于路，痛心疾首，惨不忍闻"。真是应了一古话："人为刀俎，我为鱼肉。"

日俄战争充分揭示了海上优势或制海权在战争中的重要性。日军之所以突袭旅顺口俄国海军基地，精心准备对马海峡大海战，沙皇俄国之所以在太平洋舰队被歼之后，不惜抽调波罗的海舰队绕道非洲南端开往太平洋，都是为了保持或争夺海上优势。海上斗争对于陆上作战行动有着极其重要的影响。

日俄战争不仅给中国人民带来极大的灾难，也是日本发动全面侵华战争的序幕。与二战有着必然的联系。

巴尔干战争

巴尔干是一个多民族聚居地区，那里生活着大小 20 多个民族，自 14 世纪土耳其人入侵巴尔干以来，该地区各民族一直受土耳其的统治。到 19 世纪，希腊、塞尔维亚、罗马尼亚、保加利亚获得了独立或自治，但仍有一部分土地处在土耳其的统治之下。把土耳其势力赶出巴尔干，是巴尔干各族人民的愿望，它促成巴尔干国家结盟。1911 年意土战争的爆发和奥斯曼帝国的腐败，加速了巴尔干各国政府反对土耳其的军事结盟。1912 年 3 月 13 日，保加利亚和塞尔维亚经过多次谈判，签订了一项反土防奥的军事同盟条约，同年 5 月 29 日，保加利亚和

巴尔干战争

希腊签订了《希保防御同盟条约》。至此，以保加利亚为核心的巴尔干同盟形成了。

在当时已经形成的两大集团的棋盘上，巴尔干半岛具有特殊的重要性。德国视巴尔干半岛为通向中欧和近东的桥梁，奥匈帝国要确保亚得里亚海、巴尔干半岛、地中海东部和北非的部分地区，俄国则希望获取君士坦丁堡，打通达达尼尔海峡。

1912 年 8 月，阿尔巴尼亚和马其顿先后发生了反对土耳其统治的起义，保加利亚、塞尔维亚等巴尔干同盟国家遂向土耳其发出最后通牒，要求土根据 1878 年《柏林条约》的规定给予马其顿和色雷斯以自治权，土耳其拒绝了这些要求，同年 10 月 9 日，门的内哥罗首先对土耳其采取军事行动。17 日，保加利亚和塞尔维亚向土耳其宣战。希腊于 18 日加入了反土战争的行列，第一次巴尔干战争爆发。

巴尔干同盟为进行这场战争做了较为充分的准备，在兵力和兵器上占有明显的优势。再加上战争顺乎民意，因此开战后进展颇为顺利。而土耳其当时正在与意大利作战。为了集中兵力于一线作战，土耳其向意大利表示让步，以求尽快结束意土战争。1912 年 10 月 15 日，意土双方在洛桑草签和约。意土战争结束。

10月22日,保加利亚军队在东面向土军发起猛烈进攻,激战5昼夜,保军击溃了土军的主力。10月29日~11月3日,保、土两军在卢累布尔加兹发生激战,土军第4军被击溃,但保军企图突破防线直捣君士坦丁堡的意图没有实现。10月19日,希腊军队向土耳其军队发起进攻。11月1日,希军向土军防线发起进攻,攻破土军防线,9日进占萨洛尼卡。希腊舰队在达达尼尔海峡附近击败了土耳其舰队,封锁了海峡的出海口,完全控制了爱琴海海域。

10月24日,塞尔维亚各集团军向土耳其的防御部队发起总攻:塞第2集团军向西南实施突击,对土军右翼构成威胁;塞第1集团军向库马诺沃发起进攻,很快便攻克该城;塞第3集团军对斯科普里实施翼侧突击,并于26日将其攻占;27日,塞军切断了比托拉等地土军与君士坦丁堡的联系;11月18日,塞军在希军的配合下攻占了比托拉。与此同时,塞军其他部队攻占阿尔巴尼亚,尔后继续向亚得里亚海沿岸推进,并先后占领了都拉斯、地拉那、爱尔巴桑、培拉特等地。门的内哥罗军队也取得重大进展。11月28日,阿尔巴尼亚宣告独立。

土军寡不敌众,节节败退,失去了在欧洲的绝大部分土地,面临着军事上的全面崩溃,首都君士坦丁堡受到威胁,土耳其被迫请求欧洲列强出面调停。12月3日,土与保、塞、门3国签订休战协定,随后在伦敦开始议和谈判。5月30日,土耳其与巴尔干同盟四国签订了《伦敦条约》。土耳其在欧洲只保留君士坦丁堡和海峡沿岸地区。第一次巴尔干战争以巴尔干同盟对土耳其的胜利而告终。

由于列强的干预,巴尔干同盟在分配土耳其在欧洲的属地问题上,产生了不可调和的矛盾。这一矛盾导致了第二次巴尔干战争的爆发。这一次,巴尔干诸国把矛头对准了保加利亚。1913年6月29日夜,保加利亚陆军向驻扎在马其顿的塞尔维亚军队实施突然袭击,30日又向希军发起进攻,由此拉开了第二次巴尔干战争的序幕。

保军的进攻遭到塞、希、门三国军队的有力抵抗,保军前进受阻,被迫转入防御。7月10日,罗马尼亚对保加利亚开战,50万罗军兵分两路强渡多瑙河,21日,土耳其政府撕毁了《伦敦条约》,动员2.5万人的军队与保军作战,以乘机收复上次巴尔干战争的失地。保军四面楚歌,只得乞和。8月10日,保、希、塞、罗、门5国签订了《布加勒斯特条约》。9月29日,保加利亚与土耳其签订了《君士坦丁堡条约》。土耳其从保加利亚手中重新夺回第一次巴尔干战争中失去的包括亚得里亚堡在内的色雷斯东部地区,门的内哥罗的领土也有所扩大,保加利亚不仅丧失了从土耳其手中得到的大部分土地,而且失掉了一部分原有的领土。

两次巴尔干战争是第一次世界大战前夕一场多国参加的国际性战争,第一次巴尔干战争中,巴尔干诸国的矛头指向了长期压迫和奴役该地区各民族的奥斯曼帝国,符合大多数人民的愿望。战争在"摧毁整个东欧的中世纪残余方面"迈出一大步。而第二次巴尔干战争则是巴尔干诸国为争夺土耳其在欧洲的属地而引起的王朝战争,它把巴尔干各族人民拖进了深渊。

战争不仅未能解决巴尔干诸国间旧的矛盾，而且还增加了新矛盾。巴尔干诸国的力量重新组合，原来的巴尔干同盟不复存在，代之而起的是两个集团：塞尔维亚、希腊和罗马尼亚集团与保加利亚、土耳其集团。这两个集团的背后又分别得到协约国和同盟国的支持。

巴尔干战争增加了列强内部的摩擦，加深了协约国与同盟国之间的敌视和对立，刺激了普遍的扩军备战。巴尔干地区成了新的世界大战的火药库。

美西战争

19世纪末20世纪初，一直处于美洲一隅的美国经过多年的卧薪尝胆，出落成一个世界大国。但是，当它走向列强的扩张盛宴时，却发现整个世界已为老牌殖民大国瓜分完毕，英法等殖民大国正如日中天，唯有老朽的西班牙已趋没落，其殖民地爆发了武装起义。这对急于进入世界舞台的美国来说，无疑是天赐良机。

在美国的扩张路线中，古巴首当其冲，它是加勒比海的明珠，控制着加勒比海的门户，是美国从大西洋进入巴拿马的必经之路。1895年，古巴发生了反对西班牙殖民者的起义。1896年11月，主张对西班牙作战的共和党人麦金莱当选总统。

1897年6月2日，麦金莱照会西班牙政府，抗议西班牙总督列维尔在古巴的暴政，美国舆论也开始为发动战争鼓噪。美国国会中的狂热分子以西班牙人攻击美国总统为由，借机叫嚷要向西班牙发出最后通牒，美西关系变得更加紧张。

1897年12月，麦金莱在国情咨文中指出，西班牙已无力控制古巴，"可能导致古巴岛转归某一大陆强国"，有必要重申美国在1823～1860年间多次宣布的政策，"不许其他国家干涉古巴和西班牙的关系，除非为了使它独立，或由我们通过购买获得它"。他宣布，美国政府"将继续警惕地维护美国公民的权利和财产"，"今后，如果武力干涉"，"将不是出于我方的过失"，而是"我们对自己、对文明和对人类的义务加之于我们的一种任务"，为此，美国必须积极扩军备战。美国正式进入战备状态。

1898年1月24日，借口保护本国侨民的人身安全和商业利益，美国派遣"缅因"号军舰驶往哈瓦那，进行军事侦察。2月15日，军舰在哈瓦那附近突然爆炸沉没，舰上266人全部遇难。"缅因"号事件震惊了世界，也给美国的好战分子提供了发动战争的绝佳借口。事件发生后，美国政府立即派人前往调查，并于3月18日公布了单方面的调查结果，声称军舰爆炸是由于外部原因所致，亦即是西班牙用水雷击沉的，但西班牙的调查结果却证明爆炸是由于内部原因引起的，并建议将"缅因"号事件交给国际仲裁，4月初又宣布停止在古巴的军事活动。但美国对此不予理会。4月25日，美国对西班牙正式宣战。

其时美国已为战争做好了准备。它建立了一支号称世界第三的舰队，部署在世界各战略要点上，其中驻香港的亚洲舰队早已升火待发。国会已征兵20万，而西班牙则毫无准备,在古巴的20万西军中只有1.2万人能打仗,其余多是老弱病残。海军仅有一些旧式木壳军舰,在菲律宾也只有4.2万军队,而且西班牙政局一片混乱,失败主义情绪弥漫朝野各界。

战斗首先在菲律宾打响。4月27日,杜威率领亚洲舰队起航驶往菲律宾。5月1日拂晓前到达马尼拉港外,双方展开了激烈的海战。美舰在火力和速度上占绝对优势。战至中午,7艘西舰全被击沉,西军伤亡381人,美方仅轻伤8人。马尼拉湾海战决定了西班牙在菲律宾的结局。7月底,W·麦里特率领美远征军1.5万人从美国赶来。此时马尼拉已被2.5万菲律宾义军包围。杜威允诺承认菲律宾独立,起义军答应与美军共同作战。但私下里麦金莱下令美军在议和情况下都要阻止革命军进占马尼拉,并且与西班牙总督达成了秘密协定,在不许菲军入城的情况下,西班牙把马尼拉"转让"给美国。为照顾西班牙人的面子,由美军发动假进攻。8月13日,美菲军向马尼拉发起总攻。西军略做抵抗便缴械投降。美菲军伤亡仅119人,西军伤亡300人。战斗刚一结束,杜威便以武力逼起义军撤至郊区。美军建立了军政府,独占了马尼拉。

古巴是美西战争的主战场。美海军舰队封锁了古巴沿海。5月28日,美舰队驶抵圣地亚哥港外,24艘舰艇对古巴形成严密的封锁。美军随后出动陆军开往古巴。6月22日,美军在圣地亚哥以东顺利登陆。此时,古巴起义军已解放大部分国土,并包围了圣地亚哥。美军与古起义军协同作战。6月29日,美军抵达关塔那摩郊外。7月1日向城东制高点埃尔卡内和圣胡安山发起猛攻。两地随即被攻占。美军伤亡1700人。

在陆军激战的同时,7月3日西班牙舰队企图突围。双方在圣地亚哥湾展开了激烈的海战。经4小时激战,西舰队全军覆灭,被击沉舰艇7艘,被俘2艘,阵亡600人,舰队司令塞尔维拉及1800名官兵被俘。美军仅有2舰轻伤,死伤各1人。

7月16日,守卫圣地亚哥的西军弹尽粮绝,2.4万军队放下了武器。6月20日,美军攻占了太平洋上的重要岛屿关岛,7月4日占领威克岛。7月25日,纳尔逊·迈尔斯指挥3000美军登陆波多黎各建立军事基地。8月初,美又增兵1万,分四路围攻波多黎各首府圣胡安,经过小规模战斗,付出50人的伤亡后,攻占了波多黎各全岛。

1898年12月10日,美西两国签订了《巴黎和约》。西班牙把菲律宾、波多黎各和关岛割让给美国。1899~1901年,美军血腥镇压了菲律宾人民的反抗,把菲律宾变成了美国的殖民地。古巴虽然名义上获得了独立,但美国利用《普拉特修正案》把古巴变成了美国的"保护国",加勒比海变成了美国的"内湖"。美国人得意扬扬地说:"历史上还没有任何战争能在如此短暂的时间内,以如此小的损失,取得如此辉煌的成果。"但是,这场战争作为帝国主义战争的一篇,作为殖民者践踏弱小国家利益的范例而遭到百般非议。马克·吐温愤慨地说:美国国旗上的"白条应当涂成黑色,旗上的星条应当改为骷髅头和交叉骨"。

第一次世界大战:陆战

1914 年 6 月 18 日,奥匈帝国的皇储斐迪南大公在波斯尼亚首都萨拉热窝被一个塞尔维亚民族主义分子暗杀,这一起暗杀事件成为第一次世界大战爆发的导火线。第一次世界大战就此爆发。

各帝国主义国家毫不掩饰自己争夺霸权、重新瓜分世界的野心,充分反映了这次战争的帝国主义性质。德军计划的总设计师是号称天才的战略家史利芬,他计划通过比利时平原入侵法国。这个计划考虑到了德国两线作战的需要,并合理地配置了军队,大部分兵力集中在西线,先消灭法国,再对付俄国。可是,史利芬命不久矣,他死后,毛奇接替了他的职务。

第一次世界大战

毛奇不愿意墨守成规,他在史利芬计划的基础上加加减减,形成了自己的计划。史利芬念念不忘地要求加强右翼,而毛奇则反其道而行之。这个修改,后来被视为败笔,它使德国不能干净利落地消灭法国,从而陷入了两线作战的困境。

德军不愧是有着光荣传统的军队。在所有的交战国军队中,德军的素质、士气、装备、武器都是首屈一指。

由于在 1871 年的普法战争中遭到了惨败,法军在心理上对德军一直心存恐惧,在战略上,法国一直实行防御战略,它在德法边境修筑了一道坚固的防御工事,以对抗德国可能的进犯。

可是,这种防御学说在 1914 年却被进攻学说所取代。卢瓦佐·格朗德松上校是这个学说的主要鼓吹者,而其信徒则是 1912 年升任为法军总参谋长的霞飞将军。后来,法国批准了这个以进攻为特色的第 17 号作战计划。

大战开始后,法军以 19 世纪最好的阵形出现在战场上,戴着白手套、修饰得漂漂亮亮的军官走在方队前面 60 英尺远的地方,而士兵则穿着暗蓝色短上衣和猩红色的裤子,伴随他们的是团旗和军乐队,目的是通过音乐和颜色使敌人胆战心惊。

如果与法军对阵的是一支非洲土著军队,那么法军的打扮很可能会取得心理上的优势。遗憾的是,与法军对垒的是德意志大军,上世纪最富进攻性的军队。由此而造成的灾难是完全可以想象得出的。

一个英国军官曾这样描述他的盟友:"每当法国步兵前进,整个战场就立即完全被弹片所覆盖,倒霉的士兵像兔子般被打翻。他们都很勇敢,不断冒着可怕的炮火冲锋,但毫无用处,没有一个人能在向他们集中射击的炮火中活下来。军官们都是杰出的。他们走在部队前面大约 20 码,就像行进那样安详,但到目前为止,我没有看见一个人能前进 50 码以上而不被打翻的。"

这就是第一次世界大战开始时的法国军队。从 8 月 20 日到 23 日,仅仅 4 天时间,法军伤亡的人数就高达 30 万,格朗德松自己也在一次冲锋中死在战场上。

8 月底,德军统帅部迁到卢森堡。当帝国的列车滚滚向前时,德皇的副官注意到皇帝"因……流血而狂喜",陛下指着 6 英尺高的尸堆,高兴地评点着战事。巴黎就在眼前了。

可是德皇没有意识到这就是德军所能占领的最远的地方。英法军队在马恩河一线构筑了一条新的防线,决意死守巴黎。德军在马恩河受困,它不断地发动攻击,可是法国炮兵的准确射击使德军的尸体堆积如山,连毛奇自己也被这种屠杀吓呆了,最后只好停止这种自杀性的进攻。这一仗,双方的损失都在 25 万人上下。

6 个星期的战争中,法国人付出了巨大的代价,伤亡总数超过 60 万,但它守住了巴黎。德军表面上只遭到了一次小小的挫折,但是,所谓德军不败的神话被打破了,毛奇因而丢掉了自己的职务。

根据史利芬计划,在战争之初,德军要用重兵首先打垮法国,然后再回过头来对付俄国,这样,德国不至于陷入腹背受敌的境地。开战之初,德军在东线只留下十万余人,其余的全部调到了西线。

表面上看,俄国是一个大国,开战之后,他的军队总数竟然高达 600 万,然而,考虑到它落后的工业状况,考虑到他的军队士气,那么,史利芬留下 10 万人对付俄国已经足够了。

俄军的士兵十分勇敢,可是他们大部分是文盲,而且,指挥他们的军官都是些饱食终日的贵族,至于军事知识,他们只知道军刀和剑。更要命的是,俄军的武器特别差,它甚至不能保证每人有一支步枪。大部分后备兵员,等着从他们死亡的同胞手里接过步枪继续战斗。一位上过前线的英国历史学家曾访问过俄军士兵,一个士兵忧愁地对他说:"先生,你知道,我们除了士兵的胸膛外,没有武器。"

另一个士兵马上补充说:"这不是战争,这是屠杀。"

说得不错,把手无寸铁的士兵赶上前线,面对由马克沁机枪和重炮组成的德军,这不是屠杀又是什么?

当西线打起来的时候,作为法国忠诚的盟国,俄军立即出现在东普鲁士,对德军造成很大的威胁。靠替皇帝讲故事而得宠的德国第八集团军统帅普里特维茨,在庞大的俄军面前,显得惊慌失措。他很快被免除了职务,并被勒令退役。接替他的是兴登堡和鲁登道夫。

俄军连年坎普夫率领第一集团军,萨蒙诺索夫率领第二集团军,总共 30 个步兵师和 8 个骑兵师,兵分两路向德军进攻。由于俄国边境道路状况极差,泥泞之中行军极为费力,当萨蒙诺索夫的部队到达指定地域时,他已经无力向德军发起攻击,为此,他把自己的处境告诉了连年坎普夫。

俄军的无线电通讯水平极低,两军之间通讯竟然使用明码电报。出于好奇,德军的无线电人员监听了俄军的通讯,结果不费吹灰之力,就获得了俄军的核心机密。

这个情报来得太意外了,兴登堡简直不相信自己的眼睛。决战前夕,俄军竟然用明码发报。8 月 25 日到 26 日,德军向萨蒙诺索夫发动了第一次进攻,俄军节节败退,几个连的俄军被赶进了伯绍湖淹死了。

27 日,总攻开始了,萨蒙诺索夫向连年坎普夫求援,但对方睬都不睬。结果,萨蒙诺索夫全军覆没,自己举起手枪自杀。两个星期后,德军在马祖里湖地区向连年坎普夫发动进攻,大约有 15 万俄军战死,而德军只损失了 1 万人。

按鲁登道夫和兴登堡的意思,东线应该成为决定性的战场,只要有足够的兵力,他们完全有可能打垮俄国,迫使它投降,从而结束德国两线作战的处境。但是,德军统帅法尔肯海因不同意。他认为决定性的战场只能是西线,东线的部队不能增加。在这种情况下,鲁登道夫要想在东线取得决定性的胜利,也是妄想。因此,东线又陷入僵持局面。

这一年对俄军来说是灾难性的。5 个月的战争中,俄军伤亡了 200 万,1915 年,它又伤亡了 200 万。据兴登堡说,在战斗中,德军不得不把阵地前成堆的俄军尸体搬走,以肃清射界,对付新的进攻浪潮。

1916 年,法尔肯海因决定把进攻重点移到西线,重点是攻击法国。他要选一个在情感上被法国人视为神圣的地方,为了保住这个地区,法国人将不得不投入他们的每一个人。法尔肯海因认为,凡尔登可以担当起这个角色。它是巴黎的西北入口,距巴黎只有 35 英里。

决战的代号为处决地,预定于 1916 年 2 月 21 日开始。

为了准备这次进攻,德国调集了重兵。在 20 平方英里的地区,德军集结了 27 万人。在不到 8 英里长的战线上,德军排列着 1400 门大炮,其中有 13 尊震天动地的 420 毫米攻城榴弹炮。排列在现场周围的,有 542 个掷弹筒,它发射的榴霰弹,装有 100 多磅的高爆炸药和金属碎片。此外,德军还有一种小口径的高速炮,它以步枪子弹的速度发射 5.2 英寸的榴霰弹,对方还不及发现就已经丧了命。

相形之下,法军的准备就太不充分了。霞飞将军认为凡尔登并不重要,他不仅不去加固凡尔登的防御,反而把那里已有的大炮拆走了。

2 月 21 日清晨,天气奇寒。7 点 15 分,德军炮群以每小时 10 万发以上的速度向法军阵地发起猛攻,从而掀开了凡尔登战役的序幕。炮击持续了 12 小时,200 多万发的炮弹密密麻麻地落在凡尔登周围 14 英里左右的三角形地带,把法军的前沿堑壕都炸平了。

面对这突如其来的打击和零度以下的气温,来自阿尔及利亚的法国轻步兵经受不住零下 15 度的严寒,一营法国兵失去了知觉,其余的人在德军进攻时掉头就逃。25 日,占有重要地位的都蒙炮台因无人防守而陷落。法军的防线被切成几段,与后方的交通线全部断绝。凡尔登岌岌可危。

为了挽回败局，法军任命60岁的老将贝当为凡尔登地区的司令官。此前，贝当当过教官和团长，但并未打过仗。战争爆发后，他由团长迅速成为军长、军团司令。此时受命保卫凡尔登，真可谓是"受命于危难之际"。

贝当抵达凡尔登后，一边命令士兵死守，一边抢修公路。几千名士兵和平民一起，修筑了通向后方的道路。每24小时就有6000辆卡车通过这条道路，把补给送到前线，一个星期之内，有19万部队通过这条路开往前线，因此这条路有"圣路"之称。

双方的兵力逐步达到了平衡。炮战中，一个法国炮手无意中击中了存放着45万发大口径炮弹的德国兵工厂，引发了这次大战中最大的一次爆炸。到10月24日，法军又发起大规模的反击，把德军一点点地赶了回去。12月18日，筋疲力尽的德军，终于把凡尔登丢给了法军。

在10个月的战斗中，双方共发射了4000万发的炮弹以及数以百万计的子弹，法国人伤亡在55万人以上，法兰西民族的鲜血，即便没有流尽，也流得差不多了，而德国人的代价也并不比法国人少多少。法尔肯海因到最后才明白，凡尔登不仅会让法国人把血流尽，同样也会让德国人把血流尽，因此他只得辞职，由兴登堡继任。

当德军在凡尔登发动猛攻之时，法军统帅霞飞决定在索姆河向德军发动一次进攻，让德国人也尝尝厉害。

6月24日，协约国军队向德军阵地发动猛烈的炮击，6天时间里，他们发射了150万发炮弹，连绵不断的炮火制造了一个个动人壮观的场面。许多英国兵，包括后来成了英军统帅的蒙哥马利，都爬出战壕观看这一奇景，而德国人，则不得不龟缩在战壕里，怀着忐忑不安的心情等待着进攻的来临。这里面，就有后来成了德国元首、发动第二次世界大战的阿道夫·希特勒，不过，他当时还是一个下士。

炮击停止后，英军士兵英勇地跃出了战壕，向德军阵地冲去，德军的士兵向进攻者进行准确的射击，成千上万个进攻者在敌人的阵地前倒了下来，造成了单日阵亡的最高纪录。协约国付出了伤亡60余万人的代价，只获得了一个7英里宽、30英里长的狭长地带，德军也伤亡60万人以上，鲁登道夫承认，德军已经是筋疲力尽了。

1917年底，英军决定在法国北部的康布雷地区对德国实施一次打击。381辆M-4型战斗坦克和98辆辅助坦克，编成了三个梯队。直到开战前，除了极少数的高级军官外，没有几个人了解坦克将应用于这次战役。

11月20日，天刚蒙蒙亮，德军还没有起身，一群庞然大物就向德军阵地冲了过来。德军新挖了深达3.7米的防坦克壕，但是，由于英军坦克带了一捆木柴，所以防坦克壕不起作用。

受到突然袭击的德军措手不及，只得狼狈逃窜。这一天，英军突破了德军的三道防线，8万名德国兵，当了俘虏，而英军只伤亡4000人，损失了65辆坦克。这一仗堪称交战以来协约国损失最小的一次,为了庆祝这一胜利,伦敦所有教堂的钟声齐鸣。

第一次世界大战:海战

第一次世界大战的交战双方虽然有三国同盟、三国协约,但实际上主要是英德矛盾。作为新崛起的大国,德国不满足现有的国际格局,要与英国争夺阳光下的地盘。由于英国主要是一个海洋大国,德国要向英国挑战,势必要在海军上取得突破。战前,两国的海军军备竞赛十分激烈,但总体而言,主动权还是掌握在英国人手里。

1916 年 1 月,德国海军对大洋舰队司令部进行了调整,任命舍尔海军上将为舰队司令。舍尔一到任,就着手制定对英国舰队实施主动进攻的作战计划,企图先以少数战列舰和巡洋舰袭击英国海岸,诱使部分英国舰队前出,然后集中大洋舰队主力进行决战,彻底消灭英国主力舰队。为实现这一目的,舍尔集中部分战舰,用了4 个月的时间,执行偷袭和骚扰英国的计划。

5 月中旬,舍尔命令希佩尔海军上将率领 5 艘战列巡洋舰、5 艘轻巡洋舰和 30 艘驱逐舰,组成战役佯动舰队,引诱英国舰队出港。舍尔则亲率大洋舰队主力,由21 艘战列舰、6 艘轻巡洋舰和 31 艘驱逐舰组成的重兵集团,隐蔽在佯动舰队之后50 海里处,随时准备歼击上钩之敌。另外,一支由 16 艘大型潜艇、6 艘小型潜艇以及 10 艘大型"齐柏林"飞艇组成的侦察保障部队,已预先在英国海域和北海海域展开,严密监视英国海军动向。然而,舍尔怎么也没想到,他自以为天衣无缝的作战计划,早就被英国海军获取。英国海军破译了德国海军的无线电密码,准确地掌握了德国海军的行踪。

英国海军主力舰队司令约翰·杰利科上将根据情报,连夜制定出一个与舍尔如出一辙的作战方案,决定由海军中将贝蒂率领一支前卫舰队,先追击来袭的希佩尔舰队,等舍尔率领的主力前出围歼时,佯败诱敌。杰利科亲率舰队主力随后跟进,对德国大洋舰队形成合围后聚歼该敌。

5 月 30 日夜,贝蒂率领前卫舰队驶离罗赛思港,马上就被德国潜艇发现。德国放出的"诱饵"也早在英国海军的监视之下。双方都认为敌人已经上钩,一场空前规模的大海战就在这无声的航行中拉开了帷幕。

5 月 31 日下午,双方前卫舰队在斯卡格拉克海峡附近海域遭遇,希佩尔按计划转向东南,向大洋舰队的主力狂奔。贝蒂一见到嘴的肥肉要飞,早把预定任务抛到脑后,不顾一切地猛追,致使威力大速度慢的 4 艘战列舰掉队 10 多海里。英舰队已无优势可言。15 时 48 分,双方在 20 公里距离上开始对射。在短短几十分钟内,英舰 2 沉 1 伤,损失惨重。贝蒂令整个前卫舰队北撤。舍尔急令全舰队追击,他哪里知道,自己钓上的"鱼",也是他人布下的诱饵。18 时许,英前卫舰队与主力舰队会合。舍尔也追了上来。双方在落日余晖的映照下展开了激战。18 时 20 分，英国的 2 艘老式装甲舰被德国的战列巡洋舰击中，一炸一沉；18 时 33 分，1.7 万吨的英国第 3 战列巡洋舰中队旗舰"无敌"号又被德舰击中，当即炸成两段，舰队司令胡德少将连同全体舰员一同沉入海底。

但英国舰队的损失并没有影响主力舰队在数量上的优势，加之英舰逐渐抢占了有利的攻击阵位，作战形势马上发生了有利于英军的转化，德舰接连受到打击，希佩尔的旗舰"吕措夫"号和另一艘战列巡洋舰被击中，迫使舍尔放弃原来的计划，企图冲出一条血路，返回基地。但几经冲杀也无法逃脱英国舰队猛烈炮火的轰击，当最后一批舰只从乱军中冲杀出来时，屡建战功的"吕措夫"号已千疮百孔，无法继续航行，被迫弃舰沉没。

英军虽然连连得手，但面对落荒而逃的德国舰队，小心谨慎的杰利科却因怕碰上德军后撤时布下的水雷，而下令停止追击。20 时，一场混战在夜幕中暂停了，双方指挥员开始酝酿新的较量。杰利科准备天亮在舍尔返回基地的必经航线上彻底消灭德国大洋舰队；舍尔则企图连夜冲出包围，经合恩礁水道返回基地。为此，舍尔把所有能用的驱逐舰都派出去拦截英军主力舰队，掩护大洋舰队突围。整夜里，德军的驱逐舰就像狼群一样，不时地袭击英舰，给英军造成混乱和判断失误，使杰利科摸不清德国舰队在哪个方向。23 时 30 分，大洋舰队和英军担任后卫的驱逐舰遭遇，由此演出了日德兰大海战的最后一幕。双方借助照明弹、探照灯和舰艇中弹的火光进行着漫无目标的射击和冲撞。激战中英国 3 艘驱逐舰被击沉，德国 2 艘轻巡洋舰被鱼雷送入了海底。舍尔不顾一切地向东逃窜，于 6 月 1 日 4 时许通过合恩礁水道，杰利科因害怕德军布设的水雷，也匆匆打扫战场后返回了斯卡帕弗洛基地。

这场空前绝后的战列舰舰队决战，就这样草草收场了。英国舰队共损失战列舰 3 艘，装甲巡洋舰 3 艘，驱逐舰 11 艘，战斗吨位 11.5 万吨，伤亡 6700 多人；德国舰队共损失战列舰 2 艘、轻巡洋舰 4 艘，驱逐舰 5 艘，战斗吨位 6.1 万吨，伤亡 3000 多人。英国舰队虽然比德国舰队损失多了近一倍，但并未伤着筋骨，而且进一步巩固了在北海海域的霸主地位，德国因无法打破英国人的封锁，大洋舰队成了名存实亡的舰队，从此一蹶不振，再也未敢出海作战。

但是，德国人自有秘密武器。军舰不得出港，但英国人却挡不住潜艇。德国最早注意到潜艇在战争中的用途。1914 年 9 月 22 日，一艘德国潜艇用一枚鱼雷击沉了一艘英国装甲巡洋舰，造成 1600 人丧生。在大战的大部分时间内，德国潜艇的主要用途是劫掠商船，打击英国的后勤供应线。1915 年 5 月，德国潜艇又击沉邮船"卢西塔尼亚号"，导致 1198 人死亡。

美国人做出了强烈反应。美国总统伍德罗·威尔逊愤怒地向德国递交了一份措辞严厉的照会，说德国人的行动是违反国际法的，也是对人类的犯罪。他还说，美国为了保卫中立国国民自由旅行的权利，是不会省略任何言论或行动的。此后，德国人的行动稍有收敛。但到 1917 年，德国人终于故态复萌，恢复了无限制潜艇战。4 月，威尔逊正式对德国宣战。大批的美国生力军源源不断地开往欧洲战场，欧洲战场上的僵局立即被打破了。同盟国大势已去。

1918 年 10 月底，德国发生了起义，11 月 9 日，德皇宣布退位。11 日，协约国与德国在贡比纳森林签订了停战协定。协约国统帅、法国人福煦将军，坐在他的列车上，接受了德国的投降。对德国人来说，这是一个耻辱的时刻。

历时 4 年零 3 个月的第一次帝国主义国家重分世界的第一次世界大战就这样结束了。31 个国家卷入了战争。在介入大战的 15 亿人口中，有 1000 万人阵亡，2000 万人受伤，另有 350 万人终身残疾。

号称结束一切战争的第一次世界大战，实际上什么问题也没有解决。战胜国嫌分赃不均，战败国感到不公，下一次大战的根源已经潜伏。

第二次世界大战：西线战场

1939 年 8 月 31 日夜晚，一群身着波兰军服的德国党卫军士兵闯进了德国边境城市格莱维茨的广播大楼，在播音器前开了几枪，用波兰语广播了事先拟定的讲话稿，声称波兰对德国开战的时刻到了。接着，这帮党卫军枪毙了一些身着波兰军服的刑事犯，制造了德国军队被迫自卫的假现场。

持续 6 年，世界上 60 多个国家、20 多亿人卷入、消耗 4 万亿美元、牺牲了 5000 万人的第二次世界大战，就这样全面爆发了。

希特勒的第一个目标是波兰。

这是一个不幸的小国。说它不幸，就在于它与德国和苏联两大强国为邻。历史上，它已经被这两个国家三次瓜分。

当风暴乍起之时，统治波兰的一群目光短浅、头脑僵化的"上校们"，竟然拒绝了苏联提出的从波兰过境的要求，说什么"如果波兰亡于德国，那不过是丧失了土地，如果波兰亡于俄国，那就要丧失灵魂"，从而使第二次世界大战的爆发成为现实。

沉迷在第一次世界大战荣光中的波兰军队墨守成规，他们用骑兵与德军的机械化部队对抗。那手执长枪、腰挎马刀、骑着骏马的骑兵，如果放在上一个世纪，那倒是一支令人生畏的力量，可是，当他们向武装到牙齿的装甲兵团冲去，用他们的马刀猛砍德国人的坦克时，那就只能让人骇异了？仅仅十几天时间，德军就消灭了波兰军队的主力。波兰成了欧洲第一个被法西斯用武力征服的国家。

希特勒的目光转向西线。1940 年 4～5 月间，德军向北欧的挪威和西欧的荷兰、比利时、法国发起了新一轮的攻势。

希特勒的战争机器高速运转，装甲兵司令古德里安发出的命令是：进攻，进攻，24 小时的进攻。德军势如破竹，所到之处摧枯拉朽，它仅用 28 天即征服挪威，用

24 小时征服丹麦,用 5 天时间征服荷兰,用 12 小时征服了卢森堡,短短的 4 个星期内,号称欧洲最强大的法国军队在德军面前俯首称臣。

6 月 16 日晚,第一次世界大战中的英雄、年老的贝当元帅组成新政府。贝当在广播讲话中下令全国军民停止抵抗。在不合适的年龄、不合适的时机,贝当充当了一个他后来才发现不合适的角色,这个角色使他从法兰西的民族英雄变成了法兰西的民族败类。

1940 年 6 月 21 日,希特勒以一个胜利者的身份,借着风和日丽的天气,前往法国贡比纳森林那块小小的历史性空地。当年,法军统帅福煦就在这个地方,接受了德意志帝国的投降。今天,希特勒作为德意志第三帝国的领袖,为前辈复仇来了。德国工兵奉命于前天拆毁了法国人修建的博物馆的墙壁,并把 22 年前德国向协约国投降时签署停战协定的福煦元帅的小卧车搬到原来的地方。

下午 3 点 15 分,希特勒乘着梅赛德斯牌汽车来了,同行的有最高统帅部参谋长凯特尔、海军总司令雷德尔、外交部长里宾特洛甫、空军总司令戈林。独一无二的帝国元帅戈林还拿着他的元帅节杖,希特勒审视着法国人刻下的、上面写着"1918 年 11 月 11 日,德意志帝国在此屈膝投降……"的纪念石碑。此时,在他的脸上,气愤、仇恨和恼怒、报复、胜利的感觉兼而有之。

下午 3 点半,希特勒走进了福煦的旧车厢,坐上了福煦当年坐过的位置。5 分钟后,前来投降的法军代表被召了进来。他们不知道战胜者会把他们召到这个地方来,因此开始时很不高兴。

没有敬礼,也没有握手。法国代表立正,但并没有交出武器。这帮战败的法国人,虽然精神颓丧,但看来并没有丧失尊严。他们听凯特尔一本正经地念着投降文书。整个文书充斥着希特勒对历史的理解——德国在第一次世界大战中并没有战败,只是被出卖了,而这次战争的责任,毫无疑问应该归于英国人和法国人。

看着法国人在这个当年曾令他们骄傲的地方签署了停战协定,希特勒这个 22 年前的波希米亚下士高兴得手舞足蹈,他终于获得了一种复仇之后的快感。

法兰西第三共和国完了,但是,法国并没有完,法兰西民族并没有完。戴高乐在伦敦树起了"自由法国"的旗帜,英国广播公司义务为戴高乐发布广告,要求留在法国的法国人与他联系,法国抵抗的火焰不能熄灭。已经有很多人冒着生命危险前往英国,与法兰西民族的希望之星取得联系,但是,并不是所有的人都有这种条件的,他们还得在屈辱的状态下生存下去。这并不是说他们就安于亡国奴的命运。在今后的日子里,他们会以各种方式表达自己对祖国对自由的感情。

1941 年 2 月 19 日,在法国南部的港口城市马赛,热爱自由的法国人民举行了向军旗告别仪式。虽然维希法国与德国订有停战协定,但是侵略者的诺言是靠不住的,法国军旗留在国内极不安全。政府决定把它送到阿尔及利亚,那里也是维希法国的领土。前来与军旗告别的人们,涕泪交加,目送着自己的军旗远行。

在法兰西战役进行之际,德军曾有机会将英国远征军和法国军队一起消灭。5

月 23 日,德国大军进抵敦刻尔克孤城之下。此时的敦刻尔克,只有 6 个营的步兵把守,攻占它易如反掌。这是被困在法比边境的几十万盟军仅有的一个大港口。失去它,几十万盟军将留作德军的俘虏。

可是,冥冥之中似有天意主宰着一切。5 月 24 日,希特勒突然下令德军的装甲部队停止前进。英国人立即抓住这个时机,把英国大大小小的轮船全部动员起来,开赴海峡对面,把被围困在那里的士兵撤了回来。希特勒的爱将、装甲兵专家古德里安,眼睁睁地看着英国人用大大小小的船只把英国兵撤走。

从 5 月 26 日到 6 月 4 日,英国运输船只顶着德国轰炸机的狂轰滥炸,把 33 万盟军撤回英国,创下了所谓的“敦刻尔克奇迹”。但实际上,这种奇迹是英国人的自欺欺人:所有的重武器都留在了大陆,远征军几乎是赤手空拳回到英国。当时的英国只有 786 门野战炮,167 门反坦克炮,259 辆坦克,外加 20 个中队的战斗机和一支海军。

8 月 1 日,希特勒签署对英国作战的“海狮”行动计划,帝国元帅、希特勒的法定继承人戈林夸口说,不用德国其他军种出动,仅凭德国空军就可以摧毁英伦三岛。希特勒相信了戈林的保证。

8 月 13 日,戈林的空军出动了 1485 架次,对英国的 9 个机场进行狂轰滥炸。在随后的几天里,德国空军每天出动 1700 架次以上,对英国的各大城市进行轰炸。在一片爆炸声中,英国的城市考文垂成废墟。9 月 7 日晚上,德军首次大规模地袭击伦敦,并在伦敦上空投下了 440 吨燃烧弹、335 吨爆炸弹。伦敦成了一片火海。

1940 年 9 月,希特勒的目光移向了苏联,进攻英国的事情就慢慢地停顿下来,最后完全成了掩护德军东进的一个幌子。此后 3 年时间内,西线渐渐平息下来,只有一些英国特务和不甘心充当亡国奴的地下抵抗运动偶尔扔扔炸弹外,西线再无战事,几十万德军静静地呆在工事后面,等待着盟军的反攻。

1944 年 6 月 5 日,以艾森豪威尔为统帅的盟军在法国的诺曼底地区登陆,第二战场的战斗终于打响了。

6 月 5 日黄昏时分,艾森豪威尔一声令下,载运空降部队的运输机和滑翔机,从英国本土的 20 多个机场同时起飞,在空中编队后,直向法国飞去。6 月 6 日 2 点,英国空降第 6 师首先在大西洋墙的后方着落。3 点 14 分,几千架作战飞机开始轰炸德国的海岸防线。

6 点半,第一批登陆部队开始上岸抢滩,与德军守备部队交火。英军负责进攻朱诺海滩和剑滩,这一路行动倒算顺利,一切均在预料之中。

布雷德利指挥的美军就惨了,它负责进攻奥马哈海滩和犹他海滩。奥马哈海滩是整个大西洋墙防御设施最完善的地区,训练有素的德军第 352 师两个月前接管了这个地区,而盟军情报部门对此却茫然不知,因此情况完全出乎意料之外。美军遇到了极为顽强的抵抗,以至于寸步难行。

如果在登陆一发生,德军就集中全部力量对付盟军的登陆,那么,登陆能否成功,还是一个问号。但是,由于盟军的情报部门在事先进行了较为成功的战略欺骗,希特勒一直相信加来是盟军登陆的主攻方向,他迟迟不向诺曼底地区增兵,听任盟军巩固滩头阵地。当希特勒终于意识到诺曼底是盟军的主攻方向,并向诺曼底发动全力进攻时,已经太晚了。希特勒只能眼睁睁地看着艾森豪威尔麾下的一批虎将,如巴顿、蒙哥马利横扫整个法国了。至此,盟军打进德国、与苏军会师易北河,只是一个时间问题了。

第二次世界大战:北非战场

当德军席卷西欧、英国困守英伦之际,意大利"领袖"墨索里尼认为,法国已经投降,英国无暇他顾,意大利控制地中海的良机已到。他决定向非洲扩张,夺取英国在非洲的殖民地。到 1940 年的 7、8 月间,意大利已经将利比亚、厄立特里亚、埃塞俄比亚和索马里连成一片。北非意军的总数达到 40 万人,而英军只有 5 万人。但是,意大利军队的战斗力太弱了。就是这区区 5 万英军,也让意军无法在北非立足。无奈,"领袖"只得向德国元首求救。

1941 年 1 月 11 日,希特勒签发第 22 号指令,强调"由于战略、政治和心理方面的原因,地中海地区的这种局面要求德国提供援助","的黎波里塔尼亚必须坚守"。2 月 3 日,希特勒进一步指出:对德国来说,丢掉北非在军事上是可以接受的,但会对意大利人产生强烈的精神震撼,意大利有可能退出德日意轴心,从而大大损害德国的战略利益。希特勒立即命令第 5 轻型装甲师启程,同时再派一个完整的装甲师前往北非,由欧文·隆美尔为指挥官,全面指挥这次远征。

2 月 12 日,隆美尔抵达的黎波里。两天后,一艘德国运输船躲开英国海军的监视,运来了一个战防营和一个搜索营。隆美尔知道,大败之后的意军士气已经完全崩溃,他们对自己的武器丧失了信心,心中有严重的自卑情结。为增强意军信心,同时也为了不让英军摸清德军的虚实,隆美尔命令坦克在向东驶去之前,要像舞台上的"军队"那样绕着检阅台转上好几圈,同时命令部下用木头和纸板做了几百辆假坦克。这种假坦克装在德国大众汽车的底盘上面,看上去几乎可以乱真。他让卡车和摩托车在这些"坦克"之间绕来绕去,而真正的坦克却避开敌机拍照,悄悄地向东开去。

3 月 31 日,经过精心策划的隆美尔,突然向英军发动了进攻。4 月 6 日,英军前线指挥官尼姆中将和奥康纳中将同时被德军俘虏。2 个星期之内,隆美尔的军队就把英军重新逐回了埃及境内。意军的全部失地只剩下多布鲁克一座孤城仍然掌握在英军手里。

6 月份,英国发动了代号为"战斧作战"的行动。丘吉尔以为,英军这一斧头砍下去,隆美尔的军队即使不被完全消灭,也会处于半瘫痪境地。岂料隆美尔技高一筹,在英军必经之地哈勒法设下埋伏。结果,英军的坦克主力几乎全部被歼,而隆美尔损失甚微。在另一次交战中,隆美尔又击败了代号为"沙漠之鼠"的英军第七装甲师,隆美尔因而获得了"沙漠之狐"的称号。这一仗打得英军心惊肉跳。

1942年6月21日,非洲军团攻占了多布鲁克,第二天,希特勒晋升隆美尔为德国陆军元帅。6月30日黄昏,隆美尔的军队到达阿拉曼一线,此时,他距埃及古城亚历山大港只有60英里的路程了。隆美尔已经站在开罗的大门口,他决心在8月底的月圆时分发动阿拉曼大战,全歼英国第8军团,一了百了地解决非洲问题。胜利似乎指日可待。

此时英军的统帅已经换上了蒙哥马利。这是一个谨小慎微的统帅,他决不打无把握之仗。在隆美尔准备阿拉曼战役的时候,蒙哥马利也在打着自己的小算盘。在力量对比方面,英军占有绝对优势,英德坦克数量对比是760比440,空军力量对比是5比1,在火炮数量上,英军也占有很大的优势。他觉得这一仗可以打赢。

蒙哥马利致胜的另一个因素是情报。英国情报人员破译了德军的密码,隆美尔的一举一动,无不让蒙哥马利了解得清清楚楚。他在阿拉曼战线的南端埋设了大量的军团,然后又在阿拉曼·哈勒法山脉周围设下陷阱,将大量的火炮和地雷、装甲车团团密布,只待隆美尔前来上钩。因此,这次战役的胜败可以说是一目了然,除非蒙哥马利是个白痴,否则不可能出现什么意外。

8月30日夜晚,隆美尔带着他的装甲军团开始了新的赌博。他没料到英军的地雷布设得如此稠密,他的工兵尽管在前面拼命地排雷,但似乎总有排不尽的地雷在等着他们。而在这一段时间内,隆美尔和他的装甲部队只得在布雷区等着挨揍。英军的照明弹把沙漠照得如同白昼,在这灼人的光线下,狐狸根本无法藏身。

英军的火力优势充分显示出来了,轰炸机群在隆美尔的非洲军团上空狂轰滥炸,隆美尔的坦克、装甲车和卡车一辆接一辆起火。

第二天早上。隆美尔自己驱车赶往第一线。看着自己赖以打胜仗的坦克一辆一辆被击毁燃烧,他对战斗之艰难感到震惊,开始思谋退路。他下令抛弃那没有汽油的坦克和装甲车辆,开始撤退。

10月23日星期五晚10时,英国1000多门大炮暴风雨般地砸到德意军头上。第一阵炮击就基本摧毁了德意军队的通信网,非洲军代理总指挥施图美将军看不到从前线传回来的报告,决定亲自到前线了解情况,结果在途中心脏病发,死在指挥车中。德军指挥陷入困境。10月25日夜间,隆美尔再次担任全军总指挥。

10月28日下午,隆美尔看到一张缴获的英军地图,证实蒙哥马利的意图是突破北部角落的主要防线,然后长驱直入,打到达巴海岸。晚上10点,英军拉开了总攻的序幕。双方展开了殊死的拼搏,战斗持续到29日早上6点,德军终于遏止了英军的进攻。几小时后,传来载油1459吨的"路易斯安娜"号油轮在托卜鲁克港外葬身海底的消息,使燃料严重短缺的隆美尔又一次受到沉重打击。

隆美尔不可战胜的神话被打破了,占领开罗、与东线德军会晤高加索的幻想终于破灭。阿拉曼一战,成为非洲之战的转折点。

1942 年 11 月 4 日,隆美尔觉得大势已去。他不顾希特勒不准撤退的命令,命令全军突围。他把东拼西凑搞到的几十辆坦克和装甲车辆,偷偷地分批撤出阵地,自己只留一个团的兵力在前线指挥所与蒙哥马利周旋。

对希特勒来说,非洲之战只是小菜一碟,他的主要战略目标是在欧洲本土,尤其是在苏联战场。因此,非洲战场的成败,对他来说关系并不很大。

当英军在阿拉曼发动反攻的时候,英美盟军在北非的登陆也在紧锣密鼓地进行着。1942 年 11 月 8 日,盟军在北非顺利登陆。11 月 9 日,轴心国军队大批侵入突尼斯。12 月 26 日,在阿拉曼会战中失利的隆美尔率非洲装甲集团军的 7.8 万人(其中德军 3 万人)和 130 多辆坦克撤退到利比亚与突尼斯南部交界的马雷特防线。1943 年 2 月 14 日凌晨 4 点多钟,德、意军发起了代号为"春风"行动的进攻。由于情报失误,盟军错误判断了德军的主攻方向,导致凯瑟林山口战役失利。3 月 6 日凌晨,隆美尔以 3 个半装甲师的 160 辆坦克,在 200 门大炮和 1 万名步兵的支持下,向盟军发起了最后一次进攻。由于无线电破译,蒙哥马利事先了解了隆美尔行动计划的每一细节。下午 5 点,隆美尔下令停止进攻。

3 月 9 日,隆美尔心灰意冷地告病回国休假,永远离开了北非。5 月 13 日,德军阿尼姆上将和意军梅塞元帅相继向盟军投降,约 10 万德军、15 万意军被俘,只有 633 人从海上逃走。突尼斯会战以盟军的胜利而结束。北非战事就此结束。

第二次世界大战:大西洋海战

1939 年 9 月 3 日,英国对德正式宣战。德国 U-30 号潜艇击沉英邮轮"雅典娜"号,持续 6 年之久的大西洋海战拉开了序幕。

大西洋之战是一场后勤绞杀战。英国是一个岛国,大部分物资依靠进口。只要切断英国的供应线,就等于掐住了英国的脖子。希特勒曾说:英国的供应线被切断之日,就是它不得不投降之时。

德国实施这场绞杀战的是潜艇部队。为使潜艇最大限度地发挥作用,德国潜艇司令邓尼茨实施了"狼群"战术,集结有限的潜艇,在某一海域对护航船队集中打击,给护航船队以重创。

"狼群"战术的关键在于发现护航船队。邓尼茨在训练和实战中发现:由于潜艇的瞭望半径十分有限,难以承担起广泛的侦察任务,因此在战术上必须和其他侦察力量结合起来。飞机是潜艇的最佳伙伴,它能在广泛的海域上实施有效的侦察和搜索,并不断为潜艇提供攻击目标,使潜艇攻击更具针对性。但是,德国空军司令戈林反对海军建立独立的航空力量,空军和潜艇的协同作战无法实现。

无线电侦察是发现护航船队的一个可靠手段。1939 年 9 月 11 日,德国海军观察处(XB 机关)破译了一封英国无线电报,获悉了一支英国护航船队的集结地点。德军 31 号潜艇很快发现了这支船队,并击沉了"阿维莫雷"号汽船。此外,XB 机关也破译了英国用来传递作战情报的海军密码,1940年4月英国海军使用海军1号密码发送的情报有40%-50%被XB机关快速破译。1942年1月,观察处破译了英军的3号海军密码(德国代号为"法兰克福"),英军使用该套密码发送的无线电报,几乎有80%被观察处破译。

大西洋战役初期,英国主要依靠雷达和声呐发现德国潜艇的行踪,护航舰艇装备的1.5米波长的286M型雷达,只能搜索相当狭窄的区域,在正常的气象条件下,发现潜艇的距离不超过4-5海里。由于邓尼茨采用了夜间从水面攻击的战术,英国舰艇的声呐失去了作用,致使德国潜艇连连得手。

英国海军情报,作战情报中心负责搜集有关德国海军活动方面的情报。由于德国海军使用的"埃尼格码"要比陆军使用的复杂得多,政府密码学校一开始对这种密码无能为力。1940年7月,英国海军从德军U-13号潜艇上获取了一部海军"埃尼格码"密码机和一份使用说明,再加上2月份从U-33号潜艇上获取的两个密钥轮,政府密码学校对这种密码机有了更多的了解,但还是不能经常破译这种密码。

1941年5月9日,英国海军在格陵兰岛南端俘获了一艘U型潜艇(U-110),获得了上面所有的电码本、密码文件和用来译成无线电信号的"埃尼格码"密钥。5月13日,这些文件被送到布莱奇利庄园,政府密码学校得以破译出德国潜艇的无线电通信。5月28日,政府密码学校从截获无线电报到向作战情报中心提供破译后的电文,中间只相隔了34个小时,6月份更缩短到4小时左右,情报的时效性大大增强。到1942年1月底,英国已经可以破译德军使用范围最广的"本土水域"密码的内容,而且破译的速度相当快,最长的仅需72小时,最短的只需几个小时。1942年2月,德国潜艇启用了新的密钥"海神",布莱奇利庄园直到1942年12月才破译它,而且破译的速度相当慢,有时甚至要延误几天乃至几周,起不了实际作用。

1943年1月,罗斯福和丘吉尔在卡萨布兰卡召开会议,制定了这一年的作战计划。英美参谋长联席会议决定,当务之急是击败德国潜艇。而击败德国潜艇的关键还是及时破译德国海军的密码,掌握德国潜艇的动向。丘吉尔下令,为了彻底摧毁德国潜艇的袭击战,即便失去"超级机密"也在所不惜。布莱奇利庄园投入6000人,每天破译2000个信号,因而破译速度相当快,几乎所有的电报都能立即被译出。电报中包含了大量作战情报,如德国潜艇出港和返回的日期,在大西洋活动的潜艇类型和数量,潜艇在大西洋上的运动和部署,以及邓尼茨发给它们的作战命令。由于作战情报中心还掌握其他情报来源,英军有时掌握的德国潜艇的情况比邓尼茨还要多。这使得英美两国的海军机构可以制定出最佳反潜方案,配置反潜兵力。

英国进一步改进雷达和声呐的性能,研究出一种新的测定潜艇位置的仪器——"HF/DF"型高频无线电测向仪,这种仪器可以通过地面和潜艇、潜艇与潜艇之间的无线电波,确定潜艇的位置。这种装置于 1942 年 10 月开始装备在水面舰艇上,使英国测定潜艇位置的准确性大大提高。1942 年下半年,首批舰载无线电测向仪(FH3 型)投入使用,装备这种测向仪的舰艇可以测出进行无线电通信的潜艇位置。1943 年又开始改装效率有显著提高的 FH4 型。这两种测向都装有自动寻的目视指示仪。5 月份,英国护航船队更换了密码,并配置了一种新型船用雷达,这种雷达有效范围大,精度很高。它可以有效地标出 12 英里范围内水面上航行的潜艇的方位,对无线电发射的 9~10 厘米之间的波长都能有效地做出反应。这比德国雷达探测仪的 1.5 米准确得多。这样,"超级"一提供德国潜艇活动的情报,作战情报中心立即把德军潜艇的位置通知反潜飞机和护航船队。护航船队借助于新型雷达,即使在夜间也能探测出潜艇的位置,发起攻击。

3 月份,邓尼茨的"狼群"战术达到高潮,上百艘德国潜艇集中于北大西洋中部盟国护航兵力薄弱环节。1943 年 3 月 5 日,SCl22 慢速护航运输队离开纽约港,8 日,速度稍快的 HX229 护航运输队也起航了。德国海军观察处截收并破译了这项命令。邓尼茨命令 28 艘潜艇在护航运输队前面南北一字儿摆成一条纠察线。在三天的战斗中。德国潜艇击沉了 21 艘敌船,自己只损失 1 艘潜艇。这是德国潜艇在大西洋海战中取得的最后一次重大胜利。

1943 年 5 月份,"狼群"又击沉了 34 艘商船,但德国的潜艇损失却高达 41 艘。邓尼茨认为,机载雷达使潜艇完全丧失了水面战斗能力,在航空侦察力非常强大的北大西洋主战区,"狼群"战术无法继续使用,德军无法承受潜艇的损失速度。鉴于此,他不得不承认"在大西洋战役中我们战败了",5 月 24 日,他下令潜艇撤离北大西洋,大西洋潜艇战就此告终。

德国在大西洋海战中失败的主要原因是盟军破译了它的密码,掌握了潜艇的行踪,而德国海军情报机构在破译盟军的密码方面却一无所获。德军对密码安全的漠视,帮助盟军取得了成功。德国历史学家于尔根指出,如果不是盟国破译了德国的密码,那么,大西洋战役的转折点就不会在 1943 年 5 月来临,而会延迟到许多个月以后。

第二次世界大战:苏德战争

1939 年 8 月底,希特勒为了免去两线作战的危险,迫切地向苏联摇动橄榄枝,要求与苏联缔结互不侵犯条约。苏联同意了他的要求。8 月 23 日,《苏德互不侵犯条约》签署,苏联与德国第四次瓜分了波兰,获得了在波罗的海的行动自由,而德国则免除了两线作战的威胁,希特勒得以腾出手来,放心大胆地进攻波兰。此后两年,德军的攻势势如破竹,除英国外,西欧和北欧基本被德国荡平。

时光流进 1941 年,希特勒征服世界的第一个目标已经实现。下一步,他要完成第二个目标:征服苏联。

6月22日,希特勒撕毁了他亲自构建的条约体系。当天凌晨3时,德军出动了2000余架飞机,袭击了苏联边境地区的66个机场和300公里纵深范围内的战略目标,击毁了1200架苏联飞机。

突如其来的打击,使苏联遭到了重大损失。开战18天,苏军被歼灭28个师,重创70个师,损失了3500架飞机和半数以上的军火以及其他战略物资,而德军仅付出了伤亡10万人的代价。

德军取得了战略主动权。法西斯铁蹄所到之处,即在当地制造白色恐怖。他们搜捕布尔什维克人员,将无家可归的难民送到集中营,进行强迫劳动。希特勒以为,苏联这次真的完了。他命令德军在10月12日以前拿下莫斯科。

但是希特勒这次失算了。他原指望在三个月时间内征服苏联,但是,他没有想到,苏联实在太大了,大到德军难以想象的地步。9月底,苏联已经是一片秋雨,气候也开始变得寒冷。雨雪使得俄罗斯大地上的土质公路变得异常泥泞,除了履带式车辆外,一切轮式车辆的行驶都十分困难。德军赖以取胜的重型武器和摩托化部队,陷入了胶一般的泥淖海洋。正在作战的坦克,不得不停下来去拖曳陷入泥淖的大炮和辎重车辆。

希特勒确信战争将在冬季到来之前结束,他没有为部队准备冬衣。零下二三十度的低温下,德军士兵还身着夏装。为了御寒,他们不得不在夏装外边再套上平时训练穿的衣服。他们没有手套,没有棉衣,连棉背心也没有。挨冻的士兵毫不客气地从苏联俘虏和老百姓身上扒下毡靴和棉衣。在老百姓家里,他们只要看到可以御寒的东西就抢,从窗帘、被褥到帽子。

德军士兵是世界上最守纪律的士兵,原以为这是一点小困难,他们能够克服。可是,这些经受过纳粹主义熏陶的战争机器,却怎么也无法忍受苏联的严寒了。

没有防冻剂,汽车和坦克必须每小时发动一次,否则就无法开动。发动机的燃料变稠了,坦克的炮台转动不了,机枪射不出子弹,无线电台也冻住了。古德里安报告:"天冷使得大炮上的瞄准镜失去了效用。发动坦克时,得先在底下点火烤一会儿。燃料常常冻结,汽油也冻得黏糊糊的……由于天冷,连机关枪也打不响。"这位装甲兵专家请求撤销进攻指令,说"冰天雪地,无处避寒,无衣御寒"。

德军每天艰难地向前推进几公里。到12月2日,德军的一个侦察营突入莫斯科西部郊区希姆基,克里姆林宫的尖顶已经遥遥在望,但是,第二天他们就被苏联工人击退了。这是德军到达的距离莫斯科最近的地方。

德军碰到的不仅是恶劣的天气和泥泞的道路,它还面临着英勇不屈的苏联人民的顽强抵抗。苏联能拿枪的男人全部参军,不能上前线的妇女也参加首都附近防御工事的构筑。在很短的时间里,苏联在莫斯科周围修建了300公里长的坦克障碍、200公里长的步兵障碍和近4000处发射点。

12月3日,没有任何命令,山穷水尽的德军自动停止了进攻。在严寒面前,一切努力都是白费。不过,德军士兵倒是兴高采烈:他们无法发动进攻,敌人也就无法发动进攻。他们可以太平地冬眠了。

可是,12月5日,猛烈的炮击却把德军从幻梦中惊醒过来了。就在德军认为苏联人无法发起进攻的时候,从西伯利亚赶来的、着全副冬装的生力军开上了前线,苏军开始了反击。法西斯的战争机器终于得到了遏制。

台风攻势失败后,希特勒并没有收缩战线,也没有意识到此役的重要意义。春天一过,希特勒又在筹划新的进攻。这一次,德军的进攻目标是斯大林格勒。1942年9月12日,希特勒命令前线指挥官保罗斯在三日之内占领该城。

在以后的两个月内,双方围绕伏尔加河左岸的几小块地区进行拉锯战。苏军拼命死守,德军冒死进攻。双方常常为一幢房子、一个街道、一堵墙面来回冲杀几十个回合,但不分胜负。德军所恃者装甲精良,恨不得要把它所能调集到的每一发炮弹都扔到斯大林格勒。而苏军所恃者是血肉之躯,每一个街道、每一幢废弃的房屋,都是他们抵御德军的支点。

在战火的洗礼下,斯大林格勒成了一座燃烧的城市。白天,该城硝烟弥漫,爆炸声震耳欲聋;晚上,火光冲天,信号弹漫天飞舞。到处是尸体,到处是废墟。

当斯大林格勒在浴血苦战的时候,苏联最高统帅部调集的战略后备队开了上来,胜利的天平开始倾向苏联一边。到11月23日,德军保罗斯集团陷入苏联的重围。希特勒幻想古里安的装甲兵团能打开一条血路,把保罗斯搭救出来,他命令保罗斯原地死守,从而尽失夺围良机。

1943年1月20日,保罗斯致电希特勒:最后的崩溃不出24小时。希特勒马上给保罗斯复电:晋升他为德国陆军元帅,其他117名军官也得以加官晋爵。希特勒对自己的参谋长约德尔说:"在德军的历史上,从来没有一个陆军元帅是被生俘的。"言下之意,他希望保罗斯能舍身成仁,为德军保住荣光。但就在第二天,在重兵围困之下的保罗斯便举起双手投降了。

斯大林格勒保卫战是苏德战争史上的一个转折点。在此之前,战略主动权尽操德国之手,而经过斯大林格勒的会战,希特勒把一半的战争主动权拱手交给了斯大林。半年之后,苏德之间又在库尔斯克发生了历史上最大的坦克会战。

1943年4月24日,希特勒下达第6号作战命令,决定实施"堡垒"战役,对此,苏军早有准备。在长240公里,宽160公里的库尔斯克地区,朱可夫元帅投下了130万名士兵,2万门大炮,3500辆坦克和两千余架飞机,德军也投下了90万名士兵,2700辆坦克和1万门火炮。新式的虎式坦克首次披挂上阵,充当先锋。

战场上炮声隆隆,杀声震天。双方的坦克进行对射,弹尽粮绝后猛烈冲撞。坦克被击中后,侥幸逃生的坦克手拿起步枪继续战斗,有时双方的坦克兵竟然用匕首进行肉搏。战争之惨烈,令阿拉曼战役和以后的诺曼底登陆战黯然失色。在50天的会战中,苏军击溃德军30个精锐师,其中有7个坦克师,德军总计损失50余万人,1500辆坦克,3000门火炮及3700余架飞机。希特勒夺回战略主动权的企图彻底失败,德国的失败只是一个时间问题。

从 1944 年 1 月中旬开始,苏军从北起巴仑支海,南到黑海大约 4500 公里的防线上,连续对德国和它的仆从国实施了 10 次歼灭性的打击,这就是著名的"十次打击"。苏军在各条战线上都取得了辉煌战果,解放了一大批城市,解除了德军对列宁格勒长达 900 天的封锁。苏军开始越出国境作战,所到之处,法西斯统治土崩瓦解。

1945 年更是苏军凯歌行进的一年。1 月底,朱可夫指挥的苏军进抵奥得河,距柏林只有 150 公里了。2 月,由艾森豪威尔指挥的盟军,也发动了大规模的攻势。3 月初,盟军突破了莱茵河,1 个月后,盟军离柏林也只有 100 英里了。

摧毁第三帝国的最后乐章开始于 1945 年 4 月 16 日。苏军 20 个军、6300 辆坦克和 8500 架

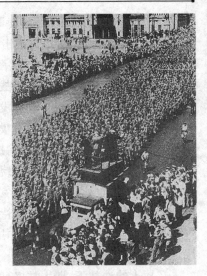
斯大林格勒保卫战

飞机对柏林发起了最后的攻势,4 月 24 日,苏军包围了这座城市。在一条又一条的街道、一座又一座的建筑之间,苏联军队向着市中心希特勒的老巢挺进,希特勒四面楚歌。

4 月 29 日,希特勒觉得大限已到,他要准备后事了。他与自己的情妇爱娃举行了纳粹式的婚礼,在口授了自己的政治遗嘱后,他就准备自杀了。1945 年 4 月 30 日 15 点 30 分,希特勒结束了自己的生命。4 月 30 日 21 点,苏军把胜利的红旗插上了国会大厦圆顶。

5 月 7 日 12 点 45 分,德国宣布无条件投降。5 月 8 日 24 点,在柏林城郊的卡尔斯霍尔特苏军司令部,德国正式在无条件投降书上签字。欧洲战场在响了 5 年又 7 个月的隆隆枪炮声后,终于归于宁静。

第二次世界大战:太平洋战争

当希特勒在策划侵苏战争的时候,一个扩大战争的阴谋正在远东酝酿。

自"九一八事变"以来,日本已经通过蚕食的方法,全面发动了对华战争,占领了大半个中国。但是,侵略者预期中的全面胜利仍然遥遥无期。1937 年 9 月到 1941 年 12 月太平洋战争爆发这一阶段的中国抗日战争,在整个反法西斯战争中有重要的地位,它所起的作用要远远超过英法等国家。在这种情况下,日军最高统帅部大本营亟须发动一场新的战争来转移视线。这样,发动太平洋战争就提上了日程。

1941 年 1 月,日本联合舰队司令山本五十六海军大将正式提出了偷袭珍珠港的设想。经过 10 个月的论证和演练,11 月,日本海军特遣舰队终于向珍珠港出发

了。预定的攻击时间是 12 月 8 日凌晨 5 点,目标是珍珠港内停泊的太平洋舰队以及设在夏威夷的美国军事基地。结果,偷袭成功了。除了数艘航空母舰外,美国太平洋舰队几乎全军覆没。

日军的攻势势如破竹,菲律宾、泰国、马来西亚、新加坡、新几内亚、关岛等地尽落日军之手。日军几乎控制了大半个太平洋。

日军虽然控制了太平洋十分之一的面积,却已经是强弩之末。从战略角度来看,珍珠港完全是一个败笔。山本五十六在一片欢腾声中,仍能保持清醒的头脑。他告诉自己的姐姐:"战争终于开始了,尽管我们正在吵吵嚷嚷,但我们依然可能在战争中失败。"在写给他同事的信中,他更是指出:"我们在珍珠港取得的胜利算不得什么。我们应该把事情仔细盘算一下,认清我们面临的局势是多么严峻。"

日军的进攻势头也仅仅维持了半年时间,就被美军的反击遏制住了。先是在珊瑚海,美国海军给日军吃了一点苦头,随后在中途岛,双方展开了空前的决战。

山本五十六的意图是首先占领中途岛,控制中太平洋航线,刺激美国海军主力前来与日本海军决战,最后消灭美国海军主力。事先,他经过周密计划,确信此役成功的可能性极大。

美国太平洋舰队司令尼米兹,事先已经风闻日本进攻中途岛的计划。美国海军的无线电情报人员破译了日本的密码,得知中途岛就是日本此战的重心所在。尼米兹将计就计,在太平洋设下了圈套。这样,山本自以为精确严密、运筹高超的作战计划,在尼米兹眼中可谓漏洞百出。

美日海军航空母舰之比是 3 比 10,日本占有极大优势。但由于美国事先已经知道日本的作战计划,尼米兹把美国仅有的 3 艘航空母舰放在一起使用,对付由南云忠一指挥的 4 艘航空母舰,这样,双方的力量对比缩小为 3 比 4。

战役开始后,日本海军对中途岛的轰炸极为顺利,而美国海军对日本海军的进攻却没有效果,美国的鱼雷轰炸机不是日本零式战斗机的对手。没有一枚鱼雷顺利地落到日本的航空母舰上,鱼雷轰炸机全部被敌人的炮火击落。

但是,鱼雷轰炸机并不是在做无谓的牺牲。南云的航空母舰为了规避鱼雷的攻击,不断地做着摇摆运动,以至于舰上的战斗机无法起飞。当南云准备对中途岛进行第二次攻击之时,航空母舰上的轰炸机正忙着把用于对舰攻击的穿甲炸弹和水雷卸下,换上用于对地攻击的燃烧弹和爆破弹。就在这时,侦察机报告,远处出现美国的舰队。惊慌之中的南云命令甲板上的飞机再次改装,以对付美国舰队。忙乱之际,第一批攻击中途岛的轰炸机群又回来了,它们要在航空母舰上降落。

日本海军避开了两次攻击,但在美国第三次攻击发起之时,灾难却降临了。日本的"赤诚"号航空母舰被一枚炸弹命中机库,引爆了储存的鱼雷,另一艘航空母舰"加贺"号,也被命中 4 枚炸弹,堆在甲板上的、刚刚加完油的飞机顿时成了一片火海。"苍龙"号、"飞龙"号也遭到同样的厄运。

中途岛战役的结局基本确定了,在为时两天的激战中,日本损失了 4 艘航空母舰,阵亡3000人,而美国只损失了一艘航空母舰。阵亡307人。美国海军总算为珍珠港报了一箭之仇。

中途岛海战是太平洋战争的一个转折点。美国海军作战部长金评论说,中途岛海战是350年来日本海军所遭受的第一次决定性失败。此后,日本在太平洋上由进攻转为防御。

幸运女神开始垂青于美国人。

1944年2月23日,美军开始攻击日本在大西洋的核心基地马里亚纳群岛。6月13日,美军使用舰炮对马里亚纳群岛进行炮击,联合舰队司令部发布了"阿"号作战预备令,日美海军在马里亚纳海域发生海战。这是太平洋战争以来规模最大也是第二次世界大战中规模最大的海上会战。

交战双方实力悬殊过大,日本在会战中损失了3艘航空母舰,训练有素的飞行员几乎损失殆尽。7月6日,固守在塞班岛的海军中将南云忠一和陆军中将斋藤同时自杀,残存的日军做了一次自杀式冲锋,3万日军无一生还,连岛上的居民也被迫跳海。7月23日,美军开始进攻提尼安岛,一周之内攻占该岛。被誉为"绝对防卫圈"要冲的马里亚纳群岛失陷,西太平洋的制海权和制空权均落入美军手里。太平洋上的攻防态势完全易手。它还使日本国民发生了动摇,对战争的前途感到严重不安。7月15日,东条内阁垮台,小矶国昭组阁。

由麦克阿瑟和尼米兹指挥的美军,从外围逼近日本本土。在战术上,美军采取"蛙跳战术",对日本设防的某些据点弃之不顾,或围而不攻,以减少伤亡,力求在最短的时间内打到日本本土。

但是,这种方法同样有其局限性,因为美军决定攻打的,必定是地理位置十分重要,也是日军固守的。自战争爆发以来,日军就在这些岛屿上苦心经营,其防御工事也极为完善,抵抗极为顽强,以至于麦克阿瑟在日记中也不得不对日本兵的顽强精神表示叹服。他在日记中写道:"没有投降的,每一个日本兵都战斗到死。你必须敲碎他的脑袋,或用刺刀捅他个透亮。"

1944年10月17日,美军先头部队在莱特湾登陆。联合舰队司令官丰田副武立即下达"捷一号作战警戒令",日本海军将残存的作战舰艇编成3支部队来参加"捷"号作战。由小泽治三郎海军中将指挥的机动部队本队,拥有航空母舰4艘,航空战列舰2艘,巡洋舰3艘,驱逐舰10艘。由于在此前的海战中飞行员大量死亡,日本的航空母舰实际上已经失去了战斗力。此次丰田决定以小泽舰队为诱饵,把美军主力从莱特湾引开。充当主力的粟田舰队拥有战列舰7艘,重型巡洋舰11艘,轻型巡洋舰2艘,驱逐舰19艘,负责进入莱特湾消灭盟军登陆力量。但是,由于敌情不明,粟田舰队没有能完成歼敌任务。

1944年10月20日,美军第七舰队在菲律宾南部的雷伊泰岛登陆。此前,日本海军已经在莱特湾海战中消耗殆尽,但是,日军并不准备将菲律宾拱手相让。先进的军舰和战斗机没有了,但是,用于撞击美军舰船、飞机的特攻机、人鱼雷还有的是,这种不要命的神风特攻队一度令美军大为头疼。

1945年2月3日,麦克阿瑟回到了马尼拉,实现了自己对菲律宾人许下的诺言。在圣托马斯和老比利亚德监狱,那些侥幸活下来的战俘亲吻着他、拥抱着他。一个老兵气喘吁吁地说:"你回来了!"麦克阿瑟回答说:"我回来晚了,但我们到底回来了!"

相对于麦克阿瑟的菲律宾战役,尼米兹于1945年2月进行的硫磺岛战役,更是一块难啃的硬骨头。该岛只有8平方英里,但地理位置十分重要,它是通向小笠原群岛的阶梯。美军的B-29重型轰炸机从塞班岛出发可以空袭东京,不过距离刚刚够得上,而且只能带2吨炸弹。如果占领了硫磺岛,那情况就不一样了。硫磺岛距东京只有660英里,B-29可以装上7吨炸弹,从而大大提高轰炸的效果。

日本驻军在硫磺岛的地下构筑了复杂的防御工事,大部分的岩洞上方有35英尺以上的覆盖物,根本不怕美军的炸弹,而守军的火力却可以一直射到海滩上。整个硫磺岛是防御者的天堂,是进攻者的地狱。对此,美军不甚了了。尼米兹的海军对硫磺岛进行了74天的轰炸,大量的钢铁倾倒在这个弹丸小岛上。他以为,这次进攻不会过分艰苦,日本兵说不定已经死伤过半。

刚开始的登陆倒还顺利,似乎印证了尼米兹的预言,但是2个小时后,情况就大为不同了。日军的迫击炮弹,铺天盖地而来,美军伤亡惨重。最要命的是,美军死伤这么多人,还没有看到敌人在哪里。这时美军才明白过来,原来日本兵都成了老鼠,躲到地底下去了。

在接下去的挖老鼠洞的战役里,其艰苦难以想象。守卫硫磺岛的,总共有1.9万名日军。一个月打下来,只有200名日军士兵成了俘虏,其余全部战死。可是,进攻者伤亡的人数竟然超过了2.6万人,其中阵亡的就有6000人,战争之惨烈,世所罕见。此外,不怕死的日本飞行员,驾驶着他们的破飞机,一头向美军的航空母舰撞去。总共有5艘不走运的美国军舰被击中,其中有两艘航空母舰。

2月23日,战役打响第五天,海军陆战队员终于登上了斯利伯奇峰。在此之前,他们已经消灭了几只老鼠,现在,他们安全了,斯利伯奇峰确信无疑是在他们手里。此时是上午12点15分。

陆战队员们把一面破旧的军旗从旗杆上取了下来,他们要换一面崭新的、亮丽的旗帜,让它在斯利伯奇峰高高飘扬。

根据《波茨坦公告》,苏军于1945年8月8日出兵中国东北,发动这场侵略战争的急先锋关东军土崩瓦解。8月6日,美国把新研制的秘密武器原子弹急急地拿了出来。在杜鲁门总统批准的轰炸名单上,广岛、小仓、新潟、长崎……历历在目。至于哪一座城市有幸中彩,那要看那天的天气如何。8月8日那天,广岛上空的天气又格外晴朗,这就注定广岛在这场由日本自己发动的战争中,只能由悲剧收场了。

广岛消失了,时间定格在8点15分。

第二天,同样的命运轮到了长崎。

战争无法继续了。8 月 9 日午夜,天皇召开御前会议,以"圣谕"的形式通过决议:投降。

1945 年 9 月 2 日,在美国军舰密苏里号的甲板上,日本外相重光葵、参谋总长梅津梅治郎代表日本天皇和日本政府,在无条件投降书上签字。第二次世界大战终于以法西斯的灭亡而画上圆满的句号。

中东战争

1947 年 11 月底,联合国通过阿拉伯——犹太人分治的决议,在巴勒斯坦这块古老的中东大地上,即将诞生两个国家,这就是巴勒斯坦阿拉伯国和犹太国。亡国两千年。四处漂泊流浪的犹太民族应该有自己的安身立命之所,而重建犹太国,理想之处当然是犹太人最初立国之处——巴勒斯坦。

但是,对这个决议,阿拉伯人却有不同的看法。犹太人虽然最早来到巴勒斯坦,可是,他们的国家早就灭亡了,此后的犹太人大多不定居巴勒斯坦,现在这块土地的真正主人是巴勒斯坦阿拉伯人,他们世世代代居住在这个地区,他们才是巴勒斯坦的真正主人。阿拉伯人决心不让这个所谓的犹太国建立起来。

1948 年 5 月 14 日下午,特拉维夫现代艺术博物馆前面的广场上,站满了密密麻麻的犹太人。以色列的国父本·古里安操着雄浑而略带嘶哑的声音,宣读了以色列的独立文告。一个新的国度诞生了! 顿时,广场上欢声雷动。

以色列建国的消息立即通过电波传遍了世界,大部分国家做出了积极的反应。美国人连即将成立的国家叫什么名字都不知道,但是承认它的文告早已拟就。得知成立的国家叫以色列时,美国总统杜鲁门亲自用笔将文告上的"犹太国"划去,添上了"以色列"。白宫的新闻秘书查利·罗斯向记者正式宣布,美国承认以色列临时政府,此时,距本·古里安宣布建国仅仅 16 分钟。17 日,苏联也承认了以色列政府是"犹太人在巴勒斯坦地区的合法政权"。

只有阿拉伯联盟不承认这个刚成立的以色列国,它要按照真主的旨意,发动圣战,把犹太人赶入大海。第二天,埃及、外约旦、伊拉克、叙利亚等国军队果然从四面八方冲进了巴勒斯坦。以色列陷入了阿拉伯人的包围圈。第一次中东战争,也就是所谓巴勒斯坦战争,开始了。

从实力上看,阿拉伯人要把犹太人驱赶到大海里去不存在什么问题。西线,以色列面对的是埃及的 5000 精兵;东线,以色列人不得不与有 7500 人组成的阿拉伯军团相对抗;北线,5000 叙利亚军队也向以色列发动了进攻,而此时的以色列,连正式军队也没有。

但是,以色列始终处于一个极安全的位置,这是谁都没有想到的事情。

表面上看,阿拉伯人的力量是够大的,但实际上,参战各方没有一个把巴勒斯坦阿拉伯人的利益放在心上。那些有权决定巴勒斯坦人命运的国王们,根本不想成立这样一个国家,他们心里真正谋划的是瓜分这块土地。为了达到他们可鄙的目的,他们甚至可以与犹太人达成妥协。

处于劣势的犹太人与阿拉伯人恰好形成了鲜明的对照。犹太人人少,装备差,但是其士气高昂。每个人都知道这是为自己而战。联合国决议只能让犹太人建立一个国家,但这个国家能否站得住脚,那完全是犹太人自己的事情。如果他们被赶入大海,犹太人只好重演 2000 年以来流离失所的一幕。

战争进行到关键时刻,梅厄夫人亲自赴美。在机场上,前来迎接的犹太人一个个热泪盈眶,可是梅厄对他们说:"掌声保不住以色列的生存,战争不能靠演讲、宣言或是幸福的泪水取胜,时间是关键,不然,掌声将是空的。"

美国犹太人迅速筹集起 7500 万美元的巨款,这笔款子全部在第一时间内变成了枪支弹药。

阿拉伯人制胜的良机就这样一点点地消逝。以色列通过各个击破的手法,迫使它的敌人一个个停战求和。第一次中东战争,终于以以色列的胜利而告终。

以色列不仅占领了联合国决议中划给犹太人的领土,而且多占了 4850 平方公里。现在,以色列所占有的土地,占整个巴勒斯坦总面积的五分之四。此外,埃及占领了加沙地带,外约旦占领了约旦河西岸,拟议中的巴勒斯坦阿拉伯国胎死腹中,大量的巴勒斯坦人沦为难民。从此,中东问题成了一座随时可能爆炸的活火山。

在战争中遭到惨败的阿拉伯人志在复仇,而以色列还要继续扩张。本·古里安在宣布独立时就表示,以色列的边界没有划定,如果以色列军队能在战场上打败阿拉伯人,那么它占有的地方就可以成为以色列的领土。他还谈道:"如果仅仅是为了享有这个小小面积的国家的话,我们就不会承担这场战争了。"

以色列的扩张是志在必得。双方非得在战场上分出高下。几年之后,双方在苏伊士运河问题上重开战端,这一次,战争的主角是埃及人和以色列,此外还搭上了英国和法国这两个殖民大国。

1952 年 7 月 22 日,由纳赛尔领导的"自由军官组织"发动了政变,推翻了法鲁克王朝,埃及成了一个共和国。1956 年 7 月 26 日,埃及革命 4 周年纪念日,纳赛尔在亚历山大港的解放广场向 25 万群众发表重要演说,谴责以英国和法国殖民主义者为代表的敌视埃及革命的势力,指出苏伊士运河是埃及人民用"灵魂、头颅、鲜血和尸骨筑成的",但运河却掌握在殖民者手中。纳赛尔宣布,埃及决心消除"外国统治的罪恶",恢复自己被殖民者剥夺了的权利,收复运河,用运河收入来修建阿斯旺水坝。当着 25 万激动的埃及人民的面,纳赛尔签署了运河国有化的法令。

整个埃及沸腾了。埃及这样一个小国,终于放声向世界上最强大的力量提出了挑战。

英国和法国决意用武力消灭纳赛尔,恢复他们被剥夺的权利。但是,经过第二次世界大战,英国和法国都已今非昔比。这两个欧洲的"一等强国"已经无力单独出兵。双方决定邀请以色列出兵。结果,以色列制定了代号为"卡代什"的作战计划,英国和法国则制定了代号为"火枪手"的作战计划。以色列将挑起事端,发动战争,英国和法国将借口维护运河的安全,要求双方停火,从而介入战争。

10月29日,达科他式运输机一架接一架地降落在埃及西奈半岛。由沙龙指挥的一个营的以色列伞兵向运河以东65公里处的米特拉山东侧挺进。苏伊士运河战争拉开序幕,埃以两军在米特拉山口展开激战。

英国和法国按照既定方针,向交战双方提出最后通牒,要求双方停火,从运河两岸各撤出10英里,由英法军队进驻,以保护运河。他们此时似乎已经把运河国有化的事情抛到了脑后,忘记了自己已经不再是运河的主人了,运河根本无须他们来保护。最后通牒实际上是一出双簧戏,以找到对纳赛尔下手的借口。可纳赛尔对英国人和法国人的诡计却不甚了解,继续在前线与以色列对阵。

31日下午5点50分,从马耳他、塞浦路斯和航空母舰上起飞的240架轰炸机,在48小时内对埃及的机场、兵营和开罗、亚历山大等重要城市进行了轰炸。英法的参战大大出乎纳赛尔的意料之外,战争的进程出现逆转。以军顺利占领了西奈半岛。

11月5日上午8点20分,英国和法国的伞兵在埃及第二大港口塞得港空降。11月6日,2.2万名英法海军陆战队员也在塞得港登陆。此前,英国和法国的空军已经对塞得港进行了为时5天的轰炸。空袭摧毁了塞得港的供水设施,空袭引起的大火造成大批居民死亡。

螳螂捕蝉,黄雀在后。英国和法国只想尽快消灭纳赛尔,恢复自己对运河的控制权,哪里想到运河战争会给自己的盟友美国提供了机会。美国的眼睛早就在盯着中东,只是苦于没有良机,不便下手罢了。战争正好给它提供了一个借口。

战争一爆发,美国就立即在安理会提议,要求交战双方立即停火,恢复埃以1949年以前的态势。决议特别提到,如果以色列不肯就范,那就不给它援助。对美国来说,这是一个少见的举动。

11月6日晨,艾森豪威尔打电话给艾登,说:"如果你想保持英美团结与和平的话,我要求你立即下令停火,我不能再等下去了。"在给法国政府的电报中,艾森豪威尔威胁说:"如果你们继续执迷不悟,那就不要依靠我们了。"

美国人把话说到这种份上,艾登再也无法可想了。于是,"稻草人"艾登含着眼泪打电话给法国总理居伊·摩勒,对他说:"我不能再坚持了……每一个人都在反对我。英联邦面临分裂的威胁。我不能做王室的掘墓人……我不能在没有美国的情况下再干下去。"

离开了英国,法国更没有勇气干下去。当天午夜,英国和法国宣布停火。第二次中东战争结束。这场战争后,英国和法国作为老一代的殖民者,彻底退出了中东舞台,而美国和苏联则作为新的竞争者,开始粉墨登场。

两个超级大国的介入,不仅没有使中东的局势平静下来,反而变得更复杂了。在运河战争结束 10 年之后,第三次中东战争又爆发了。

1967 年 6 月 5 日清晨 8 点钟,以色列空军 186 架战机,分三批飞向埃及的各个空军基地。到中午时分,埃及几乎所有的作战飞机都已被摧毁,三分之一的飞行员在空袭中丧生。埃及部署在机场、雷达站附近的防空部队,基本上没有发挥作用。

以色列空军开始行动半小时后,陆军也在地面上采取了行动。以色列军队兵分三路,向西奈的埃军扑去。20 分钟时间内,以色列炮兵竟然向埃军阵地倾泻了6000 发炮弹。失去制空权的埃及陆军顶不住以色列的狂轰滥炸,埃及士兵几乎是用血肉之躯在对抗着敌人的弹幕。

第二天早晨,埃及的阿密尔元帅觉得大势已去,匆匆向部队发出撤退的命令。成群结队的士兵抛开自己的武器,管它是冲锋枪,还是装甲车或是坦克、大炮,只要能抛开它逃命,埃及士兵不管三七二十一,统统把它们留给了以色列人,他们的指挥官在下达完撤退命令后就先行离去了。未及逃脱的埃及炮兵司令主动向以军投降。真是兵败如山倒。战争开始四天后,以色列军队占领了西奈,直逼苏伊士运河。

当西奈在激烈交战的时刻,以色列军队对约旦的进攻也在有条不紊地进行着。以军几乎没有花费什么代价,就打垮了小小的约旦军队,把在巴勒斯坦战争中被约旦占领的耶路撒冷旧城拿到了手。

对付叙利亚,以色列是在解决了埃及和约旦之后才提上日程的。以色列实在是太小了,它不可能三面树敌,因此尽管它对叙利亚极端仇恨,但在开战时,叙利亚战线却相对平静。叙利亚在战前十分好战,并迫使纳赛尔卷入了这场战争,但它却是一个地地道道的投机分子,当以色列在对付埃及和约旦的时候,它竟然按兵不动。现在,以色列解决了埃及和约旦,下面就该轮到它了。

叙利亚在戈兰高地修筑了坚固的工事,部署了 300 门大炮、200 门高射炮和400 辆坦克,其坚固程度似不下于当年法国的马奇诺防线。一个以色列军官这样形容叙利亚的大炮:"他们在这里安放的大炮,差不多就像犹太人在以色列种的树一样。"

尽管戈兰高地的地形对防守有利,尽管叙利亚已经在戈兰高地修筑了坚固的防御工事,可是,在以军眼中,这些东西都不值一哂。灵活机动的以军装甲部队可以得到空军的支持,即便是坦克打光了他们也可以转为步兵,拿起步枪上阵。在特拉法赫尔战斗中,以军伤亡惨重,一个营的坦克全部被消灭,但以军士兵又用拳头、刺刀、枪托和牙齿与敌人搏斗了三个小时,终于拿下了特拉法赫尔。14 时 30 分,以军占领库奈特腊,大马士革的门户洞开,叙利亚不得不宣布停火。

这场后来以"六天战争"为名的战争对阿拉伯国家来说简直是一场灾难。在这场战争的第一天,埃及失去了几乎全部空军。在随后展开的陆地战役中,它又失去了西奈半岛,驻守在西奈的守军,有一万多人在战场上阵亡,几乎同样数目的人受伤,5500人当了俘虏,其中包括11名将军和为数众多的上校。在投入西奈的1000辆坦克中,有一半被击毁,另有100辆近乎完好无损地被以色列军队俘虏。英国《泰晤士报》记者报道:丢弃在西奈的机动车辆至少有一万辆。有的被完全打坏了,有的则是完好无损。在米特拉山口,各种各样的车辆一辆接着一辆,足足排了两英里长!

约旦军队的命运并不比埃及好多少。空军全军覆没,约旦河西岸落入以色列手中,约有8000名士兵伤亡。叙利亚把戈兰高地丢给了以色列,2个旅全部被歼,3个旅遭到重创,100辆坦克、大量的火炮及车辆落入以色列手中。

在第三次中东战争中,以色列打赢了战争,但没有赢得和平。一场以牺牲失败者的自尊为代价的战争,其结局注定不会为失败者所接受。假以时日,它一定会寻找机会为自己雪耻。

1973年10月6日14时,200架埃及飞机低空掠过苏伊士运河,飞向西奈半岛上以色列的机场、雷达站、炮兵阵地和指挥所,5分钟后,集结在运河西岸的2000门大炮一齐开火了,急速的炮弹如一阵阵急雨倾泻在运河东岸以军的要塞、地雷场和铁丝网上。第四次中东战争爆发了。

在弹幕的掩护下,第一批士兵开始渡河。半个小时后,第一突击队顺利地登上了东岸。手持高压水枪的士兵,对着以色列用推土机推起来的沙垒,猛烈射击。强力的水龙在沙垒上冲开了一道道缝隙,紧随而上的坦克部队从缝隙中通过,冲向西奈半岛。

到10月7日8时,渡河战斗已经结束,以色列防守巴列夫防线的3个装甲旅和一个步兵旅全部被歼灭,而埃及仅损失了5架飞机、20辆坦克和200余名士兵。

几乎在同一时刻,叙利亚人也在北线向以色列占领的戈兰高地挺进。叙利亚和以色列的1500辆坦克,在戈兰高地展开了第二次世界大战以来最大的一次坦克会战,结果,以色列伤亡惨重,但叙利亚也未能取得彻底胜利,戈兰高地依然掌握在以军手里。

对以色列来说,战争初期的形势是严峻的。阿拉伯国家掌握了战争的主动权,开战之初,以色列赖以自豪的坦克部队在埃及的步兵狙击下损失了3个装甲旅。一位在西奈前线的以军士兵痛苦地说道,以色列的士兵"就像南非的祖鲁人朝机枪冲去一样",埃军在10分钟时间内就击毁了8辆以色列M-60坦克。

阿拉伯国家的错误帮助以色列死里逃生。10月10日,本来正在高速前进的埃及军队突然停止了进攻。埃军没有想到战争会打得如此顺手,根本没有制定占领整个西奈的计划。当战争的结果出乎他们的意料之外时,他们就必须停顿下来,等待最高领导人的决策,从而制定新的作战计划。

以色列在南线获得了至关重要的喘息的时机,得以腾出手来对付北线的叙利亚军队。

10日,以军在北线集中了15个旅和1000辆坦克,在空军的掩护下,向叙利亚发动了进攻。叙军占领戈兰高地后，还没有来得及巩固阵地。经过一天战斗，以军重新控制了全部戈兰高地，解除了对本土的威胁。叙军在戈兰高地丢下了 867 辆坦克和成千上万辆汽车、大炮以及各式装备。大马士革处于以军炮火的威胁之下。

打垮了叙利亚，下面轮到了埃及。萨达特在仓促之中制定出的作战计划，毕竟不如原来的计划精雕细琢。没有取得相对优势的埃及军队，出于政治上的需要，渡过了苏伊士运河。

10 月 14 日上午，经过一个小时的炮火准备之后，1000 辆坦克向以军阵地冲了过去，西奈的沙漠上被撑起一阵阵的黄沙烟尘，坦克纵队的后面，则是一股股的黑色烟幕，那情景令人终生难忘。

埃军将大批坦克用于正面进攻，而他们所选择的战场却十分狭窄，不适合坦克运动。在以色列的坦克、大炮和反坦克武器以及空地导弹的打击下，埃及坦克一辆辆起火燃烧。埃军损失了 264 辆坦克，给对手造成了 6 辆坦克的伤亡，最后回到了原地。一天激战，埃军一无所获。

14 日晚上，在沙龙的带领下，一支以色列部队偷偷地从大苦湖以北的地区渡过了苏伊士运河，占领了"中国农场"以及一条 2.5 英里的走廊。埃军发现了这个走廊，可是为时已晚，以军获得了一个桥头堡，并在运河东岸的埃军第 2、第 3 兵团之间打开了一个缺口。战场的形势发生逆转。

以色列士兵通过桥头堡源源不断地渡过了苏伊士运河，并分成小股四处出击。保护埃军坦克部队的萨姆-6 型导弹阵地全部被消灭，失去空中保护的埃军面对以色列的空军，全无反击之力。一批批的以色列战斗轰炸机呼啸而来，扑向埃及的重要城市开罗、苏伊士、伊斯梅利亚，在它们的上空倾泻着炸弹，尽情抒发心中的仇恨，享受复仇带来的快感。

战局急转直下，埃及本土遭到威胁，而留在运河东岸的两个兵团也被截断了归路。埃军被迫全线防守。

10 月 22 日，联合国通过停火决议。埃及人求之不得，对联合国监督停火的官员连说："同意，同意，同意，同意！"在战争爆发两周半以后，以色列又取得了胜利。

表面上看，达扬领导的以色列国防军是胜利者，但实际上，作为战败者的萨达特，对战争的结局似乎也是满意的。他发动战争的动因是希望在运河东岸拥有 10 英寸的土地，现在这个目标无疑是实现了。他已经让以色列领教了阿拉伯的力量，让他们知道，所谓军事优势不能保证以色列的安全，和平才是唯一的出路。从这一点看，他无疑也是胜利者。

在这场战争中，以色列仅死亡 2552 人，受伤 7500 人，死亡人数占以色列全部人口的千分之一，加上受伤的人数，伤亡比例达千分之三。几乎每个家庭都有人为国捐躯，家家戴孝，户户悲歌。这种失去亲人的痛苦，永久地留在了犹太人心中，迫使他们思考一些本来并不难得到答案的问题。

以色列人开始思考起自己的处境，并认真地与埃及人坐下来讨论和平问题，而不仅仅是停火。

1979 年,埃及与以色列签订了合约,埃及承认以色列有权在巴勒斯坦地区生存。这是自 1948 年第一次中东战争以来阿以之间第一个和平协定,也是自以色列重新建国以来第一个阿拉伯国家承认它在中东的生存权利。

印巴战争

英印殖民地是人种、宗教和语言的博物馆。这个地区人种繁多,宗教派别复杂,民族矛盾突出。在印度,比较大的民族有信仰印度教的印度教徒,信仰伊斯兰教的穆斯林,信仰锡克教的锡克人,等等。这些民族在反对英国殖民统治方面有共同语言,但相互之间的矛盾也很尖锐,根本搞不到一块。独立之后的道路怎么走,大家心里各有一个小算盘。

印巴战争

1947 年 2 月,英印总督蒙巴顿上任。蒙巴顿到任后即提出一个分治方案,主要内容是:按照宗教信仰,把英印殖民地分成三个部分,即以印度教徒为主的印度联邦和以穆斯林为主的巴基斯坦,另外还有一帮王公土邦,他们可以自行决定加入哪一个自治领,也可以选择独立。

方案一出笼,几百万人就开始收拾行装,准备回到自己的国家境内。络绎不绝的难民集中在大城市附近的野外营地,或者干脆露宿在大街上。

迁徙过程中,印度历史上规模最大的流血事件发生了。死于教派冲突者竟达50 万之众,而无家可归者竟达到了 1200 万人。被殖民者礼赞为"不流血的革命"比起流血的内战来,死亡更多。印度的民族领袖莫汉达斯·甘地,也死于刺客手下。

外科手术式的分家是残酷的,也是无情的。一本英文字典也要拆成两半,从字母 A 到 K,归属印度,剩下的归了巴基斯坦。

在英国代表的斡旋下,印度分得了银行资金的 82.5%,巴基斯坦只得到了 17.5%;印度分得了机构财产的 80%,而巴基斯坦只得到了剩下的 20%。

财产尚且锱铢必计,领土分割就更不用说了。宗教信仰成了划分领土的唯一原则,在印度教徒占多数的地方,全部归属于印度。由此出现一个奇怪的局面:巴基斯坦被一分为二,中间被印度隔开。

真纳要求得到一块走廊,把东巴和西巴联结起来。尼赫鲁一口拒绝了。尼赫鲁对记者说:"得到一条走廊的要求是荒诞不经的空想。"

争议最大的是几百个王公土邦。这是一块中间地带,蒙巴顿方案没有明确把它们划分给谁,谁有本事,谁就可以拿去。结果,印度先下手为强。用武力逼迫几个土邦"加入"了印度。

争议最大的是克什米尔。在分治之前,克什米尔是印度的第二大邦。它的邦主是印度教徒,而他控制的臣民,大部分却是穆斯林。按照蒙巴顿方案的宗教信仰原则,这个邦似应加入巴基斯坦,因为穆斯林占多数。可是,蒙巴顿方案又规定,各个土邦的邦主,有权决定自己的命运。

占人口多数的穆斯林愿意加入巴基斯坦,而出身印度教徒的邦主,在几经犹豫之后,在印度的压力下,却选择了印度。巴基斯坦立即提出反对意见。本来就不和睦的印巴关系,顿时紧张起来了。

1947 年 10 月 30 日,印度利用克什米尔议会宣布加入印度的机会,派兵进入克什米尔。而巴基斯坦也不甘示弱,随即将军队开了进去。

战争爆发了。冰天雪地里,双方打成一团。真是血与火的交融,生与死的较量。战场上,印度兵稍占上风,但要取得彻底胜利也难。巴基斯坦虽然损兵折将,但离彻底失败,时间尚早。在国际社会的调停下,双方达成了停火协议。

一场战争下来,巴基斯坦占领了克什米尔的 2/5,剩下的给印度占了。

1964 年 5 月,印度在边境屯集重兵,12 月,新德里宣布,印控克什米尔将成为印度第 22 个邦。1965 年 9 月 6 日,印度军队越过了国界,第二次印巴战争又爆发了。

战争的起因在于克什米尔,可是战争并不是在克什米尔进行的。印度军队攻进了巴基斯坦的拉舍尔和锡亚耳科特。大战引起的硝烟遮住了日头,战争把白天变成了黑夜。

巴基斯坦溃不成军。自独立以来,这个国家一直是军人执政,政变频仍。这一帮阴谋家,搞起政变来是能手,打起仗来却是懦夫。巴军损失惨重。幸亏联合国及时调停,战争停了下来,双方维持了 1949 年的停火线。一场血战下来,印度在巴基斯坦身上出了一口恶气,算是报了 1962 年失败之仇。

英迪拉·甘地与阿里·布托在西姆拉会晤,签署了结束敌对状态的《西姆拉条约》。

第三次印巴战争也叫孟加拉国的独立战争。它发生的时间是 1971 年,距上次战争发生的时间不过 5 年时间。

这场战争首先是由巴基斯坦的内部矛盾引起的。印巴分治时,巴基斯坦被分成东西两个部分,东巴是巴基斯坦行省,又名孟加拉省。东西巴之间隔着一个印度,相距两千公里。地域上相互隔绝而能成为一个国家,在世界范围内也属罕见。

东西巴之间地域隔绝,人种、文化、经济上也各不相同。东巴的面积占巴全国的 16%,但人口则占全国的 56%,境内土地肥沃,河网密布,盛产水稻、小麦和黄麻,是一个富庶的渔米之乡。东巴人口 98% 以上是孟加拉族,是巴基斯坦五大民族中最大的民族,他们讲孟加拉语。

东西巴唯一相同之处在于他们同信伊斯兰教,共同拥有一个真主。正是基于这一原因,印巴分治时,原来属于印度邦的孟加拉省加入了巴基斯坦。

可是,东巴人在巴基斯坦并没有享受应有的平等权利。巴基斯坦的首都设在西巴,国语是乌尔都语,讲这种语言的人口仅占全国总人口的12%。

独立后巴基斯坦的大权,基本上掌握在西巴人手中。西巴的文人、军官和地主组成了铁三角,他们牢牢地控制了巴基斯坦的中央、地方政权和军队。西巴人的人均收入比东巴要高61%,全国20家大财团中,没有一家是孟加拉人拥有的。

孟加拉人对此极不满意。东巴人中的知识分子和权势人物,开始采取行动,改变自己的命运。

1970年巴基斯坦举行全国选举,代表东巴人利益的人民联盟在全国取得了多数党地位,由党的领袖谢赫·拉赫曼上台执政,看来是顺理成章的事情。

可是,以阿里·布托为首的人民党却对此提出异议。阿里·布托认为拉赫曼是一个分裂主义者,他上台后势必造成巴基斯坦的分裂。在与军人政权磋商后,拉赫曼上台的希望泡汤了。

恰好在这个时候,东巴发生了洪水和旋风,政府虽然组织了救援,但效果甚微。阿里·布托只能遗憾地说,孟加拉国是一个多灾多难的地方,旋风、水灾和暴风雨都不能幸免,孟加拉国应该是生而不幸。

可是,东巴人并不这么看,他们的代表,拉赫曼的人民联盟更不这样看。在他们看来,无论是天灾还是人祸,都是由西巴的统治者而造成的。他们玩忽职守,在灾难面前束手无策,他们才是灾难的根源。他们把账全部算到中央政府身上。

东巴开始了动荡。他们要中央政府立即撤销军事管制,把政权移交给合法选举产生出来的人民联盟,让孟加拉人的权力得到实现。他们开始袭击军警,暴力事件也层出不穷,教派冲突持续发生。

3月26日,东巴的军官进行了暴动,他们宣布脱离巴基斯坦独立,成立孟加拉国。

巴基斯坦政府出动了军队,恢复了社会治安。人民联盟由合法的大选获胜党,变成了非法政党,而它的领袖拉赫曼,则锒铛入狱。

到目前为止,发生在东巴的这场内乱还只是巴基斯坦内部的事情,如果没有外来势力的介入,那么,手握重兵的巴基斯坦军政府,完全有可能应付得了局势,卷入叛乱的不过5、6万军队。大部分军人还是站在中央政府一边。

可这种局面很快就发生了变化。一场由于巴基斯坦的民族矛盾而引起的纠纷,很快成了印度和巴基斯坦两国之间的战争。

4月13日,已经宣布建国的孟加拉人,在靠近印度边界的一个小村子举行了孟加拉国的独立仪式,成立了临时政府,并要求国际社会予以承认。

11月21日,印度军队打着"孟加拉解放军"的旗号,进入东巴。对巴基斯坦的不宣而战开始了。12个步兵师,约10万人的兵力,分七条战线向东巴发动进攻。

23日,叶海亚·汗宣布,由于受到印度的侵略,巴基斯坦全国进入紧急状态。

25日,印度国防部长拉姆在一次群众集会上,公开说"巴基斯坦应当立即准许孟加拉独立"。

30日,英迪拉·甘地在议会中说:"在今天的形势下,巴基斯坦呆在孟加拉国本身就是对我们安全的威胁。"

12月3日,印军进攻克什米尔的巴控区,战火烧到西巴。

12月16日,英迪拉·甘地发表声明承认孟加拉国,此前,印度已经在本土设立了孟加拉国广播电台和新闻局,并在新德里安置了孟加拉国使团,巴基斯坦随即与印度断绝外交关系。

以叶海亚·汗为首的军政府,在危机面前,犹豫不决,束手无策。除了呼吁国际社会的声援外,他们拿不出任何应对的办法。没有准备的巴基斯坦军队,在军事上触敌即败,根本不是印度军队的对手。

1971年12月17日,第三次印巴战争结束。这次战争使巴基斯坦被武力肢解。丢失国土5000平方公里。

1975年8月31日,巴基斯坦无奈地承认了孟加拉国。

朝鲜战争

1950年6月25日凌晨,在朝鲜半岛举世闻名的三八线,震耳欲聋的枪炮声打破了东西方自第二次世界大战结束以来的平静。

当时,东西方之间正在进行冷战。对这种冷战背景下出现的新型战争,没有一个人经历过,谁也不知道它会向什么方向演变。因此,正在密苏里老家休假的美国总统杜鲁门,第一个念头就是:第三次世界大战就要爆发了。这场行动的主使必定是站在朝鲜共产党后面的苏联人和中国人,如果不加以制止,那么,第三次世界大战就要爆发。他立即做出了决定:美国第七舰队进驻中国的台湾海峡,防止中国共产党人进攻台湾。同时,命令美国远东军队总司令麦克阿瑟进军朝鲜。

这是一个错误的决定,此后美国将不得不为此付出代价。

内战爆发后,朝鲜人民军攻势如虹,锐不可当。6月28日,人民军占领汉城,7月1日,美军进入朝鲜,7月5日,麦克阿瑟投入了美国第一个步兵营。这一个营的兵力,如同羊落狼群,很快被消灭了。人民军挟胜利之威,一口气打到釜山。

已经是"联合国军"总司令的麦克阿瑟顶不住了,他向杜鲁门求援:"抓住太平洋上的每一条船,把大量支援物资运到远东来吧!"刚刚复员的美国人再度披挂上阵,来到了朝鲜前线。

人民军打到釜山后,美军被压缩到一块很小的地区。如果美军要从正面强行突破,那么伤亡必大。如何打破僵局?麦克阿瑟想出了一个主意:在朝鲜进行一次两栖登陆,将人民军拦腰切断。这个设想得到了美军指挥机构的认同。麦克阿瑟选中的登陆场是汉城西侧的仁川。人民军在那里防守薄弱,在那里插上一刀,美军可以很快夺取汉城。登陆的时间定在9月15日。

麦克阿瑟的冒险成功了。美军向北推进,腹背受敌的人民军措手不及,陷入了重围。战局急转直下。

26日,美军占领汉城,麦克阿瑟以胜利者的姿态进入汉城。大韩民国总统李承晚紧紧拥抱着麦克阿瑟,浑身发抖,老泪纵横,把麦克阿瑟推许为"我们民族的拯救者"。

占领汉城后,麦克阿瑟立即面临一个三八线问题。这是南北朝鲜的分界线,得到联合国的承认。联合国在授权美国出兵朝鲜时,明确表示要"联合国军"恢复到6月25日以前的状态,也就是以三八线为界。

可是,一心想乘胜消灭朝鲜的麦克阿瑟和美国决策人物,却想越过三八线,消灭人民军,用武力统一朝鲜半岛。

这种做法直接威胁到中国的国家安全。朝鲜的内战爆发之后,美军不但派第七舰队进驻中国台湾海峡,阻止中国解放台湾,还不断派飞机到中国境内轰炸。为此,中国多次向联合国提出过控告。

中国政府通过各种渠道向美国人发出警告:如果美国执意要侵入三八线以北,那么,中国人民绝对不会坐视不理,听任美国消灭朝鲜。但美军充耳不闻。

9月30日,韩国军队首先越过了三八线,10月7日,美军也大摇大摆地越过了三八线,把战火烧到了中国边境。麦克阿瑟的口号是,在感恩节前结束战争。

1950年10月15日,中国人民志愿军首批26万人,借着夜幕的掩护,兵分三路,跨过了鸭绿江,来到了朝鲜前线。10月25日,中国人民志愿军在温井、两水洞地区,向韩国军队发起猛攻;11月1日到3日,在云山地区,中国人民志愿军与美军交锋。12天的战斗中,中国人民志愿军共歼灭敌人15000人,把美军从鸭绿江边逐回了清川江以南。

突如其来的打击没有使麦克阿瑟清醒过来,他以为过江的中国人民志愿军人数不多,战斗力不强,装备上更不是美军的对手。他认为,这么一点中国人民志愿军参战,不是什么大不了的问题。他傲气十足地说:"值得为几个中国洗衣匠惊慌吗?"

11月23日,他来到朝鲜前线,与美第八集团军共度感恩节。他对第八集团军军长沃克说:"第八集团军正肩负着历史的使命。沃克将军,这是你一生中最具有决定意义的时刻。胜利等待着你。你的命运就是战争的命运。"

翌日,他在东京宣布:前进到鸭绿江畔,合围人民军主力,一鼓作气解决朝鲜问题,让美军回美国过圣诞节。当天晚上8点,"联合国军"争先恐后,向鸭绿江挺进。

麦克阿瑟自以为已经将机关算尽,岂料美军的行动正给中国人民志愿军提供了机会。彭德怀早就在清川江边撒下了口袋,只等麦克阿瑟来钻。

果然,在你追我赶的行军过程中,西线的美国第八集团军和东线的第10军之间出现了一个缝隙。没等美国人采取任何措施来填补这个缝隙，中国人民志愿军从东西两线同时向美军发起了进攻。

军号声，哨子声和枪炮声响成一片。两个师的韩国军队一下子就被歼灭了。中国人民志愿军迂回到第八集团军的后路，截断了美军的归路，美军陷入了重围。现在，等着回家过圣诞节的美军只好顶着风雪，慌不择路地撤退了。他们怎么也没想到，常胜将军也会让他们钻进共军的口袋。没有准备御冬寒衣的美军，在冰天雪地里行军，眼睛里流露出苦闷、无奈和迷惘：这打的是什么仗？我们到鸭绿江来干什么？我们走错了方向！

美军退回三八线以南，第八集团军军长沃克在撤退途中因车祸身亡，正应了麦克阿瑟战前所说的"你的命运就是美军的命运"。麦克阿瑟的圣诞节总攻势变成了圣诞节总失败。一个美国人评论道，中国在一夜之间跨入了世界强国之列。

消息传到华盛顿，一直关注着朝鲜战事的美国政府顿时乱作一团。

参谋长联席会议主席布雷德利说："从1950年11月到12月这60天，是我们职业军人生涯经受最严峻考验的时刻。""我们既搞不清赤色中国向朝鲜实际投入了多少部队，也不知道他们可能的军事目标是什么。"

美国国务卿艾奇逊说："所有有关总统的顾问，不论文的还是武的，都知道出了毛病，但是什么毛病，怎样找出来，怎样来处理，大家都没有主意。"

仓皇之间，杜鲁门政府竟然拿出了它的撒手锏，要对中国使用原子弹。没有装配好的原子弹，已经运到了朝鲜海面，只要最高统帅一声令下，立即可以投入实战。

战争能因此而结束吗？世界对此会做出什么反应？杜鲁门还没有来得及把这些问题考虑清楚，英国首相艾德礼就急急忙忙飞到华盛顿，要杜鲁门证实自己的说法。无奈，杜鲁门只好打消了这个念头。

经历两次打击后的麦克阿瑟惊慌失措，与他此前的表现判若两人。他除了鼓吹要把战争扩大到中国本土之外，拿不出任何高招。指望他打胜仗是不可能的了。

杜鲁门为第八集团军换了一个军长，他就是美国陆军副参谋长马修·李奇微。李奇微是西点出身，算是麦克阿瑟的学生。但是他对这位上司可不感冒。骄横、狂妄、遇到挫折后惊慌失措，这样的人怎么会是自己的老师？

李奇微来到朝鲜前线。他身着海军陆战队服装，胸前挂着两颗手榴弹，到处转悠。他看到的第八集团军真让他失望。他写信告诉自己的老上司科林斯，说"这里无疑有一种紧张不安、大难将临、动荡不定的气势，一种惊恐未定的精神状态……我们的部队已经丧失了斗志。从他们的眼神、步态都可看出这一点……他们反应迟钝，不愿交谈……他们完全缺乏那种在士气高昂的部队身上可以发现的那种警觉性和进取精神。"

靠这样的部队怎么打胜仗？李奇微没有急着发起进攻，而是先整顿军纪，将作战不力的将军们一一撤换，然后坐下来研究了一番自己的对手。通过不断的侦察和接触，他发现了中国人民志愿军作战的特点：中国人民志愿军连续作战的时间一般只有 8 天时间,因为它的口粮和弹药都是士兵随身携带的,这种携带一般只够维持 8 天时间,一旦消耗完毕,攻势遂告终止,因此,中国人民志愿军的攻势一般是"礼拜攻势"。此外,由于缺乏制空权,中国人民志愿军的作战一般在夜间进行,尤其是月光明亮的夜晚,这是它发动进攻的最佳时机。这样看,中国人民志愿军的攻势又是一种"月圆攻势"。

摸清了中国人民志愿军的特点后,李奇微于 1951 年 1 月 25 日向中国人民志愿军发起了新的攻势。23 万人的兵力,从西到东,一路稳扎稳打,始终同中国人民志愿军保持战斗接触,不让其脱离。

经过连续两次作战后,中国人民志愿军消耗极大,急需休整。面对美军的攻势,彭德怀决定全线转入防御。2 月 17 日,中国人民志愿军北撤,3 月 15 日,美军再次占领汉城,4 月 10 日,战线回到了三八线附近。此后,由于中国人民志愿军增援部队到达,再加上 80 天的连续作战,美军的伤亡惨重,部队极其疲劳,李奇微决定退出战斗。

李奇微在前线苦战,作为"联合国军"总司令的麦克阿瑟却在东京就时政发表各种演说,将李奇微的战功据为己有,惹得大家都不开心。杜鲁门决定,撤销麦克阿瑟的所有职务,由李奇微继任"联合国军"总司令。消息首先通过商业无线电广播到达东京,以特急新闻的形式在全日本广播。

消息震惊了整个世界。麦克阿瑟正在陪同客人用餐,突然听到了这个消息,他的面部表情一下子呆滞了,像石雕一样沉默。然后,他抬起头来,看着他的妻子,温柔地说:"珍妮,我们终于要回家了。"

经过五次战役,朝鲜战场的局势达到了相对的平衡。战争的结果表明,美国人不能武力统一朝鲜,而朝鲜要恢复到仁川登陆前那种势头,确实也不可能。交战各方对对方的作战特点已经大体摸清,并找到了对付的方法。在这种情况下,如何结束战争,是双方都要考虑的问题。

1951 年 7 月,双方在开城开始谈判。李奇微说,要选一个坐功好的,能一连坐上 6 个小时,既不会眨眼睛,也不会抽空去喝水或小便,以消磨共军的斗志。可实际上,最后较量的结果表明,在谈判方面,中朝代表要胜美军一筹。此后的战斗纯粹是配合谈判而进行。1953 年 7 月 27 日 10 时 10 分,中美朝三方代表顺利完成了停战协定的签字仪式。随后,朝鲜的金日成元帅、中国的彭德怀将军、"联合国军"总司令克拉克将军,分别在停战协定上签字。

签字仪式后,一群爱打听的记者围着克拉克,追问他有何体会。克拉克说:"在执行我政府的训令中,我获得了一项不值得羡慕的荣誉,那就是我成了历史上签订没有胜利的停战条约的第一位美国司令官。我感到一种失望的痛苦。我想,我的前任,麦克阿瑟和李奇微两位将军一定具有同感。"记者再问:布雷德利将军说过,美国参加朝鲜战争,是一场军事上的奇灾大祸。这是在错误的时间,错误的地点,同错误的敌人打了一场错误的战争,"你同意这样说法吗"? 克拉克说:"我同意这样看法。"

朝鲜战争无论从哪一个方面来看,中国人都创造了以弱胜强的先例。几乎在一夜之间,中国完成了从"东亚病夫"到军事强国的跨越。自鸦片战争以来的百年耻辱,由于这一仗而洗刷得干干净净。在战争进行的三年间,中国国内达到了空前的团结,抗美援朝,保家卫国,绝不是一句空洞的口号。每一个人心里都洋溢着一种勃勃向上的精神。

越南战争

1954 年初,越军与法军在中越边境的奠边府进行了一场激战。一个强大的欧洲大国不敌东方的游击队组织。绝望之中,法国人向美国求援,要求美国对奠边府进行空袭。由于与法军对抗的胡志明是一个共产党人,美国政府觉得援助法军是它义不容辞的责任。到 1954 年底,这场战争逐渐演变成由法国出人,美国出钱的代理人战争。到肯尼迪上台时,美国正式介入了印度支那战争。

越南战争

美国通过吴庭艳兄弟在南越推行民主政治,但吴庭艳的高压统治激起了人民的强烈反抗。1963 年 4 月,顺化的佛教徒举行和平的示威游行,抗议吴庭艳政府的宗教歧视政策。政府出动了装甲部队,向示威者开火,当场打死了 9 人。这一事件犹如一根导火索,把佛教徒积聚多年的怨气引发出来了。佛教徒的抗议从顺化很快蔓延到西贡等各大城市。6 月 11 日上午,一名 70 高龄的广德和尚,在街口自焚。美联社记者马尔科姆·布朗用九幅图片记录下广德自焚这一悲惨的场面,从而使更多的人目睹了当代社会为了信仰而演绎的最为悲壮的一幕,也让更多的人了解,在美国支持下的南越究竟发生了什么。全球的舆论都为之大哗。1963 年,美国策动政变,消灭了吴氏兄弟,从而开始了西贡政府的抢椅子比赛。在美国这块民主试验田里,军事政变成了家常便饭。

1963 年 11 月 22 日,在得克萨斯的达拉斯机场,奥斯瓦尔德向约翰·肯尼迪开枪,肯尼迪总统当场身亡,他身上的鲜血溅了总统夫人一身。几小时后,在达拉斯机场的"空军一号"总统座机上林登·约翰逊宣誓就职。就职第四天,约翰逊就决定,要继承先总统的遗志,继续与"越共"做斗争。半年之后,东京湾事件爆发。在一个"比地狱中心还黑"的夜晚,美国海军两艘军舰向越南的鱼雷艇发动攻击,结果反诬是越南人在公海袭击美国海军。国会立即通过东京湾宣言,授权总统对付"越共"。约翰逊得到了放手大干的机会。携带着大炮、坦克和直升机的美国军队源源开进南越。美国的海军陆战队员,开始四处清剿"越共"。他们放火焚烧"越共分子"的茅屋,屠杀掩护过"越共分子"的平民。

1968年3月16日,美军竟然在一个名叫美莱的小村制造了血腥的屠杀事件。几分钟之内,美莱村的村民横卧在血泊之中。上自白发老妪,下至初生婴儿,无一能逃脱黑手。事后,杀人犯还邀功请赏,说在美莱村作战中,美军"击毙越共"128名,缴获枪支三支。

血案发生一年后,一个名叫蒂姆·奥布莱恩的士兵故地重游,回来后他描述了自己的感受:"我知道那个地方很糟糕,我们都害怕去粉红村(即美莱村)。那是一个阴郁、敌对、杳无人迹之处。我们从村子中间走进,从来没有遇到过什么人,村子已经废弃,但尚有没有熄灭的火堆——最近有人住在那里——从某种意义上说,美莱本身已经变成了敌人,不是美莱的村民,甚至也不是越共,而是那个地方,阴郁的村庄,交错的稻田,巨大的弹坑,贫穷的景象,变成了敌人。"

《纽约时报》的西摩·赫什首先对美莱事件进行调查,然后对美莱暴行进行了系列报道。1969年12月5日,《生活》杂志刊登了《星条旗报》的随军记者罗纳德·赫伯利于事发当日在现场拍摄的照片。许多美国人过去只在纳粹或日本的暴行纪录片里看到过这样的场面,他们怎么也想不到自己的军队竟然也会兽性大发。整个美国为之一惊。米德罗的母亲在报纸上控诉:我交给他们一个好孩子,他们却把他变成了杀人犯! 一位乔治·沃尔德先生则评论说:"当一支军队需要从事一场不得人心的战争的时候,它只好任命凯利这样的人做军官。"

1969年9月5日,参与美莱事件的13名军官士兵以战争罪被起诉,另有12名军官被以掩盖事实真相罪名被起诉,但令人吃惊的是,25名被告中,只有四人出庭受审。领头的凯利中尉坐在审判席上,还振振有词,说美莱事件没有什么了不起,自己不过是替罪羊。

1971年3月29日,凯利被判处无期徒刑。可是,经过历次的缓刑、减刑和假释,凯利竟然没有在监狱里呆上一天。

约翰逊继续向越南增兵。到7月份,威斯特摩兰麾下的军队已经达到5万人。约翰逊私下里对他许愿,只要能把共产党消灭光,他可以把兵力增加到20万人。可威斯特摩兰却说,要做到这一点,20万人是不够的,他起码需要40万人。

约翰逊多少有点吃惊了。美国有那么多钢铁,怎么还需要那么多军队? 专家告诉他,在丛林战时代,B-52轰炸机所起的作用是有限的。美国人还是习惯于用美元来考虑一切,以为有了美元就能解决问题。他们不相信,越南战争并不是实力和数量的问题,而是一个民族抵御外侮的勇气问题。

空军参谋长李梅说要把越南炸回到石器时代,这个计划虽然最终没有实现,但离那个目标也不远了。到1972年美国停止轰炸时为止,美国一共在印度支那投下了630万吨炸弹,这是同盟国在第二次世界大战的6年间在三个大陆投弹量的6倍以上。

越战越来越成为新闻媒体关注的焦点。那个国度究竟发生了什么事? 它与美国的国家安全有什么关系？美国人在那里造下了什么孽？美国人不断地思考着这些问题，尤其是那些适龄青年，对美国进行的这场没完没了的战争更是深恶痛绝。他们开始烧掉兵役应征卡，逃往加拿大。留在国内者，要么打出"要做爱，不要作战"的横幅，公然在沙滩上做爱、吸毒，以麻醉自己的神经，要么在白宫门前示威，责问他们的总统："嗨！嗨！约翰逊！今天你杀了多少个孩子？"他们哪里知道，此时他们的总统正发愁呢！他自己也有两个女婿去了那该死的丛林，现在正生死未卜呢！

胜利没有降临的迹象，而噩梦也没有结束的征兆。美军白白地在丛林中浪费了很多炸弹，无谓地流了多少鲜血，而越南人却似乎越打越多。1968 年 1 月 30 日，越南南方民族解放阵线借助春节这个传统节日，在全国范围内向美军发动了进攻。一队越南人，竟然打进了西贡，向美国大使馆发动了进攻。虽然这些不要命的"恐怖分子"最后扔下 15 具尸体逃了，但是，这次进攻也向美国人表明：你们的炸弹攻势没有什么了不起的，越南人已经成长起来了，现在，你躲在大使馆也是不安全的。继续打下去，你们将会付出更严重的代价。

多亏了 1968 年的大选，约翰逊总算把越南战争这个烂摊子留给了新总统理查德·尼克松。尼克松许诺，他上台后要结束战争，赢得和平，现在就看他的了。

为了结束战争，尼克松决定首先扩大战争。于是，美国在越南又大打出手。为了切断南方游击队的供给，美军重点轰炸了经过柬埔寨通到中国的"胡志明小道"，想掐掉南方游击队的脖子，结果，战争扩大到了柬埔寨，可"胡志明小道"并没有中断。靠武力解决不了问题，1973 年 1 月 23 日，结束越南战争的《巴黎协定》终于签字了。

这是美国第二次在没有胜利的停战协定上签字。

一位美军上校曾这样对他的对手说："你们都清楚，你们决不会在战场上打败我们。"

那个越南人回敬他说："也许如此，但那又何妨？"

这个回答令美国人瞠目结舌。仅此就可以看出，对一个争取解放的民族的毅力，美国人还缺乏了解。

两伊战争

伊朗和伊拉克同处中东，山水相连，有着一条长约 1100 公里的陆上边界，另有一条阿拉伯河把两国相连，正是这条界河为两国埋下了纷争的种子。1847 年，统治伊拉克的奥斯曼帝国强迫波斯（伊朗）签订条约，两国按阿拉伯河东岸伊朗的浅水线为界，河面的主权属于伊拉克。1921 年伊拉克独立后，也与伊朗政府有过类似的规定。这为后来两伊之间的关系发展留下了阴影。1969 年，伊朗单方面废除了这个条约。1975 年，伊朗国王巴列维支持伊拉克的库尔德人造反，伊朗向伊拉克的库尔德游击队提供了大量的军事装备,伊拉克的军事形势十分危急。当时的伊拉克副总统萨达姆·侯赛因与巴列维在阿尔及尔缔结了城下之盟,同意两国以主航道中心线划界。巴列维承诺,不再支持库尔德游击队,伊拉克得以腾出手来,专心对付库尔德人。

引起两伊冲突的另一个原因是民族矛盾。两伊虽然只有一字之差(伊朗和伊拉克的英文国名分别为 Iran,Iraq),却分属于不同的民族。伊朗是波斯族,伊拉克则属于阿拉伯族,历史上,这两大民族有过诸多的恩恩怨怨,发生过多次战争。两国独立以后,这种民族矛盾越发显得突出,影响到两国关系的发展。

然而导致两伊之间最后兵戎相见的决定性因素却是教派矛盾和两国决策者之间的个人恩怨。伊朗和伊拉克同信一个真主,却分属于逊尼派和什叶派两个不同的派别。伊朗的国家政权掌握在什叶派手中,大部分伊拉克人信仰的也是什叶派,可在伊拉克执政的却是逊尼派。

1980 年 9 月 22 日,伊拉克出动大批米格飞机,对伊朗的德黑兰、设拉子等 10 个空军基地发动了突然袭击。对伊拉克的进攻,伊朗颇感意外,但是伊拉克空军的战果,却实在不敢让人恭维。空袭两个小时后,伊朗空军即对伊拉克还以颜色。

第二天凌晨,伊拉克向伊朗发动了大规模的地面攻势。北起席林堡,南到阿巴丹,伊拉克集结了 5 个师、7 万余人的部队向伊朗发起进攻。由于伊拉克先发制人,一开始进攻颇为顺手。血战月余,伊拉克占领了边境地区的 10 多个城镇。

伊朗本有一支强大的陆军,在伊斯兰革命兴起后,大批军官遭到清洗,军队实际上处于群龙无首的境地。一支被视为革命对象的军队,当然不会有心思运筹帷幄。战争初期,伊朗在战场上连吃败仗,战火很快蔓延到伊朗境内。此时,民族问题一下子上升为主要矛盾。被关押在狱中的飞行员,对着真主匆匆起誓后,立即开赴前线。从白发苍苍的老头,到 9 岁的娃娃兵,大家都在霍梅尼的旗帜下站到了一起。

1982 年 3 月 20 日零点,伊朗集中了 3 个师、12 个旅、25 个炮兵营以及几百辆主战坦克,向伊拉克阵地发起了猛攻,代号为"胜利行动"的反攻作战开始了。

伊拉克军队对突如其来的打击已经有所准备,在阵地前,伊拉克军队布下了长达 12 公里的雷区,这个雷区是横在进攻者面前的第一道防线。对此,伊朗当局也早有预计。伊朗没有有效的扫雷武器,但有的是人。几千名毛拉、孩子和士兵,身上挂着霍梅尼发给他们的可以打开天堂之门的塑料钥匙,高喊着"真主伟大"的口号,冲向地雷阵,用他们的血肉之躯杀开一条血路。爆炸声中,一个个地雷被触发,一排排血肉之躯倒下,又一批风华正茂的热血青年冲了上来,其场面之惨烈,世所罕见。战前,伊朗政府为阵亡者准备了 2.5 万口棺材,但战争结束,这批棺材数目远不敷使用。

7 月 13 日,在本土作战得胜的伊朗军队,集结了 12 万兵力,拒绝了萨达姆的求和建议,乘胜追击,开始了越境作战,这就是所谓"斋月行动"。12 万大军,如洪水般越过边界,扑向伊拉克的巴士拉,枪声、炮声夹杂着"真主伟大"的喊声在巴士拉上空回荡。由于战火烧到了伊拉克本土,伊拉克士兵一扫往日异国作战的颓气,奋勇作战,抗击伊朗的进攻。

"斋月行动"前后持续了一个多月,伊朗发动了五次进攻,但收效甚微,仅占领了200多平方公里的土地,巴士拉依然掌握在伊拉克手中,战役的目的没有达到,而伊朗的伤亡人数竟然高达3万。各种事实都表明,在现代化的战争条件下,宗教狂热所起的作用已经极为有限。此后,双方进入了相持阶段。

两伊战争后期,战争主要是围绕"袭城战""袭船战""袭岛战"展开。伊拉克多次空袭了伊朗的哈尔克岛,使其石油出口从每天150万桶下降到70万桶。1985年8月15日和9月19日,伊拉克军队通过两次突然袭击,成功地避开了伊朗的雷达跟踪,摧毁了哈尔克岛的两个输油码头,哈尔克岛受到了毁灭性的打击。而伊朗则在霍尔木兹海峡布设水雷,阻碍伊拉克的石油输出。

这一招收到了部分效果,却得罪了整个国际社会,以美国为首的西方国家对布雷行动进行了同声谴责,并采取各种措施扫雷,一时间,海湾集结了大大小小200余只扫雷船只,但是油轮还是经常挨炸。

1988年2月,伊拉克向伊朗发射了第一枚"飞毛腿"导弹,结果命中了德黑兰的居民区。伊拉克的举动开始了两伊战争中的一个新的战争形式:袭城战,昂贵的导弹成了发泄用的武器。双方将自己的导弹瞄准对方的重要目标,3月18日一天,双方竟然发射了42枚导弹。

两伊的导弹系统均较落后,制导大成问题,结果,瞄准对方军事目标的导弹,大部分落到了居民区和学校。在这场导弹战中,伊拉克略占上风,德黑兰处于挨炸的悲惨境地,一时间,德黑兰人心惶惶。霍梅尼表示:"凡是抱定为伊斯兰教而牺牲的人,无论是牺牲在坦克、大炮下,还是牺牲在导弹下,都是一样的。"

战争进行到后期,形势对伊朗十分不利。伊朗不仅要对付伊拉克的凌厉攻势,而且要对付美国的挑战。在这场战争中,美国始终站在伊拉克一边,它把伊拉克当作了遏制原教旨主义扩张的一面盾牌。1988年7月3日,美国"文森斯"号巡洋舰竟然对伊朗655次民航班机发射导弹,机上290名乘客和8名机组人员全部遇难。

里根政府一再声称,这是人类的一大悲剧。但又一口咬定,说"文森斯"号的行动是"一种适当的防卫行动",因为美国海军当时正在海湾与伊朗海军交火,"文森斯"号将伊朗的客机当成了F-14战斗机。但明眼人一看就知,这种说法是站不住脚的。

1988年7月18日,伊朗宣布接受联合国安全理事会决议,与伊拉克停火。8月20日,双方达成正式停火协议,长达8年的消耗战结束了。

但是,8月的停火绝不可能是两伊之间的全面和平,而只能是波斯和阿拉伯两大民族之间长达两千年厮杀的又一次休战。经过8年的消耗战争,两伊双方都已经元气大伤,继续打下去,实在是力不从心,暂时休战对双方都有好处。

8 年的战争,两伊共消耗了几千亿美元的财富,在两国留下了百万公墓和同样数量的寡妇,使两个中等收入国家步入中东地区经济最困难的国家之列,而引起战争的主要原因,却一个也没有解决。

英阿马岛战争

1982 年,国际舆论聚焦南大西洋的马尔维纳斯群岛。英国和阿根廷为了这个群岛,摆开了决战的架势。

英阿马岛战争

马尔维纳斯群岛,英国人称其为福克兰群岛,是一个靠近南极的苦寒之处。它由两个主岛和几百个岛礁组成,但除了在主岛大马尔维纳斯岛上有 2000 居民外,大部分岛屿是荒凉的不毛之地,但地理位置却十分重要。从马岛西去 400 公里,是著名的麦哲伦海峡,这是从大西洋进入太平洋的必经之地,也是通往南极的大门和前进基地。从战略上看,这是一个兵家必争之地。

这个小岛最早由荷兰人发现,后来又成了西班牙的殖民地,阿根廷独立后,它成了阿根廷的第 24 个省。但是,当阿根廷从西班牙手里接收马岛的主权时,英国立马派出军舰,占领了该岛。马尔维纳斯群岛变成了福克兰群岛。英国外交部美洲司的司长说:"很难回避这样的结论,即阿根廷政府的态度并不是完全没有道理的,而我们的做法却多少有点蛮横。"

1982 年 3 月 18 日,数十名阿根廷渔业工人登上南乔治亚岛,在岛上升起了阿根廷国旗。3 月 31 日晚上,一支舰队开往马尔维纳斯群岛,阿根廷收复马岛的行动开始了。

4 月 2 日拂晓,5000 名阿根廷士兵在马岛登陆,出来与他们对阵的只有 7 名皇家海军陆战队员和 120 名防卫队员。寡不敌众,英军只得举手投降。

消息传到布宜诺斯艾利斯,阿根廷人民群情激愤,热泪盈眶。几十万群众在五月广场集会,高呼口号,沉浸在欢乐之中。美联社记者评论道,阿根廷"像孩子一样的人民,置身于漩涡中而不能冷静,民族主义情绪已经高昂到了极点"。

阿根廷外交部长门德斯兴奋不已,他对记者说:"这是我一生中最幸福的一天。"西方记者问:"阿根廷为什么要入侵福克兰群岛?"门德斯愤怒地反驳说:"不是入侵,是收复,收复!"

收复马岛当日,阿根廷 13 个反对党发表声明,说在国家存亡关头,他们将停止一切反政府活动,一致对外。加尔铁里表示:"民族的骄傲和尊严,必须不惜任何代价去恢复。"

英国组成了战时内阁,两艘航空母舰,两艘核动力潜艇,40余只战舰,50多条商船,浩浩荡荡地开往南大西洋。特遣舰队急如星火,昼夜兼程。5月2日,英国"征服者号"核动力潜艇发现了阿根廷的第二大主力舰"贝尔格拉诺将军号"巡洋舰,立即对它发起攻击。

两枚"虎鱼"式鱼雷飞向毫无戒备的"将军号","将军号"顿时如地动山摇,随即发生了惊天动地的大爆炸,整个"将军号"一片漆黑,烟雾和毒气充满了船舱。舱内的照明设施和动力装置全部被摧毁,海水从直径12米的大洞中涌了进来,船体开始下沉。阿根廷的士兵在悲壮的国歌声中弃船。战争就这样开始了。

5月4日11点左右,英国"谢菲尔德号"驱逐舰正在马岛以北海域执行雷达警戒任务。这是一艘1971年下水的先进战舰,造价高达1.5亿美元。它是大英帝国海军的骄傲,拥有先进的反导弹系统,配备有22枚舰对舰、舰对空导弹,还有干扰敌人导弹航向的干扰波发射器。

三架阿根廷"超级军旗"战斗机起飞了。雷达荧光屏上出现了"谢菲尔德"的影子。飞行员降低飞行高度,以每小时1200公里的速度作超低空飞行,随即钻进了"谢菲尔德"的雷达盲区。在距离"谢菲尔德"48公里,"超级军旗"突然腾空而起,向目标发射了两枚"飞鱼"导弹,然后迅速返航。在一阵剧烈的震动中,"飞鱼"击中了"谢菲尔德"的心脏控制舱,然后又冲着军舰的上部和外部爆炸开来,使舰上的动力、电力和消防系统全部遭到破坏,舰上顿时燃起熊熊大火,舱内弥漫着刺鼻的酸性烟雾,令人窒息。甲板和其他铝制品的温度一下子超过熔点,无法站人,而舱底的士兵则已经倒卧于浓烟之中。

5个小时后,眼看"谢菲尔德"已经无法解救,舰长不得不下令弃舰。280名官兵中,有20人死亡,24人重伤,还有43人失踪。几个小时后,"皇家海军的骄傲"终于沉入了大西洋海底。

南大西洋上发生的惨剧传到白厅,令英国人大吃一惊。像"谢菲尔德"这样现代化的战舰,阿根廷人仅用一架飞机和两枚导弹,就结束了它的生命,这在以前的海战史上可是闻所未闻。

用飞机加导弹对付大型军舰,这个奇迹是阿根廷人创造的,可是阿根廷却没有时间来分享创造奇迹的快乐:英国人很快就在索莱达岛登陆了。在此之前,特遣舰队借助于航空母舰在大西洋上漂泊,有了这个登陆场后,他们可以停顿下来,与阿根廷人一决高低了。

加尔铁里命令阿根廷空军不惜代价,轰炸英军的滩头阵地。72架阿根廷作战飞机,连续7次向英国军舰发起进攻,击落5架英国飞机,击沉了8艘军舰。其中有一艘是护卫舰。"幻影"攻击机打得英国的登陆部队头都抬不起来,硝烟笼罩了圣卡洛斯港,分不清是白天还是黑夜。然而,岛上的阿根廷陆军却按兵不动。

5月25日,阿根廷国庆日。阿根廷空军决心以优异的战绩向祖国的生日献礼。几乎所有的飞机都上了前线。一波接一波,阿空军变换着战术,向英国海军特遣舰队发起攻击。

阿根廷空军攻击的主要目标是英国的航空母舰。但这两艘航空母舰始终在战区以外游弋,无奈之下,它们只好另寻战机。结果,"考文垂"号驱逐舰和"大西洋运送者号"运输船步"谢菲尔德"的后尘,沉入了大西洋海底。

5月30日,阿根廷侦察机终于发现了英国航空母舰"无敌"号的踪影。一架"超级军旗"式战斗机和4架"天鹰"攻击机立即起飞,预备先由"超级军旗"式战斗机首先发射"飞鱼"导弹,然后由"天鹰"式攻击机冲上前去,补上几枚炸弹,一举击沉"无敌"号。

阿根廷空军创造了奇迹,但马尔维纳斯群岛守军的末日也来到了。以国运相赌的撒切尔夫人,说什么也要赢得这场战争。

5月30日,英军在马岛登陆,万名守军供应线被切断,守军陷入重围。战斗持续到14日上午,守军见大势已去,只得向英军投降。

消息传到伦敦,撒切尔夫人兴奋地宣布:"伟大的英国再度伟大起来了!"

加尔铁里本想借一场战争来转移国内危机,没想到战争失败了,他更成了千古罪人。马岛失守后,他辞去总统职务。在辞职前,他仍然慷慨陈词:"阿根廷港的战斗已经结束了",但是,这并不意味着"我们于1833年开始,今年4月2日继续进行的这一民族事业的终止"。

阿根廷人民并没有宽恕加尔铁里。他因对马岛战争的失败负有责任而被审判。

对于英国来说,南大西洋上的福克兰群岛风云,也许是一场梦魇。英国被一个万里之外的小国逼得出手,耗资7亿英镑,死伤千余人,这个代价实在是太大了。

海湾战争

1990年8月2日凌晨1点多,伊拉克的10万大军,像风扫残云,席卷了整个科威特。此举犹如打开了潘多拉的盒子,中东的政治地图得以重画。入侵使伊拉克成为国际公敌。此后十余年间围绕伊拉克的制裁和军事打击接踵而至,最终导致了2003年的伊拉克战争和萨达姆政权的垮台。

导致萨达姆出此下策的根本动因,是两伊战争后恶化了的伊拉克国民经济,以及萨达姆称霸阿拉伯世界的野心。两伊战争前,伊拉克是一个富足的中等收入国家,战火摧毁了伊拉克几十年创造的财富。由于战争破坏,伊拉克的石油收入不及战前的1/5。战争除了给伊拉克留下了一支貌似强大的军队,一群失去丈夫的寡妇和一堆烈士公墓外,似乎就只有残垣断壁了。

两伊战争中,科威特是伊拉克的盟友。伊拉克800亿美元的外债中,有100亿来自科威特。科威特丰富的石油资源,足可以够它开采271年,相形之下,伊拉克的石油资源只能开采84年。伊拉克和科威特两国的石油产量占石油输出国组织总产量的 20%。如果能控制科威特，伊拉克在国际事务上的发言权将大大增加。

海湾战争

伊拉克入侵科威特，引起了全世界极大震惊。美国在这场危机前虽然发现了伊拉克军队的异动，可是它无论如何也没有料到萨达姆会出此下策。入侵发生后，它做出了迅速的反应：侵略者必须得到惩罚，否则，其他独裁者就会群起仿效。伊拉克的阿拉伯盟友也转变方向，与美国人站在了一起。沙特国王法赫德请求美国出兵海湾，保护阿拉伯国家的安全。

美国制定了代号为"沙漠盾牌"的军事行动计划。大批美军开始调往中东。到战争爆发的时候，美军在海湾区的总兵力达到 43 万人，其中陆军 26 万人，海军 5 万人，空军 4 万人，海军陆战队 8 万人。这支部分装备有坦克 1200 辆，装甲车 2000 辆，作战飞机 1300 架，直升机 1500 架，军舰 100 余艘。

与此同时，国际社会也在向伊拉克施加压力。11 月 29 日，联合国安理会通过第 678 号决议，规定 1991 年 1 月 15 日为伊拉克撤军的最后期限。1991 年 1 月 9 日，美国国务卿贝克和伊拉克外长阿齐兹在日内瓦举行战前最后一次会晤，双方都认为没有妥协余地，会谈没有取得结果。1 月 16 日美国东部时间上午 10 时 30 分，布什总统签署命令，美军向伊拉克开战。

1991 年 1 月 17 日凌晨时分，惊天动地的爆炸声把沉睡的巴格达从梦中唤醒。当人们惊叫着从房间里奔出之时，他们发现，这个城市的电力供应全部中止，但是巴格达上空却是曳光弹飞舞。轰隆隆的爆炸声响彻夜空，政府大楼、国防部大楼、内政部大楼，包括总统府都已经中弹起火。

CNN 的记者霍曼利形容说，空袭中的巴格达的景象像是"一些美丽的曳光弹，有红色的爆炸火光，也有绿色的爆炸火光"，另一位记者说："我们感觉到我们正处于地狱的中心。"一位英国记者说："看到如此猛烈、如此众多的炸弹落在巴格达，我的心中受到极大的震撼，压抑万分。一座 15 层的高楼从楼顶像纸牌一样塌坍到底层，只剩下四周的金属框架。巡航导弹像手术刀一样把巴格达的通讯大厦顶端的塔楼拦腰切断，其状十分恐怖。我们似乎在看一部立体科幻电影。"

战争打响之前，人们对战争的进程有过很多设想。是朝鲜战争模式，还是越南战争模式，抑或是两伊战争模式？猜测者各抒己见，预测伊拉克将变成另一个越南的预言家大有人在。

事实击碎了人们的各种臆想，也让人们真正领略了高技术战争的真正内涵。

1 月 17 日，停泊在海湾的多国部队海军首先向伊拉克的军事目标发射了 100 余枚"战斧"式巡航导弹，以用来打击伊拉克的中枢神经系统，使其指挥通信陷入混乱状态。第一批发射的 52 枚"战斧"，除了一枚留在发射器中，其余的全部命中目标。第一枚巡航导弹就摧毁了伊拉克的通讯指挥能力,"砍断了敌人的大脑",其精确度之高,令人咋舌。

第一波空袭结束后,由 F-15、F-16 战斗机掩护的 B-52 重型轰炸机群接着对伊拉克的重要军事目标进行了重点轰炸,一向秘不示人的隐形飞机 F-117A 此次再度出手,取得了很好的效果。它的命中精度不下于巡航导弹,由它投下的炸弹甚至可以投进建筑物的烟囱中。

空袭开始后 15 分钟,多国部队的飞机一共向伊拉克的战略目标投下了 1.8 万吨炸弹,相当于美国当年投放在广岛的原子弹的数量。

谁也没有想到战争会以这样的方式打响,敌人的影子还没有见到,可伊拉克的军事机器已经趋于崩溃,空军基地全部被摧毁,空军基本上失去了战斗力,通讯雷达系统遭到严重破坏,海军损失了四分之三,后勤补给能力丧失 90% 以上。萨达姆部署在前线的一线部队丧失一半以上,二线部队也损失了四分之一。

38 天的空袭,打乱了萨达姆的一切部署。未等他喘过气来,"沙漠风暴"的地面战斗打响了。

2 月 24 日凌晨 4 时,多国部队的装甲兵团,分三路向伊拉克挺进。西路的美国第 101 空中突击师实施了两次直升机机降。300 架直升机将 2000 名士兵、50 辆运输车及大量的火炮、弹药运往伊拉克境内 80 公里处,配合多国部队的正面进攻。

伊拉克出动共和国卫队的 80 余辆坦克阻止多国部队向伊拉克的纵深突击,结果遭到"阿帕奇"攻击直升机的毁灭性打击。号称"坦克杀手"的"阿帕奇",瞄准了地面上的伊拉克坦克,弹无虚发。

经过 8 年消耗战都没有得到休整的伊拉克士兵,本身已经极为疲倦,士气十分低落。看到供应线遭到毁灭性打击,更是斗志全无。沙漠中没有了后勤,这个仗就无法再打。

2 月 27 日,科威特首都科威特城解放。2 月 28 日上午 8 点,在多国部队的地面进攻打响 4 天后,布什宣布多国部队将停止进攻,3 个小时后,萨达姆也宣布停火。

海湾战争是冷战结束后的第一场大规模局部战争。大量高新技术兵器的使用,使其以高技术局部战争的代名词载入战争史册,它预示着高技术局部战争时代的到来。

阿富汗战争

从 20 世纪 60 年代开始,阿富汗陷入了一场战乱。战乱从内战开始,后来发展成一场国际冲突,阿富汗成了美国、苏联、国际恐怖组织基地组织鏖兵的战场。

1973 年 7 月 17 日凌晨,阿富汗王国前首相达乌德在苏联的支持下发动了政变,统治阿富汗 40 余年的查希尔家族被推翻,阿富汗建立了共和国,达乌德成为共和国第一任总统,兼任总理、国防部长和外交部长。阿苏关系迅速升温,两国高层访问不断,两国在政治、经济、军事等各个领域进行了全面合作。

但是,一边倒的外交政策引起阿富汗人民的不满,达乌德开始修改阿富汗的外交政策,在与苏联保持传统友好关系的同时,发展与美国的关系。莫斯科决定推翻达乌德的统治。

1978年4月27日上午,人民派军官发动政变。政变部队攻破了总统府。达乌德全家老少30余人,除了一个孙女外,全遭毒手,其中有10名妇女和几个孩子,最小的一个只有3岁。5月2日,以塔拉基为首的新政府正式组成,人民派领袖塔拉基担任革命委员会主席兼总理,旗帜派领袖卡尔迈勒出任副主席兼副总理,人民派重要头目阿明担任副总理兼外交部长。

苏联立即承认了阿富汗新政权,并派遣5000名顾问到阿富汗,阿富汗各个政府部门和军队连以上的单位都有幸得到苏联顾问的"指导",克格勃在喀布尔建立了据点,苏联势力深深卷入了阿富汗的经济、政治和军事等各个方面。短短几个月内,阿富汗同苏联匆忙签订了40多项经济协定。1978年12月,苏阿正式签订了"友好睦邻合作条约",宣称要在军事、经济、文化等方面实行"全面合作"。为了保持与莫斯科的一致性。喀布尔政权把街道两旁的房屋门窗涂成了红色,红色成了阿富汗国旗的颜色,整个阿富汗成了一片红色的海洋。

然而,这些改革非但没有收到预期的成效,反而激起了阿富汗国内的部族首领、宗教首领和广大人民的不满。反政府武装的斗争烈火迅速燃遍了全国许多省份,极大地威胁着立足未稳的阿富汗"革命"政权。

革命成功后,革命集团之间的争权夺利斗争立即暴露出来,1978年6月,塔拉基在阿明的支持下,解除了卡尔迈勒等人的职务,并把卡尔迈勒等人开除出党。这又导致了阿明的权重。9月14日,阿富汗再次发生政变。政变中,塔拉基重伤身死,阿明接任革命委员会主席和人民民主党总书记。阿明上台没多久,他与苏联的矛盾即公开化。这使莫斯科动了杀机。在暗杀未果的情况下,苏联领导人决定入侵阿富汗。

1979年12月27日晚上,克格勃第一总局八处特别训练中心主任博里亚科夫上校率领克格勃特别小组,假冒顾问人员进入阿富汗,他们穿着阿军制服,开着阿军车辆,使阿明的卫队防不胜防。达鲁拉曼宫很快被攻破了,阿明和他的4个妻子、24个子女以及内阁副总理和一班部长们统统被打死。阿明被打死后,他身上的蒙尸布上还写着"美国间谍"的字样。

就在打死阿明的同时,集结在苏阿边境上的苏联5个师,分3路大举入侵阿富汗。阿富汗一夜之间山河失色。

从睡梦中惊醒过来的阿富汗人民,立即拿起了武器,与侵略军周旋。游击战争风起云涌。有人摧毁了苏军的装甲车,有人袭击了苏联大使馆,有人炸死了苏军指挥官……侵略军所到之处,都遇到了人民的反抗。阿富汗的游击战如火如荼地开展了起来。

战争初期，苏联采取了速战速决的战略，想凭借先进的武器和优势兵力，一举消灭阿富汗抵抗力量。然而，由于苏军的传统战术是用来进行欧洲战争的，用大部队和重型武器来对付游击队，无疑是用大炮打蚊子。阿富汗是一个多山国家，到处崇山峻岭，是打游击的好地方，机械化部队无法施展威风。坦克炮仰角小，难以在山地做有效射击；飞机狂轰滥炸，对于高度分散的游击队，根本无济于事。

"速战速决"战略破产后，苏联又启用了"重点围剿"的法宝，对阿富汗抵抗力量根据地采取"焦土政策"，还采用所谓"压路机式"的战术，但仍然不能奏效。阿富汗游击队在斗争实践中不断成长壮大，发展到十几万人。

苏联出兵阿富汗，不但没有达到目标，反而使自己在人力、财力、物力上蒙受了重大损失。大军远征，后勤供应相当可观。据估计，苏联每年的战争费用估计约为25-30亿美元，直接经济损失约240~300亿美元。这对本已陷入停滞的苏联经济而言，无疑是雪上加霜。战场上的失利以及战争的创伤引起了苏联人民的强烈不满。在大多数苏联人看来，阿富汗战争已完全是一场灾难。

在侵入阿富汗10年之后，苏联人终于决定从阿富汗这个泥潭抽身了。1988年4月14日，苏联、阿富汗、美国、巴基斯坦四方终于在日内瓦签署了关于阿富汗问题的协议。1989年2月15日，一支由70辆坦克和装甲车组成的苏联车队冷冷清清的驶离了阿富汗北部边境城市海拉顿。在历时10年的阿富汗战争中，苏联在阿富汗付出了巨大的代价。据不完全统计，10年战争中，仅战死在阿富汗的苏联军人就达到13833名，负伤的更是不计其数。苏联更为此背上了沉重的经济负担，也使自己在道义上受到了世界舆论的谴责。因此，对苏联来说，这绝对是一场得不偿失的战争。

1989年12月24日，苏联第二次人民代表大会宣布：1979年苏联出兵阿富汗的决定是由勃列日涅夫、乌斯季诺夫、安德罗波夫和葛罗米柯这个小圈子在违背苏联宪法的情况下做出的，应该受到"道义上和政治上的谴责"。

这场梦魇般的战争结束两年之后，庞大的苏联解体了。

但是，阿富汗的局势不仅没有缓和，反而日见恶化。阿富汗本来是一个伊斯兰国家，伊斯兰教在国家的政治、社会生活中影响很大。苏军入侵阿富汗的时候，以伊朗为代表的原教旨主义正处于高潮，因此，这场战争一开始就成了反对异教徒的"圣战"，几乎所有的游击队组织都带有宗教色彩。当苏联从阿富汗撤军后，游击队组织乘机抢占战略要地，扩大自己的地盘，以填补苏联人留下的力量真空。

1989年3月6日，即苏军撤离阿富汗的第22天，抵抗力量围攻阿富汗东部重镇贾拉拉巴德的战斗终于打响了。贾城是阿富汗的第三大城市，位于巴基斯坦与喀布尔之间，是通往喀布尔的要冲，历来是兵家必争之地。苏联撤军后，该城一直被"七党联盟"的游击队包围着。争夺贾城之战，揭开了阿富汗内战的序幕。

1993年4月，阿富汗各派签署《伊斯兰堡协议》，规定由希克马蒂亚尔担任总理,但他害怕遭忠于拉巴尼的部队暗算而拒绝上任。1994年初,希克马蒂亚尔联合乌兹别克民兵司令杜斯塔姆,在喀布尔附近发动了一场推翻拉巴尼总统的未遂政变。随后,希氏和杜氏以及阿富汗民族解放阵线、伊斯兰联盟结成了四党反政府联盟。

1994年底,阿富汗伊斯兰学生武装"塔利班"异军突起,打破了阿富汗内战格局。"塔利班"在战场上连连重创希派的军事势力。希派武装实际上已面临被"塔利班"吃掉的危险。"塔利班"已经发展成一支近3万人的军队,拥有坦克和飞机,控制的范围已超过阿富汗国土面积的一半,并有近万兵力集结在喀布尔周围。

1995年5、6月间,"塔利班"向喀布尔发起全面攻击。9月26日,"塔利班"全面控制了首都,成立了一个6人委员会作为临时政府,接管了政权。前总统纳吉布拉和他的兄弟在阿里亚纳广场被吊死。"塔利班"的作为,令世人侧目。

"塔利班"虽然入主喀布尔,却没有得到国际社会的承认,阿富汗在联合国的席位仍由拉巴尼流亡政府的代表拥有。只有巴基斯坦、沙特阿拉伯和阿联酋承认"塔利班"的合法性,与其建立了外交关系。9·11恐怖事件后,沙特、阿联酋均与"塔利班"政权断绝了外交关系。

美国起初曾有意支持"塔利班",希望借阿富汗对中亚国家施加影响,以削弱俄罗斯对中亚的控制,并能对伊朗进行牵制。仅1995年至1996年,美国就向"塔利班"提供了价值4.04亿美元的军事装备。美国中央情报局还向"塔利班"提供资金。

2001年9月11日,美国遭遇恐怖主义袭击,本·拉登被美国政府认定是"首要嫌疑人",美国要求"塔利班"把本·拉登交出。但"塔利班"表示,如果没有证据表明本·拉登参与了对美国的恐怖袭击,"塔利班"不会将本·拉登引渡给任何方面。塔利班的强硬态度使阿富汗成了众矢之的。

2001年10月7日深夜,美军动用了15架B-1B、B-2和B-52H轰炸机,25架包括F-15、F-16和F-117A在内的战斗机,开始对阿富汗进行军事打击。6小时内,美军共进行了4轮轰炸,塔利班称美英对阿富汗的军事行动是"恐怖行动",并表示已为"圣战"做好了准备。阿富汗各大城市实行宵禁。

面对美国强大的军事力量,塔利班只能逞口舌之利,根本没有还手之力。再加上反塔联盟从背后捅了塔利班一刀。塔利班兵败如山倒,不到一个月时间,塔利班政权即土崩瓦解,阿富汗又换了人间。

2002年5月,在国际社会的调停下,以卡尔扎伊为首的阿富汗临时政府宣告成立。至此,持续20余年的阿富汗战乱告一段落,才算有了一个结果。

波黑战争

1989年,当东欧各国政权纷纷易手之际,原本就不太平静的南斯拉夫顿时掀起巨浪。1989年10月,南共联盟第28次中央全会通过决议,宣布放弃"一党专制"。1991年1月南共联盟第14次代表大会因为意见无法统一,不得不在中途无限制休会,有着70多年历史的南共联盟从此不复存在,维系国家的纽带消失了。联邦主席团于1990年底召开扩大会议,讨论南斯拉夫的国家体制,但经过7次会议都未获成果。6个共和国总统撇下联邦主席团自行其是,联邦名存实亡。

波黑战争

1991年6月25日,克罗地亚和斯洛文尼亚同时宣布独立,马其顿随即跟上。1992年4月17日,塞尔维亚和黑山两个共和国决定共同成立新的南斯拉夫联盟。至此,立国73年的南斯拉夫瓦解了。

南斯拉夫的独立使波黑迷失了方向。波黑的资源丰富,但是经济发展落后,长期以来依赖联邦政府的补贴生活。联邦解体对波黑没有好处,然而,鉴于克罗地亚和斯洛文尼亚已经独立,波黑不可能留在联邦内,其出路只有一条:独立。

1991年10月15日,波黑议会通过了《关于波黑主权的备忘录》,宣布波黑只能留在塞尔维亚和克罗地亚共存的南斯拉夫中。由于克罗地亚已经宣布脱离南斯拉夫独立,波黑留在南斯拉夫的前提条件已经不复存在,因此,《备忘录》等于是一份波黑独立宣言。对此,波黑塞族议员集体退场表示反对。塞族表示,如果波黑执意独立,它也将退出波黑,与它的母族——塞尔维亚合并。

1992年3月,波黑举行全民公决,塞族人抵制,但由于穆斯林族和克族占优势,波黑的独立已成现实。4月7日,波黑境内燃起了第一炷狼烟,为时4年的内战爆发了。

就军事实力而言,塞族在重武器数量方面占有绝对优势,它的许多军事人员直接来自于前南斯拉夫的人民军,素质很高。穆斯林武装人数虽多,也从各个方面得到国际社会尤其是伊斯兰世界的支持,但相对而言,他的军队重武器数量最少,组建的时间最短,缺少训练和战争实践。因此,尽管它不断向塞族地盘发动进攻,但在战场上胜少负多,攻势常常遭到塞族武装的遏制和报复。

交战双方背后各有强邻撑腰,南联盟塞尔维亚共和国公开表示支持波黑塞族,穆克联盟背后则有克罗地亚撑腰。1994年3月,克罗地亚和穆克联邦正式结成了军事联盟,穆克联邦的力量得到了很大加强。塞族也不甘示弱,它与克罗地亚境内的塞族结成了联盟。这样,当克罗地亚在波黑前线与塞族交战的时候,它的后院却起火了。

交战双方的总体实力对比有利于塞族。穆克联军接连发动进攻,却毫无效果。交战4个月后,边界大体稳定了下来,塞族占有了波黑全境70%的地盘,穆族虽然经过苦战,地盘没有变大,反而由原先的 20% 多下降为 10%。

1994 年 2 月 5 日,萨拉热窝的马尔卡莱露天菜场发生大爆炸,顷刻间,集市上尸横遍野,血肉横飞。有 70 余人死于非命,200 多人在爆炸中受伤。

萨拉热窝的屠杀震惊了世界,国际社会对此进行了同声谴责。西方国家准备对波黑动武,加利秘书长认为,这样无法无天的行为,显然是对联合国权威的挑战,必须遭到严惩。

1994 年 3 月 2 日,在美国的撮合之下,波黑的穆斯林与克罗地亚族组成了穆克联邦。3 月 29 日,波黑总统伊泽特贝戈维奇命令穆克联军向塞族武装发动进攻,目标是夺取戈拉日代。但联军出师不利,它不仅没有拿下戈拉日代,反而看着塞族军队节节向前挺进。

正在波黑执行维和任务的联合国部队司令请求北约部队轰炸塞族阵地,以确保戈拉日代的安全。于是,北约空军空袭了戈拉日代的塞族阵地,塞族防空部队进行了反击,来犯的法国"超级军旗"式战斗机和英国"鹞"式战斗机被塞族的导弹击落,几百名联合国维持和平部队士兵被扣为人质。无奈,北约只好暂时罢手。

1995 年 8 月 28 日上午 11 时,一颗炮弹在萨拉热窝市中心爆炸,有 37 人在爆炸中死亡,80 多人受伤,国际社会对这起爆炸案进行了同声谴责,加利秘书长下令进行调查,并表示要根据调查结果采取行动。

维和部队的调查未得出结论,第二天却向外界宣布,萨市惨案乃塞族所为。1995 年 8 月 30 日凌晨 2 时,代号为"精选力量行动"的轰炸开始了。北约 60 余架战机,从 F-15E 到法国的"幻影"2000C,从意大利的阿维亚诺、伊斯特拉纳等空军基地和美国"罗斯福"号、法国"自由"号航空母舰上起飞,对波黑塞族的重要军事目标进行猛烈轰炸。塞军阵地上浓烟滚滚,火光冲天,爆炸声此起彼伏。与此同时,游弋在亚得里亚海的航空母舰发射"战斧"式巡航导弹和多枚"斯拉姆"导弹。萨拉热窝周围一天就有 600 枚炸弹和 2000 多发炮弹爆炸。

持续半个月的轰炸使塞族 60% 以上的防空设施和作战指挥系统被彻底摧毁,陷入瘫痪状态,近 30% 的弹药库被炸毁,波黑战场的力量对比迅速发生变化,塞族的军事力量被大大削弱,再也无力发动以往那种凌厉的攻势。而穆克联军却在克罗地亚政府军的支援下向塞族发起进攻,塞军节节败退,实际控制地区从占波黑的 70% 锐减到 50%,讨价还价的资本被剥夺殆尽。

9 月 8 日,南联盟、克罗地亚和波黑三国外长在日内瓦就波黑未来国家结构和领土划分比例等重大原则问题达成初步协议。9 月 14 日,经过 11 个小时的艰苦谈判,美国特使霍尔布鲁克和米洛舍维奇终于就北约停止轰炸达成协议。根据这些原则协议,塞族同意波黑作为国际承认的国家继续存在,并决定接受 1994 年 7 月提出的版图划分比例,塞方占 49%。作为交换,穆克双方首次承认波黑塞尔维亚共和国为波黑的实体之一,并同意在不损害波黑主权和领土完整的情况下同南联盟塞尔维亚共和国建立"特殊关系"。

11月1日,前南地区三方最高领导人南联盟塞尔维亚共和国总统米洛舍维奇、克罗地亚总统图季曼和波黑总统伊泽特贝戈维奇聚会美国俄亥俄州代顿附近的赖特—帕特森空军基地,就结束波黑战争和解决前南危机进行谈判。11月21日,三方首脑终于在一揽子和平协议上签字。

代顿协议首先规定了波黑共和国在目前边界范围内作为拥有主权和独立地位的统一国家存在,由穆克联邦和塞族共和国两个实体组成,各方仍可保留自己的军队。在版图划分上,穆克联邦将控制整个波黑的51%,塞族控制49%。萨拉热窝作为波黑首都保持统一,由穆克联邦控制。协议还规定,被指控犯有战争罪的人不得参加国家政治生活,交战各方应保证释放战俘并允许各族难民重返家园,国际社会对波黑的重建给予帮助。

1995年12月14日,《波黑和平协议》在巴黎爱丽舍宫签字。燃烧近4年的波黑战火终于熄灭,久经战祸的波黑人民终于迎来了和平。然而,对南斯拉夫人来说,波黑的灾难只是他们灾难的开始!很快,围绕科索沃自治问题,南斯拉夫又打了一场科索沃战争。

科索沃战争

科索沃是南联盟塞尔维亚共和国的一个省,位于巴尔干半岛的西南,面积10887平方公里,人口210万。这里土地肥沃,气候宜人,经济作物和矿产资源都很丰富。阿尔巴尼亚族人占人口总数的90%,剩下的是塞尔维亚人。

科索沃的历史可以追溯到公元前4世纪,阿尔巴尼亚人的祖先伊里利亚人居住在这里。斯拉夫人南下之后,他们被迫移居山地。9世纪时,塞尔维亚人建立了自己的国家。在随后的几个世纪里,科索沃曾经是塞尔维亚王国的中心地区。1389年6月28日,塞尔维亚王国的拉扎尔大公率领塞尔维亚人、克罗地亚人、保加利亚人、阿尔巴尼亚人和匈牙利人组成巴尔干联军,在科索沃地区与奥斯曼土耳其人展开决战。这一仗以巴尔干联军的失败而告终。巴尔干各民族由此开始了遭受帝国统治的屈辱历史。作为屈辱的历史记忆,科索沃战役长存塞尔维亚人心底。塞尔维亚人逐渐离开了这块土地,而阿尔巴尼亚人却大量移居到科索沃。1912年第一次巴尔干战争结束时,科索沃得归塞尔维亚,但此时塞尔维亚人的重心已经移到贝尔格莱德地区,科索沃成了塞尔维亚共和国的边陲地区。

第一次世界大战后,科索沃作为塞尔维亚的一部分,加入南斯拉夫王国。1926年,南斯拉夫与阿尔巴尼亚划定边界,移居科索沃的50万阿尔巴尼亚族人留在了科索沃。第二次世界大战期间,科索沃被意大利占领,该地区的大部分被划给了阿尔巴尼亚。1944年1月,科索沃的阿尔巴尼亚人民解放委员会通过一项决议,要求科索沃实行自治,并与阿尔巴尼亚合并。此举遭到了南共的一致反对。1945年7月8日,科索沃和梅托希亚地区人民解放委员会通过决议,决定加入南斯拉夫的塞尔维亚共和国,并享有自治地位。

同南斯拉夫其他几个联邦单位一样,科索沃也存在严重的民族主义问题。科索沃虽然名义上实行自治,但大权实际上从来没有落到阿尔巴尼亚族人手中,阿尔巴尼亚族的干部遭到塞尔维亚共和国的歧视。阿尔巴尼亚族人因此耿耿于怀。从1968年开始,科索沃就一直发生骚乱,阿尔巴尼亚族人提出自治省要升格,要成为南斯拉夫的第七个共和国,或者与阿尔巴尼亚合并。铁托去世后,科索沃的局势更是动荡,示威、游行此起彼伏。

在南联邦的独立浪潮中,科索沃的阿族人紧随克罗地亚人和斯洛文尼亚人之后掀起了独立浪潮。塞尔维亚人和阿族人的矛盾顿时尖锐起来。塞尔维亚共和国总统米洛舍维奇施展出铁腕手段,全面加强对科索沃的控制。

1990年7月2日,科索沃议会的114名阿族参议员签署并发表了《宪法宣言》,宣布科索沃是南联邦内的平等的独立单位,科索沃议会的副主席、执行委员会主席和科索沃派往联邦主席团的委员(均为阿族人)也在《宣言》上签了名。

阿族的发难遭到塞尔维亚共和国的坚决反对。7月5日,塞尔维亚议会通过法令,解散科索沃自治省议会和执行委员会,对自治省的电台、电视台和其他新闻媒介及重要厂矿采取"临时措施",撤换了其领导人。对此,阿族深表愤慨。9月7日,科索沃的阿族议员举行秘密会议,通过了《科索沃共和国宪法》,建立了非法的地下武装。1991年10月,科索沃宣布独立,作家易·鲁戈瓦当选为科索沃首任总统。科索沃陷入连绵的动荡之中。

热衷于充当"世界警察"的西方世界,把科索沃的动乱当作了肢解南斯拉夫,摧毁最后一个共产主义堡垒的时机。他们打着人道的幌子,指责南联盟塞尔维亚共和国在科索沃进行"种族清洗"。1999年1月16日,欧安组织驻科索沃视察团团长、美国退役将军沃克尔在科索沃首府普里什蒂纳举行只有西方记者和阿族记者参加的记者招待会,说在科索沃南部拉察克村发现45具被杀害的平民尸体,指责凶手"丧失了人性"。

沃克尔此言立即引起轩然大波,美英等国纷纷谴责南联盟犯下了"战争罪行",北约召开紧急会议,准备调兵遣将,对南联盟大开杀戒。此时已经担任南联盟总统的米洛舍维奇抨击沃克尔"造谣惑众",下令将其驱逐出境。为了证明自己的清白,南联盟将45具尸体运往普里什蒂纳,邀请芬兰、白俄罗斯的法医进行鉴定。验尸报告表明,这些阿族人都是在战斗中被打死的。至此,拉察克村的"屠杀"事件应该算是水落石出了,在事实面前,沃克尔也不得不承认,所谓"种族清洗"的说法是自己"一时冲动"之后说出来的。

在西方国家的导演下,南联盟与阿族人在法国的朗布依埃开始谈判。西方代表轮番出马,向南斯拉夫施加压力,胁迫它在西方国家单方面拟定的和平协议上签字。根据这份协议,科索沃将实行高度自治,三年之后举行"公正的"公民投票,决定它的地位。由于阿族人在科索沃占有90%的多数,这份协议的公正性不言而喻。

世界百科全书·军事篇

1999年3月初,西方国家终于把米洛舍维奇押上了谈判桌。美国代表说:如果米氏接受和平协议,就请开放边界,由北约军队进驻科索沃;如果米氏不接受和平协议,那就请接受炸弹。

米洛舍维奇接受了炸弹。

克林顿下定了决心,北约秘书长索拉纳得到了使用武力的授权。战争车轮启动了。

科索沃战争以大规模空袭为作战方式,以美国为首的北约凭借占绝对优势的空中力量和高科技武器,对南联盟的军事目标和基础设施进行了连续78天的轰炸,给南联盟造成了重大财产损失和环境破坏,也造成了许多无辜平民(包括阿族难民)的伤亡。5月7日,罪恶的炸弹袭击了中国驻南联盟大使馆,中国记者邵云环、许杏虎和朱颖血溅当场。可是北约发言人谢伊却一再声称:"北约飞行员在打击空中目标时是很规范的","剧烈的空中打击造成无辜平民的伤亡和民用设施的毁坏是不可避免的失误。"当问到被击中的中国大使馆是否是军事目标时,他仍然肯定,北约打击的是"军事目标"。美国总统骄傲地说:"北约在这次行动中出动了上万架次的飞机,但误中的目标只是几百个,比例是很小的。"之所以会出现误伤,是因为北约的武器系统和情报系统还不够精确。

与海湾战争不同,北约这次战争行动没有得到联合国安理会的授权,违反了《联合国宪章》,在国际关系史上开创了一个危险的先例,因此受到世界舆论的广泛批评。

1999年6月,在经历了78天的轰炸后,南联盟终于与北约达成协议,同意由北约为主的多国部队进驻科索沃,联合国安理会也通过决议,批准了上述协议。

2008年2月,科索沃单方面宣布独立。

伊拉克战争

2001年9月11日,国际恐怖主义组织对世界头号大国发动了连环恐怖袭击。在几个小时时间里,四架民航客机被劫持,美国的政治中心、经济中心和军事指挥中心同时遭到打击,数万人受伤,上万人死亡。这是美国自珍珠港事件后遭到的最大的一次突然袭击,它同朝鲜战争(死亡33629人)、越南战争(死亡5万余人)一起,成为美国人心头永远的痛。

一向与美国为敌的以沙特阿拉伯巨贾本·拉登为首的国际恐怖主义组织——基地组织成为美国怀疑的头号目标。庇护本·拉登的阿富汗塔利班政权遭到以美国为首的多国部队的打击。不到一个月时间,塔利班政权土崩瓦解,阿富汗换了人间。

然而,阿富汗战争并不是美国反恐战争的结束。恰恰相反,它是美国"反恐战争"的开始。

就在阿富汗战争紧锣密鼓进行之际，美国国防部副部长保罗·沃尔福威茨正在与一些志同道合者密谋，准备拿伊拉克开刀。在一次新闻发布会上，沃尔福威茨宣称，美国的政策是"终结支持恐怖主义的国家"。他认为，美国要积极防范，甚至"先发制人"地攻击那些制造导弹、核武器、生化武器的国家，即使这些国家对美国

伊拉克战争

并不构成直接威胁，即使军事打击违反联合国宪章。

这个观点立即被美国高层所接受。萨达姆的伊拉克被放到了美国的砧板上。

巴格达时间 2003 年 3 月 20 日清晨，美军向伊拉克首都巴格达发射了四十多枚战斧式巡航导弹，从而拉开了一场代号为"伊拉克自由行动"的新海湾战争的序幕。

驻扎在红海水域的美国海军向巴格达发射了大量的巡航导弹，F-117 隐形轰炸机也参与了轰炸。在巴格达的阵阵警报声中，巴格达城区不时冒出冲天浓烟。FOX 电视台直播了美军第一次大规模空袭巴格达的情景时，主持人像欣赏艺术佳作一样惊叹："我现在终于知道什么是'震慑与畏惧'了。"

然而，这场战争的合法性自始至终都存在怀疑。美国认为伊拉克支持恐怖主义和发展大规模杀伤性武器，但这一指控没有可靠的证据支持。事实上，连美国国防部长拉姆斯菲尔德也承认，美国之所以发动伊拉克战争，不仅是因为美国要推翻萨达姆独裁政权，还要"保护"伊拉克境内的石油和其他资源。美国的传统盟友法国、德国和比利时等西欧国家，都对这场战争持反对态度。美国宣称有 49 个国家支持该军事行动，但真正参战的国家只有美国、英国、澳大利亚和波兰四国，其他国家大多对这场战争持反对态度。反战运动遍及全球。

战争爆发后，美英联军先后向巴格达、巴士拉、纳杰夫、摩苏尔、基尔库克、乌姆盖斯尔等十余座城市和港口投掷了各类精确制导炸弹 2000 多枚。萨达姆政权发放给民众 800 万件轻武器，指望能依靠"全民战争"来拖垮美英联军。然而自始至终，伊拉克没有出现民众自发而有效的抵抗，数量庞大的轻武器压根儿就没发挥作用。"精锐之师"共和国卫队居然在联军的攻击下全都作鸟兽散状。

4 月 4 日，美军占领了距离巴格达市区西南 20 公里处的萨达姆国际机场，5 日，美军第三机械化步兵师坦克旅一度突入巴格达市区，巴格达城内的守军用高射炮、火箭筒和其他轻型武器对美军坦克进行了袭击，但没有对美军的行动造成影响。

与此同时,英军也加紧了进攻。4月6日英军首次突入巴士拉市中心,占领了巴士拉的伊拉克总统官邸。

4月7日,美军第三机械化步兵师的先头部队在A-10攻击机的支持下,开始向巴格达市区进发,并于早晨6时左右进入市中心地区。在底格里斯河畔,美军占领了萨达姆的一座总统官邸,伊军则从附近可以俯瞰总统府的一座钟楼上向美军射击。美军迅速摧毁了这座钟楼。在美军的攻击下,伊拉克人开始撤退。星条旗终于插上了这座总统官邸。

4月8日,美军夺取了位于巴格达东南的拉希德军用机场。9日上午,美军坦克从西北和东南两个方向开进巴格达,一路长驱直入,直达巴勒斯坦饭店附近的天坛广场。几名士兵一路小心翼翼地开进了萨达姆的总统府,总统府里面空无一人,萨达姆和他的政权似乎在一夜之间消失了。

在市中心的乐园广场,两名美军士兵走出坦克,架起了梯子,将一面星条旗覆盖了萨达姆的头像。随后,他们取下了星条旗,用一根长长的链子套在萨达姆头像的颈部,并把链子的另一端套在坦克车上。在坦克车巨大的拉力下,巨大的铜像先是迎面倒下,几分钟后又跌落在地面。萨达姆确立了23年的权威和神圣,在伊拉克战争的第21天跌落在了巴格达的土地上。

围观的人群中有人欢呼,有人落泪,有人生气,有人震惊。一个市民脱下了自己的拖鞋,向萨达姆的头像砸去。

4月15日,美军宣布,伊拉克战争的主要军事行动已结束,联军"已控制了伊拉克全境"。在伊拉克战争中,美军死亡128人,其中110人阵亡,18人死于事故,英军死亡31人。战争消耗了美国大约200亿美元,但是,推翻萨达姆的独裁政权,在中东传输美国的价值观念,控制伊拉克丰富的资源,这些主要的战争目的均已实现。2006年12月30日,曾被称为"巴比伦雄狮"的萨达姆被处以绞刑。一个国家元首被外国军队推翻并最终被处死,这在现代国际关系史上极其罕见。

萨达姆倒台了,但伊拉克的战争并没有结束。相反,由于萨达姆的铁腕统治被推翻,伊拉克的局势很快陷入失控状态。针对美英军事的占领,伊拉克游击战风起云涌,美国16万占领军深陷伊拉克内战。在伊拉克战争4周年之际,美国在伊拉克的阵亡人数已经超过3200人,远远超过了2001年9·11恐怖袭击中的遇难人数。到2007年1月,美国已花费4710亿美元。众议院预算委员会主席给出的数字则是5070亿美元。许多经济学家估算,伊拉克战争总的花费将超过2万亿美元。军事行动造成3.4万名无辜平民死亡,更造成400万难民流离失所。

利比亚战争

2011年3月19日,美军实施"奥德赛黎明"("Operation Odyssey Dawn")行动,位于地中海的导弹驱逐舰巴里号向利比亚发射战斧式巡航导弹。美军在这次行动共发射了 110 多枚战斧导弹。一场由利比亚本国人民引发的利比亚骚乱,经过一个多月的演变,自北京时间 2011 年 3 月 20 日 0:45,演变成了法英美主导的多国部队与利比亚的利比亚战争。原本是利比亚国内不同部落和不同派别之间的争斗而引发的国内战争,后来由于西方国家的介入发展为西方国家与中东北非的国际战争。

军事名人

汉尼拔

汉尼拔(约公元前 247~前 183 或前 182),迦太基统帅,军事家。公元前 221 年任西班牙地区迦太基军队统帅。第二次布匿战争爆发后,率部远征意大利,在特拉西梅诺湖和坎尼之战中击败罗马军。公元前 207 年,其弟率援军赴罗马途中被消灭。汉尼拔孤军无援,被迫退守意大利南部。后罗马军登陆北非,汉尼拔奉命回援,在扎马之战中战败。公元前 196 年任迦太基最高行政长官,因实行改革遭到诬陷,后流亡叙利亚和小亚细亚。在罗马人的追捕下服毒自杀。

汉尼拔雕像

庞培

庞培(公元前 106~前 48 年),古罗马统帅,政治家。贵族出身。公元前 83 年投靠贵族派,先后在西西里、北非作战,征讨马略余部。公元前 71 年参与镇压斯巴达克起义。翌年当选执政官。后征服本都,吞并叙利亚和巴勒斯坦。公元前 60 年与克拉苏、凯撒结为"前三头同盟",左右罗马政局。克拉苏死后,与元老院联合反对凯撒。后在法萨罗之战中被凯撒击败,在埃及为法老近臣诱杀。

凯撒

凯撒(约公元前 100~前 44 年),古罗马统帅,政治家。出身贵族。公元前 61 年出任西班牙行省总督,翌年回罗马,与庞培、克拉苏秘密结为"前三头同盟"。公元前 59 年当选执政官。后在南高卢(内高卢)总督任上经高卢战争,最后征服山北高卢。克拉苏死后,他与庞培及元老院的矛盾激化。公元前 49 年 1 月率军进军罗马,迫使庞培偕大批元老逃往希腊。随后进军希腊,转战小亚细亚,击溃本都国王的军队,清剿庞培余党,公元前45年凯旋罗马。翌年被刺身亡。凯撒当政期间,被尊为"祖国之父",成为无冕之王。他有非凡的军事统帅才能,其代表作《高卢战记》《内战记》是研究古罗马军事史的重要文献。

安东尼

安东尼(约公元前82~前30年),古罗马统帅。公元前57~前54年在巴勒斯坦、埃及任骑兵指挥官。公元前53年起成为凯撒的部将,参加过高卢战争和法萨罗之战。公元前44年任执政官。凯撒被刺后与屋大维、李必达结成"后三头同盟"。李必达失势后,与屋大维呈东西对峙之势。后与埃及女王克里奥帕特拉七世结婚,并宣称将罗马东部行省部分土地赠给她和她的儿子,引起元老院强烈不满,被元老院和公民大会宣布为"公敌"。公元前31年与埃及女王在亚克兴海战中战败,逃回埃及。次年绝望自杀。

奥古斯都

奥古斯都(公元前63~公元14年),古罗马帝国开国皇帝,元首政制创始者。凯撒的甥孙。原名屋大维。公元前44年被凯撒收为养子并指定为继承人。凯撒被刺后登上政治舞台,与公元安东尼、李必达结成"后三头同盟"。公元前36年打败庞培之子,剥夺李必达的军权,成为罗马西部的主宰,与控制罗马东部的安东尼呈对峙之势。后公布安东尼将部分国土赠予埃及女王克里奥帕特拉七世的遗嘱,鼓动元老院和公民大会宣布安东尼为"公敌",并派兵在亚克兴海战中打

奥古斯都雕像

败安东尼和埃及女王。内战结束后成为罗马唯一的统治者。公元前28年改组元老院,自任"元首"(首席元老)。次年宣布,"交卸权力",获"奥古斯都"(意为"神圣者""至尊者")尊号。他所采取的一系列顺乎形势的内外政策,开创了相对安定的政治局面,为帝国初期的繁荣打下了基础。

克洛维

克洛维(466~511年),墨洛温王朝创立者,法兰克王国第一代国王。原为萨利克法兰克人部落首领,后击败罗马军队,占领卢瓦尔河以北地区,奠定法兰克王

国的基础。为取得罗马教会和高卢罗马人的支持,率部皈依罗马派基督教。后不断征战,将势力扩展至莱茵河以东地区、高卢东南部和西南部,直到比利牛斯山。晚年为巩固其统治,剪除本部落联盟其他首领和昔日同盟者。曾汇编并颁布《萨利克法典》。

查理大帝

查理大帝(742~814年),法兰克国王,罗马人皇帝。又称查理曼。加洛林王朝第一代国王矮子丕平之子。即位后,平定阿基坦叛乱,统一法兰克王国。随后,多次率军越过阿尔卑斯山和比利牛斯山,攻占伦巴德王国、萨克森地区、巴塞罗那、巴伐利亚公国等,并征服斯拉夫人部落和多瑙河中游地区的阿瓦尔游牧部落。800年以保护罗马教皇为名进军罗马,被教皇加冕为"罗马人皇帝",建立起包括中欧和西欧大部地区的庞大帝国。此后,又与拜占庭帝国进行争夺亚得里亚海地区的战争。814年病逝于帝国首都亚琛。

奥托一世

奥托一世(912~973年),德意志萨克森王朝第二代国王,神圣罗马帝国首任皇帝。936年即位后,平定巴伐利亚公爵叛乱,变公爵世袭制为国王任命制,剥夺公爵的宗教权,并以征讨、联姻等手段,控制士瓦本、弗兰科尼亚、洛林、巴伐利亚和萨克森五大公爵领地,建立起强大的王权。951年入侵意大利,娶意王遗孀为妻,962年在罗马加冕为神圣罗马帝国皇帝。后出兵南意大利,受到拜占庭帝国抵制,被迫议和。

伊凡四世

伊凡四世(1530~1584年),俄国第一代沙皇。1547年加冕亲政,称沙皇。对内实行政治、经济、司法和军事改革,建立"沙皇特辖制"和特辖军,残酷镇压贵族反对派和人民群众,故有"雷帝"之称。先后率军东侵征服喀山和阿斯特拉罕两汗国,占领伏尔加河下游地区。在夺取波罗的海出海口的立窝尼亚战争中战败。1563年自称"全西伯利亚皇帝",招募惯匪组织哥萨克远征军,于翌年占领西伯利亚汗国首都西伯利亚。1584年暴卒。

丰臣秀吉

丰臣秀吉(1536~1598年),日本战国时代末期封建领主,统一全国的武将。早年为尾张国大名(领主)织田信长的部将,后任征西先锋。在中国(今本州西部地区)、四国、九州等地指挥作战。1582年进攻中国,与毛利氏决战。信长死后,出任关白(辅助天皇处理政务的最高官职),兼任太政大臣,控制军政大权。此后兴兵平定四国、北国、九州、关东、奥羽等地方,1590年完成日本统一大业。1593年将北海道正式划入日本版图。梦想征服中国,两次出兵朝鲜。因侵朝失败,郁闷而死。

德川家康

德川家康(1543~1616年),日本江户幕府创建者。6岁起先后在尾张国织田信秀(织田信长之父)、骏河国今川义元等大名处充当人质达12年,备尝辛酸。1560年今川义元与织田信长会战于桶狭间,今川战死,家康始回冈崎。1561年与织田信长结盟,势力大增,开始蚕食今川氏领地,经略三河并镇压该地的一向宗暴动,据有远江,今川氏亡。1566年改称德川家康。1582年织田信长为部下所杀,拥信长子信雄,与丰臣秀吉战于小牧山,相持近一年后讲和。1590年助秀吉灭北条氏,领有关东八州,按秀吉意移住江户城(今东京)。1598年8月丰臣秀吉死后,其部下分裂为东、西两军。1600年9月,为争夺政权,家康率东军与以石田三成为首的西军会战于关原,属丰臣派的西军败绩。1603年2月任征夷大将军,立幕府于江户。两年后告退。子秀忠继之。1614年开始讨伐丰臣氏残余势力,经大阪冬(1614年)夏(1615年)两役,灭丰臣氏。1616年3月出任太政大臣,4月死于骏府(今静冈)。德川家康执政期间,通过颁行《武家诸法度》,建立参觐交代制度,完善幕府及地方大名组织机构,确立新兵制,规定天皇、亲王、公卿的权限等一系列措施,基本形成德川氏统治日本的江户幕藩体制的基础。

李舜臣

李舜臣(1545~1598年),朝鲜海军将领,抗日民族英雄。字汝谐,号德水。任全罗道左水军节度使,操练水军,建造铁甲"龟船",屡次重创侵朝日军。后受诬告被革职下狱。1597年重被起用后,重整舰队,在鸣梁海战中再获大捷。后建立海军基地,与中国水军组成联合舰队。1598年在露梁海战中,大败日军船队,但在追击逃敌时中弹牺牲。死后谥号忠武,追封为右议政、左议政及领义政。

克伦威尔

克伦威尔(1599~1658年),英国资产阶级革命主要领导人,英国内战时期军事统帅。生于英格兰亨廷登郡。英国内战期间,率军战胜王党。1649年支持处死国王查理一世,共和国成立后任国务委员会主席,先后镇压平等派起义和掘地派运动。1653 年武力解散议会,自任"护国公",独揽国家大权。随后,出兵荷兰、西班牙、葡萄牙,为英国夺取海上霸主地位奠定基础。

克伦威尔

彼得一世

彼得一世(1672~1725 年),俄国沙皇,俄罗斯帝国皇帝,著名统帅。亦称彼得大帝。1695 年因没有舰队配合,导致远征土耳其的亚速失败,回国后建立起俄国历史上第一支舰队,并于翌年攻占亚速。1697 年出访欧洲考察科技与文化,回国后在经济、政治、军事等方面推行欧化改革,不断增强国力。积极对外扩张,通过战争取得波罗的海出海口,夺取里海西岸和南岸部分地区,侵占堪察加半岛和千岛群岛。使俄国从一个封闭、落后的内陆国家跻身于欧洲强国之列。

华盛顿

华盛顿(1732~1799 年),美国首任总统、著名统帅。生于弗吉尼亚种植园主家庭。1758 年当选弗吉尼亚议会议员,是第一、第二届大陆会议代表。反对英国殖民统治。1775 年被任命为大陆军总司令。1781 年在约克顿围攻战中击败英军,取得美国独立战争中决定性胜利。1789 年当选为美国首任总统,1793 年连任。有"美国国父"之称。

圣马丁

圣马丁(1778~1850 年),西属美洲独立战争领导人,统帅。生于阿根廷殖民军官家庭。1789 年参加西班牙军队。曾参加抗击法国侵略的半岛战争和西属美洲独立战争。1814 年晋将军。1817 年率部翻越安第斯山后转战各地,解放智利首都圣地亚哥和秘鲁首都利马,宣告秘鲁独立。1822 年因与玻利瓦尔意见分歧引退,后定居法国,病逝于法国布洛涅城。阿根廷尊他为"国父",智利和秘鲁称他为"自由的缔造者"。

库图佐夫

库图佐夫(1745~1813 年),俄国元帅,著名将领,军事家。出身将门。炮兵工程学校毕业。多次参加俄土战争。1774年在战斗中负伤失去右眼,被称为"独眼将军"。1805年俄、奥、英第三次反法联盟对法作战中,任俄奥联军总司令。1812年法俄战争中,出任总司令,晋陆军元帅,指挥俄军以坚壁清野、灵活机动战法从被动转为主动,歼灭法军主力。1813年率军进攻法国本土,病逝于途中。

威灵顿公爵

威灵顿公爵(1769~1852年),英国陆军元帅,政治家。原名 A.韦尔斯利。贵族出身。法国昂热军事学校毕业。曾参加第一次反法联盟的对法战争、英国对迈索尔的战争、半岛战争等,1814年受封威灵顿公爵。法国波旁王朝复辟后任驻法大使。1815年指挥英荷联军在滑铁卢之战中彻底击败拿破仑。1818年起历任军械总长、内阁首相、外交大臣和不管部大臣,并长期任陆军总司令。共获得6个国家的元帅称号。

拿破仑一世

拿破仑一世(1769~1821年),法兰西共和国第一执政,法兰西帝国皇帝,杰出军事统帅。本名拿破仑·波拿巴。破落贵族家庭出身。巴黎皇家军事学校毕业。法国大革命爆发后,积极投身革命。1793年因在围攻土伦作战中指挥出色,破格晋升为准将。1796年率部远征意大利,击败奥地利—撒丁联军。1797年进军维也纳,迫奥求和。1798年远征埃及和叙利亚。1799年11月发动雾月政变,成立临时执政府,任第一执政。1804年建立法兰西第一帝国。随后,连续粉碎英、奥、普、俄等国反法联盟武装干涉,给欧洲封建势力以沉重打击。1807年发动半岛战争,遭到西班牙人民坚决抵抗。1812年发动法俄战争,几乎全军覆没。1814年被欧洲反法联盟打败后退位,被流放到地中海的厄尔巴岛。1815年3月潜回法国,恢复统治,史称"百日王朝"。同年6月在滑铁卢之战中战败,再次退位。被囚禁在大西洋的圣赫勒拿岛,直至去世。

克劳塞维茨

克劳塞维茨(1780~1831年),普鲁士军事理论家、军事历史学家。柏林军官学校毕业后,任奥古斯特亲王副官。1808年任总参谋长办公室主任,参与普鲁士军事改革。1812年转入俄军,参加俄法1812年战争。1818年起任柏林军官学校校长,少将军衔。1830年任炮兵第二监察部监察,次年任驻波兰边境普军参谋长。长期致力于军事历史和军事理论研究,著有西方军事理论经典著作《战争论》。

玻利瓦尔

玻利瓦尔(1783~1830年),西属美洲独立战争领导人、统帅。生于委内瑞拉加拉加斯,早年受欧洲资产阶级启蒙思想影响。1799年赴欧洲游学。1807年返回加拉加斯,投入民族解放斗争。先后转战委内瑞拉、新格拉纳达、秘鲁等地,建立委内瑞拉、哥伦比亚和玻利维亚共和国,至1824年12月,取得阿亚库乔之战的决定性胜利,基本结束西班牙在南美300年的殖民统治。主张西属美洲各国独立后组成美洲共和国联盟。

玻利瓦尔

毛奇

毛奇(1800~1891年),普鲁士和德意志总参谋长,著名军事家。又称老毛奇。出身破落贵族家庭。哥本哈根皇家军校毕业,后进普鲁士陆军学院深造。1857~1888年任普军和德军总参谋长。1866年普奥战争中指挥普军获胜。1870年普法战争中,指挥所部取得色当之战的决定性胜利。因功受封伯爵并于次年晋升元帅。1888年退役后任国防委员会主席。卒于柏林。他重视铁路、电报等新技术在军事上的运用,在战争动员、军队编成、作战指挥、武器装备等方面多有建树。其军事理论在西方有较大影响。有《毛奇全集》《毛奇军事著作》等传世。

贝当

贝当(1856~1951年),法国元帅,维希法国元首。生于加来海峡省。毕业于圣西尔军校、高级军事学校。第一次世界大战前期任旅长、师长、军长、集团军司令。1916年任凡尔登要塞司令,取得凡尔登战役的胜利。1918年晋元帅。先后任中央集团军群司令、西线法军总司令、最高军事委员会副主席兼陆军部总监、防空总监、陆军部长、驻西班牙大使等职。支持构筑马其诺防线,推行消极防御的战略方针。1940年5月德军入侵法国后,先后任副总理、总理,主张对德投降,退出战争。6月22日法国败降后,任维希法国政府元首,镇压法国爱国力量。法国光复后前往德国。后被盟军逮捕以通敌罪判处死刑。后改判终身监禁。卒于法国西海岸的约岛。

田中义一

田中义一(1864~1929年),日本首相,陆军上将。生于长州藩(今山口县)。陆军士官学校和陆军大学毕业。曾参加中日甲午战争和日俄战争。先后任陆军部军务局军事课长、军务局长陆军参谋次长、陆军大臣等职。1927年组阁,任首相兼外相。同年6~7月在东京主持召开"东方会议",炮制《对华政策纲领》,确定"先取中国后取亚洲"的"大陆政策",史称《田中奏折》。随后在任内三次出兵中国山东,制造"五三"济南惨案,策划"皇姑屯事件"。1929年内阁倒台,旋即病死。

松井石根

松井石根(1878~1948年),日本陆军上将,甲级战犯,南京大屠杀的罪魁。陆军士官学校、陆军大学毕业。参加过日俄战争。曾任驻上海武官、情报参谋、特务机关长、参谋本部第2部部长、驻台日军司令等职。1937年8月日军进攻上海时,任上海派遣军司令,后任华中方面军司令兼上海派遣军司令,组织指挥南京大屠杀。1948年作为南京大屠杀的首犯,被远东国际军事法庭判处绞刑。

麦克阿瑟

麦克阿瑟(1880~1964年),美国陆军五星上将。生于阿肯色州一军人世家。美国陆军军官学校(西点军校)毕业。曾一度兼任罗斯福总统随从副官。一战后曾任西点军校校长、陆军参谋长、菲律宾军事顾问等职。太平洋战争爆发时,任远东美军司令,后被调任西南太平洋盟军总司令。1945年8月被任命为盟军最高统帅,执行对日占领任务。9月2日代表盟国接受日本投降。在占领日本期间,全面推行民主改革,对日本战后历史产生重大影响。1950年6月朝鲜战争爆发后,任"联合国军"总司令,指挥侵朝军事行动。因竭力主张扩大侵朝战争规模,公开指责总统杜鲁门的全球战略,于1951年4月被解职。回国后曾参加总统竞选,失败。1952年出任雷明顿—兰德公司董事长。

麦克阿瑟

马歇尔

马歇尔(1880~1959 年),美国陆军五星上将,战略家。生于宾夕法尼亚州。毕业于弗吉尼亚军事学院。参加过第一次世界大战。1939 年任美国陆军参谋长,晋上将。第二次世界大战期间,是美国参谋长联席会议和英美参谋长联合委员会主要成员,美国总统主要军事顾问。坚决维护"先欧后亚"战略,力主在法国尽早开辟第二战场。参加过卡萨布兰卡、德黑兰、雅尔塔等重要国际会议。1944 年晋五星上将。1945 年 12 月作为总统特使赴华调解国共关系,参与国共谈判。1947 年出任国务卿,提出并实施复兴西欧经济的"马歇尔计划",参与发起并成立北大西洋公约组织。1950 年任国防部长,参与制定美国在朝鲜战争中的军事战略。著有《马歇尔报告书》等。

史迪威

史迪威(1883~1946 年),美国陆军将领。生于佛罗里达州。西点军校毕业。参加过第一次世界大战。1935~1939 年任驻华武官。太平洋战争爆发后,任中缅印战区美陆军司令兼中国战区总司令蒋介石的参谋长,指挥盟军在缅北反攻战役中与日军作战。因同情中国共产党领导的抗日民族解放事业,与蒋介石发生矛盾,于 1944 年 10 月奉调回国。后任国内陆军地面部队司令、第 10、第 6 集团军司令等职。

墨索里尼

墨索里尼(1883~1945 年),意大利内阁总理,法西斯党领袖,独裁者,第二次世界大战主要战犯。生于弗利省一铁匠家庭。1921 年成立"意大利国家法西斯党"。1928 年建立法西斯独裁统治。1935 年入侵埃塞俄比亚。1936 年 10 月与德国结成柏林—罗马轴心。并于翌年加入《反共产国际协定》。1940 年 6 月对英、法宣战,并出兵英属非洲国家。1941 年 6 月 22 日对苏宣战。1943 年 7 月因军事失利和国内人民不满被国王软禁。9 月被德军伞兵救出后,在意大利北部德占区建立傀儡政权。1945 年 4 月被意大利游击队处决并暴尸米兰广场示众。

山本五十六

山本五十六(1884~1943 年),日本海军上将。江田岛海军兵学校、海军大学毕业。曾参加日俄战争。1921 年回国后任海军大学教官。后对日本海军航空兵的发展起了重要作用。1939年任日本联合舰队总司令兼第1舰队司令,力主袭击珍珠港,消灭美国太平洋舰队主力。企图在美太平洋舰队得到加强前以海上决战的传统战法将其歼灭,结果导致日本海军在中途岛海战和瓜达尔卡纳尔岛海战中遭惨败。其座机被美机击落而丧生。死后被追授元帅称号。

冈村宁次

冈村宁次(1884~1966年),日本陆军上将,侵华战争主要战犯。陆军士官学校、陆军大学毕业。曾参加日俄战争和第一次世界大战。1932年8月任关东军副参谋长,次年兼任驻伪满洲国武官,与中国国民党政府签订《塘沽协定》。全面侵华战争期间,任第11集团军司令、华北方面军司令、第6方面军司令、日本侵华派遣军总司令等职,"扫荡"抗日根据地,推行"三光"政策,给中国人民带来深重灾难。1945年9月9日在南京签署投降书。

东条英机

东条英机

东条英机(1884~1948年),日本首相,陆军上将,甲级战犯。先后毕业于东京陆军士官学校。参与策划"九一八"事变。1937年3月任关东军参谋长,支持日本731部队进行活人试验,策动内蒙古"独立"。1938年5月起历任陆军次官兼航空本部长、航空总监,鼓吹对中、苏同时作战,参与制造"张鼓峰事件"与"诺门坎事件"。1941 年 10 月出任首相兼内务大臣、陆军大臣,晋陆军上将。同年 12 月派兵袭击珍珠港,发动太平洋战争。1944 年因陷入内外交困、四面楚歌境地,被迫辞职。日本投降后自杀未遂。1948 年被远东国际军事法庭判处绞刑。

伏龙芝

伏龙芝(1885～1925 年),苏联红军统帅,军事家,军事理论家。生于皮什佩克市一军医家庭。1904 年加入俄国社会民主工党,参加过 1905 年俄国民主革命。俄国十月社会主义革命时期,参与组织白俄罗斯武装起义和创建工农红军。苏俄内战时期,先后任集团军司令、方面军司令,与白卫军作战。1922 年起,历任乌克兰共和国人民委员会副主席、苏联革命军事委员会主席兼劳动国防委员会委员。1924—1925 年主持苏联军队改革,将红军由 550 万人裁减到 56.2 万人。研究军事问题,为发展马克思列宁主义军事理论和建立苏联军事科学做出重大贡献。撰有《工农红军的改编》《统一的军事学说与红军》《未来战争的前线与后方》等 200 多篇军事著述。

巴顿

巴顿(1885～1945 年),美国陆军上将。生于加利福尼亚军人世家。西点军校毕业。1917 年负责组建美军第一个装甲旅。1942 年升任第 1 装甲军军长。同年率部参加北非登陆战役。后负责组建美国第 7 集团军,并于 1943 年指挥美第 7 集团军参加西西里岛登陆战役。1944 年就任美国第 3 集团军司令后,参与指挥法莱斯战役和阿登战役。1945 年晋陆军上将,任第 15 集团军司令,12 月因车祸丧生。被称为"血胆老将"。

蒙哥马利

蒙哥马利(1887～1976 年),英国陆军元帅,军事家。生于伦敦。参加过第一次世界大战和英国—爱尔兰战争。曾任教官、营长、旅长、师长。第二次世界大战爆发后赴法参战,1940 年 5 月率部从敦刻尔克撤退。1941 年起任军长集团军和集团军群司令,在北非战局严峻时出任驻北非英国第 8 集团军司令,晋中将。指挥过阿莱曼战役、西西里岛登陆战役等。参与制订和指挥诺曼底登陆战役后,晋陆军元帅。随后率部攻入德国本土。战后,受封阿莱曼子爵,先后出任英帝国总参谋长、西欧联盟常设防御组织主席、北大西洋公约组织欧洲盟军副总司令等职。

希特勒

希特勒(1889~1945年),德意志第三帝国国家元首,武装部队最高统帅。民族社会主义德意志工人党(即纳粹党)党魁,第二次世界大战头号战犯。1921年成为纳粹党主席。1933年任总理。1934年兴登堡去世后,集总统和总理权力于一身,确立法西斯专制统治。1936年与意大利、日本结成法西斯联盟。随后出兵侵占奥地利、捷克斯洛伐克,并大举入侵波兰,挑起第二次世界大战。1940年入侵西欧,次年进攻苏联。最终被世界人民反法西斯阵线打败。1945年4月30日苏军攻克柏林前夕自杀身亡。

艾森豪威尔

艾森豪威尔(1890~1969年),美国第34任总统,陆军五星上将。生于德克萨斯州丹尼森城。西点军校毕业。第二次世界大战期间,历任欧洲战区美军司令、北非远征军总司令、地中海战区盟军总司令和盟国欧洲远征军最高司令等职。参与指挥北非、西西里岛和诺曼底登陆战役,1944年晋陆军五星上将。退役后曾任哥伦比亚大学校长。1950年再次服现役,任北大西洋公约组织武装力量最高司令。1952年当选为美国第34任总统。任内大力发展核武器和空军,推行大规模报复战略和战争边缘政策。

艾森豪威尔

隆美尔

隆美尔(1891~1944年),德国元帅。生于巴登—符腾堡州。毕业于但泽候补军官学校。参加过第一次世界大战。1937年任陆军驻希特勒青年团联络官。1940年调任第7装甲师师长,参加入侵法国战争。翌年2月转任非洲军司令,历任驻非洲装甲集群、装甲集团军和集团军群司令,指挥德意联军在北非作战,被称为"沙漠之狐",1942年晋元帅。1944年任新建的"B"集团军群司令,在诺曼底指挥所部抗击盟军登陆。曾数次要求希特勒与西方盟国媾和,遭拒绝。后因涉嫌暗杀希特勒事件,被迫自杀。

戈林

戈林(1893~1946年),德国帝国元帅,第二次世界大战主要战犯。生于巴伐利亚的罗森海姆。早年服役于德国陆军和航空兵部队,是著名战斗机驾驶员。1922年加入纳粹党。1933年1月希特勒掌握政权后,成为希特勒最得力的干将。1935年德国正式建立空军后,任空军总司令。1938年晋陆军元帅。1939年被宣布为希特勒的继承人。翌年晋升为独一无二的帝国元帅。二战期间,几乎参与了所有战略决策和作战计划的制定,并指挥空军配合地面部队闪击波兰、法国、苏联等欧洲国家,对英国进行大规模空袭。1945年4月因企图取代希特勒而被解职。德国战败后,被纽伦堡国际军事法庭判处死刑。行刑当天服毒自杀。

李奇微

李奇微(1895~1993年),美国陆军上将。生于弗吉尼亚州。西点军校毕业。1942年任第82步兵师师长,主持将该师改编为空降师。率部参加西西里岛和诺曼底登陆战役。二战后,任地中海战区总司令和盟军最高统帅艾森豪威尔驻联合国安理会军事参谋委员会代表。朝鲜战争爆发后,先任美国第8集团军司令兼"联合国军"地面部队司令。后接替麦克阿瑟任"联合国军"总司令、驻日盟军最高司令和远东美军总司令。1952年5月接替艾森豪威尔任北大西洋公约组织武装部队最高司令。1953年10月任美国陆军参谋长。

克拉克

克拉克(1896~1984年),美国陆军上将。生于纽约州。西点军校毕业后,赴法参加第一次世界大战。二战期间历任参谋长、驻欧美军地面部队司令、北非远征军副总司令、第5集团军司令等职。1945年晋陆军上将。1952年5月任侵朝"联合国军"总司令及远东美军总司令。1953年代表"联合国军"在《朝鲜停战协定》上签字。同年10月退役。

朱可夫

朱可夫(1896~1974年),苏联元帅,军事家。生于卡卢加州。1918年参加红军。1919年加入俄共(布)。长期任骑兵指挥官,并任驻西班牙、驻华军事顾问和军区副司令等职。1939年夏调任驻外蒙(今蒙古国)苏军第1集团军群司令,在诺门坎事件中指挥苏军歼灭日军重兵集团。苏德战争中,曾任方面军司令、最高统帅部副统帅,参与指挥列宁格勒会战、莫斯科会战、柏林战役等。因功绩卓著于1943年1月晋升为苏联元帅。1945年5月代表苏军最高统帅部接受德国投降。1955~1957年任国防部部长。四次荣膺苏联英雄称号,获列宁勋章6枚。著有《回忆与思考》。

孙膑

孙膑(? ~前316年),其本名孙伯灵(山东孙氏族谱可查),是中国战国时期军事家,汉族,山东鄄城人。生于战国时期的齐国阿鄄之间(今山东省的阳谷县阿城镇,鄄城县北一带)。身长七尺约为161cm(周的一尺合今23.1cm)与庞涓同学兵法,后庞涓为魏惠王将军,骗孙膑到魏,用髌刑(古代削去膝盖骨的酷刑),被齐国使者偷偷救回齐国后,被齐威王任为军师,马陵之战,身居辎车,计杀庞涓,打败魏军。著作有《孙膑兵法》,部分失传。1972年山东省临沂银雀山出土残简,有一万一千余字。

诸葛亮

诸葛亮(181年7月23日~234年8月28日),字孔明,号卧龙(也作伏龙),汉族,琅琊阳都(今山东临沂市沂南县)人,蜀汉丞相,三国时期杰出的政治家、战略家、发明家、军事家。在世时被封为武乡侯,谥曰忠武侯;后来的东晋政权为了推崇诸葛亮的军事才能,特追封他为武兴王。代表作有《前出师表》《后出师表》《诫子书》等。发明木牛流马、孔明灯等。诸葛亮在后世受到很大的尊崇,成都有武侯祠,大诗人杜甫也有赞扬诸葛亮的《蜀相》名篇传世。

中国十大元帅

朱德(1886~1976)字玉阶。四川仪陇人。

彭德怀(1898~1974)原名彭得华,湖南湘潭人。无产阶级革命家、军事家,中国人民解放军的重要领导人之一。

林彪(1907~1971)原名林育蓉,湖北黄冈市(今湖北省黄冈市团风县回龙山镇林家大塆)人。曾是无产阶级革命家、军事家,中国人民解放军的重要领导人之一。

刘伯承(1892~1986)四川开县赵家镇人,无产阶级革命家、军事战略家、战术家、马克思主义军事理论家、军事教育家,被誉为"军神"。

贺龙(1896~1969)原名贺文常,字云卿,湖南桑植人。

陈毅 (1901~1972)无产阶级革命家、政治家、军事家、外交家、诗人,字仲弘。四川省乐至县人。

罗荣桓(1902～1963)湖南省衡山(今衡东)县人。

徐向前(1901～1990)原名徐象谦,字子敬。山西五台县人。

聂荣臻(1899～1992)四川江津人。

叶剑英(1897～1986)原名叶宜伟,字沧白。广东省梅县人。

中国十大将军

粟裕(1907～1984)无产阶级革命家、卓越的军事战略家、战术家。湖南省会同县人。

黄克诚(1902～1986)我国杰出的无产阶级革命家、军事家。湖南省永兴县人。

谭政(1907～1988)原名谭世铭。湖南省湘乡市人。

萧劲光(1903～1989)著名的无产阶级革命家、军事家。湖南省长沙人。

王树声(1905～1974)原名王宏信。著名的无产阶级革命家、军事家。湖北省麻城市人。

陈赓(1903～1961)原名陈庶康。杰出的无产阶级革命家、军事家。湖南省湘乡市人。

罗瑞卿(1906～1978)杰出的无产阶级革命家、政治家、军事家。四川省南充市人。

许光达(1908～1969)原名许德华。杰出的无产阶级革命家、军事家,湖南省长沙市人。

徐海东(1900～1970)杰出的无产阶级革命家、军事家。湖北省黄陂区人。

张云逸(1892～1974)原名张运镒,又名张胜之。杰出的无产阶级革命家、军事家。海南省文昌县人。

军事院校

中国最早的军事院校:教武堂

据《资治通鉴》记载,前秦国王苻坚于公元 380 年办过实属军事院校的教武堂,教员是晓达阴阳、精通孙吴兵法的专家,学员是身经百战的骁勇战将,而校址则选在位于水陆交通要道的渭城,可见当时苻坚对这所军校是何等的重视。教武堂办起来之后,却遭到了一些文武大臣的反对。后来经前秦王朝的秘书监朱彤诱劝,苻坚最后还是下令解散了这所教武堂。

保定陆军军官学校

中华民国初年北洋政府在保定创办的培训陆军初级军官的军事学校。习称保定军校。1912 年创办,1923 年停办,共办学 9 期,毕业学生六千多人,培养了大批著名将领,促进了军事教育的发展和近代军事知识的普及,在中国近代军事史上占有重要地位。

黄埔军校

黄埔军校是第一次国内大革命时期,孙中山在广州黄埔创建的陆军军官学校。在中国共产党的倡议和苏联的帮助下,孙中山在 1924 年 1 月 24 日国民党一大期间提出创设军校案,并以大元帅令任命蒋介石为军校筹备委员会委员长。1 月 28 日孙中山指定广州附近黄埔岛为军校校址,5 月,军校成立,名为"陆军军官学校",6 月 16 日举行正式开学典礼。由蒋介石任校长,廖仲恺任国民党党代表。下设政治、教授、教练、管理、军需、军医等部。中国共产党曾派周恩来担任政治部主任,共

黄埔军校

产党员叶剑英、恽代英、萧楚女、聂荣臻等担任教员,还聘有苏联顾问。黄埔军校是一个新式的军事学校,学习苏联制度,实行党代表制和政治工作制。开设的课程除军事作战、指挥科目外,还有:三民主义浅说、中国国民革命运动、社会主义原理、帝国主义侵略中国史、中国农民运动、军队政治工作等。黄埔军校为革命斗争培养了大批军事人才。黄埔学生军曾参加了东征、南征等战役以及北伐战争,为革命的进展做出了重大贡献。"四·一二"反革命政变后,蒋介石完全控制了军校,并培养了一批亲信骨干,形成了国民党内部所谓的"黄埔系"。"黄埔系"军官在国内战争中占据着重要地位,尤其是在国民党军队内。

中国人民抗日军事政治大学

抗日战争时期,中国共产党及其领导下的八路军、新四军培养和训练军事政治干部的高等学府。前身是"中国工农红军大学",1937年1月19日,"红大"更名为"中国人民抗日军事政治大学",简称"抗大"。并随中共中央机关迁至延安。毛泽东为"抗大"制定了"坚定正确的政治方向,艰苦朴素的工作作风,灵活机动的战略战术"的教育方针和"团结、紧张、严肃、活泼"的校风,并多次到校做报告和讲课。林彪、徐向前先后任校长和代校长,李井泉任政治委员,刘伯承、罗瑞卿、滕代远、何长工、彭绍辉先后任副校长。全校学员最多时达1万余人,其中女学员1000余人。随着形势发展的需要,抗大于1939年7月开始,先后迁至山西省武乡县蟠龙镇以及河北省邢台县浆水镇办学,1943年春迁回陕北绥德。从1939年春~1945年春,还陆续在晋冀鲁豫、晋察冀、山东、华中、鄂豫皖等抗日根据地建立了12所抗大分校。在抗日战争期间,抗大总校连续办了8期,连同各分校共培养和训练了20余万名军事、政治干部。

中国国防科学技术大学

学校前身是1953年创建于哈尔滨的军事工程学院,简称"哈军工"。1970年学院主体南迁长沙,1978年学校改建为国防科学技术大学。1999年4月,将长沙炮兵学院、长沙工程兵学院和长沙政治学院并入,组建新的国防科学技术大学。国防科学技术大学是一所综合性大学,肩负着为国防现代化培养高级科学和工程技术人才与指挥人才,从事国防关键技术研究的重要任务。学校是经国务院、中央军委批准成立研究生院的院校,是"七五""八五"期间国家重点投资建设的15所重点院校和首批进入国家"211工程"建设并获中央专项经费支持的全国重点院校之一。

英国桑赫斯特皇家军事学院

皇家军事大学成立于 1800 年,位于桑赫斯特。学校共有三个部分:高级系,负责训练参谋军官;初级系,训练贵族学员,有点像皇家军事学院但较不重视科学和技术的教学;军团,由军士后代组成的演示营,并训练他们成为未来的军士。不过,高级系和军团目前都已经分离出去,前者与皇家海军和皇家空军参谋大学组成了"联合军种指挥与参谋大学",后者则演变成约克公爵学校。1936 年,英国国防部决定将皇家军事大学和皇家军事学院合并,在桑赫斯特成立一所陆军军官学院。然而在此决定实施前,1939 年,二战爆发了,两所学校都就地解放。战后成立的桑赫斯特皇家军事学院继承了皇家军事学院和桑赫斯特皇家军事大学的优秀传统,开始为整个英国陆军训练正规军官。历史上,英国军队陆军参谋长多是由该校毕业生担任。其中,前英国首相丘吉尔以及蒙哥马利、罗伯茨、哈罗德·亚历山大等10 多名陆军元帅都是从这里走出来的。

西点军校:美国陆军军官学校

西点军校(West Point)的正式名称是"美国陆军军官学校"(The UnitedStates Military Academy)。军校位于纽约市北郊的哈德逊河坡地上,该地点被当地人称为"西点",故习惯上又称其为"西点军校"。在美国独立战争期间,西点曾经是美利坚开国总统华盛顿所率军队的驻扎地。

西点军校创立于 1802 年 7 月 4 日,在最初的 10 年中,西点军校主要是一所为部队培养工兵人才的学徒学校。1812 年 4 月份,美国国会通过一项法案,将军校确认为美国陆军培养军官的主要场所。1976 年,妇女被允许进入学校学习。西点军校学制四年,学科包括工程学、兵役

西点军校

学、社会及自然科学以及人文科学,为美国培养了众多的军事人才。这里自成立起培养了上千名将军,潘兴、麦克阿瑟、艾森豪威尔、巴顿及鲍威尔等全部都是西点毕业生。

法国圣西尔军校

圣西尔军校成立于 1803 年,拿破仑成为首席执政官以后,由于军队连年征战,他手下奇缺优秀军官。同时,他也非常怀念自己早年在巴黎炮兵学校的学习生涯,

于是决心成立一所军官学校。1803年,在枫丹白露成立军事专科学校。1808年,军校迁至巴黎西南郊凡尔赛宫附近的圣西尔,称为"圣西尔军校"。1942年,纳粹攻占法国全境,这所久负盛名的军校被迫解散。一所由戴高乐创办的军官训练学校在伦敦成立,为"自由法兰西"培养军队指挥员。战后,这所在战争中成立并保留下来的军校又成为"诸兵种军事专科学校",并迁回本土。由于圣西尔军校的建筑已在盟军为解放巴黎而实施的轰炸中被夷为平地,新校址只好设在巴黎以西约300公里的雷恩市郊外。1961年,根据招生对象不同,诸兵种军校一分为二,又恢复了圣西尔军事专科学校的名称和传统。戴高乐、塔西尼、朱安、马克西姆·魏刚、菲利普·贝当、麦克马洪、佩利西耶等全部都是该学院毕业生。

德国联邦国防军指挥学院

德国联邦国防军指挥学院被称为"德国将帅的摇篮",于1810年创建于柏林,是世界上第一所培养参谋人员的学校,其前身是高级军官学校,主要为德国培养和轮训陆、海、空三军高级参谋人员和中级指挥官。德国联邦国防部规定,该校招收的学员必须经联邦国防军高等学校培训,入校后分阶次经历基础科目训练、应用科目训练和专职人员业务训练。该校培养了许多世界著名的军事人物,如毛奇、施利芬、鲁登道夫、古德里安等。

希腊海军学院

希腊海军学院成立于1830年,建校时定名为希腊皇家海军。是希腊最高的军事学府。希腊海军学院校风严谨,注重培养学员的历史责任感和使命感。

美国海军学院

美国海军学院(United States Na-val Academy,缩写USNA),成立于1845年,是美国海军和美国海军陆战队的军官本科教育学校,位于马里兰州的安那波利斯。学院的格言是"三叉戟是用知识铸造的",三叉戟是希腊神话中海神波塞冬的武器,是海军力量的标志,因此意译这句话的意思是"制海权来自知识"。1850年,由海军学校正式更名为"美国海军学院"。随着美国海军的成长,学院的规模不断扩大。从由帆船和蒸汽船组成的舰队发展成为拥有核动力潜艇、水面舰只和超音速飞机的高技术舰队。1976年,国会批准女性可以进入所有军校学习。欧内斯特·金、威廉·哈尔西、尼米兹三位五星上将以及吉米·卡特等全部都是美国海军学院毕业生。

英国克兰韦尔空军学院

英国皇家海军航空兵于1915年决定成立一个独立单位,训练军官和船员操作飞机、观测气球和飞艇。1916年,"皇家海军航空兵克兰韦尔中央训练团"正式成立,戈费雷·佩因海军准将任指挥官。1918年,随着皇家海军航空兵和皇家飞行团的合并,克兰韦尔的所有权也转交给英国皇家空军。前海军基地的名称也被换为"英国皇家空军克兰韦尔站"。第一次世界大战后,英国皇家空军参谋长休·特伦查德爵士决定加强皇家空军作为独立军种的地位。其中的一项措施就是建立一所军事航空学院,为皇家空军未来的指挥官们提供基础训练和飞行训练。1920年,英国皇家空军正式成立,朗克罗夫特空军准将为学院院长。这也标志着世界上第一个军事航空学院的诞生。

俄罗斯伏龙芝军事学院

伏龙芝军事学院初建于1918年12月8日,原称"工农红军军事学院"。"十月革命"成功后,红色政权面临着白俄反动力量的反扑和外国军事力量的干涉。最高统帅部决定在莫斯科成立自己的革命军校,培养政治合格、军事过硬的苏维埃军事干部。1924年4月至1925年1月,伏龙芝元帅任院长。1925年11月5日,在他逝世后,正式被命名为伏龙芝军事学院。它为苏联和俄罗斯武装力量培养了大批军事人才。朱可夫、索科洛夫斯基、罗特米斯特罗夫、巴格拉米扬、崔可夫等高级将领在此毕业,我国的刘伯承、左权、刘亚楼都曾受训于这所学院。

瑞军联合国维和部队训练中心

瑞军联合国维和部队训练中心创建于1993年,设在瑞士沃特丹的摩步兵训练基地,由瑞军总参谋部和训练部双重领导。此中心的领导机构和教官均由瑞军训练部负责选调任命,其中教官全部由担任过国际停火监察组成员或联合国军事观察员的职业军官和职业士官充当,为瑞士培训参加联合国维持和平部队的军人。

世界军种

海 军

如何区分舰·艇·船

舰:排水量在 500 吨以上的统称为舰。

艇:排水量在 500 吨以下的统称为艇。潜水艇无论其吨位大小,都称为艇。

船:用于作战保障的辅助船只,无论其吨位大小,都依其使命分类称为船,如油船、水船、防救船、航标船、破冰船等。

舰艇

通常装备有武器,主要在海洋进行战斗活动或勤务保障的海军船只。广义上也包括其他军用船舶。俗称军舰,是海军的主要装备。根据使命不同,通常分为战斗舰艇、登陆作战舰艇和勤务舰船三类,也有分为战斗舰艇、登陆作战舰艇、水雷战舰艇和勤务舰船四类或战斗舰艇和勤务舰船两类的。舰艇被视为国家领土的一部分,只遵守本国的法律和公认的国际法。在战斗舰艇中,有以航空母舰为基地的舰载攻击机、舰载歼击机、舰载反潜机、舰载预警机以及舰载侦察机和电子对抗飞机等;有战略导弹潜艇装备的潜地导弹,其他战斗舰艇装备的舰舰导弹、舰空导弹、反潜导弹和鱼雷、水雷、舰炮、深水炸弹、电子对抗系统;还有反水雷舰艇装备的扫雷具和猎雷设备。

战斗舰艇

列入海军编制,装有专用武器,担负直接作战任务的舰艇的统称。分为水面战斗舰艇和潜艇。水面战斗舰艇有:航空母舰、直升机母舰、战列舰、巡洋舰、驱逐舰、护卫舰、护卫艇、鱼雷艇、导弹艇、猎潜艇、布雷舰艇、反水雷舰艇等。潜艇有:战略导弹潜艇和攻击潜艇等。水面战斗舰艇中正常排水量 500 吨及其以上的称为舰；500 吨以下的称为艇。潜艇则不论排水量的大小统称为艇。

航空母舰

以舰载机为主要武器并作为其海上活动基地的大型水面战斗舰艇。广义上也包括直升机母舰。现代航空母舰，按排水量分，6 万吨以上的为大型航空母舰，3~6 万吨的为中型航空母舰，3 万吨以下的为小型航空母舰；按动力类型分，有常规动力航空母舰和核动力航空母舰；按作战使命分，有攻击航空母舰、反潜航空母舰和多用途航空母舰。1918 年，英国将 1 艘商船改装成"百眼巨人"号航空母舰，首次采用全通型飞行甲板和岛形舰桥，已具有现代航空母舰的雏形。1919 ~ 1922 年，英国将一艘煤船改装成"兰格利"号航空母舰。日本于 1922 年建成世界上第一艘专门设

中国首艘航空母舰"辽宁舰"

计的航空母舰"凤翔"号。中国首艘航空母舰"辽宁舰"于 2012 年 9 月 25 日在大连造船厂正式交付海军。

航空母舰的小史

最早的航空母舰是英国人用运煤船改装成的，叫"百眼巨人"号。1910 年 11 月，在美国的"伯明翰"号巡洋舰上，安装了一个临时供飞机起飞的甲板，第一次在军舰上起飞的飞机是一架"寇蒂斯"双翼机。

1917 年 6 月，世界上第一艘有现代化装备的航空母舰"皇家愤怒"号（排水量为 1.91 万吨）下水。最早直接设计建造成航空母舰的是日本的"Honsho"（凤翔）号（排水量为 7470 吨），该舰在 1922 年 11 月下水，装备有 21 架飞机，二战中日本航母曾横行一时。目前，世界最大的航空母舰是美国海军的"尼米兹"号（排水量为 9.51 万吨）核动力航空母舰。该舰是 1975 年交付海军的，舰上机库可容纳 100 架飞机。

直升机母舰

以舰载直升机为主要武器，用于反潜或垂直登陆的大型水面舰艇。按用途分为反潜直升机母舰和登陆直升机母舰。反潜直升机母舰，用于舰艇编队或运输船队的反潜护航。如苏联的"莫斯科"级直升机母舰。登陆直升机母舰，用以运送登

陆部队和物资装备实施垂直登陆。如美国的"硫黄岛"号直升机母舰（美称"两栖攻击舰"）和法国的"圣女贞德"号登陆直升机母舰。

战列舰

亦称战斗舰。装备有多座大口径舰炮,具有很强的装甲防护,曾作为舰队主力参加远洋作战的大型水面战斗舰艇。战列舰的发展经历了风帆战列舰和蒸汽战列舰两个阶段。风帆战列舰出现于 17 世纪中期,木质船体;蒸汽战列舰出现于 19 世纪中期,是近代工业的产物。1849 年,法国建造了第一艘蒸汽战列舰"拿破仑"号。第一次世界大战中的日德兰海战,是蒸汽战列舰舰队进行的首次大规模海战,英德双方投入主力舰 64 艘。在第二次世界大战中,由于舰载航空兵、潜艇和鱼雷的广泛使用,参战的约 70 艘战列舰,其中 28 艘被击沉、击毁。从此战列舰丧失了主力舰的地位。战后,战列舰均退役,并不再新建。20 世纪 80 年代,美国对 4 艘"艾奥瓦"级战列舰进行现代化改装后,重新服役,分别部署于太平洋和大西洋。至 1992 年 3 月,4 艘战列舰全部退出现役。

巡洋舰

具有多种作战能力,主要在远洋作战的大型水面战斗舰艇。海军战斗舰艇的主要舰种之一。按排水量的不同,分为轻型导弹巡洋舰和重型导弹巡洋舰;按动力装置类型,分为常规动力巡洋舰和核动力巡洋舰。满载排水量 0.5 万~3 万吨,最大航速 30~35 节。普遍装备有舰空导弹、舰舰导弹、反潜导弹和新型全自动中口径舰炮及多管小口径舰炮,配备有反潜直升机、鱼雷以及电子对抗设备、舰艇指挥控制自动化系统。具有较强的区域防空、对海攻击、编队指挥和一定的反潜作战能力及快速反应能力。

驱逐舰

以导弹、鱼雷、舰炮为主要武器,具有多种作战能力的中型水面战斗舰艇。海军舰队编成中的重要舰种之一。现代驱逐舰的满载排水量 3500~8500 吨,多数为 4000 吨左右,航速 30~35 节。武器装备以导弹为主,并配载直升机。按使命的不同,分为对海型、防空型、反潜型和多用途型驱逐舰。驱逐舰的前身是鱼雷快船,生产于 19 世纪后半叶。至第二次世界大战期间,驱逐舰在许多国家的海军中成为数量最多的舰种。20 世纪 50 年代出现导弹驱逐舰。中国在 70 年代初建成第一代 051 型导弹驱逐舰,满载排水量 3500 余吨。装备舰舰导弹、舰炮和防空、反潜武器。70 年代以后,驱逐舰排水量趋向于大型化,采用燃气轮机或联合动力装置,舰载直升机的搜索、反潜能力提高,普遍装备反导弹防御系统,指挥自动化系统更加完善。

世界十大顶尖驱逐舰

"伯克"级:美国在 90 年代以后建造的唯一一级水面主战舰艇,舰上有"宙斯盾"系统、MK-41 垂直发射系统(VLS);

"金刚"级:日本版的"伯克"级驱逐舰,但它比原版的"伯克"级要稍大一些,排水量近万吨;

"地平线"级:"地平线"将装备英、法、意联合研制的"主防空导弹系统(PAAMS)",它包括多功能三坐标雷达、"席尔瓦"垂直发射系统、"紫菀"(ASTER)-15/30 防空导弹;

"果敢"级:该级舰同"地平线"一样,也将装备"主防空导弹系统(PAAMS)",考虑到未来作战需要,"果敢"级还为海军陆战队员留下较大的空间;

"052C"级:中国制造的第一款世界级水面作战舰艇,它装备了类似于美国"宙斯盾"系统中的 SPY-1 型雷达;

"无畏 II"级:苏联在"无畏"级大型反潜舰的基础上综合"现代"级的长处,建成了"无畏 II"级驱逐舰。

"斯普鲁恩斯"级:冷战时期,美国为应对苏联核潜艇设计的一级反潜驱逐舰。

"KDX II"级:韩国在 20 世纪建造的一级相当时尚的驱逐舰,它具有较好的隐身性能,装备了西方国家流行的"鱼叉"反舰导弹,MK-41 垂直发射系统。

"高波"级:日本海军为替代"朝雾"级、"初雪"级等老式的驱逐舰而设计的一级通用驱逐舰;

"现代"级:苏联为应对美国航母而建造的一级驱逐舰,它以反舰为主要使命,该级舰装备了令美国海军闻风丧胆的 SS-N-22"日炙"反舰导弹,具有相当出色的反航母能力。

护卫舰

以导弹、舰炮和反潜鱼雷为主要武器的轻型水面战斗舰艇。16~17 世纪,欧洲一些国家把轻快的三桅武装船称为护卫舰。19 世纪中叶,护卫舰开始采用蒸汽机主动力装置或与风帆并用。第一次世界大战期间,英、法、俄、美等国为保护其海上运输安全,曾大量建造护卫舰。第二次世界大战期间,护卫舰在海战中得到广泛应用,交战双方都有大量护卫舰参战。当时,世界各国共有护卫舰近 1000 艘。战后,护卫舰主要用于沿海警戒。20 世纪 70 年代,护卫舰普遍装备导弹和直升机,称为导弹护卫舰。现代的导弹护卫舰,满载排水量增大到 2000~5000 吨,航速 30~35 节,续航力 4000~7800 海里。主要武器有:舰空导弹、舰舰导弹、反潜导弹、舰炮、反潜鱼雷和直升机等。并装备有性能良好的声响、雷达及作战指挥、武器控制自动化系统。

潜艇

能潜入水下活动和作战的舰艇。亦称潜水艇。海军的主要舰种之一。按作战使命分为攻击潜艇和战略导弹潜艇;按动力分为常规动力潜艇(柴油机—蓄电池动力潜艇)和核动力潜艇;按排水量分,常规动力潜艇有大型潜艇(2000吨以上)、中型潜艇(600~2000吨)、小型潜艇(100~600吨)和袖珍潜艇(100吨以下),核动力潜艇一般在3000吨以上;按艇体结构分为双壳潜艇、一个半壳潜艇和单壳潜艇。特点是隐蔽性好,有较强的突击威力,有较大的自给力、续航力和作战半径;能在水下发射导弹、鱼雷和布设水雷,攻击海上和陆上目标。但其自卫能力差,缺少有效的对空防御武器;水下通信联络较困难,不易实现双向、及时、远距离的通信;探测设备作用距离较近,观察范围受限,掌握敌方情况比较困难;常规动力潜艇水下航速较低,充电时须处于通气管航行状态,易于暴露。

潜艇小史

2300多年前,马其顿国王亚历山大想去海底探索奇妙的世界。便命能工巧匠为他做一个用绳子拉着,可以沉落海底的不透水圆桶。他站在桶内,通过透明的玻璃小窗口,尽情观赏海底奇观。这是世上有史可查的第一个潜水工具。

直到1587年,"沉行海底"的设想由英国人威廉·伯恩提出。1620年,在英国首都伦敦,荷兰物理学家科尼利斯·德雷贝尔建造了世界上第一艘潜水船。船体由木框架外包涂油的牛皮构成,舱内有个大羊皮囊灌上水,船可潜入四五米深的水中。这种潜水船被认为是潜艇的雏形。1775年,美国人布什内尔建造了一艘单人驾驶的、以手摇螺旋桨为动力的木壳的"海龟"号潜艇,能在水下停留约30分钟。1797年,美国人罗伯特·富尔顿建造了一艘装置鱼雷的潜艇,这艘潜艇被认为是第一艘名副其实的军事潜艇。

历史进入了21世纪,潜水艇除了作为科学考察和实验之用外,最大的用途仍是军事。

核潜艇

以核能为推进动力源的潜艇。核动力潜艇的简称。按主要武器和作战使命的不同,分为战略导弹核潜艇和攻击核潜艇。与常规动力潜艇相比,具有航速高、自给力大、攻击力强、续航力大,能在水下长期隐蔽活动等优点。水下航速20~42

节,下潜深度最大可达900余米,换装一次核燃料,可连续使用3~10年,航行6~40万海里。1955年美国建成第一艘核潜艇"鹦鹉螺"号。中国1974年建成第一艘核动力潜艇并装备部队。

核潜艇

战略导弹潜艇

以弹道导弹为主要武器,用于对陆上战略目标实施核袭击的潜艇。亦称弹道导弹潜艇。其特点是,隐蔽性好、生命力强、突击威力大。多为核动力。水下排水量7000~26500吨,水下最大航速25~30节,最大下潜深度300~600米,自给力60~90昼夜;可携带16~24枚潜地弹道导弹,装有4~6具鱼雷发射管。艇体线型多为水滴形。1955年苏联在常规动力潜艇上第一次水面发射"SS-N-3"弹道导弹成功,1961年建成第一艘"H"级核动力战略导弹潜艇。1960年美国建成"乔治·华盛顿"号核动力战略导弹潜艇。此后,英国、法国和中国相继建成战略导弹潜艇。

攻击潜艇

以鱼雷和巡航导弹为主要武器,用于攻击潜艇和水面舰船的潜艇。具有水下噪声小、隐蔽性较好、攻击力强,能执行多种任务等特点。通常分为常规动力攻击潜艇和核动力攻击潜艇。常规动力攻击潜艇,主要任务是攻击运输舰船和大、中型水面战斗舰艇,以及反潜、侦察、运输、援救、遣送人员登陆等。排水量500~3800吨,下潜深度200~400米,水上航速10~15节,水下航速10~22节,自给力30~60天。核动力攻击潜艇,主要用于反潜,担负对核动力战略导弹潜艇的攻击,以及对大、中型水面舰船攻击。排水量2600~7000吨,下潜深度300~600米,有的可达900米,水下航速25~42节,续航力数万至数十万海里,自给力60~90天。可携带巡航导弹8~24枚和鱼雷20余枚,还可携带反潜导弹和水雷。中国于1974年建成核动力攻击潜艇。

猎潜艇

以反潜武器为主要装备的小型水面战斗艇只。满载排水量在500吨以下,航速24~38节(水翼猎潜艇可达50节以上),续航力700~3000海里,自给力3~10昼夜,在3~5级海况下能有效使用武器,5~8级海况下能安全航行。装备有反潜白导鱼雷发射管 4~12 具,多管火箭深水炸弹发射装置 2~4 座。20~76 毫米舰炮 1~6 座,以及电子对抗系统和舰艇指挥控制自动化系统等。具有航速较高、机动灵活、搜索和攻击潜艇的能力较强的特点,但适航性较差,防护力较弱,续航力和自给力较小。最早出现于第一次世界大战。

导弹艇

以舰舰导弹为主要武器的小型高速水面战斗艇只。主要用于近岸海区作战,在其他兵力协同下,以编队或单艇对敌方大、中型水面舰船实施导弹攻击,也可用于巡逻、警戒、反潜、布雷等。有滑行艇、半滑行艇、水翼艇和排水型艇等四种艇型。小、中型导弹艇满载排水量数十吨至 300 吨;大型导弹艇 300~500 吨,航速 30~40 节,水翼导弹艇 50 节左右。续航力 500~3000 海里。20 世纪 50 年代末,苏联将"P6"级鱼雷艇改装成"蚊子"级导弹艇,装备"冥河"舰舰导弹,这是世界上最早出现的导弹艇。中国在 60 年代开始研制第一代中、小型导弹艇,并同时批量生产装备部队。

鱼雷艇

以鱼雷为主要武器的小型高速水面战斗艇只。现代鱼雷艇有滑行艇、半滑行艇和水翼艇 3 种艇型,满载排水量 40~200 吨,航速 40~50 节,续航力 400~1000 海里。装有鱼雷 2~6 枚,单管或双管 25~57 毫米舰炮 1~2 座,有的还装有火箭深水炸弹发射装置、拖曳式声响和射击指挥系统。艇上有通信、导航、雷达、红外探测仪、微光观察仪等设备。鱼雷艇体积小,航速高,机动灵活,隐蔽性好,攻击威力大;但耐波性差,活动半径小,自卫能力弱。英国于 1877 年最先研制成"闪电"号鱼雷艇。20 世纪 50 年代,中国就已成批建造鱼雷艇。导弹艇出现后,鱼雷艇在快艇中逐步退居次要地位。但由于鱼雷艇造价低廉,研制容易,使用方便,加之现代鱼雷的性能不断提高,它的发展仍将受到世界各国特别是发展中国家的重视。

护卫艇

以小口径舰炮或导弹为主要武器,用于近岸海区巡逻、护航、护渔的小型水面战斗艇只。亦称炮艇或巡逻艇。排水量数十吨至 500 吨,航速 10~45 节,水翼巡逻艇可达 50 节。装备有 37~76 毫米单管或双管舰炮 1~2 座,机枪数挺,舰舰导弹 2~4 枚,以及深水炸弹等武器。护卫艇出现较早。中国清末海军就装备有炮艇。中国在 20 世纪 50 年代研制了"53 甲"型、"55 甲"型巡逻艇;60 年代初,又研制了第三代巡逻艇,后定名为"62"型护卫艇,排水量 100 吨,航速 30 节,装备有双 25 毫米和双 37 毫米舰炮各 2 座,并有声响和反潜武器等;80 年代,又建成导弹护卫艇,排水量 430~520 吨,装备舰舰导弹 4~6 枚。

装甲舰

近代历史上一度出现的舰炮威力强、船体装甲厚的水面战斗舰艇。是 19 世纪后半期至 20 世纪初期的海上主力战舰。在克里木战争(1853~1856 年)中,英、法联合舰队攻击俄国金布恩要塞,首次使用装甲舰。这种装甲舰,航速低、机动性差,只装舷炮,在战斗中没有获得大的战果,此后便停止建造。1859 年,法国建成世界上第一艘蒸汽装甲舰"光荣"号,排水量约 6000 吨,装有 30 多门舷炮,舷装甲厚120 毫米。20 世纪初,装甲舰普遍改称战列舰,并开始建造新型战列舰。

炮舰

以舰炮为主要武器,在近岸海区活动的水面战斗舰艇。用于巡逻、护航、布雷和对岸射击等。分为海洋炮舰和江河炮舰。海洋炮舰,排水量不超过 2500 吨,航速 10~20 节。装备有 76~152 毫米舰炮 2~5 门和小口径舰炮及机枪。江河炮舰,排水量多为数百吨,航速 8~15 节,装备有 47~120 毫米舰炮 1~4 门和小口径舰炮及机枪。炮舰出现于 18 世纪 90 年代。19 世纪末,曾泛指排水量小于巡洋舰、装有各种舰炮的军舰。进入 20 世纪,随着驱逐舰、护卫舰和快艇的发展,炮舰的作用下降。60 年代以后,导弹武器广泛装备舰艇,炮舰逐渐被淘汰。

勤务舰船

用于海上战斗保障、技术保障和后勤保障的舰船的统称。亦称辅助舰船或军辅船。包括军事运输船、航行补给船、维修供应舰船、医院船、防险救生船、工程船、试验船、训练舰、海洋调查船、海道测量船、电子侦察船、布设舰船、破冰船、基地勤务船等。其中有的是专门设计建造的,有的是由商船或军舰改装的。船体多为排水型,动力装置多采用柴油机或蒸汽轮机。满载排水量小的只有十几吨,大的达数万吨。航速 30 节以下。分别装备有适应其用途的装置和设备;通常还装备有自卫武器。为适应海上作业的需要,勤务舰船的性能也在不断改进。如,有的采用燃气轮机或核动力装置,舰上装备有先进的导航雷达、经纬仪、惯性导航、计算机和卫星终端等设备,有的还配载有直升机。

舰艇主尺度

表示舰艇船体外形大小的基本量度。包括船长、船宽、型深和型吃水等。通常以米为单位计量。舰艇主尺度,在舰艇设计时直接影响对舰艇排水量、总体布置和航海性能的确定;在建造和维修时,关系船台和船坞的选择;在服役过程中,涉及舰艇能否停靠码头,通过桥孔、船闸,进驻洞库,进行铁路运输,以及在浅海区、礁区、狭窄水道和江河中能否保证安全航行等。

破雷舰

利用舰体碰撞或舰本身产生的水压场、磁场、声场等物理场引爆水雷的反水雷舰艇。亦称雷阵突破舰或试航舰。主要用于在紧急情况下突破雷阵为其他舰船开辟航道,或检查已清扫过的雷区航道。具有吃水深、生命力强的特点。满载排水量通常为数千吨至 1 万吨。一般由旧舰船改装,加固船体,安装大量水密隔板,在空舱内充填漂浮物。破雷舰产生于第一次世界大战中。到 20 世纪 70 年代,各国海军已无正式服役的破雷舰。

猎雷舰艇

用于搜索、测定并摧毁水雷的反水雷舰艇。分远海猎雷舰和近海猎雷艇。特点是不需要预先探明水雷引信的性能,就可直接探测和清除水雷。满载排水量,远海猎雷舰 500~1000 余吨,近海猎雷艇 200~500 吨。最大航速 15 节左右。猎雷程序是:当探雷声纳发现水雷后,将遥控灭雷具投放水中,灭雷具慢速接近目标,使用引爆装置引爆沉底雷或扫除锚雷,然后将灭雷具收回舰上。

登陆作战舰艇

专门用于登陆作战的舰艇的统称。亦称两栖作战舰艇。包括登陆舰、登陆艇、船坞登陆舰、武装运输舰、两栖货船、两栖攻击舰、通用两栖攻击舰、两栖指挥舰和两栖火力支援舰等。同一般作战舰艇相比,登陆作战舰艇武器装备弱、航速较低、船型不同;而与普通客货船有许多共同之处,在需要时经改装可互相代用。

舰艇排水量

舰艇在静水中船体入水部分所排开的水的重量。亦称重量排水量。排水量是舰船大小的标志。水面舰艇的排水量,按装载情况,分为空载排水量、标准排水量、正常排水量、满载排水量和最大排水量。运输船和某些勤务船只,其排水量主要分为空载排水量和满载排水量。

登陆舰

运送登陆兵及其武器装备在岸滩直接登陆的登陆作战舰艇。按排水量分为大型登陆舰和中型登陆舰两种。具有首吃水浅、船首肥钝、船底平坦、船宽较大及有龙骨设计斜度等特点。大型登陆舰,满载排水量 1500~8000 余吨,续航力 2000 海里以上,能装载坦克 10~20 辆和登陆兵数百名。中型登陆舰,满载排水量 500~1500 余吨,续航力 1000 海里以上,能装载坦克数辆和登陆兵数百名。1940 年,英国建成第一艘专门设计的大型登陆舰。

舰艇续航力

舰艇一次装足燃料、机械用水和滑油,以规定航速航行时所能达到的最大距离。以海里为单位计量。它决定舰艇作战半径的大小,是舰艇战术技术性能的要素之一。现代常规动力舰艇的续航力为:小型舰艇 300~3000 海里;护卫舰、驱逐舰 4000~6000 海里;巡洋舰、航空母舰 6000~17000 海里;潜艇 4000~20000 海里。核动力舰艇的续航力可达 10 万~70 万海里以上。

舰艇作战半径

舰艇装足燃料、淡水等一次出航往返,进行作战活动,不需中途补给所能达到的最大直线距离。取决于舰艇续航力的大小。计算方法:按舰艇一次满载燃料、淡水,扣除战斗消耗和规定的安全储备,用经济航速航行所能达到的航程的 1/2。通常以概率计算,常规动力水面舰艇作战半径,取续航力的 1/3;潜艇作战半径,取通气管航速续航力的 30%。舰艇编队作战半径,按编队中作战半径最小的舰艇计算。核动力舰艇,因续航力很大,其作战半径已不成为战斗使用时主要考虑的参数。

潜艇水下逗留时间

潜艇潜入水下后,在与大气隔绝的舱室内,保证艇员正常呼吸所能持续逗留的最长时间。潜艇常用的空气再生方法有两种:一种是电解水法,可连续供氧,核动力潜艇多使用此法,其水下逗留时间主要取决于艇员长期在水下工作和生活所能支持的体力,通常不超过 3 个月;另一种是氧气再生法,用主要成分为过氧化物的再生药板或氧烛,吸收空气中的二氧化碳并放出氧气,常规动力潜艇多采用此法。中型潜艇所携带的再生器材数量,通常可保证其水下逗留 600 小时以上。

潜艇下潜深度

潜艇潜入水下后,从水面至其中央舱内深度计之间的垂直距离。通常以米计算。通常分为:潜望深度,指潜艇潜望镜顶部保持高出水面 0.5~1.0 米的下潜深度,中型潜艇约为 8~10 米,大型潜艇约为 10~15 米;安全深度,潜艇为避免与水面舰船发生碰撞的深度,通常不小于 30 米;工作深度,潜艇能长时间在水下航行的下潜深度,最大值通常为极限深度的 80%~90%,是潜艇的主要活动深度;极限深度,亦称最大下潜深度,潜艇在此深度只能作有限次数的短时间逗留。潜艇最大下潜深度,在第一次世界大战期间约为 60~70 米;第二次世界大战期间增至 200 米;战后,一般为 300~400 米,有的达到 900 米以上。

舰艇自给力

舰艇一次装足按设计要求规定的燃料、淡水、食品,潜艇还包括氧气再生药板等,中途不补给,所能连续在海上活动的最长时间。以昼夜为单位计量。通常包括:舰艇由基地到作战海区往返所需时间;执行任务或进行战斗所需时间;停顿待机或警戒所需时间。舰艇自给力的一般范围:巡洋舰、航空母舰等大型军舰 30~80昼夜;驱逐舰 10~30 昼夜;护卫舰 5~15 昼夜;扫雷舰、猎潜艇 5~10 昼夜;导弹艇、鱼雷艇、护卫艇 2~7 昼夜;登陆作战舰艇 3~30 昼夜;潜艇 60~90 昼夜。

舰炮

装备在舰艇上用于射击水面、空中和岸上目标的海军炮。按口径大小,分为大口径舰炮(152~406 毫米)、中口径舰炮(76~130 毫米)和小口径舰炮(20~57 毫米);按炮管数,分为单管舰炮和多管舰炮;按封闭程度,分为全封闭式舰炮和非封闭式舰炮;按自动化程度,分为全自动舰炮、半自动舰炮和非自动舰炮;按射击功能,分为平射舰炮和平射高射两用舰炮。

海岸炮

配置在海岸重要地段、岛屿和水道翼侧的海军炮。简称岸炮。海军岸防兵的主要武器之一。口径为 100~406 毫米,射程一般为 30~48 千米。主要射击水面目标,有的也可射击陆上目标和空中目标。用以保卫海军基地、港口和沿海重要地段,掩护近岸交通线,封锁航道,支援在近岸海域活动的舰艇以及岛岸作战的部队。有固定式海岸炮和移动式海岸炮。固定式海岸炮,配置在永备工事内,隐蔽性好,生命力强。移动式海岸炮,是机械牵引炮,移动方便,机动性好。还曾有过铁道炮,安装在特制的运输车或炮车上,可沿铁路线机动射击。20世纪中期以后,随着飞机和导弹的使用,海岸炮的数量逐渐减少;但仍与岸舰导弹共同组成岸防火力配系,协同岸舰导弹或单独完成任务。

舰舰导弹

从水面舰艇发射攻击水面舰船的导弹。也可攻击海上设施,沿岸和岛礁目标。舰艇主要攻击武器之一。与舰艇上的导弹射击控制系统、探测跟踪设备、水平稳定和发射装置等构成舰舰导弹武器系统。射程多为40~50千米,有的可达数百千米;通常采用复合制导;飞行速度多为高亚音速,少数为超音速。同舰炮相比,射程远,命中率高,威力大;但连续作战能力差。

岸舰导弹

从岸上发射攻击舰船的导弹。亦称岸防导弹。海军岸防兵的主要武器之一。配置在沿海重要地段和海上交通咽喉要道两侧。与海岸炮相比,射程远,命中率高,破坏威力较大;但易受干扰。射程数十至数百千米,飞行速度多为高亚音速。由飞机、直升机、舰艇或卫星进行中继引导时,可攻击雷达视距外的海面目标。与地面指挥控制、探测跟踪、检测、发射、技术保障系统等构成岸舰导弹武器系统。岸舰导弹通常是由舰舰导弹、空舰导弹或地地导弹改装而成。20世纪50年代,苏联首先研制岸舰导弹。60年代后,中国、法国、意大利、瑞典、挪威、英国等,相继研制生产岸舰导弹。

空舰导弹

由飞机从空中发射攻击水面舰船的导弹。海军航空兵的主要武器之一。也可用于攻击地面目标。有的空舰导弹可与舰舰导弹、岸舰导弹通用。20世纪80年代服役的空舰导弹,飞行速度多为亚音速,射程数十至数百千米。飞行多采用低弹道,初始段多为下滑飞行,中段转入超低空平飞,末段高度可降至10米以下掠海面飞行接近目标,可取得隐蔽突然袭击的效果。

潜地导弹

由潜艇在水下发射攻击地面固定目标的战略导弹。特点是隐蔽性、机动性好,生存能力强,便于实施核突击。主要用于袭击敌方政治和经济中心、交通枢纽、重要军事设施等战略目标。是战略核武器的重要组成部分。潜地导弹分为潜地弹道导弹和潜地巡航导弹。在现代条件下,潜地导弹是战略核力量中生存能力最强的武器。

水中武器

能在水下毁伤目标或使敌方鱼雷、水雷失效的武器的统称。包括鱼雷、水雷、深水炸弹、反潜导弹以及反鱼雷、反水雷武器等。亦称水中兵器。主要由水面舰艇、潜艇、飞机携载使用。用于攻击舰船、破坏码头、水坝和堤防设施,封锁港口航道,对抗鱼雷、水雷武器等。

鱼雷

最早的鱼雷,是英国工程师怀特黑德于 1866 年制成的。其直径为 0.35 米,长为 3.58 米,重达 136 千克,利用压缩空气驱动活塞发动机带动旋桨推进,航速达 6 节,航程为 640 米。最早把鱼雷用于实战的是俄国人。在 1877~1878 年的俄土战争中,俄国海军第一次使用鱼雷击沉了土耳其军舰。在其后一百多年里,鱼雷得到了越来越多的改进:鱼雷的发展从无控制到有控制;从程序控制到声导、线导和复合制导;从压缩空气动力到热动力、电动力;从常规装药到核装药;航速从 6 节到 50~60 节;航程从 640 米到 5 万米。由于

鱼雷

鱼雷在水中爆炸,着重对舰船的要害部位进行破坏,因而对水面舰只有着极大的威胁。

鱼雷是由携载平台发射入水,能自航、自控(自导),以摧毁目标的水中武器。装备于舰艇、飞机及岸基发射台,用于攻击潜艇、水面舰船及其他水中目标。还可作为反潜导弹和自导水雷的主体。现代鱼雷具有隐蔽性好、命中率高和摧毁力强等特点,是海军的主要攻击武器之一。按携载平台和攻击对象,分为反舰鱼雷和反潜鱼雷;按制导方式,分为自控鱼雷、自导鱼雷和线导加自导鱼雷;按推进动力,分为冷动力鱼雷、热动力鱼雷、电动力鱼雷。还有火箭助飞鱼雷,系反潜导弹之一。其空中飞行段由火箭运载,入水后以自身动力和制导方式航行。按装药种类,分为常规装药鱼雷和核装药鱼雷;核装药鱼雷简称核鱼雷。

自导鱼雷

利用自导装置自动搜索、跟踪和导向目标的鱼雷。由水面舰艇、潜艇和飞机携带，用以攻击潜艇和水面舰船。自导作用距离一般为 600~2500 米。按物理场的特性，主要有声自导鱼雷和尾流自导鱼雷。

声自导鱼雷

利用水声技术自动搜索、跟踪、攻击目标的鱼雷。按搜索方式，分为单平面自导鱼雷和双平面自导鱼雷；按自导方式，分为被动声自导鱼雷、主动声自导鱼雷和主被动联合声自导鱼雷。单平面自导鱼雷，能在水中的水平方向上搜索和导向目标；双平面自导鱼雷，能在水体中的水平和垂直两个平面上搜索和导向目标。被动声自导鱼雷，本身不发射脉冲声信号，靠接收目标噪声导向，自导作用距离较大，隐蔽性好，自导装置简单；但自导作用距离受目标声源级影响大，易受假声源干扰而误导。主动声自导鱼雷，在目标不辐射噪声的情况下，自导装置仍能对其探测、搜索；但隐蔽性差，作用距离小。主被动联合声自导鱼雷，通常采用主动声自导和被动声自导方式交替工作，用被动声自导搜索目标，发现目标后，转为主动声自导攻击；但自导装置结构较复杂。

尾流自导鱼雷

利用舰船航行时产生的尾流效应自动搜索、跟踪、攻击目标的鱼雷。由于舰船航行时，船体水流和排出物等经螺旋桨高速旋转搅动，使舰船尾部产生具有热、声（核动力舰船还有核辐射）等物理特性的尾流，通过自导鱼雷的尾流检测器，可导引鱼雷沿尾流追踪目标，直至命中。抗干扰能力较强，可用于对水面舰船的攻击。

线导鱼雷

由发射平台通过导线传输指令导向目标的鱼雷。通常由潜艇和水面舰艇发射，也可由反潜直升机发射，用以攻击潜艇和水面舰船。航速为 35~60 节，最大航程达 4.6 万米，命中概率比自导鱼雷提高约 30%，具有较好的抗干扰能力。鱼雷线导控制系统由导线、放线器和导线传输设备等构成。导线一般为直径小于 1.2 毫米、芯线直径小于 0.4 毫米的特制导线，具有较强拉力和抗腐蚀性能，长度通常比鱼雷航程大数百至数千米。

火箭助飞鱼雷

由火箭空中助飞到达预定点入水,自动搜索、跟踪和攻击潜艇的鱼雷。简称助飞鱼雷。反潜导弹之一。主要由舰艇在水面或水下发射。兼有火箭射程远、速度快和自导鱼雷自动搜索攻击能力强等优点。是舰艇攻击核动力潜艇的有效武器。其火箭飞行器有巡航式和弹道式两种,飞行速度为亚音速到超音速,射程为十千米到数十千米。鱼雷入水后均为声自导。火箭飞行器携带核装药深水炸弹,即火箭助飞核深弹,是另一种反潜导弹,它不带减速伞,入水下沉至预定深度爆炸,可毁伤位于其威力半径内的潜艇。

水雷

布设在水中,当舰船与其碰撞或进入其引信作用范围,或由人工控制而起爆的水中武器。用于毁伤舰船或阻碍其行动,也可破坏桥梁和水工建筑物。由水面舰艇、潜艇或飞机布放。特点是隐蔽性好,威胁时间长,布设简便,扫除困难,用途广泛。按在水中的状态分,有锚雷、沉底雷和漂雷;按引信类型分,有触发水雷、非触发水雷和控制水雷;按布雷平台分,有舰布水雷、潜布水雷、空投水雷和通用水雷。此外,还有火箭上浮水雷、自导水雷和自航水雷等特殊性能的水雷。1991 年海湾战争中,伊拉克布放 1200 余枚水雷,先后有美国导弹巡洋舰"普林斯顿"号、两栖攻击舰"特里波里"号、导弹护卫舰"尼古拉斯"号和扫雷舰"领袖"号被炸伤。美、英、荷、比、法、德、意、日、沙特阿拉伯等 9 国海军派出猎雷舰、扫雷舰 34 艘、扫雷直升机 6 架参加了反水雷斗争。

触发水雷

装有触发引信,利用舰船直接碰撞起爆的水雷。多为锚雷或漂雷。早期使用较多,因触雷概率低,现代使用较少。按引信原理,分为电液触发水雷、惯性触发水雷、接电触发水雷和触线水雷。

非触发水雷

装有近炸引信,利用舰船物理场或主动发射信号判别目标而起爆的水雷。多为沉底雷。水雷的近炸引信,按工作原理,分为被动式近炸引信和主动式近炸引信。被动式近炸引信,有磁引信、声引信、水压引信等。主动式近炸引信,有超声引信、红外引信、微波引信。由发射接收系统和执行系统构成。从水雷上发射超声等信号,遇到目标反射回波经判别确认后启动、引爆。多用于锚雷和漂雷。近炸引信按工作方式,分为单一引信、联合引信和组合引信。单一引信简单可靠;联合引信可以取长补短,抗扫、抗干扰性较好;组合引信在硬件结构不变的前提下,通过修改软件,构成各种引信,可简化后勤保障,是有发展前景的引信。有些国家还在研究利用舰船热场、光场、重力场和宇宙线场等诱爆的新型水雷。

声磁水雷

装有声磁联合引信的非触发水雷。利用舰船声场和磁场的共同作用而起爆。多为沉底雷。特点是动作可靠,抗扫、抗干扰性能好。通常由雷体、声引信、磁引信、逻辑电路、辅助仪表及电源等构成。声引信有静声引信和动声引信。按频率有声频引信(20 赫~20 千赫)、次声引信(低于 20 赫)和超声引信高于 20 千赫)。磁引信,有静磁引信、动磁引信、磁梯度引信和双通道、全磁场引信。

水压水雷

装有水压引信,利用舰船水压场变化量引爆的非触发水雷。航行舰船水压场的特点是舰首和舰尾下的压力增加,称正压区,而舰船中部压力降低,称负压区。水压场大小与舰船的吨位、形状和航速等有关。现代的水压引信,采用电阻丝或半导体应变片式接收室和压电式接收器,可输出水压场变化的连续波形,便于信号处理,提高抗干扰和目标识别能力。还可利用舰船水压场的正压区以对付高速舰艇或气垫船等。水压水雷始见于第二次世界大战。由于舰船水压场不易模拟,水雷一经布设,便难于扫除;但舰船水压场的旁侧范围大,环境干扰如潮汐、风浪等均易诱发水压引信误动,通常和声引信、磁引信联合使用。

遥控水雷

由遥控信号控制水雷引信动作的水雷。通常用于防御布雷,也可用于攻势布雷。特点是抗扫性好,抗干扰能力强,便于己方舰船安全通过。由装在海岸、舰艇、飞机上的遥控装置通过信号控制水雷的安全状态或直接起爆。控制方式分为有线遥控和无线遥控。有的遥控水雷的布设,可分成若干个控制信号编码不同的雷群,根据需要,分别控制某一编码信号的雷群进入战斗状态或起爆,或由主控雷转发指令信号控制各雷动作。

自导水雷

将自导鱼雷和锚雷相结合,能自动搜索、跟踪、攻击目标的水雷。兼有水雷的长期威胁作用和鱼雷的主动攻击能力。由水面舰艇、潜艇或飞机布放。主要用于攻击潜艇。水雷进入工作状态后,以被动探测方式搜索目标。当发现目标后,转入主动探测方式。若判明是潜艇,测距后给鱼雷设定参数,启动鱼雷释放系统,并自动导向目标。美国 1979 年装备部队的 MK60 型水雷,长 3.68 米(空投、舰布)或 3.50 米(潜布),直径 533 毫米,重量 1184 千克(空投、舰布)或 1069 千克(潜布)。布设深度可达 762 米。引信作用半径 1000 米。布雷间隔 2000 米。雷体内装的 MK46-4 型自导鱼雷,长 2.59 米,直径 324 毫米,航速 45 节,航程 3 万米,总重量 232 千克,装药量 43.5 千克。

反水雷武器

用于探测、消灭水雷的水中武器。主要装备在反水雷舰艇和扫雷直升机上。包括扫雷武器、猎雷武器等。扫雷武器,包括各种扫雷具和防水雷自卫具。猎雷武器,由探雷器和灭雷具或灭雷炸弹结合而成。反水雷武器出现于 19 世纪末,第一次世界大战期间广泛使用各种舰用接触扫雷具和防水雷自卫具,第二次世界大战期间发展和使用各种非接触扫雷具,战后出现直升机扫雷具和遥控扫雷具,从 20 世纪 60 年代以来,又发展了能探测、识别和消灭水雷的猎雷武器系统。

扫雷具

用机械方法清除水雷或模拟舰艇物理场以诱爆水雷的反水雷武器。装备在扫雷舰艇或扫雷直升机上。按工作原理,分为接触扫雷具和非接触扫雷具;按携带方式,分为拖曳式扫雷具和艇具合一式扫雷具;按装备对象,分为舰用扫雷具和直升机扫雷具;按使用水域,分为海洋扫雷具和江河港湾扫雷具。扫雷具的优点是清扫宽度大,能成批处理水雷,作业效率高,特别是接触扫雷具能有效地清除各种锚雷。

猎雷武器系统

用于对水雷进行探测、定位并逐个识别和消灭的反水雷武器系统。通常装备在猎雷舰艇上。能主动探测水雷并将其消灭。但探雷效果受水文条件和海底底质、地形等影响较大,作业速度较慢,清除雷阵效率较低。在平时,还可用于海洋调查、海底搜索和勘测等。

灭雷具

在母舰遥控导引下,接近、识别和消灭单个水雷的反水雷武器。世界上第一个灭雷具是法国在 20 世纪 70 年代初研制成功的。比较常用的是缆控自航潜水器,装有前进、侧向及垂向推进器,电视摄像机和近程高分辨率声响,扫除锚雷的爆破割刀,监测灭雷具航向、深度与姿态的传感器,指示灭雷具位置的声脉冲发生器或声应答器并携带消灭沉底雷的爆炸装置等。大型灭雷具长约 4 米,重约 1400 千克;小型灭雷具,长不到 2 米,重约 160 千克,使用深度 100~300 米,航速 4~6 节,活动距离一般在 500 米以内。自带电池供电的续航时间只有数十分钟至数小时,由艇上通过电缆供电,则续航时间不受限制。

舰艇军旗

舰艇上悬挂的象征军队和舰艇级别的旗帜。中国人民解放军海军的舰艇按规定悬挂"八一"军旗。军旗按大小分为 1~4 号。万吨以上的战斗舰艇和 1.5 万吨以上的勤务舰船悬挂 1 号军旗;驱逐舰、护卫舰、核潜艇、大型登陆舰和 1500~15000 吨的勤务舰船悬挂 2 号军旗;常规潜艇、扫雷舰、中型登陆舰、导弹护卫艇、猎潜艇和 300~1500 吨的勤务舰船悬挂 3 号军旗;导弹艇、护卫艇、扫雷艇、登陆艇和 100~300 吨的勤务船悬挂 4 号军旗。

海军信号旗

在目力范围内进行旗语通信的专用旗帜。亦称海军通信旗。主要供舰艇和海岸信号台使用。白天,目力能看清的地方均可用它来传递信号。通信距离一般为 2~3 海里。其用途是传达舰艇编队的统一号令,进行海上编队运动或表示本舰的行动信号,也可发送日常勤务信号。海军信号旗是挂在旗杆上的旗帜,用 1 面或几面旗帜表示某种含义。分字母旗、数字旗和特种旗 3 种。根据颜色和式样来识别。用红、黄、蓝、白、黑 5 种不同颜色的旗纱缝制而成,式样分为燕尾形、长方形、三角形和梯形。国际信号旗由 26 面字母旗、10 面数字旗、3 面代旗和 1 面回答旗共 40 面旗组成。多数国家海军信号旗的式样、数量与国际信号旗基本相同。中国人民解放军海军信号旗除增加 6 面特种旗外,其他和国际信号旗相同。

海军旗

标志海军军种的旗帜。专用海军旗的旗面式样、颜色和规格都是特定的。有的国家海军悬挂专用的海军旗,有的国家海军以国旗或军旗代海军旗。1992 年,中华人民共和国中央人民革命军事委员会颁布命令,公布海军仪仗队使用的海军旗式样,上部保持中国人民解放军军旗的基本式样,底部蓝白相间,象征大海与波浪。海军舰艇悬挂满旗的时间、排列顺序有着严格的规定。悬挂满旗的时机,一般是迎接政府要元,重大节日,迎接外国军舰来访,出访编队离码头前,到达被访问国港口和在国外停泊时等等。满旗悬挂于两桅横桁之间,并分别连接到舰首、尾旗杆,两桅顶各挂国旗一面,舰首、尾旗杆各挂海军旗一面。

舰徽

舰艇的标志。通常置于舰艇会议室或指挥室。舰徽的式样及规格由海军统一设计和规定。其复制品可用于对外交往活动时的馈赠礼品,由舰艇主官赠送,并建立登记制度。

声呐

利用水中声波进行探测、定位和通信的电子设备。装备于潜艇、水面舰艇、反潜飞机、反潜直升机和海岸声呐站等。用于对水中目标搜索、警戒、识别、跟踪、监视和运动要素的测定;进行水下通信和导航,保障舰艇、反潜飞机和反潜直升机的战术机动和水中武器的使用。声呐技术还广泛用于鱼雷自导、水雷引信,以及鱼群探测、海洋石油勘探、船舶导航、水下作业、水文测量和海底地质地貌的勘测等。按工作方式不同,分主动声呐和被动声呐;按装备对象,分水面舰艇声呐、潜艇声呐、航空声呐、便携声呐(潜水员声呐)和海岸声呐;按战术用途,分攻击声呐、警诫声呐(搜索声呐)、探雷声呐、导航声呐、通信声呐和识别声呐等;按基阵携带方式,分舰壳声呐、拖曳声呐、吊放声呐、浮标声呐、座底(固定式)声呐。"声呐"一词,形成于第二次世界大战中。是英语 sound naviqation and ranging(声导航与定位)略语的音译。又译声呐。

非声探潜设备

用非声学手段探测潜艇的各种设备的统称。包括磁力探潜仪、前视红外拆测仪、雷达、微光电视及废气探测仪等。磁力探潜仪,利用由潜艇引起的地磁异常对潜艇进行探测和定位,作用距离为数百米,是非声探潜的主要设备。固定式磁力探潜仪,置于港口或航道的海底,对潜艇进行监视;舰艇磁力探潜仪探头用电缆拖曳在舰尾后水中,控制台在舰艇舱内;航空磁力探潜仪装在各种反潜飞机和直升机上。前视红外探测仪,通常装在飞机的头部,摄取飞机前方或下方景物的红外辐射,以电视形式显示目标的红外图像,可在夜间探测通气管航行状态的潜艇,还可探测水下十几米深度潜艇航行产生的热尾流。雷达和微光电视,都只能探测水面及潜望深度航行的潜艇。废气探测仪,利用常规潜艇排出的一氧化碳气体来探测潜艇的航迹。

深水炸弹武器系统

由深水炸弹和探测设备、射击控制系统、发射或投放装置及输弹装置构成,用于攻击潜艇的水中武器系统。亦称深弹反潜系统。装备在反潜舰艇和反潜机上,作为近程攻潜武器。第一次世界大战中,深水炸弹和其他组成部分多为人工操纵,发射速度慢、命中率低。第二次世界大战以后,随着计算机技术和自动控制技术的发展,逐步将各部分连接成一个完整的系统,缩短对潜攻击时间,提高攻击效果;并将进一步提高整个武器系统的自动化程度,改进水下探测设备和深水炸弹的性能。

深水炸弹

由水面舰艇或飞机发(投)射,在水中一定深度爆炸以攻击潜艇的水中武器。简称深弹。也可攻击其他水中目标。按携带方式,分为舰用深水炸弹和航空深水炸弹。通常破坏半径为 8~14 米,射程 1000~6000 米。舰用深水炸弹,分为投放式深水炸弹和发射式深水炸弹。深水炸弹也可采用核装药。核装药深水炸弹,称为核深水炸弹,多用作反潜导弹的弹头。深水炸弹引信,有定时引信、撞发引信、定时撞发联合引信和近炸引信。航空深水炸弹由飞机投放,弹体的头部、尾部或侧面均装有引信以确保深弹起爆。深水炸弹于 1915 年开始装备使用。第二次世界大战中,火箭推进技术应用于深水炸弹,在弹体后面装一个固体火箭发动机,发射时,无后坐力并可多管齐射,作为近程反潜武器在战后继续得到发展,但发射时火焰气浪大,落点散布广,对潜攻击命中率低。

舰艇光学测距仪

装备在舰艇上,应用几何光学原理测量目标距离的观测仪器。由光学望远系统和距离测量装置等构成。测得的目标距离,可供舰艇武器射击或舰艇编队航行使用;测得岸上固定物标距离,可用于舰艇定位、导航。具有性能稳定、工作可靠、操作简便、直观、隐蔽和不受电子干扰等优点;但受能见度影响较大。舰艇光学测距仪一般安装在舰艇较高部位,且具有良好的防潮、防尘、防霉、防烟雾性能,有的还设有防震装置。舰艇上还常配有基线较短(1 米以下)、可手持的测距仪。雷达和激光测距技术的发展,使光学测距仪装舰数量减少,但许多水面舰艇仍装有舰艇光学测距仪。

潜艇潜望镜

潜艇在水中一定深度上用目力观察水面和空中目标的光学观测器材。主要用在潜望深度航行时:搜索观察海面、空中和海岸情况;观测天体和陆标,实施潜艇定位;测定敌舰船的运动要素,保障鱼雷攻击以及摄像等。特点是直观性强,准确可靠,不受人工干扰,但受能见度、海况和地球曲率影响较大。当潜艇在潜望深度航行时,其顶部通常升出水面 0.5~1 米。现代潜艇潜望镜已从单一的光学器材发展成具有多种功能的光学、光电和电子综合性观察、导航设备。通常装有光学测距、摄像和测天定位装置。有的还分别装设微光电视、红外热像仪、视频录像仪、激光测距仪、天文导航仪、雷达测距装置和雷达侦察告警接收机天线系统等。

舰艇雷达对抗设备

舰艇上用于侦察敌方雷达设备和雷达制导武器的电磁信息,削弱或破坏其效能的电子设备和器材的总称。可以截获敌雷达信号,进行分析和威胁等级判别,评估电磁环境和选择最佳干扰样式,适时地施放干扰,保护己方舰艇免遭敌方发现、跟踪和毁伤。通常包括舰艇雷达对抗侦察设备和舰艇雷达干扰设备两大类。

舰艇光电对抗设备

装备在舰艇上,用于截获敌方光电设备和装置的辐射信息,削弱、破坏其效能的电子对抗设备和器材的总称。包括:舰艇光电对抗侦察设备,主要有红外告警器、激光告警器以及可同时探测光频和微波射频威胁信号的复合告警器等;舰艇光电干扰设备,如激光致盲武器、反激光导弹、红外诱饵弹和激光、红外干扰机、烟幕弹等;反光电侦察与反光电干扰器材,主要包括反侦察涂料及反干扰防护镜等。

水声对抗设备

用于侦察、干扰或诱骗对方声呐和声自导鱼雷的水声设备的统称。亦称声呐对抗设备。装备在水面舰艇、潜艇和反潜机上。是一种被动式声呐,主要用于监听敌方主动声呐信号并测定其方位及波形参数,以采取相应的水声对抗措施。有的综合声呐也兼有侦察功能。水声干扰设备,主要有水声干扰器、气幕弹等。水声干扰器通过向水中发射强功率噪声,压制敌方声呐的工作。气幕弹利用在水中形成的气泡幕,产生大量杂散回波,干扰敌方声呐的工作。水声诱饵,是诱骗性水声对抗设备,它向水中发射模拟的舰艇回波或舰艇辐射噪声,诱骗敌方声呐和声自导鱼雷跟踪,使舰艇免遭发现或攻击。

水声干扰器

利用发射干扰声波,压制或削弱敌方声呐和鱼雷声自导效能的消耗性水声对抗器材。通常由潜艇携带,结合潜艇的战术机动将其投入水中,以规避反潜兵力对潜艇的声呐搜索和声自导鱼雷的跟踪。通常分为高频水声干扰器和低频水声干扰器。高频水声干扰器,主要对声自导鱼雷实施干扰;低频水声干扰器,主要对声呐实施干扰。

空 军

军用飞机

用于直接参加战斗、保障战斗行动和进行军事训练的各种飞机的总称。是航空兵的主要技术装备。主要包括:歼击机、轰炸机、歼击轰炸机、强击机、反潜巡逻机、侦察机、军用运输机、预警机、电子对抗飞机、空中加油机和军用教练机等。有人也把军用直升机列为军用飞机。

滑翔机

没有动力装置或仅有一台小型辅助动力装置的、重于空气的固定翼航空器。它可借助于飞机(或绞盘车、汽车等)牵引或依靠自身辅助动力装置起飞,也可利用地形从高坡直接下滑到空中。滑翔机主要用于体育运动,也可用于训练飞行员。无人驾驶滑翔机还可在作战中使用。第二次世界大战期间,德国、英国、美国、苏联和日本都曾使用大型滑翔机运送士兵及装备,执行作战和救援任务。战后,许多国家空军曾一度装备空降滑翔机。20世纪50年代末,军用运输机和直升机日趋完善,空降滑翔机遂被取消。

螺旋桨飞机

用螺旋桨作推进装置的飞机。按采用动力装置的类型,螺旋桨飞机分为活塞式螺旋桨飞机(简称"活塞式飞机")和涡轮螺旋桨飞机。从20世纪初到40年代,是活塞式螺旋桨飞机独占航空领域的时期。50年代初,涡轮螺旋桨飞机问世,性能明显提高,飞行速度可达800千米/小时左右,飞行高度超过10000米。

喷气式飞机

以喷气发动机作动力装置、利用喷射高速气流直接产生反作用推力的飞机。

喷气式飞机适用于高速飞行,特别是超音速飞行。1939 年德国研制成世界上第一架喷气式飞机。第二次世界大战后,喷气式飞机发展迅速,喷气式战斗机得到广泛应用,并取代了活塞式战斗机,还出现了喷气式轰炸机、侦察机和教练机等。60 年代,喷气式飞机的最大平飞速度超过 3 倍音速,如美国的 SR-71 战略侦察机,装火箭发动机的飞机最大速度超过 6 倍音速,最大飞行高度达 30000 米左右。

后掠翼飞机

机翼前、后缘均向后掠的飞机。跨音速和超音速军用飞机多为后掠翼飞机。后掠翼飞机的设想是 20 世纪 30 年代末开始提出的,主要是为了克服因接近音速飞行而急剧增大的空气阻力,突破"音障",随后,出现大量的军用后掠翼飞机。如美国的 F-100 战斗机、B-52 战略轰炸机;苏联的米格-19 歼击机、远程轰炸机;中国的歼-5 型歼击机。60~70 年代,军用后掠翼飞机发展很快。为了满足不同高度、速度飞行和起飞着陆对机翼后掠角的不同要求,又生产出变后掠翼飞机。如美国的 F-111 战斗炸机、苏联的米格-23 歼击机。

前掠翼飞机

机翼前、后缘均向前伸展的飞机。前掠翼产生弯曲变形时会使外翼迎角增大,从而使外翼升力增大,造成机翼弯曲变形加剧,在一定(临界)速度下,这种现象会形成恶性循环,直到使机翼折断。为了提高临界速度,需要付出增加结构重量等代价。所以,前掠翼虽和后掠翼同时提出,却很少被采用。70 年代以后,出现了利用复合材料结构的弯扭变形耦合效应(即通过布置不同纤维方向铺层)克服上述现象,同时由于变弯度技术、放宽静稳定度技术和电传操纵控制技术等的发展,前掠翼飞机遂又受到航空界的重视。1984 年 12 月 14 日美国 X-29A 前掠翼验证机首次升空。

三角翼飞机

机翼平面形状呈三角形的飞机。这种飞机机翼具有后掠角大、展弦比小和相对厚度小等特点。主要优点是机翼重量轻、刚性好、容积大等。分为有平尾式和无平尾式两类。有平尾式,如歼-8、米格-21、苏-15 歼击机等;无平尾式,如"幻影"Ⅲ型歼击机和"协和"式超音速客机等。

鸭式飞机

在机翼前方机身上装有水平小翼面而没有水平尾翼的飞机。这种小翼面称为前翼,或"鸭翼",它代替一般飞机的水平安定面和升降舵。20 世纪初,美国莱特兄弟试飞成功的第一架载人动力飞机就是鸭式布局的。但由于设计不易得当,其后一段较长时间,鸭式飞机没有得到广泛应用。60 年代,瑞典研制了短间距鸭式飞机 Saab-37 超音速歼击机,并于 70 年代起服役。70~80 年代,一些国家设计新型超音速作战飞机,采用鸭式布局的有增多的趋向,如"欧洲战斗机"和法国的"阵风"战斗机等。

莱特飞机

20 世纪初美国人莱特兄弟所研制的一系列飞机。这些飞机的创制与使用,对航空事业的发展起了奠基作用。莱特兄弟是飞机发明家、飞行家、航空事业的先驱。1900~1902 年研制出 3 架滑翔棚,并飞行约 1000 次,为动力飞行创造了必要条件。1903 年制成第一架飞机—"飞行者"1 号,同年 12 月 17 日,莱特兄弟驾驶该机成功地进行了人类首次可操纵的动力飞机的持续飞行,开辟了重于空气的航空器的飞行时代。那天,他们轮换试飞,共进行 4 次,均获成功,最后一次的迎面风速超过 30 千米/小时,留空时间 59 秒,飞行距离达 260 米,离地高度 3 米稍多。

歼击机

主要用于歼灭空中敌机和飞航式空袭兵器的飞机。又称战斗机,旧称驱逐机。其特点是机动性好,速度快,火力强,适合于进行空战。歼击机还可用于遂行对地攻击任务。第一次世界大战初期,法国首先在飞机上安装机枪用于空战,随后出现了专门的歼击机。70 年代以来,各国研制出一批机动性好、格斗能力强的歼击机,如美国的 F-15、F-16,法国的"幻影"2000 和苏联的米格-29,苏-27 等。这些飞机均已大量装备部队。中国于 1956 年 7 月歼-5 型歼击机试飞成功。随后研制出歼-6、超音速喷气歼击机歼-7、高空超音速喷气式飞机歼-8、新型全天候歼击机歼-8 Ⅱ 等型歼击机并已装备部队。

轰炸机

专门用于对地面、水面(水下)目标实施轰炸的飞机。有导航和轰炸等设备。携载常规炸弹、核弹、鱼雷、空地导弹、空舰导弹等,装有航空机关炮。具有突击力强、航程远等特点。按载弹量分为重型(10 吨以上)、中型(5~10 吨)和轻型(3~5吨);按航程分为远程 8000 千米以上)、中程(3000~8000 千米)和近程(3000 千米以下);按遂行任务范围分为战略轰炸机和战术轰炸机;按速度又分为亚音速轰炸机和超音速轰炸机。战术轰炸机,从 20 世纪 50 年代中期起逐步被歼击轰炸机所取代。

强击机

主要用于从低空、超低空突击敌战术和浅近战役纵深内的小型目标,直接支援地面部队(水面舰艇部队)作战的飞机。又称攻击机,旧称冲击机。具有良好的低空操纵性、安定性和良好的搜索地面小目标能力。机载武器有航空机关炮、火箭弹、炸弹和空地(舰)导弹等。苏联的苏-25强击机、美军的A-10攻击机、英军的"鹞"式强击机都是比较先进的强击机。中国人民解放军空军于1950年装备苏制伊尔-10强击机。60年代末开始装备中国自行研制的强-5型强击机。

电子对抗飞机

专门用于对敌方雷达、电子制导系统和无线电通信设备等实施电子侦察、电子干扰或攻击的作战飞机。包括电子侦察飞机、电子干扰飞机和反雷达飞机。通常用轰炸机、歼击轰炸机、强击机、运输机、无人驾驶飞机和直升机等改装而成。

舰载机

以航空母舰或其他军舰为基地的海军飞机。用于攻击空中、水面、水下和地面目标,以及预警、侦察、电子对抗、垂直登陆、导弹中继引导、布雷、扫雷、补给和救护等。按使命任务,分为舰载攻击机、舰载歼击机、舰载反潜机、舰载预警机和舰载电子对抗飞机等。按起落方式,分为普通舰载机(需滑跑起落)、垂直/短距起落舰载机和舰载直升机。以普通舰载机为最多。其特点是:重心较低,抗倾倒能力强;机翼大多可以折叠,以便在载舰上存放和搬运;固定翼舰载机大多有弹射起飞牵引钩,以借助航空母舰上的弹射器起飞,机体结构坚固,起落架减震性能好,以承受弹射起飞加速度和着舰时的冲击负荷,尾部下方有着舰拦阻钩,着舰时钩住飞行甲板上的拦阻索,使飞机强行停住;抗腐蚀能力强。

侦察机

专门用于从空中获取情报的军用飞机。是现代战争中的主要侦察工具之一。按遂行任务范围,可分为战略、战术侦察机。战略侦察机的特点是:航程远、具有高空高速飞行性能,装有性能较完善的航空摄影和电子侦察等设备,能深入敌后,对重要目标实施战略侦察。早期的战略侦察机多由轰炸机或运输机改装而成,新型战略侦察机多是专门设计制造的。战术侦察机具有低空高速飞行性能,通常由歼

击机改装而成,加装航空摄影设备和雷达,用以
获取战役战术情报。

侦察机

预警机

用于搜索、监视空中或海上目标,并可指挥
引导己方飞机遂行作战任务的飞机。又称空中
预警指挥机。特点是具有探测低空、超低空目标
的良好性能,便于机动和生存力强等。按所装雷
达的抗杂波性能,分为海上、陆上和海陆兼用三种类型;按驻扎基地,可分为舰载和
陆基两种。通常由大型运输机改装而成。

军用运输机

用于运送军事人员、武器装备和其他军用物资的飞机。具有较大的载重量和
续航能力,能实施空运、空降、空投,保障地面部队从空中实施快速机动。按运输能
力分为战略运输机和战术运输机。前者主要用来在全球范围载运部队和重型装
备,实施全球快速机动。后者用于在战役战术范围内遂行空运、空降、空投任务。
有些军用运输机具有短距起落能力,能在简易机场起落。

空中加油机

给飞行中的飞机及直升机补加燃油的飞机。多由大型运输机或战略轰炸机改
装而成,少数由歼击机加装加油系统,改装成同型"伙伴"加油机;专门研制的空中
加油机只有美国的 KC-135。加油时,受油机飞到加油机的后下方,与加油机严格
保持规定的间隔、距离和高度差,待受油管或受油口与加油机伸出的输油管接通,
即可加油。有的空中加油机能同时为 2 到 3 架飞机加油。

垂直/短距起落飞机

能垂直起飞降落和能在很短距离内起飞降落的固定翼飞机的总称。前者称为
垂直起落飞机,后者称为短距起落飞机。一般认为能在 150~300 米距离以内起飞
和降落,并能越过 15 米高障碍的飞机属于短足巨起落飞机。短距起落是 90 年代
歼击机的主要技术特点之一。直升机也具有垂直或短距起落能力,但其工作原理、
性能特点与一般的固定翼垂直短距起落飞机不同,通常不包括在内。垂直/短距起
落飞机可以减小或基本摆脱对机场的依赖,便于出击、疏散隐蔽和转移,提高了地

面生存能力、机动作战能力和快速反应能力,以及支援地面部队作战能力。垂直起落的歼击机或强击机,可搭载在航空母舰、巡洋舰、驱逐舰或两栖攻击舰等大、中型水面舰艇上,以提高舰艇的防空能力和突击能力。

隐身飞机

利用各种技术手段减弱雷达反射波、红外辐射、本身电磁波辐射等特征信息,不易被雷达或红外探测系统发现的飞机。"隐身"(亦称"隐形")仅是一种借喻,并非指飞机在目视能见距离内不被发现。主要技术手段有:设计合适的机体外形,减弱雷达反射波;对机上高温部件做隔热处理,减少红外辐射;减少电磁波辐射;控制噪音;降低或改变可见光特征信息等。隐身飞机具有较强的隐蔽性、生存力和较高的作战效能。

武装直升机

装有武器并为执行战斗任务而设计的直升机。根据作战任务不同,现代武装直升机分为反坦克、反潜、反舰、火力支援和空战等型。反坦克武装直升机携带导弹,与坦克对抗时在视野、速度、机动性及武器射程、威力和精度等方面占有明显的优势;反潜、反舰武装直升机具有攻击水下及水面目标的作战能力;舰载武装直升机还可扩大舰艇或舰队的作战范围,增强作战能力。

航空机关炮

飞机上使用的口径等于或大于 20 毫米的自动射击武器。简称航炮。它同地面火炮相比,口径较小,多为 20~30 毫米,而且结构紧凑、重量轻、操作简便迅速。按结构可分为单管式、转膛式和多管旋转式 3 种。1914 年,法国率先将地面步兵机枪装上飞机用于空战。第二次世界大战期间,航炮成为飞机的主要射击武器,而且出现了 30~75 毫米大口径机关炮。

航空火箭弹

从航空器上发射,以火箭发动机为动力的非制导弹药。射程一般为 5~10 千米,最大速度为 2~3Ma。航空火箭弹同航空机关炮相比,威力大、射程远、散布大、命中精度低。按用途可分为空空火箭弹、空地火箭弹和空空、空地两用火箭弹。航空火箭弹战斗部有多种形式,如杀伤爆破弹、破甲弹、多用途子母弹、烟幕弹、照明弹、干扰弹、箭霰弹等。由于火箭弹散布大,命中精度低,影响了空空火箭弹的使用和发展。空地火箭弹已成为飞机,特别是武装直升机对地攻击的重要武器。

航空炸弹

由飞机或其他航空器投掷的无航行动力的爆炸性弹药。是轰炸机和歼击轰炸机的重要弹药。炸弹用弹耳挂在飞机上,从飞机上投下后,靠尾翼使炸弹稳定降落,在预定条件(地面、地下或离地一定高度)下,由引信引起炸弹装药爆炸,依靠爆炸时产生的冲击波、弹体碎片和高温等效应来破坏目标或完成其他专门任务。用于机内挂弹的炸弹,为了增大挂弹数量,弹形比较粗短,因而阻力较大;而用于高速飞机外挂的炸弹,为了减小空气阻力,弹体比较细长,这种炸弹又称低阻型炸弹。当把低阻型炸弹的普通尾翼更换为减速尾翼时,就成为适用于低空高速度轰炸用的减速型炸弹。如在低阻型炸弹上加装激光或电视导引头和滑翔、控制部件,就成为制导炸弹。

航空子母弹

由许多小型子炸弹集装在母弹箱内构成的航空炸弹。子炸弹的数量多达数十个到上千个,总重量从几十千克到 1000 余千克。它与小型炸弹集束组装而成的集束炸弹相比,装弹量多,杀伤破坏面积大,对付分散目标效果好。子炸弹分为杀伤、燃烧、反坦克、油气、毒气和教练等类型。不同类型和不同作用的子炸弹装填在同一个母弹箱构成的子母弹,具有多种杀伤、破坏效果。母弹箱分一次性使用的投掷母弹箱和多次性使用的不投掷母弹箱。最早出现于第一次世界大战时期。20 世纪 60 年代后期,美军将其用于越南战争,取得明显效果。80 年代以来,航空子母弹向大、中型低空远程滑翔方向发展。

航程

飞机从起飞至着陆在空中飞行的水平距离。通常分为最大航程、实用航程和战术航程。

最大航程

指飞机一次加满油,在无风和标准大气下,采用千米耗油量最小的飞行高度、速度。油料耗尽时所能飞行的水平距离。

续航时间

亦称"航时"。飞机从起飞至着陆在空中飞行的最长时间。其长短与载油量、载重量、飞行高度和速度有关。

飞机作战半径

飞行执行战斗任务时,在同一机场能往返飞行的最远距离。是作战飞机的重要技术性能之一。与飞行高度、速度、战斗任务、实施方法、编队大小和气象条件等有关。采用空中加油,可增大作战半径。

升限

在一定条件下,飞机依靠本身动力能达到的最大飞行高度。升限高,飞机具有高度优势,利于高空突防和攻击。

实用升限

指为保持一定推力储备和良好的操纵性、安定性,实际使用规定上升率为某一值的升限。国际上规定的实用升限是亚声速、超声速飞行中,最大上升率分别达 0.5/秒和 5 米/秒的飞行高度。

马赫数

又称"Ｍａ数"。流场中某点的速度和该点的当地声速的比值。用符号"Ma"表示。因奥地利物理学家马赫最早使用这一比值而得名。飞行器的飞行马赫数,指飞行器相对于静止大气的速度(空速)与它所处高度上声速的比值。飞行马赫数小于 1 为亚声速飞行,大于 1 为超声速飞行,大于 5 为高超声速飞行。

飞行速度

飞行物体在单位时间内飞过的距离。单位为米/秒或千米/小时。航空器的飞行速度分为空速和地速。相对于空气运动的速度称空速;相对于地面运动的速度称地速。通常说的飞行速度指的是空速。表示飞机不同飞行状态特性的速度,还有最大平飞速度、最小平飞速度、有利速度、巡航速度、离地速度、接地速度等。常用马赫数表示飞行速度的大小,可分为亚声速、跨声速、超声速和高超声速。

军机识别标志

人们将为标示军用飞机的所属国籍而喷涂在机翼、机身或尾翼上的特定标记,习惯上称军用飞机机徽。世界各国均规定了本国的军用飞机机徽。有的采用国旗或军徽的形式,有的按照自己的民族习惯绘制色彩鲜艳的几何形状图案。中国人民解放军建立空军后,军用飞机的识别标志是在红五角星内印金色"八一"两字,即军徽,两侧各配一条镶有金黄色边沿的红带。"八一"表示人民空军是中国人民解放军的一个组成部分,是在陆军基础上壮大发展起来的。两侧的红色长带表示人民空军如战鹰般展翅奋飞,翱翔祖国蓝天的雄姿。

炮 兵

火炮

以火药为能源发射弹丸,口径在 20 毫米以上的身管射击武器。是军队实施火力突击的基本装备。火炮种类较多,配有多种弹药。可对地面、水上和空中目标射击、歼灭、压制有生力量和技术兵器,摧毁各种防御工事和其他设施,击毁各种装甲目标和完成其他特种射击任务。火炮通常由炮身和炮架两大部分组成,炮身由身管、炮尾、炮闩和炮口装置等组成。身管是炮身的主体,用来赋予弹丸初速和飞行方向。炮架由反后坐装置、摇架、上架、方向机、高低机、平衡机、瞄准装置、下架、大架和运动体等组成。反后坐装置是将炮身与炮架构成弹性连接的装置,包括驻退机和复进机。摇架是炮身后坐复进的导轨,也是起落部分(包括炮身、反后坐装置和摇架)的主体。

火炮的分类

火炮按用途分为压制火炮、高射炮、反坦克火炮、坦克炮、舰炮和海岸炮;按弹道特性,火炮分为加农炮、榴弹炮、加农榴弹炮和迫击炮;按口径大小可分为大、中、小口径火炮;按发射平台可分为地面火炮、列车炮、舰炮和航炮;按运动方式可分为固定火炮、机械牵引火炮和自行火炮。

炮身

火炮用于发射弹丸的部分。一般由身管、炮尾、炮闩等组成,是火炮的重要部分。身管用于容纳弹药,赋予弹丸初速和飞行方向。线膛身管可使弹丸旋转,以保持飞行中的稳定。炮尾用于容纳炮闩,通过螺纹或圆弧凸起与身管尾部相连,并连接反后坐装置。一些火炮的炮尾还有平衡火炮起落部分重力与减小炮架受力的作用。炮闩用于闭锁炮膛,击发炮弹底火,抽出发射后的药筒。为了减少火炮后坐能量,有些火炮装有炮口制退器。身管是炮身的主体。按其内壁有无膛线,可分为线膛身管与滑膛身管。按身管壁结构可分为单筒身管、紧固身管及活动身管。

炮架

支撑炮身并使其便于射击与移动的各部件组合体的总称。是火炮的组成部分。一般由摇架、反后坐装置、上架、高低机、方向机、瞄准装置、平衡机、防盾、下架、大架、运动体及辅助装置等组成。最初的炮架是一种木制的活动支架。炮身置于支架上,火炮射向是固定的。15 世纪使用了炮耳轴与简易轮式炮车。法国首先应用可固定大架的双轮前车,用牲畜牵引。17~18 世纪,欧洲各国普遍使用金属炮架。19 世纪美国应用螺杆式高低机,赋予火炮射角。法国制成反后坐装置,火炮由刚性炮架改为弹性炮架。第二次世界大战中,普遍使用开脚轮式炮架与橡胶轮。此后,炮架更加趋向轻型化、自动化与通用化。

滑膛炮

身管内壁无膛线的火炮。发射后弹丸的稳定飞行靠炮弹尾翼保持。最早的火炮都是前装滑膛炮,从炮口装填弹药,发射球形实心弹或球形爆炸弹。因滑膛炮的炮弹与炮膛弥合不严,火药燃气外泄,火药推力减小,因而射程近,射击密集度差。19 世纪中叶以后,线膛身管在火炮上广泛使用,滑膛身管仅在迫击炮、无坐力炮和部分反坦克炮上使用。然而滑膛炮发射尾翼稳定脱壳穿甲弹,可充分发挥穿甲弹比动能,有效地击毁坦克;发射尾翼稳定碎甲弹,可提高对直射距离内目标的命中率和碎甲效果。所以 20 世纪 50 年代以后,滑膛反坦克武器重新受到重视。70 年代,中国研制了 1973 年式 100 毫米滑膛反坦克炮并装备部队。

线膛炮

身管内壁有膛线的火炮。16 世纪,人们开始在炮膛上刻制螺旋膛线的试验。

17世纪,出现了线膛炮。1694年,纽伦堡制造的51毫米线膛炮,有8条膛线。1846年,意大利人G.卡瓦利少校制成后装线膛炮,发射圆柱锥形空心弹。线膛炮在射程、射速及射击密集度上,明显优于此前的同口径滑膛炮。线膛炮的出现是火炮制造技术上的重大突破,对炮兵射击的发展产生了重要影响。现代火炮多为后装线膛炮。

榴弹炮

一种身管较短、初速较小、弹道较弯曲的火炮。身管长与口径之比较小,装药号数较多,既可进行低射界射击,也可进行高射界射击,具有较好的火力机动性能。适用于对遮蔽物后的目标及水平目标射击。主用弹为杀伤弹、爆破弹和杀伤爆破弹,还配用破甲弹、碎甲弹和特种弹。按运动方式分为牵引式和自行式两种。17世纪末,欧洲把使用大射角发射爆炸弹的短管火炮称作榴弹炮。18世纪的榴弹炮,身管长多为7~16倍口径,最大射角为20°~30°,射程在1000米左右,装药号数不少于12个。第一次世界大战前,榴弹炮有多种口径,有的射程达到8.2千米,初

榴弹炮

速达到300米/秒,身管长为11.4~23倍口径,最大射角为40°~70°。最小射角为-10°~-2°。第二次世界大战前,有的榴弹炮的射程为18千米,身管长达28倍口径,装药号数减少到10个以内。现代榴弹炮炮身长已达口径的52倍,最大射角达75°,发射增程弹时最大射程可达50千米。有些榴弹炮已具有加农炮的性能。

加农炮

一种身管长、初速大、射程远、弹道低伸的火炮。身管长与口径之比较大,装药号数较少,适用于低射界射击。主要用于射击垂直目标、装甲目标和远足巨离目标。通常配用杀伤弹、爆破弹和杀伤爆破弹,有的还可配用穿甲弹、混凝土破坏弹和火箭增程弹。按运动方式分为牵引式、自行式。16~18世纪,欧洲使用的加农炮炮身长一般为口径的22~26倍。第二次世界大战后期,加农炮炮身长为口径的30~52倍。20世纪60年代,炮身长为口径的40~61倍。坦克炮、反坦克炮、航空机关炮、高射炮、舰炮、海岸炮均属加农炮。

加农榴弹炮

一种兼有加农炮和榴弹炮弹道特性的火炮。简称加榴炮。用大号装药和小射角射击,弹道低伸,接近加农炮性能,可遂行加农炮的任务。用小号装药和大射角射击,弹道较弯曲,接近榴弹炮性能,可遂行榴弹炮的任务。用于射击远距离目标和破坏坚固的工程设施。19世纪中期,把既能发射实心弹又能发射爆炸弹的轻型火炮称为加榴炮。20世纪20年代,将野战加农炮的炮身,装在野战轻型榴弹炮的炮架上称作"两用炮"。30年代,将加农炮的长炮身,装在高低射界为$-2°\sim+65°$的炮架上,称作榴弹-加农炮,使用13个装药号,战斗全重7128千克。50年代,将榴弹炮炮身装在高低射界为$-5°\sim+45°$的炮架上,称作加农-榴弹炮,使用7个装药号,战斗全重5650千克,有的将这类火炮仍称作榴弹炮或加农炮。80年代,比利时的GC45式155毫米加榴炮,身管长为45倍口径,装药号10个,最大初速为897米/秒,高低射界为$-5°\sim+69°$。发射远程全膛弹底排气弹,射程可达45千米。随着火炮的发展,加农榴弹炮与加农炮和榴弹炮的性能愈加接近,它们之间的界限将逐渐模糊。

反坦克炮

主要用于毁伤坦克及其他装甲目标的火炮。旧称"战防炮""防坦克炮"。它初速高、直射距离远、射速快、射角范围小、火线高度低,是重要的地面直瞄反坦克武器。配用的弹种有破甲弹、穿甲弹和碎甲弹等。按炮膛结构分为滑膛式和线膛式。按机动方式分为牵引式和自行式,轻型反坦克炮还可用飞机、直升机空运。反坦克炮的构造与一般火炮基本相同。第一次世界大战时,坦克装甲的厚度仅为6~25毫米,用步兵炮或野炮射击可毁伤坦克。战后,随着坦克的发展,专用反坦克炮应运而生。第二次世界大战时,中型坦克装甲厚度为40~100毫米,重型坦克则为152毫米。各参战国装备了口径50~100毫米的反坦克炮,穿甲厚度达到70~150毫米。自行反坦克炮的出现,明显地提高了火炮的机动性能和作战效能。战后一段时间,反坦克炮在一些国家曾停止发展。20世纪70年代以后,战场上各类快速机动的装甲目标增加,先后出现复合装甲、屏蔽装甲及反应装甲等新技术,一批新型反坦克炮随之面世,出现了发射尾翼稳定脱壳穿甲弹和炮射导弹的滑膛反坦克炮,破甲效力显著提高。

无坐力炮

利用发射时后喷物质的动量使炮身不后坐的火炮。特点是体积小、重量轻、结构简单、操作方便,但发射时后喷火焰大,易暴露。用于摧毁近距离装甲目标和火力点。主要配用定装式聚能装药破甲弹。按运动方式分为便携式、车载式、牵引式和自行式;按装填方式分为前装式和后装式;按消除后坐方式分为喷管型、戴维斯型和弩箭型;按炮膛结构分为线膛式和滑膛式。最初的无坐力炮多为线膛炮身,以后,出现了发射尾翼稳定弹丸的滑膛无坐力炮。1914 年,美国海军中校 C.戴维斯研制了两个炮尾对接的火炮,一门向前发射炮弹,另一门向后发射炮塞和猎枪弹。1936 年,苏联制成带有喷管的无坐力炮,并在对芬兰战争中使用。第二次世界大战后,无坐力炮减轻了重量,提高了破甲威力,增加了有效射程和直射距离。轻型的一般只有 20 千克,可供单兵使用。20 世纪 60 年代,美国曾装备过"大卫·克洛科特"120 毫米无坐力炮,可发射超口径榴弹和 200 吨 TNT 当量的核炮弹。中国研制出 1978 年式 82 毫米无坐力炮。70 年代以来,无坐力炮主要朝轻型化方向发展,破甲厚度达 700~900 毫米。

自行火炮

同车辆底盘构成一体,靠自身动力机动的火炮。与牵引火炮相比,它越野性能好,进出阵地快,行军战斗转换迅速,多数有装甲防护,战场生存力强,便于和坦克、步兵战车协同作战。自行火炮主要由武器系统、车辆底盘和防护装甲组成。自行火炮还装有无线电台、车内通话器和灭火装置等设备。自行火炮的炮种较多,主要有榴弹炮、迫击炮、反坦克炮、高射炮和火箭炮。按行动装置的结构,分为履带式和轮式;按装甲结构,分为封闭式、半封闭式和敞开式。封闭式炮塔通常可圆周旋转,方向射界为 360°,并具有浮渡能力和三防能力。自行火炮的装甲比坦克薄,火炮口径和俯仰范围比坦克大。自行火炮出现于第一次世界大战期间。第二次世界大战时,随着坦克的普遍使用,自行火炮迅速发展。第二次世界大战后,美国等国家把发展自行火炮列为重点,先后研制出四代自行火炮。1980 年,美国装备了 M109A2式 155 毫米自行榴弹炮,身管长为口径的 39 倍,射程达 18100 米和 24000 米(火箭增程弹),携弹量由 28 发增至 36 发。中国于 50 年代末开始研制 130 毫米轮式自行火箭炮。

牵引火炮

靠车辆牵引而运行的火炮。与自行火炮相比,它结构简单,易于操作,造价低,维修方便,但越野性能差,行军战斗转换慢,无装甲防护。牵引火炮均有运动体和牵引装置,早期牵引火炮有的还带有前车。第一次世界大战期间,开始使用汽车或拖拉机牵引火炮,以替代骡马驮载和挽曳。第二次世界大战时,机械车辆牵引成为火炮运动的基本方式,自行火炮也得到较快发展。70 年代以来,各国在发展自行火炮的同时,也研制一些新型牵引火炮。

臼炮

一种大口径短身管的曲射火炮。因形似石臼得名。它初速小、射程近、弹丸威力大,主要用于破坏坚固工事。中国明朝洪武十年(1377 年)铸造一种铁炮,口径210 毫米,全长 100 厘米,两侧有耳轴。15 世纪末期欧洲出现身管短粗的滑膛炮,发射球形实心石弹。17 世纪,臼炮发射爆炸弹,广泛用于野战。19 世纪有的臼炮口径竟达十几英寸,通常用 20°以上射角射击,有的甚至用 60°射角。线膛炮出现后,臼炮也采用线膛结构,改为后装,发射长弹。反后坐装置问世后,也被臼炮采用。第一次世界大战中,德国曾使用过 420 毫米臼炮,炮身长为 16 倍口径,初速452 米/秒,射角为 43°~75°。第二次世界大战时,臼炮很少使用,战后逐步被淘汰。

山炮

适于山地作战的火炮。它重量较轻,能做大部件的分解结合,可用骡马挽曳、驮载或用人力搬运。现代山炮也可用汽车牵引或用直升机吊运。1884 年,中国制成不带反后坐装置的 57 毫米架退式山炮。1985 年又制成装有反后坐装置的 75 毫米管退式山炮,身管长为 18 倍口径,射程 6400 米,用六马驮载或双马挽曳。第二次世界大战期间,日本使用过九四式 75 毫米山炮和四一式 75 毫米山炮。20 世纪50 年代,意大利制成 M56 式 105 毫米驮载榴弹炮,射程 10575 米,全炮重 1290 千克。可分解成 11 大件,用人背运或骡马驮载,也可用车辆牵引或直升机吊运。80年代,有些国家仍装备一定数量的山炮。

迫击炮

是火炮中个头最小,使用最为灵活、轻便的,适于伴随步兵隐蔽行动。迫击炮射击时,使用的射角大,弹道特别弯曲,因此能近距离和隔着障碍物命中目标。现代迫击炮由于重量轻,操作简单,适合于射击近距离的隐蔽目标,甚至可以从楼房的一侧越过楼顶向另一侧射击。目前迫击炮的发展也很快,出现了后装的线膛迫击炮,以及曲射平射两用的迫击炮,还有自动连发的迫击炮等。人们通常将口径60 毫米以下的迫击炮称为小口径或轻型迫击炮。迫击炮的最大射程为 500~2600米,装备在连、排或步兵班。口径 60~100 毫米的迫击炮被称为中口径或中型迫击炮,最大射程为 3000~6000 米,装备在营、连一级。口径 100 毫米以上的迫击炮则被称为重型迫击炮,最大射程 5600~8000 米。

野炮

旧时用于野战的一种火炮。多为 75 毫米左右的加农炮,是第一次世界大战中野战使用的主炮。野炮重量较轻,运动便捷,可用骡马挽曳,也可用汽车牵引。法国于 1897 年制成 75 毫米野炮,最大射程 12 千米。1905 年,中国制成 75 毫米野炮,射程 6 千米。1914 年制成的 75 毫米野炮。射程达 8250 米。1936 年日本曾使用过九〇式 75 毫米野炮,射程 15 千米,用 6 匹马挽曳或汽车牵引。

铁道炮

由机车牵引,在铁道上机动和发射的大口径火炮。主要用于城市、要塞等坚固设施的攻守,也可支援铁路沿线部队战斗。口径多在 200～800 毫米之间。有加农炮,也有榴弹炮。铁道炮的炮架是特制的,安装在船形平板车上。射击时,前后左右均有支撑、固定装置。有的铁道炮有装甲护板。海岸铁道炮射击位置一般构筑有永备工事。铁道炮出现于第一次世界大战前夕,多是在装甲列车上安装大威力火炮。两次世界大战期间,美国、法国、德国、英国、苏联都使用过铁道炮。第二次世界大战后,铁道炮逐渐被淘汰。

前冲炮

在炮身复进过程中击发,利用炮身复进时的前冲能量抵消部分后坐能量的火炮。因后坐小,炮身振动小,有利于提高射击的稳定性和射弹密集度。又因炮身后坐行程短,射击循环时间短,能明显提高火炮射速。由于炮身后坐能量小,可以采用较轻的炮架,有利于减轻火炮全重,但需另装设完成前冲动作的附加装置和缓冲机构,降低火炮全重的幅度受到限制。第一次世界大战时,法国曾研制过前冲式山炮。有的国家曾把前冲原理应用到小口径舰炮上。20 世纪 50 年代,瑞士研制过小口径浮动高射炮。60 年代美国研制过 M204 式 105 毫米前冲式榴弹炮,因性能不佳,未装备部队。

高射炮

从地面对空中目标射击的火炮。简称高炮。是高射炮系统的重要组成部分。它炮身长,初速大,射速快,射击精度高。在必要时高射炮也可用于对地面目标或水面目标射击。高射炮按运动方式分为牵引式高射炮和自行式高射炮。按口径分为小口径高射炮、中口径高射炮和大口径高射炮。小口径高射炮指口径小于 60 毫米的高炮。所用弹丸一般配用触发引信,靠直接命中毁伤目标,有的配用近炸引信,靠弹丸破片毁伤目标。中口径高射炮指口径为 60~100 毫米的高炮。大口径高射炮指口径超过 100 毫米的高炮。高射炮的瞄准方式一般有自动瞄准、对针瞄准、半自动瞄准和直接瞄准四种方式。第一次世界大战前夕,德国和法国首先研制出高射炮。第二次世界大战后,各国发展的新一代高射炮的性能有了很大提高。60 年代以来,作战飞机为避开地空导弹的火力,多采取低空突防的方式,各国因此发展了口径在 20~40 毫米之间的多种小口径高射炮。80 年代以来高射炮的自动化程度和对空作战效能均提高到新的水平,进一步增强火力,发展新弹药和新型火控系统,以增大战斗效能。

火箭炮

引燃火箭弹发动机点火具,赋予火箭弹初始飞行方向的多发联装发射装置。火箭弹靠自身发动机的推力飞行。火箭炮发射速度快,火力猛烈,突袭性好,有较好的机动能力和越野能力,因射弹散布大,多用于对面积目标射击。发射时火光大,易暴露阵地。主要配用杀伤爆破火箭弹,用于歼灭、压制有生力量和技术兵器,也可配用特种火箭弹,用于照明、施放烟幕和布设地雷。比较知名的有苏联的"喀秋莎"火箭炮、法国的"哈法勒"火箭炮、中国的 1981 年式 122 毫米火箭炮等。

火箭炮

炮兵侦察车

炮兵用于观察战场、侦察目标、测定炸点位置的专用车辆。多为装甲车型。车内装有观测器材、通信器材、电子计算机以及用于测定车体自身位置的定位定向设备,车上还装有自卫武器。乘员一般为 4~5 人,以在车上进行侦察为主,有的还可将主要的侦察、通信器材搬下车来使用。炮兵侦察车始用于第二次世界大战期间。20 世纪 70 年代以来的炮兵侦察车上多装有激光测距机、电子计算机、数据显示及传输设备,有的还装有活动目标侦察校射雷达和修正车体倾斜用的传感器。多数炮兵侦察车有三防装置。美国 80 年代研制和装备部队的 FISTV 炮兵侦察车,可用于目标侦察和定位,还可用于对激光制导武器的制导。

炮队镜

用于观察和测角的潜望式双目光学仪器。旧称剪形镜。炮兵主要用它观察战场、侦察地形、搜索目标、观察射击效果和测定炸点偏差量。必要时也可用于测定炮阵地、观察所的坐标。炮队镜由镜体、三脚架和附件组成。镜体由双筒潜望镜、方向测角机构和高低测角机构构成,是炮队镜的主体。双筒潜望镜用于观察、瞄准和测角。多数炮队镜的两个潜望镜筒可绕铰链轴转动,在 0°～180° 范围内构成任意张角,有利于增强体视感,便于隐蔽作业。炮队镜出现于 19 世纪末。第一次世界大战期间,炮队镜装备的数量和型号较多,是炮兵的主要观察器材。第二次世界大战以来,炮队镜型号有所减少,性能进一步提高,有的炮队镜还增装定向用的磁针盒。有的国家的军队已用侦察经纬仪代替炮队镜。

侦察经纬仪

用于侦察的具有潜望性能的经纬仪。炮兵主要用它测角、定向,侦察敌情、地形,测定目标坐标,测定炸点偏差量,赋予射向。还可用于测定炮兵观察所和炮阵地的坐标。侦察经纬仪出现于第二次世界大战期间,它由镜体、三脚架和附件组成。

火炮射角

射线与水平面的夹角。它是对应于射距离的高角、高低角和高角修正量的代数和或高角和高低修正量的代数和。在初速一定的条件下,能取得最大射程的射角称为最大射程角,通常在 45° 左右。用小于最大射程角的射角射击时,称低射界射击,此时射角越大,射程越远;用大于最大射程角的射角射击时,称高射界射击,此时射角越大,射程越近。炮兵射击前,根据火炮至目标的距离和高差以及当时的射击条件,可以用射表、炮兵射击指挥作业器材、炮兵射击计算器、计算机、高炮射击指挥仪等求得平均弹道通过或接近目标预定部位所需的射角,或者在火炮瞄准装置上装定相应于射距离的分划,向目标直接瞄准,即赋予了炮身射角。

炮兵射向

同一炮阵地上的数门火炮对同一目标射击时,各炮身轴线铅垂面所构成的互相协调的方向。通常以炮兵连为单位构成。对于单个射击武器,是指射击时炮身(或枪身)轴线的铅垂面所指的方向。炮兵射击所采用的射向一般有 3 种:各炮方向统一指向目标某部位所构成的集火射向;各炮方向互相平行所构成的平行射向;将目标正面等分成与连内炮数相等的数段,各炮分别指向每段目标中央所构成的适宽射向。有的国家的炮兵采用"特殊射向",即参加射击的每门火炮用各自的方向、射角和引信分划射击,使炸点在特定的几何形状幅员中均匀分布的一种射向。有的还使用,"有效杀伤射向",即相邻两炮的射向间隔等于一发炸点的有效杀伤正面的射向。高射炮兵对空射击时采用平行射向或集火射向。

装甲兵

坦克小史

第一次世界大战时,英国设计师从澳大利亚的一种试验模型车中深受启发,经过反复研究,终于在英国海军部秘密地制造出世界上第一辆坦克。坦克刚刚来到世界时,外形笨拙丑陋,部件组合极不协调,每小时只能行走 1~3 千米,最快时速也不过 6 千米,车体内配备 8 名士兵,由于操作复杂,半数是驾驶人员。设计师看到这个由几组部件拼成的"钢铁怪物",在油布的遮盖下,很像只大木箱子,于是便半开玩笑地把它称作"水柜"(tank)。这个古怪而且带点海腥味的名字被人们沿袭下来,"tank"一词传入我国后。被音译为"坦克"。

坦克的分类

20 世纪 60 年代以前,坦克按战斗全重和火炮口径可分为轻型坦克(重量为 10 吨~20 吨,火炮口径约 57~85 毫米)、中型坦克(重量为 20 吨~40 吨,火炮口径约 105 毫米)和重型坦克(重量为 40 吨~60 吨,火炮口径达 122 毫米)。20 世纪 60 年代以后,各国按照坦克的用途将其分为主战坦克和特种坦克。

轻型坦克

战斗全重一般为 20 吨以下的坦克。具有较强的火力、高度的机动性和一定的防护力。主要装备坦克部队和机械化步兵(摩托化步兵)部队的侦察分队、空降兵和海军陆战队。最早出现于第一次世界大战期间。

水陆坦克

有水上推进装置,能自身浮渡,可在水上和陆上使用的坦克。主要用于水网地带、强渡江河和登陆作战。水陆坦克的浮力，由密闭车体排水体积来保证。为保障水上使用的安全，除自身具有一定的浮力储备（约20%~30%）外，车内还设有排水装置，一般有机动和电动排水泵，有的还备有手动排水泵。水上前进、倒车和转向等运动靠操纵水上推进装置来实现。

水陆坦克

扫雷坦克

装有扫雷装置的坦克。是坦克部队克服地雷场障碍的主要装备，用于在防坦克地雷场中开辟通路。扫雷时，通常在坦克分队的战斗队形内行动。扫雷坦克的扫雷装置有机械扫雷器和火箭爆破扫雷器两类，可根据需要在战斗前临时安装。机械扫雷器按工作原理分为滚压式、挖掘式和打击式三种。火箭爆破扫雷器安装在车体后部。柔性直列装药由火箭拖带落入地雷场爆炸，利用爆轰波诱爆或炸毁地雷，开辟全宽式通路。与机械扫雷器相比，火箭爆破扫雷器开辟通路迅速，发射隐蔽，清除非耐爆地雷较彻底。

步兵战车

供步兵机动和作战用的装甲战斗车辆。主要用于协同坦克作战，也可独立遂行任务。在机械化步兵（摩托化步兵）部队中，装备到步兵班。步兵可乘车战斗，也可下车战斗。步兵下车战斗时，乘员可用车上武器支援其行动。步兵战车最早出现于20世纪50年代。按结构分，有履带式和轮式两种，除底盘不同外，总体布置和其他结构基本相同。履带式步兵战车越野性能好，生存能力较强，是现代装备的主要车型。轮式步兵战车造价低，耗油少，使用维修简便，公路行驶速度高，有的国家已少量装备部队。

装甲输送车

设有乘载室，主要用于战场上输送步兵的装甲战斗车辆。具有高度机动性、一定防护力和火力。装甲输送车除输送步兵外，也可输送物资器材，必要时，还可用于战斗。分履带式和轮式两种。在机械化步兵（摩托化步兵）部队中，装备到步兵班。装甲输送车造价较低，变形能力强，但火力较弱，防护性能较差，多数乘载室的布置不便于步兵乘车战斗。步兵战车出现后，有的国家认为步兵战车将取代传统的装甲输送车；多数国家认为两种车的主要用途不同，应同时发展。

装甲指挥车

设有较宽敞的指挥室,并配备多种无线电台和观察仪器的轻型装甲车辆。有履带式和轮式两种。主要装备坦克和机械化步兵(摩托化步兵)师、团,用于作战指挥。第一次世界大战期间,一些国家利用坦克改装成装甲指挥车。第二次世界大战期间。英、美、德、法等国曾用履带式、半履带式和轮式装甲车辆改装成指挥车,车上一般不安装武器,通信设备的品种较少,性能较差,使用也不方便。战后,特别是60年代以来,装甲指挥车的性能得到提高,较好地保证了指挥员在机动作战中实施不间断指挥。中国在60年代试制过轮式和履带式装甲指挥车,70年代以来,研制了配有不同类型通信设备的81式、81A式、81B式履带式装甲指挥车,并于80年代陆续装备部队。

装甲侦察车

装有侦察仪器和设备的装甲战斗车辆。具有高度的机动性、一定的火力和防护力。有履带式和轮式两种。主要装备坦克部队和机械化步兵(摩托化步兵)部队的侦察分队,用于战术侦察。现代装甲侦察车除装有坦克及其他装甲车辆上的一般观察瞄准仪器外,还装有较完善的侦察仪器和设备。其中大倍率光学潜望镜用于昼间观察,在能见度良好时,对装甲车辆的观察距离可达15千米。红外观察瞄准仪器、微光夜视夜瞄仪器、微光电视装置和热像仪等用于夜间侦察。微光夜视夜瞄仪器对装甲车辆的最大观察距离:星光下可达1200米,月光下可达2000米。热像仪对装甲车辆的观察距离可达3000米。激光测距仪在能见度良好的条件下测程可达10千米。侦察雷达具有全天候侦察能力,对装甲车辆的探测距离为20~25千米。

装甲通信车

装有多种通信设备的轻型装甲车辆。用于保障部队指挥、协同等通信联络。主要装备坦克师、团及机械化步兵(摩托化步兵)部队的通信分队。有履带式和轮式两种。通常由装甲输送车或步兵战车等轻型装甲车辆变形而成。能在停止和运动间执行通信勤务,通常配置在指挥所附近。乘员3~8人。最早出现于第一次世界大战期间。中国于80年代也开始研制和生产装甲通信车。

坦克架桥车

装有制式车辙桥及其架设、撤收装置的装甲保障车辆。亦称装甲架桥车或冲击桥。多为履带式。通常用于在敌火力威胁下快速架设车辙桥,保障坦克和其他车辆通过防坦克壕、沟渠等人工或天然障碍物。现代坦克架桥车有剪刀式和平推式两种。主要装备坦克部队和机械化步兵(摩托化步兵)部队的工兵部队、分队。坦克架桥车桥体与其他军用制式桥相比,结构较简单,行军状态外廓尺寸小,架设和撤收迅速可靠,桥梁跨径较大。平推式桥架桥姿态低,隐蔽性好;剪刀式桥架桥姿态高大,易被敌方发现、击毁。

装甲救护车

备有制式担架,医疗设备、器械和药品的装甲保障车辆。有履带式和轮式两种。用于野战条件下救护和运送伤员。主要装备坦克部队和机械化步兵(摩托化步兵)部队的后勤分队。通常由轮式装甲车辆或履带式装甲车辆底盘变形而成。通常有乘员 2~3 人,医护人员 1~2 人。其装甲可防普通枪弹和炮弹破片。车内设有救护舱,舱内可容纳带担架的卧姿重伤员 2~4 人,或坐姿轻伤员 3~8 人,也可轻、重伤员混载。在救护舱内,通常能进行急救处置,有的还可进行急救性外科手术。20 世纪 70 年代以来,装甲救护车得到较广泛使用。中国于 1982 年在 63 式履带装甲输送车底盘上发展了 YW-750 和 WZ-751 两种装甲救护车。1991 年在 89 式装甲输送车基础上,发展了 WZ-752 装甲救护车。

装甲补给车

装有专用方舱和装卸设备,用于野战条件下为装甲车辆补给弹药、油料、器材等物资的多用途后勤保障车辆。具有和装甲输送车相同的防护能力,战场生存能力较强。通常分为装甲油料补给车、装甲弹药补给车和装甲器材补给车。

坦克运输车

主要用于运载坦克及其他履带式装甲车辆,实施远距离机动的轮式保障车辆。也可用于运载其他重型装备。其特点是输送快速,节省被运输车辆的时间,减少其推进系统机件的磨损,并避免履带行军损坏路面。按载重级别可分为重型(载重量大于 45 吨)、中型(载重量 25~45 吨)和轻型(载重量小于 25 吨)。按装载方式可分为固定平板式和活动平板式。第一次世界大战时,法军曾用卡车运输"雷诺"FT-17 轻型坦克。20 世纪 30 年代初,美军用卡车改装成坦克运输车。第二次世界大战期间和战后,坦克运输车得到进一步发展和应用。60~70 年代,坦克运输车已成为坦克部队广泛应用的运输工具。70 年代中期,中国开始研制坦克运输车,80年代初,82 式坦克运输车开始在部队服役,额定载重量为 50 吨,公路最大速度为

65 千米/小时。

坦克三防装置

为坦克内乘员和机件提供对核、化学、生物武器防护的集体防护装置。分为超压式、个人式和混合式三种。超压式三防装置由 γ 射线报警器、毒剂报警器、控制机构、关闭机、滤毒通风装置和密封部件等组成。当坦克遭到核、化学、生物武器袭击时,报警器立即报警,同时,控制机构迅速使关闭机关闭车辆的常开窗、孔,使滤毒通风装置工作,污染空气只能经滤毒通风装置过滤净化后进入车内,供乘员呼吸,并在车内形成超压。乘员不需穿戴个人防护器材,对乘员的操作没有影响,但对车体气密性要求高。个人式三防装置与超压式相比,没有关闭机,但增加了面罩及导气管等设备。当坦克遭到核、化学、生物武器袭击时,报警器报警,滤毒通风装置工作,乘员迅速戴上面罩,由滤毒通风装置供给乘员洁净空气。该装置对车体的气密性无特殊要求,但车内会被污染,且乘员佩戴面罩,操作不便。混合式三防装置是超压式和个人式的有机组合。一般情况下,先在车内形成超压,呈超压式工作状态;当车辆气密性被破坏时,乘员立即戴上面罩,转入个人式工作状态。坦克三防装置出现于 20 世纪 50 年代末,60 年代后被大多数主战坦克所采用。

坦克伪装器材

坦克伪装时采用的器具和专用材料。主要用于隐蔽坦克,欺骗和迷惑敌人。包括坦克烟幕装置、伪装涂料和遮障等。坦克烟幕装置用于在作战中施放烟幕,遮蔽坦克位置。坦克伪装涂料用于对坦克实施迷彩伪装。坦克迷彩伪装多采用变形迷彩。它是用不同性能的涂料,按一定规范涂刷成各种形状不规则的大小斑块图案,从而产生歪曲坦克外貌的视觉效果,以增加光学和近红外夜视器材识别坦克的困难。现代坦克已普遍采用烟幕、伪装涂层和遮障等伪装手段。此外,有的坦克为避免敌方利用坦克热辐射进行侦察和自动跟踪,采取了降低发动机废气温度的措施;有时,为迷惑敌人,还采用假目标和发射红外诱饵等手段。

坦克潜渡装置

保障坦克采用潜渡方式克服深水障碍的器材、设备、装置的总称。一般包括密封器材、进气排气装置、救生设备和排水设备等。其中其救生设备可以保证乘员在 5 米深水下,安全停留 20~30 分钟。第二次世界大战后,各国开始重视坦克潜渡装置的研制和改进。20 世纪 60 年代以来,包括中国在内的一些国家的坦克都逐步配备了制式潜渡装置。

装甲车辆水上推进装置

将传动装置传来的动力通过与水的相互作用转变为推力,保障装甲车辆水上行驶的装置。有划水式、喷水式和螺旋桨式三种。中国于 60 年代初期,装备了用履带划水推进的 63 式装甲输送车和用喷水式推进装置推进的 63 式水陆坦克。

坦克最大行程

坦克一次加足油料后,按规定条件所能行驶的最大距离。是坦克机动性能的重要指标之一。它取决于坦克油箱的容量、发动机燃料消耗率、传动和行动装置的效率以及坦克的行驶条件等。坦克战术技术性能中给出的坦克最大行程值,通常是根据坦克在战斗全重状态下,按规定的道路、速度及其他条件所行驶的里程和所消耗的燃油量导出的。因规定测试条件不同,一般给出公路最大行程和土路最大行程(通常约为公路最大行程的 70%)。有的还注明携带附加油箱的最大行程。主战坦克的公路最大行程一般为300~650千米。

文化篇

文化与知识

文化的概念

文化由于其语意的丰富性，多年来一直是文化学者、人类学家、哲学家、社会学家、考古学家说不清、道不明的一个问题；美国学者克罗伯和克拉克洪在《文化，概念和定义的批判回顾》中列举了欧美对文化的一百六十多种定义。

据英国文化史学者威廉斯考证，从18世纪末开始，西方语言中"culture"一词的词义与用法发生了重大变化。他说："在这个时期以前，文化一词主要指'自然成长的倾向'以及根据类比——人的培养过程。但是到了19世纪，后面这种文化作为培养某种东西的用法发生了变化，文化本身变成了某种东西。它首先是用来指'心灵的某种状态或习惯'，与人类完善的思想有密切关系；其后又用来指'一个社会整体中知识发展的一般状态'；再后是表示'各类艺术的总体'。最后，到19世纪末，文化开始意指'一种物质上、知识上和精神上的整体生活方式'。"就西方而言，基本能够达成共识的，在最宽泛的意义上，文化指特定民族的生活方式。

著名人类学学者泰勒这样给文化定义："文化或者文明就是由作为社会成员的人所获得的，包括知识、信念、艺术、道德法则、法律、风俗以及其他能力和习惯的复杂整体。就对其可以做一般原理的研究的意义而言，不同社会中的文化条件是一个适于对人类思想和活动法则进行研究的主题。"这一观点影响巨大，在文化史的研究方面具有首开先河的作用，直到现在，还可以作为我们了解和认识文化的参考。他将文化定义为特定的生活方式的整体，它包括观念形态和行为方式，提供道德的和理智的规范。它并非源于生物学，而是通过学习而获得的行为方式，而且为社会成员所共有。

文化作为信息、知识和工具的载体，是社会生活环境的映照。文化作为秩序、器物与精神产品，给我们以历史感、自豪感，据此我们理解人的生命存在、意义和人在宇宙中的地位。文化作为人类认知世界和认知自身的符号系统，是人类社会实践的一切成果。

在汉语中，文化的意识至少应当追溯至东周。孔子曾极力推崇周朝的典章制度，他说："周监于二代，郁郁乎文哉。"（《论语·八佾》）这里"文"已经有文化的意味。就词源而言,汉语"文化"一词最早出现于刘向《说苑·指武篇》:"圣人之治天下,先文德而后武力。凡武之兴,为不服也;文化不改,然后加诛。"后来,南齐王融在《三月三日曲水诗序》中写道:"设神理以景俗,敷文化以柔道。"从这两个最古老的用法上看,中国最早"文化"的概念是"文治和教化"的意思。在古汉语中,文化就是以伦理道德教导世人、使人"发乎情止于礼"的意思。而用"文化"移译"cul-ture",始于日本学者,这时候的文化交流已掩盖了两者语意上的区别。像钱穆所讲的,中国的"文化"偏重于精神方面,这时多少也认同了"culture"中的有关耕种、养殖、驯化等含义,将文化置于一定的生活方式之上。

亚文化

亚文化即指整体文化的一个分支,它是由各种社会和自然因素造成的各地区、各群体文化特殊性的方面。如因阶级、阶层、民族、宗教以及居住环境的不同,统一的民族文化之下可以形成具有自身特征的群体或地区文化。亚文化既具有本民族整体文化的基本特征,如语言文字、行为模式等,又具有自己的独特性。亚文化一经形成便是一个相对独立的功能单位,对所属的全体成员都有约束力。

亚文化是一个相对的概念,是总体文化的次属文化。一个文化区的文化对于全民族文化来说是亚文化,而对于文化区内的各社区和群体文化来说则是总体文化,而后者又是亚文化。研究亚文化对深入了解社会结构和社会生活具有重要意义。

文化史

文化史即以人类文化为研究对象的历史研究分支,它是历史学和文化学交叉的综合性学科。就其狭义而言,文化史曾与学术思想史或典籍文化史同义,如蔡尚思所著《中国文化史要论》。显然,这种界定过于狭窄,但迄今为止的研究成果表明,一方面文化史研究或文化研究多集中于文化总体,比如对中国传统文化、国民性、中西文化比较、传统文化与现代文化等问题的研讨;另一方面,许多人认为文化史应集中于精神文化的历史,研究重点应放在诸如特定历史时期的观念、时尚、宗教崇拜、方言、习俗、娱乐等上,即将文化视为狭义文化。这样的文化史研究虽比学术思想史的范围有了很大扩展,但仍没有明确文化史研究的全部范围,与文化学理论的要求相距甚远。

文化史研究范围的不确定与人们对文化的定义千姿百态、文化学理论派别林立有关。但就一般而论,文化史研究应该包括对物质文化、观念文化、社会关系态文化（各种组织、制度）乃至深层心理的研究。譬如原始文化，主要是物质文化，从制造各种工具、使用和发明火、采猎生活到动植物的驯化（植物之栽培耕作是西文"文化"之本意），占据了原始文化史的较大比重；其中也有属于社会关系态文化的，如婚姻、家庭、部落组织等。所有这些构成了原始文化，离开这些，原始文化便无从谈起。

实际上在文明时期，观念态文化也只占一小部分，特别是在大多数下层民众知识程度较低、观念形态遗留较少的时代，这种文化多代表上层文化或精英文化，而下层文化多呈物质形态，抛开后者也就没有了文化史。但是文化史作为一门独特的史学分支，其研究内容在许多方面又与人类学、宗教学、民族学、民俗学、社会史、思想史、科技史、语言学、心理学等相交叉，因此它显然有其独特的研究视角。把一种崇拜、一个家庭、一种婚姻作为文化现象加以研究，与宗教学及社会学研究它们迥然相别；而取火、动植物驯化作为一种文化成就，是文化进步的重要表现，对它们的文化史研究不同于其他分支的历史研究——事实上传统意义上的史学对物质生活史的题目很少涉及。

这就是说，文化史研究把人类文化的各方面成就当作综合的文化概念的各个侧面，研究它们是为研究文化整体服务的。在此意义上，文化史首先要研究不同民族、国家在不同时代的文化特征及其影响，其次要研究各种文化传播、融合、受阻等等的原因、过程、途径、方式，第三要研究文化在历史中的各种功能。这些研究必然要借助对文化各因子的探索，比如研究文化传播，我们必须研究生产工具（如青铜器、铁器）、生产技术（如四大发明）、思想观念（如佛教）、语言（如某种方言）、艺术（如西洋画法）等各方面的传播扩散以及其扩散方式、传播圈、传播效果、发源地、有利因素及阻碍因素等，由此才能了解各文化因子在文化传播上的异同，最后对文化整体在传播问题上进行理论说明。

以上各例说明，文化史的特点在于把人类的各种文化创造当作文化现象而非其他来研究，研究各种文化因子的目的是宏观地把握文化整体。

"文化"与"文明"这两个概念既有联系也有区别。汉语中"文明"一词出于《易经》，《易·乾·文言》云："见龙在田，天下文明。"孔颖达说："天下文明者，阳气在田，始生万物，故天下有文章而文明也。"《书·舜典》云："睿哲文明。"从这两个地方看，"文明"在汉语中的含义是指民族的精神气象。"文化"是一个人为的过程，而"文明"则是一个历史现象和范畴。文化表现为一种社会的运动，体现民族内在的精神气质；而文明则表现为一种置于某种文化成果之上的风貌。

"文明"一词的英语、德语、法语、西班牙语皆为"civilisation"。这个词是法国大革命的产物，它是由 civil 一词发展而来的，civil 一词原意是指在城市享有合法权利的公民。文艺复兴时期，人们把当时由封建习俗向着资产阶级化的演变称为civilise，它的原意为"公民化过程"。到法国大革命时代，人们把体现资产阶级大革命的新的文化气象称为"civilisation"，即"公民化"的文化，它是西方民主政治文化的一种新的气象和新的趋势。事实上，文化与文明概念的内涵虽有差别，但根本上都体现了一定社会人们适应自然环境和社会环境的自觉或不自觉的创造性实践活动的成果。

什么叫文化遗产

文化遗产分为物质文化遗产和非物质文化遗产。

物质文化遗产主要是具有历史、艺术和科学价值的文物，包括可移动文物和不可移动文物。不可移动文物主要是指那些古文化遗址、古墓葬、古遗址、古建筑等等以及近现代的重要史迹等代表性建筑。可移动文物是指历史上各时代重要实物、艺术品、文献、手稿、图书资料、代表性实物等，可分为珍贵文物和一般文物。其中，珍贵文物又分为一级文物、二级文物、三级文物。

非物质文化遗产是指各民族人民世代相承的、与群众生活密切相关的各种传统文化表现形式（如民俗活动、表演艺术、传统知识和技能以及与之相关的器具、实物、手工制品等）和文化空间。非物质文化遗产的范围包括：在民间长期口耳相传的诗歌、神话、史诗、故事、传说、谣谚；传统的音乐、舞蹈、戏剧、曲艺、杂技、木偶、皮影等民间表演艺术；广大民众世代传承的人生礼仪、岁时活动、节日庆典、民间体育和竞技以及有关生产、生活的其他习俗；有关自然界和宇宙的民间传统知识和实践；传统的手工艺技能；与上述文化表现形式相关的文化场所等。

文房四宝所指为何

文房四宝是旧时对笔、墨、纸、砚四种文具的总称。

文房四宝

文房，即书房。北宋苏易简著有《文房四谱》一书，叙述了四种文具的品类及故事等。这些文具制作历史悠久，名手辈出，且品类丰富，风格独特，其中最著名的有：安徽泾县的宣纸、安徽歙县的徽墨、广东端州的端砚、浙江吴兴的湖笔。

博士、硕士、学士的含义

"博士""硕士""学士"这些名称，我国古代早已有之，不过和现在的含义不完全相同。

博士，源于战国时代。《史记·循吏列传》："公仪休者，鲁博士也，以高弟为鲁相。"《汉书·百官公卿表上》："博士，秦官，掌通古今。"这些说明，博士在那时是一种官职，也指一些博古通今、知识渊博的人。

硕士，我国五代时期就有。《五代史》记载："前后左右者日益亲，则忠臣硕士日益疏。"宋代著名散文家曾巩在《与杜相公书》中说："当今内自京师，外至岩野，宿师硕士，杰立相望。"可见，硕士在古代通常指那些品节高尚、博学多识的人。

学士，最早出于周代。《周礼·春官》："诏及彻，帅学士而歌彻。"《史记·儒林传序》："天下之学士靡然乡风矣。"这说明，学士最早是指那些在学读书的人，后来逐渐变成文人学者。

现在，学士、硕士、博士是我国学位的三个等级；"博士后"不是学位，而是指获准进入博士后科研流动站从事科学研究工作的博士学位获得者。

学士学位由国务院授权高等学校授予，硕士学位、博士学位由国务院授予的高等学校和科研机构授予。高等学校本科毕业生，成绩优良，达到规定的学术水平者，授予学士学位；高等学校和科研机构的研究生，或具有同等学力的人员，通过硕士（博士）学位的课程考试和论文答辩，成绩合格，达到规定的学术水平者，授予硕士（博士）学位。授予学位的高等学校和科学研究机构，在学位评定委员会做出授予学位的决议后，发给学位获得者相应的学位证书。

对于国内外卓越的学者或著名的社会活动家，经学位授予单位提名，国务院学位委员会批准，可以授予名誉博士学位。

世界的历史时期应该如何划分

史前史：从人类出现开始到公元前4000年奴隶制产生以前的原始社会时期。

上古史：埃及在公元前4000年左右出现了奴隶制国家，到公元476年西罗马帝国灭亡，西欧奴隶制崩溃。

中古史：从公元476年西罗马帝国灭亡到1640年英国资产阶级革命爆发。中国古代史止于1840年鸦片战争（即中世纪史）。

近代史:世界近代史始于英国资产阶级革命(1640年),终于1917年十月社会主义革命。中国近代史从1840年鸦片战争到1919年"五四"运动。

现代史:世界现代史始于1917年十月社会主义革命。中国现代史始于1919年"五四"运动。

世界史中没有近古史,是因为中国的封建制度有两千多年,而欧洲封建制的确立比中国晚了一千多年,只有七八百年的时间,就比中国提前二百年步入了近代社会。

饮食与卫生

世界四大食堂

古里食堂

位于委内瑞拉卡罗尼河的巨型电站里,这座食堂的厨房和餐厅的总面积约有 25000 平方米,每天可供应 40000 份饭菜,厨房里安装了现代设备,烤炉由电子设备自动控制,采用电力作热源,厨师可以一次同时烤上 5000 份牛排而丝毫不用担心哪块牛排会烤煳,这里的锅可以任意轻巧地翻转,一次就可以供 5000 人吃的饭或 12000 份鲜美可口的汤。

多特蒙德食堂

位于德国多特蒙德大学里,这所大学每天中午有 12000 多人进餐,却很少有人排队,餐厅里有 40 个硕大的多层转

古里食堂

盘在不停地转动,转盘一半在厨房内,另一半在厨房外的餐厅里,厨师将盛好的食肴不停地放在转盘上,就餐者根据所买餐票的等级,自觉地从不同的转盘上选取饭菜;用餐结束后再把餐具放在传送带上,由食堂统一收回洗刷。

川崎食堂

位于日本川崎钢铁公司东京总部,每天中午有 18000 多名职工在铃声中乘电梯去食堂,他们凭带有磁带的用餐卡插入穿孔片读出器后就可挑选饭菜。一套装置能保证 20000 多名就餐者在 45 分钟内用餐完毕。

樟宜食堂

新加坡航空公司耗资4350万美元建于樟宜机场内。该食堂每天为27家航空公司的班机供应30000份餐点,收藏了世界各地1000多种食谱,烹饪过程采用电脑控制,有1700名经验丰富的厨师负责这个食堂工作。

世界各国神秘丰盛的国宴

西方国宴通常为晚宴,出席者20时到场,端杯聊天,常常于21时或22时入席进餐。出席国宴的人都着正式服装,按排定的席位入座。大家谈政治、谈友谊,当然也说些轻松的话题。国宴一吃常常就是两三个小时,但饭菜却远比人们想象中简单:往往是少许冷盘,一或两道热菜,一道甜食,外加面包和饮料随时应索提供,完全没有当年康熙老爷子大摆满汉全席时的阔绰与奢侈。

当然,饭菜简朴不代表"礼轻情不重",实际上西式国宴特别注重礼仪,其功夫往往在饭菜之外。比如在瑞士,联邦政府主席为招待各国外交使节而举行的国宴,都是三菜一汤,加上一份甜食,但精明的主人善于用五彩缤纷的鲜花和美妙的音乐营造出一种温馨的气氛,让你有宾至如归之感。菜式的设计更是别出心裁,甜点上装饰有瑞士国旗图案,状若熊掌的蘑菇牛排看起来赏心悦目。瑞士的首都伯尔尼被誉为"熊城",吃了这道菜,从肚子到脑子都再忘不了伯尔尼。

和崇尚简约的西式国宴不同,一些国家和地区非常注重以民族特色招待宾客。1970年4月周恩来总理访问朝鲜时,金日成主席就为他特设了"全狗午宴"款待。这"全狗午宴"的冷盘和热菜均从狗的浑身上下做文章:狗血肠、红烧狗肉、清炖狗肉、狗肉汤。烹饪方法不同,每道菜香而不腻,美味可口。另外,看似不起眼的泡菜也在朝鲜的国宴上扮演着不可或缺的角色。朝鲜泡菜风味独特,酸、辣、香、脆齐备,既下得普通百姓的厨房、也上得国宴的厅堂。

墨西哥国宴与朝鲜的"全狗宴"有异曲同工之妙。墨西哥人以玉米为主食,他们的国宴也是一盘盘玉米美食:"托尔蒂亚"是将玉米面放在平底锅上烤出的薄饼,类似中国的春卷;"达科"是包着鸡丝、沙拉、洋葱、辣椒,用油炸过的玉米卷,最高档的"达科"干脆用蝗虫做馅;"蓬索"是用玉米粒加鱼、肉熬成的鲜汤。另外,在这个神奇的国家,米邦塔食用仙人掌有着久远的历史,用它做成的大菜也是墨西哥国宴上招待外国贵宾的一道主菜。

阿拉伯国家国宴最爱用、也最受欢迎的一道菜是烤全羊。烤熟的整羊放在桌上,旁边有切好的生洋葱和其他调味品,任客人持刀割肉自行享用。

非洲国家的国宴具有地方特色。非洲烤骆驼是一道国菜,马里外交部招待外国使节的大餐就是一道烤骆驼,那滋味不可言传,总之过口难忘。烤骆驼上席的时候还特别有趣:骆驼被掏空内脏,一只烤全羊会被置于骆驼腹中,一只烤鸡又含于全羊腹中,那烤鸡腹中又藏着一只烤鹌鹑,鹌鹑腹中含着一个鸡蛋。当客人开始品尝这烤骆驼之时,就好像在猜一道妙趣横生的连环谜题,主人的热情与幽默都在不言之中。

埃塞俄比亚的国宴多是生牛肉宴。生食的牛肉很鲜嫩,鲜血淋淋的牛肉最受欢迎,吃法有两种:一是将剥去皮的整头牛劈成两半,挂在钩上,客人一手持刀一手拿盘,你爱吃什么自己动手去牛身上切,边切边蘸着佐料吃,不加主食;另外一种是把牛肉绞成肉糜,拌上辣椒粉等调料装盘吃,或用一种谷物做成的"英吉拉"薄饼裹着吃。海尔·塞拉西皇帝在位时宴请中国俞沛文大使以及后来埃塞俄比亚外长宴请杨守正大使,均以生牛肉宴款待,那情形真是盛情难却。

法国菜是西方国家中最负盛名的一种,而"巴黎牛排油炸土豆丝"又被誉为这个美食大国的国菜,每次都会被端上国宴台面。这菜妙在牛排半生半熟,肉呈红色,鲜美可口,土豆丝焦熟适度,嚼起来满口是香、风味独特。法国国宴上还常有一道名菜——烤蜗牛,它的制作很特别:将蜗牛肉同葱、蒜、洋葱一起捣碎,拌以黄油,调味之后,把肉塞回壳内,放在特制的瓷盘里,送进烤箱里烤。食用时油还冒着泡,香气扑鼻。

西班牙海洋渔业资源十分丰富,海鲜常作为国宴的美味佳肴。"巴爱雅"举世闻名,它实际是用油炒过的大米加上各种海鲜或肉食作配料制作而成的,政府高官常用此招待外国贵宾。

秘鲁以烤肉串作为国菜,尤以烤牛心、羊心、鸡心为主。烤前将肉串放入酒、醋、盐、蒜、辣椒等原料中腌拌数小时,烤时掌握好火候,烤出的肉串芳香四溢。

国宴说起来很严肃,其实不外是一种饮食文化与民风民情的展示。不同国家和民族文化背景不同,饮食习俗也千差万别,所以各国的国宴也因地因民族而异,五彩缤纷。

韩国的御膳文化

在韩国,传统大家庭里以长辈为中心,餐具与饭桌均是一人份为一单位。但在以核心家族为中心的如今,则变成了所有人围坐在一起,把菜夹到自己的碟子里吃。以饭、菜分主、副食的韩国日常饮食,从三国时代后期确定为一日三餐的正规用餐形式。有时中午会吃面条、拌饭、汤饭等料理,但这只是一种别有风味的饮食。

在饭桌上,饭是主食,菜是副食,因此,吃什么菜根据饭而决定。饭桌在菜色的搭配、味道的咸淡、食物的温度以及颜色的配合等方面有着合理性和协调性。饭桌有3碟、5碟、7碟、9碟,朝鲜时代王用的是12碟饭桌。最简单的3碟饭桌除了摆汤、泡菜以外,有野菜、凉拌菜、炖食、烤食,均匀搭配蔬菜、肉类和鱼类。5 碟饭桌上有饭、汤、泡菜、酱之外,还上 5 样菜、一种酱汤。9 碟饭桌上有饭、汤、泡菜、酱之外,还上 9 样菜、一种酱汤再加一样炖食。王的御膳桌是 12 碟饭桌,王坐在大圆桌前面,旁边拼放小圆桌和四方桌。大圆桌上放有白御膳、盒汤、3 种酱、3 种泡菜、7 样菜、挑骨头的碗以及两套银匙和筷子。一个汤匙是喝汤用的,另一个是喝萝卜泡菜汤用的;一双筷子是夹鱼用的,另一双是夹菜用的。小圆桌上放有红豆御膳、荤杂烩、炖食、两样菜、茶具、空瓷碟、银碗以及三副匙和筷子。不想吃白御膳时,将红豆御膳与白御膳调换过来。三副匙和筷子是内宫检察食物和夹食物用的。用完餐之后,把茶杯放在盘子上端上去。四方桌上放有炖牛骨汤、火锅、烧烤等。吃红豆御膳时,不喝盒汤,而喝炖牛骨汤。

酸奶的诞生

酸奶是一种营养丰富、易于消化的饮料,源于保加利亚。很久以前,以游牧为主的色雷斯人常常背着灌满羊奶的皮囊随畜群在大草原上游荡,由于气温、体温的作用及其他原因,皮囊中的奶常变馊而呈渣状,少量这样的奶倒入煮过的奶中,煮过的奶很快亦变酸,这即是最早的酸奶。色雷斯人很喜欢喝这种奶,于是不断寻求更简便、效果更佳的制作酸奶的方法。

20 世纪初,俄国科学家伊·缅奇尼科夫在研究人类长寿问题时,到保加利亚去做调查,发现每千名死者中有四名是百岁以上去世的,这些高龄人生前都爱喝酸奶。他断定喝酸奶是使人长寿的一个重要原因。后经研究,又发现了一种能有效地消灭大肠内的腐败细菌的杆菌,并命名为"保加利亚乳酸杆菌"。

伊·缅奇尼科夫酸奶的研究成果使西班牙商人伊萨克·卡拉索受到启发,开始了酸奶生产。最初他把酸奶当作药品在药房销售,但生意并不理想。第二次世界大战爆发后,伊萨克·卡拉索在美国建立了一家酸奶厂,并大做广告,不久便使酸奶风靡世界。

"闭门羹"的缘由

众所周知,"闭门羹"意为拒客,但"闭门"何以与"羹"联系起来呢?原来,"闭门羹"一语始见于唐代冯贽《云仙杂记》所引《常新录》的一段话:"史凤,宣城妓也。待客以等差……下列不相见,以闭门羹待之。"这名姓史的高级妓女不愿接待下等客时,就饷之以羹,以表婉拒。客人见羹即心领神会而自动告退了。所谓羹,最初时系指肉类,后来以蔬菜为羹,再后对凡熬煮成有浓汁的食品皆以羹称之,如雪耳羹、水蛇羹、燕窝羹等。以羹待客，比直言相拒要婉转、客气一些。可惜现代拒客，则只有"闭门"而没有"羹"了。

风行海外的中国食物

面条：长长的面条虽然其貌不扬，可是继中国菜之后，却很快征服了美国人的胃口。美国人爱吃中国的面条，是因为中国式的面可以配上任何佐料，适应任何人的特殊需要或爱好。一碗带汤的面，可以加上猪肉、蔬菜，再浇上葱、姜、酱油、麻油，爱吃海鲜的还可以在面里加上虾、干贝等，总之价廉物美，可各取所好。难怪整个曼哈顿到处有面店不断开张，在美国报纸的饮食专栏，大标题也写着"到处都有人吃面，到处都开了面食店"。

馒头："中华馒头"在日本的含义其实并非真正的馒头，而是内中包有各种馅料的"包子"。这种早在宋代便已传入日本的中国食物，近年来在东瀛有越销越旺的趋势。目前，日本各超级市场里出售的"中华馒头"包括豆馅、肉馅、咖喱、精腊肉、核桃仁、蔬菜、虾等多种多样，可谓五花八门，味道各异。

豆腐：日本人爱吃中国豆腐，已众人皆知。如今，日本人在豆腐中加进了新鲜菜汁，这种"绿色豆腐"既好看，也更具营养价值。在德国，许多人已习惯用豆腐烹制中国风味的"虾仁豆腐""菜花豆腐汤"等。近年来，很多美国人特别喜欢吃成都的"麻婆豆腐"和"砂锅豆腐"，他们进中餐馆一般都要点"红烧牛肉""咖喱鸡块""豆腐汤"。美国的《经济展望》杂志因此认为："未来10年，最成功、最有市场潜力的并非汽车、电视机或电子产品，而是中国的豆腐。"

古今中外的著名宴席

酒池肉林

《史记·殷本纪》称："（纣）以酒为池，县（悬）肉为林，使男女裸相逐其间，为长夜之饮。"这可能是有记录的最早的宴席，后人常用"酒池肉林"形容生活奢侈，纵欲无度。

鸿门宴

项羽邀刘邦宴于鸿门，项羽的谋臣范增为了帮助项羽争得天下，喊来项庄，让他在宴会上耍剑舞，意图伺机刺杀刘邦。楚左尹项伯也拔剑起舞，并常以身翼蔽刘邦，使得项庄无从下手。最后，刘邦借如厕之机逃脱。后以"鸿门宴"指别有用心。

煮酒论英雄

三国时期,曹操约刘备相饮。曹操于小亭内设樽俎,盘置青梅,一樽煮酒,二人对坐,开怀畅饮。忽然阴云密布,即将下雨,曹操问刘备当世谁可称为英雄,刘备回答的每一个人都被曹操一一否定,最后,曹操说:"今天下英雄,唯使君与操耳。"吓得刘备居然将手中的筷子丢在了地上,幸亏当时天正将下雨,响起了一阵惊雷,刘备便说"一震之威,乃至于此",将掉筷的原因掩饰了过去。

杯酒释兵权

宋太祖赵匡胤当上皇帝后,担心手下将领将来会夺取自己的皇位,于是宴请几位将领,并说大将打江山也是为了获得好的生活,如今江山已定,不如回家养老。他的大将石守信听出了弦外之音,于是请求皇帝解除自己的兵权,宋太祖就这样一一解除了手下大将的兵权。

满汉全席

满汉全席始于清代中叶,是我国一种具有浓郁民族色彩的巨型筵宴,既有宫廷肴馔之特色,又有地方风味之精华,菜点精美,礼仪讲究,形成了引人注目的独特风格。

满汉全席原是官场中举办宴会时满人和汉人合作的一种全席。官府中举办满汉全席时首先要奏乐,鸣炮,行礼恭迎宾客入座。客人入座后由侍者上进门点心。进门点心有甜、咸两种,并有干、稀之别。进门点心之后是三道茶,如清茶、香茶、炒米茶,然后才正式入席。满汉全席上菜分冷菜、头菜、炒菜、饭菜、甜菜、点心和水果等,一般起码一百零八种,分三天吃完。

最后的晚餐

在圣诞节的前夜,耶稣和他的十二个门徒共同进餐庆祝,这是他们在一起吃的最后一顿晚餐。在餐桌上,耶稣突然感到烦恼,他对他的门徒说,他们中有一个将出卖他。但耶稣并没说这个人是谁,众门徒也不知道谁将会出卖耶稣。在名画《最后的晚餐》中,耶稣的右边有一个人,他朝后倚着,仿佛在往后退缩。他的肘部搁在餐桌上,手里抓着一只钱袋。他就是那个叛徒犹大。

泰门的豪宴

《雅典的泰门》是莎士比亚的最后一部悲剧。泰门是雅典贵族,家庭富有,乐善好施,慷慨大方。该剧第一幕便描写了泰门豪宴宾客的场面,人员众多,包括诗人、画家、珠宝商、贵族,无疑,他们的到来是钟情于泰门的财富,而不是泰门所想象的友谊。后来,泰门的债主前来讨债,泰门不得不想起了他的这些朋友,当他向自己的朋友借钱时,却遭到了拒绝。最后,泰门在绝望中疯狂死去。

霸王别鸡

论文化,论底蕴,论卖相,论无厘头,经典中国大菜里面相信没有一道可以超过"霸王别鸡"。换句话说,像这样集爱情、死亡、战争、歌舞等等肥皂剧基本要素于一锅者,非"霸王别鸡"莫属。

说俗了其实就是王八炖鸡,谁家的厨房里都做得出来,只是安徽人说此乃徽菜之掌门,江苏人坚持这是苏菜之杰作,山东人又宣称此系鲁菜的代表,凡此种种,皆与"垓下"以及楚汉相争之双方出场主力的籍贯有关。但这些并非要害所在,要害是:与王八赴汤的鸡必是母鸡,与母鸡蹈火的王八则须是鳖公,一锅好汤不仅因此而负阴抱阳,更要紧的是忠于原著。问题是,自从虞姬与项羽"刎别"之后,有关的演义一直层出不穷,关于女方,《项羽本纪》只是不很礼貌地提过一句:"有美人名虞,常幸从。"此外的种种盖属戏说。"汉兵已略地,四方楚歌声。大王义气尽,贱妾何聊生"——这是京戏的;"遗恨江东应未消,芳魂零乱任风飘"——这是"虞美人"的。

这当然还很不过瘾。有关资料记载:"安徽厨师们为纪念这个悲壮的历史故事,以这个典故创制成此菜","四面楚歌之中,美人虞姬为项王消忧解愁,用甲鱼和雏鸡烹制了这道美菜,项羽食后很高兴,精神振作,此事及此菜制法后来流传至民间"。

世界各国特色火锅 PK 大赛

印度火锅

该国最为著名的火锅要首推"咖喱火锅",其所用佐料是本土的特产咖喱、番叶、椰子粉以及香料等,涮的东西有鱼头、草虾、鸡肉和牛肉等,锅底还为米粉浸汁,有尽吸原汁之雅趣。

印度火锅

朝鲜火锅

该国的火锅以"酸菜白膘"为标准,以木炭火煮食,熬的汤为海参汤。酸菜用盐水浸泡,滤干腌泡而成,而所用的白膘肉即是五花肉煮熟切成片或是蒸过一遍后去除油腻,吃时再配以血肠、蛤蜊等,朝鲜火锅的这种吃法虽说比较原始,但吃起来却十分爽口。

韩国火锅

该国最传统的火锅就要算是"石头火锅"了,大有"辣死人不偿命"的韩国风情。在这种火锅的底部放的尽是辣椒油和辣椒粉等辣味调料,上面盖满了肉块和肥鸡块,吃时会辣出大汗、眼泪,真可谓"辣死人,乐死人"。

泰国冰炭火锅

泰国地处热带,在曼谷气温常是摄氏33度上下,尤其在4~6月间,天气更是炎热,而街上常见有"火锅"店。大热的天,有许多人围着一个火炉吃"火锅"。只见一盘盘牛肉片、羊肉片、鱼蛋、鱼片、鱿鱼、豆腐、生菜、粉丝摆满台,人们蘸着很辛辣的辣酱大吃起来,吃得津津有味,并不感到燠热,这是空调冷气使餐厅温度维持在10℃下的原因。泰国人在比较正式的宴席中,喜用"火锅",这是泰人的爱好,一边吃"火锅"一边喝"冰茶"和冷饮小吃,说这是"冰炭结合",并以此为口福,别有一番情趣。

日本的纸火锅

这是近两年来在日本新兴的一种火锅,其使用非常简单,人们在旅游、出差及休闲时均可品尝。这种新兴的纸火锅不漏不燃,其主料和汤料均用特制的纸包装。在这种火锅中加水点燃后即可食用,而且其味道鲜美无比,食时别有一番情趣。这种纸火锅的佐料组成是日式高汤和淡酱油以及味精汁等,其搭配比例是24:2:1,主要包括有牛肉片、鱼片以及鹿肉片等。

日本迷你火锅

这种日本迷你火锅在日本又有"涮涮锅"或是"一人天地"之美称,它是由微型小锅盛高汤,加入豆腐和番茄以及香菇等,并且另外加一碟肉,自吃自添,尤其适合于单身火锅迷一人享用。

日本锄禾火锅

这种火锅主料有牛肉片、鸡片、虾片、鱼片、猪排肉、猪腰片以及明虾等,配料有粉丝、鱼圆、菠菜、京菜、洋菜和色拉油等,其具体的食用方法是先点燃平底锅,等油烧热时将菠菜和洋葱等放入锅中拌炒至八成熟,再放入白菜梗同炒,加白糖和酱油,待全部炒熟后再把自己喜爱的各式主料加放到锅中煎熟,一边食用一边煎煮,吃到一半时,再加入一些鲜汤煮熟,加佐料后再在鲜汤内涮以主料食用之。

瑞士奶酪火锅

奶酪火锅就是先将奶酪放进锅里,待其煮成液体状后再加入一定数量的白酒和果酒,吃的时候要用长柄的叉子将一块法式的面包叉起来放进锅中蘸奶酪吃。这时的面包又热又香,吃起来特别的爽口宜人。就这样一边烧一边蘸一边吃,直到火锅中的液体奶酪快要烧干烧焦时为止。一些嗜食瑞士奶酪火锅成性的欧洲人,一次甚至可以吃上二三十块蘸有液体奶酪的面包。

瑞士巧克力火锅

这是一种很受瑞士女孩子们青睐的火锅,它的食用方法和奶酪火锅差不多,事先将巧克力放入锅中煮成汁,再用长柄叉子叉着水果片,蘸着锅中的巧克力汁一片一片地吃,一直到火锅中巧克力汁蘸完为止。因为这种火锅在吃的时候别具一番情趣,因而其在瑞士也颇受青年恋人们的喜爱。

意大利火锅

该国火锅的主要原料是牛肉片、火腿、猪排肉和虾仁等,配料有菠菜、洋葱以及黄油等。人们在吃火锅时,先将火锅烧热,然后再将菠菜和洋葱放入锅内煮一下,稍后再放火腿、鸡片和猪排肉等,待开始吃的时候再放入虾仁等海鲜产品,以保持火锅的鲜香味。

世界各国"饭局"比较

中国饭局:最繁文缛节的饭局

中国人的饭局讲究最多,这在世界上没有哪一个国家能够比肩。从座位的排放到上菜的顺序,从谁先动第一筷到什么时候可离席,都有明确的规定,把"中国是礼仪之邦"这个概念诠释得淋漓尽致。

在中国人的饭局上,靠里面正中间的位置要给最尊贵的人坐,上菜时依照先凉后热、先简后繁的顺序。吃饭时,须等坐正中间位置的人动第一筷后,众人才能跟着各动其筷。

中国历来都是无酒不成席,劝酒是中国饭局最有特色的部分。饭局开始时,主人常要讲上几句话,之后便开始劝酒。主人先将杯中的酒一饮而尽,客人一般也要喝完。不但主人要劝酒,客人与客人之间也要敬酒,为了使对方多饮酒,敬酒者会找出种种必须喝酒的理由,若被敬酒者无法找出反驳的理由,就得喝酒。罚酒是中国人敬酒的一种独特方式,罚酒的理由也是五花八门,最为常见的可能是对酒席迟到者的"罚酒三杯"。

吃完饭后,人们并不是马上就散去,往往还要聊上一会儿,以增进感情。等坐中间位置的人流露出想走的意思后,众人才能随之散去。

俄罗斯饭局：酒的代名词

伏特加是俄罗斯的名酒，俄罗斯人干脆把伏特加当成了饭局的代名词，因为无论谁设的饭局，席上都少不了伏特加酒。

在饭局上，俄罗斯人先在每人的酒杯里倒上一杯伏特加。第一杯通常是一齐干下，以后各人按自己的酒量随意酌饮。不过，俄罗斯人在饭局上喝酒从不像中国人那样耍滑头，都极为诚实，一般不劝酒，有多少量喝多少。因为在俄罗斯人看来，不喝酒的男人就不是真正的男子汉。俄罗斯的大街上随处可见跟跟跄跄找不着家门的醉汉。俄罗斯男人常把伏特加比喻成自己的"第一个妻子"。

在饭局上几杯伏特加下肚，能歌善舞的俄罗斯人就会雅兴大发，或翩翩起舞，或尽展歌喉，妙趣横生。朋友间的饭局一般要持续3～4个小时，每隔1小时休息10分钟，烟民可出去过会儿烟瘾。席上的祝酒词也很有意思，第一杯为相聚，第二杯祝愿健康，第三杯为爱——对祖国的爱、对家庭的爱、对妻子的爱。接下来便是祝愿和平、祝愿友谊等。如果是在朋友家里赴的饭局，最后一杯要献给女主人，表示对她高超厨艺的赞赏和辛勤劳动的感谢。

俄罗斯人的饭局不太讲究菜的质量和多少，只要有酒喝就行。喝口酒，吃口面包，再来一小口奶酪就是一桌绝佳的饭局。在俄罗斯的一些餐馆里，通常也可以看到成群的人围着桌子干喝酒，那是俄罗斯的穷人在设饭局，没钱买菜，喝一口酒后就把油腻的袖口贴近鼻子闻一闻，权当吃菜。尽管如此，饭局的气氛仍然在酒精的作用下热烈而快乐。

日本饭局：吃不饱的饭局

日本人的饮食一贯朴实简单，饭局上也如此，常让人有一种吃不饱的感觉。如果在早上设饭局，不过是一杯牛奶、一份热狗而已。中午可能稍微丰富一点儿，有大米饭、鱼、肉、咸菜和西红柿等。晚餐相对来说是最丰富的，有饭有菜有汤，最重要的是日本人通常只有晚上请客吃饭时才会有酒。因此日本人的饭局一般都设在晚上，他们习惯下班后三五成群地去饭馆。

日本饭局上的气氛相对来说随和且轻松。吃饭前都互相为对方倒酒，他们喜欢喝的酒是啤酒、清酒、威士忌、餐酒和烧酒。第一杯一起饮过后，大家就可以随意开吃了。一般人的观念中，日本食品只有鱼肉，其实不然，日本饭局上许多新推出的食品于近年来已世界闻名了。日本人自称为"彻底的食鱼民族"，每年人均吃鱼一百多斤，超过大米消耗量。日本人吃鱼有生、熟、干腌等各种吃法，而以生鱼片最为名贵，一般来说，自己在家里是舍不得吃的，只有在设饭局时才会叫上这么一道菜来待客，因为在日本人的饭局上，生鱼片象征着最高礼节。开宴时，从鱼缸里现捞现杀，剥皮去刺，切成如纸的透明状薄片，端上餐桌，蘸着佐料细细咀嚼，滋味美不可言。但客人不能放开肚皮吃，因为菜的数量极少。

新加坡饭局：最谨慎的饭局

新加坡人对饭局持非常谨慎的态度，他们一般不会邀请初次见面的客人吃饭，需等主人对客人有所了解后，才可能设饭局来款待。而且新加坡的政府官员不得接受社交性饭局的邀请，不然就会被有关单位严加处理。

新加坡人喜欢清淡，爱微甜味道，饭局上的主食以米饭为主，常有炸板虾、香酥鸡、番茄白菜卷、鸡丝豌豆、手抓羊肉等风味菜肴。新加坡人在饭局上爱喝啤酒、东北葡萄酒等饮料，对中国粤菜也十分喜欢。去赴饭局的时候，男士必须穿西装、系领带，女士们则要穿晚礼服，这样主人家会觉得受到尊重。

如果饭局是设在主人的家里，吃完饭后，客人不能立即就走，要帮主人做清洁工作，否则就会被视为对主人家的不尊重。而且在赴饭局时，客人通常还要随身携带一份礼物，因为新加坡人有赠送礼品的习惯。在饭局上礼物仍原封不动地被搁在一边，客人散去后主人才会打开。

德国饭局：啤酒的天下

德国人吃得比较简单，早餐主要是面包、黄油、果酱和咖啡，午餐和晚餐一般只有一个汤或一道菜。只有赴饭局时，餐桌上才相对丰富一些，但通常也不过是香肠和蛋糕等。德国人在饭局上主要是喝啤酒，数量达到惊人地步，平均每人每年饮啤酒 145 升。

德国人的饭局是名副其实的"大块吃肉、大碗喝酒"——吃猪肉喝啤酒。德国每人每年的猪肉消耗量为 65 公斤，居世界首位。饭局上的菜大部分都是猪肉制品，最有名的一道菜是"黑森林火腿"，它可以切得跟纸一样薄，味道奇香无比。饭局上的主菜就是在酸卷心菜上铺满各式香肠及火腿，有时用整只猪后腿代替香肠和火腿。那烧得熟烂的一整只猪腿，德国人在饭局上可以面不改色地一人干掉它。

美国饭局：最单调的饭局

美国是全世界最"自由"的民族，吃也不例外，不像中国有那么多繁文缛节，一件 T 恤衫、一条破牛仔裤就可以轻轻松松去赴饭局了。

美国人吃饭最单调，早上喝点牛奶煮麦片，吃些面包或果酱，中午吃个夹肉的三明治或夹香肠的热狗，喝杯咖啡就算了事。一年到头，吃的总是那两种饭菜，即使设饭局请客吃饭，也无非是咖啡、牛奶、可乐、面包、热狗、三明治、汉堡包、煎牛排之类。

在饭局开始时，美国人通常先要喝一杯冰水或者一小碗汤，然后是一盘沙拉，接着才开始吃一道主菜牛排或牛肉饼。主菜吃完后吃水果，不饱的话，再吃块甜点心。在美国的饭局上，一般是由服务员或主人将每道菜送到餐桌旁供宾客取用，一个人取完后再传给旁边的人。面包等食物也放在大盘子里根据需要自取，可在餐中任何时候取用。

一贯开放的美国人把个性自由带到了饭局上,虽说少了许多礼仪的束缚,但吃的却是全世界最单调的饭局。

世界各国醒酒奇方

俗话说,人逢喜事精神爽,有些人在高兴的时候,愿喝上几杯酒来庆贺,这本是件好事,但喝得多了,就容易烂醉,很容易耽误正事。这时,就需要采用醒酒的方法,使之快速清醒。世界各国的醒酒方法各有不同。

在蒙古,他们所用的醒酒方法是:在一杯热番茄汁内,放入一对刚取出的用醋浸过的绵羊眼睛,然后让你喝下去。

在德国,他们用一大块咸鲱鱼和洋葱一同煮熟,然后让醉酒者就着一大杯暖啤酒喝下去来醒酒。

在日本,如果有人醉了,别人就给醉酒者带上一具浸过酒精液的口罩,这样,醉者很快便清醒。

地处中美洲的海地,当地人的解酒方法和当地的巫术有关。他们把醉酒者喝过的空瓶找来,然后在瓶塞上刺入支黑头针,希望通过此方法,使醉酒者不需要吃药而痊愈。

荷兰则用食疗方法来解酒。将羊蹄、牛肝和麦片煮 6 小时,直到煮得稀烂,把骨头捞出来,让醉酒者把这粥喝下去。

我国的传统解酒方法较为简单,就是让醉者喝一碗白醋,使胃酸大量增加便可收效。

喝酒碰杯的缘由

关于喝酒碰杯,目前有两种说法。一种说法是古希腊人创造的,传说古希腊人注意到这样一个事实,在举杯饮酒之时,人的五官中鼻子能嗅到酒的香味,眼睛能看到酒的颜色,舌头能够辨别酒味,而只有耳朵被排除在这一享受之外。于是,希腊人想出一个办法,在喝酒之前,互相碰一下杯子,杯子发出的清脆的响声传到耳朵中,这样,耳朵就和其他器官一样,也能享受到喝酒的乐趣了。

另一种说法是起源于古罗马。古代的罗马崇尚武功,常常开展"角力"竞技,竞技前选手们习惯于饮酒,以示相互勉励之意。由于酒是事先准备的,为了防止心术不正的人在给对方喝的酒中放毒药,人们便想出一种防范的方法。即在角力前,双方各将自己的酒向对方的酒杯中倾注一些。以后,这样碰杯便逐渐发展成为一种礼仪。

香槟酒的来历

远在两千多年前,法国香槟地区就开始种植葡萄和酿制葡萄酒了。1668 年,该地区奥维利修道院担任管家修士的丹·佩里农立志酿造出甘甜可口的葡萄酒。他把各种灰葡萄酒互相掺拌,用软木塞密封后放进酒窖。第二年春天,当他把那些酒瓶取出时,发现瓶内酒色清澈,明亮诱人。一摇酒瓶,"砰"一声巨响,他吓了一跳,瓶塞不翼而飞,酒喷出了瓶口,芳香四溢。大家争着品尝新酒,把这种酒称为"爆塞酒""魔鬼酒"。后来,人们用产地的名把它命名为香槟酒。

世界著名的品牌啤酒

嘉士伯:丹麦啤酒。世界销量前列,知名度较高,在各地有工厂。但口味较大众化,登不了大雅之堂,喜欢赞助足球赛,在广东有工厂。香港电影里的劳动人民比较爱喝。

喜力:荷兰啤酒,其老板是荷兰首富。口味较苦,广泛被知识分子所选择,从其广告风格及所赞助的网球赛便可品出其口味。强调孤身奋斗,是独身奋斗人士的首选。

贝克:德国啤酒,口味实在,就像德国人,成功人士的首选。

百威:美国啤酒,美国拳击赛不折不扣的赞助商。酒味清香,因其橡木酒桶所致。美国乡村文化爱好者的首选。在武汉有工厂。

虎牌:新加坡啤酒,东南亚知名度较高。味道一般,名气大于味道,感觉上是摇滚歌厅喝得较多。喜欢赞助足球赛等需要激情的比赛。

朝日:日本啤酒。味道清淡。

麒麟:日本啤酒。

健力士黑啤:爱尔兰出产。啤酒中的精品,味道独特,出差人士的首选。

科罗娜:墨西哥酿酒集团,世界第一品牌。美国人的首选,酒吧爱好者的最爱。味道就像她的名字一样动人。

台湾统一狮子座:带有龙眼味的啤酒。

泰国狮牌:味苦,够劲,绝对是酒友们的最佳选择。

老挝的老牌啤酒:在印度支那名气很大。和东南亚国家的啤酒一样,是东南亚爱好者及享乐人士的首选之一。

酒的度数是怎么定的

酒的度数表示酒中含乙醇的体积百分比,通常是以 20℃ 时的体积比表示的,如 50 度的酒,表示在 100 毫升的酒中,含有乙醇 50 毫升(20℃)。

表示酒精含量也可以用重量比,重量比和体积比可以互相换算。

西方国家常用 proof 表示酒精含量,规定 200proof 为酒精含量为 100% 的酒。如 100proof 的酒则是含酒精 50%。

啤酒的度数则不表示乙醇的含量,而是表示啤酒生产原料,也就是麦芽汁的浓度,以 12 度的啤酒为例,是麦芽汁发酵前浸出物的浓度为 12%(重量比)。麦芽汁中的浸出物是多种成分的混合物,以麦芽糖为主。啤酒的酒精是由麦芽糖转化而来的,由此可知,酒精度低于 12 度。如常见的浅色啤酒,酒精含量为 3.3%~3.8%;浓色啤酒酒精含量为 4%~5%。

现在世界上最贵的酒有哪些

最贵的标准瓶装葡萄酒

1787 年拉斐酒庄葡萄酒,1985 年伦敦佳士得拍卖行售出,售价 16 万美元。现陈列于福布斯收藏馆,瓶身刻有杰斐逊总统的姓名缩写。

最贵的大瓶装葡萄酒

大瓶装(5 升佳酿)摩当豪杰酒庄葡萄酒,1945 年产,这一年被公认为是 20 世纪最好的酿酒年份之一。1997 年伦敦佳士得拍卖行售出,售价 11.4614 万美元。

最贵的加烈葡萄酒

这瓶加烈葡萄酒由马桑德拉酒厂藏酿,1775 年份雪利酒。2001 年伦敦苏富比拍卖行售出,售价 4.35 万美元。

马桑德拉葡萄酒酿造厂位于克里米尔,距离雅尔塔 4 公里,被公认为是沙皇俄国时代最好的酒厂。它的酒窖里收藏了上百万瓶俄罗斯葡萄酒和西欧葡萄酒,一些俄罗斯葡萄酒还刻有皇室封印,其中年份最久的就是这瓶雪利酒。

拍卖会上最贵的批售葡萄酒

50 箱 600 瓶摩当豪杰酒庄 1982 年份葡萄酒。1997 年纽约佳士得拍卖行和扎奇拍卖行联合售出,售价 42 万美元。

最贵的干白葡萄酒

7 支罗马康帝酒庄 1978 年份蒙塔榭酒。2001 年苏富比纽约拍卖行售出,售价 16.75 万美元,即每支 2.3929 万美元。

最贵的单支勃艮第红酒

罗马康帝酒庄 1990 年份勃艮第红酒,6 夸脱大瓶装。2002 年纽约扎奇拍卖行售出,售价 6.96 万美元,折合每标准瓶容量 5800 美元。

最贵的批售勃艮第葡萄酒

罗马康帝酒庄 1985 年份一套 7 支美杜莎拉酒(总容量 6 升,相当于 8 标准瓶)。1996 年伦敦苏富比拍卖行售出,售价 22.49 万美元。

最贵的美国葡萄酒

三支 1994 年份鹰鸣酒。2000 年洛杉矶佳士得拍卖行售出,售价 1.15 万美元,即单支 3833 美元。

最贵的被打破的葡萄酒

1787 年份玛戈酒庄红酒,保险赔偿 22.5 万美元。

慈善拍卖会上售价最高的葡萄酒

1992 年份皇家鹰鸣赤霞珠。2000 年纳帕谷葡萄酒拍卖会上售出,售价 50 万美元。

买主是思科公司的执行官贝利。单就数字而言,这是目前单瓶葡萄酒的最高售价。但是由于该酒是在慈善拍卖会上售出,很大一部分售价实属慈善捐赠性质。

英国红茶的风俗

英国人在日常生活中,经常饮用英国早餐茶及伯爵茶。其中英国早餐茶又名开眼茶,系精选印度、锡兰、肯尼亚各地红茶调制而成,气味浓郁,最适合早晨起床后享用。伯爵茶则以中国茶为基茶,加入佛手柑调制而成,香气特殊,风行于欧洲的上流社会。

英国人热爱红茶的程度世界知名,在一天中许多不同的时刻,他们都会暂停下来喝杯茶。英国女皇 QueenAnne 爱好饮茶并深深地影响了英国人喝早餐茶的风气；英国女爵安娜玛丽亚于 1840 年代带动了喝下午茶的习惯；维多利亚女皇更是每天喝下午茶，将下午茶普及化。

茶话会的由来

据史书云，三国时吴末代皇帝孙皓，每宴群臣，必尽兴大醉。大臣韦曜酒量甚小，孙皓便密赐"以茶代酒"的方法。后来，逐渐产生集体饮茶的茶宴，且普遍起来，很像今天的茶话会。

茶宴多以名茶待客，宾主在茶宴上一边细啜慢品，一边赋诗作对，谈天说地，议论风生。唐宋时的"泛花邀客坐，代饮引清言"和"寒夜客来茶当酒，竹炉汤沸火初红"的诗句，便是对茶话的描述。

今天，这种茶话方式，或用于友朋联谊，或用于节日欢聚，或用于学术研讨，或用于洽谈生意，内容更为丰富了。

英国下午茶的来历

英国维多利亚时代，1840 年，英国贝德芙公爵夫人安娜女士每到下午时刻就心想，此时距离穿着正式、礼节繁复的晚餐 Party 还有段时间，又感觉肚子有点饿了，就请女仆准备几片烤面包、奶油以及茶。后来安娜女士邀请几位知心好友伴随着茶与精致的点心，同享轻松惬意的午后时光，没想到一时之间，在当时贵族社交圈内蔚为风尚，名媛仕女趋之若鹜；一直到今天，已俨然形成一种优雅自在的下午茶文化，也成为正统的"英国红茶文化"，这也是所谓的维多利亚下午茶的由来。

国际红十字会的创立

国际红十字会创立于 1863 年，创始人是瑞士人亨利·杜南。

19 世纪中叶欧洲战事频繁，1859 年 6 月 24 日，杜南途经意大利北部小镇索尔弗利诺，正赶上法国、撒丁国联军与奥地利军之间的一场恶战，战场上尸横遍野，死伤者达四万多人，无助的伤兵在烈日下痛苦挣扎，他组织居民抢救伤兵、掩埋尸体。就在这时，一个伟大的设想在他心中萌发了。他向国际社会呼吁，制定一个国际法律，对交战双方的战俘要实行人道主义，保证伤员中立化，一旦发生战争，应不分国籍，不分民族和信仰全力抢救伤员，减少死亡。这一人道主义的提议在欧洲赢得了广泛的共鸣，瑞士日内瓦公共福利会选出了亨利·杜福尔将军、琼斯塔夫·莫瓦尼埃律师、路易·阿皮亚医学博士、狄奥德·莫诺瓦医学博士及亨利·杜南组成五人委员会,并于1863年2月17日在日内瓦召开了首次会议,由此红十字国际委员会的前身成立了。

1863年10月26日,欧洲16个国家的代表在日内瓦召开了首次外交会议,并一致通过了《红十字决议》,决定在各国建立救护团体,为了表示对瑞士的敬意,其标志定为"白底红十字"(瑞士国旗为红底白十字)。1864年8月8～22日,又签订了《红十字公约》,公约中规定:战场上进行救护的医院及人员处中立地位,应受保护;应对伤病员不分敌友均给予救护。至此,亨利·杜南理想中的救护团体"红十字会"和国际性协议"日内瓦公约"正式诞生了。随后,在19世纪末和20世纪初,欧、美、亚三洲的主要国家都相继成立了红十字会。我国的红十字会也于1904年在上海诞生,红十字国际委员会于1912年1月15日通报各国,正式承认中国红十字会为国际红十字会的成员。

红十字标志只是在武装冲突中传达特定信息的符号,是一种保护性标志,其中不含任何政治、宗教、哲学等各种意义。但在1876～1878年俄罗斯与土耳其战争前夕,土耳其奥斯曼帝国通知红十字国际委员会,他们将采用红新月来标明自己的救护车辆,但仍会尊重和保护有红十字标志的敌方救护车辆,他们所提出的理由是"'红十字'是对穆斯林士兵的冒犯"。而且土耳其还表示,如果它所提出的修改不被接受的话,它也无法强令自己的军队尊重日内瓦公约。这样,土耳其单方面改变了1864年日内瓦公约第九条的条款。由于战争已迫在眉睫,考虑到救助伤兵的紧迫性,红十字国际委员会暂时接受了红新月标志。在1929年召开的国际外交会议上,红新月标志被正式承认为具有法律效力的标志,但强调红十字和红新月标志不具有任何宗教性。现在世界上有20多个阿拉伯国家和部分伊斯兰国家使用红新月标志。

一百多年来,红十字会的卓越贡献使这一标志具有了极大的号召力和权威性。随着红十字会会员国的发展,红十字会的任务也开始由单一战伤救护发展到对自然灾害的援助、意外伤害的急救、自愿输血、社会福利以及开展世界各国红十字会、红新月会之间的友好合作,壮大和平力量,促进人类进步事业的发展等。为了纪念杜南对世界红十字事业所做的伟大贡献,国际红十字会与红新月协会执行理事会1948年决定将亨利·杜南的生日——5月8日定为国际红十字日。

红十字标志的使用

按照1949年8月12日第一项日内瓦公约第44条的规定,红十字标志(红新月标志同样适用)具有保护和说明两种截然不同的性质。前者指使用标志的人员、器材、车辆、机构等,是受到公约有关条款的保护;后者说明或表明使用标志的人员或某种东西,只是与红十字会有关系,或从属于红十字会,并不受公约的保护。

红十字标志

红十字标志的使用,首先是军事当局的权限,特别是武装部队医疗部门的权限。据此,红十字标志的使用,一般应由有关军事当局授权,不得使用于以营利为目的的商业活动。在战时,这种授权特别给予从事救护伤病员的军队医疗队,即它的人员在战地救护过程中可以佩戴红十字臂章;它的救护车、医院船、医疗飞机、医院等可以悬挂红十字旗帜;它的医疗器材可以贴上红十字标志等等。交战双方应按公约给予保护,不得有违。但是,这些人员、器材、设施、机构等,一旦不再为战地伤病员服务,就不再受公约的保护;医院、救护车等如用于掩护或运送作战部队,那就构成违犯公约的行为了。

日内瓦公约参加国,根据公约的要求制定了严格的国内立法,明确规定了红十字标志的使用方法。一般讲来,红十字会无权使用保护性质的标志,但在和平时期它可以根据国内立法的规定,使用红十字标志,当然这种使用不含有任何保护意义。国际红十字会规定,各国红十字会会员,青少年会员,红十字会训练的急救员、卫生员等,均可佩戴红十字证章、肩章、领章、胸章、帽徽、别针等,最好在这类证章等的红十字标志周围镶饰些花纹,或铸刻上佩戴人员类别字样。标志尤应尽量小些,不宜过大。红十字会全部占用的房舍,也可涂有红十字标志,或悬挂红十字旗帜;一部分占用的,只在占用部分的办公室悬挂红十字标志;如属红十字会所有而未占用的房舍,只能悬挂不带标志的会牌。其他如救护车、急救站等,如系红十字会所有并由红十字会在使用,也可涂有或悬挂红十字标志。红十字会的出版物,或募捐时出售的物品,也可印上红十字标志。向灾民免费散发的救济品,也可印上红十字标志。运往国外的救济物资贴上红十字标志还可以得到减免运输费的优惠待遇,特别是紧急救济物资还能优先抢运。非红十字组织使用标志,事先须得到有关当局和红十字会的同意,不得自行其是。

"试管婴儿"的诞生

体外受精技术(IVF)俗称"试管婴儿"(testtubebaby),目前是世界上最广为采用的生殖辅助技术。"试管婴儿"并不是真正在试管里长大的婴儿,而是从卵巢内取出几个卵子,在实验室里让它们与男方的精子结合,形成胚胎,然后转移胚胎到子宫内,使之在妈妈的子宫内着床、妊娠。

正常的受孕需要精子和卵子在输卵管相遇,二者结合,形成受精卵,然后受精卵再回到子宫腔,继续妊娠。所以"试管婴儿"可以简单地理解成由实验室的试管代替了输卵管的功能。

尽管体外受精原用于治疗由输卵管阻塞引起的不孕症,但现已发现体外受精对由子宫内膜异位症、精子异常(数目异常或形态异常)引起的不孕症,甚至原因不明性不孕症都有所帮助。研究显示一个周期治疗后的妊娠率在40%左右,出生率稍微低一点。

莱斯莉·布朗和约翰·布朗是英国一对不孕夫妇。在历经9年孕育后代的努力终告失败后,1977年,夫妇二人鼓起勇气,向试管授精技术先驱罗伯特·爱德华博士及帕特里克·斯特普托博士求助。

科学家从莱斯莉和约翰体内分别取出卵子和精子,并将其一并放在试管培养液中。卵子受精并发育成胚胎后,科学家将它植入莱斯莉体内,莱斯莉成功"怀孕"。

1978年7月25日,莱斯莉生下一名女婴,取名路易斯。作为世界首例试管婴儿,她的出生成为当年全球媒体竞相报道的头条新闻。

6年后,布朗夫妇二度借助试管授精技术,再添一女。

湿度计的由来

湿度计是测量空气内含水分多少的仪器。《史记·天官书》中即有测湿的记

湿度计

载。我国汉朝初年就已出现湿度计,它是利用天平来测量空气干燥或潮湿的。天平湿度计的使用方法,是把两个重量相等而吸湿性不同的物体,例如灰和铁,分别

挂在天平两端。当空气湿度发生变化时,由于两个物体吸入的水分不同,重量也就起了变化,于是天平发生偏差,从而指示出空气潮湿的程度。这就是湿度计的由来。

世界艾滋病日来历

自1981年世界第一例艾滋病病毒感染者发现至今,短短20多年间,艾滋病在全球肆虐流行,已成为重大的公共卫生问题和社会问题,引起世界卫生组织及各国政府的高度重视。为号召全世界人民行动起来,团结一致共同对抗艾滋病,1988年1月,世界卫生组织在伦敦召开了一个有140个国家参加的"全球预防艾滋病"部长级高级会议,会上宣布每年的12月1日为"世界艾滋病日";1996年1月,联合国艾滋病规划署(UNAIDS)在日内瓦成立;1997年联合国艾滋病规划署将"世界艾滋病日"更名为"世界艾滋病防治宣传运动",使艾滋病防治宣传贯穿全年。

设立"世界艾滋病日"的目的有四个方面。

第一,让人们都知道艾滋病在全球范围内是能够加以控制和预防的;

第二,让大家都知道,防止艾滋病很重要的一条就是每个人都要对自己的行为负责;

第三,通过艾滋病日的宣传,唤起人们对艾滋病病毒感染者的同情和理解,因为他们的身心已饱受疾病的折磨,况且有一些艾滋病病毒感染者可能是被动的、无辜的;

最后一个目的,是希望大家支持各自国家制定的防治艾滋病的规划,以唤起全球人民共同行动起来支持这方面的工作。

第一个获诺贝尔医学奖的人

自第一次颁发诺贝尔奖奖金以来,迄今已有100多年了,第一个获得这项医学奖金者,是德国微生物学家贝灵(1854~1971),其主要成果是发明了白喉抗毒素。

贝灵1878年毕业于柏林威廉皇家学院医科,在做过一段时间的军医后,于1889年到郭霍传染病研究所工作。郭霍交给贝灵研究的课题是探索治疗白喉的药物。

1895年,贝灵到马尔堡建立白喉抗毒素研究所。由于临床上对白喉抗毒素的需要量很大,贝灵后来就改用牛免疫血清,最后又改用马免疫血清。

由于贝灵发明白喉抗毒素的杰出成就,使得世界上不少儿童免去白喉的威胁,因此他在1901年获得了首届诺贝尔医学奖金。

现代人健康十大标准

世界卫生组织提出了人类新的健康标准。这一标准包括肌体和精神健康两部分,具体可用"五快"(肌体健康)和"三良好"(精神健康)来衡量。

"五快":

吃得快:进餐时,有良好的食欲,不挑剔食物,并能很快吃完一顿饭;

便得快:一旦有便意,能很快排泄完大小便,而且感觉良好;

睡得快:有睡意,上床后能很快入睡,且睡得好,醒后头脑清醒,精神饱满;

说得快:思维敏捷,口齿伶俐;

走得快:行走自如,步履轻盈。

"三良好":

良好的个性人格。情绪稳定,性格温和;意志坚强,感情丰富;胸怀坦荡,豁达乐观。

良好的处世能力。观察问题客观、现实,具有较好的自控能力,能适应复杂的社会环境。

良好的人际关系。助人为乐,与人为善。

处方药和非处方药

处方药是必须凭执业医师或执业助理医师处方才可调配、购买和使用的药品;非处方药是不需要凭医师处方即可自行判断、购买和使用的药品。处方药英语称 PrescriptionDrug,EthicalDrug,非处方药英语称 NonprescriptionDrug,在国外又称"可在柜台上买到的药物"(OverTHeCounter),简称 OTC,现已成为全球通用的俗称。

处方药和非处方药不是药品本质的属性,而是管理上的界定。无论是处方药还是非处方药都是经过国家药品监督管理部门批准的,其安全性和有效性是有保障的。其中非处方药主要是用于治疗各种消费者容易自我诊断、自我治疗的常见轻微疾病。

性别符号"♀""♂"的意义和由来

性别符号♂、♀的来历有两种说法。

第一种说法:因为爱神丘比特的弓箭袋状如"♂",女神维纳爱美,常持小镜子形似"♀"，人们就用这两个符号作为爱神和女神的代号,后来它们就被分别用来表示男和女了。植物学家借用这两个符号来表示植物两性花。

另一种说法:起初,这两个符号并非表示男女的,而是植物学家先用♂表示雄花,♀表示雌花的。

除此以外,在介绍种子植物的繁殖和繁殖器官花程式和花图式时,为方便表述和记忆,用字母、符号和数字表示花各部分的组成、排列、位置以及相互关系的公式。

字母:拉丁文的第一个字母 K 表示花萼,c 表示花冠,P 表示花被,G 表示雌蕊群,A 表示雄蕊群。

数字:0 表示缺少或退化,∞ 表示 10 个以上,写在字母右下角。

符号:+表示轮数,( )表示合生,:表示心皮与子房数隔开,如心皮:子房。* 表示辐射对称(整齐花),↑表示两侧对称(不整齐花)。

随着遗传学的发展,遗传学家在研究动物遗传学、人类遗传学时,也用♂表示雄性动物和男性,用♀表示雌性动物和女性。

为什么视力表上的是一个 E 字

视力表是根据视角的原理设计的。所谓视角就是由外界两点发出的光线,经眼内结点所形成的夹角。正常情况下,人眼能分辨出两点间的最小距离所形成的视角为最小视角,即一分视角。视力表就是以一分视角为单位进行设计的。

目前所用视力表主要检查的是中心视力,即检查视网膜黄斑区中心凹视敏度,从而可简单迅速地了解到视功能的初步情况,对眼病的临床诊断治疗有重要的意义。检查视力一般分为远视力和近视力两类,远视力多采用国际标准视力表,此表由 12 行大小不同开口方向各异的"E"字所组成,所表示视力从 0.1~1.5(或从 4.0~5.2);每行有标号,被检者的视线要与 1.0 的一行平行,距离视力表 5 米,视力表与被检查者的距离必须正确固定,如室内距离不够 5 米长时,则应在 2.5 米处放置平面镜来反射视力表。进行检测先遮盖一眼,单眼自上而下辨认"E"字缺口方向,直到不能辨认为止,记录下来即可。正常视力应在 1.0 以上。若被测试者 0.1 也看不到时,要向前移动,直到能看到 0.1 为止,其视力则是"0.1×距离/5 = 视力";若在半米内仍看不到 0.1,可令被测试者辨认指数,测手动、光感等,按检查情况记录视力。近视力多用"J"近视力表,与辨认"E"字缺口方向相同,直到不能辨认为止,近距离可自行调整,正常近视力在 30 厘米处看清 1.0 一行即可,近视力检查有助于屈光不正的诊断。

为什么血型有 A/B/AB/O 四种

通常所说的血型就是指红细胞的血型,是根据红细胞表面的抗原特异性来确定的。

已知人类的红细胞有 15 个主要血型系统,其中最主要的是 ABO 血型系统,其次为 Rh 血型系统。临床上最重要的是将人类血型分 A、B、AB、O 四种(ABO 血型系统)。在人类的血液里含有凝集原(又称抗原)A、B 和凝集素(又称抗体)A、B。凝集原附着在红细胞表面,凝集素存在于血浆(或血清)中,同名的凝集原和凝集素相遇(如凝集原 A 和凝集素 A)会发生红细胞凝集现象(溶血反应)。

所以在人体的血液中,所含的凝集原和凝集素是不同名的,即红细胞含凝集原 A,血清中就含凝集素 B(简称抗 B),相反,红细胞含凝集原 B,血清中就含凝集素 A。根据人体血液中所含凝集原和凝集素的类型不同,可分为 A、B、AB、O 四种血型。血型是遗传决定的,亲代与子代的血型关系取决于遗传因素,如双亲都是 O 型,子代也是 O 型。

子代与母亲血型不合可引起新生儿溶血病。

验血时为什么要扎左手无名指

到医院看病,恐怕最常用的辅助检查就是血常规化验。不知你在经历采血化验的过程中可曾想过,血常规化验时采血为何多选手指部位?又为何多选左手无名指指尖的尺侧刺血?原来,这是从方便采血和对手部功能及生理结构等多方面综合考虑后做出的选择。其理由如下:

1.便于操作且比较安全

手是人体体表裸露部位中运动最自如、最灵活的器官,手部取血便于医生操作。此外,由于手指尖部具有十分丰富的毛细血管网,且无较大的动脉和静脉,因此选用手指部位取血,既能满足临床需求,又可以避免大量出血。

2.不影响日常功能

手指采血虽属微小的人为创伤,但小创口仍需经过数天后才能完全愈合。日常生活中,大多数人都为右利手,即精细的复杂动作大都需要右手来完成,如拿笔写字、用筷夹菜、缝纫、绣花等,而左手则相对来讲空闲时间较多。这样,选用左手取血,对手部功能的影响也相对较小。拇指、食指和小指是人手的主要功能指,准确精细的动作要靠它们协同配合完成。中指在各项劳动中所承担的力量要大于无名指,所以化验采血的职责便理所应当地落在了左手无名指上。

3.后遗创伤较小

在解剖生理上，每个手指的屈指肌腱都有滑膜囊包裹，以起到润滑、抗震的作用。不同手指滑膜囊的大小、深浅及解剖结构各不相同，其中，拇指和小指的滑膜囊可直接通向掌心深部。这样，如果一个拇指或小指发生感染，就有可能继发整个手掌深部感染，还有可能殃及其他手指。而食指、中指和无名指的滑膜囊则相对独立，而且无名指的滑膜囊又位于手掌浅部，因此受到创伤后，即便有感染也不会引起手掌的深部病变，更不会累及其他手指。

4.疼痛感觉轻

手指部位神经末梢分布丰富，不同手指所受神经的支配不同，其疼痛阈值也不尽一致。小指的掌心面由尺神经支配，拇指、食指和中指的掌心面由正中神经支配，无名指的尺侧由尺神经支配，桡侧则由正中神经支配。如果在无名指的指尖中部取血，会使尺神经和正中神经的神经末梢同时受到刺激，那样引起的疼痛感较强。而在无名指指尖的尺侧取血，只会牵涉尺神经末梢，因影响范围较少，疼痛也较轻微。

5.其他情况

到医院作血化验检查，凡用血量小于 0.1 毫升的检验项目，如血常规、血型、血小板计数、血红蛋白测定、疟原虫检查等单项血液检验，都可采取末梢血。当然，若患者为半岁以内的婴幼儿，因其手指太小不利于取血，医生通常在其足部拇指或足跟部采血。对于严重烧伤的病人，医生只能选择皮肤完整的部位采血。

服饰与日用

服装起源探微

服装的起源是一个相当复杂的历史问题,这对于探寻服装的历史、理解服装的本质是十分重要的。众所周知,我们今天的文明社会是从蒙昧野蛮的原始社会发展而来的,作为与人类文明息息相关的服装,也应起源于那个遥远的远古时代。应该说,服装的创始与人类的起源是紧密联系在一起的。人是由类人猿逐渐发展进化而来的,也就是说,类人猿在经过了漫长的一系列中间环节后才进化成人类,从而开始了人类的历史,也开始了服装的历史。

服装的创始也经历了一个漫长的发展过程,这就是服装史,它的创始大约经历了三个阶段:第一个阶段是人的裸体阶段,即距今约 300 万年至 40 万年的旧石器时代早期。在这期间,地球上经历了三次冰河期,猿人靠自身的体毛抵御寒冷,裸态生活了 200 多万年。这一阶段虽然没有任何关于衣物的现象出现,但却是服装发展过程中不可分割的一个部分。第二个阶段是原始衣物阶段,大约在 40 万年以前,地球上就出现了早期"智人",他们使用石器进行劳动谋生。约在 10 万年前出现了属于现代人种的早期"智人",也称为"旧人",他们会制造基本的衣着和式样进步的简单工具,开始出现了饰物以装饰身体,这是服装发展过程中一个必不可少的环节。在距今 4 万年至 1.5 万年前的旧石器时代晚期,原始衣物已相当发展。第三个阶段是纤维织物阶段。在第四纪冰期结束之后,"新人"随着自然环境的不断变化,从依靠狩猎、采集的生活,进入到定居的农耕生活时代。在新石器时代已出现了纤维的制造(生产)与使用,从此揭开了人类纤维衣料的历史序幕,开始了真正意义上的服装发展历程。

1854 年在瑞士湖底发现了距今约 1 万年前的亚麻残片,这是世界上发现的最古老的亚麻织物;在南土耳其发现了距今 8000 年前的毛织物残片,其经纬密度与今天的粗纺毛织物相同,说明了当时的纺织技术已相当发达。我国也在五六千年前的仰韶文化时期的遗址中,出土了许多与服饰相关的纺轮、骨针、骨笄、纺坠等实物,还有不少纺织物残留痕迹。这些充分说明了人类在进入旧石器时代的农耕生活后,就开始穿用毛皮等制成的衣物,可以说,从 40 万年前的旧石器时代衣服就诞生了,从此开始了服装史的谱写。

那么,何种原因导致了服装的起源,众说纷纭,还未形成定论。其中比较有代表性的观点有三:一是保护说。其观点是服装的起源是人类为了适应气候环境(主要是御寒)或是为了保护身体不受伤害,而从长年累月的裸体生活中逐渐进化到用自然的或人工的物体来遮盖和包装身体。二是装饰说。其观点是服装的起因来自于人类想使自己更富有魅力,想创造性地表现自己的心理冲动,把服装的起因归结为人类很早就憧憬装饰自己。这其中包括护符说、象征说、审美说和性羞说等。三是遮羞说。其观点把服装起源归因于人类的道德感和性羞耻,这种观点很难被人接受。当然还有一些其他的观点,都或多或少带有一些片面性。一般认为,服装起源于保护说和装饰说的综合,至于遮羞说,实际上包含在装饰说之中。

时装之父和第一个模特

1845 年,当年轻的沃斯怀揣一张五英镑的钞票只身前往巴黎的时候,谁也没料到他的到来将引发一场时装界的地震。那一年沃斯 20 岁,此前他曾是伦敦一家布料店的伙计,此后他在巴黎著名的 MaisonGagelin 纺织品公司里工作了 11 年。这 11 年间发生了很多事,对沃斯来说最重要的事之一,就是 1848 年爆发的法国"二月革命"。那时的社会动荡不安,多变的政局使政客们提心吊胆,但对于一个活跃的设计师而言,却正是他大讨女人们欢心的好时机。

沃斯成功地活跃在达官显贵之间,成为上流社会的妇女们不可或缺的时尚领袖——尽管那时"时尚"一词尚未发明。在此期间他筹划了服装行业里的第一个时装发布会,并将那些用以展示的服装穿在真人身上——这一举动开创了服装史中的一个新行业,时装模特由此而诞生。用真人展示服装的做法使服装得以在动态的审视中得到丰富和发展,不仅如此,这些走动的女郎还将沃斯的服装展示会变成了热卖场。当然,起用真人模特还有另一个好处,而这好处只能由沃斯自己去体会了,因为那个叫玛丽·弗内的姑娘——服装史上的第一个女模特——后来成了沃斯的妻子。

1855 年,沃斯以层叠的布料衬裙取代了传统的裙箍设计,将妇女们的身体从夸张的"母鸡笼"里解救了出来。对这一变革做出积极响应的女人中,有一个被称作那个时代的戴安娜或杰奎琳·肯尼迪,这就是拿破仑三世的妻子欧仁尼皇后,以她当时在服装界的影响力,可以说随便选择一种布料就可以改变纺织工业的命运。所以,当她喜爱上沃斯的布料衬裙后,沃斯的命运也就可想而知了。很快,他决定脱离原来的公司另起炉灶。当他与一个叫奥托·博贝夫的衣料商在巴黎的和平大街上开设了"沃斯与博贝夫"时装店时,一个由服装设计师左右潮流的时代宣告来临了。他们不仅销售成衣,还销售自行设计的服装图纸,这种带有独创意味的经营方式,将他们与以前的宫廷裁缝区分开来。

沃斯的步伐迈得更大了,他不再满足于硬布衬裙带来的成功,而将挑战的目光投向女人的全身。他用抬高女装的腰际线、放宽下摆、加长裙身的做法,使女装的面貌发生了巨大变化。一个新的时代来临了,沃斯不仅让女人们体会到了长裙曳地的优雅,也让她们体会到不戴披肩和帽子的轻松和简便。在他为贵族妇女设计的服装中,有一款采用公主线和刺绣装饰的晚礼服,堪称服装史上的经典。这款晚装是为一位叫格雷夫尔的伯爵夫人设计的,其整体造型依然沿袭了紧身胸衣塑造的纤细体态,但后背的放射型线条和极富装饰意味的工艺刺绣,则体现了"新艺术"运动的时代精神。所谓"新艺术"指的是一种唯美主义的装饰风格,由稍早一些的工艺美术运动发展而来,其特征是以藤蔓类植物图形和弯曲的线条为基本元素,变化出华丽而繁复的装饰图案,这些图案不仅用来装饰建筑、家具、书籍和日用品,也大量地出现在纺织品中。

19世纪60年代的女人们对沃斯如痴如狂,那些暴发户的女人们不仅令他的店铺频频爆棚,同时也确立了他作为世界服装史上第一个女装设计师的地位。到了1870年前后,沃斯至少已经雇用了1200多个女裁缝,每周生产出上百件的衣裙,年净利润高达4万英镑。对于一个曾经睡在柜台下面的小伙计来说,这可是一个不小的数字。1885年,"法国高级女装协会"成立,而这个协会的前身就是沃斯组织的巴黎首家高级女装设计师的权威机构——时装联合会。这个组织的成立,使沃斯的服装理想得以最大化实现,并迅速带动起高级时装业的发展,为巴黎成为日后的"世界时装之都"奠定了基础。

也许今天的人们会说,这个布料店小伙计的设计并没有摆脱宫廷裁缝的匠气,但如果能回到当时的年代,我们将重新发现他的前卫意义,如他将皇后的裙长缩短了25厘米,这在今天看来,不亚于让英国女王穿上超短裙。

为什么模特走的叫猫步

猫步,专业一点的名称是"台步",指时装模特在进行时装表演时所使用的一种程式化的步子。行进时左右脚轮番踩到两脚间中线的位置,或把左脚踩得中线偏右一点,右脚踩得中线偏左一点,并产生一种韵律美。据说猫也是这样走的,所以就有了这样一个名字。

高跟鞋的由来

高跟鞋已盛行全球,成为女子钟爱的物品。关于高跟鞋的由来,有两种说法。

一种说法是源于法兰西国王路易十四。当时,路易十四苦于自己身材矮小,不能在臣民面前充分显示他高贵的气度,就吩咐手下人为他定制了一双高跟鞋。此后法国贵族男女们纷纷仿效,并很快传遍全国乃至欧洲大陆。

还有一种传说,15世纪时威尼斯有个商人,外出时害怕漂亮的妻子行为不端,就给妻子定做了一双后跟很高的鞋,以防止妻子外出。可妻子看到这双奇异的鞋后,觉得十分好玩,就让佣人陪着她走街串巷,出尽了风头。人们觉得她的鞋很美,争相仿效,于是高跟鞋很快就流行开了。

高跟鞋

睡衣的诞生

欧美研究服装史的专家认为,"睡衣"一词在希腊语和乌尔都语里,指的是晚上在房内穿的一种肥而宽的裤子。后来侨居印度的英法服装设计师又在这种款式裤子的基础上加以发展改进,产生了专供夜晚房内穿着的睡衣。到19世纪后半期,睡衣已普及欧洲各国。

睡衣一般由穿着宽舒的上衣和裤子组成,据欧洲古代名医伊博萨卡里的著作介绍,伊斯兰世界早在公元9世纪就有这类睡衣了。然而,当时的欧洲,即使是王公贵族还不知道"睡衣"是何许物呢!直到16世纪,意大利才普及睡衣,因为当时意大利已同其邻国土耳其建立了不少通商口岸。

在罗马时代,睡衣是专供上层富有阶级使用的。有的学者认为,睡衣是十字军东征时代(公元11世纪末至13世纪末)欧洲人从伊斯兰世界传入的。

日本和服

日本的和服是世界上享有盛誉的传统民族服装之一,至今已有1000多年的历史。

和服早在600多年前就已基本定型,其后并没有什么大的变化。和服的种类很多,主要有"黑留袖""色留袖""本振袖""中振袖"等。

穿和服可根据不同的式样配束相应的腰带。腰带的结法多达200多种,主要有鱼甲、凤凰、仙鹤、蝴蝶、松、竹、梅、牡丹等形状。宽大舒适、色彩绚丽而又端庄大方的和服，不仅是一种实用品，也是一件艺术品。日本的绘画、戏剧艺术的发展都与和服有着密切的联系，特别是风俗版画——浮世绘中的美人画，更离不开和服。陶器、漆器、金属工艺品等，也多采用和服的花纹。

每逢庆祝传统节日，参加祭典仪式，出席茶道、花道等，人们总是喜欢穿上新和服。每年3月3日的"女孩节"和5月5日的"男孩节"，孩子们都要穿上和服欢度节日。1月15日的"成人节"，年满20岁的姑娘们身着未婚妇女专用的"振袖"和服，打扮得花枝招展，成群结伴地去参加进入成年的庆典活动。结婚仪式，新娘要穿象征神圣、纯洁的"纯无垢"和服，新郎则身穿男性婚礼和服。

裙子小史

最初，人类先用皮毛围至腹部膝前，这可能是为了保护腹部免遭伤害，同时也和人类赖以繁殖后代的生理形态有关，后来才掩遮后面。骨针发明后，人们把前后两片连缀缝合起来，可以说是裙子的雏形，并形成了后来的下裳，也就是后世的裙子。

周朝开始，妇女的礼服采用衣裳上下相连且同颜色的袍制。上下相连，上下同色，意思是表示妇人专一。现在的连衣裙也由此演变而来，真可谓源远流长了。据《汉书·教昭上官皇后传》记载，古人的裤子大多无裆，从汉昭帝上官皇后始，妇人穿有裆之裤，名曰"穷裤"。

古代妇女的服装虽出现了袍和裤，但日常服装还是上衣下裙，直至近代。

口罩史话

口罩对进入肺部的空气有一定过滤作用，世界上最先使用口罩的是我国人民。这在《马可波罗游记》中就有记载。他说，在元朝的宫殿里，"献食的人，皆用绢布蒙口鼻，俾其气息不触饮食之物"，这种蒙口鼻的绢布，就是最原始的口罩。

1897年，德国人德奇介绍大家用一层纱布包住鼻子、嘴巴，防止细菌感染。以后，有人做了一种六层纱布的口罩缝在衣领上，用时前翻罩住口鼻。不久又有人在口罩两边装上带子，缚在耳轮上，这就成了今天的口罩。

鞋的变迁

鞋的历史已相当久远。古称鞋为靸、跂或履。大约在5000多年前的仰韶文化时期,即出现了兽皮缝制的最原始的鞋。3000 多年前的《周易》中已记载有履。《诗经》上"纠纠葛屦,可以履霜"里的"屦",就是一种比较简陋的用麻、葛编成的鞋。

皮靴是战国时孙膑发明的。孙膑被庞涓敲碎了膝盖骨后,不能行走,就用皮革裁成"底"和"帮",然后缝成高皮靴。孙膑就穿着这种皮靴乘车指挥作战,打败了庞涓。中国历史博物馆里珍藏着一双 2000 余年前的皮靴。

木屐的产生

木屐,就是木制的鞋。提起它,有一个感人的故事。春秋时,晋文公出国流亡 19 年,即位以后,便封赏他的追随者,追随者之一介之推却不受禄,隐于深山,敦请不出。后来文公以火焚山,以为这一下子可以把他逼出来了,但介之推仍然不愿出来,抱树焚死。事后,文公甚为哀惜,便以这棵树制成木屐,以作纪念。此后木屐普遍流行。

木屐

当时木屐不仅为一般平民穿着,士大夫亦喜穿用。到了宋代,京师长者就都穿着木屐。仕女出嫁,亦以漆画制彩屐为妆奁。

丝绸的由来

丝绸是用蚕丝或人造丝织成的织品,源于我国。我国是蚕丝的发源地。

新石器时代,我们的祖先已发现并利用蚕丝,并逐步发明了养蚕、缫丝和织绸的技术。商代,我国人民又发现了植物中含有色素,并能够利用植物中的色素来为丝绸织物染色。当时的王宫内,丝绸应用已相当普遍。春秋战国前后,我国已有绸、缎、绫、罗、纱等各种形式的丝织品,还能生产提花织物和彩锦。西汉时代,丝绸图案与配色已进步到能够织造花、鸟、鱼、虫等复杂的纹样,并能生产印花绸。14 世纪,多彩的织锦更加发展,富丽堂皇的苏州"宋锦"、南京"云锦"、四川"蜀锦"等,在生产技术上已经相当完美。

裤子史话

50000 年前,山顶洞人学会用骨针缀皮,但其目的是想将小块兽皮拼成大一点,以便裹住全身。到原始社会晚期,人们学会了种麻和织布,出现了按个人身材和不同季节缝制的服装,并且渐渐有了上衣下裳之分。这种服饰在我国一直沿用到奴隶社会晚期。那时,无论男女都是穿裙子的。

在殷商时期,骑马之风盛行。人们围着裙子跨上跨下很不方便,只好把裙子的前后各开一个口子。与此同时,为了不使两腿裸露,就在两条腿上套上两条"绔"。从"绔"的字音和字义两方面来看,都与今天的"裤"字相似,但它还不完全和今天的裤子相同。类似裤裆裤的下装出现,大约在西汉时期。不过汉朝的"绲绔"也不完全与今天的裤裆裤相同。"绲"就是编织的带子,所谓"绲裆裤",实际上只是一种专用于遮羞、形似布条的编织物。真正的裤裆裤出现,那已是唐朝以后的事了。

雨衣的诞生

印第安人用天然橡胶乳制出的胶鞋,具有无法估量的深远意义。到了 1823 年,人们在第一双胶鞋的启迪下,试图把橡胶向更加广泛的生活领域内推进。

在这一年,美国一位叫麦金托什的人,把天然橡胶涂在了布外套上,用以遮挡雨水。但是,麦金托什的雨衣实在令人啼笑皆非,夏天它非常粘手,软软乎乎,让人简直不敢触摸这只"粘老虎",可是,冬天一来,它又板起一副庄严的面孔,硬得像只牛皮,简直无法穿在身上。麦金托什的雨衣虽然并非成功之作,但它毕竟是一项了不起的发明,成为世界上的第一件雨衣。

风衣的由来

风衣的出现,距今不到 100 年。英国的衣料商托马斯巴尔巴尼年轻时就经营服装面料,并积极开发新品种,他在同行的协助下,经过反复试验,终于制出了防水加毕丁(一种细密的棉织物),使棉织品用于风衣取得了成功,并于 1888 年取得专利权。

在第一次世界大战中,托马斯巴尔巴尼为了适应战斗的需要,设计了一种堑壕用的防水大衣,款式为双襟两排扣,有腰带,领子能开能关,插肩袖,有肩章,在胸部与背上有遮盖布,以防雨水渗透,下摆较大,便于动作。

通过试用，英军认为这种堑壕大衣便于在雨中作战的士兵穿着。1918 年，英军决定正式采用。

随着时代的变迁，当年军人穿用的堑壕大衣逐步演变成为生活服装，但其款式一直是现代风衣的基础。风衣也由单纯的男式发展到今天的男女两种并存，式样设计上也出现了多种花样。在门襟设计上，由原来的双排一种发展到双排扣、单排扣、单排门襟暗扣、偏开门襟等多种；衣领设计有驳开领、西装领、立领等；风衣的袖子也变得多种多样，有插肩袖、装袖、蝙蝠袖等。风衣的色泽、装饰物也有较大的变化。女式风衣的款式更是日新月异。在国际市场上，风衣已成为服装类的主要品种。

新娘礼服史话

西方传统的新娘子礼服，包括白色缎子衣服、面纱和橘色的花。新娘礼服源于法国。在 14～15 世纪文艺复兴时期，欧洲的新娘穿红色和深红色衣服，白色衣服是孝服，这种风俗被法国路易七世的妻子安妮所改变。她在结婚典礼上穿了件白色缎子衣服，而且没有任何装饰。她的服饰被人们所仿效，从此，白色缎纹织物成为姑娘们最喜欢的作用结婚礼服的面料。白色表示真挚、纯洁的爱情。

面纱最早被人们用来为新娘避邪，这种风俗被古时的所有民族所接受。后来，面纱又蕴含了新的意义，表示新娘对其他一切的摒绝，仅仅保持对她丈夫的魅力。戴橘黄色的花的习惯来自于东方，是祝愿新娘生儿育女。因为橘黄色的花与成熟的果实同时出现在树枝上，被认为是最有繁殖能力的象征。

比基尼泳装的诞生

20 世纪 40 年代，美国在太平洋上一个叫比基尼的小岛进行原子弹试验，震惊了世界。

不久，在法国巴黎，一位大胆的泳装设计师推出一种新式泳装。这种泳装用料极薄且少，可以折叠起来装入一只火柴盒。它使当时的服装界震动不小。由于这种泳装覆盖面积小，穿上后近似全裸，使当时巴黎的许多时装模特都望而生畏。一位舞女却勇敢地穿上这种泳装，并公开让记者照相。

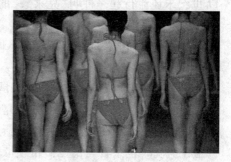

比基尼泳装

由于这种泳装对世人的震动不亚于比基尼岛上所进行的原子弹试验,故称其为"比基尼"。

牛仔裤溯源

牛仔裤这种全球性流行的服式,发源于美国。

19 世纪 50 年代末,有一个名叫利维·施特劳斯的普鲁士裔美国淘金者来到旧金山。他原先是个布商,随身带了几匹可做帐篷、车篷的帆布,但他看到淘金工穿着的棉布裤极易磨破时,便用所带的厚实帆布裁做低腰、直腿筒、臀围紧小的裤子出售,大受淘金工的欢迎,自此转而成为牛仔们的特色服装。利维进而把裤料改为靛蓝斜纹粗布,他的生意越做越大,于 1871 年申请专利,正式成立"利维施特劳斯公司",后发展成为国际性公司,产品遍及世界各地。

领带小史

领带始于罗马帝国时代。那时,士兵们在脖子上戴着一种类似围巾和领带的东西。直到 1668 年,领带在法国才开始变为今天这种样式,并发展成男子服装的重要组成部分。不过,那时领带在脖子上要绕两圈,两端随便地耷拉着,而领带下面还有三或四个花结的波形绦带。

1692 年,在比利时的斯腾哥克城郊,英国偷袭了法国兵营。慌忙之中,法军军官无暇按照礼节系扎领带,只是顺手往脖子上一绕。最后法军击溃了英军,于是贵族时装中又增加了斯腾哥尔克式领带:它用镶花边的细麻布制成,一端从坎肩的扣眼中穿过。斯腾哥尔克的英雄们名噪一时,连妇女们也竞相系斯腾哥尔克式领带。17 世纪末还流行起一种叫"克莱蒙"的花边领带。

进入 18 世纪后,领带交了厄运。取而代之的是白洋纱"脖套"(它折三下,两端穿过系在后面假发上的黑花结)。但从 1750 年起,这种男子服装的装饰就被淘汰了。

这时,"浪漫"式领带出现了:这是一种方形白洋纱,它先对角折,然后再折几下在胸前打结。领带的系法十分讲究,被誉为真正的艺术。

1795~1799 年在法国又兴起了新的领带浪潮。人们系起白色和黑色的领带,甚至在盥洗时也系着马德拉斯布领带。领带比以前系得更紧了。

19 世纪的领带高高地遮掩了脖子。后来出现了"硬胸"式领带,是用大头针别着的,由各种料子制成,如绸缎、天鹅绒等。到 70 年代,首次推出了自结花结领带。第二帝国时代(1852~1870 年)索有领带的发明时代之称。20 世纪 20 年代出现了领带夹,30 年代出现了编结领带;但是最主要的变化是领带的大众化,它已成为各种年龄、各行各业的男子服装不可缺少的组成部分。

手套趣话

冷天,人们出门时戴上一副手套,两只手就会暖和。可是,在刚有手套的时候,它却不是用来保暖的。

在古罗马,一些贵族和武士常常到野外去打猎,随身带着经过训练的雄鹰,以便帮助他们捕捉飞禽。这些雄鹰就停在他们的手腕上,雄鹰的脚爪十分尖利,往往把人们手腕上的皮肤抓破。于是,人们就想了个办法,在手腕上戴上一副长臂手套,用来保护皮肤。后来,手套的用处慢慢地变化了,就变成了现在人们劳动时候的各种防护手套和冬天用的保暖手套。

袜子小史

从古代起,罗马城的妇女就在脚和腿上缠着细带子,这种绑腿就是最原始的袜子。后来,男人也效法使用。直到中世纪中叶,这种习惯才在欧洲广泛传开,并用布片代替了细带子。16 世纪时,可能是在西班牙,人们才把连裤长袜和裤子分开并开始像编织手套那样编织袜子。

16 世纪末,英国人 W.李发明了织袜机,从而改进了制袜方法。不久,法国人富尼埃在里昂开始生产丝袜,到 17 世纪中叶又出现了棉袜。直到 1938 年,美国杜邦公司卡罗瑟斯博士领导的研究小组发明了尼龙后,袜子市场才发生了彻底的变化。在欧洲,第一批尼龙袜是 1945 年投入市场的。

乳罩小史

远在古埃及时代,胸是女性美的主要标志,因此,当时的妇女以裸露坚挺而丰满的乳房来炫耀自己的美。到了古希腊和古罗马时,妇女用窄带来束住乳房,以便于作战和美化乳房的造型。

在 16 世纪中叶,法国上流社会时兴社交活动,这时的女性爱穿紧腰衣和钟形裙,行动起来很不方便。到了 19 世纪,上流社会的淑女们要求与男士们一样进行体育活动,如打网球、骑马、登山等。为了适应这种需求,紧腰衣的胸部用富有弹性的橡胶布制成,使腰部能自由活动。19 世纪末,时装设计师干脆设计将紧腰衣分开,用有花边装饰的胸带来束住乳房,甚至用赛璐珞或金属丝做成乳房形状,外面蒙上布戴在胸前,这样便形成了乳罩的原型。

今天人们公认的乳罩诞生于 1914 年。第一个取得乳罩发明权的是美国人玛丽菲利普牙各布。当时她用两块手帕和粉红色缎带缝合起来,称之为"露背式乳罩"。

但是,这种乳罩问世后并没有受到重视和欢迎,倒是第一次世界大战促进了乳罩的普及。战争使大批成年男子开赴前线,农村农场、城市工厂则大批招收女工,这样,妇女们感到戴上乳罩后便于劳动,乳罩因此普及起来。

红帽子的由来

戴"红帽子"现已是港口码头等地服务队身份的一个标记。其由来说法不同:

一是红帽子大号叫"弗里吉亚帽",源于小亚细亚古国弗里吉亚。在罗马时期,获得解放的奴隶普遍戴弗里吉亚帽,因而这一帽式在那时成为自由的标志。到了 18 世纪法国大革命时期,弗里吉亚帽再次成为自由的象征,被广大反抗封建贵族的革命志士当作"自由的红帽子"。此后,弗里吉亚帽一直成为自由和革命的象征。在德拉克洛瓦描绘 1830 年法国七月革命事件的名画《自由引导人民》中,那个象征自由的女性形象,左手握枪,右手高擎飘扬的三色旗,号召人民冲向君主专制王朝,她头戴的正是弗里吉亚帽。

二是戴红帽子源于法国。1792 年,在法国大革命高潮到来前夕,国王路易十六的部分卫队在巴黎民众革命情绪感染下,纷纷加入了革命阵线,但由于泄密,有少数卫队成员被捉拿了。路易十六极为愤怒,但又不敢将他们处死,就罚他们在闹市做苦役。为了便于监督,达到侮辱人格的目的,每个人都被强制戴上一顶特制的红帽子,因为戴着红帽子会引起人们注意,也不易逃走。巴黎民众对这些戴"红帽子"的被惩罚者深表同情,可是有路易十六走狗的监视,一时无法援救。后来,有些人甘愿戴上红帽子,和他们一起做苦工,以行动表示支持。几天后,出现了更多的人群戴着红帽子。红帽子越来越多,最后再也分不清谁是被捕的卫队谁是同情的巴黎市民。"红帽子"由此而起到了掩护的作用。

一些不知内情的巴黎市民还以为"红帽子"是本年度流行的头饰,以戴上它为荣,这样巴黎出现多家专门制作"红帽子"的商店。随着大革命的进行,"红帽子"又被人们视为革命的符号了。后来,它传到中国,不料也因它便于识别而用作制帽了。早在二三十年代我国就出现了用"红帽子"作为客站搬运行李服务人员的标志,当时火车站、水陆码头都有"红帽子",后来打扫道路的清洁工也戴"红帽子"。

厨师为什么戴白色高帽

希腊过去有一次动乱，有些希腊人跑到修道院避难，其中不少是著名厨师。

在修道院里，厨师们为修道士烹调，像修道士一样生活，很安全。但是为了有别于真修道士，他们要求不戴黑色商帽，而戴白色高帽，这一特殊要求得到应允。影响所及，修道院外面的厨师也竞相仿效，以戴起白色高帽为厨师职业特征，这一习俗后来流传至世界各地。

餐巾的由来

餐巾是宴会酒会上的一种专用保洁方巾。据说在 15~16 世纪的英国，因为还没有剃刀，男人们都留着大胡子。在当时还没有刀叉的情况下，手抓肉食时很容易把胡子弄得全是油腻，他们便扯起衣襟往嘴上擦，于是，家庭主妇就在男人的脖子下挂块布巾。这是餐巾由来的一种说法。

其实，原始的餐巾我国古代就有。战国时成书的《周礼》中，就已记载了周朝设宴人掌管用毛巾覆盖食物的古制。这种用以覆盖食物的毛巾，可以说是世界上最早的餐巾。到了清代，皇帝吃饭时使用的称为"怀挂"的餐巾则十分别致。它用明黄色(皇帝御用的颜色)绸缎绣制成，绣工精细，花纹别致，福寿吉祥图案华丽夺目。餐巾的一角还有扣袢，便于就餐时套在衣扣上。

这种具有中国特色的餐巾，比一般的西方餐巾要华贵得多，且使用方便。

拉链的诞生

1893 年，美国芝加哥一位精力充沛的发明家威特库姆·贾德森做了一项他自称为"用一次连续性的滑动，使一连串钩子自动咬合和分离"的设计。这项设计包括两条链条，每条上都装有交错的链环和钩子，当滑动部件在链条上滑动时，两条链条上的钩子和链环就咬合在一起，这就是当时的拉链，一般都装在男女穿的鞋子上。只是这种拉链既笨拙，又不平滑，顾客经常叫苦不迭。贾德森绞尽脑汁，经过多年的努力，做出了一些改进，他把所有的钩子都装在拉链的一边，所有的链环都装在另一边，再把它们安在线带上。

1905 年，贾德森换了个商标名称，拉链的销售量就有了显著的增加。尽管如此，许多女顾客还是在公共场所当众出丑，因为拉上的拉链经常崩开。

后来,贾德森无意中发现宾夕法尼亚州的一位律师兼国民警卫军上校华克在拉链设计方面也很有兴趣,于是,他们俩共同开始了拉链的改进工作。

华克不久在新泽西州创办了一家"自动风纪扣公司",顾客都争先恐后地购买他的新产品。

经过改进的新产品还有不少问题。贾德森和华克都感到有必要聘请一位技术高明、受过专门训练的机械工程师。1906 年,瑞典生出的圣德贝克工程师远涉重洋来到匹兹堡一家电气公司工作。1907 年,华克和贾德森经过协商,与圣德贝克签订合同,改进贾德森发明的拉链。经过一段时间的改革,生意仍不兴旺。当时这种拉链远看像一排牙齿,近看好像一串小鸟巢,环状的部件互相联结在一起,上面装有一个拉件,能自动滑动。这些小的部件用金属一次压制而成。以后,他们在一起又精心设计制造了一批专用机器,开始生产出一批高质量的拉链。

纽扣古谈

纽扣是可把衣服等扣起来的小型球状物或片状物。严格地说,纽扣源于古罗马,最初的纽扣是用以做装饰的。公元前 4000 年,波斯人就已加工小石块制成纽扣装饰服装。古埃及第六王朝,埃及人用金和银制作纽扣,缀在衣服领圈的四周作为装饰物。古罗马人用饰针系结衣袍,但到 13 世纪饰针被纽扣替代了。那时,他们不再用布料等制成的环将纽扣扣住,而是在服装上开纽扣孔。这一革新使纽扣的实用价值大为提高,加之当时流行按人的体形设计服装,纽扣便很快流行起来。人们争相在自己的衣服上缝上昂贵的纽扣。14 世纪时,罗马妇女的紧身衬衣上,从手肘到手腕,从领口到腰部,都钉上纽扣作为系结物和装饰品。16 世纪,纽扣已普及。

纽扣

衣袖钉的三颗扣

西服和中山装的衣袖下面沿口都钉有三颗小扣,既是服饰品,又可防衣袖磨损。这是拿破仑军队的创造。

法国热月党督政府时期,因欧洲反动势力组成反法同盟,严重威胁法国安全,

1796 年,拿破仑统兵进攻意大利,败奥地利,并侵入埃及。战争胜利后,拿破仑神气十足地检阅作战部队时,发现很多士兵的袖上沾着脏东西。经询问,拿破仑得知,原来在行军途中翻越阿尔卑斯山时,因山上气候寒冷,许多士兵患上感冒常流清鼻涕,就用袖子当手帕来擦。拿破仑认为这样会有损军威,便同军需官商量,在军装衣袖沿向上的一面钉三颗铅纽扣。这样,士兵就不再用衣袖擦鼻涕了。

后来,拿破仑给士兵发了手帕,袖沿上钉扣子就没有必要了。一个掌管文件的军官却从这件事受到启发,认为把纽扣钉到袖子向下一面的沿上,可以减轻袖子接触桌面的磨损。经拿破仑同意,法国军官的衣袖下面沿口又钉上了三颗纽扣。法国的服装设计师们后来把这个办法移用到普通人的上衣上,自此相沿成习。

裤线的诞生

在裤管中间留裤线的做法应归功于英国爱德华王子,也就是后来的爱德华七世。

传说有一次爱德华王子在裁缝店里试穿一条裤子,这条裤子已叠放了一段时间,因此裤管前后各在中间形成了一道折痕。爱德华王子很喜欢这样的痕,因为这些折痕使裤管显得很苗条。于是他就穿上了这条带折痕的裤子,这种做法很快就流行起来。

后来,人们不满足于裤管折叠后自然形成的折痕,便用熨烫的方法,使裤管上的折痕更加明显;而这种折痕,就是我们今天所说的裤线。

西装裤脚挽边的由来

西装裤原来的裤脚并不是向上挽边翻起的。

18 世纪末,英王爱德华七世有一次去看赛马,不料下起了雨,他怕裤脚弄脏,便当着左右大臣的面,弯腰将裤脚向上挽了一道。不料这个无意改样的举动,却吸引了爱赶时髦的人,先是贵族子弟群起效尤,后来传到民间,以致所有的西装的裤脚都挽边缝制。

遮羞布的由来

据《旧约创世纪》中记述,上帝把他造出的第一个男人和女人,即亚当和夏姓安置在伊甸园内生活。上帝吩咐亚当和夏娃,园内各种树上的果实都可任他们俩摘吃,只是对分辨善恶的智慧树上的无花果不能摘吃,否则就会断送性命。

有一天,蛇对夏娃说,你们吃智慧树的果子不一定会死,因为上帝知道你们吃了那果子,眼睛就会看得见,就和上帝一样能知善恶。夏娃听了蛇的话,便摘下无花果和亚当一起吃了,结果两人眼睛果然明亮起来,才知道自己是赤身裸体的。于是,两人赶快拿起无花果树叶编成裙子来遮身。从此,无花果叶子就成为"遮羞布"的同义词。

烫发的由来

烫发是人们进行美发的一种手段,它由来已久。

埃及可以说是世界上最早发明烫发的国家。那时,妇女把头发卷在木棒上,涂上含有大量硼砂的碱性泥,在日光下晒干,然后把泥洗掉,头发便出现美丽的卷花。

1872 年,法国美容师马鲁耶鲁在巴黎发明了用火钳子烫发的技术,这可以说是烫发的最早体现。

1905 年,威亚尔兹内斯拉在英国伦敦发明了把人的头发排卷在铁棒上,涂上重亚酸钠等药物,再用火卡子加热,使头发弯曲保持得较长久的烫发技术。

以后,美国美容师查尔斯奈恩勒研究成功了电烫技术,即用皮垫套在发丝根部,再用硫酸衬纸把头发一束束排卷在铝棒上,用电阻丝导电加热。

1940 年前后,由英国的杰斯皮克曼等人在美国发明了化学烫发。他们用衬纸把头发一束束排卷在小木棒上,涂上硫化乙醇酸、胺水碱、石灰水等药物,用热毛巾捂上氧化,使药剂迅速渗透到头发里,再用还原剂,这样使头发的形状发生变化,形成柔和的弯曲。化学烫法操作安全,发质光泽,卷曲自然,便于自行梳理,发丝又不易散乱,如今已为世人广泛使用。

假发小史

外国人戴假发的习俗可追溯到很久远的年代,在埃及木乃伊的头上就发现过假发。据考证,在古埃及,不论男女都剪去头发,以求清洁凉爽;但为了好看,又经常戴上假发。假发用人发、棕榈树叶纤维或羊毛制成。这种假发在公元前的古埃及延续了好几个世纪。

古代希腊、罗马人也戴假发。爱斯基摩人的先辈偶尔使用假髻,算作假发的一种。

17~18 世纪欧洲男子戴假发成风,这与法兰西国王路易十三密切相关。

据说路易十三在脱发之后,就大力提倡法国男人戴假发。那时候的假发套又大又重,通常还扑上一点白粉。这种假发价格昂贵,戴假发的都是所谓"上流社会"的人物。法式假发不久便流传到英国。

英国的法官和律师在18世纪初开始戴假发出庭,至今依然如此。18世纪欧洲男子戴的假发大多比17世纪的要小一些。假发上往往附有装饰性的缎带,有的还在发尾套上一只丝质小袋。

纯羊毛标志的诞生

近年来,人们常从各类广告媒介上看到三个环状组合的纯羊毛标志图案,它是由国际羊毛局制定的纯新羊毛优质产品标记。

国际羊毛局创始于1937年。60年代初期,由于化纤织物的迅速发展,羊毛推广受到威胁,因此必须确定一个独特易认的国际通行标志,以向消费者及零售商确认纯新羊毛产品,并为这些产品建立高品质的形象。为此,当时举行了一次征求图案设计比赛,最后由意大利米兰市的一个广告代理美术董事弗兰西斯科·沙罗格利亚获奖,他的作品便是今天流行的纯羊毛标志。

它是一个优美的图案,象征着源源不绝取之不尽的纺织原料和柔软连绵的羊毛。

纯羊毛标志主要适用于精细纺呢绒及服装制品、毛线、毛衫、毛毯、毛装饰品等。但并不是所有羊毛产品都能挂此标志,只有用纯新羊毛制造、并达到严格质量标准的羊毛制品,并由国际羊毛局颁发有关执照后,方可使用。

目前全世界共约有15000家厂商领有纯羊毛标志执照,每年使用纯羊毛标志4亿个以上。

1985年以来,我国已有几百家厂商获得此项标志的认可。

军装为何采用绿色

现在,世界上的军装大多数是绿色的(草绿、深绿或者黄中偏绿)。军装采用绿色是从实战的教训中总结出来的。

19世纪末,英帝国主义发动了对南非的侵略战争。当时,南非有一个叫"布尔"的倔强民族,他们不甘心自己的国土受到外来侵略者的蹂躏,于是组织起来进行武装反抗。布尔参战的兵力少,英军人多,双方兵力对比约为1:5,布尔人在战争初期处于劣势。英军自恃人多势壮,骄横冒进。布尔人通过一段时间的观察,发现英军有一个很大特点:他们都穿红色军装,在南非的森林里和热带草原的绿色背景中格外显眼,因而行动极易暴露。布尔人从这里得到启发,立即把自己的服装和枪炮涂成草绿色,以便利用密草丛林的绿色背景作掩护,这样一来,布尔人很容易发现英军,而英军不容易发现布尔人。布尔人常常神不知鬼不觉地接近英军,突然发起攻击,打得英军措手不及,而英军想打却找不到目标,这场战争,英军死伤9万多人,以惨败告终。

英国人在南非受到的教训,很快被许多国家的军队所汲取。为了在野战条件下较好地隐蔽军队的行动,他们不断改进军装的颜色,尽量使之与自然背景的颜色接近。

这样,世界上的军队虽然服装形式差别很大,但在颜色上却逐渐在绿色基调上统一起来。

美国人的穿着

美国人穿衣服对款式的要求并不高,但却很讲究整洁,基本上是一天一换。他们要是干什么事情弄脏了衣服,或是出汗湿了衣服,或是去某地见某人觉得所穿衣服不合适,他们就会换衣服,所以,很多人的车里都挂有备用衣服。到周末的时候,他们会把一大堆"脏"衣服放到全自动洗衣机里洗净,再放到烘干机里烘干,洗多少衣服也不嫌麻烦。住公寓的最多是往公用洗衣机里多塞几个硬币就行了。所以美国人不喜欢不能用洗衣机洗的衣服,如毛料衣服,纯毛毛衣或洗后褪色、起皱的衣服。实际上,美国人并不是每件衣服穿一天就洗的,尤其是年轻人,可能今天换下的衣服,过几天又拿出来穿上。这样不仅看起来天天换衣服,而且避免了更多地洗衣服,同时也能使他们很多人都有的腋臭得到些控制。

在美国,穿衣服也很讲究得体,尤其是在一些正式场合。否则,可能当面没人说你什么,但却会给别人留下不好的印象,影响进一步发展与别人的关系。不同的环境对衣着的得体有着不同的要求。如在大学里,教师们的着装都很整洁、大方和正式,一方面体现他们受过良好的教育,另一方面可能是为人师表的原因。另外,周末人们去教堂时,每个人都穿得比较正式,但未必都是西装革履,其实多数美国人很少穿西装。在非常正式的场合,衬衣领带或衬衣领结就够了。

火柴的历史

古代,人们用火刀和火石相互撞击,就会冒出火花。这种点火方法比较麻烦,特别是遇到阴冷潮湿的天气,不易点着火。后来,用火柴点火就方便了:用火柴头在盒边一擦,"嗤"的一声,火柴就燃着了。

据说,世界上第一根火柴出自法国。1860年,法国化学家波义耳在他的实验室里,用一根细木棒的头端沾上硫磺颗粒,然后用它在涂了磷的粗纸上摩擦起火。

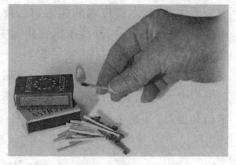

火柴

18世纪,意大利的威尼斯出现了一种巨型火柴,很像敲大鼓的木槌。槌头沾上一团药面,由氯酸钾、糖、阿拉伯树胶调和做成。只要把这魔术棒似的火柴浸到浓硫酸中,它就会燃烧起来。这是由于氯酸钾碰到浓硫酸,生成二氧化氯,它和糖一接触,就立即燃烧起来。那时候,这种火柴价格昂贵,只好几家合买一根。后来,人们把木槌缩小为小木棒,价格便宜多了,它出现在巴黎等地的市场上,成了一种别开生面的取火物,轰动了当时的欧洲。

但这种新奇的玩意儿使用很不方便,必须同时带着一瓶浓硫酸。这是很危险的。

1830年,法国人沙利埃用白磷代替氯酸钾,制成了一种小巧灵便、长短已接近今天的火柴。这是比较受人欢迎的摩擦火柴。

3年以后,瑞典的卑尔加城出现了世界上第一家火柴厂。不久,火柴很快在欧洲各国流行起来。这种火柴上涂有硫磺,再覆以白磷、树胶、铅丹和二氧化锰的混合物,划火柴时用不着专门的火柴匣,只要在墙上、砖头上或鞋底上轻轻地一擦,火柴就燃着了。这是利用摩擦产生的热使白磷发火燃烧,接着在铅丹或二氧化锰富氧物质的影响下,使硫燃烧引燃木棒。

白磷的着火点很低,超过40℃就会自动燃烧。而且白磷有毒,制造火柴的工人往往因为吸入白磷蒸汽而中毒。因此用白磷做的摩擦火柴实在不安全,人们提心吊胆地使用了20年。安徒生童话《卖火柴的小女孩》里描述说:"她手中拿着一束火柴。这一整天谁也没有向她买过一根……她在墙上又擦了一根火柴……"这种火柴就是含白磷的摩擦火柴,那时是论根卖的。1845年,人们发现了另一种没有毒的磷——红磷。将白磷隔绝空气在250℃~300℃下加热,就转变成颜色红紫的红磷。红磷要到260℃以上才开始燃烧,可是它单靠摩擦是不能起火的,而当它同氯酸钾混合后却比白磷更容易摩擦起火,发生燃烧和爆炸。许多人在试验中曾经发生不幸的事故。

1855年,瑞典人伦斯特姆设计制造了世界上第一盒安全火柴。他用了一个巧妙而简单的方法,把引火剂分成两部分:火柴头上蘸有氯酸钾和三硫化二锑,红磷涂在纸条上,贴在火柴匣外侧。当火柴头在火柴盒的侧面摩擦时,达到着火点起火,火星引着三硫化二锑,氯酸钾受热放出氧气,帮助燃烧得更旺。火柴杆是椴木或杨木做的,前端又浸透了石蜡和松香,使火柴擦着后,火焰不易熄灭,容易烧到火柴杆上去。这种火柴既没有毒,又不易引起火灾,很快就风行全世界。

清代,外国人曾将火柴作为贡品传入我国。19 世纪 40 年代,丧权辱国的《中英南京条约》签订后,外商乘机在我国生产火柴,"洋火"之名就叫开了。

其实,早在北周时代(公元 557~公元 581 年),我国就有了火柴。宋代和明代也见记载。明代梳州削松木为片,尖端涂上硫磺,名曰"发烛",无论形状和作用,都类似今天的火柴。1894 年,我国在湖北省建立了两家官商合办的火柴公司——聚昌和盛昌,开始生产火柴。

空调机小考

空调是空气调节的简称,是使室内空气温度、湿度、清洁度和气流速度(简称四度)保持在一定范围内的一项环境工程技术,它满足生活舒适和生产工艺两大类的要求。

20 世纪 60~70 年代,美国地区发生罕见的干旱天气,为解决干旱缺水地区的空调冷热源问题,美国率先研制出风冷式冷水机,用空气散热代替冷却塔。

在空调历史中,美国已经发展和改进了有风管的中央单元式系统,并得到了正在现场安装和修理有风管的单元式空调系统的空调设备分销商和经销商的强力支持。WRAC 是最简单和最便宜的系统,能够很容易在零售商店中购得,并在持续高温来的时候自己安装。之后,设备设计和制造技术在 20 世纪 90 年代被转让到中国,这是通过与当地公司(包括主要元件如压缩机、热交换器、电动机、精细阀和电子控制器的本地制造商)组成的合资公司进行的。在 20 世纪 90 年代中国也从其他先进国家吸收了较大型空调设备的先进高新技术,并与多数是美国的大公司组成合资企业。日本在过去几年把 SRAC 和 SPAC 机组出口到中国、欧洲和中东以建立新的市场。但是中国现今已是最大的空调出口国,在 2001 年出口的 WRAC、SPAC 和 SPAC 机组总数达 500 万台,而日本正在失去出口的地位。

眼镜的起源和发展

我国的眼镜有着悠久的历史,中外史籍中都记载了眼镜最早起源于中国,是我国古老文化、医疗、技艺的遗产。它的发展变迁经历了几千年的历史。

眼镜从中国传到外国是在 13 世纪末。当时有个意大利人马可波罗旅居中国 17 年,为元朝宫廷办事,跑遍中国各地,当时他见到元朝宫廷里有人戴眼镜,对此很感兴趣,回国时就把眼镜传到了西方,所以在西方最早制造眼镜的地方是马可波罗的故乡威尼斯。另外,在马可波罗的游记中还载有老年人戴眼镜阅读小说及小字的记载。

最原始的眼镜是起源于透镜(放大镜),它的制造、应用与光学透镜的出现密切相关。相传最初发现眼镜能使物体像放大的光学折射原理是在日常生活中偶然察觉的。当时有人看到一滴松香树脂结晶体上恰巧有只蚊子被夹在其中,通过这松香晶体球,看到这只蚊子体形特大,由此启发了人们对光学折射的作用的认识,进而利用天然水晶琢磨成凸透镜,来放大微小物体,用以解决人们视力上的困难。这就是我国眼镜的雏形时期。

据《世界之最》介绍,在公元前283年,中国皇帝就通过透镜来观察星星。

经初步考证,有关透镜和眼镜的历史,我国早在战国时期(2300年前),《墨子》中已载有墨子很多有关光和对平面镜、凸面镜、凹面镜的论述。公元前3世纪时我国古人就通过透镜取火。东汉初年张衡发现了月亮的盈亏及日月食的初步原因,也是借助于透镜的。

中国最古老的眼镜是水晶或透明矿物质制作的圆形单片镜(即现在的放大镜),传说唐代大文人祝枝山就曾用过这种眼镜,在宋代时就有人用水晶镜掩日来提高视力了。

席梦思的来历

100多年前,美国有个卖家具的商人叫扎尔蒙·席梦思。他听到顾客抱怨床板太硬,睡在上面不舒服,于是动起脑筋。他试了许多办法,如在床垫中塞进厚厚的棉花,但没多久就压实了,还是不舒服。当他见到用铁丝做的弹簧时眼前一亮。于是,他买来一批粗细适中的铁丝,用铁丝缠绕、编织成床绷子,外面用结实的布口袋包起来,躺上去很舒服。1900年,世界上第一只用布包着的弹簧床垫推上市场,立刻受到广大消费者的好评。人们用发明人的姓为它起了名。

订购席梦思床垫的人越来越多,手工操作速度太慢,质量也很难保证。席梦思先生请机械师约翰·加利设计一台机器。约翰花了3年时间,终于研制出专门加工弹簧垫子的机器,一只只弹簧床垫快速生产出来,使人睡得香甜的席梦思走进了千家万户。

电灯的发明

灯是人类征服黑夜的一大发明。19世纪前,人们用油灯、蜡烛等来照明,这虽已冲破黑夜,但仍未能把人类从黑夜的限制中彻底解放出来。只有发电机的诞生,才使人类能用各色各样的电灯使世界大放光明,把黑夜变为白昼,扩大了人类活动的范围,赢得更多时间为社会创造财富。

真正发明电灯使之大放光明的是美国发明家爱迪生。他是铁路工人的孩子，小学未读完就辍学，靠在火车上卖报度日。爱迪生是一个异常勤奋的人，喜欢做各种实验，制作出了许多巧妙机械。他对电器特别感兴趣，自从法拉第发明发电机后，爱迪生就决心制造电灯，为人类带来光明。

爱迪生在认真总结了前人制造电灯的失败经验后，制定出详细的试验计划，分别从两方面进行试验：一是分类试验 1600 多种不同耐热的材料；二是改进抽空设备，使灯泡有高真空度。他还对新型发电机和电路分路系统等进行了研究。

爱迪生将 1600 多种耐热发光材料逐一试验下来，唯独白金丝性能最好，但白金价格贵得惊人，必须找到更合适的材料来代替。1879 年，几经实验，爱迪生最后决定用碳丝来做灯丝。他把一截棉丝撒满炭粉，弯成马蹄形，装到坩埚中加热，做成灯丝，放到灯泡中，再用抽气机抽去灯泡内空气，电灯亮了，竟能连续使用 45 个小时。就这样，世界上第一批碳丝的白炽灯问世了。1879 年除夕，爱迪生电灯公司所在地洛帕克街灯火通明。

为了研制电灯，爱迪生在实验室里常常一天工作十几个小时，有时连续几天试验，发明碳丝做灯丝后，他又接连试验了 6000 多种植物纤维，最后又选用竹丝，通过高温密闭炉烧焦，再加工，得到炭化竹丝，装到灯泡里，再次提高了灯泡的真空度，电灯竟可连续点亮 1200 个小时。电灯的发明，曾使煤气股票 3 天内猛跌百分之十二。

继爱迪生之后，1909 年，美国人又发明了用钨丝代替碳丝，使电使用寿命率猛增。从此，电灯跃上新台阶，日光灯、碘钨灯等形形色色的灯如雨后春笋般登上照明舞台。

灯泡为什么做成梨形

电灯泡的灯丝是用金属钨制成的，通电后，灯丝发热，温度高达 2500℃ 以上。金属钨在高温下升华，一部分金属钨的微粒便从灯丝表面跑出来，沉淀在灯泡内壁上。时间一长，灯泡就会变黑，降低亮度，影响照明。

科学家们根据气体对流是向下而上运动的特点，在灯泡内充上少量惰性气体，并把灯泡做成梨形。这样，灯泡内的惰性气体对流时，金属钨蒸发的黑色微粒大部分被气体卷到上方，沉积在灯泡的颈部，便可减轻对灯泡周围和底部的影响，保持玻璃透明，使灯泡亮度不受影响。

牙刷是谁发明的

人类祖先早有漱口、刷牙的习惯，在公元前 3000 年苏美人乌尔城邦的国王墓穴中就曾发现过清理口腔用的最早工具——牙棒。在古希腊和罗马时代，人们用动物骨灰做牙粉，清理口腔，现在还有些原始部落用木炭、盐水、细砂、树枝来清理牙齿。阿拉伯人现在还从一种叫 Arak 的树上取下树枝，将一端捣碎，做成刷状，用来清理牙缝及刷牙，称之为 Miswak，这是一种天然牙刷，据科学家分析，这种树枝含氟及皂素，可预防蛀牙，并有止痛作用。

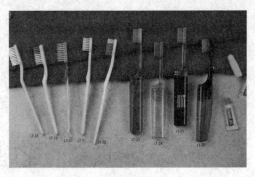

牙刷

中国人在 2000 多年前就懂得保护牙齿的重要。《史记·仓公传》中就指出引起龋齿的原因是"食而不漱"。《礼记》中"鸡初鸣，咸盥漱"就说明人们已有了漱口的习惯。古人清理口腔和牙齿用手指和柳枝。敦煌壁画《劳度叉斗圣图》中，画有一和尚，蹲在地上，左手持漱口水瓶，用右手中指揩前齿。在唐代，人们用柳枝做成刷，蘸药水揩齿。宋代，有人主张每日早晚用柳枝揩牙两次，元代正式有"牙刷"一词，郭玉诗中云："南洲牙刷寄头日，去垢涤烦一金值。"元代社会上层人物用牙刷，一般人还是用柳枝和中草药研制成的揩齿粉末刷牙，另据考古发现，我国 1000 多年前辽代古墓中出土了两支骨制牙刷柄。可见我国比欧洲要早 600 多年就有了类似现代的牙刷。

在欧洲，牙刷是由英国皮匠爱迪斯于 1780 年在伦敦首先发明的。在此之前，欧洲人用布擦洗牙齿，爱迪斯认为用布擦牙效率太低，而且擦不干净，他把鬃毛缚在骨头上，刷牙效果很好，从此改进了欧洲人的刷牙工具，爱迪斯创立的公司至今仍在生产牙刷。

现在通常的牙刷有四个部分：刷头、刷颈、刷毛和刷柄。刷头应稍短、稍窄，以便伸入整个口腔，刷净难刷的部位；刷头最好成圆弧状，以免刮伤牙肉。刷颈要有适当的弯度，以配合牙床的弧度而深达后臼齿区。刷毛要软硬适当，顶端经过特殊处理，免得损伤牙龈及牙釉质；刷毛部分的外侧应稍长且柔软，以利牙龈的按摩。刷柄以好握为度。一般的牙刷，应用过 3 个月左右更新一次，刷毛已向两侧倾倒的牙刷不可再用，因为它不仅无法清除牙垢，还易伤牙龈。

近年来，德国发明了一种新型的双柄牙刷，牙刷的两个末端呈 u 字形，上有扇形的刷毛，可同时将牙齿内外侧刷干净；还有一种电动牙刷，靠振动按摩牙龈，治疗牙痛病。

彩条牙膏的原理

用刀割开彩条牙膏的管身可以看见，里边是有隔断的，就是说两种颜色的牙膏,里边有一个隔断,但是在牙膏口的地方没有隔断,所以挤出来的会是很好看、很流畅的牙膏颜色。同理三种颜色的就是两个隔断。

彩条牙膏生产时按照比例灌进去各种颜色,通常两色是 15%、85%,三色是 6%、9%、85%(各家各品牌不一样),灌进去时截面就是一个圆被等分。挤出来时,牙膏口在中间,各种颜色的牙膏一起往上运动,彩条状就出来了。

温度计的原理及最初发明

早在公元前 250 年,比扎提乌姆的斐罗就曾描述过加热使空气膨胀的各种实验。到公元 100 年,亚历山大里亚的黑伦再一次描述过同样的实验。这些说明人类很早就认识到空气具有热胀冷缩的性质,这也就是最早的温度计所应用的原理。

对于最早的温度计究竟是谁发明的曾经有过争论,有的人把它归功于荷兰的著名机械师德里贝尔;也有人把这项优先权归功于帕杜亚的解剖学家桑托留斯;还有人把它归功于克拉科夫的神父保罗、伦敦的医生弗拉德及德国的盖里克。但现代的历史研究一致同意把温度计的发明归功于伽利略。1593 年(伽利略的学生维维安尼给出的发明年代),伽利略用一个 45 厘米长、麦秆粗细的玻璃管,一端吹成鸡蛋大小的玻璃泡,一端仍然开口。伽利略先使玻璃泡受热,然后把开口端插入水中,使水沿细管向上上升一定的高度。因为泡内的空气会随温度的变化发生热胀冷缩,水管内的水也会随之发生升降,这样就可以用水管内水位的高低表征玻璃泡内空气的冷热程度。这就是第一只温度计。伽利略的另一个学生卡斯特里亲眼看到伽利略在 1603 年进行实验讲演时使用了这种温度计。当然这种温度计是不准确的,因为泡内空气会受大气压及温度起伏的影响,它实际上是一个温度气压计。同时伽利略在管子上的刻度也是任意刻画的。

1632 年,法国物理学家雷伊第一个改进了伽利略的温度计。他将伽利略的装置倒转过来,将水注入玻璃泡内,而将空气留在玻璃管中,仍然用玻璃管内水柱的高低来表示温度的高低。由于这项改进使水成了测温物质,实际上这成了第一只液体温度计。它的缺点在于,向上的管口没有封闭,水会不断蒸发,从而影响到测量的准确性。科学家就在玻璃泡和玻璃管的相对大小上进行研究,以减少这种蒸发,使液体能在一年的过程中在整个玻璃管的长度内升降。尽管从今天的角度看来这种努力的方向不大对头,但从温度计发展完善的全过程来看,这种努力是有价值的,也是必然会出现的。没有当初在各个方面想方设法地改进,就不会有今天的完善。

1657 年,佛罗伦萨西曼托科学院的成员们提出了密封管子的思想,并建议用酒精取代水作为测温物质,从而使最早的温度计进入了较为实用的阶段。

何谓芭比娃娃

芭比娃娃的出现,源于美泰儿玩具公司老板娘露丝·海德的点子。当时,她看到女儿芭芭拉正在玩纸娃娃,兴味盎然地帮纸娃娃画衣服、换皮包……露丝于是意识到,等女儿大一点时,她可能会需要一只立体造型的娃娃。于是露丝仿照德国娃娃"丽丽"(Li li)的外形,创造了一个外形摩登、身材性感的小娃娃,并且以自己女儿的小名"芭比"来命名。

美泰儿公司在 1959 年开始生产芭比娃娃,一直到今日。

芭比娃娃

自来水笔是谁发明的

从蘸水钢笔到自来水笔的诞生,其间又有一番经历,文献中也有多种记载。自来水笔起始于 1884 年,美国人刘易斯·爱迪生·华特门应用毛细原理设计成具有毛细作用的零件——笔舌,它与钢笔尖紧密互配,然后用滴管将墨水注入空心的笔杆,依靠毛细引力作用,使墨水自动流向笔尖,形成了自来水笔的雏形。后来又经过不少改进,做成了具有弹性的橡胶笔胆,运用大气压差原理设计成吸水结构,代替了滴管注水。此外还做成了笔套、笔夹,使自来水笔具有保护和随身携带佩挂的功能,由此奠定了自来水笔的基础,开创了新颖书写工具——自来水笔的新纪元。

玻璃的来历

3000 多年前,一艘欧洲腓尼基人的商船,满载着晶体矿物"天然苏打",航行在地中海沿岸的贝鲁斯河上。由于海水落潮,商船搁浅了。

于是船员们纷纷登上沙滩。有的船员还抬来大锅,搬来木柴,并用几块"天然苏打"作为大锅的支架,在沙滩上做起饭来。船员们吃完饭,潮水开始上涨了。他们正准备收拾一下登船继续航行时,突然有人高喊:"大家快来看啊,锅下面的沙地上有一些晶莹明亮、闪闪发光的东西!"

船员们把这些闪烁光芒的东西带到船上仔细研究起来。他们发现,这些亮晶晶的东西上粘有一些石英砂和融化的天然苏打。原来,这些闪光的东西,是他们做饭时用来做锅的支架的天然苏打,在火焰的作用下,与沙滩上的石英砂发生化学反应而产生的晶体,这就是最早的玻璃。后来腓尼基人把石英砂和天然苏打和在一起,然后用一种特制的炉子熔化,制成玻璃球,发了一笔大财。

大约在 4 世纪,罗马人开始把玻璃应用在门窗上。到 1291 年,意大利的玻璃制造技术已经非常发达。

"我国的玻璃制造技术绝不能泄漏出去,把所有制造玻璃的工匠都集中在一起生产玻璃!"就这样,意大利的玻璃工匠都被送到一个与世隔绝的孤岛上生产玻璃,并且一生都不准离开这座孤岛。

1688 年,一名叫纳夫的人发明了制作大块玻璃的工艺,从此,玻璃成了普通的物品。

我们现在使用的玻璃通常指硅酸盐玻璃,以石英砂、纯碱、长石及石灰石等为原料,经混合、高温熔融、匀化后,加工成形,再经退火而得,广泛用于建筑、日用、医疗、化学、电子、仪表、核工程等领域。

最早的化妆品

化妆品并不是现代人的创造发明。早在五六千年前,人类就开始用各种染料涂面了,不过当时的涂面并不是为了漂亮,而是为了在战斗中吓唬对手。在公元前 2000 年左右,人们开始为了美而化妆打扮了。古埃及妇女常常描眼睑、涂脂抹粉。古罗马的奴隶主太太每天要花数小时的时间来化妆。此时化妆品应运而生了,人们开始制作各种各样的化妆品,用锑和烟灰及其他成分调制而成"眼影粉",用红色染料调配而成"胭脂"。据考证,那时的那些简单粗糙的化妆品是世界上最早的化妆品。

香水的历史

香水 perfume 这个词是从拉丁文 par+fumum(通过烟而来)一词演绎而来的。香料(香水)最原始的用途就是酬神上供。

古罗马人们相信如果祭祀女神的香烟中断的话,罗马城将会沉没在地狱的深渊里,因此有一群女信徒一生唯一的职责就是维持香火永远不灭。

埃及使用香料的历史可上溯至公元前 3000 年左右,远早于其他的文明。人类最早的香水就是埃及人发明的可菲神香。但因当时并未发明精炼高纯度酒精的方法,所以这种香水准确地说,应称为香油,是由祭司和法老专门制造的。

古波斯香水是身份和地位的象征。在皇宫里,最香的必定是皇上。

希腊也把香水神化了,认为香水是众神的发明,闻到香味则意味着众神的降临与祝福。

英国伊丽莎白女王时期,一瓶加入醇的"匈牙利之水",正式成为香水。

意大利15世纪以后,广泛使用了香水,并采用了浓重的动物脂香料。很快这种风尚流传到法国、英国等欧洲国家。17世纪时,PaulFeminis配制出一种异香扑鼻的奇妙的液体,因他当时住在德国科隆,故命名为"科隆水"。尔后,酷爱服装和化妆品的法国人对香水表现出异乎寻常的热情。香水成为上流名媛炙手可热的时尚用品。

法国自19世纪下半叶起,用挥发性溶剂代替了早期的蒸馏法,尤其是人工合成香料在法国诞生,香水不再局限于天然香精,从而使香水工业迅速得到发展。

世界上最古老的香水

古埃及艳后克丽奥佩特拉凭借萦绕全身的香水气味,让众多纵横沙场的将军拜倒在她的石榴裙下,法国人使香水生产工艺趋向完美。但最近的一次考古发现可以让塞浦路斯人从此自豪地宣称,世界上最古老的香水产自他们国家。

在距离塞浦路斯首都尼科西亚西南55英里的普格斯·马罗拉基遗址,一队意大利考古学家在一座可以俯瞰地中海旖旎风光的山坡上发现了一个坑,坑里有曾经放置香水瓶的痕迹。在这里,他们找到了世界上迄今为止发现的最古老的香水。这个意大利考古队的队长马利亚·罗萨里亚·贝尔吉奥诺说:"这些香水有4000年的历史。毫无疑问,这里是世界最早生产香水的地方。"

他们成功提取到了这些香水的香精,并最终通过陶土制香水瓶碎片成功还原了4000年前古人用的香水。意大利考古学家们惊讶地发现,现代人使用的香水与4000年前古人用的香水没有太大区别。

贝尔吉奥诺打开一个弥漫着强烈香味的小瓶子,她说:"我一闻到这种香味立刻就想到了Pinosilvestve(世界顶级香水品牌,意大利出品)!"小瓶子里是金色的古香水,研究人员把它与装在绿瓶里的现代古龙香水进行了比较。意大利文化遗产技术研究院的科学家们从陶土碎片中发现了肉桂、月桂、桃金娘、茴芹和柑橘等香精,所有这些香精都产自本地生长的植物。这个香料店只是一个古代遗址的一部分。这个古代遗址的历史可追溯到公元前2000年,这里还有一个熔铜操作间、葡萄酒厂和一个专门为香精生产精华成分的橄榄榨汁机。

除了吸引异性,芳香树脂也同样用于葬礼上。贝尔吉奥诺说:"一克特制香精的价值有时超过金子。"

贝尔吉奥诺说,目前还不清楚是谁从塞浦路斯购买了香水,克利特古城克诺索斯的记录显示,塞浦路斯销售了576升的纯净橄榄油,这有可能暗示当时的贸易活动十分活跃。她说:"塞浦路斯人可能是从埃及人那里学到的这门技术,我们知道这两个地方有着十分密切的关系。"此次发现不但对研究塞浦路斯一些不为人知的历史至关重要,而且有可能解释出现在香水族名单上一些令人费解的名称。香水工业一般把香水分成十个族,其中有两个族与地理概念有关,而它们还同属于一个地方"chypre"(塞浦路斯在法文中的名字)。

口红的诞生

17世纪初,妇女们涂染嘴唇时使用的是"葡萄油",即一种用葡萄汁和阿香草液汁制成的硬而微香的有色油膏。以后,还使用过"蜡膏",一种用蜡和油制成的软膏。

到20世纪,在化学家的帮助下,美容师成功地制造出了圆柱形口红。这种口红塑形方便,质地坚硬,而且对嘴唇粘膜无刺激作用。

口红是在20世纪50年代开始普及的。市场上的口红可分为两大类:一种是耐久性口红,涂抹后浸入嘴唇粘膜且经久不褪;另一种是油质口红,鲜明光亮,但很快就可擦掉。

诉说钟表历史

美国阿拉巴马大学教授凯瑟琳·帕加尼在最近出版的《东方辉煌与欧洲精巧:中国封建社会晚期的钟表》一书中,提到利玛窦这位与中国有着不解之缘的传教士时,认为他的一大贡献是把西方的制表技术带到了中国。

在中国封建晚期,钟表的意义远远超过它本身,而人们对它们的兴趣不仅仅在于钟表单纯的报时作用。钟表具有特殊的地位,它是一个有价值的"事物"。

首先,这些钟表稀有且昂贵,并不是每个人都能拥有的,所以钟表代表了某种社会地位,是权力和威望的象征。当皇帝们因为独一无二的工艺和设计而醉心于钟表时,钟表的真正吸引力在于它们的象征意义。因为钟表的工艺仅限于宫廷内部,从不外传(把钟表工艺传入中国的传教士曾在皇宫的作坊中工作,由此传授给中国人必要的制造技巧),因此钟表象征着封建权力、财富和排外性。

直到18世纪,可能因为钟表的排他性或和皇帝的联系,钟表似乎成了精英分子的专利品。文人似乎并不喜欢钟表,但至少当我们回顾一下历史上对钟表的描述时,我们发现在绘画和文学中,钟表在更广阔的公共领域占有一席之地,这意味着钟表成了政府官员和财富精英们社会地位的象征。

最重的钟

苏联的科洛克尔沙皇钟是世界上最重的钟，堪称世界钟王。沙皇钟现安置在莫斯科克里姆林宫伊凡诺夫广场的大伊凡钟楼旁的台座上。它是俄罗斯铸造术的杰作，也是克里姆林宫的一件无价珍品。

沙皇钟是用铜锡合金浇筑而成，重约 200 吨，通高 6.14 米，直径 6.6 米，钟壁最厚部分为 67 厘米，钟的下部有一条 60 厘米长的裂纹，环绕大钟，铸有棕榈叶、花结及 4 条花瓣形的清晰、均匀的纹饰。钟的一面铸有当时统治俄国的安娜·伊凡诺夫纳女皇的浮雕像，旁边有几行赞颂圣母和女皇殿下的铭文，另一面铸有铸造者的姓名。为铸造这特大的铜钟，先后花费 62008 卢布。

为什么钟表广告中指针都是停在 10 点 10 分的位置

全世界的钟表广告，不分地域不分种族，大部分的指针都指在一个接近的时间上：10 点 10 分是最普遍的，也有 10 点 8 分 45 秒的，也有 10 点 10 分 35 秒的。不管指的时间是多少，时针和分针一定成 V 字形。

钟表之所以指在这个时间上，据说是经过西方许多的心理学家、钟表行家共同研究出来的。

解释一

"胜利"这个词在英文中的第一个字母是"V"，指针呈 V 字形，是胜利的象征。

解释二

指针同时上扬，有美学形式，令人感到欣悦。

解释三

指针形状如鸟展翅，给人奋发之感。

解释四

这个时间的时针、分针、秒针像一个欢呼胜利凯旋的人，跳跃着向你走来。

解释五

在这个时间，时针、分针、秒针这三个表针的位置给人一种协调的感觉，基本上是把表面分成了三等份，使顾客能清楚地看到表的结构。

解释六

10 点 10 分代表着十全十美。

解释七

从视觉艺术的角度出发而定的,如在绘画及雕塑中,艺术家们很注意对黄金分割点的运用,一般都把人物的眼睛放在脸部黄金分割点的位置。而钟表上的 10 点 10 分,也是经过艺术家、数学家及物理学家们精心研究过的,表针停在这一刻,对人所产生的艺术效果是最佳的。

解释八

正如钟表广告指出的,10 点 10 分是人一天中最好的时刻,是最好的定点。

卫生纸是什么时候被发明出来的

20 世纪初,美国史古脱纸业公司买下一大批纸,因运送过程中的疏忽,造成纸面潮湿产生褶皱而无法使用。面对一仓库无用的纸,大家都不知如何是好,在主管会议中,有人建议将纸退回供应商以减少损失,这个建议获得所有人的附议。该公司负责人亚瑟·史古脱却不这么想,他想到在卷纸上打洞,变成容易撕下成一小张一小张的。史古脱将这种纸命名为"桑尼"卫生纸巾,卖给火车站、饭店、学校等放置于厕所中,因为相当好用而大受欢迎,并慢慢普及到一般家庭中,为公司创下了许多利润。

如今卫生纸已经成为生活中不可或缺的物品,为生活提供了许多便利。

会呼吸的鞋子 GEOX 的诞生

关于 GEOX 的诞生有个相当有趣的故事。出生于意大利酒厂的 GEOX 发明者 Dr.Mario Moretti Polegato 参加美国沙漠之洲内华达的制酒工业大会时,因终日走路而必须忍受脚底的酷热,终于有一天他突发奇想,干脆就在自己的鞋底打了几个洞,让鞋内的高温与高湿能够平衡散去,没想到这个直觉式的举动,催生了生产一双"会呼吸的鞋子"这个想法。

经过多年的研发,1990 年第一双 GEOX 大地呼吸鞋出生了。GEOX 的名字取自希腊文。GEO 在希腊文中的意思是地球,而 X 为技术,其实我们也可以说 Geographic 为大地之意,而 ox 则是 oxidatian 有氧呼吸,光是名字就完整说明了这双鞋的特色与优势。目前 GEOX 全球销售业绩排名第九,畅销 51 国,更是意大利舒适鞋的领导品牌。

GEOX 的大地呼吸专利系统,由下列技术与成效组合成独一无二的专利。

毛细孔橡胶:毛细孔橡胶底促进排汗,排出水分,让足部干爽。

开洞:GEOX 大胆挑战传统观念,在鞋底开孔,让高汗腺区的脚底获得呼吸的窗口。

薄膜：GEOX 运用特殊的微毛细孔材料，可吸收从中排出的汗，并以水蒸气的方式排出，薄膜的毛细孔比水蒸气的分子大，但比水小，让水分出得去，进不来。

伞的历史和由来

　　伞是我国首创，据传是鲁班的妻子云氏发明的。《孔子家语》中说："孔子之郊，遭程子于途，倾盖而语。"这里的"盖"就是指"伞"。《史记·五帝纪》记有与伞同类的雨具，可见伞在我国已有四千多年历史了。最早称伞为"华盖"，唐朝李延寿写的《南史》和《北史》才正式为伞定名。古时的伞，是达官显贵的装饰品和士大夫权势的象征物，帝王将相出巡时，"长柄扇""万民伞"左簇右拥，乘坐的车舆上张着伞，表示"荫庇百姓"。官位、职务不同，"罗伞"的大小、颜色都严格区分，这一惯例一直传到明朝。纸伞是汉朝以后出现的，唐朝时传入日本，16 世纪才传入欧洲。意大利艺术大师达·芬奇受伞的启发，设计了第一个降落伞。18 世纪发明的伞齿轮，也是仿照伞的截面形状设计的。

伞

　　1957 年，北京师范大学焱若教授从人体肘关节能屈能伸受到启发，想到若能根据这个原理，制造一种像人的肘关节一样伸曲灵活的折叠伞，人们携带起来就方便多了，于是，他对现行伞进行改进，设计出了图纸，并亲手制定出加工工艺及模具设计，最后与北京一家机械加工厂——中孚工厂达成协议，由该厂承制并销售。折叠伞因其携带方便而深受广大群众欢迎，没过多久，便在全国各地流行开来。

军事与体育

美国中央情报局

美国政府的间谍和反间谍机构,是美国庞大情报系统的总协调机关,英文简称CIA,1947年建立,总部设在弗吉尼亚州的兰雷,是全球性情报网的中心。它不仅有遍布全世界的监听站,还有自己的广播设施、航空线、宇宙卫星、印刷所以及训练特种部队的基地,拥有大批间谍、特务和情报技术人员。

中央情报局由国家安全委员会直接领导。局长由总统任命,参议院批准,是美国各情报机构的协调人,负责改进美国情报委员会的工作,保证总统在做出决策时,能充分掌握第一手情况。情报局的主要任务有:①以公开、秘密方式和技术手段,搜集外国的军事、政治、经济、文化与科技情报,协调国内各情报机构的工作。②为总统分析和估价情报,对其他国家进行间谍特务活动。情报技术人员多具有较高学历,或是某些领域的专家。该机构的组织、人员、经费和活动严格保密,即使国会也不能过问。

防弹衣知识

早在第二次世界大战前,军队为了减少士兵的伤亡,曾将6.4mm厚的丝织物制成的布袋塞入军服内,形成了防弹衣的雏形。它可以抵挡当时的枪弹的射击。但是,随着武器杀伤性能的提高,这种防弹方式很快就失去了效用。

第二次世界大战期间,美国研究出两种玻璃纤维和聚酯复合材料,即杜龙和尼龙。用它们制成的防弹衣能起到良好的防弹作用,因而成为现代防弹衣问世的标志。这类材料称为软质防弹材料。

为了提高防弹衣的防弹性能,在60年代以前,一些国家采用不锈钢、钛合金和铝合金等板材制成防弹板,这就形成了硬质防弹材料。把这种防弹板插入软质防弹衣的前、后襟的兜袋内,能起到防弹和防刺作用。1960年美国又成功地研制出氧化铝防弹陶瓷板,它的防弹性能优于钢质材料。目前世界各国生产的防弹衣都采用不锈钢板和陶瓷板作为硬质防弹材料。

1972年美国杜邦公司研制成功一种芳香族聚酰胺纤维,称为凯夫拉。这种材料具有柔软、质量小和防弹性能好等特点,防弹能力是杜龙或尼龙以及玻璃纤维的2~3倍,是钢质材料的5倍,目前已被广泛用于防弹衣和头盔中。

在防弹材料的研制上,各国展开了激烈的竞争,因此出现了一批优良的防弹材料。例如,法国SNPE公司研制出的阿拉米德防弹纤维,由于防弹性能比较好,受到一些国家的重视。1990年美国联合信号公司研究成功一种强度更高的防弹材料,称为斯佩克特拉,它是一种含聚乙烯纤维的无纺布料,其防弹能力是钢质材料的11倍。斯佩克

防弹衣

特拉1000型纤维同凯夫拉纤维相比,防弹强度提高了35%。

荷兰DSM公司研制的一种称为戴尼马的防弹纤维,有SK60式、SK66式和UD66式三种型号,防弹性能比法国的阿拉米德防弹纤维和防弹玻璃纤维还要好些。由于防弹材料性能的改进,防弹衣的防弹性能也随着不断改进。

防弹衣是一种用于防护枪弹或破片对人体伤害的装具。防弹衣按使用对象,可分为步兵、飞行人员、警察和保安人员防弹衣等;按结构形式,又可分为防弹背心、防弹T恤衫、防弹夹克和防弹衣等。

防弹衣的主要特点是:

1.防弹衣应有良好的防弹性能。防弹衣主要由衣套和防弹层两部分组成。衣套常用化纤织品制成,防弹层是用钢、铝合金或钛合金、陶瓷、玻璃钢、尼龙、凯夫拉等材料制成。防弹衣除了具有防护前胸与后背的功能之外,还可对颈部与骨盆起防护作用。

各国防弹衣的防弹标准不同。例如,美国国家司法研究所制定的防弹标准等级可分为Ⅰ、ⅡA、Ⅱ、Ⅲ和Ⅳ级;美国联邦政府制定的警察防弹标准等级则分为Ⅰ、ⅡA、Ⅱ、ⅢA、Ⅲ和Ⅳ级;法国的防弹标准等级分为Ⅰ、ⅡA、ⅡS、ⅢA、Ⅲ和Ⅳ级;德国警察部门的防弹标准等级分为Ⅰ、Ⅱ、Ⅲ、Ⅳ和Ⅴ级。

2.质量是防弹衣性能特点的一个重要标志。一般从质量上也能反映出它们的防弹性能。随着材料性能的提高,符合一定防弹标准的防弹衣和头盔的质量就会相应减小。

防弹衣的质量一般在0.59~6kg之间,也有个别比较大的,如排爆套服为23.7kg。

3.防弹衣有一定的规格。防弹衣的尺寸分为男女两种规格。男士的尺寸有特大号、超大号、大号、中号和小号五种规格。女士的尺寸有超大号、大号、中号和小

号四种。

防弹板的尺寸有 127×229mm 和 127×203mm 两种。

4.防弹衣的款式多种多样，有 T 恤衫式、隐蔽式、侦察用、执法用、特警用、战斗用等十几种式样。

5.防弹衣的颜色有白色、藏青、蓝色、棕黄、浅蓝、橄榄色、灰色和伪装色等多种颜色。

军用飞机识别标志

为标示军用飞机的所属国籍而喷涂在机翼、机身或尾翼上的特定标记习惯上称为军用飞机机徽。世界各国均规定了本国的军用飞机机徽，有的采用国旗或军徽的形式，有的按照自己的民族习惯绘制色彩鲜艳的几何形状图案。大多数国家诸军兵种的军用飞机均采用同种机徽，个别国家有所区别。军用飞机识别标志不是固定不变的，往往因国家的国体、政体改变或其他需要而加以更改。一些国家为区别飞机所属的军种、兵种、部队，以便于实施空中指挥，还在军用飞机上标有文字、数字和图形等特殊符号。中国人民解放军建立空军后，军用飞机的识别标志是在红五角星内印金色"八一"两字，即军徽，两侧各配一条镶有金黄色边沿的红带。"八一"表示人民空军是中国人民解放军的一个组成部分，是在陆军基础上壮大发展起来的；两侧的红色长带表示人民空军的战鹰展翅奋飞，翱翔祖国蓝天的雄姿。

军队最杂乱的国家

地中海东岸的黎巴嫩，是一个只有 1 万多平方公里面积、30 多万人口的小国，却驻有国内外多达 25 支以上的不同军队。来自外国的有联合国部队、叙利亚部队；本国的有政府军、各党各派的独立部队以及一些称霸一方的"绿林"兵；此外还驻有巴勒斯坦各派组织的游击队。

这些军队中，人数最多的是以维持和平名义进驻黎巴嫩的叙利亚军队，人数达 27000 人。黎巴嫩本国军队中，人数最多的是基督教民兵，各派加起来有 15000 多人；其次是穆斯林"全国运动"民兵，各派总兵力也有 10000 多人。黎巴嫩政府军反倒不足 10000 人，而且战斗力不强。这么多军队拥挤在这么狭窄的土地上，自然很难安宁。多年来，黎巴嫩内战不断，各派几经较量，至今未分胜负。再加上以色列的侵入，把好端端的"天堂之国"搞得百孔千疮。维持和平的联合国部队左挡右劝，反倒吃了不少枪子。

设立海军的内陆国家

一般人总以为只有靠海的国家才有海军,其实世界上至少有 6 个内陆国家也设有海军。南美的巴拉圭在内陆国家中海军实力最强,它拥有海军官兵近 3000 人,各种舰艇达 40 多艘。玻利维亚有 1500 名海军官兵和 20 艘舰艇。欧洲的 8 个内陆国家中,有 4 个建有海军。它们是:匈牙利、捷克斯洛伐克、瑞士和奥地利。

有警无兵的国家

现今世界有 19 个只设警察不设军队的国家。它们是:欧洲的安道尔、梵蒂冈、圣马力诺、列支敦士登、摩纳哥;美洲的巴拿马、巴哈马联邦、哥斯达黎加、圣卢西亚、安提瓜和巴布达、圣文森特和格林纳丁斯;非洲的毛里求斯、冈比亚;大洋洲的西萨摩亚、瑙鲁、基里巴斯、图瓦卢、所罗门群岛。

奇特的自行车部队

人们很难相信,自行车部队在现代战争中能发挥什么重要作用。然而,瑞士人不以为然。他们根据瑞士国小山多的特点,建立了世界上独一无二的自行车部队。

瑞士人认为,自行车既快速又安静,较少受地形限制,也没有中途加油的麻烦,是军队中较好的装备。自行车部队行军时速在 15~30 公里之间,与现代化机械部队行军相差无几。目前,瑞士军队编制内的自行车分队,人员达 3500 名,自行车总数达 50000 辆。最近,瑞士军队决定新组建三个自行车团。

大部分瑞士人认为自行车部队是瑞士军队的精华,能在这里服役,既艰苦又光荣。因为自行车部队要求十分严格,经常性的繁重训练,大量的体力消耗,使部队始终处于紧张状态。

世界上最早的空军部队

世界上最早出现的空军装备并不是飞机,而是首次把人类带到空中去的气球。大约在 200 多年前,人类就发明了系绳气球。这种气球内充有燃烧木炭产生的烟和热空气,随热空气的浮力上升,用绳索控制其升降,人员则坐在气球下吊的箩筐内。1793 年,法国首先组建了一支装备这种气球的空军,当时称为"有球兵团",这是世界上最早出现的空军部队。

美苏"热线"

"热线"是指美苏之间的直接通信联系。美苏"热线"是 1963 年美国总统肯尼迪和苏联部长会议主席赫鲁晓夫在古巴导弹危机之后达成协议建立的。建立"热线"的目的是为了在紧急情况下给两国首脑提供可靠的快速通信联络,从而减少因偶发事件或错误估计而导致战争的危险。

"热线"的信息,起初由电传打字机以每分钟 67 字的速度通过越洋海底电缆发出。从 1978 年起,开始使用卫星通信。"热线"在美国的终端设在五角大楼国家军事指挥中心,有一个俄语翻译组昼夜值班。"热线"每小时检查一次,双方交替发出非挑衅性的、不带政治色彩的信息。从莫斯科发出的信息,经常有俄国妇女发式等方面的资料,华盛顿方面最喜欢拍发的信息,则选自农场主年鉴和专业高尔夫球协会规则。

美国总统的"橄榄球"

美国总统无论走到哪里,都有一个提着黑色公文包的二级准尉像"影子"一样跟随,这个公文包就是总统的"橄榄球"。不知道这个"球"的密码的人,非炸药不能使其打开。如果出现核袭击的紧急情况,准尉就会迅速对上号码,把它打开。"橄榄球"里的下列 4 个文件将告诉总统如何采取应变措施:①黑色手册。里边有各种可供选择的打击措施。为了醒目,最重要的内容用红字印制。②基地名单,记载有一旦发生紧急情况可供总统使用的机密基地。③紧急广播程序,注明有发生袭击后,如果总统还活着,怎样按照紧急广播程序向全国发表讲话。④认证卡,上面有总统和总统接班人的认证号码,此卡不被确认时,以总统名义下达的任何命令无效。

史无前例的"星球大战"战略计划

1983 年 3 月,美国总统里根提出了关于建立太空防御系统的"星球大战"计划。这是目前为止最为庞大的战略计划。该计划主张在宇宙空间建立四个层次的防御系统。

第一层:反导弹卫星。计划1990年研制出第一代反导弹卫星,卫星在地球同步轨道上运行,每个这样的卫星能摧毁上百个升空的导弹。这一系统的命中率可达90%。

第二层:自由电子激光系统。激光从地面发出,射向在地球同步轨道上运行的反射镜,再反射到敌导弹上并把它摧毁。这一系统的命中率也是90%。

第三层:猎手导弹。当穿过前两层防御的敌导弹飞临目标实施攻击时,将有猎手导弹截击这些核弹头。

第四层:粒子炮。采取这套防御系统,第一层将摧毁敌导弹的90%,第二层又击毁剩下的90%,第三层击毁再剩下的90%,第四层摧毁所有剩下的弹头。

二战后美国曾多次考虑使用核武器

第二次世界大战后,美国至少有八次考虑过使用原子弹:①1953年,美国总统艾森豪威尔曾考虑,如朝鲜战争停战谈判陷入僵局,美将使用核武器。②1956年苏伊士运河危机,北约美军总司令受命宣布,如苏联用火箭袭击英国,莫斯科必遭毁灭。③1959年,美空军参谋长由总统授意宣布,柏林危机可能引起大战,届时势必使用核武器。④1962年古巴危机时,总统肯尼迪曾考虑使用核武器。⑤1969年,总统尼克松曾考虑使用核武器结束越南战争。⑥1969年中苏边境发生冲突,尼克松担心苏联摧毁中国的核能力而告诫苏联,美"将不能容忍这种行动"。⑦1971年印巴战争时,尼克松担心印度在东巴得手后将吞并西巴,表示将采取"断然行动"。⑧1973年中东战争期间,尼克松下令,美国核部队进入戒备状态。

世人瞩目的伦敦"国际战略研究所"

在伦敦闹市中心,有一座5层小楼,里面包括清洁工在内,人不过30,书籍不过万册,报纸不足10份,办公室仅有8间。这块"弹丸之地"就是久享盛名的伦敦"国际战略研究所"。

该所由英国学术、新闻各界人士于1958年创建。它不接受政府津贴,主要靠各财团的赠款作为活动经费。用所长贝特拉姆博士的话说,这里的工作,主要靠"一张纸、一支笔和一个脑袋"进行。研究所以维持"美丽的小"而自豪,实际上是一种"小核心,大外围"的体制,即理事会和常设人员只有二十几人,但会员却遍及60多个国家,达2200多人。资料则依靠遍布世界各地的"信息网"。

该所最"撑得起门面"的名牌产品,是自己出版发行的《军事力量对比》手册和《战略研究》杂志。该刊所载文章,题目新,态度严肃,立论严谨,特别是有关北约防务、中东问题的研究,被人们视为权威之作。

美国战争机器的"首脑神经"——五角大楼

位于华盛顿西南弗吉尼亚州的阿灵顿,隔着波托马克河与白宫遥遥相望的五角大楼是美国国防部办公大楼,这座号称世界最大的行政大楼是美国战争机器的"首脑神经"。

大楼于 1943 年 1 月 15 日竣工。5 幢 5 层楼房连结成五角,故名五角大楼。它总面积 16.4 公顷,有 2 万多人在此办公。美陆军部、空军部、海军部和参谋长联席会议等高级军事首脑机关都集中于此。

五角大楼

大楼内有 28 公里长的走廊,使人犹如步入迷宫。但是,各种先进设施可使办公人员从空中、地面或地下以最快的速度进出大楼。这里有直升飞机停机坪和地铁专用车站,还有与高速公路相通的可容纳 1 万辆汽车的停车场。

自 1976 年起,五角大楼允许公众参观,每年有 10 万人来这里观光。但是,参观者受到严密监视,许多禁区是绝对不许外人涉足的。如国防部部长办公室以及陆海空三军总部办公室等。戒备森严的尤属第二层,这里有被称为"国防部灵魂"的参谋长联席会议的办公室——"金房子"。而紧挨它的,则是五角大楼最神秘、敏感的核心部门——作战室。该室建于 1963 年古巴导弹危机之后。用这里的电话,在 20 秒钟内就能直接同美国在世界各地的重要部门通话。室内一面墙上挂着战时总统或可能接替总统者的名单,每个人的名字旁边有亮光,表明此人正在何处。如果爆发战争,美国总统的命令将从这里发出。

为了预防不测,五角大楼还有两个备用指挥中心。一个设在华盛顿以北 112.6 公里的马里兰州里奇堡一座大山的岩石底下,代号为"R 站","R 站"的确切地点属绝对机密,外人不得而知。另一个建在经过改装的波音—747 巨型喷气机上,该机称为"世界末日"号,上边装有同五角大楼作战室一样齐全的指挥系统,是作战室的缩影。

头盔的由来

在 1914 年第一次世界大战中的一天,法国将军亚得里安去医院看望伤兵,一个伤兵向他讲述了负伤的经过。德军炮击时,这个士兵正在厨房值日,眼看炮弹飞来,他急中生智,把铁锅举起来扣在头上,结果头部保住了,身体受了点轻伤,而其他同伴却被炸死了。

亚得里安由此想到:如果人人在战场上都有个铁帽子,不就可以减少伤亡了吗?于是,他下令让有关单位研究,从而制成了军史上的第一代头盔。头盔的出现,使法军有效地减少了伤亡。

美国舰艇是如何命名的

美国现代海军舰艇有:航空母舰、战列舰、巡洋舰、驱逐舰、潜艇、潜艇母舰、工作舰、运输舰、补给油船、扫雷舰、救捞船、医疗船等,它们的命名有分类的传统习惯。例如,在航空母舰中多以美海军参加的著名战役和军政领袖人物命名,如"中途岛""珊瑚海""艾森豪威尔""尼米兹"等。战列舰是以美国的州名命名,如"蒙拿大号""新泽西号""衣阿华号"。巡洋舰的命名,则以美国各大城市称之,如"芝加哥号""波士顿号""洛杉矶号"等。驱逐舰是用历次海战中建功的人员、海岸警备队员、海军将领以及著名国会议员、发明家等人物的名字命名,也有以风景名胜地命名的,如"黄石公园"。潜艇的命名,起初是冠以鱼类、海兽的名字,如"鲸鱼""长尾鲨""海狼"等,后来,也用历史上伟人的名字命名,如"乔治·华盛顿""艾·爱迪生"。潜艇母舰及工作舰的名字是采用希腊神话中的神名。扫雷舰与救捞船是以雀鸟的名字命名的,如孔雀、凤凰、潜水鸟等。运输舰多用天体和古地名,如仙女座、狮子座、约克郡等。补给油船以印第安语的河流命名。医疗船则用诸如"安慰""休息""镇静"之类对伤员起着安抚作用的名字。

古代奥运会历史

古奥运会从公元前 776 年起,到公元 394 年止,经历了 1169 年,共举行了 293届。按其起源、盛衰,大致分为三个时期。

1.公元前 776 年~公元前 388 年。公元前 776 年,伯罗奔尼撒的统治者伊菲图斯努力使宗教与体育竞技合为一体。他不仅革新宗教仪式,还组织大规模的体育竞技、活动,并决定每 4 年举行一次,时间定在闰年的夏至之后。所以公元前 776年的古代奥林匹克运动会就正式载入史册,成为古代奥运会的第 1 届。当时仅有一个比赛项目,即距离为 192.27 米的场地跑。

这一时期各城邦之间虽有纷争,但希腊是一个独立的国家,政治、经济、文化都较发达,是运动会的黄金时期。特别是公元前 490 年,希腊雅典在马拉松河谷大败波斯军之后,民情奋发,国威大振,兴建了许多运动设施、庙宇等,参赛者遍及希腊各个城邦,奥运会盛极一时,成为希腊最盛大的节日。

2.公元前388年~公元前146年,开始衰落。由于斯巴达和雅典长期的伯罗奔尼撒战争(公元前431年~公元前404年),希腊国力大减,马其顿逐渐吞并了希腊。随后亚历山大大帝虽自己不喜爱体育活动,但仍积极支持,并视奥运会为古希腊的最高体育活动开幕式,为其增添设施。不过,这一时期古奥运会精神已大为减色,并开始出现职业运动员。

3.公元前146年~公元394年,古奥运会由衰落走向毁灭。罗马帝国统治希腊后,起初虽仍举行运动会,但奥林匹亚已不是唯一竞赛地了。如公元前80年第175届奥运会,罗马经济规律就把优秀竞技者召集在罗马比赛,而奥林匹亚只举行了少年赛。这时职业运动员已开始大量出现,奥运会成了职业选手的比赛,希腊人对之失去了兴趣。公元2世纪后,基督教统治了包括希腊在内的整个欧洲,倡导禁欲主义,主张灵肉分开,反对体育运动,使欧洲处于一个黑暗时代,奥运会也随之更趋衰落,直至名存实亡。公元393年罗马皇帝狄奥多西一世宣布基督教为国教,认为古奥运会有违基督教教旨,是异教徒活动,翌年宣布废止古奥运会。

古代奥运会比赛日程和项目

古代奥运会从第1届起,规定每4年举行1次,每届只举行1天。随着比赛项目的不断增多,从第22届古代奥运会开始,组织者决定将比赛时间改为3天,加上开幕式、闭幕式及庆典活动,整个会期为5天。竞赛项目增多为:五项全能(铁饼、标枪、跳远、角力、跑步)、拳击、摔跤、战车赛跑、赛马等。

古代奥运会自公元前776年第1届至公元394年共举办了293届,都是在古希腊奥林匹亚运动场举行。比赛场建在阿尔菲斯河谷北面的小丘旁。小丘经过修整成为看台,最初可容纳2万观众,后扩大到4.5万人,并设有160个贵宾席。比赛场长212米,宽32米,跑道长192.25米,表面未经特殊处理,起跑处铺大理石。赛场西南部有练习场,用石柱廊围起,形成一个院落。一侧建会议厅、更衣室和浴室等。这里还有一个770×320米的跑马场,供赛马和马车比赛用。

古代奥运会处罚规则

古代奥运会的比赛规则十分严厉,违者要受到严厉的惩罚,这表现了他们的荣辱感。古希腊人认为,奥运会是神圣的,光明正大地取胜才是最光荣的,反之,则是对神圣事业的亵渎。

古代奥运会对弄虚作假者深恶痛绝。第 90 届古代奥运会上，一个名叫利哈斯的选手获得了冠军，他自称是斯巴达人，但经核实，他是另一个城邦的人，于是被取消了名次。古代奥运会对于行贿受贿者更是严惩不贷，不仅要剥夺冠军的称号，还要罚重金以警世人，罚金则用于雕刻宙斯像。第 98 届古代奥运会上，一拳击运动员因买通另外 3 名敌手取胜，结果 4 人皆被罚重金。古代奥运会的组织者用这 4 人的罚金雕刻了 4 尊宙斯像，其中一尊还刻上以下警句：奥林匹克的胜利不是可用金钱买来的，而需依靠飞快地两脚和健壮的体魄。

古代奥运会授奖仪式

古代奥运会的授奖仪式庄严而隆重。授奖台设在宙斯像前，橄榄冠放在一个特制的三脚台上。授奖时，先由报道官宣布运动员的姓名、比赛成绩、所属的城邦及运动员父母的名字，然后由司仪把优胜者领到主持人面前，主持人起身，将橄榄冠从三脚台上取下来，给优胜者戴上。这时，观众唱歌、诵诗、奏乐、欢呼，并向运动员投掷鲜花。古奥运会对获胜运动员的奖励虽曾多次改变，但原则都是着重于精神奖励。物质奖励也有，但相当微薄。

以橄榄枝作为古代奥运会的精神，作为奥林匹克运动精神的象征，寓意深刻，影响久远。古希腊人认为，橄榄树是雅典保护神雅典娜带到人间的，是神赐予人类和平与幸福的象征，因此用橄榄枝编织的橄榄冠是最神圣的奖品，能获得它是最高的荣誉。据说，用于编织桂冠的橄榄枝必须得由一个双亲健在的 12 岁儿童，用纯金刀子从神树上割下来，然后精心编制。

在奥林匹亚举行的授奖仪式结束后，优胜者便可陆续还乡。这时，各城邦还将为他们的优胜者凯旋而组织盛大的庆典活动。后来希腊还规定免去优胜运动员对国家的义务，在剧场或节日盛会上为他们设置荣誉座位，个别城邦还发给有功绩的运动员终身津贴。

古代奥运会的圣火

1936 年柏林奥运会首次点燃奥运圣火，首次实行火炬传递。

古代奥运会召开前，依照宗教规定，人们聚集在奥林匹亚宙斯神庙前，举行庄严肃穆的仪式，从祭坛点燃火炬，然后奔赴希腊各个城邦。火炬手高举火炬，一边奔跑，一边呼喊：停止一切战争，参加运动会！火炬像一道严格的命令，有至高无上的权力，火炬到哪里，哪里的战火就熄灭了。即使是在激烈厮杀的城邦也都纷纷放下武器。神圣休战开始了，希腊又恢复了和平的生活，人们忘记了仇恨，忘记了战争,都奔向奥林匹亚参加奥林匹克运动会。

奥林匹克精神是什么

《奥林匹克宪章》指出,奥林匹克精神就是相互了解、友谊、团结和公平竞争的精神。奥林匹克精神对奥林匹克运动具有十分重要的指导作用。

首先,奥林匹克精神强调对文化差异的容忍和理解。奥林匹克运动是国际性的运动,它不可避免地面临着世界上文化间的各种差异及由此引发的各种问题。来自各国的运动员、教练员、体育官员以及观众生有不同的肤色,穿着不同的服装,操着不同的语言,有着不同的生活方式,进行不同的宗教仪式,用不同的行为方式表达自己的喜怒哀乐。这些种族的和文化的差异,又常常由于各国间在政治体制、经济制度和意识形态等方面的冲突而强化。从一定意义上讲,四年一度的奥运会将世界上所有的体育文化集中在一个狭小的空间和时间范围内,于是不同文化之间的差异尤为引人注目。差异就是矛盾,矛盾就可能引发冲突。奥林匹克精神强调相互了解、友谊和团结,就是要形成一种精神氛围。在这种氛围中,人们可以摆脱各自文化带来的偏见,在不同文化的展示中,看到的不是矛盾与冲突,而是人类社会百花齐放、千姿百态的文化图景,从而使文化差异成为促进人们互相交流的动因,而不是各自封闭的藩篱;使矛盾成为互相学习的动力,而不是互相轻视的诱因。也只有在这种氛围中,人们才能打破各自狭窄的眼界,以世界公民的博大胸怀,去认识和理解自己民族以外的事物,领悟到各个民族都有着神奇的想象力和巨大的创造力,学会尊敬其他民族,以比较客观和公正的态度去看待别人和自己,虚心地吸取其他文化的优秀成分,不断丰富自己,从而使奥林匹克运动所提倡的国际交流真正得以实现。

其次,奥林匹克精神强调竞技运动的公平与公正。奥林匹克运动以竞技运动为主要活动内容,竞技运动最本质的特征就是比赛与对抗。在直接而剧烈的身体对抗和比赛中,运动员的身体、心理和道德得到良好的锻炼与培养,观众也得到感官上的娱乐享受和潜移默化的教育。但是,竞技体育的教育功能和文化娱乐功能的基本前提是公平竞争。只有在公平竞争的基础上竞争才有意义,各国运动员才能保持和加强团结、友谊的关系,奥林匹克运动才能实现它的神圣目标。正如已故美国著名黑人田径运动员杰西·欧文斯所说:"在体育运动中,人们学到的不仅仅是比赛,还有尊重他人、生活伦理、如何度过自己的一生以及如何对待自己的同类。"

奥运会的吉祥物和会歌

在 1972 年慕尼黑奥运会上,首次以动物为奥运会的吉祥物,当时是一只德国种的小猎狗,取名为"瓦尔迪伙"。1976 年蒙特利尔奥运会的吉祥物是一只叫"爱米克"的海獭。1980 年莫斯科奥运会和 1984 年洛杉矶奥运会的吉祥物分别是北极熊"米莎"和兀鹰"山姆"。

"奥林匹克圣歌"是 1896 年第一届现代奥运会开幕典礼时演奏的古典管弦乐,这支乐曲由希腊人塞玛拉斯作曲,勒玛斯作词,但在以后的半个多世纪中,尽管历届奥运会演奏的都是这首"圣歌",却没有把它定为正式的会歌。直到 1958 年的东京奥运会上,才正式追认"圣歌"为"奥林匹克会歌"。其歌词大意是:

古代不朽之神,
美丽、伟大而正直的圣洁之父。
祈求降临尘世以彰显自己,
让受人瞩目的英雄,
在这大地苍穹之中,
作为你荣耀的见证。
请照亮跑步、角力与投掷项目,
这些全力以赴的崇高竞赛。
把用橄榄枝编成的花环颁赠给优胜者,
塑造出钢铁般的躯干。
溪谷、山岳、海洋与你相映生辉,
犹如以色彩斑斓的岩石建成的神殿。
这巨大的神殿,
世界各地的人们都来膜拜,啊!永远不朽的古代之神。
这首奥林匹克会歌的歌词,是以希腊文撰写的,后译成英文。

亚运会的诞生

1948 年在英国伦敦举行第 14 届奥运会期间,印度田径协会主席、国际奥委会委员桑迪邀请中国、南朝鲜、菲律宾、新加坡、缅甸、巴基斯坦、阿富汗、伊朗、伊拉克、黎巴嫩、锡兰(今斯里兰卡)、叙利亚和印度等 13 个国家和地区的代表开会,讨论成立亚洲体育联合会的问题,并确定 1949 年 2 月在印度新德里举行第一届亚洲运动会。由于印度国内原因,运动会未能如期举行。该年内印度再次邀请亚洲一些国家的代表在新德里开会;决定成立亚洲运动会联合会,当时入会的有阿富汗、缅甸、印度、巴基斯坦和菲律宾。亚洲运动会联合会是依照国际奥委会建立的,在1982年第9届亚运会期间改组成为亚洲奥林匹克理事会(亚奥理事会)。首届亚运会于1951年举行,自第2届(1954年举行)起每4年举行一届,会期不超过16天。1990年在北京,我国成功地举办了第11届亚运会。

为什么高尔夫球上有小坑

本来球是圆滑没有凹洞的,但人们在偶然中发现有凹洞的球居然比表面圆滑的球飞得更远。依数据显示,例如,以现状的高尔夫球能打二百公尺远的人,以同样的方式来打表面圆滑的球,仅达四十公尺。

那么,为什么有凹洞的球飞得远呢?将球置于空气气流中,球一定为一层薄薄的界面层所包围,此时,圆滑的球,其空气界面层容易剥离,而在球后方产生空气漩涡,使后方压力降低,球前方压力较大,所以因压力差导致球速下降。相对地,有凹洞的球,因界面层不易剥离,球后方之力下降不多,故球能飞得较远。

NBA 诸强名之由来

莎士比亚著名悲剧《罗密欧与朱丽叶》讲述了哀怨的爱情故事。女主角朱丽叶在哀叹自己可悲的命运时说:“姓名算什么?”当然,莎士比亚没有机会支持NBA的各支球队,因为这位文学巨人死于NBA诞生的300多年之前。然而,如果莎士比亚现在仍然活着的话,他可能重新考虑他在《罗密欧与朱丽叶》中抒发的痛苦感情。

虽然对朱丽叶来说,姓名不算什么,但是对于希望球队胜利的球迷来说,给自己的球队起一个引以为豪的名号可是一件大事。

NBA各支球队取名方式各有千秋——有的由球迷投票,有的根据地方历史,有的继承了球队新地点。有些球队的名字更是意味深长,如像明尼苏达森林狼队向人们这样解释自己的名字——明尼苏达州本来是森林狼成群出没的地方。而一些球队的名称可能让你匪夷所思,比如,洛杉矶湖人队的所在地洛杉矶找不到任何湖泊。

有些球队的名字起得恰如其分,甚至连孩子也能够脱口而出——奥兰多魔术队的名字来源于一个7岁的小女孩,她就是球队未来总经理帕特·威廉姆斯的女儿。

篮球运动的起源

篮球是一种很受欢迎的运动，它是 1891 年由一个叫奈史密斯的美国人所发明的。当时奈史密斯是美国麻州春田国际青年会训练学校的体育老师，这个学校的体育系主任要求他发明一种冬天能在室内比赛而且能引起学生兴趣的团队运动。于是奈史密斯融合了北美土著印第安人所玩的长曲棍球以及英国人所玩的足球，发明了一种新的室内运动。这种运动不准用棍子，也不能用脚踢，而是由球员把球传来传去，或者在地上拍（运）球，然后投进

篮球

目标。这个所谓的目标就是两个固定于空中的"篮子"，所以这种运动就被称为"篮球"。最初比赛的时候，每次有人投中篮，球就停在篮子内，必须要有专用捡球员爬上梯子，把球拿下来，很不方便。后来，一种篮底开洞的铁制篮子就取而代之，如此，投进篮内的球就能够自己掉下来。到了 1893 年，篮圈上开始附上一个网状的袋子，球员投中之后，裁判员就会拉动一条附在网袋上的绳子，使球掉下来。接着篮板也开始采用，这是用来防止看台上的观众在比赛时妨碍球员投球而设的。当时像足球般大的篮球也被较大的球代替。大约到了 1913 年，无底的篮网才被开始使用。篮球在 1936 年正式成为奥林匹克运动会的一个运动项目。我国第一次正式比赛篮球是 1896 年在天津。

排球运动的诞生

排球运动源于美国。1895 年，美国一位叫威廉斯·盖·摩尔根的体育工作人员，想把当时已广为流行的网球搬到室内，在篮球场上用手来打。但室内篮球场面积较小，网球容易出界，于是他做了某些改进：一是把网球允许球落地后再回击的规则改为不许落地；二是把网球的体积扩大，用篮球胆充气来打。第二年，有位博士将此球命名为"华利波"，意为"空中飞球"。排球传入中国的时间，一说是 1905 年，一说是 1913 年。将"华利波"改称"排球"是在 1925 年 3 月举行的广东省第 9 届运动会上，主要取其分排站立之意。在 1964 年东京举行的第 18 届奥运会上，首次进行了排球比赛。

羽毛球运动的由来

相传在 14 世纪末,日本出现了把樱桃插上美丽的羽毛当球,两人用木板来回对打的运动。这便是羽毛球运动的雏形。以后传到外国,19 世纪中叶,改为软木制成的球托和穿弦的球拍。1870 年,英国一位公爵在他的领地开游园会,不料天不作美,下起雨来,他为不使客人们扫兴,就改在室内进行羽毛球游戏,结果与会者情趣横生。此后,这项运动便风靡英国。1893 年,英国 14 个羽毛球俱乐部组成羽毛球协会。羽毛球运动约于 1920 年传入我国,解放后,得到迅速发展。60 年代我国羽毛球队已跻身于世界强队之林。70 年代,国际羽毛球坛是印尼与我国平分秋色。80 年代,优势已转向我国,说明我国羽毛球运动已达到世界先进水平。羽毛球在 1992 年巴塞罗那奥运会上被列为正式比赛项目,设男、女单打和双打 4 项比赛。

乒乓球的来历

乒乓球运动的产生纯属偶然,是因两个英国青年玩耍引起的。19 世纪末,一天伦敦两个青年人到一家饭馆去吃饭,在等待侍者送饭时,他们感到无聊,便信手将装雪茄的盒盖拿在手中玩,同时又将酒瓶上的软木塞也拔了下来,两人在餐桌上你来我往,相互打过来打过去,结果,他俩玩得竟入了迷,连吃饭都顾不上了。由此,这项餐桌上的游戏很快就演变、发展成乒乓球赛,并席卷伦敦,一时形成了一股乒乓球热。为了纪念发明国,1926 年,第一届世界乒乓球锦标赛在伦敦举行。

国际象棋的由来

国际象棋最早出现在印度。传说早在两千年前,古印度爆发了一场战争,死伤惨重,引起了一个聪明人的设想——用棋盘把恃强好斗的婆罗门贵族、国王和武士们的兴趣引过来,免得人们互相残杀。据记载,公元 2~4 世纪,在古印度流行过一种叫“恰图兰卡”的棋戏,但是只有战车、象、骑士和步兵四种棋子。后来又经过无数次的演变,终于在 15 世纪末进化成现在的国际象棋。

SPA 和瑜伽小考

SPA 和瑜伽成为当前与健康有关的最流行的时尚词汇,深受白领人士,尤其是女性们的青睐。与普通健身不同的是,这两种方式都和陶冶心灵有关。

可能许多人都已知道 SPA 的来历,据说在 15 世纪前后,欧洲的比利时有一个被称为 SPAU 的小山谷,山谷中有一个富含矿物质的热温泉旅游疗养区,不少人前去度假,在温泉中尽情舒缓疲惫身心,这就是 SPA 的最初形式。如今,这个词已不仅象征着"温泉浴",还指以天然的水资源结合沐浴、按摩和香熏来促进新陈代谢,辅以音乐、冥想等 6 种手法,使身心达到畅快的享受。

瑜伽则是来自印度的古老健身法,瑜伽是梵文"YOGA"译音,有"结合""连接"之意,喻指将精神与肉体结合到最佳状态,在呼与吸中,使生命和大自然优美地融会。这两种健身形式的风行使我们看到现代人对于"和缓"和"放松"的莫大需求——健身,不仅仅是一种器械的锻炼,更是精神的深呼吸与内在心灵的洗尘。洗去那些焦虑的欲望、紧张的失衡,让身心在更深层的境界里,获得坐看云起的安宁。

足球比赛的球员位置分布

简单来说,一支足球队的上场队员一般有如下位置:
1.前锋
2.中场
3.后卫
4.守门员

每队上场人数为 11 人,除去守门员,剩下的 10 人为场上跑动比赛的主要人物。

现在的打法阵形一般有如下几种:442,433,451,4411,352,361,541,532 的配置。还有一些喜欢出奇招怪招的教练偶然会布出一些怪阵,比较少见。

一般来说,关于阵形给人的印象是有一些特点的,比如 442(就是 4 后卫 4 中场 2 前锋)给人的印象是攻守平衡型,是现在最常见的阵形之一。433(4 后卫 3 中场 3 前锋)则是着重攻击型,在某些需要争取净胜球的比赛中,强队排出这个阵型的意思就很明显——本队准备强攻抢分。在落后情况下,一些本来处于劣势的球队迫不得已也有由其他阵形变阵为 433 进行反扑的。532(5 后卫 3 中场 2 前锋)这个阵就算是外行也可以看出教练对防守的重视,一般被视为防守型的阵形,当然,也有边后卫助攻一说,就是这 5 个当中的两个边后卫会在进攻时充当边锋的作用,插上前方攻击对方。

位置的讲解如下：

站位基本就是按照以上站法，前锋在最前面，直接对对方球门形成威胁。现代足球中、前锋又细分为很多类型，一般来说，有如下几种：

1.前锋

（1）中锋。一般站位在对方球门前最危险的地带，如小禁区周围等（此类前锋相对于其他类型的来说，一般特点是身体好、身材高、力量强，能对对方的后卫形成明显的压力，是球队的攻击力重点，当然现在也有主要任务为牵制对方后卫的中锋，但是那并非真正的中锋特点了）。

（2）边锋。顾名思义，相对于中锋，边锋的攻击重点在球场的左右两个边线活动，策应中锋，互相配合以取得进球（此类前锋的特点一般来说，都有自己某方面的特长，如速度快，或者突破和过人能力强，又或者传中球落点准确等）。

（3）假前锋。又称为影子前锋或者9号半。所谓的影子前锋，就是实际上登场时，他所处位置其实并非前锋，但是实际上却总是寻找机会做前锋的工作：对敌方施以最后一击，射门得分。近年来有个称号就是9号半，一队球队的9号一般是正印前锋，而10号则是中场大将球队大脑，而所谓的9号半并非他身穿的球衣真是9号半，而是说他在场的职能介乎9号和10号之间，既做前锋的工作，又做中场的工作。9号半一般都是球技出众的天才，但是他没有中锋的强硬身板，又比普通的中场球员得分能力强很多，因此造成了9号半这个奇特的现象。按位置有时又称为前腰——这已经是中场球员的位置了。

2.中场

（1）前腰。这个球员一般是攻击的中枢，大部分的进攻会经由他进行策划，是球队的大脑——也是所谓的指挥官。一般都是球技出众，传球控球射门无一不精。

（2）右中场。站位在前腰球员的右侧，靠近右边线。为球队的主力攻击手之一，进攻时需要上去参与，防守时需要回来。

（3）左中场。相对于右中场，就是另一侧的相同职位。左中场如果是左脚选手的话更有优势，传中、过人都更方便。

（4）后腰。相对于前腰，虽然他也经常参与进攻，但后腰的主要工作需要放在防守上。一般由防守能力强、善于卡位和抢断的选手担任，这个位置的球员一般还要有个特点就是能跑，如果还有一脚过硬的远射就再好不过了。后腰是后卫前面的最后一道屏障。突破了他，你就可以挑战对方的后卫的防守能力了。

3.后卫

（1）左右边后卫。防守左右两个角球区域的球员。现代的边后卫里，有很多都有很强的助攻能力，不但执行防守工作，还经常客串边锋的工作，最著名就是巴西后卫卡洛斯。

（2）中后卫。就是站在两个边后卫中间的那个家伙。一般都身材高大，体格强壮,头球出众——想想对方的中锋,你就明白为什么要找个这样的来对付他了。中后卫一般有以下几种,一种善于盯人,给对方的主力攻击手来个死缠烂打,就是在禁区里跟着你给你捣乱让你进不成球。一种是拖后中卫,就是在其他防守队员失去位置后进行保护补位的最后一个防守者。拖后中卫的特点一般都经验丰富,判断力强,善于提前判断球的去势和对方的作战意图。最后一种就是全能型,能做盯人,也能做拖后。

最后还有一个人,戴着大手套的,自然就是守门员。

俗语说,一个好守门员顶半支球队。这个位置其实是球队最重要的位置。

最后要说的是,因比赛上场人数所限,一场比赛并非以上所有的位置都有球员上场。而比赛中因各种各样原因,经常有教练临时让某球员改打另一位置的情况出现。

网球的得分方式

为什么网球的得分方式为 15 分、30 分、40 分呢? 这个问题要追溯到网球运动的起源。

网球是在 14 世纪起源于法国路易斯王朝时代,在宫廷中举行的"jeudepaume"(意为"用手掌击球的游戏")。后来在 19 世纪引进英国,改良在草皮上举行。

因为最原始的网球运动是起源于宫廷之中,所以计分方法就地取材是可以理解的。他们拿可以拨动的时钟来计分,每得一次分就将时钟转动四分之一,也就是 15 分(一刻钟),同理,得两次分就将时钟拨至 30 分,当然一切都是以他们的方便为基础。这就是 15 分、30 分的由来。

网球

至于 40 分,它比较怪异,它不是 15 的倍数。这是因为在英文中,15 念作"fi fteen",为双音节,而 30 念作"thirty",也是双音节;但是 45,英文念作"forty-five",变成了三个音节,当时英国人觉得有点拗口,也不符合"方便"的原则,于是就把它改成同为双音节的 40(forty)。这就是看来不合逻辑的 40 分的由来。

虽然这样的计分方法看来有些奇怪,但还是依循传统沿用至今,毕竟大家都已经习惯了这种来自宫廷的计分方法。

体育比赛时间种种

　　足球:全场90分钟,上、下半场各45分钟,中场休息不得超过5分钟。水球:全场28分钟,共分4节,每节7分钟,每节间休息2分钟。曲棍球:全场70分钟,上、下半场各35分钟,中间休息5~0分钟。橄榄球:英式橄榄球每场40分钟,上、下半场分别为20分钟,中间休息20分钟;美式橄榄球全场60分钟,分4节,每节15分钟,1、2和3、4的节间休息2分钟,第2和3节间休息20分钟。举重:运动员从点名到试举,规定在2分钟之内,否则为一次试举失败。拳击:业余拳击赛共进行3个回合,每个回合3分钟,回合间休息1分钟,职业拳击为15个回合,其余与业余选手相同。摔跤:全局6分钟,分两局各3分钟,局间有1分钟休息。

国家与学校

美国国名溯源

美国全称为"美利坚合众国",缩写为 US 或 USA。在英语中,"亚美利加"和"美利坚"同为"America",前者指全美洲,后者指美国。美国的绰号叫"山姆大叔"。这个名字来源于一段趣事,1812 年英美两国为争夺领土开战,美国有个专门供应军用牛肉的商人山姆·威尔逊,他在供应军队牛肉的桶上写有"U.S.",表示这是美国的财产,而这恰与他的昵称"山姆大叔"的缩写("U.S.")相同,于是人们便戏称这些带有"U.S."标记的物资都是"山姆大叔"的。后来,"山姆大叔"就逐渐成了美国的绰号。19 世纪 20 年代,美国漫画家又把"山姆大叔"人格化,漫画中的"山姆大叔"是一个白头发,有山羊胡子,戴星条高顶帽,身着红、白、蓝三色燕尾服和条纹裤的瘦商的老人。1961 年美国国会通过决议,正式以"山姆大叔"作为美国的象征。

误会得国名

从前,有一位法国航海家来到西非海岸。他上岸后问一位当地妇女:"这是什么地方?"那位妇女用土语说了声"几内亚",意指自己是妇女。航海家就在航海图上写上"几内亚"三个字。后来,几内亚就成为该国国名。

15 世纪时,葡萄牙一位航海家来到塞内加尔,遇到一条大河,他问船上一位当地渔夫:"这是什么地方?"渔夫以为他问这是条什么船,就回答说:"萨纳加。"意为独木船。塞内加尔的国名就是从"萨纳加"演变而来的。

16 世纪时,法国一位探险家来到加拿大,他问当地一位酋长:"这是什么地方?"酋长以为他问附近一个由棚屋组成的村落的名称,便大声回答:"加拿大。"于是"加拿大"便成了国名。

澳大利亚的原意是"南方大陆"。很早以前,欧洲人特别是希腊人,就传说南方有块大陆,但谁也没有到过那里,只是在 17 世纪,有些欧洲殖民者到了现在的澳大利亚,他们误以为这就是传说中的"南方大陆",于是把它叫作"澳大利亚"。

位于非洲东北部亚丁湾西岸的吉布提,同埃塞俄比亚和索马里为邻。很早以前,有几个西方人来到这个地方,遇见一个老翁正在做饭,他们问道:"这是什么地方?"由于语言不通,老人以为问的是"这是什么东西",于是顺口答道:"布提。"布提在当地语中是"锅"的意思。西方人没有听清,又问一次,老人大声回答道:"吉布提。"意思是"我的锅"。于是吉布提被当作国名流传了下来。

日本国名的由来

日本全称"日本国",是位于亚洲东北部、太平洋西北隅的岛国,古称"八大洲国""苇原中国""丰苇原瑞穗国"等。至神武天皇时即公元前42年,天皇将其建国的地方称作Yamato,即"和"或"大和",在日语中,Yama意为"山",to意为"地方",合起来原意为"多山之地",是以地形命名的国名。这样,"大和"一名便成为日本的国名。到了公元3世纪末4世纪初,在国都附近的大和地方,又出现一个统治整个北九州、势力达到关东地方的邪马国,又称"大和"政权,所以,当时对日本的俗称为"大和"。大化元年(公元645年),日本第三十六代孝德天皇即位,大化革新后,日本仿效唐制,建立了封建中央集权制国家,为区别以前的大和政权,将国名正式改为日本国。在日本官方文献上改称日本,则是在公元720年,这一年,日本用汉文编写成《日本书纪》,把"大和"日本古称都改为"日本"。二战结束以前大约半个世纪内,日本是一个带有军事封建性的帝国主义国家。1868年明治维新,日本的民族扩张主义逐渐抬头。1889年公布的明治宪法定国名为"大日本帝国"。第二次世界大战中,大日本帝国战败投降。1946年11月公布的宪法称日本为"日本国",一直使用到现在。

韩国国名探源

公元4世纪,在今天的朝鲜半岛上有了新罗、高句丽、百济三个国家。高丽为高句丽的简称。公元918年王建建立了王国,国号高丽,并于公元936年统一了朝鲜半岛。高丽王国历时近500年,为各国所熟知,所以至今外文名称音译为高丽。1392年,高丽三军都总制使李成桂建立李氏王朝,定国名为朝鲜,意为清晨之国、朝日鲜明之国或晨曦清亮之国。《东国舆地胜览》一书说:"国在东方,先受朝日之光辉,故名朝鲜。"

今日朝鲜民族的祖先主要是《后汉书》和《三国志》中提到的"三韩",即马韩、辰韩和弁辰(弁韩),分布在今天的韩国以及朝鲜南部地区,实际上它们在十六国时期还只是三个大的部族，到南北朝时期才逐渐形成新罗和百济两国。三韩就是韩国名字的由来。

阿根廷，发财梦带来的国名

阿根廷人常说，他们的祖籍是航船。的确，它是一个以欧裔白种人为主体的移民国家，这也是阿根廷和乌拉圭不同于其他拉美国家的一个最大特点。你只要观察一下阿根廷人讲话的语气神态、衣着服饰，就会发现高度欧化的影响。他们是西班牙的语言、意大利的生活、法国的文化、英国的建筑、德国的技术。这话虽不能说十分准确，倒也生动地反映了阿根廷的一些基本特征。

阿根廷的国名和许多拉丁美洲国家或地区的名称一样，留下了当年的西班牙殖民者探险活动的深深印记。他们将古拉西语"白银"（Argenturn）即"阿根廷"，定为它的国名，是因为当初他们满心以为这里是一个盛产白银的宝地，是他们一心向往的那个传说中的"白银王国"。他们还把那条将为他们淘金挖银开辟航路的滔滔大河定名为"银河"——"RiodeLaplata"，即拉普拉塔河。

因物产而有美称的国家

许多国家因其特产享有各种各样的美称。马来西亚盛产橡胶，被称为"橡胶之国"；赞比亚、智利、塞浦路斯盛产铜，被称为"铜矿王国"；哥伦比亚是为纪念新大陆的发现者而取名的，又因这里黄金产量居拉美首位，故被称为"黄金之国"；墨西哥一向盛产黄金和白银，全国31个州有24个出产金银，被称为"金银之国"，又因盛产仙人掌，被称为"仙人掌之国"；卢森堡钢铁工业发达，南部红土带中含铁量丰富，被称为"钢铁之国"或"红土之国"；瑞士钟表工业发展历史和产量都居世界之首，素称"钟表之国"。

世界上形形色色的国家

世界上面积最小的国家：梵蒂冈，面积仅有0.44平方千米，不足北京故宫面积的2/3；而位于地中海沿岸的摩纳哥面积只有1.89平方千米，仅相当于北京颐和园的一半。

世界上面积最大的国家：俄罗斯，面积1707.54万平方千米。

世界上最穷的国家：人口约84万的东帝汶是世界上最穷的国家。据世界银行统计,该国失业率高达 70%,每人每天的生活费只有 55 美分。

世界上人口最稀少国家:梵蒂冈是人口最少的国家,只有不到 1000 名居民。

世界上人口最多国家:中国达到 13 亿人。

世界上民族最多的国家:世界上民族最多的国家要数尼日利亚,8000 多万人口中大小民族却有 250 个,占世界民族总数的 1/8。

没有电影院的国家

沙特阿拉伯是世界最大的石油输出国,是世界上国民平均收入最多的国家之一,但却没有一家剧院或电影院,这是因为这里严禁崇拜偶像,连小学生的美术课也不准画人物塑像或肖像,商店橱窗里的模特儿也都没有头。

各个国家国旗的来历

国旗是一个国家的象征与标志,悬挂着的国旗就代表了国家的主权。最早以立法形式确定国旗是在 1789 年的法国大革命时开始的。法国的国旗以三色旗著称,最早出现在法国大革命时期,颜色取自当时法国国徽(红和蓝),再加上法国王室的颜色白色。其中蓝色是圣马丁长袍的颜色,白色纪念民族英雄圣女贞德,红色则是圣但尼军旗的颜色。最早的三色旗色彩的排列与今天不同,红色在左,不过后来有过调整。1794 年 2 月 15 日,三色旗最终被确定为法兰西第一共和国的国旗。波旁王朝复辟时,三色旗曾经被废除,而用王室的鸢尾花旗。1830 年七月革命后,三色旗再度成为法国的国旗,并延续至今。法国国旗是世界上最重要的国旗之一,对后来世界各国国旗的发展都有重要影响。

中华民国国旗,又称青天白日满地红旗,是中华民国广为人知的国家象征之一,由国父孙中山先生将陆皓东设计之青天白日旗置于红底旗帜的左上角而来,民国十七年(1928 年)经国民政府立法定为国旗,并在当年北伐完成时颁行全国。民国三十六年(1947 年),青天白日满地红旗成为宪法明定的中华民国国旗。中华民国国旗的形式是长宽比为 3∶2 的矩形,红底,左上四分之一为青色矩形,其中央置白色圆日及其周围十二道白尖角光芒,光芒与圆日之间留有青色窄圈。

1949 年,中华人民共和国在中国大陆创立,并设计了新的五星红旗作为国旗。五星红旗原来被称为红地五星旗,是在 1949 年 7 月由曾联松设计的。中国人民政治协商会议(亦简称“新政协”)从 3000 余件作品中选出,并在 1949 年 9 月 27 日第一次全体会议上最终定稿。当时通过的《关于中华人民共和国国都、纪年、国歌、国旗的决议》中,第四点规定:“全体一致通过:中华人民共和国的国旗为红地五星旗,象征中国革命人民大团结。"第一面五星红旗于 1949 年 10 月 1 日由毛泽东在天安门广场首次升起。

印度国旗由橙、白、绿三个相等的横长方形组成。旗面中心有一个含 24 根轴条的蓝色法轮。橙色象征了勇气、献身与无私,也是印度教士法衣的颜色,白色代表了真理与和平,而绿色则代表繁荣、信心与人类的生产力。法轮是印度孔雀王朝鼎盛的阿育王时代佛教圣地石柱柱头的狮首图案之一,神圣的法轮象征着真理与道德,也代表了印度古老的文明。法轮的 24 根轴条则可代表一天的 24 小时,象征国家时时都向前进。1931 年,全印国大党委员会任命 7 人委员会负责国旗的起草,1947 年 7 月 22 日印度制宪会议批准这面旗帜为印度的国旗。

朝鲜民主主义人民共和国国旗为长方形,旗面中间是一条红色的宽频,上下各有一蓝边,在红色和蓝色之间是白色的细条。红色宽频的靠旗杆侧有一个红色五角星镶嵌在一个白色园地内。

英国国旗也称联合王国国旗。英语是 theUnionJack 或 UnionFlag。Union 指 1606 年英格兰和苏格兰的联合,Jack 意为悬挂在船首表示国籍的小旗。国旗由深蓝底色和红、白"米"字组成。它是由 3 面旗帜重叠在一起而成。一面是英格兰守护神圣乔治的旗帜,图案是白地红色正十字。圣乔治一直是英格兰民族的象征,每年 4 月 23 日是圣乔治节,英格兰人都会在衣领上佩戴一朵红玫瑰。第二面是苏格兰守护神圣安德鲁的旗帜,图案是蓝地白色交叉十字。圣安德鲁是苏格兰人的象征,每年 11 月 30 日是圣安德鲁节,苏格兰人喝威士忌酒,跳苏格兰民族舞蹈,唱民族歌曲,还常在上衣纽扣眼上扣一朵蓟草花,以示庆祝。第三面是爱尔兰守护神圣帕特里克的旗帜,图案是白地红色交叉十字。公元 5 世纪时,不列颠少年帕特里克被爱尔兰岛的凯尔特人掳去牧羊,几年后他到法国做了天主教僧侣,然后又回到爱尔兰传教,以和平的方法使凯尔特人皈依天主教。他为爱尔兰文化艺术的发展做出了贡献。每年 3 月 17 日是圣帕特里克节,爱尔兰人举行纪念活动,佩戴酢浆草花,衣着上要有绿色,蛋糕上也要有绿色。1801 年爱尔兰与大不列颠联合组成王国,英国国旗随之产生,由原英格兰、苏格兰和爱尔兰的三面旗帜合在一起组成。这面旗帜并不包括表威尔士的标志,因为设计国旗时,英格兰已包括威尔士。女王或国王有自己的旗帜,叫王室旗帜,挂出这种旗帜,表示君主正在场。如当女王住在白金汉宫时,这面旗帜就悬挂在白金汉宫。

美国的国旗通常称为星条旗。主体由 13 道红、白相间的宽条组成,7 道红条,6 道白条;旗面左上角为蓝色长方形,其中分 9 排横列着 50 颗白色五角星。红色象征强大和勇气,白色代表纯洁和清白,蓝色象征警惕、坚韧不拔和正义。13 道宽条代表最早发动独立战争并取得胜利的 13 个州,50 颗五角星代表美利坚合众国的州数。1818 年美国国会通过法案,国旗上的红白宽条固定为 13 道,五角星数目应与合众国州数一致,每增加一个州,国旗上就增加一颗星,一般在新州加入后的第二年 7 月 4 日执行。至今国旗上已增至 50 颗星,代表美国的 50 个州。每年 6 月 14

下半旗致哀的由来

下半旗,是当今世界上通行的一种致哀方式。当一个国家的重要人物逝世后,习惯上要把国旗升起后再下降到离旗杆顶端一段距离(距杆顶 1/3 处),以表示对死者的哀悼。

用下半旗表示哀悼的做法,据说最早出现在 1612 年。一天,一艘名叫"哈兹·伊斯"号的英国船徐徐地驶进泰晤士河,它的桅杆上飘半旗,象征船员们对已故船长的敬意。该船长是在北美北部海岸探寻通向太平洋的水道时不幸去世的。以后许多船只沿用了这种哀悼方式,不过直到 17 世纪上半叶,下半旗的做法还一直局限在船上。

随着时间的流逝,用下半旗表示哀悼的做法便流传到陆地上,后来它被官方承认,并为世界各国所采用。

国旗上动物的象征

国旗是一个国家的标志和象征。有不少国家的国旗上饰有动物图案,它代表什么呢?

阿尔巴尼亚:双头鹰。是民族英雄斯坎德培的象征。

不丹:龙。表示权力与宏大。

多米尼加:鹦鹉。是多米尼加的国鸟。

委内瑞拉:骏马。代表独立和自由。

乌干达:皇冠鸟。标志自由和幸福,是乌干达的国鸟。

西班牙:狮子和鹰。象征威严和勇敢。

巴布亚新几内亚:天堂鸟(极乐鸟)。象征独立、自由和幸福,是国鸟。

蒙古:两条鱼。表示警惕。因为鱼在白天和黑夜都不闭眼。

危地马拉:格查尔鸟。象征自由与友谊,是国鸟。

安道尔:两头牛。象征着贝尔恩伯爵的权力。

世界各国国歌拾趣

国歌与一般歌曲不同,它庄重、雄浑,代表着一个国家的气质,是国民奋勇前进的号角。国歌的制定一般要经过国家的最高权力机关讨论并通过。

歌词最老的国歌:公元794年至1185年是日本的平安时代,当时,日本有首歌叫《君之代》。它选自延喜五年(1565年)醍醐天皇敕选的《古今和歌集》卷第七,是平安时代(公元794~1185)的一首贺歌。1888年,此歌被日本政府定为国歌。

最著名的国歌:法国国歌《马赛曲》。原名《莱茵战歌》,作于1792年奥普武装干涉法国的危急时刻。它充分表达了法国人民为争取民主、反对暴政的坚强信心和大无畏精神。1792年12月《马赛曲》被革命政府宣布为"共和国之歌",到1795年被国会正式定为国歌,是目前世界上普遍认为最著名的国歌。

使用最广的国歌:《上帝保佑我女王》本是英国国歌,可除英国以外,世界上还有20多个国家也把它作为国歌或准国歌。

庄严雄壮的国歌:中国的国歌《义勇军进行曲》庄重严肃、雄壮激昂、内容感人至深,与世界其他国家的国歌相比,不失为庄严、雄壮之歌。《义勇军进行曲》在抗日战争、解放战争中都起了巨大的推动和鼓舞作用,是一首有广泛影响的战歌,它在人民心中保持了强大的生命力。中华人民共和国建立时,《义勇军进行曲》被定为代国歌,在五届人大五次会议上被正式定为中华人民共和国国歌。

世界上最长的国歌是孟加拉人民共和国的国歌《金色的孟加拉》,全曲长达142小节。

世界上最短的国歌是西南亚波斯湾沿岸的巴林国歌。巴林国歌无歌词,它仅用了4/4拍七小节的号角之音。有歌词的国歌,最短的是乌干达国歌。乌干达于1962年宣告独立时,在全国举行征集国歌比赛,一位音乐教师卡科马作词作曲的一首仅有4/4拍八小节的歌曲获选。

世界上歌词最多的国歌是希腊国歌《自由颂》,整个歌曲是由4/4拍20小节曲谱和158段歌词组成的分节歌。歌词是由希腊杰出的诗人索洛莫斯(1798~1857)在独立战争时期号召希腊人民为争取民族独立而战斗写成的著名长诗《自由颂》,1828年,由希腊作曲家曼查罗斯(1795~1873)为《自由颂》谱了曲,1863年,国王乔治一世定它为希腊国歌,沿用至今。因歌词太长,通常使用时,只演唱158段歌词中的第一段。

一首由国王谱写的国歌

1822年9月7日,巴西摆脱葡萄牙人统治,国王佩德罗一世非常兴奋,当天晚上在圣保罗附近伊匹兰加小河岸上创作了歌词、谱了曲,并在乐队的伴奏下亲自在宫廷演唱,然后下令从即日起以朝廷名义向全国宣布将这首歌做为国歌,后人称这首歌为《伊匹兰加呼声》。

1826年,佩德罗一世为继承其父约翰六世的葡萄牙国王王位,来到葡萄牙并下令把他作词谱曲的巴西国歌改为葡萄牙国歌。

但佩德罗一世登上王位后实行独裁统治,激起了人民起义,1831 年 4 月 7 日被迫宣布退位,把王位让给五岁的儿子佩德罗二世。其间国歌一度更换,直到 1922 年独立 100 周年时又将《伊匹兰加呼声》重新定为国歌。

美国国歌

《星条旗永不落》(曾译《星条旗》歌),歌词是一位名叫弗朗西斯·斯科特·基的美国律师在英美战争时,透过战场上的硝烟看到星条旗经过英军炮轰后仍在要塞上空高高飘扬时感慨万分而即景写下的。曲谱是"进行曲之王"约翰·菲力浦·苏萨(1854~1932)的著名代表作。《星条旗永不落》于 1931 年被美国国会正式定为国歌。

美国国徽

美国国徽的主体为一只胸前带有盾形图案的白头海雕。白头海雕是美国的国鸟,它是力量、勇气、自由和不朽的象征。盾面上半部为蓝色横长方形,下半部为红、白相间的竖条,其寓意同国旗。鹰之上的顶冠象征在世界的主权国家中又诞生一个新的独立国家——美利坚合众国。顶冠内有 13 颗白色五角星,代表美国最初的 13 个州。鹰的两爪分别抓着橄榄枝和箭,象征和平和武力。鹰嘴叼着的黄色绥带上用拉丁文写着"合众为一",意为美利坚合众国由很多州组成,是一个完整的国家。

国花

国花,是一个国家用来代表国家主权的花,一般选择本国特有、且极有观赏价值的花种为宜。中国目前还没有从法律上定义自己的国花,大多数人倾向于用牡丹作为我国国花,因古有牡丹"国色朝酣酒,天香夜染衣"之说,一说因其雍容、大度、华丽之美征服许多人,在唐代又被誉为"花王"。

苏联人民热爱向日葵,并将它定为国花。现在俄罗斯仍把国花定为向日葵。

一些国家的国鸟

亚洲

日本——绿雉（日本雉）
缅甸——妙声鸟（虚拟鸟）
菲律宾——食猿雕（食猴鹰、菲律宾鹰）
尼泊尔——九色鸟（虹雉）
印度——蓝孔雀（印度孔雀）
斯里兰卡——黑尾原鸡
伊拉克——雄鹰

欧洲

冰岛——白隼（矛隼）
丹麦——云雀、白天鹅
挪威——河乌
瑞典——乌鸫
爱沙尼亚——家燕
波兰——雄鹰
德国——白鹳
奥地利——家燕
比利时——红隼
卢森堡——戴菊
英国——红胸鸲（知更鸟）
法国——公鸡
荷兰——白琵鹭

白天鹅

非洲

埃及——雄鹰
肯尼亚——公鸡
津巴布韦——津巴布韦鸟（虚拟鸟）

大洋洲

澳大利亚——笑鸟、琴鸟
新西兰——几维鸟（无翼鸟）

北美洲

美国——白头海雕

哪些国家有国兽

法国——公鸡
英国——狮子
尼泊尔——黄牛
蒙古——狼
俄罗斯——北极熊
加拿大——驯鹿
新加坡——狮子
澳大利亚——袋鼠
泰国——大象
圭亚那——美洲虎
中国——大熊猫
韩国——老虎
南非——跳羚

世界名校的排名根据

据《香港明报》报道，《新闻周刊》最新的全世界首百大院校，以大学国际化为排名准则，调查范围包括院校拥有多少来自不同文化的学生、派出学生往外国交流的人次、开设多少有关国际新挑战的科目及举办多少国际合作的研究项目等。

上榜大学多数都是欧美院校，尤以美国为多，首 10 位中有 8 所都是美国的大学，成为冠军的是哈佛大学，其次为斯坦福大学。能跻入十大的英国院校，分别有第 6 位及第 8 位的剑桥大学和牛津大学。

香港三所大学入前百位

除了科大、港大及中大打入首百所大学之列外，亚洲还有 9 所大学入榜，日本有 5 所大学入围，排名最高的是第 16 位的东京大学，而京都大学、大阪大学、东北大学及长野大学分别名列第 29 位、第 57 位、第 68 位及第 94 位。新加坡亦有两所大学入榜，包括第 36 位的新加坡国立大学及第 71 位的南洋理工大学。对比之下，科大成为亚洲大学中国际化第五强的大学，港大为第七，中大则在上榜的亚洲大学中包尾。

排名榜的研究又发现，过去 30 年来，全球得以派往外地交流的大学生，从 1975 年的 80 万人次升至 2004 年的 250 万人次。

排行榜前 10 名名单

1 哈佛大学

2 斯坦福大学

3 耶鲁大学

4 加州工学院

5 加州大学伯克利分校

6 剑桥大学

7 麻省理工学院

8 牛津大学

9 加利福尼亚旧金山大学

10 哥伦比亚大学

世界最早的科学院

世界上第一个科学院是亚历山大科学院。据史料记载，它建立在古埃及的亚历山大城，是托勒密王朝时期建立的，距今已有 2200 多年的历史了。亚历山大科学院是当时世界上规模最大的学术研究中心，包括图书馆、动植物园、研究院等几部分。图书馆藏有各种图书 70 万卷，几乎包括了所有古代希腊的著作和一部分东方的典籍，主要是埃及纸草书，大部分用希腊文写成。动植物园拥有当时所有的动植物品种，其中不乏珍禽异兽、奇花异草。托勒密国王聘请了许多哲学家、文学家、艺术家到这里来研究古典文化。当时希腊著名的科学家欧几里德、阿基米德都曾在这里工作过。

社会研究生院

在 20 世纪 80 年代后期,日本兴起一种面向社会的研究生院,招收来自社会的学员。据日本文部省统计,到 1989 年底为止,日本全国共有 21 所大学开设了面向社会的研究生院。报考研究生的人数一般是招生名额的 10 余倍到 30 多倍,他们来自工厂、金融机关、医院、法院、研究所、大使馆等社会各个部门。入学考试简单,不搞难度大的学历考试。学员入学后,边工作边研修硕士课程,授课时间一般集中在晚间和星期六。筑波大学是日本开设社会研究生院较好的学校,经营管理、数学、计算机等学科都招收了社会研究生,1989 年 4 月开设的机制科学专业,有学员 45 名,其中女学员 8 名,平均年龄为 35 岁左右,授课时间在每天下午 2 时至 4 时。有的学校也采取了较灵活的授课方式。日本大学理工学院研究生科招收的社会学员,同普通学生一起研修硕士和博士课程,由于有实验和课堂讨论,所以两年硕士课程中有一年必须白天上课。日本大学对来自社会的研究生给予高度的评价,认为这些学员求知欲望强烈,实践经验丰富,都善于观察和认识问题,其中有的人在其本人专业领域内的水平已达到大学教师的水平,大学教师在教学中也很受益。

法国两所别具一格的新型学校

1988 年 9 月,法国分别在土伦和贝济耶建立了一所别具一格的学校,即橄榄球中学和体育教育学院。它们既不同于普通中学,也区别于专业性的体育学校。

橄榄球中学设有语言、文学、经济、科学课,此外,每星期还上 10 节体育课,主要训练橄榄球,也有网球、手球、足球。课表规定,每天打两小时的球,然后回到教室上 45 分钟的数学或语文课。该校并不是培养球星和冠军的正规体校,而是通过橄榄球帮助学生完成学业。因为橄榄球是最好的教育性体育,它能使人的身体和智力完美协调一致。

体育教育学院是由贝济耶工商会筹建的,其特点是足球、学业、企业劳动并举。该校学生多数在中学时成绩不好,家庭经济也不富裕。该校与足球俱乐部签订了一个协定,规定学生必须在学校培训 3 年,不参加专业球队的正式比赛。学生们的时间分为三部分:足球训练、理论学习和在企业里干活。3 年后,他们可以获得一张可在职业培训中心教学的专业技能合格证书。

联合国大学

联合国大学是联合国和联合国教科文组织领导下的一所国际大学,它是为"从事研究、培训高级研究人员和传播知识学者们所设置的国际团体",目的是研究联合国及其各机构所关心的有关人类生存、发展和福利等紧迫的世界性问题。它不同于传统大学之处是:没有自己的学生和教学人员,也没有校园,而是通过一个中央筹划机构与各国的研究培训中心联络进行活动的,因此它是一个附属于联合国的,在地理上、机能上比较分散,而且在研究和培训机构的合作关系上具有灵活性的体系。

联合国大学由以下部分组成:

(1)大学理事会。由24位杰出的学术界专家和知名人士组成,任期6年,执行大学管理机关的职能。

(2)大学校长。由联合国秘书长在取得联合国教科文组织总干事同意后任命,专门从事大学的管理、经营、计划以及协调各方面的工作,并对大学理事会负责。

(3)大学总部。它辅助校长完成任务。

(4)研究、培训中心以及有关实施计划的机构。

建立联合国大学的设想,是1969年9月由联合国前秘书长缅甸人吴丹提出的。1972年第27届联合国大会通过了建立联合国大学的第2951号决议,正式决定成立这所大学。1973年第28届联合国大会同意由联合国和联合国教科文组织共同主办联合国大学,并接受日本政府提出的将联合国大学设在东京的建议。1975年9月在东京正式成立联合国大学。

独一无二的"蠢人大学"

在比利时首都布鲁塞尔附近,有一所独特的大学,专收智商低的学生,世人称之为"蠢人大学"。校名是以12世纪一位神父圣尚戴拉克的名字命名的。圣尚戴拉克神父以其傻里傻气而闻名于世,这正符合该校的校旨。人们认为,愚笨人不能像聪明人一样上大学,是天下最不公平的事。蠢人和智商低的人上大学,取得大学文凭,能增强他们的信心,使他们有更多被聘用的机会。圣尚戴拉克大学学制四年,学生修读和学科如下:

观鸟科。尤以观赏乌克兰的唱歌雀鸟为主。

专业笔友科。教学生怎样做一个专业的笔友。

骆驼管理科。主要是学习如何管理那些在戈壁沙漠中生长的骆驼。

艺术家模特科。有丰富的内容,譬如,如何在艺术家面前裸体站上数小时亦是一项专业技巧。

专业稻草人科。北欧的谷麦田地里急需要有稻草人。

捉家禽科。学习如何捉鸡、鸭、鹅、鸽子等。

踩单车科。这是该校最受欢迎的一科。

美国的仪态学校

盛行于全美的仪态学校,当数华盛顿的最为著名。很多达官显贵、工商巨子都纷纷把太太和小姐送进仪态学校,学习化妆美容的功夫,掌握与上层社会的交际应酬手段。

因此,进入仪态学校的学生年龄参差不齐,母女同学已是司空见惯的事。学生中有国会参众两院著名议员的太太、小姐,有联邦政府各部委首脑的夫人、千金,还有不少驻华盛顿使节的夫人和小姐。除了赶时髦、出风头外,她们确实也还希望学一点美国的生活习惯,以适应环境。也有部分学生是来自政府机关和大工商机构的女职员。

仪态学校的课程包括怎样画眉、涂口红,发式如何才能与脸型配合,在餐桌上的仪态以及在鸡尾酒会上如何才能吸引要人的注意等。

笑容是风韵的一个主要因素,因此,训练课目之一就是对镜微笑,直到热情流露于明眸之间。谈话则是学员必修的另一重要课程,因为谈话艺术是友好交往的重要手段。此外,仪态学校还教授电脑技能、秘书科目、速记技能和核能常识等。

学习结束时,学校要举行大规模宴会让学生实习,及格者可获得毕业证书。

世界上最古老的大学

博洛尼亚大学成立于 1088 年,是公认的西方最古老的大学,可以说也是世界上最古老的大学。历史上许多科学和文学巨匠都与该大学有着密切的关系。

11 世纪末在博洛尼亚出现了一个在今天我们称为大学的机构,当时许多研究语法、修辞和逻辑学的学者在这里致力于自己的学术研究。有历史记载的最早的两位学者名叫佩波内和依内里奥。在听取了依内里奥的四位学生的建议之后,皇帝费迪南德一世于 1158 年颁布法令,规定大学是一个不受任何权力影响,可以进行独立研究的场所。

14 世纪时博洛尼亚大学就已经开设了法学、艺术、药学、哲学、数学、天文、逻辑学、修辞、语法等学科,1364 年还建立了神学院。众多科学史和文学史上的名人都曾经在这里求学、研究或从事教学工作,其中有但丁、雷·恩佐、丢勒、塔索、哥尔多尼等,波兰人哥白尼当年在这里学习教皇法规的同时,开始了天文学的研究。从中世纪开始,博洛尼亚大学在整个欧洲一直享有非常高的声誉,成了学术圣地。

随着工业革命的开始,18 世纪,博洛尼亚大学也开始了在科学和技术领域里的研究,现代电工学的创始人之一加尔瓦尼就是该校的杰出代表,其在研究"动物电"的过程中发现了重要的现象,为蓄电技术和电镀技术奠定了基础。1888 年在大学创立 800 周年庆典之际,几乎所有当时世界上主要大学的代表云集博洛尼亚,向世界大学之母致敬,庆祝活动变成了一次盛大的国际学术盛会。直至两次世界大战之前,博洛尼亚大学在世界文化舞台上一直保持着中心的地位。著名的文学家和大诗人乔苏埃·卡尔杜奇曾长期在博洛尼亚大学任教,其于 1906 年获得诺贝尔文学奖。

今天的博洛尼亚大学拥有超过 10 万名注册在校生,是现在意大利学生人数最多的大学之一。大学在博洛尼亚、弗立、切赛纳、利米尼、拉文纳等十座意大利城市设有总面积达 60 万平方米的教学及研究机构。学校共有 23 个系、235 个本科专业课程,其中有 132 个三年制本科课程,95 个两年制高级本科专业课程和 8 个欧盟合作项目本科专业课程。目前大学共设立了 90 多个方向的研究生课程,共有 700 名专业导师,其中很多硕士课程与用人企业保持了密切的联系。为了帮助未来的毕业生们能够顺利就业,学校和各类企业签订了 3500 份协议,保证每年有 13000 名在校生可以在真正的工作环境中进行实习和培洲。博洛尼亚大学的博士点有 110 多个,其中一部分学科和欧美的其他大学建立了密切合作关系,很多博士研究生在做博士论文期间就可出现在国际学术舞台。此外还有许多灵活的博士后流动站为已经获得博士学位的人提供良好的研究条件。

根据意大利国家高等学校评估委员会公布的一份报告,博洛尼亚大学是目前意大利国际化程度最高的高校。正式注册的外国学生共有 3600 名,此外还有每年通过校际交流和"苏格拉底"项目等方式来这里求学的 1500 名外国留学生。同时每年有 2300 名博洛尼亚大学的学生通过各种交换项目出国进行实习或完成他们的毕业论文。

在最近几年之中,博洛尼亚大学一直在大力推进学校的信息化建设。目前,在学校网络系统拥有个人邮箱的学生有 3 万名,同时大学配备了 7 万台联网的电脑。大学的网上图书馆系统收录了 200 万本图书、5239 种期刊。

这座最古老的大学同时也是意大利技术设施条件最先进的高校。每个月大学门户网站的点击率约为 300 万次,是意大利点击率最高的学校网站,根据 2004~2005 年度"意大利全国高校指南"公布的评估排名,博洛尼亚大学网站列首位。此外大学还设立了一个网上在线信息服务机构,在这里可以查阅大学和其他世界各地高校的各种最新信息。

正在经历欧洲高校体制改革的博洛尼亚大学将继续致力于建设世界一流的现代学术、研究中心。

书院的诞生

书院为乐育人才之地，是我国古代公众教育制度的一种类似学校的教育机构。我国最早官办书院始于唐、盛于宋，自两宋至元、明、清，历千年之久，对于历代文化的发展确有一定贡献。古代书院都有教学行政组织、领导班子，有学田作为经费来源，经济独立，供学生膳食并按所制定的院规、教学计划、课程设置等进行有序的教学和生活。书院的主持人古称"掌教"或"主讲"，明代称"山长"，谓其尊同山岳。

古代书院大约可分为讲学的书院、庙祀的书院和课士的书院三种类型。清代州全省性课士的书院有鳌峰、凤池、正谊、致用四所，称为省城四大书院。鳌峰、凤池两院是教育生员和童生；正谊书院主教育举贡；致用书院专门研究经史兼教举贡生员，其对象各有不同。清光绪三十二年（1906 年），清廷明令"废除科举，广设学堂"；颁发"改书院，办学堂"的改革措施，从而福州各书院也就逐渐转为学堂讲授新学，书院自此全部消亡。

独一无二的跨国军事学院

坐落在意大利首都罗马的"北约防务学院"，是世界上独一无二的"跨国学院"，该院成立于 1951 年 11 月，是由当时担任北约欧洲盟军司令的艾森豪威尔将军建议设立的。

学院设院长 1 人，中将军衔。另有 3 名副院长，分别兼任教研部、特殊项目和国际部、行政部主任。学院实行客席教员制，邀请北约各国的将军、外交官和大学教授上课。学院设有"教学顾问"的专职人员，他们大多是上校衔军官或相当的文职官员，任务是指导学员的学习和课题研究。学院的学员来自北约各国，正式语言为英文和法文两种。学员每半学期编组一次，一般以不同国籍，不同军兵种，军、文职混编，以促进学员之间的交流。

防务学院的任务是培养在北约担任重要职务的参谋军官和文职官员，学制为 5 个半月，每年举办两期。教学内容为：北约在世界局势中的地位和作用，盟国的安全问题，英文和法文等。这些内容分 8 个阶段 46 堂课实施。教学的另一项活动是组织学员分赴各盟国参观，使学员熟悉北约的指挥机构、装备等情况。该院院长对学院的评价是："学院的每个细胞、每项活动都是跨国的。"到目前为止,学院已培训出 4000 多名学员,其中多数在北约担任或担任过军、政要职。实际上,没有该院学历的人,不可能被任命为北约军、政机关的高级官员。

天文与历法

世界最早的天文钟

北宋哲宗元祐十一年(1088 年),吏部尚书兼侍读学士苏颂和吏部会史韩公廉等人在开封研制成一种大型仪器设备"水运仪象台",能用多种形式反映及观测天体的运行。水运仪象台是一部复杂的机械装置,整个机械系统是利用漏壶流水作动力,使仪器经常保持一个恒定的速度,和天体运行保持一致,又通过一套复杂的齿轮系统获得所需要的各种运动,从而既能演示天象,又能以多种形式计时、报时。欧洲人把这种仪器称为"天文钟"。后世的钟表就是从这里演变出来的。苏颂在 1088~1094 年所著《新仪象法要》中,详细介绍了水运仪象台的构造,反映了当时开封天文学和机械工程技术的伟大成就。它的突出贡献有三:一、为了观测上的方便,屋顶做成活动的,这就是今天天文台圆顶的祖先。二、浑象一昼夜自转一圈,不仅形象地演示了天的变化,也是现代天文台的跟踪机械——转仪钟的祖先。三、所创造发明的"天关""天衡"和"天锁"等部件组成的杠杆装置,是世界上最早的"擒纵器",为后世钟表的关键部件,因而它又是钟表的祖先,也是世界上最早的天文钟。水运仪象台是中国 11 世纪杰出的天文仪器,是中华民族的骄傲。

最早的日食记录

公元前 1217 年 5 月 26 日,居住在我国河南省安阳县的人们,正在从事着各种各样的正常活动,可是一件惊人的事情发生了。人们仰望天空,之前光芒四射的太阳,突然产生了缺口,光色也暗淡下来。但是,在缺了很大一部分后,却又开始复原了。这就是人类历史上关于日食的最早记录,它刻在一片甲骨上。

我国古代对日食的观察保持了记录的连续性。如在《春秋》这本编年史中就记载了有公元前 770~公元前 476 年这 244 年中的 37 次日食。从公元 3 世纪开始对于日食的记录更是一直延续到近代,长达一千六七百年之久。

第一艘空间渡船

美国国家宇航局研制的航天飞机给人类带来了新的希望:一般身体健康的人也能乘航天飞机遨游太空了。

美国的航天飞机是一种兼有航天器和航空飞机两者特性的大型运载工具,人们常常称它为空间渡船。

1977 年 8 月 12 日上午,美国宇航局在加利福尼亚莫哈维沙漠上空成功地进行了航天飞机的第一次大气试验飞行。这架命名为"企业号"的航天飞机由一架波音 747 型飞机托载飞行,到达 6736 米的高空,指令长海斯点燃一组起爆器,使航天飞机脱离母机。然后,由驾驶员驾驶它绕了一个大圈子,最后,在爱德华兹空军基地降落。

踏上月球的第一人

1969 年 7 月 20 日,星期日,美国东部时间下午 4 点 17 分 42 秒,登月舱"鹰"舱接触月球并已着陆。民航机长尼尔·阿姆斯特朗背朝外,开始从九级的梯子上慢慢下去。在第二级阶梯上他拉了一根绳子,打开了电视照相机的镜头,让五亿人看到他小心地下降到荒凉的月球表面上去。

阿姆斯特朗

他的九号半的脚接触到了月球表面,他说:"对一个人来说,这是小小的一步,但对人类来说,这是一个巨大的飞跃。"这时是下午 10 点 56 分 20 秒。他拖着脚步在地上走来走去。他说:"月球表面是纤细的粉末状的,它像木炭粉似的一层一层地沾满了我的鞋底和鞋帮。我一步踩下去不到一英寸深,也许只有八分之一英寸,但我能在细沙似的地面上看出自己的脚印来。"阿姆斯特朗把那细粉放一些在他太空衣的裤袋里。

宇航员阿姆斯特朗成为人类踏上月球的第一人,他在月球上留下了清晰的足迹。

最古老的天文台

原始人类从实际需要出发，很注意对天体的观测，因此在一些文明古国，很早就建立了从事天文观测的天文台。在古希腊文化极盛时期，埃及的亚历山大城市就建有著名的天文台。早在三千年前我国周代初年就已经有了天文台。据记载，周文王在都城丰邑东面筑了一座天文台，叫作灵台。至今在西安市西南约40公里的地方，有一个自古以来未变的灵台村，树旁有一个高大的长方形土堆，相传这就是古灵台的遗迹。西汉时在长安西北筑有清台，后易名为灵台。东汉时修造的灵台高约30米，上有浑仪、相风铜鸟及铜表等仪器。但这些古天文台现在多不存在了。目前世界上留存下来较好的最古老的天文台是公元623～公元647年间建于南朝鲜庆州的瞻星台。

世界第一个女宇航员

世界上第一位女宇航员是苏联的 B.B.捷列什科娃少尉（生于1937年3月6日）。1963年6月16日格林尼治时间9时30分，她乘坐东方6号宇宙飞船在拜克努尔宇宙飞行场起飞，从而成为进入宇宙空间的第一位妇女。她在离开地面233公里的地方，环绕地球飞行48圈以后，于1963年6月19日8时16分平安地在卡拉干达东北620公里的地方着陆，总共飞行了70小时46分钟。在捷列什科娃空间飞行期间，苏联发射的另一艘宇宙飞船东方5号也在空中。东方5号与东方6号进行了编队飞行，两艘飞船最近时距离不超过5公里。

捷列什科娃的飞行任务不仅要考察飞船的操纵系统，更重要的是要研究宇宙飞行条件下妇女生理的变化。

最早的太阳黑子记录

世界上我国最早发现太阳黑子，早在殷商甲骨文中就有关于太阳黑子的记载，在战国时期及汉代也有不少关于太阳黑子的记载，目前公认的世界上最早的太阳黑子记载是《汉书》："和平元年……三月乙末，日出黄，有黑气大如钱，居日中央。"和平元年是公元28年。我国古代非但有公认的最早的黑子记录，而且数量很多，记录很详细。从汉和平元年到明末为止，共有一百多次太阳黑子的记录，这些记录既有准确的日期，又有黑子形状、大小、位置甚至变化的情况，为太阳黑子的活动及其对地球的影响的研究提供了十分宝贵的资料。

首次环球飞行

　　1924 年 4 月 6 日,由美国飞机设计家道格拉斯设计与制造的道格拉斯式双翼机第一次环球飞行成功,同年 9 月 28 日用同型号飞机的环球飞行亦获成功,道格拉斯及其创办的道格拉斯公司因此名声大振。

　　在后期的军用飞机和商用飞机的制造和发展史上,环球飞行成功具有重要启示作用。

人类探索太空之首

　　人类进入太空已 46 载,首次记录层出不穷,现摘选其中若干。

　　1961 年 4 月 12 日,苏联宇航员加加林乘东方 1 号飞船升空,历时 108 分钟,代表人类首次进入太空。

　　1963 年 6 月 16 日,苏联的捷列什科娃乘东方 6 号飞船上天,历时 2 天 22 小时 50 分,成为世界第一位女宇航员。

　　1965 年 3 月 18 日,苏联宇航员列昂诺夫走出上升 2 号飞船,离船 5 米,停留 12 分钟,首次实现人类航天史上的太空行走。

　　1967 年 4 月 24 日,苏联宇航员科马洛夫乘联盟 1 号飞船返回地面时,因降落伞未打开,成为第一位为航天事业献身的宇航员。

　　1969 年 7 月 21 日,美国宇航员阿姆斯特朗走出阿波罗 11 号飞船的登月舱,在月面停留 21 小时 18 分钟,成为人类踏上月球第一人。

　　1971 年 4 月 9 日,苏联发射世界上第一艘长期停留在太空的礼炮 1 号空间站。

　　1975 年 7 月 15~21 日,美国的阿波罗号飞船和苏联的联盟 19 号飞船在太空联合飞行,成为载人航天的首次国际合作。

　　1981 年 4 月 21 日,美国成功发射并返回世界上首架航天飞机哥伦比亚号,使可重复使用的天地往返系统梦想成真。

　　1984 年 2 月 7 日,美国宇航员麦坎德列斯和斯图尔特不拴系绳离开挑战者号航天飞机,成为第一批"人体地球卫星"。

　　1984 年 7 月 25 日,苏联萨维茨卡娅离开礼炮号空间站,成为第一位在太空行走的女宇航员。

　　1985 年 7 月 25 日,王赣骏乘挑战者号航天飞机进入太空,成为第一位华裔宇航员。

俄罗斯的波利亚科夫于 1994~1995 年间在和平号空间站上边停留 438 天,成为在太空呆得时间最长的男宇航员;而美国的露西德于 1996 年在和平号上停留了 188 天,成为在太空时间呆得最长的女宇航员。

1986 年 1 月 28 日,挑战者号航天飞机起飞时发生爆炸,7 位宇航员全部遇难,成为迄今最大的一次航天灾难。

1986 年 2 月 20 日进入轨道的苏联和平号空间站,至今已在太空中运行了 21 年,成为寿命最长的空间站。

1995 年 3 月 2~18 日,奋进号航天飞机在太空中飞行,其上的 7 位宇航员加上和平号上的 6 位宇航员,共有 13 位宇航员同时在太空,成为同时在太空中人数最多的一次。

1995 年 2 月,发现号航天飞机上的美国宇航员科林斯成为第一位航天飞机的女驾驶员。

生于 1935 年的美国宇航员马斯少雷夫具有 2 个学士、3 个硕士和 1 个博士学位,是学位最多的宇航员。

航天飞机最长的一次太空飞行是 1996 年 11 月 19 日起飞、12 月 7 日降落的哥伦比亚号,历时 17 天 15 小时 53 分钟。

1995 年 6 月 29 日,美国亚特兰蒂斯号航天飞机与俄罗斯和平号空间站第一次对接,开始了总计 9 次的航天飞机与空间站的对接,为建造国际空间站拉开了序幕。

60 年代天文学的四大发现

20 世纪 30 年代以来,射电天文学异军突起,迅速地描绘出宇宙的新图景。它的显著成就是在 60 年代相继做出了类星体、脉冲星、3K 微波背景辐射和星际有机分子等四大发现。

最早用射电望远镜发现的是类星体,它离我们几十亿到上百亿光年之远。它的体积很小,而能量却大得惊人。它的能量比我们所处银河系的能量大 100 倍左右。到了 60 年代末期,一共发现了 150 余个类星体。

3K 微波背景辐射是在解决无线电卫星通信问题时发现的。1964 年,美国贝尔实验室的彭齐亚斯和威尔逊在检查卫星通信的一次偶然机会里发现了一种波长在 8.2~73.5 毫米范围的辐射,后经科学家们测定,认为这种辐射对应的绝对温度为 2.7~3K,因而笼统地称为 3K 微波背景辐射,它在宇宙中普遍存在。

1932 年中子发现后,苏联物理学家朗道就预言宇宙中存在一种中子星。1967 年,剑桥大学的射电天文学家赫威斯发现了一颗可见的脉冲星,另一英国天文学家哥尔德通过理论分析和计算,说明脉冲星就是中子星,确证了朗道的预言。脉冲星的脉冲周期从 0.1 秒到 2 秒不等,它具有超高压、超高温、超高密度、超强磁场和超强辐射等极端物理条件。

大量的星际分子,特别是星际有机分子在 60 年代大量地被射电望远镜发现。星际羟基(OH_3)最早被发现。在 1968 年又发现了星际氨(NH_3)和星际水(H_2O)分子。在人马座 OE 星发现的星际乙醇分子比全世界产酒数量的总和还要多。在 1969 年发现的第一个多原子有机分子甲醛($HCHO$)轰动了世界。

小行星中的女神名字

小行星是神仙的乐园。很多小行星,特别是发现较早的小行星,通常都是以神话中的女神来命名的。如 1 号谷神星名叫赛丽斯,是主神朱庇特的妹妹、罗马的收获女神,也是意大利西西里岛的守护神。有名的 433 号厄洛斯也译作"爱神星",在西方神话中,她是一个可爱的小天使,手持金弓神箭,中了她的神箭的青年男女就会萌发爱情,结成终身伴侣。为了给行星命名,历史上还留下了一个有趣的故事。1850 年,英国天文学家海德发现了 12 号小行星,为了取悦英国维多利亚女王,他给这颗行星取名"维多利亚",却引起了美国天文学家对海德的大肆攻击。局面僵持了很久,还是英国人不惜"引经据典",将"维多利亚"说成是罗马的胜利女神才得到承认。天上小行星中的神话几乎都源于外国,唯一的中国女神是 150 号女娲。她是由美国天文学家华生在 1875 年 10 月 18 日发现的,受到了清朝政府的款待,所以他将这颗小行星奉献给了中国人。

九大行星的国际名称

地球——"该娅",希腊神话中的地母神。

金星——"维纳斯",爱与美的女神。

木星——"朱庇特",古罗马神话中的万神之王。

水星——"墨丘利",为众神传信并掌握商业、道路之神。

火星——"玛斯",古罗马战神。

土星——"萨图恩",古罗马农神。

天王星——"乌刺诺斯",希腊神话中的天神。

海王星——"尼普顿",罗马神话中的海神。

冥王星——"普路托",希腊神话中的冥王。

留在火星和水星上的中国人名

1973 年,国际天文学会第 15 次大会通过了第一批火星地形的命名。这些命名都是借用直接从事过火星研究或对增进人类的行星知识有贡献的著名学者的名字。其中仅有的两名东方人就是我国汉代的天文学家刘歆和历算家李梵。1976 年和 1979 年,国际天文学会第 16、17 次大会,又通过了第一批水星地形划分与命名。这次命名也是借用世界历代名人的名字,但都是文学艺术方面的人物,共 310 余人。其中中国有 15 人,他们是春秋时代的音乐家伯牙;东汉女诗人蔡琰;唐代诗人李白、白居易;五代十国时南唐画家董源;南宋女词人李清照,南宋音乐家、文学家姜夔,南宋画家梁楷;元代戏曲家关汉卿、马致远,元代书画家、文学家赵孟頫,元末画家王蒙;清初画家朱耷,清代文学家曹霑;现代文学家、思想家鲁迅。

星期的由来

"星期制"是两河流域的巴比伦人发明的。早在公元前 2000 年左右,巴比伦人就能区分恒星和行星。他们认为行星一共有 7 个:金星、木星、水星、火星、土星、太阳、月亮。在他们心目中,地球是宇宙的中心,静止不动,其余星球都围绕地球运动。巴比伦人根据月象的变化,将 7 天定为一个星期,又叫一周。他们认为在这 7 天内,上苍每天派一个星神光临人间值班。太阳神马什、月神辛、火星神奥尔伽、水星神纳布、木星神马尔都克、金星神伊什塔尔、土星神尼努尔达 7 星共值一周。由于这 7 日都是天星值班的日期,就称为"星期"。"星期制"后来传播到犹太地区。犹太人把它传到埃及,又从埃及传到罗马。公元 3 世纪以后,"星期制"传入欧洲各国。明朝末年,星期制随着基督教传入中国。

英语星期的由来

Sunday 星期日:在古英文中,Sunday 的意思是 Sunsday(属于太阳的日子)。由于耶稣于星期日复活,所以对基督徒而言,星期日是"安息日"。大约公元 300 年左右,欧洲教会和政府规定,星期日是休息的日子。一直到今天,全世界大多数国家都将星期日作为假日。

Monday 星期一:根据西方传说,Monday 的意思是 moonsday(属于月亮的日子)。西方人将这一天献给月亮女神。古代的西方人认为,农作物生长和医疗卫生都会受月亮盈亏的影响。

Tuesday 星期二：古英文有 Tiw 一词，Tuesday 便是由这个单词演变而来的。Tiw 是北欧神话中的战神，人们一般称他为 Tyr。相传有一狼精经常扰乱世界，Tyr 为人民制服了狼精，代价是一只手被咬断。

Wednesday 星期三：在古英文中，Wednesday 的意思是 Wodensday。Woden 是北欧诸神之父，Tyr 是他的儿子。Woden 曾经领导神族与巨人族作战，他曾牺牲自己锐利的右眼，向巨人换取"智能"的甘泉；他也曾深入地层，从巨人那里偷取"诗"的美酒。西方人为了纪念这位主神，就根据他的名字创造了 Wednesday 这个单词。

Thursday 星期四：在古英文中，Thursday 的意思是 Thorsday。Thor 是北欧神话中的雷神，常常随身携带一把大铁锤。有一次，巨人 Thrym 偷走了他的大铁锤，Thrym 说，除非神族把美丽的爱神 Freya 嫁给他，否则他绝不归还大铁锤。Freya 说什么也不愿嫁给巨人，于是，神族想出一个办法，由 Thor 穿上 Freya 的衣服，装成女人，诱骗巨人。Thrym 毫不怀疑，把铁锤交给新娘。于是 Thor 抢回了自己的武器，立即杀掉 Thrym。

Friday 星期五：在古英文中，Friday 的意思是 Friggsday。Frigg 是北欧神话中掌管婚姻和生育的女神，也是 Woden 的妻子。她平时身披白色长袍，住在水晶宫里，和侍女们一起编织五颜六色的彩云。北欧人将星期五看作是幸运的日子，然而基督却将星期五当成是带来厄运的日子，因为耶稣恰好在星期五被人钉死。

Saturday 星期六：在古英文中，Saturday 的意思是 Saturnsday。Saturn 是罗马神话中的农业神，掌管五谷。

大月小月的由来

月份的大小始于古罗马时期。当时凯撒修订历法，制定了儒略历，决定有特别意义的月份有 31 天，不重要的月份只有 30 天。所以，以守护神命名的 1 月、以战神命名的 3 月、以凯撒命名的 7 月，都有 31 天。由于 2 月是处死犯人的时间，很不吉利，所以只有 29 天。凯撒的继任人屋大维以自己的尊号——奥古斯都——命名 8 月，为了和凯撒平起平坐，他将 8 月也改成 31 天。为此，他从 2 月再借来一天，把 2 月减少到 28 天。为避免 3 个大月的月份连在一起，他又规定 9 月、11 月各有 30 天，把 10 月及 12 月延长到 31 天。

公元的由来

在基督教盛行的 6 世纪，为扩大教会势力，僧侣们把任何事情都说成与基督教有关。公元 525 年,僧侣狄奥尼西提出耶稣诞生于狄奥克列颠纪元之前 284 年的说法,并主张以耶稣诞生作为纪元。公元 532 年,教会中广泛使用这种纪年法。1582 年罗马教皇制定格里高利历,继续采用了这种纪年法。由于格里高利历的精确度非常高,为国际通用,所以又称公历。教会所设定的耶稣诞生年份也因此被称为公元元年。所谓"公元",就是公元纪元。我国辛亥革命以后引入公历,但直到1949 年中华人民共和国成立,我国才使用公元纪年。

历书

历书是记载一年内的日期、星期、月份以及节日、纪念日、季节、天气等内容的书或表格。在西方,第一本标准历书是在牛津发行的。在 16 世纪和 17 世纪期间,苏格兰观测者创造了占星术历书。英国最著名的历书是穆尔(1657~1715)的《星球之音》。该书第一期完成于 1700 年 7 月,内容包含有对 1701 年的预测。美国第一本历书是在哈佛学院监督下于马萨诸塞州坎布里奇印刷的。富兰克林的兄弟詹姆斯在 1728 年印刷了《罗得岛历书》,5 年后,富兰克林用理查德·桑德斯为笔名,在费城开始编写《贫穷的理查德的历书》,这是一本最著名的美国历书。

世界历史上最早的太阳历

历史上以太阳年计时、最早创造出接近阳历的是古埃及人。埃及的尼罗河一年泛滥一次,开始于每年的夏季。古埃及人通过对天象的长期观测,发现了尼罗河水上涨的日子,早晨在孟裴斯可以看到天狼星和太阳同时从东方地平线上出现,于是古埃及人将河水泛滥和天狼星出现看作一年的周期,并以天狼星与太阳同时从东方升起的时候作为一年的开始。埃及人把 1 年分为 12 个月,每月 30 天,年终增加 5 天,作为节日之用,1 年共 365 天。埃及人创造的这一阳历,究竟何时正式使用,有四种说法:即公元前 4241 年、公元前 4236 年、公元前 2781 年、公元前 1881 年四说。古埃及阳历与回归年相比,一年差 0.2422 天,经 4 年,便与回归年相差 1 天,经 1460 个年头相差 1 年。古埃及人为解决这一差距进行了历法改革,将一年改为365.25 日。反映这一历法改革的石碑,于 1866 年在尼罗河三角洲被发现,该石碑立于公元前 235 年 3 月 7 日,碑上刻着托勒密王朝国王托勒密三世(公元前 246~公元前 221 年)的一项法令,规定原来每年加的 5 天节日每逢第 4 年改为 6 天,这一年称为闰年。这是现知世界上阳历设闰的开始。古代埃及的阳历对于后来公历的形成具有很大的意义。

古代两河流域的太阴历

古代两河流域人们很早就对天象进行观察,在苏美尔阿卡德时代,他们就在观察月亮运行规律的基础上编制了太阴历。他们以两次新月出现的时间间隔长度29 日 44 分 30 秒为 1 个月,每月天数是 29 天或 30 天,1 年为 12 个月,其中 6 个月为 29 天,6 个月为 30 天,1 年共有 354 天,比太阳年差 11 天多的时间。为弥补它与太阳年的差数,采用置闰月加以调整。最初置闰是凭经验进行的,有的年份加一个,有的年份加两个。在乌尔第三王朝时期有一年加三个闰月的现象。古巴比伦时期,汉谟拉比国王临时决定颁令闰月。到公元前 6 世纪后期,巴比伦人已先后有8 年 3 闰和 27 年 10 闰的规定。

古罗马"儒略历"

罗马古代历法是一种阴阳合历,十分混乱。公元前 46 年,儒略·凯撒请埃及天文学家索舍琴尼为顾问,以回归年为依据进行了历法改革,制定了一套新历,称为"儒略历"。

儒略历规定:①在连续 4 年内,前 3 年每年各为 365 天,称为平年,第 4 年为366 天,称为闰年;②一年分为 12 个月,单月为大月,每月 31 天,2 月份平年 29 天,闰年 30 天,其余双月为小月,各 30 天,平均每年 365.25 天,一个历年和回归年的差数只有 0.0078 日,比较准确。

罗马帝国的建立者屋大维(公元前 30~公元 14 年)对儒略历做了变动。他把自己的生日所在的 8 月,从小月 30 天改为 31 天,以延长庆祝其寿辰的时间。8 月增加的一天,从 2 月移来,2 月变成平年 28 天,闰年 29 天。同时,他又将 8 月以后的大小月对调,即将 9 月、11 月改为小月,10 月、12 月改为大月。由凯撒制定、经屋大维改动的这一历法,是后来国际公历的基础。国际公历,是目前世界上通用的历法,又称为格里高利历,它是罗马教皇格里高利十三世对儒略历进行改革后,于1582 年 3 月 1 日公布施行的。

由于儒略历的年长度为 365.25 日,同回归年长度 365.2422 相比,一年多 0.0078 日,每过 128 年与回归年相差 1 天。自公元 325 年罗马皇帝君士坦丁在尼西亚召开的第一次全基督教会议上确定信教各国全部采用儒略历以来,到 16 世纪,回归年的 3 月 21 日春分日,在儒略历的日历上已提早到了 3 月 11 日,儒略历法和实际春分日相差 10 天。为了消除这个差数,1582 年格里高利十三世主持历法改革,接受了意大利医生利里扛奥提出的改革方案,其改革的内容是:①把 1582 年 10

月 5 日算作 10 月 15 日,以弥补自公元 325 年以来儒略历与回归年的差数;②将儒略历 400 年设 100 个闰年改为 400 年设 97 个闰,规定百年整数不能被 400 除尽的(如 1700,1800,1900,21100 年)不再设闰,其余仍 4 年 1 闰。经过改革后的历法,其年长度为 365.2425 日,比回归年只多 0.0003 日,与真值较为接近,比儒略历精确度更高。这一新历被称为格里高利历。格里高利历公布后,被许多国家所采用,发展成为公历。在教皇宣布改用格里高利历的 1582 年,意大利、西班牙、葡萄牙、法国、波兰就立即采用了。不到 10 年,日耳曼、卢森堡、荷兰、比利时、奥地利、瑞士、匈牙利也都采用了格里高利历。到 18 世纪时,德国、挪威、丹麦、英国、瑞典、芬兰以及欧洲各国在世界各地的殖民地也都用了格里高利历。20 世纪,世界绝大多数国家都次第宣布行用格里高利历。中国引入它是在 1912 年。这样,格里高利历就发展成为国际通用的公历了,只有少数几个国家和地区没有采用这一历法。

没有实现的"世界历"

目前世界通用的公历简明正确,但每月、每季天数不等,每月周数也不等,因而使用起来仍有不便。

1930 年,历法专家伊丽莎白·阿萨里斯设计了一种世界历,其特点是:每季 91 天,每季 3 个月分别为 31 天、30 天和 30 天,这样正好 13 周;每季开始于星期日,结束于星期六。一年为 364 日,多余的 1 天放在年底,定为 12 月 w 日,它也不属于星期几,谓之"世界日"。如遇闰年,多出另一天放在 6 月底,为 6 月 w 日,也不属于星期几,谓之"闰年日"。"世界历"将每年的月、日、星期完全固定化,弥补了现行公历的不规律之处,因而有利于人们的经济生活和计划统计。

但是,由于种种原因,世界历的设想至今未能实现。

为 21 世纪设计的一种新历法

美国人库尔金提出,2000 年是新的千年的第一个世纪之始,那一年的第一天恰恰又是星期一,因而正是实行新历法的时机。他提出一种弥补公历不规则这一缺陷的国际通用历法,即一年分成 4 个季度,每季度三个月,头两个月 28 天,后一个月 35 天,也就是每年的 3、6、9、12 月份为 35 天,余者为 28 天。每个月 1 号为星期一,1、8、15、22、29 号固定为星期一,年年月月,如此。但是这样加在一起一年只有 364 天,多出的一天就算作空白日,定为世界和平的国际性节假日。逢闰年又会多出一天,这一天就加在六七月之间,也算作空白日,作为统一假日。

闰秒

"一分钟为 60 秒"几乎妇孺尽知,但从科学上讲,它却并非金科玉律,因为科学家已提出了"闰秒"的理论。闰秒分"负闰秒"和"正闰秒"两种,59 秒一分钟的叫"负闰秒",61 秒一分钟的叫"正闰秒"。闰秒从何而来?自从规定了用原子振动作为秒长的计量标准后,随之出现了原子时与地球的运动毫无关联而两者怎样永远保持一致的问题,为了在使用最精确的时间标准的同时又能照顾到千百年来形成的习惯,于是科学家提出了"闰秒"的办法:时间的单位长度严格不变,一秒钟是原子几十亿次振动的时间,但同时要求原子钟所指示的时间与平时人们使用的时间基本同步,两者之差不得超过±0.9 秒。若地球自转变慢,原子时误差将超过 0.9 秒时,便人为地加进一秒去,反之则要扣除 1 秒钟。国际上规定,这种闰秒由国际时间局根据实际情况来随时处理,但加、减必须在特定的时刻进行:12 月 31 日或 6 月 30 日最后一分钟的最后一秒之后。在 1982 年 6 月 30 日、1982 年 12 月 31 日、1984 年 6 月 30 日就经历了 3 次正闰秒。负闰秒则至今还未出现过。

反转的时钟

在捷克斯洛伐克首都布拉格犹太区一座古老的建筑物上有两座大钟,下面那座钟的指针旋转方向与普通的钟相反,且短针指分,长针指时。钟面上写的是古老的犹太数目字。

欧美实行夏时制小史

夏时制,又称经济时制,实行夏时制可带来经济效益和社会效益。世界上许多国家都已实行这一时制。我国于 1986～1991 年也实行过夏时制,在夏季来临时把时针适当拨快,到秋季来临时再把时针适当拨慢,以充分利用日光,节约能源。

夏时制思想的最早提出者是美国早期的政治家和科学家本杰明·富兰克林。在他出任美国驻法大使期间,于 1784 年 4 月 26 日在《巴黎日报》发表了一篇文章,提出了避免浪费早上日光,减少晚上消耗蜡烛的想法,这是夏时制的最初萌芽。后来,世界上首次提出夏时制方案的,是英国的威廉姆·威利特。他写有《日光的浪费》一书,于 1968 年建议在夏天把时钟向前拨快,可是被英国议会否决了。欧美实行夏时制,是在第一次世界大战期间开始的,是作为战时节约燃料的措施而实行的。最先实行夏时制的是德国,于 1916 年 3 月通过夏时制法案,同年 5 月 1 日生效,接着奥地利、法国、意大利、荷兰、葡萄牙、英国和斯堪的纳维亚国家,相继仿效德国实行了夏时制。在实行夏时制过程中,各国都遭到不同程度的反对,经历很多的曲折。如在美国,早在 1914 年克利夫兰和底特律两个城市就实行过夏时制,但遭到公众的反对。美国卷入第一次世界大战后,1918 年初美国国会通过法案,决定 3 月的最后一个星期日到 10 月的最后一个星期日的期间内,将时钟向前拨快一小时。但是,随着大战的结束,在美国公众的强烈反对下,美国参众两院只好废止当时作为战时措施而实行的夏时制。第二次世界大战后期,美国又实行了夏时制,但在 1954 年末又被国会废除。后来美国国会通过第三个夏时制法案,即联邦统一计时法案,该法案规定从 4 月的最后一个星期日至 10 月的最后一个星期日的期间内,将时钟拨快一小时。这个夏时制法案就不是战时的措施了。

最早的计时仪器

从古代最古的楔形文字和埃及古墓的出土文物看来,最早的计时仪器"滴水"出现在古巴比伦(现伊拉克一带)和埃及,时间是公元前 1500 年以前。一般的"滴水"只是底部开了小孔的特殊贮水器,利用流掉水的多少来粗略地测定时间。目前找到的最古老的"滴水",是一只公元前 1400 年的漏壶,它高约 35 厘米,用半透明的雪花石膏做成,极为精致,内壁上还刻有表示时间的标记。

我国找到的最早的"铜壶滴漏",大约出现在公元前 1000 年左右的周代,与巴比伦、埃及不同的是,它里面的刻度是用一支插入的箭来表示的,而且是 3 个滴漏联合使用,这样滴水速度就比较均匀,计时也较准确。

"世界年"知多少

世界年是由联合国提议并作出相应决议而确定的。

1957 年　国际地球观测年

1959~1960 年　世界难民年

1960 年　世界精神卫生年

1961 年　国际保健医疗研究年

1961 年　世界种子年

1964~1965 年　太阳极小周期国际观测年

1965 年　国际协助年

1966 年　国际米年

1967 年　国际观光年

1968 年　国际人权年

1970 年　国际教育年

1971 年　与人种差别斗争国际年

1972 年　国际图书年

1974 年　世界人口年

1975~1985 年　国际妇女年

1979 年　国际儿童年

1981~1990 年　国际残疾人年

1982 年　制裁南非国际年

1983 年　世界广播年(通信年)

1984 年　世界青年年

1985 年　国际森林年

1986 年　国际和平年

1987 年　国际无住房人年(援助无家可归者国际年)

1990 年　国际扫盲年

1992 年　国际空间年(1989 年 12 月 8 日第 44 届联合国大会决定)

1989 年 12 月 8 日第四十四届联合国确定世界年的原则是:选择的主题必须符合联合国宪章;优先考虑与经济、社会发展及人道主义、人权相关;特别关注发展中国家的情况等。

"地球日"

1970 年 4 月 22 日,是人类历史上第一个"地球日"。地球日的发起和组织者是美国的丹尼斯·海斯。他从小养成爱好大自然的个性,在哈佛大学法学院念法律时,也没放弃对环保问题的关心。1969 年威斯康星州民主党参议员盖洛德·纳尔截建议在全国各大学举办环保问题讲演会,海斯为专心从事环保活动办理停学手续,根据纳尔逊的构想,在美国全国各地展开了大规模的社区性活动,宣传保护地球环境,并选定 1970 年 4 月 22 日(星期三)举办第一个"地球日"活动。这一天,美国一些环境保护工作者和社会名流首次掀起了一场声势浩大的环境保护运动,美国各地的各阶层人士大约有 2000 万人参加了这次活动。人们高举污染的地球模型、巨画、图表,举行游行、集会和演讲,呼吁政府采取措施保护环境。第一个"地球日"活动之后,美国政府通过了水污染控制法和清洁大气法的修正案,成立了美国环保局。

1972 年,联合国也召开了人类环境会议,第二年又成立了联合国环境规划署,此后,许多国家都相继成立了环境保护机构。近些年来,环境保护已成为国际政治和国际关系的"热点",世界各国的环保组织以及越来越多的政治家、科学家、有识之士已强烈地认识到,环境污染和生态恶化已成为 20 世纪 90 年代乃至 21 世纪人类面临的严重挑战。为了促使各国政府在保护环境方面采取更多的实际行动,他们组成了"地球日"协调委员会,地球日的发起者海斯倡议筹办"地球日"20 周年纪念活动,使 1990 年 4 月 22 日成为全球范围的第一个国际性地球日。他的倡议很快得到了世界上大多数国家和联合国的支持。这一年,有 130 多个国家 1000 多个国际团体和组织,举办了形式多样的环境保护宣传活动,以唤起世界各国民众的环境意识,培养人们对自然的感情,广泛发动民众参与环境保护工作,使 20 世纪末的10 年成为"保护环境的 10 年"。

姓氏与称谓

姓和氏有什么区别

在母系氏族公社时期，人们只知其母不知其父。为了把各个氏族区分开来，"姓"即应运而生了。"姓，人所生也"（《说文》），姓字从女从生，表明了出生的血缘关系，清楚地说明同姓的人都是一位女性祖先的子孙，也是母系氏族社会同一血缘关系人群的标记。这一时期，实行氏族外婚制，同姓之间不能通婚，因而姓还起着"别婚姻"的作用。我国最早从女而成的原姓有十几个，如姚、姜、姬、姒等，它们往往表示某一氏族的居住地或崇拜的图腾。

由于人口不断地繁殖，一个氏族发展到一定程度的时候就会发生分解，由姓衍生出它的一系列分支"氏"。到了父系氏族公社时期，姓、氏则为父系氏族或部落的标记。进入阶级社会以后，"氏以别贵贱"，氏成为贵族男子的专称。命氏之法主要有：诸侯以受封的国名为氏，卿大夫以所赐的采邑为氏，有的以职官为氏，有的以居住地为氏。古人在长期的实践中逐渐认识到近亲结婚会产生不良后代，"男女同姓，其生不蕃"（《左传》），因而在贵族女子称谓中则著之以姓，因为"姓"可表明她出生于某个氏族，起到"别婚姻"的重要作用。

春秋战国时期，整个社会发生重大变革，姓氏制度也出现混乱，姓氏逐渐混同。到两汉时，姓已基本确立，与现在通用的姓大体相仿了。然而，由于各种因素的作用，古人改姓之事常有发生。

中国姓氏的由来

在上古三代，姓和氏不是一回事。氏是从姓那儿派生出来。从汉代开始，姓氏混而为一。现代我们中国人姓，大部分是从几千年前代代相传下来。考其来历，大致可分为 12 种类别。

以氏为姓。姓作为氏族公社时期氏族部落的标志符号而产生，其后人有的便直接承袭为氏。母权制氏族社会以母亲为姓，所以那时许多姓都是女字旁。如姬、姜、姒、姚等。

以国名为姓。如我们所熟悉的春秋战国时期的诸侯国：齐、鲁、晋、宋、郑、吴、越、秦、楚、卫、韩、赵、魏、燕、陈、蔡、曹、胡、许等，皆成为今天常见姓。

以邑名为姓。邑即采邑，是帝王及各诸侯国国君分予同姓或异姓卿大夫的封地。其后代或生活在这些采邑中的人有的便继之为姓。如周武王时封司寇岔生采邑于苏(今河北省临漳县西)，岔生后代便姓苏。据统计，以邑为姓的姓氏近200个。一些复姓由于漫长的历史演变，至今已不甚为人知晓。

以乡、亭之名为姓。这类情况不多，今日常见姓有裴、陆、阎、郝、欧阳等。

以居住地为姓。这类姓氏中，复姓较多，一般都带邱、门、乡、间、里、野、官等字，表示不同环境的居住地点。

以先人的字或名为姓。出自此条的姓氏很多，据统计有五六百个，其中复姓近200个。如周平王的庶子字林开，其后代便以林姓传世；宋戴公之子公子充石，字皇父，其孙便以祖父字为姓，汉代时改皇父为皇甫。

以次第为姓。一家一族，按兄弟顺序排行取姓，如老大曰伯或孟，老二曰仲，老三曰叔，老四曰季等。后代相沿为姓，表示在宗族中的顺序。但也有例外，鲁庄公之弟庄父排行老二，本为仲氏、仲孙氏，因他有弑君之罪，后代便改姓孟，或姓孟孙。

官职为姓。如司徒、司马、司空、司士、司寇等。一些以官职为姓的姓氏，单从字义上看，也可以分辨出来，如籍、谏、库、仓、军、厨等。

以技艺为姓。如巫、卜、陶、匠、屠等。

古代少数民族融合到汉族中带来的姓。

以谥号为姓。

因赐姓、避讳而改姓。

百家姓起源探微

"赵钱孙李、周吴郑王、冯陈楚魏、蒋沈韩杨"，许多华人都对这些字感到熟悉。即使目不识丁的人也听说过百家姓。

姓是一个人最重要的个人特征，是一个家族的印记，它与社会学、历史和传统有密切的联系。

众所周知的《百家姓》是一本非常好的阅读材料，读者可从中了解百家姓的起源与其深远影响。它有一千多年的历史，自公元10世纪北宋起在中国广为流传。

是谁创造了《百家姓》？它何时初具规模？又何时出版？这些问题直到今天还是个谜。根据明清有文字记载的学者的研究，《百家姓》早在宋朝以前就存在，在宋朝初期由一位地处吴、越地区(现今浙江省杭州市)不知名的儒家学者将其编辑、装订成册。

南宋(1125～1210年)著名的爱国诗人陆游最早在他的诗《秋日小雨》中提到百家姓。诗人在注释中指明他的灵感源自两本书,一本是《孔子》,另一本就是《百家姓》。由此我们可以看出,《百家姓》早在宋朝以前就开始流传了。

宋朝的皇氏姓"赵",五代十国时期吴越国的国王姓"钱",宋朝的一位学者相信"孙"是宋朝皇族妻妾的姓氏,"李"是南唐的统治者——李后主的姓氏。这就是《百家姓》的开场白——"赵钱孙李"次序的由来。

目前发现的最早的印刷体《百家姓》是在元朝(公元14世纪初)出版的,它根据汉字和蒙古字的语音、笔画对应而成。但是元朝的版本并不完整,流传已久的《百家姓》直到明朝才算收录完整。它总共记录了438个姓氏,其中408个是单姓,由102行组成,38个是复姓,编成15行。最后一行是百家姓终,即百家姓完结篇,由118行构成,共有472个字。

清朝后期又出现了另外一本有关百家姓的书——《增广百家姓》,书中记录了444个单姓,60个复姓,结束语为"百家姓序"。

现存的清朝版本的百家姓既有文字又有图画,每页上方除了记录历史名人的名字和其所属家族外,旁边还有他的图像;每页下半部是由四个字或姓氏组成的短句,读起来很像古时的四句诗词。

过去,《百家姓》有几种修订版,如明朝末年修订的《黄周姓》、清朝康熙年间修订的《御指百家姓》、清朝咸丰年间(1851～1861年)由丁延修订的《百家姓三编》。这些修改后的百家姓在表现格式上花了很多工夫,每本都各具特色。尽管如此,它们还是无法取代原稿,这体现了原稿对后来创作的深远影响。

《百家姓》不仅只在汉族中广为流传,其译本也在与汉族有着友好往来的少数民族中传播,如蒙古字目百家姓,女真字目百家姓和由此可见百家姓的深远影响程度。

中国什么姓氏最古老

在华人数以千计的姓氏当中,最古老的是"姬"姓。姬姓的族人,可以说是黄帝的嫡系后裔,这个姓氏具有将近5000年的悠久历史。

可是,全世界的华人都自称是"黄帝的子孙"或"炎黄(炎帝与黄帝)子孙",他们和姓姬的族人有什么分别呢?

根据《说文》的记载,起初黄帝居住在姬水,因而姓"姬"。在远古时代,黄帝是轩辕氏部落的首领,他与炎帝都出自少典氏,这两个部落经过一场坂泉之战(坂泉在今河北涿鹿东南,因此,又称涿鹿之战),炎帝被打败,合并为炎黄部落,于是中华民族自称"炎黄子孙"。黄帝率领的炎黄部落都姓姬,他们是今天的炎黄子孙的远祖,也是姬氏族人的远祖。

后来,黄帝的家族越来越大了,他的后裔陆续分封在各地,成为其他的姓氏,构成中华民族的主流。然而黄帝嫡系子孙(长子、长孙……)世世代代仍旧以姬姓相沿袭,直到3000多年前的周文王父子,仍然继承着祖传的姬姓,建立了中国时间最长的王朝,奠定了家庭及宗族之间伦常关系以及封建制度。

中华民族姓氏的变动,以先秦时期较多,到了汉代各个姓氏已渐趋固定。不过,根据《名贤氏族言行类稿》的记载,在唐朝开元年间,有一位世代居住在长安、官至水部郎中的姬居逊,由于避讳唐明皇的名字,而改姓周(唐明皇即唐玄宗,姓李,名隆基。"姬"与"基"同音)。这一来,分散了姬氏家族的力量。不过,在较早的南北朝时期,本来以周为姓的人,也有改姓姬的,根据《姓氏考略》记载:"梁(梁朝)周弘正,诣事王伟,避侯景讳改姓姬氏,周石珍亦改姓姬氏。"

和许多著名的姓氏一样,姬氏家族也很可能有其他民族的血统加入。南北朝时,在北魏为桓、穆二帝效劳,征伐有功,官至信义将军,封为楼顿侯,后来归顺晋朝的姬澹,据说便是当时的鲜卑人。

作为黄帝嫡系子孙的姬氏族人,在中华民族的发展过程中以及创造文明的事业上贡献很大。周文王姬昌、周武王姬发、周公姬旦等便是其中的佼佼者。尤其是周公姬旦制定《周礼》,对缔造中华文明、保持中华民族的素质贡献很大。

如果把改姓周以后的周氏族人包括在内,姬氏族人的杰出人物就数也数不清了。

古人是怎样取名的

随着语言文字和文化观念的发展,中国古代的人取名也越来越复杂,既有"名"又有"字",有的还有"号"。

所谓"名",是社会上个人的特称。"字",往往是"名"的解释和补充,是与"名"相表里的,故又称"表字"。"字"是男女成年后才加取的,表明他们开始受到尊重。一般名、字多由父母长辈所取,其中多表达长辈对子女的期望。如关羽,字云长,意为"展翅入云";赵云,字子龙,取"云从龙"之意。"号",是人的别称,又叫别号,是使用者本人起的,以寄托或标榜自己的某种情操和旨趣,如宋代文学家欧阳修以"一万卷书、一千卷古金石文、一张琴、一局棋、一壶酒"加上他本人"一老翁"共六个"一",故取号为"六一居士",以表示自己鄙视利禄;南宋画家郑思肖在宋亡后自号"所南",以示心向南方,不忘故宋。封建社会中的士大夫往往有自己的别号,宋代以后,取别号之风尤盛。

古人对取"名""字"比较重视。有的古人名、字涵义相近或相辅,例如屈原,名平,字原。(《尔雅·释地》:"广平曰原")岳飞,字鹏举。有的古人名、字取自古书上的名句或成语,例如曹操,字孟德,出《荀子》"夫是之谓德操"句。有的古人名、字互为反义,例如曾点,字晳(点,黑也;晳,白也)。有的古人还有"小字",即乳名,例如曹操被称为阿瞒,刘禅被称为阿斗,都是乳名。古人的名、字还常用来表示在家族中的行辈。先秦时,常在名、字中加伯、仲、叔、季表示兄弟长幼,如伯禽、仲尼、叔向、季路。汉代以后逐渐在名或字中用同样的字或偏旁表示同辈关系。

同样,古人在名、字、号的用法上也很有讲究。名一般用于谦称、卑称,或上对下、长对少的称呼;在尊称、下对上称呼时则称字、号,平辈之间只有在很熟悉的情况下才相互称名。在多数情况下,提到对方或别人时直呼其名,是一种很不礼貌的做法。

古人在交往中的称呼

古人一向重视礼仪,因而在日常交往中的自称和相互称呼方面,形成一套较严格的规矩。

一般来说,在相互交谈或书信往来中,凡提到自己的则用谦称或卑称。在古人的自我谦称中,使用较为常见的有以下几种:"鄙人",即自谦为见识浅陋之人;"不才""不佞",即自谦为无才能之人;"不敏",即不聪明之自称;"不肖",即自谦为不贤之人。此外,一般男子自称"臣""仆",女子自称"妾""奴""奴家",年轻者在年长者面前自称"学生""晚生""后学",老百姓在官吏面前自称"小人""小民"等,都是常见的自谦之词。即使是地位尊显的帝王和诸侯也有谦称,一般自称"孤""寡"。只是后来,"孤家寡人"渐渐成为帝王的专门自称。

古人在相互称呼对方时,往往使用尊称。古时常用的尊称有:"父""子""长者""先生""公""君""足下"等,对象不同,使用的尊称也会有所不同。"父",是对年长男子的尊称,如仲尼父、伯禽父;"子",多用来表达学生对老师的敬意,如孔子、孟子;也有的在字的前面加"子"如子产(公孙侨)、子贡(端木赐);"长者",一般用来对有德行之人的尊称,一些古代名人如伍子胥、信陵君等,都被人称为"长者";"先生",古人对师长、老人、有德行者均称"先生";至于"公""君"和"足下",它们运用范围很广泛。在古代官场中,还有一些专用的尊称,如君称臣作"卿""爱卿",臣称君作"陛下"。另外,人的字、号,也属尊称,但只能用于特指的个人。

什么是年号

年号是封建帝王为纪在位之年而立的名号,它是皇帝当政的时代标志,始于汉代。公元前140年,汉武帝即位,纪年称建元元年。于是,"建元"就成了中国有史以来的第一个年号。之后,历代帝王皆用年号纪年,年号一个接续一个,从未间断。

不管是正统王朝，还是偏安王朝、"僭窃"的君主、少数民族政权、农民起义政权，只要一立国号，便要确立年号。

改换年号叫作"改元"，任何一个新君即位，都毫无例外地改元，建立自己的新年号。但一个帝王究竟可以使用多少年号，并无定制，它具有很大的随意性，少则一个，多则几个、十几个不等。从历史上看，元以前，一帝多年号的情况十分普遍，明清两朝则基本上是一帝一年号。独有明英宗，因其先后两次即帝位，故有"正统""天顺"两个年号。所以，我们今天称呼古代的皇帝，元以前多称其庙号，如唐太宗、宋太祖、元世祖等，而明清的皇帝则习惯以年号为其称谓，如洪武帝、万历帝、乾隆帝、宣统帝等。

我国古代的年号名称繁杂，但多表达吉祥、太平、国泰民安及皇权的神圣性的意思。年号的用字，以二字年号居多，也有少数三字、四字的，如王莽时的"始建国"、武则天的"天册万岁"、宋徽宗的"建中靖国"等。最长的是六个字，如西夏景宗的"天授礼法延祚"，惠宗的"天赐礼盛国庆"。

中国封建社会延续了两千余年，究竟出现过多少个帝王年号呢？据上海人民出版社出版的《中国历史纪年表》(1976 年 1 月第一版)，有历代主要年号五六百个。如把重复的计算在内，那就更多了。

皇帝有哪些称号

自从秦始皇首立"皇帝"名号以来，这一称号一直是最高统治者尊贵的称号。每当开国君主"正位建号"或其后裔承袭帝位时，都要举行隆重的"上尊号"仪式，以表示名正言顺地当上了皇帝。另外，皇帝也要给自己的父母、祖父母尊奉正式的称号："太上皇""皇太后""太皇太后"，这些也称为尊号。

到了唐朝武则天时，尊号又有了新的含义，在"皇帝"这一称号前再加歌功颂德、神化皇权的美称。如武则天的尊号为"越古金轮圣神皇帝"。尊号一般是在皇帝生前就由臣下奉上的。

皇帝死后，其后世子孙和公卿大臣要为他追立两个正式称号：一是庙号，一是谥号。庙号是与封建宗法祭祀制度联系在一起的。帝王死后，其后世子孙要根据他在皇族宗亲中的世系，将他的灵牌奉入祖庙祭祀，并追尊他为某祖或某宗，以确认和显扬他在皇族宗亲中的地位。他被后嗣子孙所追尊的某祖、某宗，就是他的庙号。一般来说，开国帝王多称"祖"，之后，承袭帝位的列代皇帝皆称"宗"。

谥号是皇帝死后，大臣们为评价帝王一生的德行和功业而拟定的一种称号，而且还可根据需要不断予以增加。唐朝以前的皇帝，谥号多为一两个字，简明易称，所以人们习惯于称呼他们的谥号，如汉武帝、汉明帝等。唐宋以后，由于谥号越拉越长，不便称呼，故后人对唐宋至明清的皇帝，相率改以庙号来称呼了。

帝王的庙号始于商代,而谥号则始于西周初期。之后,庙号和谥号为历代所沿袭,直至清朝灭亡。

家谱历史

谱、族谱,是一个家族的生命史。它不仅记录着该家族的来源、迁徙的轨迹,还包罗了该家族生息、繁衍、婚姻、文化、族规、家约等历史文化的全过程。

家谱是以记载父系家族世系、人物为中心的历史图籍,是由记载古代帝王诸侯世系、事迹而逐渐演变来的。先秦时,社会上流传有《周官》《世本》等谱学通书;秦汉以后,又出现了《帝王年谱》《潜夫论·志氏姓》《风俗通·姓氏篇》等谱学著作。到魏晋南北朝时,门阀制度盛行,家谱成了世族间婚姻和仕宦的主要依据,于是便迅速发展起来。隋唐五代后,修谱之风更从官方流行于民间,以至遍及各个家族,出现了家家有谱牒、户户有家乘的风气,并且一修再修、无休无止。因此每次修谱,也就成了同姓同族人之间的大事。

但第一部家谱是什么样子?修撰于何朝何代?是官修还是私修?因为历史上缺乏记载,至今尚不得而知。到了宋代,由于官方修谱的传统禁例被打破,民间编撰家谱风气开始兴盛,于是家谱也日益多了起来。在这一时期的家谱中内容包括三部分:第一部分是世系图,若想知道谱中某人世系所承、属于何代、其父何人,一看此图便即了然。第二部分是家谱正文,是按世系图中所列各人的先后次序编定的,分别介绍各人的字号、父讳、行次、时代、职官、封爵、享年、卒日、谥号、姻配等。这些介绍性的文字,长者50余字,短者仅二三字,实际是人物小传,使人知其本源,而世系表也因此更加完整。第三部分为附录,对研究姓氏的源流、迁徙、分布、文化等都有较大价值。

家谱究竟有多大数量,至今还没有人做出确切统计。因为家谱像其他所有私家家谱一样,还有秘不示人的家规。每当家谱30年一小修、60年一大修后,旧的家谱除留下极少几套保存在宗祠或族长手中外,其余都要全部销毁,而代之以新的家谱。这种特殊的风俗习惯,当然为古老家谱的保存制造了人为障碍。不过,尽管如此,家谱作为生活轨迹的记录,仍有不少被保存了下来。至于散落在民间的家谱,无疑还有更大的数量。

复姓起源

中国的复姓是中华姓氏文化中的一朵奇葩,透过这一个个复姓,我们可以从中学到不少的历史知识。

复姓的来历有几种情况：

由封邑而来。

如令狐氏，《百家姓》中记述为：周朝时有个名叫魏颗的人屡立战功，受封于令狐邑，后人遂以"令狐"为姓；又如段干氏，老子裔孙李宗受封于段干，其后人遂以"段干"为姓；此外，还有梁丘、上官、羊舌、钟离等复姓，都属这种情况。

因居地而来。

如东郭氏，周朝时齐国公族大夫有居住在国都临淄东郭的，后人遂以"东郭"为姓；又如闾丘氏，齐国有位名婴的大夫居住在闾丘，时称闾丘婴，其后人遂以"闾丘"为姓。还有南门、西门、南宫、濮阳等复姓，也是因居地而得。

由官名、王父之字、爵系、族系而来。

如司马、司空、司寇、司徒、太史、即墨、亓官、巫马、乐正、左丘等复姓由官名而来；公羊、子阳等复姓由王父之字而来；公孙、仲孙等复姓由爵系而来；叔孙等复姓由族系而来。认真揣摩这些复姓，真是一件很有意思的事。比如，司马迁因为"李陵案"而受宫刑，他的两个儿子司马临与司马观怕被株连，就改名换姓，隐居乡里。兄弟俩各取"司马"中的一个字，哥哥在"马"字左边加两点，改姓"冯"；弟弟在"司"字左边加一竖，改姓"同"。

又如欧阳这个复姓，有的简化为姓欧，有的简化为姓阳。还有钟离简化为钟，公孙简化为孙等，这可能是一种复姓单音化的趋势吧。

宋代成书的《百家姓》收集了 442 个单姓，61 个复姓，共 503 姓。明代陈士元编的《姓镶》共收单姓、复姓 3625 个。1978 年，有关部门通过户籍和邮电部门对七大城市汉字姓氏的使用情况进行了调查，所得的姓氏总数是 2587 个。其中，北京市 2250 个，上海市 1640 个，沈阳市 1270 个，武汉市 1574 个，重庆市 1245 个，成都市 1631 个，广州市 1802 个。1984 年，人民邮电出版社出版的《中国姓氏汇编》（阎福卿等编）共收集单姓、复姓 5730 个。而台湾学者王素存著的《中华姓府》收集到的古今汉字姓氏却多达 7720 个。但这还不是确切的数字。根据 1996 年北京教育科学出版社出版的《中华姓氏大辞典》（袁义达、杜若甫编著），我国古今各民族用汉字记录的姓氏一共有 11969 个，其中单字姓氏 5327 个，双字姓 4329 个，三字姓 1615 个，四字姓 569 个，五字姓 96 个，六字姓 22 个，七字姓 7 个，八字姓 3 个，九字姓 1 个，此外还有异译、异体字姓氏 3136 个。这是迄今为止中国姓氏数量的最新统计。

现代中国人使用的汉字姓氏还有待我们进一步去调查发现，尤其是那些还保持着汉唐古音的交通闭塞地区以及有文字障碍的少数民族地区，肯定还有很多姓氏埋没在民间。

我国现存的复姓

我国现存的复姓有 81 个：欧阳、太史、端木、上官、司马、东方、独孤、南宫、万俟、闻人、夏侯、诸葛、尉迟、公羊、赫连、澹台、皇甫、宗政、濮阳、公冶、太叔、申屠、公孙、慕容、仲孙、钟离、长孙、宇文、司徒、鲜于、司空、闾丘、子车、亓官、司寇、巫马、公西、颛孙、壤驷、公良、漆雕、乐正、宰父、谷梁、拓跋、夹谷、轩辕、令狐、段干、百里、呼延、东郭、南门、羊舌、微生、公户、公玉、公仪、梁丘、公仲、公上、公门、公山、公坚、左丘、公伯、西门、公祖、第五、公乘、贯丘、公皙、南荣、东里、东宫、仲长、子书、子桑、即墨、达奚、褚师。

缅甸人的姓名

缅甸人只有名而没有姓,其名字至少一个字,多的有六七个字。从名字上是无法判断一个人的家族或家庭归属的。缅甸人很重视男女、长幼、尊卑的区分,为此,在每个人的名字前面都附加一个表示性别、辈分或社会地位的"前缀"。一般在男性的名字前面加"貌"。例如,一个男人的名字叫"丁伦",小时候大人和小孩儿都称他为"貌丁伦";长大以后,与他年龄相仿和比他年轻的人称他"郭丁伦",长辈可以叫他"郭丁伦",也可以叫"貌丁伦";上了年纪或有社会地位以后,一般人都称他"吴丁伦",与他年岁相仿的人也可称他"郭丁伦",他本人仍自谦地称"貌丁伦"或"郭丁伦"。常用的尊称中,"郭"意为"兄长","吴"除了"叔伯"之意外,还有"先生"的意思。此外,名字前面还可以加其他一些尊称,如"波"(意为军官)、"塞耶"(意为老师)、"道达"(英语"博士"的译音)、"德钦"(意为主人)等。女性名字的前缀有"杜""玛"等,例如,一女子名"丹",如果是年轻人,要称其为"玛丹";是有社会地位的女士,则称为"杜丹"。

印度的姓氏

印度人的姓名比较复杂,常因民族、地区、种姓、宗教而不同。如西印度人,一般先说本人名,再说父亲名,最后才是姓;南印度人则往往还把村名和姓名连在一起,冠在姓名之前,使人从他的名字就可以直接知道他是什么地方人。一般,印度人的名在前,姓在后,如弗罗兹·甘地,"弗罗兹"是名,"甘地"是姓。锡克教男子多在名字上加"辛格"(狮子),女子多在名后加"考尔"(美女)。

称呼印度男人,只称呼姓,不称呼名,对妇女则只称呼名而不称呼姓,因为女子结婚后随丈夫姓,女子的名字多以柔和清晰的长元音结尾。

对尊长,人们用"古鲁"称呼,意是"老师""长者",对大人物用"圣雄"尊称,如圣雄泰戈尔、圣雄甘地等。"巴尔"意为"先生""老爷"。在日常生活中使用最多的是在姓名之后加一个"吉",以加重语气,表示尊敬和亲热,如妈吉达(妈妈)、古鲁吉(老师)等,这种称呼在对面交谈及演说时常用。

由于宗教、种姓、职位的不同,称呼习惯也很不相同。对于穆斯林和基督教徒,应称其为"萨赫伯"(先生),如果称一位穆斯林老人为"哈吉",这个叫法意为"去过麦加的朝圣者",无论他是否去过,他都会非常高兴;而对锡克教徒,只有称呼他为"赛尔达热",才是表示尊重。

印度夫妻之间直接叫名字是完全不可以的,其严重程度比违反法律规定还厉害,因为这与宗教信仰有密切关系,谁也不敢越雷池一步。

在前印度教时期,也就是婆罗门教时期,原始的种姓制度已经出现,界定了现代印度主要的四大种姓(实质上是五大种姓,因贱民不被认可为一个种姓)。"种姓"这个汉译,非常准确地传达出了它的含义,比英译 Caste 的含义更丰富,更接近原义。原因在于,caset 强调了"种",而忽略了"姓"。

事实上,现代印度社会里的种姓数量已经多达上万,这上万个种姓都是从五个阶层中分化出来的,印度学研究中称作亚种姓(sub—caste),梵文音译成 Jati。很多印度人的姓氏,往往就是他们的 Jati。理论上的四大种姓(Varna)分别是婆罗门(Brahmin,神职人员)、刹帝利(Kshatriya,武士)、吠舍(Vaishya,平民)、首陀罗(sudra,奴隶),另外还有一个贱民阶层,被称作不可接触者(有点类似日本的"秽多")。但经过历史的演变,种姓制度本身已经变得非常复杂,已经很难完全按照四大 Varna 严格区分。

如印度的圣雄甘地,他的家族属于古吉拉特的班尼亚种姓(吠舍的一个 Jati),但甘地的祖父担任过波尔班达和朱纳卡德两个土邦的首相;甘地的父亲卡巴·甘地则担任过拉奇科特和樊康那两个土邦的首相。而且班尼亚 Jati 是印度教中的毗湿奴教徒(印度教中有湿婆崇拜、黑天崇拜、毗湿奴崇拜、各类女神崇拜等不同信仰)。如果从四大 Varna 的分野来看,吠舍的出身是不能让甘地在印度教社会里得到如此崇高的地位的。但班尼亚 Jati 的政治地位以及甘地在南非印度裔民主斗争中取得的声望,使他得以在英国殖民统治的特殊环境下跨越传统种姓制度的壁垒,成为印度宗教社会的领袖。

世界十国三大姓

每一个地方和国家都有使用最多的姓氏。以下是十个国家的三大姓:

中国——张、王,李。

法国——马丁、勒法夫瑞、贝纳。

德国——萧兹、穆勒、施密特。

英国——史密斯、琼斯、威廉斯。

朝鲜——金、朴、尹。

荷兰——德夫力斯、德杨、波尔。

西班牙——迦西亚、弗朗德兹、冈查列兹。

瑞典——翰森、安德森、卡尔森。

美国——史密斯、詹森、威廉斯。

苏联——伊凡诺夫、瓦西里耶夫、彼得洛夫。

英美人姓名及称谓

英美人姓名的排列是一般是名在前姓在后。如约翰·维尔逊,约翰是名,维尔逊是姓。又如爱德华·亚当·戴维斯,爱德华是教名,亚当是本人名,戴维斯为姓。但一些出身贵族的人常常把姓放在前面。也有的人把母姓或与家庭关系密切者的姓作为名字的第二节。在西方,还有人沿袭用父名或父辈名,在名后缀以小(Junior)或罗马数字以示区别。如小约翰·维廉,乔治三世,史密斯第三。

妇女在结婚前都有自己的姓名,结婚后一般是自己的名加丈夫的姓。如玛丽·怀特女士与约翰·戴维斯先生结婚,婚后女方姓名为玛丽·戴维斯。

书写时常把名字缩写为一个字头,但姓不缩写,如 G. W. Thomson, D. C. SulliVan 等。

以英文为本国文字的国家,姓名组成称呼基本与英、美人一样。

法国人姓名及称谓

法国人姓名也是名在前姓在后,一般由二节或三节组成。前一、二节为个人名,最后一节为姓。有时姓名可达四、五节,多是教名和由长辈起的名字。但现在长名字越来越少。如亨利·勒内·阿贝尔·居伊·德·莫泊桑,一般简称居伊·德·莫泊桑。

法文名字中常常有 Le、La、de 等表示贵族身份的词,译成中文时,应与姓连译,如 LaFantaine 拉方丹,LeGoff 勒戈夫,deGaulle 戴高乐等。

妇女姓名的口头称呼基本同英文姓名。如姓名叫雅克琳·布尔热瓦的小姐与弗朗索瓦·马丹结为夫妇,婚后该女士称马丹夫人,姓名为雅克琳·马丹。

西班牙人和葡萄牙人姓名及称谓

　　西班牙人姓名常有三、四节,前一、二节为本人名字,倒数第二节为父姓,最后一节为母姓。一般以父姓为自己的姓,但少数人也有用母姓为本人的姓。如迭戈·罗德里格斯·德席尔瓦—贝拉斯克斯,德席尔瓦是父姓,贝拉斯克斯是母姓。已结婚妇女常把母姓去掉而加上丈夫的姓。通常口头称呼常称父姓,或第一节名字加父姓。如西班牙前元首弗朗西斯科·佛朗哥(Francisco Franco),全名是弗朗西斯科·保利诺·埃梅内希尔多·特奥杜洛·佛朗哥·巴蒙德。前四节为个人名字,倒数第二节为父姓,最后一节为母姓。简称时,用第一节名字加父姓。

　　葡萄牙人姓名也多由三、四节组成,前一、二节是个人名字,接着是母姓,最后为父姓。简称时个人名一般加父姓。西文与葡文中男性的姓名多以"0"结尾,女性的姓名多以"a"结尾。冠词、介词与姓连译。

俄罗斯人姓名及称谓

　　俄罗斯人姓名一般由三节组成。如伊万·伊万诺维奇·伊万诺夫,伊万为本人名字,伊万诺维奇为父名,意为伊万之子,伊万诺夫为姓。妇女姓名多以娃、娅结尾。妇女婚前用父亲的姓,婚后多用丈夫的姓,但本人名字和父名不变。俄罗斯人姓名排列通常是名字、父名、姓,但也可以把姓放在最前面,名字和父名都可缩写,只写第一个字母。

匈牙利人的姓名及称谓

　　匈牙利人的姓名,姓在前名在后,由两节组成。如纳吉·山多尔,简称纳吉。有的妇女结婚后改用丈夫的姓名,只是在丈夫姓名后再加词尾"ne",译为"妮",是夫人的意思。姓名连用时加在名字之后,只用姓时加在姓之后。如瓦什·伊斯特万妮或瓦什妮是瓦什·伊斯特万的夫人。妇女也可保留自己的姓和名。

阿拉伯人姓名及称谓

　　阿拉伯人姓名一般由三或四节组成。第一节为本人名字,第二节为父名,第三节为祖父名,第四节为姓,如沙特阿拉伯前国王费萨尔的姓名是 Faisalibn Abdul Azizibn Abdul Rahmanal Saud 译为费萨尔·伊本·阿卜杜勒·阿齐兹·伊本·阿卜杜勒·拉赫曼·沙特。其中费萨尔为本人名,阿卜杜勒·阿齐兹为父名,阿卜杜勒·拉赫曼为祖父名,沙特为姓。正式场合应用全名,但有时可省略祖父名,有时还可以省略父名,简称时只称本人名字。

阿拉伯人名字前头常带有一些称号,如埃米尔(Amir 或 Emjr)为王子、亲王、酋长之意;伊玛姆(1mam)是清真寺领拜人之意;赛义德(sayed)是先生、老爷之意;谢赫(sheikh)是长老、酋长、村长、族长之意。这些称号有的已转为人名。

在阿文中 aJ 或 el 是冠词,ibn(伊本)、ben(本)或 ould(乌尔德)表示是"某人之子",Abu(阿布)或 um(乌姆)表示是"某人之父""某人之母"。称呼中这些词均不能省略。如 Ahmed Ben Bell 译为艾哈迈德·本·贝拉,简称为本·贝拉。

阿文姓名用词常具有一定含义。如穆罕默德(Mohammed)是借用伊斯兰教创始人的名字;马哈茂德(Mahamoud)是受赞扬的意思;哈桑(Hassan)是好的意思;阿明(Amin)意为忠诚的;萨利赫(Saleh)意为正直的等。

日本人姓名及称谓

日本人的姓名顺序与我国相同,即姓前名后,但姓名字数常常比我国汉族姓名字数多。最常见的由四字组成,如小坂正雄、吉田正一、福田英夫等。前二字为姓,后二字为名。但又由于姓与名的字数并不固定,二者往往不易区分,因而事先一定要向来访者了解清楚,在正式场合中应把姓与名分开书写,如"二阶堂进","藤田茂"等。

一般口头都称呼姓,正式场合称全名。日本人姓名常用汉字书写,但读音则完全不同。如"山本"应读作 Yamamoto,"三岛"应读作 Mishima,"日下"应读作 Kusaka。

国外史籍对中国的称呼有哪些

在 1840 年西方列强侵略中国以前,中国是独立于世界民族之林的统一多民族的主权国家。在与其他国家的接触和交往中,中国逐渐为世界各国所熟知。

国外对中国的称呼,与陆上中西交通的历史相联系。在中古梵文中有 cina 一词,古佛经有支那、至那、脂那等汉译。现在波斯、阿拉伯、英、法、德、意等多种文字中对中国的称呼,多自古梵文 cina 衍发出来,一般认为此称起源于"秦"。在古希腊、罗马著作中还有 serice 一称,意思是丝国,称中国人为 Seres,汉译为赛里斯。

　　中世纪时，东罗马史家把中国称为 Taugas，伊斯兰文献则写作 Tamghaj、Tomghaj 或 Tchgaj，此称是由古突厥人对内地或中原王朝的称呼衍生而来。最初的汉译形式见于元《长春真人西游记》，译作"桃花石"，是指内地汉人。对此称起源，有多种解释，一般认为此称起源于建立北魏的拓跋氏。蒙古人与西北一些民族曾因契丹（辽）统治中国北部进而将内地亦称为契丹，传至中亚与欧洲，有些国家即以契丹称中国，至今俄语中仍称中国为 Kumau，盖源于此。

　　到了唐代，文明昌盛超过前朝，对周围各国以至阿拉伯世界都发生过重大影响，而此时南方海上交通已取代陆上交通而居于优势地位，因而国外又称中国为唐，称中国人为唐人。此种情形见于北宋人记载并流传至今。

宗教与神话

世界宗教

世界性三大宗教为基督教、伊斯兰数和佛教,而其他宗教则生要为民族性宗教或地域性宗教。中国人习惯上称中国有五大宗教,即天主教、基督教(指基督新教)、伊斯兰教、佛教和道教,而实际上只是在世界三大宗教基础上加上了中国传统宗教——道教。天主教与新教(中国人俗称基督教)乃基督教三大教派中的两大教派,另一大派是东正教。这三大教派虽各自独立、自成体系,但仍被视为同属一教。

当然,社会上也流行有世界七大宗教或十大宗教之说,但分法不一,大体包括有基督教、伊斯兰教、佛教、道教、犹太教、印度教(及其前身婆罗门教)、神道教、摩尼教(基于琐罗亚斯德教)、锡克教等。西方人还将中国人传统信仰"儒教"也算作一大宗教。这些宗教都是由民族宗教或古代宗教发展演变而来,与它们各自的文化进程和历史命运息息相关。

宗教的目的是为求人类与自然界的融洽,因此宗教中有求雨去干旱、歇地震以及其他消除灾害的祈祷方式,同时也崇拜河流山脉、岩石森林等。例如,对印度教的教徒来说,最神圣的是恒河;乔登河对基督教徒又有特殊的意义;日本的神道教崇拜富士山,而墨西哥人崇拜火山。麦加的穆斯林人将"黑石头"视为神圣,认为它是安拉自天上赐给人们的。在基督教的仪式中,常青树作为一种象征永生的标志经常被种在墓地里。佛教之于莲花和菩提树,日本神道教之于针叶树都连带有经济影响。

人们对牛的崇拜可能和月亮有关,尤其是印度教,有人推论,这是因为牛角的形状颇似新月形。因对牛的崇拜导致了人类祖先对牛的驯养。

自然界的灾害常使宗教有各种不同的祈祷形式。美国的大平原区的教堂,在干旱年代有求雨的仪式,以求甘霖。中国的华北地区常受蝗虫之害,因此当地建了许多的猛王庙,有的地区竟多达 900 多座,以期蝗虫离去,保佑谷物丰收。

三个重要的宗教基督教、伊斯兰教和犹太教都是一神教。有些地理学家想从自然环境中解释其原因:这三种教都发源于中东的沙漠地区。在佛教分支中,最相近于一神教的喇嘛教也发源在中国西藏、蒙古的沙漠地区。这些希伯来人、阿拉伯人、中国西藏人、蒙古人整年整月放牧于单调的自然环境之中,茫茫沙漠,一片寂静,而月明星皎,种种肃穆容易使牧民相信万物为一人所主宰。

美国地理学家曾经调查过美国西南部教徒对自然界的看法。大致说来,大部分(72%)西班牙后裔的天主教徒认为人类应该归顺自然;摩门教(55%)认为人类应与自然寻求和谐,其方法是正常生活,不喝酒,不吸烟,而且努力工作;而一半盎格鲁后裔的得克萨斯的新教徒(48%)认为,人们控制自然界的能力是可以避免自然界的灾害的;2/3 的印第安人则认为人类应该寻求与大自然的和谐。

宗教崇拜和人类的经济生活尤其息息相关。比如说在欧洲和美国的基督教集会中常有饮酒的仪式,象征酒是耶稣的血,而葡萄是酿酒的主要原料,这样就促使葡萄遍布于地中海的沿岸,而不只限于阿尔卑斯山的南麓了。6~9 世纪,葡萄又移植到德国莱茵河。同样,北美洲的天主教徒也将葡萄移种到西岸加利福尼亚州。事实上,酒与宗教的关系在基督教兴起以前就已非常明显。葡萄园的种植和酒的酿造在史前时期从地中海地区向西方发展与崇拜上帝是息息相关的。

宗教和牲畜的养殖关系可从直布罗陀海峡隔开的西班牙和摩洛哥两地看出来。在西班牙罗马天主教地区,猪的养殖极为普遍,可是在非洲这一边的伊斯兰教盛行的摩洛哥,就见不到猪的踪影了,因为伊斯兰教是禁食猪肉的。

信仰印度教的人对牛极为崇拜,不能宰杀作为食物,因此大批牛的存在妨碍了更合理的土地利用。同时宗教仪式通常选择在播种作物或者捕鱼的日子里举行,这种宗教假日或禁止某种食物自然影响到一地的经济发展。

罗马天主教徒在周五禁食肉类,因此大大地促进了渔业的生产。基督教对鱼是十分重视的,并在传统上崇拜渔夫,因此在天主教的国家里,捕鱼业极为发达,这也促进了鱼类的航业运输,从沿海运往内地。相反,印度教的信奉者是不吃鱼的。虽然印度经常缺乏食物,而其沿岸地区的鱼类极多,但并不能促进印度捕鱼业的发展。

伊斯兰教不准饮酒,可是基督教的各支派对禁酒各有看法,有的是可以通融的。在美国,像圣公会、美以美会、摩门会和安息会都是赞成禁酒的,可是,罗马天主教、路德教以及其他支派允许饮酒。这种对酒的不同态度,对于酒的销售影响极为明显。美国的得克萨斯州提供了一个有趣的例子,在得克萨斯州的北部居民,大都为天主教和路德教徒,酒的销售量极大,被称为"湿"区;而该州的南部多为圣公会和美以美会的信奉者,酒的销售量急剧减少,被称为"干"区。这种宗教与经济的关系,在地域分布上是十分有趣的。

宗教对旅游、交通和贸易运输都有密切的影响。宗教的发源地常是信徒朝拜进香的圣地,因此成为旅游中心。阿拉伯半岛的麦加和麦地那,是穆斯林的朝拜圣地,麦加只是一个人口不足 20 万的小城,可是 1968 年,从各地前来朝拜的人竟达37.5 万。可以想象,这种大批的朝圣者自然对交通的发展和贸易的繁荣都有促进作用。在中世纪的欧洲,道路与桥梁的修建有许多是因为朝圣的缘故,僧侣往往帮助修建,并且建造旅馆'。在瑞士阿尔卑斯山的圣·哥特哈得通道仍有许多旅舍的遗迹。朗特是一个位于法国南方的小镇,人口只有 1.6 万,可是每年有 2 万多罗马天主教徒前来朝圣,它的旅馆之多仅次于巴黎。印度的瓦拉纳西位于恒河沿岸,是印度教的朝拜圣地。日本的伊势是神道教的圣地。加拿大的博普里则是罗马教徒的朝拜圣地。

宗教在地面建筑最突出的表现是它的教堂。各式教堂的面积、功用、式样、材料都各不相同,罗马天主教的教堂被认为是上帝的居住地,一般说来,比较宽敞高大,装饰繁华,十分醒目。同样,在天主教及东正教的区域里多有耶稣钉在十字架上的图像、十字架和神殿以及各种各样的宗教标志,然而在新教区就没有这样的标志和殿堂了。伊斯兰教和犹太教就没有基督教那么讲究的教堂。犹太教长期与基督教共存,教堂建筑也受其影响,比较高大而醒目。

各种宗教对死者的归宿方式也各不相同。印度教、佛教和神道教实行火葬而不用坟墓,让人死后不在地面上留下任何痕迹。然而埃及就用金字塔来埋葬他们的英雄,大都建造在不能耕种的土地上。基督教、伊斯兰教都用土葬并立墓碑。中国西藏的喇嘛教则实行"天葬"。将死者的尸体斩碎割裂,和以面粉任由老鹰取食后,飞向天空,认为是最好的归宿。

佛教的经典和标记

大乘和小乘佛教的经典,包括经藏(释迦牟尼说法的言论汇集)、律藏(佛教戒律和规章制度的汇集)、论藏(释迦牟尼后来大弟子对其理论、思想的阐述汇集),故称三藏经,或称"大藏经"。藏传佛教大藏经称为《甘珠尔》和《丹珠尔》。《甘珠尔》意为佛语部;《丹珠尔》意为论部。

佛教的旗帜或佛像的胸间,往往有"卍"的标记。这标记武则天将其定音为"万",意为太阳光芒四射或燃烧的火。后来作为佛教吉祥的标记,以表示吉祥万德。佛教的标志也往往以法轮表示,因为佛之法论如车轮辗转可摧破众生烦恼。

伊斯兰教

伊斯兰教是与佛教和基督教并列的世界三大宗教之一,公元 7 世纪初诞生于阿拉伯半岛。它是由伊斯兰教的先知穆罕默德所创,目前世界上有 10 亿多信徒,他们大多分布在阿拉伯国家以及中非、北非、中亚、西亚、东南亚和印度、巴基斯坦、中国;有些国家还以伊斯兰教为国教。

伊斯兰教诞生于阿拉伯半岛的社会大变动时期。当时岛上四方割据，战乱频繁，内忧外患，危机重重。在宗教信仰上，原始宗教盛行，人们崇拜自然物体，并且各个部落都有自己的神，同时，犹太教和基督教也开始向半岛传播，但它们的学说并不适合这种形势。实现半岛的和平统一和社会安宁是阿拉伯社会的出路，这时候先知穆罕默德出现了，他以"安拉是唯一的真神"为口号，提出禁止高利贷，"施舍济贫""和平安宁"等主张，反映了当时社会的要求。伊斯兰教就是在这样一个转折的时刻诞生的。

伊斯兰教认为除了安拉再没有神，反对信多神、拜偶像，伊斯兰，是阿拉伯语的音译，本意"顺从"。顺从安拉旨意的人，即"顺从者"，阿拉伯语叫"穆斯林"，是伊斯兰教徒的通称。在中国，穆斯林也称安拉为"胡大"或"真主"。穆斯林都相信穆罕默德是"先知"，是"安拉的使者"，是奉安拉之命向人类传布伊斯兰教的。伊斯兰教的历史，从穆罕默德开始传教之年算起，至今已有近一千四百多年，全世界的伊斯兰教徒分布在九十多个国家和地区，但不论在什么地方，穆斯林之间都互称兄弟，或叫"朵斯梯"，彼此见面出"色俩目"，或简称道"色兰"，以示问候。色俩目或色兰，阿拉伯语作"安色俩目尔来库姆"，即"愿安拉赐给你平安"，回答时说"瓦尔来库姆色俩目"，意思是"愿安拉也赐给你安宁"。

从公元 7 世纪初直到 17 世纪，在伊斯兰的名义下，以阿拉伯半岛为中心，曾经建立了伍麦叶王朝、阿拔斯王朝、印度莫沃尔王朝、土耳其奥斯曼帝国等一系列大大小小的王朝帝国；随着时代变迁，这些盛极一时的王朝都已成为历史陈迹，但是，作为世界性宗教的伊斯兰教却始终没有陨落；它从一个民族的宗教成为一个帝国的精神源泉，尔后又成为一种宗教、文化、政治的力量，一种人们的生活方式，并且在世界范围内不断发展着。

什叶派

什叶派是与逊尼派、哈瓦利吉派、穆尔吉埃派并称为早期伊斯兰的四大政治派别。"什叶"的意思为"党人""派别"。该派以拥护穆罕默德的堂弟、女婿阿里及其后裔担任穆斯林的首领——伊玛目为其主要特征。目前全世界约有什叶派穆斯林8000 万人，主要分布在伊朗、伊拉克、巴基斯坦、印度、土耳其、阿富汗、黎巴嫩、沙特阿拉伯、也门、巴林等地区。

伊斯兰教的圣地和节日

三大圣地：麦加、麦地那、耶路撒冷。

主要节日有开斋节(伊斯兰教历 10 月 1 日),古尔邦节(伊斯兰教历 12 月 10 日),圣纪(穆罕默德诞辰教历 3 月 12 日)。

教父

"教父"是古代基督教著述家的泛称,意为教会父老。他们的著作大都对后世基督教教义和神学有较深影响,被尊为教会传统之重要组成部分,是研究基督教史和神学思想史的重要依据。对于教父的定义和时限原来并不明确,后来一般指基督教创教之初至六七世纪间被认为维护正统教义的教会首脑(主教、长老等)或神学家;还有人把 10~12 世纪前的一些神学家也包括在内。根据语言划分,可分为东派的希腊教父和西派的拉丁教父。最后的希腊教父一般认为是大马士革的约翰或稍晚的佛提乌。拉丁教父则到格列高利一世为止,也有人将埃里金纳,甚至安瑟伦和明谷的伯尔纳认作拉丁教父的结束。

初期的尼西亚前教父,又称"使徒教父"。著作有《巴拿巴书》《克雷芒前书》2卷、《赫马牧人书》《波利卡普致腓立比人书》并附《波利卡普殉教记》和《安提阿的依纳爵书信》。据考证,这些著作的希腊文原本始出于公元 1 世纪后期至 2 世纪中期;有些古代的新约目录曾将其中部分书卷列入正经。传说这些作者皆曾直接接触过使徒,有些还是使徒的门生。有些较迟的使徒教父集还增收了帕皮亚和夸德拉都的残篇以及匿名书信《致狄奥格内都》《十二使徒遗训》《克雷芒殉教记》《依纳爵殉教记》。近代考证家则多对这些增补抱怀疑态度。

尼西亚后教父的文化水平和理论深度都高于前教父,因为国教化后,加入官方教会的知识分子明显增多。这些教父的精力已不在护教著作,而是集中于斥责异端和确立正统教义和神学。三一论、基督论等"教义神学"的基本命题,都是通过本阶段的"正逆"斗争,在帝国政权的直接干预下得到颁定的。在西罗马帝国灭亡前后,奥古斯丁在同摩尼教、阿里乌派、多纳图派、贝拉基主义等的斗争中,几乎接触到了后世"系统神学"中的大部分课题。这期间还出现了一些专科性的教父,如古代教会史之父犹西比乌、圣经编译家和考证家哲罗姆等。6 世纪、7 世纪后的不少教父则实为中世纪早期经院哲学家,如埃里金纳、安瑟伦等。

阿弥陀佛是什么意思

阿弥陀佛是祝福的意思,这句话是古印度的梵语。

从字面上的意思来看,阿弥陀是无量的意思,佛就是光寿的意思。这句话与虚空法界一切众生都相应。一切众生所希求的,所以与一切众生心相应。

"南无阿弥陀佛"是一句天竺话,"南无"就是"恭敬皈依信仰服从"的道理,"阿弥陀"就是没有边际的智光与没有限量的福寿这两种道理,"佛"就是圣人、神人、天人、全人、至人、有道德的人、觉悟了的人、智慧才能最伟大的人等种种道理,合起来就是"敬从那无边无量智光福寿的圣人"的道理了。

西方三圣

阿弥陀佛(接引佛)、观世音菩萨和大势至菩萨合称"阿弥陀三尊",又叫"西方三圣"。

阿弥陀佛是西方极乐世界的教主。佛经上讲,这里无任何悲痛和苦恼,居民们可以尽情享受诸种快乐,所以叫"极乐"。阿弥陀佛又被称作接引佛。

观音,亦称观世音,是西方三圣之一,阿弥陀佛的左胁侍,是佛教救苦救难的化身。

大势至菩萨的梵文音译是摩诃那钵,他是西方极乐世界阿弥陀佛的右胁侍。据《观无量寿经》所述,他"以智慧光普照一切,令离三涂(指堕入地狱、饿鬼、畜生"三恶道"),得无上力,是故号此菩萨名大势至"。

千手观音的由来

观音菩萨虽然在佛国中并非首脑,却是善男信女最崇拜的对象,因为他"大慈大悲,救苦救难"。他的名字也很有意思,一个著名的法师解释"观世音"这三个字:"非眼观之观,乃智观之观,世音即所观之境",即是说他是洞察世间一切的觉者。在唐朝,因同唐太宗李世民的名字相讳,所以简称观音。据说凡遇难众生只要诵念他的名号,"菩萨即时观其声音"前往拯救解脱,并能消灾得福。吴承恩的《西游记》又把观音描绘得如此可

千手观音

爱,佛法无边,孙悟空这样恨天恨地,一见到观音便"志心朝礼",五体投地。这本《西游记》又偏偏这样脍炙人口,以至家喻户晓,这个菩萨形象也随之深入人心了。

按佛经上记载,观音本是古代印度一个国家的太子,名叫不响,后来做了和尚,成了菩萨,可见观音菩萨本来是男性。我国唐代以前庙中的观音塑像也是男性,后来却塑成女性了。

观音是男的,怎么又变成了女的呢? 有三种说法。第一,佛经上说观世音菩萨在"普渡众生"时能做三十二种变化,金阁寺塑的千手观音是他的变相之一,既然他有三十二种变化,甚至可以变成"千手千眼"的人,那么变成女人当然是很不费力的了。这种看法在元代以前还只在民间流传,到了元代,连许多佛门弟子也公开承认观世音是女性了。第二个说法,即在佛教诸佛、菩萨中还没有一个是女性,如果有个女菩萨,还可以弥补佛教的缺陷——男菩萨不便执行的任务,如送子之类,可以由女菩萨去执行。因此,自元代起,公开宣传观世音是女的。第三种说法:元代有一本《观世音菩萨传略》,书上说观世音菩萨是我国东周妙庄王第三个女儿,当她最初下定决心出家当尼姑时,妙庄王坚决不允,命令她以剑自刎,结果剑不仅没有伤害她,反而断为千节。庄王又命令将她闷死,使灵魂坠入地狱,但管地狱的阎王爷使她复活于普陀山附近的一朵莲花上。她在那里生活,为人治病。后来妙庄王病了,她挖下自己的双眼,砍下自己的双手,制成药给父亲吃,使父病痊愈。妙庄王为了纪念自己的女儿,让工匠塑一个"全手全眼观音像",但塑匠听错了,塑了一个"千手千眼观音像",这就是"千手千眼观音像"的来历。据《千手经》,观世音除双眼双手以外,左右各具二十手,手中各有一眼,成四十手,四十眼,每一手中又各有二十五手,二十五眼,而成千手千眼。其含意是"渡一切众生,毫无阻挡。"相传,他的道场设在浙江省的普陀山,生日是二月十九日,成道日(即出家之日)是六月十九,涅槃日(即得道升天之日)是九月十九日,佛教徒届时举行纪念活动。

世界穆斯林大会

世界穆斯林大会1926年在麦加成立。此后,该组织长期处于瘫痪状态。1949年,在卡拉奇召开第三届代表大会,决定重新恢复组织活动。1951年在卡拉奇建立常设组织。世界穆斯林大会在联合国享有"非政治性咨询机构"的地位,总部设在卡拉奇,在吉隆坡、摩加迪沙、纽约等地设有地区性的办事机构。

大会宗旨是在世界各地传播伊斯兰教,宣传超国家、超民族、超地区的泛伊斯兰主义,维护和增进穆斯林国家的团结、合作,抵制马克思主义无神论和西方世俗化倾向的影响。

主要机构:①代表大会,是最高权力机构,不定期召开。②执行委员会,由大会选举产生,包括主席、副主席、秘书长等七人。每年召开一次会议,听取秘书长工作报告。③秘书处,是常设机构,由秘书长主持工作。

"清真"的来历

汉语中"清真"一词,从我国南北朝时期便开始使用。但从南北朝到宋朝约

800多年的时间里，"清真"一词在文人笔下只是用来赞美品格高尚的人物或描写清雅幽美的环境。

唐宋以后，"清真"一词开始与宗教相联系。因宗教都自称"清道"，又都主张"清静无为"，故喜用"清真"一词。明中叶后，回族穆斯林赋予"清真"一词以新的含义。他们认为"清"者是指真主"超然无染、不拘方位"，"真"者是指"真主永存、独一至尊"。

伊斯兰教信仰的中心是："万物非主，唯一有真主。穆罕默德，是主使者。"这两句话一般被称为"清真言"。这样，直至解放前，在我国社会上都把伊斯兰教称为清真教。后来，人们把按照伊斯兰教的风俗习惯制作的各种食品称为"清真食品"或"清真糕点"。此外还有"清真餐厅""清真小吃店"等。现在，"清真"一词已成为一般的流行用语了。

西藏的班禅是怎么找到的

1646年，固始汗（清王朝驻西藏地方首领）赠予罗桑曲结"班禅博克多"的尊号，这是班禅名号的正式开端。其前三世班禅是追认的。四世班禅圆寂后，后藏托布加溪卡的一位幼童被认定是他的转世灵童，这样，一个班禅活佛系统建立。1713年，清康熙帝正式册封五世班禅为"班禅额尔德尼"，并赐金册金印。从此，历世班禅额尔德尼须由中央政府册封方得以确认，也成为一项定制。班禅额尔德尼活佛转世系统取得了与达赖喇嘛转世系统平等的宗教地位。

活佛转世系统形成后，经过一系列历史演变，最终形成了以"金瓶掣签"认定活佛转世灵童的制度。在历史上，大活佛转世灵童的认定存在着诸多弊端，转世活佛往往是由"吹忠"（即护法喇嘛）作法降神祷问指定。于是贿赂吹忠、假托神言、任意妄指之风盛行，转世灵童多出自王公贵族之家或出自族属姻娅，一些上层贵族或大喇嘛乘机操纵了宗教大权。更为甚者，噶举派红帽系十世活佛借故要分扎什伦布寺的财产，失败后竟勾引廓尔喀入侵西藏，危及国家、百姓安全。面对大活佛转世灵童最后认定中的这些弊端，清高宗接受西藏地方僧俗界"立定法制""垂之久远"的请求，在派遣官兵击退廓尔喀入侵之后，谕令进藏官员筹议善后章程。1793年乾隆帝正式颁布《钦定藏内善后章程二十九条》，设立金瓶掣签制度。该章程第一条明确规定："大皇帝为求黄教得到兴隆，特赐金瓶，今后遇到寻认灵童时，邀集四大护法，将灵童的名字及出生年月，用满、汉、藏三种文字写于签牌上，放进瓶内，选派真正有学问的活佛，祈祷七日，然后由各呼图克图和驻藏大臣在大昭寺释迦像前正式拈定。"认定达赖、班禅灵童时，"亦须将他们的名字用满、汉、藏三种文字写在签牌上，同样进行"。至此，"金瓶掣签"制度以国家法律的形式确立下来。

"金瓶掣签"制度确认了班禅转世灵童的产生办法,即按宗教仪轨,由有关寺院和地方政府寻访灵童,再对访到的众灵童逐一筛选,被确定下来的灵童人选的灵异情况等禀报皇帝,请求准予"金瓶掣签"认定。皇帝恩准后方可择日在释迦牟尼像前由驻藏大臣主持掣签,认定转世灵童。而后由驻藏大臣上奏皇帝,请求任命。皇帝批准后,由中央政府派大员前往看视并主持坐床大典。"金瓶掣签"是中央政府对西藏行使主权的重要组成部分,是清王朝为"整治流弊""护卫黄教",使活佛转世制度得到必要的整顿而制定的"万世遵循"的具有最高法律效力的制度。它符合宗教仪轨,体现了释迦牟尼的"法断",同时还有助于杜绝营私作假的流弊,弘扬正法,避免纷争。

"金瓶掣签"制度一经颁布即得到了达赖喇嘛、班禅额尔德尼及各呼图克图、僧众的衷心拥护。1792年金本巴瓶制成送往拉萨后,八世达赖喇嘛表达了对清中央政府的感激之情,他说:"特颁金本巴瓶,钦差御前侍卫等赍送,护卫佛门,实已无微不至,我实感戴难名,嗣后唯有钦遵圣训,指认呼毕勒罕(转世者)时虔诚诵经,于大众前秉公拈定,庶使化身正确,宣扬正法,远近信心,阖藏僧俗顶戴天恩,无不感激。"七世班禅丹白尼玛也称"此次钦差大人送金本巴瓶来藏,全为保护黄教","实在感激天恩,无可图报,唯有率领众喇嘛,虔诵万寿经,祝延圣寿"。对中央政府的册封,九世班禅曾写信给当时的"中华民国"总统,表达感激之情:"蒙大总统加封至忠阐化名号,谨在扎什伦布寺内,恭设香案,敬叩祗领跪谢。"十世班禅大师更是"金瓶掣签"制度的坚定拥护者。在他圆寂前四天曾言及"我想到在世尊释迦牟尼跟前,采取金瓶掣签的办法,来确定(灵童)是最好的"。体现了大师继承祖制、坚持"金瓶掣签"的决心。

至此,"金瓶掣签"成为一项必须遵守的国家法规和宗教仪轨,它对于顺利实现宗教权力的传承和延续,对于维护西藏地区的稳定和发展,对于保证中央政府在活佛转世问题上的最高权威,均具有重大意义。

"金瓶掣签"制度形成后,掣签大权一直掌握在中央政府手中。在具体实施过程中,其形式或细节后来有所变通,但活佛转世尤其是达赖、班禅等大活佛转世必须经中央政府批准,否则即视为非法已成定例。民国时期,内乱频仍,外患不绝,中央政府屡弱,但达赖喇嘛和班禅额尔德尼仍是由中央政府册封的。七世、八世班禅转世灵童及九世、十世、十一世达赖转世灵童均由中央政府主持金瓶掣签认定。由于特殊的历史条件及其他诸多因素的作用,九世班禅转世灵童是免于掣签确认的,但仍是经中央政府特许的。无论是否掣签,最后决定权在中央,其他任何人均无权决定。

综上所述,班禅转世的宗教仪轨自清王朝颁行"金瓶掣签"法规之后,随着历史的发展演变而日臻完善,形成为历史定制。其主要内容包括如下几个方面,即成立以扎什伦布寺活佛、高僧为主的寻访班子;按照宗教仪轨和程序进行转世灵童的寻访;把参加掣签的候选儿童报请中央政府批准;由中央政府派员主持举行"金瓶掣签";把认定的灵童报请中央政府正式批准继位;由中央政府派员主持举行转世灵童坐床典礼。

古罗马神话

古罗马神话包括神的传说和同神的传说相关的地方历史传说两部分,与丰富多彩的古希腊神话相比,它要简单、朴素得多。

古罗马人认为,每一种事物,每一个人,甚至每一个人的每一种具体活动,都包含有某种神秘的内在力量或精灵,人们崇敬他们,同时祈求他们的帮助和保护。古罗马的神一部分是罗马及其周围邻近部族原有的,一部分是外来的。古代意大利以农牧为主,传统的罗马神也大多同农牧有关,主要的有:土地神拉尔,家神佩纳特斯,灶神维斯塔,门神雅努斯,战神马尔斯,播种神萨图尔努斯,森林和原野之神皮库斯,地界神泰尔米努斯,丰收女神克雷斯,酒神利柏尔,果实女神利柏拉,花神弗洛拉等。主神尤皮特、神后尤诺、技艺女神弥涅尔瓦是从北方的伊特鲁里亚传来的。尤皮特和尤诺起初具有相同的职能,司掌风雨、收获、事业的成功和胜利等,后来随着罗马国家的发展,尤皮特的地位逐渐提高,成为罗马最高的神;尤诺则分离出来,作为尤皮特的妻子,司掌婚姻和生育。

古罗马的神起初不是拟人的,而是带有万物生灵和拜物教的许多特点,后来在伊特鲁里亚人和希腊人的影响下,罗马人也开始赋予神以人形,并为他们建造庙宇。随着罗马人对意大利半岛南部希腊移民地区的征服和向巴尔干半岛的扩张,罗马人同希腊文化的接触越来越密切,希腊神话传入罗马,罗马神话很快丰富起来。罗马神承袭了希腊神的形象和传说,出现了罗马神和希腊神的混同过程,罗马的尤皮特、尤诺等,分别同以宙斯为首的希腊诸神混同起来。在这一混同过程中,罗马神的面貌发生了很大的变化。有些神司掌的范围迅速扩大,如弥涅尔瓦,她已不仅是技艺女神,还成了智慧的象征,成为医生、雕塑家、乐师、诗人的保护神;有些神的职能也有很大变动,如狄安娜同阿尔忒弥斯混同后具有后者的全部职能,并且由于阿尔忒弥斯首先是由平民引进罗马的,狄安娜又成了平民和奴隶的保护神;有些神的地位迅速提高,如由于阿佛罗狄忒同传说中的罗马人的祖先埃涅阿斯有关,同她混合的维纳斯便受到特别的敬奉。有些希腊神话传入罗马后,吸收了地方传说中类似的成分,如关于赫拉克勒斯的传说传入罗马后,增加了他在意大利建立的业绩;有些为希腊特有而罗马没有的神,则被罗马人原封不动地接受下来,如阿波罗传入罗马后,立即成为罗马主要的神之一。在希腊神话影响下,罗马人也把一些抽象的道德概念,如和谐、勇武、诚实等,均尊奉为神。

古罗马也曾流行过一些当地的传说,它们往往同罗马远古历史有关,并且同希腊英雄传说,特别是特洛伊战争的传说密切相连。在这些传说中,以埃涅阿斯从海上漂泊至意大利的传说和罗慕洛兄弟建立罗马城的传说最为有名,它们流传广泛,对罗马文学的影响也大。

随着罗马向东方扩张,许多东方神和传说传入罗马,公元前 3 世纪,弗里吉亚女神库柏勒的神像被隆重地运进罗马。帝国时期广泛流传的东方神有波斯的弥特拉、埃及的伊希斯等。在罗马奴隶制逐渐衰落的情况下,这些新传入的神主要具有宗教崇拜性质,各种性质相近的神互相混同,逐渐产生单一神的概念。公元 313 年米兰令宣布基督教为国教,世俗神话被正式排挤出去。

恒君神话

三国史纪记载,从前,桓任有一个叫桓熊(统治天之神)的儿子,桓熊总是向往着人间世界,桓任知道了儿子的心事,就给他 3 个天符印(檀君继承此建立了高丽。这在证明桓熊的血统的同时也证明了他统治了人间)让他统治人间世界。恒熊率领 3 个天符印和 3000 名臣下来到太白山顶的神潭水边,在这儿建立了叫"辛栖"的村庄。他令风、雨、云与其他神一道统治人间,使人间逐渐和平富足起来。此时,生活在"辛栖"村的熊和老虎来找桓熊,求他把它们变成人。桓熊给了他们一些艾草和 20 个蒜,他说,从今天起 100 天不能看太阳,只能吃艾草和蒜,只要有耐心等待就可以变成人。于是熊和老虎就躲在洞窟吃桓熊给的艾草和蒜生活。但不久急性子的老虎坚持不了了,它放弃了成为人的决心跑了出去,而有耐力的熊克服困难,结果第 21 天时终于变成了美丽的女人。变成女人的熊女(变成女人后的熊名)想怀孕,为此她每天到神潭水去祈祷。一直注意她的桓熊将自己变为英俊的青年,跟她结了婚,生下了既是地上最早的人,又是韩国始祖的檀君。檀君长大以后在平壤建立了国家,名为古朝鲜。之后檀君到"阿萨达",成了山神。据说,当时他的年龄是 1908 岁。

印度教三大主神之——湿婆

印度教毁灭之神湿婆(Shiva),前身是印度河文明时代的生殖之神"兽主"和吠陀风暴之神鲁陀罗,兼具生殖与毁灭、创造与破坏双重性格,呈现各种奇谲怪诞的不同相貌,主要有林伽相、恐怖相、温柔相、超人相、三面相、舞王相、璃伽之主相、半女之主相等变相,林伽(男根)是湿婆最基本的象征。

在印度教造像中,湿婆通常是瑜伽苦行者打扮,遍身涂灰,缠发椎髻,头戴一弯新月,颈绕一条长蛇,胸饰一串骷髅璎珞,腰间围着一张虎皮,四臂手持三叉戟、斧头、手鼓、棍棒或母鹿。他额头上长着第三只眼睛,可以喷射神火把一切烧成灰烬。

传说爱神迦摩在湿婆修苦行时打扰了他，湿婆第三只眼里喷射的神火把爱神烧得形销骨灭，但爱神并没有死，只不过没有了形体，所以说爱是无形的。

湿婆还富于自我牺牲精神。当恒河女神从雪山天国降凡之际，湿婆为了避免水势过猛淹没众生，他亲自以头接水，让恒河在他的发缕间流转千年缓冲后再流到人间。

传说和神话中的怪物

从纪元前到中世纪之间，有几本游记和自然历史的书籍流传很广，而人们对书中所描写的形形色色的荒诞怪兽深信不疑。如罗马作家老普林尼的《自然历史》37卷，是一部搜集2000多种前人著述的浩瀚巨著。1500年后，希伯来语和宇宙志学者塞巴斯蒂安·芒斯特所著《天地万物志》，其中有许多蛇怪的插图及描述。瑞士博物学家康拉德·冯·格纳斯在他的《动物史》中还描绘了独角兽和长有翅膀的龙。

许多国家的神话中都有长着翅膀的龙，它们大多口吐烈焰，鼻冒黑烟。这种怪物的出现，可能源于史前期关于亚洲野蛮游牧民族的传说，欧洲人视亚洲骑马的入侵者为妖怪。

半狮半鹫的怪物具有鹰的头和翅膀，狮子的身体，尾巴则是蛇尾或狮尾。它一般是金银财宝的守护神。

蛇怪又称鸡身蛇尾怪，是一种可怕的大毒蛇。老普林尼描写它是长着黄色顶冠的蛇。据说这种蛇来自一个球形卵，后来由一只蟾蜍孵化而成的。蛇怪的长相狰狞，即便它自己在镜子中瞧见自己的模样也会被吓死。因而杀死蛇怪的唯一办法是拿镜子照它。

美人鱼生活在大海里，其腰部以上是女人，腰部以下是鱼体和鱼尾。在爱尔兰传说中，美人鱼是被爱尔兰的守护圣使者帕特里克驱逐出尘世的不信教妇女变成的。

海妖在《动物史》中也有描绘，它身长300英尺，卷曲攀附在行驶的海船上。

独角兽是传说的动物中最为可爱动人的一种。它是一匹白色骏马，长着4条羚羊腿，一只带螺旋纹的长角耸立于额头中央，刺向前方。角从根至尖为白、黑、红三色。关于独角兽的记载最早见于希腊历史学者蒂细亚斯的著作，他可能是综合了印度的犀牛、羚羊及旅行家的传闻来描写独角兽的。到了中世纪，独角兽成了爱情和纯贞的象征，只能由柔美的少女所驯服。中世纪最精巧的花毯图案都取材于"少女与独角兽"的故事。

长在植物上的羔羊是将神话和事实混为一体的产物。有人说它是长在亚洲国家的一种蕨类植物，有奇形怪状的根系，可能被人想象成四条腿和一个头的样子。

此外还因为其根部纤维中带有血液状的红色汁液。

金凳子——阿散蒂人的传统圣物

在加纳的历史名城——库马西市中心水池中央的大转盘上，竖立着一个雕刻精巧的金凳子，这是阿散蒂人世代相传的圣物。

17世纪末，阿散蒂部落建立了以奥赛·屠土为国王的阿散蒂王国，建都于库马西。相传有一天，阿散蒂人正在集会，突然一片乌云从天边掠过，电闪雷鸣，一只用黄金镶嵌的金凳子从空中徐徐落下，落到国王奥赛·屠土的膝上。这时阿散蒂的大祭司安诺基向众人宣布：这只自天而降的金凳子，是我们的命根子，它容纳着阿散蒂人的灵魂和智慧，是阿散蒂人幸福的依托，也是国王奥赛·屠土最高权力的象征。为了对金凳子表示忠诚和与金凳子共存亡的决心，奥赛·屠土和酋长们各自剪下自己的一片指甲和一缕头发，由安诺基制成药浆，涂在金凳子上，剩下的药浆分给他们饮下。从此以后，这只饰金的木凳就成为阿散蒂人的圣物，由忠诚的卫士日夜守护着。西方殖民主义者入侵后，阿散蒂人为保卫神圣的金凳子，维护民族独立，从1807年以后的100年间，共进行了8次抗击英国殖民者入侵的斗争，英国殖民者企图夺取金凳子的野心始终未能得逞，最后英国殖民当局被迫宣布：金凳子永远属于阿散蒂人。

圣足山

在斯里兰卡的东南部，有座海拔2200多米高的山峰，山顶有一人足印，人们称之为"圣足山"。"圣足山"原名萨马努拉山，山顶上的平台面积有187平方米，其中间有块岩石，足印就在岩石上。圣足长162.5公分，足前宽78.7公分，后跟宽73.6公分。足印内，一泓清水，深约3尺，清澈见底，终年不涸，当地人把足印里的水视为神灵圣水，朝拜者常用手指蘸水拂面，认为可以避邪免灾。

"圣足"是公元前2世纪僧伽罗国王华拉甘姆·巴胡发现的。一天，他在山中狩猎时，忽然看见一头梅花鹿，他穷追不舍，追到山顶梅花鹿突然失踪，他在东张西望时，发现了这个巨型足印。他认定此足印非凡人所留，连忙下跪，口念"圣足！圣足！善哉！

圣足山

善哉"！此后,斯里兰卡人十分崇敬这座山,纷纷前来朝圣。我国东晋高僧法显在斯里兰卡求经拜佛期间,曾不止一次到过"圣足山"。今天全世界近10亿的宗教徒都对它无限崇拜,每年朝拜季节,都有很多人前来攀山、朝圣。

对于这个圣足的来历,传说纷纭。斯里兰卡的四大宗教徒都有自己的说法。佛教徒认为,这个足印是公元前582年佛祖释迦牟尼第三次光临斯里兰卡时留下的足迹,称之为"斯里·巴达",意为"神圣的足迹";印度教徒则认为它是湿婆神的足迹,称之为"湿婆·列蒂·巴旦姆";伊斯兰教徒断言它是亚当在伊甸乐园偷食上帝的智慧果,被驱往人间,为赎罪在此山顶单脚站立千年后留下的,故称为"亚当峰";而基督教徒则称它为圣多马山的足迹。虽然这些传说难以令人相信,但它却被认为是世间一大圣迹。

鸽子和橄榄枝象征和平的由来

据圣经《旧约》记载,上帝耶和华创造人类始祖亚当和夏娃以后,地上人丁兴旺起来。但耶和华看到世上人欲横流,非常恼怒,决定毁灭地上的人类和牲畜。而亚当的后代,希伯来的族长挪亚(又译诺亚)对上帝非常虔诚,上帝为了他家人和牲畜的安全,以免在用洪水毁灭人类和地上一切生物时遭受灾难,便吩咐挪亚准备方舟,以避免洪水淹没。

当挪亚600岁时,果然发了洪水。他遵照上帝的吩咐,带领家人、牲畜、飞鸟、昆虫上了方舟。过了7天,滂沱大雨倾泻而下,持续了40个昼夜,洪水淹没了高山峻岭,吞没了一切房屋和土地。而挪亚一家却坐在方舟里,在水中漂荡,安然无恙。当洪水下退时,挪亚打开方舟的窗户,三次放出鸽子。第一次,鸽子无处落脚而飞回来了,证明洪水还没有退去;第二次,鸽子口里衔着橄榄枝回来,可见洪水已退,树上长出了嫩枝绿叶;第三次,鸽子不再回来了,这说明地上可以立足和觅食。于是,挪亚一家便从方舟里走出来。这里,鸽子衔橄榄枝回来,是告诉人们灾难已过,平安来临。后来,人们就以鸽子和橄榄枝来象征和平。

塞浦路斯的"维纳斯诞生石"

在西方,维纳斯是家喻户晓、妇孺皆知的爱神和美神。在古希腊神话传说中,爱与美女神叫阿佛洛狄特,是众神之王宙斯的女儿。罗马时代称她为维纳斯,是人们崇拜的诸神之一,建有许多她的神庙。中世纪教会思想统治时期,她被当作"异教女妖",塑像多遭焚毁。到文艺复兴时期,人们为冲破宗教禁欲主义的思想牢笼,把她当作新时代的天使,推崇异常,从此,维纳斯名扬四海。

相传维纳斯的诞生地在塞浦路斯彼特拉·图·罗米欧,距海滨城市利马索尔17英里。这里没有人烟,北边是起伏的山丘,南边则是地中海。在碧波粼粼的浅海中,兀立着3块巨石。中间一块高约10多米,拔海而出,亭亭玉立,如出水芙蓉,这便是传说中的维纳斯诞生石,她从这块海石里冉冉升起,赤身裸体地在碧空中飘浮。风神把她吹向岸边,山林女神捧起锦衣,欢呼她把美和爱带到人间。

塞浦路斯有许多关于维纳斯的传说,在西北小城波利斯,还有著名的"爱神浴池",传说美神曾经常在这里洗澡。塞浦路斯人把自己美丽的国家称为"爱神的故乡"。

文艺女神缪斯们

据说,古希腊的天神宙斯和记忆女神漠涅摩辛涅生了九位管文学和艺术的女神。她们生在奥林匹斯山山麓的庇厄里亚,因此又叫庇厄里亚得女神。九位司管文艺的女神,在太阳神阿波罗的领导下,掌管着天上人间的一切文学艺术。她们各有分工:手捧笛子、头戴鲜花圈的欧忒耳珀专管音乐;头戴桂冠的喀利俄珀专管叙事诗(史诗);手握琴的厄拉托专管爱情诗;头戴金冠,手拿短剑与帝杖的墨尔波墨涅专管悲剧;头戴野花冠、手拿牧童杖与假面具的塔利亚专管牧歌喜剧;迈着轻捷脚步、手拿七弦琴的忒耳普西科拉专管舞蹈;克利俄专管历史;乌拉尼亚专管天文;波吕许漠尼亚专管颂歌。

希腊神话中的奥林匹斯众神家族

希腊神话是古希腊人关于神和英雄传说的总汇,以人民口头创作的形式在史前时代氏族公社各时期久远流传,并逐渐完整和系统化。它反映了人类在童年时代对于自然现象和社会现象的认识和解说。"奥林匹斯众神家族"就是古希腊人按照人类父权制家庭的形式创造出来的。主要的神有12个:最高天神宙斯,被认为是众神和万民的君父,掌管雷电;宙斯的姐姐和妻子赫拉是空气女神,掌管婚姻和生育;宙斯的哥哥海神波赛冬能呼风唤雨,他创造了马,并把驭马技术传给了希腊人;宙斯的姐姐和情人得墨特耳,是农业女神;宙斯的另一位姐姐赫斯提亚是灶神;宙斯与赫拉的两个儿子是战神阿瑞斯和火神、匠神赫斐斯托斯;其他诸神多为宙斯和情人所生,太阳神阿波罗和月神阿耳忒弥斯是孪生兄妹。智慧女神雅典娜、爱神和美神阿佛洛狄特是宙斯之女,众神使者赫耳墨斯是宙斯之子。这个大家族的成员还有酒神狄俄倪索斯,9个文艺女神缪斯,3个命运女神摩伊拉,3个复仇女神厄尼厄斯以及偷"天火"给人类的"恩神"普罗米修斯等。

古希腊人创造出来的天神有 1000 个,他们与人同性、同形,同人一样具有七情六欲,喜怒哀乐;也和凡人一样具有正直、勇敢、残忍、妒忌等品性;同样也受爱情的折磨与困扰。这些栩栩如生的众神形象不仅反映了当时人们的爱憎感情,也反映了古希腊人们认识自然和征服自然的愿望和斗争精神。

古希腊神话中的女神——雅典娜

雅典娜是古希腊神话中的智慧女神。传说她是最高天神宙斯和聪慧女神墨提斯所生的。宙斯害怕将来的儿女比他更强有力,就把怀孕的妻子一口吞了下去。后来宙斯感到头部疼痛,就叫匠神用铜斧把他的头顶劈开,全身戎装、右手持矛、左手持盾的雅典娜大声呐喊着从宙斯的头里跳了出来。因此,雅典娜具有宙斯的威力和墨提斯的智慧。

雅典娜

雅典娜又称帕拉斯,因为有一双明亮的蓝眼睛,又被称为"明眼女神"。她向希腊人传授了纺纱、织布、造车、造船、冶金、铸铁、制鞋以及雕刻等各种本领;她还发明了犁和耙,驯服了牛和羊,因而又是农业和园艺的保护神。此外,雅典娜还被尊为战争之神,法律和秩序的保护神。

雅典城是由雅典娜女神的名字而得名的。传说她曾与海神波赛冬争夺该城,众神表示谁给人类一件有用的东西谁胜。波赛冬用三叉戟敲了一下这个城的岩石,里面立即跳出一匹战马,这是战争的象征。雅典娜则用长枪敲了一下岩石,从里面长出一株丰产的油橄榄树,这是和平的象征。从此,雅典娜就成了该城的保护神。

在雅典的卫城中,古希腊人建筑了崇奉雅典娜女神的帕特农神庙。它以白色大理石砌成,有 46 根圆柱(每根高 10.43 米)。神庙里原有古希腊雕刻家菲狄亚斯用黄金和象牙镶成的雅典娜雕像,像高 12 米,一身戎装。帕特农神庙自中世纪后屡遭破坏,现仅存残迹。

人类恩神普罗米修斯

普罗米修斯是希腊神话中造福人类的恩神。他是提坦族的后裔伊阿珀托都的儿子。传说他用泥土和河水按照神的形象塑造了人,智慧女神对人吹一口气,使人有了灵魂和呼吸，人类便逐渐繁殖起来。普罗米修斯又教给人类观察星辰、计算数目、驯服动物、掌握医药等多种生产和生活的技能。以后，他又用茴香管把天火偷下来带到人间，从此人类进入了文明时代。因此他触怒了主神宙斯，宙斯派强力和暴力两仆用铁链将他吊在高加索山崖，并派神鹰啄食他的肝脏，夜间伤口愈合，天明神鹰又来啄食，让他永受折磨和痛苦。但是普罗米修斯坚忍不屈，宁受折磨也不投降。过了许多世纪以后，神鹰被大力士赫拉克勒斯射死，他才得以解救。普罗米修斯不畏强暴、殒身不恤的精神为历代文学家所歌颂。古希腊悲剧家埃斯库罗斯和英国诗人雪莱，根据他的传说分别写出了悲剧《被缚的普罗米修斯》和诗剧《解放了的普罗米修斯》。

邮政与交通

第一枚邮票的诞生

关于世界上第一枚邮票的问世，曾流传有一则小故事。一天，罗兰·希尔在乡间散步，看到一个邮递员正在把一封信交给一个年轻姑娘，那姑娘接过信只往信封上看了一下就把信塞回给邮递员，执意不肯收下。希尔走到跟前，问她为何不收下这封信，姑娘凄然地告诉他，这是她远方的未婚夫的来信，因邮资昂贵，她付不出这笔钱，只好原信退回。这一偶然的巧遇，使希尔下决心要改革邮政制度，于是他向英国政府建议：今后凡寄信，须由寄信人购买邮票，贴在信封上，作为邮资已付的凭证。

1840 年 1 月 10 日英国政府决定采纳希尔的建议，实施新邮政法。信函基价规定为每半盎司（相当于 14 克）收费 1 便士，所谓"1 便士邮政"就此开始。

1840 年 5 月 1 日，在罗兰·希尔的提议和促进下，世界上第一枚邮票正式发行，5 月 6 日开始使用。邮票的图案为英国维多利亚女王侧面浮雕像，黑色，面值 1 便士，人们称之为"黑便士邮票"。这枚邮票，除不具齿孔外，已经大体上具有今天邮票的特征，选用带水印的纸张印刷，涂有背胶，并标有"邮政"字样。

第一枚邮票发行后，由于使用方便，邮资低廉，深受人们欢迎，在不到 1 年的时间里，竟重印 11 版。售出 6800 万枚。尔后，或改变印色，或增添齿孔，但图案和印刷方法基本不变，一直沿用了 40 年之久。这在邮票史上也是不多见的。

由此，集邮爱好者都熟悉罗兰·希尔这位"邮票的发明者"。

由于罗兰·希尔一生为改革和发展邮政事业做出重大贡献，被誉为"近代邮政之父"。1850 年他被任命为英国邮政大臣，1860 年获爵士称号，1879 年被授予伦敦市名誉市民称号。

邮票的分类

要说邮票的种类，可不是一句话两句话能讲得透的。这是一个大题目，细讲起来,完全可以写一部书。这里只能简要地讲一下,然后再选择主要的票种,较详细地介绍一下。

邮票的种类可按发行目的和用处、印刷特点、材质、形状等不同的分类方法,分为以下几大类。

1.按发行目的和用途来划分主要有普通邮票、纪念邮票、特种邮票、航空邮票、欠资邮票、附捐邮票、包裹邮票、快递邮票、军用邮票、挂号邮票、公事邮票、火箭邮政邮票、印刷品邮票、唱片邮票等。

邮票

2.按使用区域来划分主要有国内邮件邮票、国外邮件邮票、限地区使用邮票、多国通用邮票、战俘营邮票、占领邮票等。

3.按发行形式来划分主要有加盖邮票、改值邮票、对剖邮票、正式发行邮票、未发行邮票、临时邮票、暂代邮票等。

4.按发行年代来划分主要有古典邮票、早期邮票、中期邮票、现代邮票等。

5.按发行机构来划分主要有国家邮政邮票、地方邮政邮票、流亡邮政邮票、非官方邮票、半官方邮票、国际组织邮票等。

6.按邮票的制作特点来划分主要有小型张、小全张、小版张、小本票、盘卷邮票、电子邮票、发光邮票、不干胶邮票,有齿孔邮票、无齿孔邮票、有背胶邮票、无背胶邮票等。

7.按制作材质来划分主要有纸质邮票、丝绸邮票、塑料邮票、木材邮票、尼龙邮票、金箔邮票、银箔邮票、铝箔邮票、钢箔邮票等。

8.按邮票印制版别来划分主要有凸版邮票、凹版邮票、平版邮票、混合版邮票、誊写版邮票、压印邮票、原版邮票、再版邮票等。

9.按邮票的形状来划分主要有正方形邮票、长方形邮票、菱形邮票、梯形邮票、三角形邮票、椭圆形邮票、圆形邮票、多边形邮票、水果形邮票、钻石形邮票、地图形邮票等。

10.按邮票已呈现的状态来划分主要有崭新邮票、信销邮票、盖销邮票、洗胶邮票等。

上述从不同角度来对邮票进行分类,可以清楚地看到,邮票是多么丰富多彩。

邮票齿孔的由来

当你撕下一张邮票贴在信封上时,你可能没有察觉到,邮票的齿孔给我们带来多少方便。这小小的邮票齿孔的问世还有过一段有趣的故事呢!

1840 年 5 月 6 日,世界上第一枚邮票在英国诞生时,邮票是没有齿孔的。邮局工作人员是用剪刀将几十枚连成整张的邮票一张一张地剪开,出售给用户,这样既麻烦,又不容易裁剪整齐。

1848 年冬季的一天,英国伦敦下着大雪,一位记者在市中心的一家饭店里,把当天的新闻写成稿件,分装在几个大信封里,准备寄往外地的几家报馆。他取出刚刚从邮局买来的一大张邮票,准备剪开,贴在信封上,可是到处找不到剪刀。怎么办? 他灵机一动,从衣襟上取下别在西装领带上的一根别针,用针尖在邮票空隙间刺了一连串均匀的小孔,然后轻轻一撕就拉开了。

这时,一个在铁路上工作的名叫亨利·阿察尔的爱尔兰青年目睹了这个情景,他联想起车票票根上的齿孔就自言自语道:如果能制作一架打孔机,把每张邮票的空隙间都打上齿孔,使用起来该多方便啊!

于是,他就凭着新闻记者的启示和自己工作中的联想,于 1847 年 10 月 1 日向邮政总长提出了他的申请,经邮局技术师认可,推荐给邮票税票总监批准,终于制造了两台打孔机。第 1 台装有两个滚轮切刀,用来打出由短切口组成的横向和纵向齿孔。第 2 台装有双刃刀,用以在纸上冲出许多行切口。

打孔机经阿察尔进一步改进后,于 1850 年 1 月转让给萨默塞特印刷厂,1850 年 8 月,由邮票税票总监批准,1852 年 5 月 21 日,调查委员会认可并批准购进。阿察尔型的新打孔机由戴维·纳皮尔父子公司制造,安装在萨默塞特印刷厂,1854 年 1 月 28 日,有齿邮票正式使用。

第一个发行通用有齿邮票的国家是英国,随后是瑞典。接着挪威、美国、加拿大也分别在 1856 年、1857 年、1858 年相继使用打孔机。

邮票上的齿孔度是法国巴黎的雅克·阿马勃勒·勒格朗博士在 1866 年发明的。这是测量在 2 厘米长的线段内齿孔数的简单方法,一直沿用至今,并且能使集邮家精确地表述齿孔的各种变异。一枚标有"齿孔 14 度"的邮票,就意味着它的四边上每 2 厘米(0.787 英寸)有 14 个孔。标记"齿孔 15×14 度"的邮票,就意味着它的上下边线每 2 厘米有 15 个孔,两侧边每 2 厘米有 14 个孔。

世界上十大最珍贵邮票

第一名,1856 年发行的英属圭亚那洋红色帆船邮票,面值一分,洋红底子,黑色图案。现传世仅一枚。1980 年,在美国纽约举行的"世界奇珍异宝"拍卖大会上,卖了 85 万美元。

第二名,1847 年发行的毛里求斯"邮局"邮票,面值一便士,红色。

第三名,1847 年发行的毛里求斯"邮局"邮票,面值二便士,蓝色。

第四名,1848~1961 年发行的百慕大群岛邮票,红色。

第五名,1851 年发行的夏威夷邮票,面值二分。

第六名,英属圭亚那"棉纺车"邮票,面值二分,玫瑰色。

第七名,英国"国内官方税"邮票,面值六便士,紫色。

第八名,锡兰邮票,面值四便士,暗紫色。

第九名,加拿大邮票,面值十二便士,黑色。

第十名,英国维多利亚女王邮票,面值一便士,红色。

邮政编码的几位数都代表什么

为了实现邮件分拣自动化和邮政网络数字化,加快邮件传递速度,目前世界上已有 40 多个国家先后实行了邮政编码制度,并以此作为衡量一个国家通信技术和邮政服务水平的标准之一。各国邮政编码规则并不统一。

我国邮政编码的编码规则

我国采用四级六位编码制,前两位表示省、市、自治区,第三位代表邮区,第四位代表县、市,最后两位代表投递区的位置。

例如:邮政编码"130021","13"代表吉林省,"00"代表省会长春,"21"代表所在投递区。

美国邮政编码的编码规则

美国的邮政编码包括 5 个数字,跟在州名的后面,右边的第一个数字,从 0 到 9,代表美国的十大邮区,右边第 2 个和第 3 个代表这个邮区里的邮政中心,最后两个数字代表具体的城镇里的邮区划分。

1981 年,美国部分地区的邮政编码升到了 9 位,简称 ZIP+4,后加的四位数更加细分了邮区,此外还出现过 ZIP+6,这些附加数位的邮政编码只在小范围内使用。

法国邮政编码的编码规则

法国邮政编码始于 1972 年,共 6 个数字,前两位代表省,后三位分别代表城市、地区或邮政分局。

日本邮政编码的编码规则

日本邮政研制的新型邮政编码系统于 1998 年 2 月 2 日投入使用。研制该系统的目的是为了满足日益扩展的邮政机械化作业的需要,提高作业效率,同时确保为用户提供稳定、廉价又优质的服务。其主要特点如下:

邮政编码数字的位数:7 位,在前三位与后四位数字之间使用字符"~";文字结构:目前全部使用数字;新旧邮政编码系统之间的联系:旧的编码中的三位或五位数字作为新编码的前几位数字;新编码的特殊性:将地址的每一小部分(如 cho、 oaza）分别指定为一个数字,连接在现有的邮政编码之后。大型企业和其他商务中心可以拥有专门的编码。

邮戳

　　邮戳上一般标明邮件寄出收到的时间地点,是研究邮政的重要组成部分。现代的纪念性邮戳更有文字和图案说明特定的事件,邮戳已经成为集邮收藏中的重要一项。

　　邮票出现前就有邮戳,世界上最古老的邮戳是英国的"别休泼邮戳"。1661年,英国的邮务长亨利·别休泼就发明推广使用了邮戳。我国1878年诞生"大龙"邮票,而1872年就开始使用的上海海关总税务司的椭圆形印章(英文字样),是表示邮资运费付讫的邮戳。1878年,清政府正式发行邮票,使用的是海关英文地名戳和汉文地名戳。1897年,清政府正式创办了大清邮政,诞生了具有传统文化风格的"八卦"字样的邮戳,以每卦表示一个地名,后因邮局不断增加,八卦式已不适用,故废除了八卦戳,改用大圆戳。到了1903年11月,清政府邮政总办规定,从1904年起,邮戳改用干支纪年邮戳。1912年清政府垮台后,干支纪年改为"民国"年份。到1937年,才出现外圈为钉齿形邮戳。新中国成立后,最初使用的是单线边三格式邮戳,地名、日期改为从左至右排列,纪年改为公元年份,并以阿拉伯数字表示。1957年1月1日起,邮电部颁发了新式邮戳,使用直径为25毫米的汉字圆形邮戳,戳面分五格:上半圆环、上月牙、字钉槽、下月牙和下半圆环。除了这种普通邮戳外,如今还有各种专题纪念邮戳。

极限封

　　极限封是所贴邮票的主图与信封上图案相同或相似,并盖有与邮票主图直接相关地邮戳的信封。主要特征是邮票主图、信封图案和邮戳三者之间达到最大限度的统一。极限封沿袭极限明信片的制作方法而产生。极限封可选择与邮票主图相同的美术信封自制,经邮局实寄或未经邮局实寄皆可,但必须盖有直接相关的邮政日戳或图案相同的风景戳。邮票公司为新邮票发行专门印制的极限封,供集邮者收藏。

邮资邮简

　　在19世纪二三十年代,英国寄信是按邮程距离及信件的重量收费的,且邮费昂贵,贵得连国会议员都难以承受。为了减少邮费,不少人写信时都在一张纸的一面写信,然后翻过来折叠成信封状,写上收信人的姓名和地址,封口后即交付邮寄,这种既可用做信纸又可折叠成信封邮寄的邮政用品称为邮简,也称信笺或信简。后来邮政部门发行这种邮简称为邮制邮简,而非邮政部门印刷的则称为非邮制邮简。

邮制邮简上印有邮资图案或"邮资已付"字样的称邮资邮简;非邮制邮简无权加印邮资图案,需加贴邮票才能交付邮寄。

1840 年 5 月与黑便士和蓝便士邮票同时发行的还有一种叫作马尔雷迪的邮资邮简,是世界上最早的邮资邮简,它是因设计者英国画家马尔雷迪(W.MaI ready)而得名。马尔雷迪因擅长画儿童书籍插图和信封设计而著名。马尔雷迪邮资邮简全套两枚,即 1 便士黑色和 2 便士蓝色两种。这种邮资邮简封面的上部正中画有一个小岛,小岛上有一位英国绅士、一头雄狮和一个米字徽,代表英伦三岛;几位长有翅膀的天使飞向四面八方,将信息传向世界各地;周围的大陆上是从事商务、劳作和创作的人群。画面两侧分别画有两个家庭在阅读信件的情景。下面印有"邮资 1 便士"或"邮资 2 便士"字样。附图是一枚 1 便士黑色马尔雷迪邮资邮简的实寄品,是从伯明翰寄往雷迪奇的。邮简销红色马尔他十字邮戳,背销"1840 年 5 月 29 日"伯明翰收寄日戳,未盖雷迪奇落地戳。

世界上第一张明信片是哪国的

明信片的问世,距今已有 130 多年的历史。据史籍载,1865 年 10 月的一天,有位德国画家在硬卡纸上画了一幅极为精美的画,准备寄给他的朋友作为结婚纪念品。但是他到邮局邮寄时,邮局出售的信封没有一个能将画片装下。画家正为难时,一位邮局职员建议画家将收件人地址、姓名等一起写在画片背面寄出,果然,这没有信封的"画片"如同信函一样寄到了朋友手里。这样,世界上第一张自制"明信片"就悄然诞生了。从这一点来说,明信片是艺术家和邮政职员的共同发明。同年 11 月 30 日,在德意志邮政联合会的一次代表大会上,有人提议,为了写信方便,可以使

明信片

用一种不需要套封的信件——明信。但因代表们意见不一,此提议未被采纳。

1869 年,奥地利一位博士发表文章建议,应该开发明信片,并将其列为印刷品邮件,以降低邮费价格。奥地利邮政部采纳了他的建议。同年 10 月 1 日,明信片在维也纳邮局正式发行。因此奥地利成为世界上发行明信片最早的国家。

由于明信片使用简便,邮资便宜,深受人们欢迎,奥地利仅 3 个月就投寄了 300 多万张。德国邮政部门闻讯后大吃一惊,后悔不已,并于 1870 年 7 月正式发行了明信片。紧接着,英、美、法、瑞士等国的明信片也相继问世。

最早的留声机

电唱机最早叫留声机,诞生于 1877 年。世界上第一个发明留声机的人就是誉满全球的发明大王——爱迪生。

1877 年 8 月 15 日"会说话的机器"诞生,轰动了全世界。1877 年 12 月,爱迪生公开使用了留声机,外界舆论马上把他誉为"科学家之拿破仑",留声机是 19 世纪最令人振奋的三大发明之一。即将开幕的巴黎世界博览会立即把它作为新展品展出,就连当时美国总统海斯也在留声机旁转了两个多小时。

最早的电话机

1875 年,世界上第一台电话问世,这台电话的发明者是一位苏格兰青年,名叫亚·贝尔。

亚·贝尔和助手沃特森经过无数次试验,几年艰苦的研究,终于发明了第一台电话机。这两位科学家的发明对后代生活有很大的影响。

电话机上的"＊"和"#"键都有什么用处

"#"一般为重拨键,基础型脉冲按键电话机大都附有这种"#"键。在打出电话由于暂停而听到忙音时,搁上话筒再取下,听到拨号音后,按一下"#"键,即可重复上次拨打的电话号码,如仍打不通,可以多次拨打。但有的按键电话机上的"#"键作用不同,所以要认真阅读电话机说明书。

"＊"一般为暂停键,基础型脉冲按键电话机中大都附有这种"＊"键。用户打外线时,如打不通,则使用"＊"键,等听到公共网的拨号音(二次拨号音)再放开,公共网自动交换机才能正确动作。如只照上面所述办法使用"#"重拨键,而不按"＊"键暂停,万一公共网交换机的拨号音来慢了,就要发生不正确的动作。

有的话机的"＊"键是作静默键使用的,即按下此键时,话机发话电路断开,此时用户和别人说话的声音对方听不到。因此,话机用户使用前要阅读该电话机说明书,以说明书所说为准。

"R"称作记发器再启动键,用于程控交换机的话机。如使用三方通话、会议电话等特种业务时,可按程控交换机特种业务的要求,使用此键,这时会按规定中断话机直流电话一个特定的瞬间,以重新启动程控交换机的记发器电路。

国际求救电话

在香港,紧急救助电话为"999",但万一身处荒山野岭,手提电话又未能接收本身网络的信号,岂不求救无援?

现时全球所有 GSM 移动电话及网络都具有"112"紧急救助功能。当需要求助而手提电话身处的地方不能接收本身的网络信号时,用户只需致电"112",GSM 会自动通过该处其他网络发射站的讯号,接拨到当地的紧急求救电话单位。为了方便求援,用户亦可在免输入密码及无须识别卡的情况下致电"112"。

假如用户身在香港,"112"会接拨到香港警察"999"控制中心;而身处边境或国内,则会接拨到电话录音,要求用户选择"110"(警察)或"119"(消防)。

最早的报纸

西方有不少人认为最早的报纸是罗马帝国凯撒大帝在公元前 59 年所创办的《每日记文》,这是一种传递紧急军情的官报,但是这种报纸的寿命不长,不久就停办了。就办报年代而言,我国的邸报要比《每日记文》早得多。

西汉实行郡县制,全国分成若干个郡,郡再分成若干个县。各郡在京城长安设立驻京办事处(那时叫"邸"),派有常驻代表,相当于皇帝和各郡首长之间的联络官。这些联络官定期把皇帝的御旨、臣僚奏议等官文书以及宫廷大事等有关的政治情报,写在竹简或绢帛上,这就叫"邸报",然后派遣信使,通过驿道,传送给各郡长官。最早的"邸报"出现在西汉初年,即公元前 2 世纪左右,比罗马帝国的《每日记文》大约要早 1 个世纪左右。

最早的无线电通信机

1820 年,奥斯特发表了著名的奥斯特实验,第一次揭示了电流能够产生磁的物理现象。在此基础上,法拉第于 1831 年发现了电磁感应定律。到了 1873 年,麦克斯韦提出电磁场理论,并描述了电磁波的一些基本性能。1888 年,赫兹成功地在导线中激起了高频振荡,并在导线周围测得了电磁场,从而用实验证实了电磁波的存在。这一切都为无线电通信的发明奠定了坚实的基础。

自赫兹的实验发表以后，人们就产生了制造利用电磁波传递信息的无线电通信机的构想，并做了大量的实验，结果都没有成功。直到1895年5月7日，亚历山大·斯捷潘诺维奇·波波夫在俄国物理化学学会会议上第一次公开表演了他所发明的称为"雷电指示器"的无线电接收机。第二年在同一学会的会议上又表演了距离为250米的无线电通信。接着，意大利科学家马可尼将无线电通信付诸实用，并申请了专利权。

波波夫发明这架最早的无线电通信机是利用火花放电来产生高频电磁振荡的。按下电键K后，电池E供给的电流流过初级线圈T1，使铁芯C磁化而吸动衔铁B；于是初级电路断开，铁芯内磁通消失，衔铁B回到原位，初级电路重新接通。每次铁芯内磁通消失时，次级线圈T2中就感应出很高的电势，使天线A和金属球M1充电，直至使两个金属球M1M2之间击穿时为止。这时天线A与地线G之间积累起来的相反电荷通过两球间的电离空气火花放电。这种火花放电具有高频振荡特性，振荡频率由天线和导线等的电感和电容量决定。这种高频阻尼振荡由天线A辐射到空间，这就是发射出去的无线电信号。无线电信号由天线接收进来，经金属检波器检波，继电器1和3配合动作，由小锤按高频信号电流的长短击振出长短不等的铃声，或由记录系统将信号用点、划的形式记录在纸条上。

波波夫发明的火花式电报机是世界上最早的无线电通信机。尽管它存在不少缺点，不能在很宽的频带范围内产生电磁振荡，发送的信号十分简单，但它却开创了无线电技术的新时代，其意义是非常深远的。这种电报机一直沿用到20世纪20年代以前，直到采用电子管后才被取代。

最早的无线电广播

1906年12月24日即圣诞节前夕的晚上8点钟左右，美国匹兹堡大学教授费森登通过马萨诸塞州布朗特岩的国家电器公司128米高的无线电塔成功地进行了一次广播。广播的节目有读圣经路加福音中的圣诞故事，小提琴演奏曲，还播送了德国音乐家韩德尔所做的《舒缓曲》等。人们听到电波传来的精彩节目，感到十分惊奇。这是人类历史上第一次进行的正式的无线电广播。在1900年11月，费森登教授曾进行过一次演说广播，但声音极不清楚，未被重视。不过，第一次成功的无线电广播，应该是1902年美国人内桑·史特波斐德在肯塔基州穆雷市所做的一次试验广播。

史特波斐德只读过小学，他如饥似渴地自学电气方面的知识，后来成了发明家。1886年，他从杂志上看到德国人赫兹关于电波的谈话，从中得到了启发，并试图把它应用到无线广播上。当时，电话的发明家贝尔也在思考这个问题，但他的着眼点在有线广播,而史特波斐德则着眼于无线广播。经过不断的研制,终于有了成果。他在附近的村庄里放置了5台接收机,又在穆雷广场放上话筒。一切准备工作就绪了,他却紧张得不知播送些什么才好,只得把儿子巴纳特叫来,让他在话筒前说话,吹奏口琴。试验成功了,巴纳特·史特波斐德因此而成为世界上第一个无线广播员。

他在穆雷市广播成功之后,又在费城进行了广播,获得华盛顿专利局的专利权。现在,肯塔基州立穆雷大学还树有"无线广播之父"的纪念碑。

SOS 小史

船舶在浩瀚的大洋中航行,由于浓雾、风暴、冰山、暗礁、机器失灵、与其他船只相撞等,往往会发生意外的事故。当死神向人们逼近时,"SOS"的遇难信号便飞向海空,传往四面八方。一收到遇难信号,附近船只便急速驶往出事地点,搭救遇难者。

许多人都认为"SOS"是三个英文词的缩写。但究竟是哪三个英文词呢? 有人认为是"Save Our Couls"(救救我们);有人解释为"Save our ship"(救救我们的船),有人推测是"Send our Succur"(速来援助);还有人理解为"Suving Of Souls"(救命)……真是众说纷纭。其实,"SOS"的原制定者本没有这些意思。

事情还要追溯到20世纪初。1903年第一届国际无线电报会议在柏林召开,有八个海洋大国参加了会议。考虑到航海业的迅速发展和海上事故的日益增多,会议提出要确定专门的船舶遇难无线电信号。有人建议用三个"S"和三个"D"字母组成的"SSSDDD"作为遇难信号,但会议对此没有做出正式决定。

会后不久,英国马可尼无线电公司宣布,用"CQD"作为船舶遇难信号。其实这只是在当时欧洲铁路无线电通讯的一般呼号"CQ"后边加上一个字母"D"而已。海员们则把"CQD"解释为"Comequick,danger"(速来,危险)。因为"CQD"信号只是在安装有马可尼公司无线电设备的船舶上使用,所以这一信号仍然不能算作是国际统一的遇难信号。况且,"CQD"与一般呼号"CQ"只有一字之差,很容易混淆。

1906年,第二届国际无线电会议又在柏林召开。会议决定要用一种更清楚、更准确的信号来代替"CQD"。美国代表提出用国际两旗信号简语的缩写"NC"作为遇难信号。这个方案未被采纳。德国代表斯利亚比·阿尔科无线公司的一位专家建议用"SOE"作遇难信号。讨论中,有人指出这一信号有一重大缺点,即字母"E"在莫尔斯电码中是一个点,即整个信号"SOE"是"……",在远距离拍发和接收时很容易被误解,甚至完全不能理解。虽然这一方案仍未获通过,但它却为与会者开阔了思路。接着,有人提出再用一个"S"来代替"SOE"中的"E",即成为"SOS"。在莫尔斯电码中,"SOS"是"………………"。它简短、准确、连续而有节奏,易于拍发和阅读,也很易懂。

在宣布"SOS"为国际统一的遇难信号的同时,废除了其他信号,其中包括当时普遍使用的"CQD"。但"SOS"并没有马上被使用,电报员们仍然偏爱于"CQD",因为他们大多数过去是在铁路系统工作的,习惯使用"CQD"。

1909 年 8 月,美国轮船"阿拉普豪伊"号由于尾轴破裂,无法航行,就向邻近海岸和过往船只拍发了"SOS"信号。这是第一次使用这个信号。直到 1912 年 4 月"铁达尼克"号沉船事件之后,"SOS"才得到广泛使用。

人行横道的来历

人行横道又叫斑马线,源于古罗马时代的跳石。早在古罗马时期的庞贝城的一些街道上,车马与行人交叉行驶,经常使市内交通堵塞,还不断发生事故。为此,人们便将人行道与马车道分开,并把人行道加高,还在靠近马路口的地方砌起一块块凸出路面的石头——跳石,作为指示行人过街的标志。行人可以踩着这些跳石,慢慢穿过马路,而马车运行时,跳石刚好在马车的两个轮子中间。后来,许多城市都使用这种方法。19 世纪末期,随着汽车的发明,城市内更是车流滚滚,加之人们在街道上随意横穿,阻碍了交通,从前的那种跳石已无法避免交通事故的频频发生。20 世纪 50 年代初期,英国人在街道上设计出了一种横格状的人行横道线,规定行人横过街道时,只能走人行横道,于是伦敦街头出现了一道道赫然醒目的横线,看上去这些横线像斑马身上的白斑纹,因而人们称它为斑马线。司机驾驶汽车看到这条条白线时,会自动减速缓行或停下,让行人安全通过。斑马线至今在街道上仍然随处可见。

圣马力诺共和国没有红绿灯

圣马力诺共和国是欧洲最古老的国家之一,该国风景秀丽,每逢旅行旺季,街市人头涌动,车流不息。圣马力诺只有 2 万多人口,却拥有各种汽车 5 万辆,按理说,交通状况应该是拥挤不堪的。但实际上,在圣马力诺行车,道路顺畅,极少有堵车现象,偶尔塞车也不必担心,很快就会自动化解。

尤为令人惊奇的是,该国境内各种大小交叉路口看不到一个红绿灯信号。没有红绿灯,交通却井然有序,这其中的奥妙就在于圣马力诺的公路设计、交通管理十分科学。该国的道路几乎全是单行线和环行线,开车人如果不进家门或停车场,一直开到底,就会不知不觉地又原路返回了。

在没有信号的交叉路口,驾驶人员均自觉遵守小路让大路、支线让主线的规则。各路口上都标有醒目的"停"字,凡经此汇入主干的汽车都必须停车观望等候,确实看清干线无车时才能驶入。在圣马力诺,人人都自觉遵守交通规则,这已形成习惯。

为什么交通灯要用红–黄–绿这三种颜色

19 世纪初,在英国中部的约克城,红、绿装分别代表女性的不同身份,其中,着红装的女人表示我已结婚,而着绿装的女人则是未婚者。后来,英国伦敦议会大厦前经常发生马车轧人的事故,于是人们受到红绿装启发,1868 年 12 月 10 日,信号灯家族的第一个成员就在伦敦议会大厦的广场上诞生了。由当时英国机械师德·哈特设计、制造的灯柱高 7 米,身上挂着一盏红、绿两色的提灯——煤气交通信号灯,这是城市街道的第一盏信号灯。在灯的脚下,一名手持长杆的警察牵动皮带转换提灯的颜色。后来人们在信号灯的中心装上煤气灯罩,它的前面有红、绿两块玻璃交替遮挡。不幸的是只面世 23 天的煤气灯突然爆炸自灭,一位正在值勤的警察也因此断送了性命。

从此,城市的交通信号灯被取缔了。直到 1914 年,在美国的克利夫兰市才率先恢复了红绿灯,不过,这时已是"电气信号灯"。稍后又在纽约和芝加哥等城市相继重新出现了交通信号灯。

随着各种交通工具的发展和交通指挥的需要,第一盏名副其实的三色灯(红、黄、绿三种标志)于 1918 年诞生。它是三色圆形四面投影器,被安装在纽约市五号街的一座高塔上,由于它的诞生,城市交通大为改善。

黄色信号灯的发明者是我国的胡汝鼎,他怀着"科学救国"的抱负到美国深造,在大发明家爱迪生为董事长的美国通用电气公司任职员。一天,他站在繁华的十字路口等待绿灯信号,当他看到红灯而正要过去时,一辆转弯的汽车呼的一声擦身而过,吓了他一身冷汗。回到宿舍,他反复琢磨,终于想到在红、绿灯中间再加上一个黄色信号灯,提醒人们注意危险。他的建议立即得到有关方面的肯定。于是红、黄、绿三色信号灯作为一个完整的指挥信号家族,遍及全世界陆、海、空交通领域了。

人们说的两厢、三厢车是什么意思

单厢、两厢和三厢车都没有明确的定义。通俗地说,所谓的三厢车就是指平时常见的桑塔纳、捷达、奥迪 A6 这些前面有"鼻子"(发动机舱),后面有"屁股"(后备行李舱)的轿车;而两厢车则指少了突出的"屁股"的轿车,如街上经常可以见到的富康、POLO 等车型;人们理解的单厢车则多指雷诺风景、神龙毕加索以及丰田大霸王这类 MPV 车型。

从结构上来说,如果整车的发动机舱、乘员舱、后备行李舱全部被分隔开,并且这种分隔是固定不可逆转的,那么就应该算是三厢车。两厢车指车身有后备行李舱但没有突出车体,这种情况下实际上乘员舱和后备行李舱是一体的,只是借助后排座椅等分隔开。

所谓单厢车,其实是面包车(厢式车)的高级变种。我们非常熟悉的面包车型,大的有丰田海狮、三菱得利卡等,小的有长安面包车,这种车空间较大,既可载客,也可拉货,很实惠,但这种车也有个致命的缺点,就是没有单独的引擎舱,在发生正面撞击时没有缓冲。由于严格的安全法规,除日本外,北美和欧洲已禁止生产这种原始形态的"单厢车"。但受该车型的启发,结合两厢车和面包车的特点,产生出了颇具魅力的新型的"单厢车"。世界上最成功的单厢车是雷诺风景和雪铁龙的毕加索。

什么叫 4S 店

4S 店包含整车销售(Sale)、零配件(Sparepart)、售后服务(Service)、信息反馈(Survey)等。所以简称 4S 店。简单一点来说,就相当于专卖店。是由厂家统一设计,根据厂家的模式经营管理的。

现在国内合资汽车厂家在全国各地都设有 4S 店。这些厂家直接向 4S 店供应整车和零配件,4S 店负责销售及代表厂家进行售后服务。但 4S 店是不能销售别家厂商品牌的汽车的。

由于 4S 店的投资比较大,设立及管理都比较严格,服务比较完善,所以它的维修保养价格也是比较贵的。

世界上第一辆公共汽车诞生于哪个国家

最早的汽车以蒸汽机为动力,所以它们其实更像火车机车而不像现在我们常见的汽车。1825 年,英国戈尔沃斯·格尼公爵通过一系列研究制造出一种蒸汽公共汽车。这种蒸汽公共汽车可乘坐 18 人,速度每小时 19 千米,它的蒸汽机装在车后。这是世界上第一辆营业性的公共汽车。到 1828 年,英国出现了第一个公共汽车运输公司——苏格兰蒸汽汽车公司,这时的公共汽车的设计已经有所改进,可以乘坐 22 位乘客,每小时的速度也增加到 32 千米。

目前世界上最安全的飞机

世界最昂贵的"空军一号"的机尾印有美国国旗,机翼上有美国空军的标记和英文缩写。从外表看,机身涂着银、蓝、白三色,尾翼上漆有一面星条旗,前舱门的右下方有一个总统座机标志:一个爪握橄榄枝与13支箭的秃鹰(美国国徽),四周写有"美利坚合众国总统"字样。

"空军一号"内置有当今最先进的电脑、通讯、医疗器材,简直就像白宫和五角大楼的缩影。美国总统不但可以在机内办公,还可享受家居般的方便生活。卧房、浴室、厨房、餐厅等,设备齐全。总统有一个相当隐秘且宽敞的隔间。他和第一夫人有个起居室,室内有一张可折叠的沙发床、木头制的橱柜、纯皮的椅套、长毛的地毯、电动的窗帘。机内还有一间浴室,不单淋浴设备齐全,还有一面大镜子、一个面盆、一个电动剃刀桌、一套现代化抽水马桶。起居室的隔壁,就是总统办公室,由一个原木桌和皮套椅组成。蓝色的石英钟挂在墙上,包括美国本土、华盛顿特区与到达地点的时间。另外,还有一个非常现代化的医疗中心。房间里,有三个头等舱大小的座椅、两个卧铺、一个洗脸台,一台冰箱专为冷藏血液与药品用,一个装满医疗器材的橱子;还有一个可折叠的手术桌,配上高敏感度的灯光。医疗中心的所有设备完全是采用最新式的尖端器材,不论发生了任何紧急状况,它都能立时发挥急救功能,甚至比一般的医院急诊室更为现代化。另外还有一间工作室,里面包括了最新的录放影设备、投射片荧幕、地图吊挂以及其他会议室的任何必需设施。在华丽的餐桌上,有一块木制结构的厚板子镶在桌面上,底下隐藏着一些电线与录音设备及随时可以卡断的系统,以确保通讯安全与清晰的电话交谈。专机上包括了两个具有厨房功能的地方,都放有微波炉、烤箱等。当然,为了飞机上的安全,这些器材都是特别设计的,不会造成危险。机上设备齐全,白宫幕僚在地上做的一切事,在空中也能做。最有意思的是,飞机内的电视荧屏可收到来自世界各地的节目。而且,每一个隔间内都有这么一个电视机。若想看任何节目录像,只要拿起座椅旁的电话,通知有关人员,便可收看到节目。

这架总统座机的内部,包含87座电话机、10台电脑、一架大得足以供应一个律师事务所的影印机、一台传真机以及57架天线,几个座椅边有两架电话机。白色的电话是一般用的,而米黄色电话是过滤杂音的辨视声音沟通系统,电话声音极为清晰。在上屋机舱内,有专人负责这些对外的通讯操作。机身内壁的电子设备操纵整架飞机复杂的通讯网络,只要拿起座椅旁的电话,接线员便会立刻回答。这些电讯设备能很快地传到世界各地,给你想要说话的任何人,包括即使手边没有对方电话号码,接线员都会想尽办法帮你查询接通。

黑匣子是什么

被当作飞机飞行状况"见证人"的黑匣子,其实并非黑色,而是常呈橙红色。因为它能帮助破解飞行事故(尤其是飞机在失事瞬间和失事前一段时间的飞行状况)的秘密,因此叫"黑匣子"。

黑匣子外壳坚实,为长方体,约等于四、五块砖头垒在一起一般大。内部为电气器件,实质上是一台收发信机。在飞机飞行过程中,它能将机内传感器所收集到的各种信息及时接收下来,并自动转换成相应的数字信号连续进行记录;当飞机失事时,黑匣子会依靠紧急定位发射机自动向四面八方发射出特定频率(例如 37.5 千赫),类似心跳般有规律的无线电信号将"宣告"自己所处的方位,以便搜寻者溯波寻找。1974 年,一架波音 707 坠入水深 3000 多米的海底,就是靠这种无线电定位信号找到黑匣子的。因为匣内电池容量有限,定位发信机通常只能连续工作个把月,如果打捞不及时,黑匣子就会销声匿迹。

每架飞机上通常有两个黑匣子,它们的学名分别叫"飞行数据记录仪"和"机舱话音记录器"。前者主要记录飞机的各种飞行数据,包括飞行姿态、飞行轨迹(航迹)、飞行速度、加速度、经纬度、航向以及作用在飞机上的各种外力,如阻力、升力、推力等,共约 200 多种数据,可保留 20 多小时的飞行参数。超过这个时间,数据记录仪就自动吐故纳新,旧数据被新数据覆盖。机舱话音记录器主要记录机组人员和地面人员的通话、机组人员之间的对话以及驾驶舱内出现的各种音响(包括飞机发动机的运转声音)等。它的工作原理类似普通磁带录音机,磁带周而复始运行不停地洗旧录新,总是录留下最后半小时的各种声音。一次飞行通常要经历 8 个阶段(起飞、初始爬升、爬升、巡航、下降、开始进场、最后进场、着陆),每一阶段的情况,都逃不过黑匣子的"耳朵"。

世界最早的交通安全法规

据考,世界上最早的交通法规是美国交通学专家威廉·菲尔普斯·伊诺制定的。

1867 年的一天,9 岁的伊诺在马车里目睹了纽约市一个十字路口交通堵塞达 30 分钟之久的状况,这给他留下了很深的印象。以后他常跟家里人到欧美去旅行,每到一处,就观察当地的交通秩序,考察交通事故问题,并写下了大量的笔记。1880 年,他在报刊上发表了两篇颇有见地的论文,从而引起人们的重视,之后纽约市的警察局决定请他出面制定交通法规。

他在整理了自己考察笔记的基础上,起草了世界上第一个交通法规——《驾车的规则》,其条文 1903 年在美国正式颁布,由此把美国的汽车交通带入高效安全的世界。此后,世界各国积极仿效,交通法规随着交通事业的发展而发展,其法规体系日益完善和趋于合理。

世界各国形形色色交通罚单开具方式

加拿大电子罚单取代传统纸条

从 2005 年 8 月 18 日开始,加拿大首都渥太华交警手里的纸和笔已换成一个掌上电脑,先进的电子罚单已取代传统的纸条。渥太华警察局长文斯·比万介绍说,他们使用的掌上电脑中安装了一个叫作"钱包传票"的电子罚单系统软件,预先设置了各种交通违章项目,采用的是交通部的标准措辞,这样就避免了因警察用词偏差而导致罚单失效,同时也避免了因字体潦草而难以辨认等问题。

韩国罚单印有清晰的违章照片

在汉城街道上,很少看到交警的身影。韩国建立了完备的交通设施系统,在干道、高架桥等重要地段都安装了无人监视器,超速、违反信号、逆行等都将无一例外地记录在案。一旦违章,罚单上就印有清晰的照片,而且何时何地如何违章、罚款多少、过期不缴处理办法等均一清二楚,让人心服口服。

美国开具罚单存入个人档案

美国道路交通违章的处罚统一由各州、市、县法院负责执行,各地法院均设有一个民事法庭专门处理交通违章。

美国各州、市、县的交通违章罚款标准都不一样,且每年由立法机关根据当年各类交通违章的特点及地方市民收入的实际标准而重新审定一次。

在美国,不论何种交通违章,只要被开具罚单和接受处罚,违章记录即永久性地存入个人有关档案中,这些记录在本人晋升、信用、保险、求职等方面会产生一定的负面影响。

法国一般不向轻微违章者寄罚单

法国接收交通罚金的部门是地方税务局而不是交管局,法国很少有交警因多开罚单而拿奖金的现象。法国交通管理的主要特点是"立法细而执法粗"。一般来说,只要违章不是很明显,没有严重影响交通,交管部门不会向轻微违章者寄罚单,但一旦发现重大违章,那么立即寄达驾车人手中。

新西兰警察每月有开罚单任务

新西兰警察大部分在街上抓超速驾驶者,每个警察每月要开多少张罚单都有任务。根据新西兰警察部长提供的数据,2004 年,警察开出的交通罚单有 39 万多张,仅警察罚款收入一项,一年就达 4 亿多新元,新西兰人称警察为街头印钞机。

2005 年这个数字,因为就在 2 月底,一项新的更为严厉的交通罚款条例投入了实施。

自行车的历史

自行车发明至今已有 200 多年的历史。今天,自行车作为交通代步、锻炼身体、越野旅游、运动比赛以及少量货物运送工具,已遍及世界的每个角落。那么,我们是否知道自行车的发展历史呢?

快车——最早的自行车

在 1791 年夏季的一天,路易十六王宫的大草坪上聚集了许多男士和女士。突然,传来一阵"得得"声,并伴着很响的"轧轧"声,瞬间,人们看到一位名叫孔特·德·希拉克的男士狂奔着从槌球场中间穿过。不过,希拉克不是像普通人那样奔跑,而是坐在一只奇怪的装着轮子的"木马"上,两只脚以奔跑的动作蹬踏着地面。当希拉克到达草坪的尽头时,他转过"木马"又跑了回来。人们为希拉克的"滚动木马"所吸引,称之为"快行脚",真正的自行车历史从此真实地开始。

自行车

脚蹬——双脚开始离开地面

1863 年的一天,法国人皮埃尔·米乔克斯骑着一辆早期二轮脚踏车出了家门,在巴黎圣马丁大街上的人全都凝视着他。为什么?原来,米乔克斯的双脚始终没接触过地面!米乔克斯是实现不用双脚蹬踏地面骑自行车的第一人。这时许多型号的自行车重达 100 磅。

无橡皮轮胎——一年卖出 400 辆

1865 年,米乔克斯经营的马车店一年中销售出了 400 辆经他改进的装脚蹬的无橡皮轮胎自行车。但这时的自行车被人称为"颠散骨头的车子",减震功能还差得多。

大小轮——终于把重量减下来

1869 年,在法国举行的第一届自行车展上,出现了前轮大、后轮小的自行车。1871 年,英格兰考文垂市的詹姆士·斯塔雷造出了第一辆名为"Ariel"的大小轮自行车。这种车子特别轻,斯塔雷也被人们称为"自行车工业之父"。大小轮自行车是第一种在世界主要工业国流行的自行车。

安全型——在妇女中流行

1879 年,英国的 H.J.劳森研制出了 30 磅重、二轮的链条驱动自行车。这种车车轮小、重量轻,骑车者坐在前轮之后,即使急刹车骑车者也不会翻过车把。这种自行车受到妇女们的欢迎,凡按这种设计思想制造的自行车被称为"安全型自行车"。

三轮车——为了更安全

三轮车两只后轮较大,链条带动后轮,有良好的平衡作用,而且利于推动整个车子前进。1890 年法国标致公司制造的三轮车能运载 110 磅的货物,这使其具有了特殊的商业价值。

充气轮胎——安全型自行车第一项重要改进

1885 年,苏格兰的约翰·博伊德·邓禄普研制成功充气轮胎自行车。

变速装置——轻量赛车发展的关键

1888 年制造的"DeuxVicesses"自行车是早期的二速自行车之一。目前,由最初的二速已发展到了 18 速的变速装置。

随着轻型人力车的流行,在若干年后,时髦的当代赛车可能被看得如同安全型自行车一样老式,如同早期的大小轮自行车那样奇怪。

商业与货币

广告稗史

广告是一个信息行业,遍及世界各国。查考广告的历史,可谓源远流长。古代希腊的雅典城内有一种管理日常生活的半官方人物,经常在街上叫喊,口头告示民众关于货物上市的行情。在古罗马时,人们在街道建筑物的墙壁和大柱上刻写文字和图画,如竞技场的表演预告,遗失狗的主人寻找爱犬的启事,补鞋匠的广告等。最有趣的是,古罗马的医生每到一处,就摆起摊头大声喧嚷,以招揽病人,有的甚至当众示范开刀,并用笛声掩盖病人痛苦的喊叫。

在中世纪的欧洲,第一批叫卖者出现于法国的巴黎。巴黎的浴室工人伫立在十字路口,高喊"洗热水澡",接待沐浴者。后来,巴黎街头也出现叫卖的小商贩,把广告式的吆喝配上优美动听的小调,即使后来广告招贴取代了叫卖,许多曲调仍在人们中流传。如有一首叫卖篦梳的小调:"黄杨篦梳,抓头虱之宝,包你头发,干净完好。"

18世纪下半叶以后,广告已逐渐渗进社会生活的各个领域,甚至走进了出版的书籍中。小说家巴尔扎克由于债台高筑,遂同意在他的小说《赛查·康罗托盛衰记》的一个章节里,为圣马丁街的烧酒商安排一则广告。这样巴尔扎克成了第一个广告作家。1827年法国《立宪报》增加版面用以刊登有关地产、商业、工业等各类广告,从此开始了报纸刊登广告的做法。后来,法国实业家吉拉丹创办了一份《知识报》,大篇幅刊登广告,使报纸与广告的关系进一步密切起来。

拍卖与联合拍货

拍卖是资本主义商业中的一种买卖方式,是由取得正式准许证的拍卖行来经营的。拍卖之前,拍卖商大登广告,在广告上附有各种待售物品的细目详情,写明拍卖品展出的时间及地点,若在广告上没能列出细目,则印成目录,将拍卖品分类分批编号排列。拍卖时,拍卖人邀请购买者集中于拍卖室,对各种待售物品依次叫价,出价最高者为买主。叫价的方式有上增和下减两种。上增是先由拍卖人喊一最低价格,而后由竞买者争相加价,估计无人会加价时,拍卖人拉长噪音高喊:"要卖了! 要卖了! 卖掉了!"话音一落,即以一木槌或木板桌上一拍,表示成交。下减则先由拍卖人喊一最高价格,若无人购买,逐次落价,直至有人应声,便在案上一拍,交易即成。这就是"拍案成交"。

"联合拍货",是一伙购买人事先勾结起来,指定其中一人作为唯一的出价人,其余的人不与其竞争,不互相拆台,以图用最低价格买进拍卖品。事成以后,才又在同伙内进行一次真正的拍卖转售。

相传,拍卖这一买卖方式为古罗马人所首创。他们在战争中掳获的战利品往往以这种方式出售。拍卖时,在场地上悬一长矛或将长矛插在地上作为标志,有意购买者则围聚拢来购买,这叫"矛下交易"。在 18 ~ 19 世纪的英国,拍卖货物常借助蜡烛进行,拍卖人点一根短烛,在蜡烛燃完以前,竞买者可以争相加价,蜡烛一灭,交易即成。

理发店的三色柱标志

世界各地的理发店门前,都有一个转动的红、蓝、白三色灯柱,以招徕顾客。三色柱中的红色代表动脉,蓝色代表静脉,白色代表纱布,这些为什么成了理发店的标志呢? 原来,西欧中世纪流行一种这样的说法:人生病主要是因为体内各元素不平衡,只要引出多余的元素,就会恢复健康。血液被认为是最容易引出的一种"元素",放血是康复之始,但医生又不肯动手放血,这事就常委托理发师来做,于是理发师成了业余外科医师。1504 年经英格兰国王批准,理发师正式打出外科医师的牌子,三色柱也就成了他们行医和理发的标志。1745 年英王乔治二世敕令成立皇家外科医学会,外科医师从此与理发师分家,但理发店门前还是以三色柱为招牌,并一直沿用至今。

关于三色柱的由来,另有两种传说。一说在法国资产阶级革命期间,一位理发师巧妙而机智地保护了一位革命者,后来为表彰他的贡献,便在理发店门口装饰起象征法国国旗的红、蓝、白三色柱。另一说在法国资产阶级革命时期,地下工作者分散在各区活动。为了便于联络,商定以理发店的花柱为标志。规定哪间理发店的花柱旋转了,革命者就在哪里活动。后来花柱便成了革命的象征。世界各国的理发店觉得这种装饰既雅致又新颖,且能吸引顾客,于是纷纷仿效。

世界十大奢侈品牌是什么

十大服装

唐纳·卡兰、路易·威登、香奈儿、范思哲、迪奥、古驰、瓦伦蒂诺·加拉瓦尼、PRADA、GUESS、乔治·阿玛尼

十大珠宝

卡地亚、蒂芬尼、ENZO、Oxette、宝诗龙、Swa rovski、御木本、周大福、Georgjensen、波米雷特

十大皮具

路易·威登、香奈儿、迪奥、古驰、瓦伦蒂诺·加拉瓦尼、PRADA、乔治·阿玛尼、登喜路、芬迪、COACH

十大顶级名表

欧米茄、积家、伯爵、江诗丹顿、劳力士、卡地亚、爱彼、万国、宝玑、百达翡丽

十大汽车

法拉利、福特、大众、宝马、莲花、宾利、凯迪拉克、菲亚特、奥迪、劳斯莱斯

十大豪宅

"三湖"别墅、曼德勒农场、"向往东方"的海滩、"燃点"的海滩、"拉·阿密提""迪奥"宫殿、纽约曼哈顿区的一座大厦顶楼三层、佛罗里达棕榈滩的"观光别墅"

十大化妆品

娇兰、兰蔻、娇韵诗、伊丽莎白·雅顿、奥伦纳素、雅诗兰黛、倩碧、资生堂、迪奥、夏奈儿

十大高尔夫球具

登禄普、Tayl orMade、阿迪达斯、耐克、BenHogan、Etonics、威尔森、马基高、calla-way、ping

十大顶级眼镜

普拉达、奥克利、珠迪丝·雷伯、唐那·凯伦、圣罗兰、唐纳·卡兰、路易·威登、夏奈尔、迪奥、卡地亚

十大名笔品牌

帕克、万宝龙、威尔·永锋、华特曼、卡地亚、犀飞利(sheaffer)、地球牌、奥罗拉、高仕、Montegrappa

十大皮鞋品牌

芬迪、古驰、迪奥、圣罗兰、费拉格慕、香奈尔、普拉达、蒂埃利·爱马仕、都彭、登喜路

十大名酒

绝对伏特加、轩尼诗、尊尼获加、芝华士、铭悦香槟、人头马、马爹利、百加得、家豪威士忌、尊荣极品威士忌

十大雪茄品牌

高斯巴、阿波罗、大卫杜夫、圣罗兰、丹纳曼、渥文、高雅、蒙坦尼而、宾治、百得佳士

十大顶级烟具

Zig－Zag、GIZE、Colibri、登喜路、STANWELL、VAUEN、MastrodePaja、PeterMatzhold、Savinelli、Chacom

十大打火机品牌

纪梵希、卡地亚、都彭、比克、IMCO、ZIPPO、登喜路、帕克、colibri、Flamidor

十大香水

香奈尔、雅诗兰黛、兰蔻、calvinKlein、古驰、迪奥、伊丽莎白·雅顿、大卫·杜夫、娇兰、罗夫罗伦

十大沽具品牌

高域、高仪、乐家、美标、东陶、伊奈、卡德维、和成卫浴、科勒、汉斯格雅

十大游艇

Riva、WALLY、Sunseeker、Beneteau、Bertram、princess、FEADSHIP、Larson、Ferretti、PERSHING

十大运动品牌

耐克(Nike)——美国、阿迪达斯(Adidas)——德国、锐步(Reebok)——美国、彪马(PUMA)——德国、斐乐(FILA)——意大利、美津侬(Mizuno)——日本、茵宝(UMBRO)——英国、背靠背(KAPPA)——意大利、迪亚多纳(DiADORA)——意大利、乐途(LOTTO)——意大利

世界上最早的超市

据说世界上第一家超市于 1952 年首先在美国诞生。开张那天人们尚不知超市为何物,纷纷抱着好奇的心态前往光顾,并把逛超市作为一种时尚。但没过多久,人们逐渐尝到了超市便利的甜头,上超市购物又成为人们日常的一种需要。于是乎,超市像雨后春笋似的遍布世界各地。

最大的纸币

明朝洪武八年(1375 年)发行的大明宝钞,额面分为一百文、二百文、三百文、四百文、五百文和一贯等六种。其中一贯钞是大明宝钞中纸面最大者,钞料为桑皮纸,高 35 厘米,宽 29 厘米。四周有龙纹花栏,上面横题"大明通行宝钞",右为"大明宝钞",左为"天下通行",中间有钱贯的图样,上面写一贯。下面则印"户部奏准印造大明宝钞与铜钱通行,伪造者斩,告捕者赏银贰百伍拾两,仍给犯人财产",末印洪武年月日。

世界货币之最

面值最高的金币

印度莫卧儿帝国皇帝沙杰汗在 1628～1657 年执政期间,曾铸造发行了一种叫"莫卧儿"的金币,重 2.117 公斤,面值和本身价值 1.2 万法郎。

最昂贵的金币

美国于 1907 年铸造了一枚面值 20 美元的"金鹰"金币,当时有关决策机构认为铸币图案中金鹰翅膀过于低垂,其神态有损于美国经济正处于腾飞兴旺发达的形象,于是决定将已试铸出来的这批金币全部回炉。但在毁弃过程中,有人偷偷地保存了一枚,不久,这枚铸币就流入民间收藏家手中。1940 年,埃及国王法鲁克以近 1 万美元的价格,买下了这枚面值 20 美元的金鹰铸币。但后来这枚铸币突然失踪。20 年后,美国一家公司以 20 万美元的价格从一名外交官手中购入了这枚金鹰铸币。近年来,先后有数名收藏家愿以百万美元的高价收购这枚铸币,但该公司还是不肯脱手。

流通最久的金币

1865 年法国、比利时、意大利、瑞士四国于巴黎缔结拉丁货币同盟,随后发行了"拿破仑金币"。这种含金量为 0.29032258 克纯金的金法郎直至 30 年代才停止流通,但目前仍有些国际组织如万国邮政联盟、国际电讯同盟以此为计账和结算单位。

最昂贵的银币

古希腊时期在雅典铸造的一枚银币,面值 10 德拉马克,由于年代久远,在瑞士苏黎世市场以 27.2 万美元售出,成为世界上最昂贵的银币。

最早的纸币

我国汉武帝元狩四年(公元前 119 年)的一种具有纸币性质的货币——鹿皮

币,用白鹿皮彩绘制作而成。真正的纸币是宋朝初年发行的"交子"。

面额最大的纸币

国民党伪新疆省银行于 1949 年 5 月 10 日发行了面额为 60 亿元的钞票。

为什么美元是衡量世界各国货币的标准

在不同的历史时期,国际货币制度有很大的不同。历史上曾经出现过多种货币制度,如金本位制和金汇兑本位制等,但都没能取得持久的成功。二战期间,国际货币体系更是一片混乱。为促进战后重建,44 个国家的代表于 1944 年在美国的新罕布什尔州开会讨论新的国际货币安排,建立了所谓"布雷顿森林体系"。美国凭借其强大的政治、经济和军事实力,成为布雷顿森林体系的最大获益者。

该体系的最大特点是赋予美元等同于黄金的地位,其他国家货币均与美元挂钩,实行可调整的固定汇率制。应当说,布雷顿森林体系在重建战后国际金融秩序、促进国际贸易和投资等方面发挥了重要的作用。但是,该体系由于存在着清偿能力与对美元的信心相互矛盾这一无解的难题,终在发生数次美元危机后,于 1973 年彻底崩溃,美元失去了其等同黄金的特殊地位。

布雷顿森林体系之后,世界进入浮动汇率时代,有人称之为"没有体系的体系"。在这一体系下,美国依仗着雄厚的经济实力,美元的霸主地位仍得以保留。直至现在,美元仍是主要的国际计价单位和支付与储备手段。此外,世界银行和国际货币基金组织这两个体系的产物,仍在稳定国际金融秩序、促进国际经济和货币合作方面发挥着重要作用。

过去几十年的历史表明,现行的国际货币体系虽然比布雷顿森林体系有更强的适应性,但依然存在着较大的不稳定性和不合理性,国际金融和国际货币市场的动荡仍无法消除。20 世纪 80 年代的拉美债务危机、90 年代后期的亚洲金融危机及随后墨西哥、俄罗斯和阿根廷等国出现的金融危机,都是明显的例证。

面对这一情况,许多国家都在不断调整自己的货币和汇率机制,并寻求建立更加公平合理的国际货币体系。欧元的诞生即是欧洲国家消除汇率风险、减少货币动荡对经济产生负面影响的积极尝试。从目前情况看,推出近 6 年的欧元已经初步站稳脚跟,在国际货币体系中的地位也日益上升,并成为美元霸主地位最有可能的挑战者。

纸币上的文明

《世界名片——各国货币上的人物故事》一书的卷首语中有一句话是这样说的:"通篇浏览本书,可以从中了解各国货币设计者和决策者的风格和倾向。比如,法国是一个崇尚哲学与艺术的国家,所以在各种面值的法郎上,印有本国作曲家、画家、哲学家的肖像;美国最自豪的是它的制度,而制度的建立者主要靠开明的有作为的政治家,因此,它就把著名的政治家的肖像印在了纸币上,如华盛顿、林肯、格兰特等;英国人喜欢他们的女王,所以在各种英镑的正面全部都是伊丽莎白二世的肖像;俄罗斯人怀念彼得一世,但又不可能找到他的照片,因为那时还没有发明照相技术,于是就把他的雕像的照片印在了新版卢布上。"

书前的目录是以洲来排列的,目录分列各个国家的货币,同时也排列纸币上的历史人物。看一个国家的纸币,也可以看出一个国家的文明程度,再进一步说,也可以看出一个国家的政治制度,这就是纸币上的文明。

因为纸币上的历史人物大体反映了一个国家的基本价值取向,是民主国家还是极权国家,都反映在纸币上,一目了然。书中列出的亚洲国家,纸币上的历史人物大多是国王,只有实行宪政的国家,纸币上不是国王。像日本,一千元纸币上是作家夏目漱石,一万元纸币是明治时代的启蒙思想家福泽谕吉。以色列纸币上共有四个历史人物:两个总理,一个总统,一个作家。韩国纸币上是一个诗人。苏联解体以后的哈萨克斯坦县属亚洲,它的纸币上是一个诗人。非洲大体上也是这个规律。欧洲除了英国以外,其他国家纸币上没有一个国王。就连阿尔巴尼亚,纸币上也是诗人弗拉舍利和民族英雄斯坎德培。罗马尼亚纸币上是一个诗人爱明奈斯库,也许这是政治转型后的情况。俄罗斯纸币用彼得一世的雕像,这在过去是不可想象的。欧洲纸币上通常只有四种人:学者、作家、科学家、音乐家,只有个别总督和民族英雄。美洲和大洋洲以总统为多,个别是科学家和民族英雄。澳大利亚是两个科学家。

为什么民主国家就不愿意把国王的像放在纸币上?这与他们的政治文化精神有很大关系。美国纸币上是总统、政治家和科学家,虽然从名词上看总统也有"国王"的意味,但美国总统和国王是不一样的,因为总统是选出来的,而国王的天下要么是世袭来的,要么就是夺来的。纸币上的文明,其实就是国家的政治文明,也就是一个国家自由和民主的标志。

中国古代金银作为货币的情况如何

金银作为贵金属,都曾作为货币先后出现在历史舞台上。首先是黄金在秦汉前后被广泛使用,然后是白银在宋代开始登台唱主角。金银在货币流通史上的代兴,对当时的社会经济生活产生过重大影响。

春秋时就开始有以黄金作支付手段的文字记录。进入战国以后,黄金被广泛地用作货币,但大多限于国君、贵族等富裕阶层使用。黄金流通需要计量,它以"斤"(旧制一斤为十六两)、"镒"(一镒相当于二十两或二十四两)等重量单位作为计量单位,因而黄金是称量货币。秦代以黄金为货币,以镒为单位。汉承秦制,仍以黄金为货币,但改以斤为单位。秦汉时黄金与铜钱的法定比价是黄金一斤值钱一万。西汉末黄金大量上流,到王莽时国库积贮达六十万斤以上。不过,王莽政权败亡之后,黄金大量散失于民间,使得黄金流通量在东汉急剧减退。

自东汉至唐末,是铜钱作为主币流通的时期。白银是在唐末时进入货币领域的,主要用作军费、政府经费等。进入宋代以后,白银作为货币使用的范围更加扩大。但是,白银不能直接用于日常交易,一般须兑换成钱才能使用。金人一向通用白银,白银的使用以五十两为一锭计算,每锭对铜钱作价百贯文。金章宗承安二年(1197年)铸"承安宝货"银币,自一两至十两,分为五等,每两折钱二贯,这是我国有法定计数银铸币的开始。元代和明初,政府为推行纸币政策,禁止民间用金银交易,直至明英宗时方才解除用银之禁,从此白银正式以合法货币的身份登上经济流通舞台。万历年间,全国推行以赋役折银征收为内容的"一条鞭法",从而使白银成为社会各阶层人员必需的货币,成为财富的主要标志。到了清代,则以用银为本,用钱为辅。白银被铸成不同规格的货币:元宝(五十两)、中锭(十两)、锞子、滴珠等,但交易时,仍需称量,银与钱的法定比价,明清相同,均为银一两值钱一斤。

汇率及其标价

汇率亦称汇价,是指用一国货币表示的另一国货币的价格,或者说,是两国货币之间的比率或比价。在外汇买卖或兑换中,汇率如同商品价格一样,总是要受到外汇供求关系的影响而不断地发生变化。这种受外汇供求关系影响而不断变化的汇率,就是我们通常所说的外汇行市。

在确定两国货币之间的比率或比价时,首先要确定是以本国货币表示外国货币的价格,还是以外国货币表示本国货币的价格。这种用以标出汇价的方法,通常被称为汇率的标价方法,它分为直接标价法和间接标价法。

直接标价法是指以一定单位的外国货币(如1、100、10000外币单位)作为标准,折算成若干本国货币来表示其汇率的标价方法。在直接标价法下,外国货币的数额固定不变,汇率的上升或下降都以相对的本国货币的数量的变化来表示。以一定单位的外国货币折算成本国货币的数量比以前增多,表明外国货币汇率上升或本国货币汇率下跌,即外国货币币值上升或本国货币币值下跌。相反,以一定单位的外国货币折算成本国货币的数额比以前减少,则表明外国货币汇率下跌或本国货币汇率上升,即外国货币币值下跌或本国货币币值上升。目前,世界上除英国和美国以外,绝大多数国家和地区都采用直接标价法。我国国家外汇管理局公布的人民币外汇牌价,也使用直接标价法。

间接标价法是以一定单位的本国货币作为标准,折算成若干外国货币来表示其汇率的标价方法。在间接标价法下,本国货币的数额固定不变,汇率的上升或下跌都以相对的外国货币的数额的变化来表示。以一定单位的本国货币折算成外国货币的数额比以前增多,表明本国货币汇率上升或外国货币汇率下跌,即本国货币币值上升或外国货币币值下跌。相反,以一定单位的本国货币折算成外国货币的数额比以前减少,则表明本国货币汇率下跌或外国货币汇率上升,即本国货币币值下跌或外国货币币值上升。目前,世界上采用间接标价法的只有英国和美国。英国由于资本主义发展较早,侵占有大量殖民地,英镑在历史上一直是国际贸易计价和结算的标准,加上英镑的计价单位较大,从计算上看,用1英镑等于若干外国货币比较方便,故英国一直采用间接标价法。美国原来一直采用直接标价法,二战后,由于美元在国际结算和国际储备中取得统治地位,故从1978年9月1日起,改用间接标价法,但对英镑仍沿用直接标价法。

什么是货币市场基金

货币市场基金是指投资于货币市场上短期有价证券的一种基金。该基金资产主要投资于短期货币,工具如国库券、商业票据、银行定期存单、政府短期债券、企业债券、同业存款等短期有价证券。

目前市场上有华安现金收益、博时现金收益、招商现金增值、南方现金增利和华夏现金增利等几只货币市场基金。

什么是开放式基金和封闭式基金

开放式基金的基金单位的总数不固定,可根据发展要求追加发行,而投资者也可以赎回,赎回价格等于现期净资产价值扣除手续费。

由于投资者可以自由地加入或退出这种开放式投资基金,而且对投资者人数也没有限制,所以又将这类基金称为共同基金。大多数的投资基金都属于开放式的。

封闭式基金发行总额有限制,一旦完成发行计划,就不再追加发行。投资者也不可以进行赎回,但基金单位可以在证券交易所或者柜台市场公开转让,其转让价格由市场供求决定。

两者的区别如下：

(1)基金规模的可变性不同。开放式基金发行的基金单位是可赎回的，而且投资者可随时申购基金单位，所以基金的规模不固定；封闭式基金规模是固定不变的。

(2)基金单位的交易价格不同。开放式基金基金单位的买卖价格是以基金单位对应的资产净值为基础，不会出现折价现象。封闭式基金基金单位的价格更多地会受到市场供求关系的影响，价格波动较大。

(3)基金单位的买卖途径不同。开放式基金的投资者可随时直接向基金管理公司购买或赎回基金，手续费较低。封闭式基金的买卖类似于股票交易，可在证券市场买卖，需要缴手续费和证券交易税，一般而言，费用高于开放式基金。

(4)投资策略不同。开放式基金必须保留一部分基金，以便应付投资者随时赎回，进行长期投资会受到一定限制。而封闭式基金不可赎回，无须提取准备金，能够充分运用资金，进行长期投资，取得长期经营绩效。

(5)所要求的市场条件不同。开放式基金的灵活性较大，资金规模伸缩比较容易，所以适用于开放程度较高、规模较大的金融市场；而封闭式基金正好相反，适用于金融制度尚不完善、开放程度较低且规模较小的金融市场。

什么是电子货币

就现阶段而言，大多数电子货币是以既有的实体货币（现金或存款）为基础存在的具备"价值尺度"和"价值保存"职能，且与实体货币之间能以 1:1 比率交换这一前提条件而成立的。

而作为支付手段，大多数电子货币又不能脱离现金或存款，是用电子化方法传递、转移，以清偿债权债务实现结算。因此，现阶段电子货币的职能及其影响，实质是电子货币与现金和存款之间的关系。

目前，我国流行的电子货币主要有 4 种类型。

(1)储值卡型电子货币。一般以磁卡或 IC 卡形式出现，其发行主体除了商业银行之外，还有电信部门（普通电话卡、IC 电话卡）、IC 企业（上网卡）、商业零售企业（各类消费卡）、政府机关（内部消费 IC 卡）和学校（校园 IC 卡）等。发行主体在预收客户资金后，发行等值储值卡，使储值卡成为独立于银行存款之外新的"存款账户"。同时，储值卡在客户消费时以扣减方式支付费用，也就相当于存款账户支付货币。储值卡中的存款目前尚未在中央银行征存准备金之列，因此，储值卡可使现金和活期储蓄需求减少。

(2)信用卡应用型电子货币。指商业银行、信用卡公司等发行主体发行的贷记卡或准贷记卡。可在发行主体规定的信用额度内贷款消费,之后于规定时间还款。信用卡的普及使用可扩大消费信贷,影响货币供给量。

(3)存款利用型电子货币。主要有借记卡、电子支票等,用于对银行存款以电子化方式支取现金、转账结算、划拨资金。该类电子化支付方法的普及使用能减少消费者往返于银行的费用,致使现金需求余额减少,并可加快货币的流通速度。

(4)现金模拟型电子货币。主要有两种:一种是基于 Internet 网络环境使用的且将代表货币价值的二进制数据保管在微机终端硬盘内的电子现金;一种是将货币价值保存在 IC 卡内并可脱离银行支付系统流通的电子钱包。该类电子货币具备现金的匿名性,可用于个人间支付,并可多次转手,是以代替实体现金为目的而开发的。该类电子货币的扩大使用,能影响到通货的发行机制、减少中央银行的铸币税收入、缩减中央银行的资产负债规模等。

彩票的由来

清朝末年,曾任驻美国、西班牙、秘鲁大使的崔国因于 1890 年农历三月赴西班牙递交国书期间,对西班牙做过详细考察,他在其《出使美、日、秘日记》中记载了有关彩票的由来。

西班牙原系老牌帝国主义国家,在世界各地占有许多殖民地。后来国势日衰,财政入不敷出,为了填补空虚的国库,课金多如牛毛,无论何人都按每月收入多寡缴税,舟、车、狗、马以及上饭馆都要纳税,剧院上等座按票价十分之一抽税。政府还发行彩票(奖券)以敛财。其所售彩票款,提取四分之一充国库,每年进款 500 万比塞塔左右,成为国家一大财源,余者提除用费外,分一二三四五等给中彩者。抽签办法与现在大致相同:把号数和彩码分别放在两个空球之中,一球出号码,另一球出彩码。如一球摇出头彩,另一球摇出一号,则一号中头彩;一球摇出无彩,另一球摇出二号,二号则无中。当时用儿童转球,凡持彩票者均予参观,当众开奖。因无舞弊,又迎合人们的侥幸心理,买者颇多。

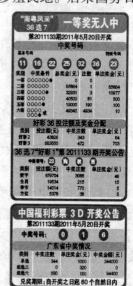

彩票

西班牙彩票渐行渐广,打进了"国际市场",法国、德国等均起效行。而美国却于 1890 年正式宣布禁止彩票入口,不准邮寄,不准银行兑换,不准携带进口,一经查获,全部没收。西班牙彩票约在 19 世纪 60 年代初起也在我国上海发行。开始每年得利银 48 万两；到 19 世纪 90 年代每年得利银近 100 万两。到 19 世纪末，其敛耗我国民财约白银两三千万两，由于清政府不闻不问，银钱大量外流，损失颇重。

外汇

外汇是指能用于多边国际结算的以外国货币表示的各种支付手段（包括外币现钞）。外汇必须具备三个基本特征：①外汇是以外币计值或表示的金融资产，任何以外币计值或表示的实物资产和无形资产并不构成外汇；②外汇必须具有可靠的物资偿付的保证，能为各国所普遍接受；③外汇必须具有充分的可兑换性，能用于多边国际结算。在当今世界上，并非所有的外国货币都同时具备以上三个基本特征，因此，不能将外汇简单地理解为外国货币。

由于国际贸易的不断扩大，国际资本的流动日趋频繁，国际劳务合作及其他各种形式的经济交往日益发展，单靠外币来清偿国际上的债权债务已远远不能满足需要。于是，代替现金作非现金结算的各种支付手段，如以外国货币表示的外币支付凭证（包括票据、银行存款凭证、邮政储蓄凭证等），外国有价证券（包括政府公债、公司债券、国库券、息票等）以及其他能变现成外国货币或能代表外币现金使用的支付手段，相应地在国际经济往来中出现。实际上，我们平时所说的外汇，绝大部分就是由这些外币支付凭证和有价证券构成的，而外币现钞（包括钞票如铸币等）只占了极小的一部分。

什么是信用卡

一般定义：信用卡是银行或其他财务机构签发给那些资信状况良好的人士，用于在指定的商家购物和消费、或在指定银行机构存取现金的特制卡片，是一种特殊的信用凭证。随着信用卡业务的发展，信用卡的种类不断增多，概括起来，一般有广义信用卡和狭义信用卡之分。

从广义上说：凡是能够为持卡人提供信用证明、消费信贷或持卡人可凭卡购物、消费或享受特定服务的特

信用卡

制卡片均可称为信用卡，广义上的信用卡包括贷记卡、准贷记卡、借记卡、储蓄卡、

提款卡（ATM 卡）、支票卡及赊账卡等。

从狭义上说：信用卡主要是指由金融机构或商业机构发行的贷记卡，即无需预先存款就可贷款消费的信用卡，国内的信用卡主要是指贷记卡即准贷记卡（先存款后消费，允许小额、善意透支的信用卡）。

国外形形色色的银行

女子银行

西班牙首都马德里的比尔巴握银行女子分行，是世界上第一家女子银行。这个分行不仅全部工作人员是妇女，而且只接待女客户。由于这家银行设有专为妇女的经济权益出谋划策的义务法律咨询机构，又有严格的保密措施，因而生意兴隆，财源茂盛。

无现钞银行

美国孤星国民银行基于大部分客户都是通过邮电或电话交易，而现钞常常不为他们所需要，因此决定一律不用现钞营业。这样做，可以节省解款车、护卫员、保险、防盗、柜面人员等方面的经费开支。

儿童银行

南斯拉夫拉古耶伐市成立了一家儿童银行，专门办理儿童存款事宜。1979年，该市开展大规模的个人储蓄活动，每一个新生儿都获得一个存折，由其父母代其存款 10 第纳尔。几年来，该市的儿童一直积极支援国家经济建设，踊跃参加储蓄。

无存折银行

日本有一家银行，存款、取款都不用存折，只要储户伸出手掌即可。这家银行设有电子记忆装置，能把所有储户的手掌印记录下来。储户取款时，只要把手掌伸向荧光屏，就可以辨认出来，若荧光屏"不认识"这个手掌，便立即发出报警信号。

烧钞票取暖银行

在英国伦敦有一家与众不同的银行,它不接受客户,也不做广告宣传,这便是有 300 年历史的英伦银行,是唯一发行英国货币的权威机构。一张一英镑的纸币其使用寿命仅为 10 个月左右。英伦银行把每天收回的大批货币焚烧,并将焚烧时所产生的热能作暖气和供热系统的能源。所以,它被人们称为"靠烧钞票取暖的银行"。

信息银行

在法国,有一家负责信息的输入、输出、供应、提取等多项业务的信息银行,它向信息存入者付息,向信息使用者收取一定的费用。

旧书银行

在日本有一家存放旧书的银行,读者不再看的旧书可以在这里换到相应价格的新书,如果一时没有自己满意的书,便可换取一张"存折",待有好书时再凭"存折"领取。

树木银行

在日本,从施工现场移去的树木可以先存到树木银行,并交保养费。待施工完毕后,这些树木便可以领回,重新栽在原处或附近。

头发银行

在日本,当顾客的头发处于生长茂盛时期,可请理发师剪掉部分存到头发银行,银行则根据顾客的喜好制成假发保存起来,等到顾客年老体衰、头发脱落时,即可到该银行取出自己存入的假发戴上。

眼球银行

斯里兰卡的眼球银行成立于 1964 年,已向 54 个国家的 168 个城市馈赠了24000 只眼球,其中 80% 的角膜已成功地移植到盲人眼里,使他们重见天日。

主意银行

在埃及有一家专门收集来自平民百姓中的"闪闪发光"的建议、计划和各种主意的"银行",以供将来有关部门决策时参考。这是埃及政府发动群众解决国家问题的一大创举。

文学常识

古希腊文学的人文色彩

古希腊文学仿佛一棵根深叶茂的参天大树,浓荫覆盖着整个西方。要阅读欧洲文学,无论是古是今,不通晓一些它的始祖——古希腊文学都是有困难的。本章包括古希腊神话、荷马史诗、古希腊悲剧以及古希腊喜剧等充满人文色彩的古希腊文学。

心灵的飞翔:古希腊神话故事

古希腊神话是世界上最系统,对人类文明影响最深远的神话。它的体系完整宏大,故事内容丰富、寓意深刻,是欧洲文学的起源,是古希腊民族对世界朴素认识的艺术显现,反映了原始社会时期的古希腊人的历史观、宗教观以及道德观。它以口述的形式在古希腊各民族中流传,是古希腊各民族共同创造的精神文化结晶。几千年来,古希腊神话一直以其充满想象的艺术魅力在世界各国代代相传。它是全人类不可再生的文化遗产。是古希腊留给后世的非常宝贵的精神财富,是史无前例的巨大杰作。

古希腊神话的产生、发展经历了相当漫长的时期,这一过程与古希腊民族的形成是同步的。古希腊神话的最初形态是一些在民间广为流传的故事片段,其中一些成为民间艺人或行吟诗人演唱的重要题材。古希腊是多民族混居、多种文化交融的地方,所以古希腊神话中的神祇也多来自古希腊以外的地域。这些神话在古希腊民族的迁徙、征战、交流过程中逐渐传遍整个古希腊世界。古希腊人世世代代口述、传唱这些神话故事,在传唱中又经过不断地加工补充,故事的内容越来越人格化,逐渐形成了一个比较完整的神话系统。神话的最早文字记载见于荷马和赫西奥德的作品。经过埃斯库罗斯、索福克勒斯、欧里庇德斯等诗人的进一步加工整理,古希腊神话完成了从口述文学到书面文学体系的蜕变。

古希腊神话包括宇宙形成、诸神世系、人的起源、诸神争霸、英雄传说、洪水神话和冥府神话等几个类型。

古希腊神话内容包括神的故事和英雄传说两个部分。神的故事涉及宇宙和人类的起源、神的产生及其谱系等内容。传说古希腊有奥林匹斯十二大神，他们掌管自然与生活的各种现象和事物，并组成以宙斯为中心的奥林匹斯神统体系。宙斯是诸神和人类之父，是这个大家族的家长。他的职权广及人类生活的各个层面。他主宰着人间的法律和道德，他在奥林匹斯诸神中拥有最高的权力和尊严。其他主神有海神波塞冬、月神阿耳忒弥斯、爱和美的女神阿佛洛狄忒、工匠和火之神赫菲斯托斯、战神阿瑞斯、神使赫耳墨斯等。奥林匹斯诸神最早都是自然力的象征，后来其中的人文属性逐渐增强。他们的生活习惯是氏族贵族式的，他们的道德规范代表着贵族精神。诸神的层级制度反映了父系社会的等级阶层，这个家族就是人类社会生活的写照。

心灵的振奋：古希腊文学——荷马史诗

"荷马史诗"即"英雄史诗"，它是古希腊文学辉煌的代表，长期以来被看成是欧洲叙事诗的典范。相传最初由一个名为荷马的游吟诗人所作，因而得名。

荷马史诗分《伊利亚特》和《奥德赛》两部，各 24 卷。《伊利亚特》共计 15693 行，《奥德赛》有 12110 行。这两部史诗最初可能仅是古代传说的口头文学，主要借助乐师的背诵得以流传。荷马若确有其人，应为两部史诗的整理定型者，两部史诗根据民间流传的短歌综合汇编而成。这两部史诗都以特洛伊战争为题材，主要记载了古希腊先民在与异族和大自然的斗争过程中所创造的英雄业绩。《伊利亚特》记叙了古希腊人征服特洛伊人的经过，详细描写了阿喀琉斯的愤怒及战后 51 天内发生的事情。《奥德赛》描写了参加特洛伊战争的奥德赛在班师途中迷失道路、辗转回乡的经过及其沿途的所见所闻。荷马史诗通过塑造一系列个性鲜明、英勇善战、拥有无穷力量及智慧的英雄人物，歌颂了古希腊全民族的光荣史迹及勇敢、正义、无私、勤劳的品质，赞扬了克服一切困难的乐观主义精神，肯定了人与生活的价值。

荷马史诗的语言质朴、比喻奇特、形象鲜明、情节生动，堪称世界文学中的经典之作、远古社会生活的百科全书。它在西方古典文学史上占有无可取代的地位，被认为是最伟大的古代史诗。荷马史诗不仅在文学艺术方面具有重要价值，在历史学、地理学、考古学和民俗学等方面也有很多研究价值，其影响渗透到古希腊社会生活的各个领域，对后世的文学发展也有着重要影响。

心灵的净化：古希腊悲剧起源

古希腊悲剧起初是源于祭祀酒神狄俄尼索斯的庆典活动。在后来漫长的演进

世界百科全书·文化篇

过程中,这种原始的祭祀活动逐渐演变成一种有合唱歌队伴奏,有演员表演,同时依靠幕布、背景、面具等塑造环境的艺术形式,由此成为西方戏剧的雏形。在公元前534年左右,有"古希腊悲剧之祖"之称的狄斯比斯把酒神颂中合唱的赞歌和悲歌改成了对话式的台词,由此开启了古希腊悲剧的时代。后来抒情诗人斯泰西科拉斯(前632~前553年)和阿里昂(生卒年不详)又把随心所欲的狂歌乱舞改成有指挥、有节奏的表演,并将指挥者由最初的一人逐渐增加,同时令指挥者一边指挥,一边念台词。这样指挥者渐渐发展成为悲剧演员。以后的史诗和抒情诗也促进了悲剧的形成与发展。荷马史诗不仅为悲剧提供了素材来源,它的表现形式也为悲剧提供了借鉴。其中史诗中采用的扬抑抑格六音步诗行写成的大段对话,成了悲剧对话的典范。悲剧对话的抑扬格六音步诗行形式又是诗人从抒情诗引入的。悲剧的合唱歌采用抒情诗中合唱琴歌的形式。在以后雅典平民与贵族之间的斗争中又进一步促进了悲剧的发展。公元前6世纪,僭主庇士特拉妥利用"酒神节"作为与贵族斗争的工具。在他的支持下,"酒神颂"成为雅典全民性节庆活动,从而为"酒神节"祭礼向悲剧的转化提供了现实条件。雅典的民主政体将剧场变成政治与教化的讲坛。伯里克利时曾兴建"狄俄尼索斯剧场",举办盛大的戏剧比赛。当时雅典政府有规定,人民不分贫富,都必须观看戏剧。为补偿平民因看戏耽误的收入,政府还会发给"戏剧观赏津贴"。当时悲剧演员的社会地位很高,受到人们的尊重,悲剧在这种背景下空前繁荣。

在古希腊悲剧艺术极大发展的背景下,古希腊诞生了三位著名的悲剧诗人,他们代表了古希腊悲剧艺术"兴起—繁荣—衰落"各个时期的最高成就。其一是被誉为"悲剧之父"的埃斯库罗斯,他的代表作有《被缚的普罗米修斯》;其二是被誉为"戏剧艺术的荷马"的索福克勒斯,其代表作有《俄狄浦斯王》,标志着古希腊悲剧艺术结构趋于完美,从而使"俄狄浦斯情结"成为后世心理学家讨论的"恋母情结"的代名词;其三是有"心理戏剧的鼻祖"之称的欧里庇德斯,其代表作是《美狄亚》。三大悲剧家虽然生于一个大时代,但其时代感受各异。埃斯库罗斯的悲剧多取材于神话传说,其结局通常以"不祥"揭示"命运"的必然,被称为"命运悲剧"。索福克勒斯的悲剧虽然也取材于神话传说,但他对人的刻画相当注重独特的个性,故通常被称为"性格悲剧"。欧里庇德斯的悲剧取材广泛,于神话外另外加进许多现实内容,由于他的悲剧多以爱情为推动力,且善于对人物性格、命运作奇异处理,因而其悲剧被称为"爱情创造悲剧"。

心灵的观照:古希腊喜剧历史

古希腊喜剧有着悠久的历史。一般认为,喜剧与悲剧同样都源于酒神祭祀,即从祭祀酒神的狂欢歌舞及民间滑稽戏演变而来。早期喜剧内容较为粗俗,服饰夸张、怪诞,有着一个大的男性生殖器象征,剧中多有粗语。后来雅典逐渐发展为喜剧的中心。公元前486年,喜剧在酒神祭祀上首次正式演出。公元前440年左右,喜剧再次在酒神祭祀上演出。参加喜剧演出的演员一般为三四个,有时增加个别配角,此外还有一个二十四人的合唱队。合唱队在喜剧演出中必不可少,许多剧目都是因合唱队的歌曲而得名,如《蛙》《鸟》等。喜剧大都反映现实生活,剧中的主人公一般不是神或王侯将相,而只是些普普通通的人,所用语言虽然仍是诗,但更接近日常用语。其结构也比较松弛。由于它有比较自由的创作内容,因而其创作方法也较悲剧更为自由。古希腊喜剧产生于雅典民主政治时代,正因如此,它才可以讽喻政治,嘲讽名士,如《云》就有讽刺苏格拉底的内容,当时民主政治的各个方面,几乎都以夸张的形式出现在喜剧舞台上,甚至古希腊人所崇拜的某些神,也受到过大为不恭的对待。但是,喜剧并不否认神的存在,也不攻击民主制度。

喜剧一般由六部分组成:序曲,即叙述性的开场;合唱队入场,向观众致辞。同时发表剧作者的意见;对驳场,两位剧中人就剧的主旨展开的辩论,一位表示反对,一位表示赞成,通常第一位发言者总是失败者;评议场,所有角色都下场后,合唱队长直接向观众讲话,所谈与剧情关系甚小,随后是合唱;插曲,主要为合唱;终曲,它的突出特点是狂欢,结束时常有放荡不羁的舞蹈。全剧的主题思想主要集中在对驳场。

古希伯来文学的宗教化

律法书

《创世记》《出埃及记》《利未记》《民数记》和《申命记》合称为"摩西五经"。这部分成书最早,公元前444年就被确定为圣经,多是关于创世纪、伊甸园和诺亚方舟等神话故事。内容包括《拉麦之歌》《掘井歌》等最早的歌谣;关于创造天地、乐园禁果、洪水方舟等的神话以及关于亚伯拉罕、约瑟、雅各、摩西等人的传说。

《创世记》是古希伯来神话传说的主要部分,其中关于天地起源、人类创造、伊甸乐园、洪水方舟等神话,以其简劲而古朴的情调、典雅而隽永的品格,对后世的文学艺术产生了相当深远的影响,尤以约瑟的故事最广为流传。《出埃及记》是一部英雄史诗,叙述了首领摩西为了组织以色列族人逃脱埃及人的奴役而在沙漠中流徙的情景。《利未记》与《民数记》写旷野中艰苦战斗的生活。《申命记》写摩西在约旦河东岸向民众演讲,宣布神的法纪的情景。《申命记》成书于约公元前6世纪,是五经中成书最晚的一卷,古希伯来散文的修辞技巧高深之处都在其中得以显现。

历史书

历史书共计有《约书亚记》《出埃及记》《士师记》《撒母耳记》（上、下）《列王记》（上、下）《历代志》（上、下）《以斯拉记》《尼希米记》等 10 卷，是以色列—犹太国的兴亡史为主线。成书年代大约在公元前 600～前 300 年之间。《约书亚记》主要描写渡河征服迦南的经过；《士师记》是"士师时代"与强邻战斗的英雄史传；《撒母耳记》上下两卷以色列—犹太王国的建立和发展为背景，主要叙述扫罗和大卫两个开国元勋的事迹；《列王记》上下两卷记述大卫以后列王的故事，着重描写了所罗门时代的繁华；《历代志》是后出的古希伯来民族的通史。其中强调了爱国主义思想；《以斯拉记》和《尼希米记》是复国重建时期领导人物的传记。这些史书中有许多部分显示了古希伯来散文的特色：简洁、生动，既有史实，又有传说故事和诗歌插曲，富于传奇超凡的永恒艺术感染力。

《先知书》

《先知书》是古希伯来文学中的一束奇葩。它包括《以赛亚书》《耶利米书》《以西结书》等 15 卷，主要内容多是阐述犹太教义，评议多种社会问题，预言古希伯来社会的未来。

《先知书》即指《旧约》第二部分，它又分为前、后《先知书》两部分。犹太教认为先知在犹太民族历史上，是作为神意的代言人而出现的，他们可以引用过去的历史，也可以预言未来的事情，借以劝告人们遵守同上帝的契约和律法。犹太人还将他们的民族领袖摩西看成是最伟大的先知。其继承人约书亚及随后的撒母耳、以利亚等也都被列为先知。遗憾的是这些先知没有留下著述，他们的事迹仅能在《先知书》中略见一二。

先知们往往在社会危机之时大声疾呼，发表政论或诗歌作品借以斥责富人的残暴、官僚的腐败及社会风气的堕落，他们通常具有不怕牺牲的殉道精神。如阿摩司在以色列国灭亡之前 30 年所写《阿摩司书》，就曾警告过亡国之危；耶利米也曾因直言谏诤而多次被监禁，后来他见君臣大批被囚而作著名的《哀歌》；《哈巴谷书》叙述了尼布甲尼撒的军队凶暴而贪得无厌，从而斥责了强国蹂躏弱小；《以赛亚书》谴责社会风气的堕落，同时给苦难中的人民带来了希望。

诗文杂著

诗文杂著是古希伯来文学中价值最高的诗歌。是《旧约》作品中的主要部分。《诗篇》是抒情诗集，其中收录有 150 篇诗，相传是大卫所写，其实不是一人之作，有些是几百年后"巴比伦之囚"的悲歌。抒情诗《耶利米哀歌》《诗篇》和《雅歌》等作为古希伯来诗歌的高峰。被列入世界古典文学珍品之林。古希伯来的哲学诗集被称为"智慧书",其中《箴言》一书集民间谚语之大成;《传道书》则以优美的文笔反映了及时行乐的思想。"智慧文学"的双璧《传道书》和《约伯记》同被誉为"世界哲理诗最优秀的作品"。《约伯记》为雄浑的哲学剧曲,主要探讨了好人为何受苦的问题,反对当时流行的现世报应说。《耶利米哀歌》五首,主要为哀亡国之痛。此外,《先知书》中的《以赛亚书》《阿摩司书》《何西阿书》《哈巴谷书》《耶利米书》《弥迦书》等,也都是以诗歌的形式写作,而且在当时的经、史类书中也载有不少诗歌。其中艺术技巧高超的诗篇还使用了贯顶体、气纳体这两种独特的诗律。

古希伯来的小说产生较晚,《路得记》和《以斯帖记》分别被看成是古代世界文学史上最早的、成熟的小说作品。与此同时代的《但以理书》,用想象中的幻境,借历史上亡国之君艰难复国的故事,激励受奴役的古希伯来人奋起反抗。恩格斯认为这部小说通过但以理之口说出"关于波斯、马其顿的世界统治的兴衰和古罗马的世界统治开始的预言",是为了"使读者能够接受最后关于以色列人会克服一切苦难,终将胜利的预言"。不仅如此,《旧约》作品还创造出许多独具特色的文学样式,先知文学、启示文学、福音书文学以及诗剧及较成熟的小说均有涉及,《箴言》和《约伯记》等开启了智慧文学的先河。《旧约》中的小说具有一些独特的叙事技巧,而且《旧约》作品中对反复、反衬、反讽、象征、隐喻、拟人、夸张、双关、对照等艺术手法的运用也使其文学意味更为浓郁。

城市文学

西欧各国从 11 世纪起,由于手工业与农业的分工以及商业的发展,逐渐产生了城市,从而出现了从事工商业的市民阶级。以后在不断地斗争中城市得以发展,这时,在西欧许多国家还发生了"异端"运动,开始形成世俗文化。

城市文学的产生就是同城市斗争以及"异端"思想密切相连的。为了适应市民对文化娱乐的要求,基于民间文学,10~11 世纪时作为欧洲中世纪世俗文学之一的城市文学出现了。其作者主要是城市里的街头说唱者,在内容上城市文学与教会文学不同,它更加强调现实性,多涉及对僧侣及封建主的嘲弄,着重反映现实生活及市民阶层的思想感情,包括中世纪城市生活和新兴资产阶级思想愿望。其内容形式丰富多样,风格生动活泼。城市文学的出现,在中世纪文化的发展中具有重大意义。它主要运用讽刺的艺术手法,时而尖锐,时而温和,这主要取决于作者的社会立场。此外,城市文学在一定程度上还接受了封建文学及教会文学的隐喻、寓言、梦境等手法,其风格简单朴素,语言生动鲜明,但有时稍显粗俗。在文学样式上,城市文学创造性地形成了韵文故事、讽刺故事诗等新型体裁,主要包括韵文故事、讽刺故事诗、抒情诗以及市民戏剧等。

由于法国是西欧城市发展最早的国家之一,因而其城市文学的发展也最为突出。"韵文故事"是当时法国最流行的一种城市文学类型,数量很多,但现今多已散佚。它的特点是故事性和讽刺性都非常强。作者将社会生活以生动的语言写成了引人入胜的故事,将骑士和僧侣的丑态揶揄尽致,同时也暴露了市民的贪婪自私。"韵文故事"所反映的社会面很广,从骑士、僧侣、法官到商人、手工业者、农民、仆役以及乞丐都可能成为其描写的对象。其中的代表作有《布吕南》《驴的遗嘱》《以辩论征服天堂的农民》《农民医生》等。在《布吕南》中,作者揭露了乡村教士的贪婪本性,想骗取农民的牛,结果却赔了自己的牛。《驴的遗嘱》谴责了教会以"遗赠"之名,强夺农民的财产。

除了法国比较有特色的"韵文故事"外,在城市文学中还有一种非常重要的民间创作,代表作品有《列那狐传奇》《玫瑰传奇》等经典之作。

人的高贵超过天使

人文主义的发轫与肇端

14~15 世纪时期,经济的繁荣、政治的稳定以及兴盛的对外贸易,为文化的发展创造了有利条件,如果说意大利半岛奏响了欧洲文艺复兴的序曲,那么佛罗伦萨则可以看成是展示演奏的中心与耀眼的舞台。

在人文主义思想的指导下,在佛罗伦萨出现了文艺复兴早期的文学"三杰",即但丁、彼特拉克和薄伽丘。在西方文学发展史上,但丁是与荷马、莎士比亚齐名的伟大诗人。但丁生活在充满动乱的中世纪末期,他一生创作过许多学术著作及诗歌,其中最为著名的是《新生》和《神曲》。在这些作品中,但丁已经开始渗入人文主义的倾向。其中他的名作《神曲》代表了中世纪文学的最高成就,同时也表现出文艺复兴时期的基本思想特征,故而恩格斯曾称他为"中世纪的最后一位诗人,同时又是新时代的最初一位诗人"。

继但丁之后,14 世纪时在佛罗伦萨又出现了人文主义文学的奠基人物彼特拉克和薄伽丘。弗兰西斯克·彼特拉克(1304~1374 年)是意大利首位人文主义者。他一生致力于古典著作的研究及文学创作。他广泛地搜集并抄录古典著作,同时率先用人文主义观点进行研究与阐释。彼特拉克的主要作品较有代表性的有意大利语抒情诗集《歌集》、拉丁语叙事诗《阿非利加》以及散文《我的秘密》等。在意大利人文主义文学的发展中,彼特拉克被认为是人文主义的鼻祖,有"人文主义之父"之称。他第一个发出了复兴古典文化的号召,力主以"人学"反对"神学"。

薄伽丘

乔万尼·薄伽丘(1313～1375年)也是意大利文艺复兴早期的人文主义者。他曾做过商人,担任过佛罗伦萨城邦政府的财政和外交职务,其主要兴趣是文学创作和古典文化研究。这时期薄伽丘的作品较多,包括小说、叙事诗、十四行诗、论文等多种。他在青年时期曾创作过小说《菲洛柯洛》及史诗《苔塞伊达》,但都未能脱离骑士文学的窠臼。其长篇小说《菲亚美达》开始以现实生活为背景,摹写人的爱情心理。短篇小说《十日谈》是薄伽丘的代表作,也成为欧洲文学史上第一部现实主义的作品,以托斯卡尼语写成。该作品主要描写了1348年佛罗伦萨发生大瘟疫,十个青年逃到乡间躲避,为了打发无聊的时光,他们在乡下住的十天,每人每天讲一个故事,总计一百个故事,《十日谈》因而得名。

15世纪,意大利文化空前繁荣,这时期诗歌、戏剧、小说成就显著。15～16世纪,意大利的著名作家有波利齐亚诺(1454～1494年)、萨凯蒂(约1330～400年)、马基雅弗利(1469～1527年)、阿里奥斯托(1474～1533年)、班戴洛(1485～1561年)和塔索(1544～1595年)。

15世纪末,意大利人文主义文学渐趋没落,而阿里奥斯托和塔索的创作则成为意大利文艺复兴时期文学终结的标志。

人文主义的彰显与推崇

法国自15世纪中叶结束英法百年战争后,其国力逐渐强盛。到16世纪前期,法国已经成为西欧最大的君主专制国家。15世纪中叶,德意志的金属活版印刷术在法国得以推广,至15世纪末随着查理八世入侵意大利战争的展开,意大利的人文主义思想、文化开始传入法国,从而推动了新的思想、文化在法国的发展与传播。16世纪初法国出现了最早的致力于古典著作研究的人文主义者,这时人文主义者的活动获得了皇室的大力支持,人文主义思潮因而在文化领域迅速兴起。

法国文艺复兴时期的文学发展大致可以分成三个阶段:16世纪20年代至40年代为第一阶段,这阶段以拉伯雷为代表的人文主义作家表现了强烈的社会批判倾向,他们的作品常常表达乐观与自信的主题。拉伯雷是继薄伽丘之后杰出的人文主义作家,他也是法国文艺复兴民主派的代表。他曾耗时二十年时间创作的《巨人传》成为现实与幻想交织的现实主义作品的典范,在欧洲文学史及教育史上占有重要地位。除了拉伯雷的《巨人传》,这时期文学的主要成就还有玛格丽特·德·那瓦尔(1492~1549年)的《七日谈》,《七日谈》已经初步具备现代短篇小说的许多要素,从而成为法国短篇小说走向成熟的标志。

16世纪四五十年代,法国的人文主义文学发展进入第二阶段,此时的文学成就主要出自以彼埃尔·德·龙沙(1524~1585年)、卓阿金·杜·贝雷(1522~1560年)等组成的七星诗社成员。七星诗社是16世纪中期法国的一个文学团体,主要由彼埃尔·德·龙沙、卓阿金·杜·贝雷、雷米·贝洛、安东纳·德·巴依夫、朋都士·德·缔亚尔、爱缔安·若岱尔等人文主义作家和他们的老师若望·多拉七人组成。他们大都是上层社会出身,其中龙沙和贝雷是七星诗社的领袖。七星诗社的宗旨为研究并借鉴古希腊古罗马文学,同时对法国诗歌进行更新。

杜·贝雷执笔的《保卫和发扬法兰西语》是七星诗社的宣言书,之后龙沙又相继发表许多文章和著作,进一步阐述了他们的理论。龙沙是法国近代第一位抒情诗人,他的主要成就是爱情诗。综观法国文艺复兴时期文学兴盛发展的脉络,大致以两派为主,即以"七星诗社"为代表的贵族派和以拉伯雷为代表的民主派。

16世纪60年代末,人文主义文学发展进入第三阶段,即衰落期。蒙田(1533~1592年)是这时期较为著名的人文主义文学的代表,他的三卷《随笔》阐述了他的怀疑论哲学、宗教宽容与改革教育等思想观点。蒙田在创作时旁征博引。其作品涉及甚广,娓娓道来,因而《随笔》在欧洲文学史上产生了深远影响。

人文主义的高峰与辉煌

文艺复兴在意大利开花结果之时,英国还处在骑士文学时代。从15世纪后期开始英国才拉开其文艺复兴文学的帷幕,直至17世纪初落幕。英国文艺复兴倾向可追溯至14世纪末乔叟的作品《坎特伯雷故事集》。杰弗利·乔叟(约1342~1400年)是英国中世纪末的一位伟大诗人。他早期创作深受法国文学和意大利文学影响,14世纪70年代,乔叟两度出访意大利,自此对意大利人文主义文学兴趣浓厚。80年代后期,乔叟的创作进入成熟期,他模仿《十日谈》创作了著名的《坎特伯雷故事集》,书中24个故事为一群从伦敦到坎特伯雷朝圣的人在路上为解闷而轮流讲述的。其中的故事讲述人来自各阶层,从事各种职业,他们性格鲜明,生动展现了14世纪英国的生活画卷。故事的题材广泛,内容庞杂,有的批判贵族和僧侣的虚伪与罪恶,有的探索爱情和婚姻问题,有的宣扬基督教观念。用中世纪英语写成的《坎特伯雷故事集》,对英国文学语言的发展也奠定了一定的基础。

15世纪末,在英国出现的最早的人文主义者中,托马斯·莫尔(1477~1535

年)是其中较为重要的一位。莫尔的代表作是对话体散文《乌托邦》,主要描写了1515 年秋季的一天,莫尔遇到一位叫希斯洛特的老人,老人向他讲述了自己的见闻和经历,在讲述中提到了社会问题、政治制度、法律问题等。借助希斯洛特的讲述,莫尔表达了自己的理想。《乌托邦》寄托了作者的人文主义社会理想,这部著作在欧洲思想史上具有重要地位。

16 世纪,英国文学进入兴盛时期,这阶段诗歌和戏剧都取得了非凡的成就。继古希腊悲、喜剧之后,英国人文主义戏剧达到戏剧发展史上又一次高峰。16 世纪早期,古希腊和古罗马戏剧传入英国,舞台上开始出现模仿演出。至伊丽莎白时代,英国戏剧发展成熟。英国传统戏剧与古典戏剧相结合,产生了新型的英国戏剧。16 世纪 80 年代英国出现了一批受过大学教育的剧作家,他们多数为大学毕业生,大多数都是在伦敦最优秀的学校接受过人文主义教育的青年知识分子,他们熟悉古代文学和文艺复兴以来的西欧各国文学,对戏剧艺术颇多创新。这一批作家致力于英国戏剧改革,希冀将戏剧艺术提升到了一个新高度。他们形成一个新的文学流派,即"大学才子"派,其中主要包括马洛、李利、基德、格林等人。

人文主义的秉承与改造

16 世纪初,出现西班牙人文主义者介绍意大利文艺复兴时期文化的潮流,一些诗人模仿古罗马和意大利的诗歌,掀起诗歌改革运动,西班牙出现了"意大利诗派"。

16 世纪中叶至 17 世纪初,西班牙文学进入其"黄金时代"。这时的小说和戏剧都取得了很高成就。在西班牙诞生了具有浓厚现实主义色彩的"流浪汉小说"。流浪汉小说以主人公自述的形式写成,主人公出身下层,衣食无着,四处漂泊,他们接触各色人物,经历诸般世事,因而这种作品能深刻反映社会生活的许多方面。西班牙的第一部流浪汉小说是《小癞子》,小说主要讲述了主人公拉撒路自述的一生经历。小说借助主人公的经历连接广阔的社会画面,表达了作者对教士、贵族的贪婪、虚伪的尖刻嘲讽,文章笔调幽默、机智,妙趣横生。《小癞子》发表后立即受到读者广泛的欢迎,许多作者竞相模仿。以《小癞子》为代表的西班牙流浪汉小说对18 世纪的欧洲小说产生了极大影响。在以后笛福、萨勒日等作家的创作中都可见其影响的痕迹。

在西班牙人本主义文学的众多作者中,最杰出的人物当属塞万提斯和维加。塞万提斯是西班牙现实主义作家、戏剧家和诗人。他曾创作了大量的诗歌、戏剧和小说,其中以长篇讽刺小说《堂吉诃德》最为著名,其文学影响也是深远的。

西班牙的民族戏剧成型于 16 世纪。在此之前,西班牙仅有一些民间流传的初具戏剧形态的宗教演出。15 世纪末,诗人胡安·德·恩西纳(1469~1529 年)的诗剧创作揭开了西班牙戏剧创作的篇章。16世纪一些戏剧作家纷纷投入创作。在西班牙文学的"黄金时代",成就最高的剧作家为维加。维加(1562~1635年)的创作极为丰富,据说他共写过1500多个剧本,但现今流传下来的仅有400多个。除了戏剧,这位高产作家还创作了大量的诗歌和小说,其代表作是《羊泉村》。他是西班牙民族戏剧的奠基人,长期以来一直享有"西班牙戏剧之父"的美誉。

人文主义的继承与沿袭

德意志虽然较早受到意大利人文主义的影响,但人文主义在这里的影响和成就却很有限。15世纪中叶,在德意志南方的一些城市出现了最早的人文主义者,其中最著名的代表是约翰·赖希林(1455~1522年)、乌尔里希·冯·胡登(1488~1523年)和伊拉斯谟(1466~1536年)。赖希林、胡登等人的《蒙昧者书简》以机智的讽刺手法进行创作,伊拉斯谟的《愚蠢颂》也是一部讽刺教士愚昧无知和腐化堕落的著名作品,这些作品广为流传,成为宗教改革的先导。塞巴斯蒂安·布兰特的讽刺作品《愚人船》也成了一个时代的符号。

马丁·路德(1483~1546年)是一位著名的宗教改革家。他曾把《圣经》翻译成德文,他还创作了大量的散文、圣歌、赞美诗。《我主是坚固的堡垒》是路德的诗歌名篇。路德曾为德意志民族语言的统一和规范化做出了巨大的贡献,他的作品成为后来德语文学的典范。

16世纪时德意志文学没有再出现过成就突出的作家或是作品。相较而言,这时期值得一提的只有汉森·萨克斯及其创作的"民间故事书"。

汉森·萨克斯(1494~1576年)的作品主要有工匠诗歌和戏剧。工匠诗歌是指城市手工场中的工匠们所吟唱的歌曲。萨克斯所创作的工匠诗歌在其生前未受到重视,直到18世纪时这种文学形式才被德国人作为德意志文艺复兴时期文学的代表。歌德也曾称赞萨克斯为"真正杰出的诗人"。

16世纪时德意志民间文学十分繁荣,其间出现了许多民间故事书,其中代表性的有《梯尔·欧伦斯皮格尔》《浮士德》等。

鼎立的三种文学形式

古典主义文学

古典主义文学是指17世纪流行于西欧特别是法国的一个重要的文学思潮,因其在文艺理论及创作实践上以古希腊、古罗马文学为典范,故而得名。它继承了文艺复兴的崇古传统,发展成歌功颂德的宫廷文艺。古典主义挑选题材严格,讲究典雅和规范化,具有政治上拥护王权、思想上崇尚理性、艺术上模仿古人的基本特征,特别是它提出了"三一律"等戏剧创作规则。

古典主义文学以法国成就尤为突出。法国古典主义文学兴起于 17 世纪 30~40 年代,在 60~70 年代达到极盛。弗朗索瓦·德·马莱布是法国古典主义文学的开创者,他反对七星诗社丰富语言的方法,不主张运用古字、复合字、技术用语等,他提倡语言的准确、明晰、和谐、庄重,从而达到语言的"纯洁"化。在诗歌创作上,他也反对七星诗社所主张的跨行、元音重复,他主张用韵严格,对诗节的长短严格规定,倾向于冷漠地表达,他认为诗歌主要应为说理。马莱布奏响了法国古典主义的旋律,继此之后法国古典主义悲剧也取得了辉煌的成就,其创始人是皮埃尔·高乃依(1606~1684 年)。高乃依写过 30 多个剧本,较为重要的有《熙德之歌》《贺拉斯》《西拿》《波利耶克特》。他的突出风格是庄严崇高,这也成为古典主义所追求的理想美。其剧本题材与内容崇高庄严,高乃依主张悲剧应该写"著名的、非同寻常的、严峻的情节",其情节的"猛烈程度能与责任和血亲的法则相对抗"。高乃依之后古典主义悲剧的第二个代表是让·拉辛(1639~1699 年)。他创作的《安德罗玛克》以女主人公为保全儿子生命所做的努力为主线,刻画了为满足自己情欲而不顾国家利益和义务的人物形象,谴责了贵族阶级的情欲横流。拉辛的后期作品还有《爱丝苔尔》《阿塔莉》,这时拉辛将"三一律"运用到出神入化的地步,从而把古典主义悲剧艺术的发展推向高峰。此外,拉辛沿袭古希腊悲剧的命运观念,其剧本着重描绘导致悲剧的必然过程,这使得拉辛的剧本更具悲剧性。除了诗歌和戏剧,这时期法国古典主义的散文创作也较有特色,代表人物有布莱兹·帕斯卡尔(1623~1662 年)、拉法耶特夫人(1634~1693 年)、让·德·拉布吕耶尔(1645~1696 年)、弗朗索瓦·德·费纳龙(1651~1715 年)等。

在英国。古典主义文学也取得了一定的成就,但它模仿法国古典主义的痕迹比较明显,独创性不高。约翰·德莱顿(1631~1700 年)是英国古典主义的倡导者与实践者。这时德国的约翰·克里斯托弗·高特舍特(1700~1766 年)的《批判诗学试论》推崇理性,倡导"三一律",对德国民族语言的规范及剧坛的整顿都做出了贡献,他的理论推动了启蒙精神的发扬。

古典主义在欧洲流行了 200 多年,后来被 19 世纪的浪漫主义思潮所取代。

巴洛克文学

巴洛克文学产生于 16 世纪下半叶,17 世纪上半叶时达到兴盛。"巴洛克"一词来源于西班牙文 barruco,16 世纪时首先出现在首饰行业中,意即"一颗不圆的珍珠"。而后这个词的含义几经变化,现在人们多把 16 世纪的建筑称为具有巴洛克风格的造型艺术,这种艺术以富丽繁复、精雕细刻为特点。巴洛克文学的风格与此相仿,故而得名。

巴洛克文学源于西班牙和意大利,盛于法国。意大利巴洛克文学的代表是贾姆巴蒂斯塔·马里诺(1569~1625年)。他的长诗《阿多尼斯》叙述了爱神维纳斯与美少年阿多尼斯之间的爱情纠葛,其中作者还编织了许多插曲,诗句华丽,形成一种"马里诺诗体",并引起各国诗人的纷纷仿效。

在西班牙巴洛克文学的发展历程中有两个代表人物,即诗人贡戈拉·伊·阿尔戈特(1561~1627年)和佩特罗·卡尔德隆(1600~1681年)。阿尔戈特的歌谣和十四行诗风格幽默、活泼。他的成就主要是叙事诗与寓言诗。其作品《孤独》描写了渔民与惊涛骇浪的搏斗,文中比喻新奇,典故冷僻,形象奇特,词汇夸张,句式对偶,形成了"夸饰主义",又名"贡戈拉主义",这种文学手法因此成为17世纪西班牙文学中巴洛克时期的代表倾向,影响深远。佩特罗·卡尔德隆是继维加之后西班牙又一位著名戏剧家和诗人。他的《人生如梦》描写了波兰王子塞希斯蒙多的不平凡经历。在文中王子是人生的象征,他的反抗表示对宿命论的否定,但其不足之处是作者仅希冀在宗教中寻找出路。剧本结构严谨,辞藻精美,经常以象征和隐喻来加强效果。

总体说来,巴洛克文学发展了一种新的美学趣味和倾向,它不甘于固有的价值体系,它的出现是与当时的社会愿望和需要相适应的。巴洛克文学的成就不高,有重大影响和重要价值的作家及作品并不多,尽管如此,巴洛克文学的艺术手法对于19世纪浪漫主义文学的产生仍起到了直接的推动作用,对19世纪以来的拉美文学也有深刻影响。

清教徒文学

17世纪的英国文学以反映清教徒思想的作品最为出色,它是英国资产阶级革命的产物。这场革命披着宗教的外衣而展开,斗争主要是在保王的国教与革命的清教之间进行。清教徒反对国教奢华的宗教仪式及贵族侈靡的生活方式,他们敌视戏剧娱乐活动,提倡勤俭节约,鼓励资本积累。清教徒的思想是17世纪英国资产阶级人生观的代表,反映了时代的精神。伊丽莎白女王憎恨清教徒,斯图亚特王朝也加紧迫害清教徒。及至17世纪40年代,资产阶级终于竖起清教的旗帜,他们以《圣经》武装思想,掀起了反对封建专制的革命运动。在这种背景下遂产生了清教徒文学,其中以约翰·弥尔顿(1608~1674年)和约翰·班扬(1628~1688年)为代表。

弥尔顿,清教徒公证人家庭出身,他一直积极投身于反封建的政治斗争,曾发表过《论出版自由》《为英国人民声辩》《论国王和官吏的职权》等雄健泼辣的政论文章。他晚年失明,经本人口授完成了三大诗作:《失乐园》《复乐园》《力士参孙》。作于 1667 年的《失乐园》是一部宏大的史诗,取材于《圣经》,总计一万行。这部史诗的价值在于其赞美了撒旦的反抗。史诗中虽然有歌颂上帝的诗句,但都显得苍白无力,弥尔顿实际上是把上帝塑造成暴君的形象,描绘撒旦与上帝的对抗洋溢着炽烈的感情。在《失乐园》中弥尔顿歌颂了撒旦的有勇有谋,敢作敢为,不屈不挠,从而将其塑造成一个革命战士的形象,体现了诗人清教徒的革命思想。史诗还采用了抑扬格五音步无韵诗体,行文气势磅礴,热情澎湃。这三部长诗集中表现了诗人对复辟时期现实的不满,以及对清教徒思想的赞颂。在创作风格上弥尔顿继承了荷马史诗的优秀传统,在描绘场面时多运用丰富的想象力,从而使人物的性格刻画更鲜明,同时他还接受了中世纪文学的象征和寓意手法。这种史诗形式为 19 世纪的新型史诗和诗体小说开辟了道路。

与弥尔顿同时代的班扬也是个清教徒作家,他曾因宣扬清教思想而遭 12 年囚禁。他创作的《天路历程》以梦境寓意的形式,揭示了复辟时期腐败与淫乱的社会风气和人民不满的现实。

光明照亮愚昧

狂飙突进运动

18 世纪德国还未摆脱"三十年战争"的阴影,整个国家分裂为数以百计的小邦国及一些帝国城市,国家的分裂由此导致了经济的落后。尽管德国的政治闭塞混乱,但德国知识界却在英法启蒙运动的影响下率先觉醒。对比落后的社会现实,许多学者开始构建精神领域里的理想王国,由此造成了德国的社会鄙陋和文学辉煌的强烈反差。德国启蒙文学首要的任务便是要为消灭封建割据,实现民族统一而努力奋斗,创造具有近代意义的民族文学,宣传弘扬自我、突出个性反抗的反叛精神,以唤起鄙俗气息严重的市民阶级的觉醒。

应时代发展的要求,18 世纪 70 年代,德国在全国范围内兴起了一场声势浩大的文学启蒙运动,这也是德国文学史上首次全国性的文学运动,即狂飙突进运动。"狂飙突进"的名称源于作家克林格的剧本《狂飙与突进》。运动的参加者反对封建枷锁,他们鼓吹个性,崇拜天才,主张民族统一,提倡创作具有民族风格的文学。他们还重视学习中世纪留传下来的民歌和民谣。他们学习了卢梭"返归自然"的思想,将现实社会的文明视为假文明。主张建立合乎"自然人性"的理想社会,歌颂大自然、儿童及淳朴的人民。狂飙突进运动促进了德国民族意识与个性的觉醒,它对德国的启蒙文学向更为繁荣的新阶段发展起到了推动作用。

在狂飙运动中的作家多为市民阶级出身的青年,歌德和席勒以其高水平的创作成为这一运动的中坚力量,而赫尔德(1744~1803年)则成了这一运动的理论家。他曾于1770年与歌德相会在斯特拉斯堡,标志着狂飙运动的开始。赫尔德在《论德国现代文学片断》等著作中,大篇幅地论述了文学的民族性、个性、天才与自然性,他极力推崇荷马、莎士比亚,对后来的狂飙突进作家产生了极大的影响。尽管狂飙突进运动写下了德国启蒙文学发展中辉煌的一页,但是后来由于德国社会的落后,该运动终未能发展为政治革命,到18世纪80年代中期之后此运动逐渐沉寂下来。

百科全书派

在18世纪法国启蒙运动的发展中,百科全书派成了一面色彩鲜艳的旗帜。它有别于一般的文学流派,此文学流派因其成员参与编纂、出版《百科全书》的活动而得名。

百科全书派的领袖狄德罗出生于法国朗格尔,19岁时获得了巴黎大学文学硕士学位。在之后自谋生路期间,他得以广泛接触社会。从而磨炼了自己的斗志。1743年,他结识了卢梭。1745年,他应出版商之请,开始负责《百科全书》的编纂工作。在此期间,狄德罗还创作了许多杰出的哲学著作,如《哲学思想录》《论盲人书简》《怀疑论者的散步》等,由于书中宣传了无神论思想,因而触怒了当权者,结果狄德罗被判入狱三个月。出狱后。他更加坚定《百科全书》的编纂,决心通过此书的出版,引起人们思想方法的改变,从而带来人类精神革命。他集中了一批志同道合者,以传播知识为手段,向

狄德罗

反动的宗教与社会势力发起猛烈进攻。参加这项工作的人员极为广泛,包括文学家、旅行家、工程师、航海家、医师和军事家等,几乎涵盖了各个知识领域具有先进思想的一切杰出代表。其中启蒙主义作家孟德斯鸠和伏尔泰曾为《百科全书》写过文艺批评和历史的稿件,卢梭参与了音乐方面条目的编写,哲学家爱尔维修、霍尔巴哈以及空想社会主义者摩莱里、马布利等人,也都是《百科全书》哲学方面的编纂者。虽然他们的观点不尽相同,但彼此能相互协作。从此,以《百科全书》的编写和出版为中心,形成了法国启蒙运动的高潮,参加《百科全书》编写的这些人

士在历史上被称为"百科全书派"。

百科全书派的核心是以狄德罗为首的一批唯物主义者,他们基本具有反对封建特权制度和天主教会的政治倾向,百科全书派向往合理的社会,他们认为人的本性是美好的,在人们的努力下世界是可以被建成幸福之地的,世界上的罪恶归根结底都是源于教育和有害的制度。他们还提出迷信、成见与愚昧无知是人类的大敌,主张一切制度和观点都应在理性的审判庭上接受批判与衡量。百科全书派推崇机械工艺,重视体力劳动,这种思想孕育了资产阶级务实谋利的精神。

感伤主义文学

感伤主义文学是 18 世纪 60 年代至 80 年代末在欧洲产生的资产阶级启蒙运动中的一种文艺思潮,又称主情主义。这种文学思潮因排斥理性,崇尚感情,有时也被称为前浪漫主义。感伤主义最早源于英国,后来传入法国、俄国及德国等主要欧洲国家。

产业革命以后,现实矛盾不断加剧,这时人们对理性社会逐渐产生怀疑,但实际中又苦于无从解决,因而人们只得寄希望于艺术和情感,借以表达对现实的不满与逃避。感伤主义这一潮流的出现在文学形式方面将欧洲引入了一个新的阶段。此思潮不仅成为 19 世纪初欧洲声势浩大的浪漫主义文学运动的先驱,而且也可以将它看成是现代派文学的源头。传统小说多是基于情节的发展,遵循因果规律,力图重组现实生活,而感伤主义却开辟了一种以心理为载体,同时融入外部现实世界的投影的新的叙事方式。

"感伤主义"因英国作家劳伦斯·斯泰恩的小说《感伤旅行》而得名。由于英国资本主义的迅速发展,社会矛盾日益加剧,中下层资产阶级文人对当时的社会贫富不均深感不安,他们担心自身的社会地位与物质生活失去保障,其感伤情绪逐渐堆积并日渐浓厚,于是在文学上便出现了这种感伤主义的情绪表现。感伤主义作家夸大感情的作用,他们追求对人物的心情和不幸遭遇的细致描写,从而引起读者的同情和强烈共鸣,作者希望表现的是他们对社会现实的不满及对劳动人民的怜悯之心,因而这类作品具有鲜明的资产阶级人道主义思想,突出反映了新兴资产阶级的愿望与要求。他们多以生、死、黑夜、孤独等为题材,抒发自己的哀思与失意,这时期作品通常格调悲哀,语言晦暗,弥漫着悲观失望的情调。感伤主义的作品还多以第一人称形式叙述,作者喜用哀歌、旅行日记、回忆录、书简等文学体裁。

在众多的感伤主义文学的作者中,比较有代表性的是英国的斯特恩、哥尔斯密斯、葛雷,法国的卢梭、伏尔泰,俄国的卡拉姆津,德国的里希特等。

海德尔堡浪漫派

19世纪时一批作家在海德堡创办了《隐士报》，形成了一个新的文学派别——海德尔堡浪漫派。1805年以后形成的"海德尔堡浪漫派"，以克莱门斯·布伦塔诺（1778~1842年）和阿希姆·冯·阿尔尼姆（1781~1838年）为主要代表。布伦塔诺的抒情诗《催眠歌》《罗雷莱》，颇具民歌风味，其诗情浓郁。后来布伦塔诺与阿尔尼姆还合作出版了民歌集《男孩的神奇号角》，其中他们搜集了德国近三百年的民歌，同时二人还进行了许多的文学改写和再创作，丰富了德语诗歌宝库。在"海德尔堡浪漫派"中，雅各布·格林（1785~1863年）和威廉·格林（1786~1859年）也是当时较为著名的语言学家和民间文学研究者，格林两兄弟编成的《儿童与家庭童话集》，其中所搜集的童话成为世界文化遗产中的瑰宝。其中有许多作品成为童话作品中的典范，如《灰姑娘》《白雪公主》等。这些童话讲究语言平易、通俗、生动，在结构上形成了有代表性的"童话模式"。约瑟夫·冯·艾兴多夫（1788~1857年）也是海德尔堡浪漫派的一个抒情诗人，他的诗主要以自然景色的描写为主。其创作于1826年的小说《一个无用人的生涯》将现实与梦幻、诗与插曲结合起来，全文充满了浪漫的情调。1809年以后，德国浪漫主义以柏林为中心得到进一步发展。在这批文学作家中，克莱斯特（1777~1811年）的喜剧《破瓮记》抨击了普鲁士官场和司法制度的腐败，全剧以民间喜剧的幽默讽刺为特色。同时期的霍夫曼（1776~1822年）创作的《金罐》充满了童话色彩。他的另一部作品《小查克斯》又以离奇怪诞的写作手法，无情地鞭笞了19世纪德国乌烟瘴气的社会现实，从而表达了作者对真善美终将战胜假恶丑的坚定信念。后来的沙米索（1781~1838年）曾作《彼得·施莱米尔的奇妙故事》，作者以辛辣的笔调，嘲讽并批判了拜金主义的丑恶。

湖畔派

湖畔派是指19世纪在英国浪漫主义运动中较早产生的一个文学流派。其主要代表有华兹华斯（1770~1850年）、柯勒律治（1772~1834年）和骚塞（1774~1843年）。由于他们三人都曾在英国西北部的昆布兰湖区隐居过，并先后在格拉斯米尔和文德美尔两个湖畔居住，他们以诗赞美湖光山色，因而有"湖畔派诗人"之称。

湖畔派的诞生以华兹华斯和柯勒律治在1798年出版的《抒情歌谣集》为标志。后来华兹华斯于1800年在诗集再版时撰写的《序言》成为英国浪漫主义向古典主义宣战的艺术纲领，后来华兹华斯还被授予"桂冠诗人"的称号。由于湖畔派诗人反对古典主义传统法则，他们宣扬浪漫主义的艺术手法，故湖畔派诗人又有"浪漫派的反抗"之称。

湖畔派诗人都具有"回到大自然中去"的思想倾向。在诗歌选材上,他们提倡以描写下层人民的日常生活为主,强调内心的深刻探索与感情的自然流露;在诗体方面,他们又主张发展民间诗歌的艺术传统;在语言上采用民间口语,并充分发挥诗人的想象力。湖畔派的理论与实践结束了英国古典主义诗学的统治时代,这一流派对英国诗歌的改革和发展产生了很大影响。

湖畔派诗人起初对法国革命表示同情,后来随着革命的深入,他们因为害怕革命而退却,进而逃避现实,眷恋过去,他们对中世纪的宗法制过分美化,幻想从古老的封建社会中寻找精神的安慰与寄托。当湖畔派诗人的这种消极倾向日益明显的时候,青年诗人拜伦、雪莱在文坛上日渐显露锋芒,他们与湖畔派诗人展开辩论。拜伦在其1809年完成的讽刺长诗《英格兰诗人和苏格兰评论家》中,不仅回击了消极浪漫主义者对其诗作的诋毁,而且严厉谴责了湖畔派诗人的消极倾向。由于他们敢于向湖畔派诗人宣战做斗争,因而受到英国绅士们的斥责,称之为撒旦,即文学史上的"撒旦派"。

一般说,湖畔派诗人代表了消极浪漫主义倾向,而撒旦派倾向于积极的浪漫主义精神。虽然湖畔派诗人在与古典主义的斗争中曾做出过贡献,其在诗歌艺术上也较有造诣,但其历史地位远逊于撒旦派。

人混乱时代的试验

前期象征派

前期象征派是指19世纪50年代产生于法国的一个文学思潮和流派。19世纪中叶,波德莱尔提出"通感"论,自此波德莱尔被认为是象征派的先驱,诗人让·莫雷亚斯《象征主义宣言》的发表,又成为象征派出现的标志。19世纪60年代以后,被称为"诗歌三王"的魏尔伦、兰波和马拉美的创作分别从不同方面发展了波德莱尔的美学思想及创作倾向,成为象征主义的典型代表。保尔·魏尔伦(1844~1896年)擅长抒情诗,他的《忧郁诗章》《佳节集》《美好的歌》《无言的情歌》抒写了作者的忧思、爱情和失恋,作品极富音乐性,同时魏尔伦还注意诗歌与绘画的结合。《泪洒在我的心头》写作真挚深沉,抒发了作者爱情受挫后内心的痛苦,文中采用大量谐韵和叠韵,从而营造出了凄怆的气氛和意境。《智慧集》是魏尔伦的创作高峰,其用词平易,感情真挚,诗句短促,意象明晰。阿瑟·兰波(1854~1891年)从16岁就开始写诗,他锐意创新,《元音字母》发现字母丰富的象征意义,《奥菲莉亚》对自尽的悲剧人物掬一捧同情泪,《惊惶的孩子们》表达了作者对遭受饥寒交迫的穷苦小孩的无限同情,《醉船》中作者用一条醉船来象征人的精神状态,描写了人的异化。象征派的领袖斯泰凡·马拉美(1842～1898年)也创作了许多著名的作品,《海风》表达诗人离开书斋,徜徉于波浪起伏、海鸟翱翔的大海,探寻异国风光的理想。《窗户》通过描写一个垂死的人对医院的厌倦,象征了人们对日常生活的倦怠。徒劳地希望获得逃离。《蓝天》又表达了诗人挣扎于虚幻的理想的痛苦。长诗《希罗多德之歌》(1869年,未完)中的少女象征不可企及的美,它困扰着诗人。马拉美在创作过程中,他的诗越来越趋向晦涩难懂,《天鹅》《她纯洁的指甲……》就是其独特写作风格的代表。作品解释多元,押韵巧妙,正是由于这种难度极大的写作,马拉美发展了一种独特的诗歌表现形式,从而显示了其高超的技巧。

1891年,象征派发生分裂,实际上这时作为流派的前期象征主义已经解体。但是由于其美学思想及艺术风格对许多国家影响甚广,至20世纪初继而产生了与之相承接的后期象征主义。

颓废主义

颓废主义或称颓废派,源自拉丁文 Decadentia,其本义为堕落、颓废。19世纪下半叶欧洲的资产阶级知识分子苦于对社会现实的不满而又无能为力,因而产生了苦闷彷徨的情绪。这种情绪反映在文艺领域中即产生了一种新的文艺思潮——"颓废主义"。这种思想最早表现在法国诗人波德莱尔及象征主义者马拉美等人的创作中,因而在后人的评价中,象征主义与颓废主义往往被视为一体。

颓废主义以主观唯心主义、非理性主义为思想基础。颓废主义者这个名称在1880年最初是用于一群放浪的法国青年诗人身上。魏尔伦在1886年创办了《颓废者》杂志,并欣然接受了此称号。颓废主义者多反对文艺以自然主义对现实生活进行描写,他们主张"为艺术而艺术",认为文学艺术应独立于生活目的与道德的约束,颓废主义者片面强调艺术的超功利性,从而否定了文艺的社会作用,否定理性认识对文艺的作用,他们宣扬悲观、颓废的情绪,颓废主义者特别注意从病态的或变态的人类情感中或是与死亡、恐怖有关的主题中来寻求创作的灵感。

在之后的英国唯美主义运动中颓废主义有了进一步发展。王尔德在其长篇小说《道林·格雷的肖像》中描写了主人公的烦躁不安、精神错乱与道德败坏,这几乎成了世纪末颓废主义者的典型写照。19世纪末欧洲各文艺流派与颓废主义源出一处,大量作品多具有颓废倾向,因而在文学史上颓废派文艺又有世纪末文艺之称。

此后在第一、第二次世界大战后流行的各现代艺术流派,如表现主义、未来主义、存在主义、超现实主义,也都有不同程度、不同形式颓废主义的表现。

未来主义

未来主义是 20 世纪初由意大利流行到欧洲各国的现代主义文学流派。未来主义否定传统文化,提倡彻底抛弃艺术遗产;这一流派歌颂机械文明与都市的混乱,赞美"速度美"与"力量";未来主义者还主张打破传统的形式规范,在艺术创作上随心所欲地运用自由不羁的语句。未来主义的创始人及理论家是意大利的菲利波·托马索·马里奈蒂。1909 年他发表了论文《未来主义宣言》标志着这一流派的诞生。未来主义的一些基本原则经马里奈蒂总结,即对陈旧思想的憎恶,尤其突出对陈旧的政治与艺术传统的憎恶。马里奈蒂及其追随者们表达了对速度、科技和暴力等元素的狂热喜爱。在未来主义者的眼中,汽车、飞机、工业化的城镇等都充满了迷人的魅力,因为这些都是人类依靠技术的进步征服了自然的象征。

未来主义者们戏称沉溺于昔日时光的行为是"过去主义",这类人一并被称为"过去主义者"。这些"过去主义者"主要是指那些对未来主义的画展或演出没有兴趣的人们。

法国的阿波利奈尔曾开创立体未来主义,其代表作《醇酒集》引起了现代诗的结构变化。俄国诗人马雅可夫斯基早期的一些诗作也都属于未来主义的范畴,如《穿裤子的云》。此外赫列勃尼科夫也是俄国未来主义的代表性诗人。

尽管未来主义有明显的文化虚无主义倾向,但它的创新性试验也使艺术表现手法得以扩大。20 世纪其他许多文艺思潮也受到了未来主义的影响,其中包括艺术装饰、漩涡主义画派、构成主义和超现实主义。未来主义作为一种艺术思潮自 20 年代开始衰落,至今基本销声匿迹,很多未来主义艺术家在两次世界大战中丧生。但是未来主义所倡导的一些元素却始终在西方文化中占有一席之地。

达达主义

达达主义是 20 世纪初在欧洲产生的一种现代主义的文艺流派。1915 年一群年轻的艺术家在瑞士苏黎世组织了一个文学团体,他们把在辞典中随意翻到的一个法语词"Dada"作为此团体的名称。1919 年,这批作家又在法国巴黎成立了"达达"集团。从而形成了达达主义流派。

达达主义,源于法语"达达",意为糊涂、空灵、无所谓。它以婴儿最初的发音来表示婴儿对周围事物的纯生理反应。此流派宣称作家进行文艺创作,也应像婴儿学语那样,排除思想干扰,只表现能感触到的印象。查拉在达达主义的草拟《宣言》中,曾为"达达"做出这样的解释:"这是忍耐不住的痛苦的嗥叫,这是各种束缚、矛盾、荒诞东西和不合逻辑事物的交织;这就是生活。"后来有人还对此做出进一步的阐述："达达，即什么也感觉不到，什么也不是，是虚无，是乌有。"达达主义的目的以及他们对新视觉幻象与新内容的愿望，表明了这一文学流派主张以批判的观念对传统的再审视，他们力图摆脱反主流的文化形式。达达破坏的冲动对当代文化造成了重要影响，它成了 20 世纪艺术的中心论题之一。

达达主义者对一切事物都采取虚无主义的态度，他们经常用帕斯卡尔的一句名言来自我表白："我甚至不愿知道在我以前还有别的人。"在回顾达达主义运动时查拉曾说："目的在于设法证明在各种情况下，诗歌是一种活的力量。文字无非是诗歌的偶然的、丝毫不是非此不可的寄托；无非是诗歌这种自然性事物的表达方式，由于找不到合适的形容词，我们只好叫它为达达。"

达达主义者以破坏一切为行动准则。他们提倡：艺术伤口应如炮弹，将人打死后，还应焚尸、销魂灭迹；地球上不应该留下人类的任何痕迹。他们主张否定一切，破坏一切，打倒一切。因此，在文学上达达主义是虚无主义的具体表现。它反映了"一战"期间西方一些青年苦闷的心理和空虚的精神状态。

自从 1919 年在巴黎出现达达团体以后。巴黎成了这一流派的活动基地，其喉舌则为文艺杂志《文学》。这一流派的代表作家主要有：布勒东、阿拉贡、苏波、艾吕雅、皮卡比亚等。

超现实主义

超现实主义是两次世界大战期间从法国流传至欧美的现代主义文学流派，它由达达主义发展而来。超现实主义试图从理性的樊篱中将文艺创作解放出来，使之成为一种自发性的心理活动过程，以便表现一种更高更真实的"现实"，即"超现实"。所谓超现实即强调表现超现实、超理性的无意识世界和梦幻世界；这一流派主张文学创作应以纯精神的自动反应进行，广泛提倡使用"自动写作法"与"梦幻记录法"，其作品多为晦涩艰深的风格，同时不乏离奇神秘的艺术效果。超现实主义的创始人和理论家安德烈·布勒东曾于 1919 年与苏波合写了首部超现实主义小说《磁场》。在法国，路易·阿拉贡和保尔·艾吕雅也是超现实主义的重要代表作家。后来的荒诞派、黑色幽默和魔幻现实主义都受到超现实主义很深的影响。

超现实主义文学强调对现实主义和传统小说的否定，它敌视一切道德传统，认为传统的即平庸、仇恨的根源，而小说能成为文学的宠儿，就在于它适应了读者合乎逻辑地反映生活的追求。超现实主义要求打破旧有的一切，追求"纯精神的自动反应，力图通过这种反应，以口头的、书面的或其他任何形式表达思维的实际功能。它不受理智的任何监督，不考虑任何美学上或道德方面的后果，将这思维记录下来"。它还对潜意识和梦幻加以强调，提倡"事物的巧合"，倡导"自动写作法"。超现实主义者通常会在咖啡馆、电影院等公共场所寻找和搜集人的思维的原始状态，并以此创作,这一流派的代表作有布勒东在 1928 年发表的小说《娜嘉》。20 世纪 20 年代末以后,超现实主义运动内部产生了分裂。1930 年布勒东发表《超现实主义第二宣言》,重申运动原则:反抗的绝对性、不顺从的彻底性及对规章制度的破坏性。此后运动转入低潮,其成员几乎仅有布勒东一人。1946 年布勒东辗转回到法国后,继续开办杂志,同时举办许多作品展览会并发表广播讲话,从而带来了超现实主义运动的又一个浪潮,其影响波及欧美许多国家,但声势已远逊于 20 年代。

超现实主义颇具吸引力和生命力,其在文学史上存在的时间较长,而且对不少的现代派都产生了理论影响。

后期象征主义

后期象征主义是 20 世纪 20 年代至 40 年代活跃于西方文坛的一个影响极大的文学流派,它继承并发展了前期象征主义,从而使象征主义更趋完美,内涵也更为深广,其现代主义特征更强。由于受到所处时代的影响,与前期象征主义相比,后期象征主义具有自身明显的特点。除了波及国家更多、诗人队伍更大,后期象征主义的美学原则与各国各自国情与诗歌传统的结合更为复杂外,"它所涉及的题材更重大,主题色彩更鲜明,现代意识更强,表现手法更熟练"。后期象征主义仍然坚持以象征暗示的方法来反映内心"最高的真实",此流派反对对主观精神自由与无限的过多强调,以至于形成了过分抽象化的倾向,后期象征主义既反对因过于强调客观事物的形象、具体而导致的平淡无意蕴,同时又反对前期象征主义的隐晦艰深,他们主张情与理、主观与客观、有限与无限的统一。后期象征主义摆脱了个人情感的小圈子的束缚,对社会的与时代的总体精神的表现更为突出。在创作方法上,后期象征主义实现了从简单象征发展到意象象征,从个别象征发展到普遍象征,从情感象征发展到情感与理智并举的转变,因而更具有思辨性与哲理性。

虽然后期象征主义在早期象征主义的基础上有所突破与发展,并形成了自己的特点,但是它仍未能完全逃离前期象征主义的框架,例如艺术手法上,二者同样注重强调象征对象,并极力主张绘声绘色地表现抽象概念的特质,二者都重视主观的认识作用和艺术想象的创造作用。在强调诗歌音乐性与神秘主义的特性方面,二者也是一脉相承的。

总之,现实还是非现实(或超现实)成为后期象征主义与超现实主义的分水岭。后期象征主义的诗歌在法国的重要代表有瓦莱里和佩斯等人,在西方其他国家,代表性人物有奥地利的里尔克、英国的叶芝、美国的艾略特和比利时的维尔哈伦等,其中以艾略特的《荒原》尤为经典。

表现主义

表现主义是 20 世纪初到 30 年代在欧美一些国家广为流行的现代主义文学艺术流派,第一次世界大战以后这一流派在德国及奥地利流行甚广。它首先在美术界产生,后来音乐、文学、戏剧甚至电影等领域都受到了此艺术流派的影响。"表现主义"最初是 1901 年在巴黎举办的马蒂斯画展上埃尔维一组油画的总题名。1911年希勒尔在《暴风》杂志上刊登文章,第一次用"表现主义"称呼柏林的先锋派作家。1914 年以后,"表现主义"一词逐渐受到人们的普遍承认与采用。1905 年德国相继出现桥社、青骑士社等表现主义社团。它们的美学目标和艺术追求不仅与法国的野兽主义相仿,而且还带有浓厚的北欧色彩与德意志民族传统特色。表现主义深受工业科技的影响,突出强调物体的静态美。

表现主义并不是一个完全协调统一的运动,其成员的政治信仰与哲学观点大相径庭。但他们基本都受到康德哲学、柏格森的直觉主义及弗洛伊德精神分析学的影响,在强调反传统、反社会现状,要求改革与"革命"的观点上,他们的观点是一致的。在创作上,他们不仅仅局限于对客观事物的摹写,而且要求表现事物的内在实质;要求突破对人的行为及所处环境的描绘从而实现对人的灵魂的揭示;要求突破对暂时现象和偶然现象的记叙以展示其永恒的品质。表现主义在诗歌、小说和戏剧等领域都产生过许多有影响的作家和作品。其诗歌主题多表现对都市喧嚣的厌恶,暴露了大城市的混乱、堕落与罪恶,作品总是充满了隐逸的伤感情绪或是对"普遍的人性"的宣扬。代表人物有奥地利的特拉克尔和德国的海姆、贝恩等。表现主义的小说,其人物与故事的描述都是对现实生活异乎寻常的变形或扭曲,从而揭示了工业社会的异化现象以及人类丧失自我的严重精神危机。在小说创作上成绩较为突出的是奥地利的卡夫卡。表现主义戏剧内容荒诞离奇,结构松散,场次之间逻辑联系散乱,情节变化突兀。表现人物思想感情多运用简短、快速、高声调、强节奏的冗长内心独白,同时还注意运用大量灯光、音乐、假面等来增强语言的效果。代表人物有德国的托勒尔,美国的奥尼尔等。

意识流

"意识流"一词最初为心理学词汇,1918 年梅·辛克莱评论英国陶罗赛·瑞恰生的小说《旅程》时首次将此词语引入文学界。至 20 世纪 20 年代"意识流"成为英、法、美等国流行的一种现代主义文学流派。

意识流文学是现代主义文学的一个重要分支,它泛指注重描绘人物意识流动状态的文学作品,既包括清醒的意识,又包括无意识、梦幻意识和语言前意识。在这个文学流派的发展中，小说的成就最为显著，此外在戏剧、诗歌方面也有表现。意识流小说就文体特征而言，由于它通常以人物的意识活动为结构中心来展示人物持续流动的感觉和思想，并且经常借助自由联想来完成叙事内容的转换，因此，这类小说总是打破传统小说正常的时空次序，而时常出现过去、现在乃至未来的大跨度跳跃。在小说中，作者对人物的心理、思绪描写经常是飘忽变幻，在情节段落安排上也是交叉拼接，现实情景、感觉印象以及回忆、向往等经常以交织叠合的形式出现，小说象征性意象以及心理独白的多重展示，常常使叙事显得扑朔迷离。因此，面对此类文章时，解读者应对人物多层次的感觉印象、心理图象等贯穿起来的意识中心尽可能准确把握，以便从中寻找人物意识流动的线索，这是对意识流小说正确解读的关键。除了文体特征，意识流小说在创作技巧上也独树一帜，它大量运用内心独白、自由联想以及象征暗示的手法，其语言、文体和标点等方面都极具创新性。

意识流小说的先驱是法国的马塞尔·普鲁斯特，他的《追忆似水年华》是对其"主观真实论"最成功的实践。爱尔兰的詹姆斯·乔伊斯和美国的威廉·福克纳也都是意识流小说的杰出代表，他们的代表作分别为《尤利西斯》和《喧哗与骚动》。此外意识流文学重要的作家还有英国女作家弗吉尼亚·伍尔夫等。此后意识流的创作方法被现代作家广泛采用，"意识流"后来成了现代小说的基本创作方法之一。

意象主义

意象主义，是指20世纪初在英国及美国诗坛上广为流行的一个现代诗歌流派，此流派被视为整个英美现代诗歌的发端。意象派在法国象征主义及中国古典诗歌的影响下，曾兴起过反对学院派风格，反对抽象说教，反对陈旧题材与表现形式的诗歌运动。他们主张诗歌应通过浓缩凝练的表达方式来描述意象，以客观准确的意象取代主客之间的情绪表达，以便更形象地刻画诗人的心理，这一诗歌流派集中体现了以"物象诗"为主要倾向的西方现代诗的基本特征。该派的领袖人物是美国的诗人艾兹拉·庞德。

1913年休姆、庞德和弗林特等人在伦敦发表了意象主义的三点宣言，他们提倡对主客观事物的直接表现，同时剔除一切无助于"表现"的词语，应以口语节奏代替传统格律。庞德还曾把"意象"称为"一刹那间思想和感情的复合体"。1914~1918年间由艾·洛威尔主持，《意象派诗选》出版了五卷，20世纪30年代又推出一卷。

除了庞德，属于这支流派的诗人还有英国的理查·奥尔丁顿和戴维·赫伯特·劳伦斯，美国的希尔达·杜利特尔与威廉·卡洛斯·威廉斯等。他们强调用视觉意象引起联想,借以表达一瞬间的直觉和思想。这种文学手法多用于自由体写作短小篇章。

据庞德等自称,意象主义的发展曾受到中国旧诗和日本俳句中运用意象方法的影响。这一流派对英美现代诗歌口语运用、自由体发展及意象铸造方面颇有影响。意象派对我国"五四"前后的诗歌界也产生了广泛影响。

迷惘的一代

迷惘的一代,又称迷失的一代。它有别于有组织、有共同纲领的团体,此派即第一次世界大战以后在美国出现并风靡世界的一个文学流派。"迷惘的一代"这个名词源自侨居巴黎的美国女作家格特鲁德·斯泰因。一次她指着海明威等人说:"你们都是迷惘的一代。"海明威后来把这句话作为他的长篇小说《太阳照常升起》的题词,于是"迷惘的一代"就成了一个文学流派的名称。

"迷惘的一代"的作家其共同点即对帝国主义战争的厌恶,但是他们又苦于找不到出路。第一次世界大战爆发时,这些年轻人基本上都是二十岁左右,他们在美国政府"拯救世界民主"的口号蛊惑下,怀着民主的理想,积极奔赴欧洲战场。他们在亲眼目睹了人类空前的大屠杀后,发现战争远非他们理想的那种英雄事业,所谓"光荣""民主""牺牲"无非是蒙蔽人民的借口。许多作家在战争中遭受了种种苦难。他们了解到普通士兵中日益高涨的反战情绪,理想与现实的差距给他们的心灵留下了无法医治的伤痛。因此"迷惘的一代"作家其作品多是以反映这些思想感情为主。例如,爱·肯明斯的《巨大的房间》、约翰·多斯·帕索斯的《三个士兵》、威廉·福克纳的《士兵的报酬》与《萨托里斯》。海明威是"迷惘的一代"的代表作家,其作品中迷惘、悲观的情绪甚为浓厚。

"迷惘的一代"不仅包括参加过欧洲大战的那些作家,也包括没有参加过战争,但同样对前途感到迷惘与迟疑的 20 世纪 20 年代的作家,如司科特·菲茨杰拉德、托马斯·艾略特及托马斯·沃尔夫等。"迷茫的一代"作家在艺术上各具特色,他们的主要成就闪烁于 20 年代,30 年代以后,他们的创作倾向,包括海明威在内,都有所改变,之后便分道扬镳了。

垮掉的一代

垮掉的一代是第二次世界大战以后在美国出现的一个现代主义文学流派。

"垮掉的一代"这个词最早是由凯鲁亚克在 1948 年"发明"的,后来他的朋友约翰·克莱隆·霍姆斯为纽约《时代杂志》写了一篇题为"This is BeatGeneration"的文章。Beat 这个词在此译作"垮掉",此后,"垮掉的一代"的称谓借助各种媒体开始流传。"垮掉的一代"实际上是"迷惘的一代"的对照。"迷惘的一代"主要是指第一次世界大战后成长起来的年轻人,他们因战争的创伤而对生活失去信念,但他们仍保留了对人性的渴望。"垮掉的一代"与之不同,他们中许多人已经丧失了对人性最基本的理解,以"垮掉的一代"作为其称谓正是表达了公众对他们的失望与不满。

"垮掉的一代"的成员大多是玩世不恭的浪荡公子,他们笃信自由主义。他们通常秉承自发的文学创作理念,有时甚至非常混乱。因此"垮掉的一代"的作家们所创作的作品经常备受争议,因为这些作品通常违反传统创作的常规,在结构与形式上常常是杂乱无章,语言粗糙甚至粗鄙。

之所以将这样一小群潦倒的作家、学生、骗徒以及吸毒者作为"一代"提出来,是因为这个人群的意识形态对"二战"后美国后现代主义文化的形成具有举足轻重的作用。在西方文学领域里,"垮掉的一代"被视为后现代主义文学的一个重要分支,它也成为美国文学历史上的重要流派之一。"垮掉的一代"对后世西方文化产生过深远影响,因此在文学发展中经常被文化研究学者们看作是第一支真正意义上的后现代"亚文化"。

此文艺流派的重要文学作品主要包括杰克·凯鲁亚克(1922~1969年)的《在路上》、艾伦·金斯堡(1926~1997年)的《嚎叫》以及威廉·博罗斯(1914~1997年)的《裸体午餐》等。后两部作品曾由于内容"猥亵"而引起法庭注意,它们也推动了此类文学作品在美国出版的合法化进程。

存在主义

存在主义文学是西方现代主义的一个重要流派,这一提法最初因阐述存在主义哲学思想而出现于法国,它的思想渊源主要为克尔恺郭尔的神秘主义、尼采的唯意志论以及胡塞尔的现象学等。

存在主义的产生与其所处的时代背景密不可分:第一次世界大战后继欧洲资产阶级文明的终结,人类历史迎来了现代时期,这时人们出现了异化自我的现象,于是作为化解自我异化感觉的理论,存在主义就应运而生了。

海德格尔是存在主义的主要创始人,而将这一思想流派发扬光大的则是萨特。"存在先于本质"即萨特最著名的倡议。存在主义否认神或任何预先定义的规则的存在。萨特还特别强调反对人生中一切"阻逆"因素的存在,因为它们造成了人的自由选择的余地的缩小。如果没有这些阻力,那么一个人选择走哪一条路就成了他唯一要解决的问题。然而人是自由的,即使他深陷于自欺之中,他仍然不会丧失潜力与可能。加缪也曾提出:"他人是地狱。"这一观点从表面看似乎与"人有选择的自由"观点相矛盾,但归根结底每个人虽然选择是自由的,但对于选择后的结果,每个人却要承担无法逃避的责任,人在选择的过程中,面对的最大问题其实是他人的选择,因为人们有自己选择的自由,因而必定对他人的自由造成影响,所以有"他人是地狱"的提法。

"存在主义"的代表性作家有法国的让·保罗·萨特、阿尔贝·加缪以及西蒙娜·德·波伏瓦等。而美国的诺曼·梅勒、索尔·贝娄,法国的雷蒙·盖夫、梅洛·庞蒂,英国的戈尔丁等都是具有明显存在主义倾向的作家。存在主义思潮流派,对后现代主义其他文学流派也都产生了直接而重要的影响。

荒诞派戏剧

荒诞派戏剧是第二次世界大战以后在西方戏剧界最有影响力的流派之一,它也是 20 世纪 50 年代兴起于法国的反传统戏剧流派,而后在西方戏剧舞台上盛行的一种文艺思潮流派,又被称为"反戏剧派"。"荒诞派戏剧"多受到存在主义哲学思想的影响,它是存在主义在戏剧舞台上的形象变体。这种艺术开始出现时曾遭到批评界的冷遇,后来才逐渐获得社会承认,并在世界上不少的国家竞相上演。1950 年剧作家尤奈斯库的《秃头歌女》问世,后来贝克特又凭借剧作《等待戈多》轰动法国舞台,1961 年英国批评家艾思林推出了《荒诞戏剧》一书,此类作品终于得到理论上的概括,并正式得名。此后,荒诞派戏剧逐渐进入其成熟和全盛阶段。

荒诞派戏剧家提倡纯粹的戏剧性,宣扬借助直喻把握世界,他们放弃形象塑造与戏剧冲突,在表现现实的丑恶与恐怖、人生的痛苦与绝望时,多运用支离破碎的舞台直观场景、奇特怪异的道具、颠三倒四的对话以及混乱不堪的思维。从而实现一种抽象的荒诞效果。

这一流派的代表作家有尤奈斯库、贝克特等人。尤奈斯库、贝克特等人多是以因面对人生存条件的荒诞不经而引起的抽象恐惧不安之感为主题。他们在表达此类主题时,经常故意避开合乎逻辑的结构和明智的理性,而通常是直接以形象来表现对理性的怀疑与否定。他们极力要表现的是"原子时代的失去理性的宇宙"。在他们的剧作中,作者经常将戏剧发展中明确的时间和地点抽掉,同时将行动压缩至最小极限,甚至取消。这样他们创作的剧作多没有戏剧性事件,没有剧情转折、起伏跌宕,没有结局。他们仅是以抽象的、还原到人的原型的形象来代替对人物性格的描绘与概括。他们笔下的人物通常都没有固定姓名,而仅以教授、女生、房客、女仆,甚至是字母来标志。在他们看来语言不再是人们交流思想的媒介,他们借助语言本身的空洞无物,使存在的空虚得以形象显示;他们还会以松散又毫无意义的语言、多次重复的词句或是反复再现的语音,来夸大语言的机械表象,从而达到以滑稽可笑、荒谬绝伦的语言体现人生荒诞性的目的。荒诞派戏剧通常没有完整的故事或情节,缺乏可以清晰辨认的人物,经常运用的是毫无伦次的胡言乱语,它是艺术中最概念化的一种形式。荒诞派戏剧表现的通常是我们想逃避却又无法逃避的命运。荒诞派戏剧是一种体验，它使人们展示应付现实的能力时体验到尊严，无论现实多么乏味，人们都应该具有无所畏惧、不抱幻想、坦然接受并嘲笑它的能力。

荒诞派戏剧可以看成是战后西方社会的一面哈哈镜。它曲折地反映了战后一代对资本主义现实生活感到荒诞与虚无的内心世界。这一流派被认为是战后西方社会思想意识舞台艺术最有代表性的反映。

由于在当时的西方社会这一戏剧流派所反映的精神空虚具有广泛的普遍性，因此，继法国荒诞派戏剧之后，西方各国在 20 世纪五六十年代相继出现许多荒诞派剧作家，法国荒诞派戏剧因而成为西方具有国际影响的文学潮流。

黑色幽默

黑色幽默是 20 世纪 60 年代出现在美国的一个重要的文学流派，因 1965 年弗里德曼辑印的小说片段集《黑色幽默》而得名，又有"黑色喜剧""病态幽默"之称。它是 60 年代美国小说创作中极具代表性的流派之一。进入 70 年代以后，"黑色幽默"的声势渐衰，但不时仍有新作问世，这一思想流派在美国文学中的影响至今仍然存在。

黑色幽默的小说家对人物周围世界的荒谬及社会对个人的压迫往往进行突出描写，他们以一种无可奈何的嘲讽态度来表现环境和个人（即"自我"）之间的互不协调，而且他们还把这种互不协调的现象加以放大、扭曲，甚至变为畸形，从而使这种不协调显得更为荒诞不经，滑稽可笑，给人一种沉重和苦闷的感觉。因此，有部分评论家还把"黑色幽默"称为"绞架下的幽默"或是"大难临头时的幽默"。黑色幽默作家注重塑造一些乖僻的"反英雄"人物，借助他们可笑的言行以影射社会现实，从而表达作家对社会问题的观点。在描写手法方面，"黑色幽默"作家也突破传统，他们创作的小说经常出现缺乏逻辑联系的情节，他们常常将现实生活与幻想和回忆混合起来叙述，把严肃的哲理和插科打诨融为一体。例如海勒的《第二十二条军规》、品钦的《万有引力之虹》、小伏尼格的《第一流的早餐》都是黑色幽默代表性的作品。有些黑色幽默小说还嘲笑人类的精神危机，如巴斯的《烟草经纪人》和珀迪的《凯柏特·赖特开始了》。

作为一种美学形式，黑色幽默属于喜剧的范畴，但它又是一种带有悲剧色彩的变态的喜剧。分析黑色幽默的产生，与 20 世纪 60 年代美国的动荡不安是不可分割的。当代资本主义社会荒谬可笑的事物以及"喜剧性"的矛盾并非作家们凭主观意志所能创造，它们一般都是社会生活的反映。这种反映虽然具有一定的社会意义与认识价值，作家对包括统治阶级在内的一切权威进行了抨击，但是实际上他们所强调的社会环境是很难改变的，这就导致了作品中经常充溢着悲观绝望的情绪。

魔幻现实主义

魔幻现实主义文学是 20 世纪 50 年代崛起于现代拉丁美洲文坛,同时极具撼动世界轰动效应的现代派文学重要流派,这一文学流派至今在世界文坛上影响颇深。魔幻现实主义文学一词最早见于《魔幻现实主义·后期表现主义·当前欧洲绘画的若干问题》,这是德国文艺评论家弗朗茨·罗研究德国及欧洲后期表现主义绘画的论著。弗朗茨·罗在表述魔幻现实的含义时指出,"魔幻"一词,"是为了指出神秘并不是经过表现后才来到世界上的,而是活动着并隐藏在其中"。后来,这部著作经西班牙的《西方》杂志翻译,于是"魔幻现实主义"一词开始进入到西班牙文学艺术领域。后来委内瑞拉的作家彼特里又将此术语推广运用于拉美文学。魔幻现实主义植根于拉美黑暗的寡头统治现实,它同时融汇、吸纳古印第安文学、现实主义文学及西方现代派文学的有益经验,将幻象、神话与现实融会贯通,并大胆借鉴了象征、寓意、意识流等西方现代派文学的各种表现技巧和手法,突出了鲜明独异的拉美地域色彩。

魔幻现实主义的创作原则即"变现实为幻想而不失其真实"。其中最根本的核心是"真实",所有魔幻现实主义作家都基于此原则进行创作。无论作品采用了怎样的"魔幻""神奇"手段,创作的最终目的都是反映并揭露拉丁美洲黑暗的社会现实。

在体裁上魔幻现实主义文学以小说为主。此类作品大多借助神奇、魔幻的手法来反映拉丁美洲各国的现实生活,"把神奇和怪诞的人物和情节,以及各种超自然的现象插入到反映现实的叙事和描写中,使拉丁美洲现实的政治社会变成了一种现代神话,既有离奇幻想的意境。又有现实主义的情节和场面,人鬼难分,幻觉和现实相混"。从而形成了魔幻与现实融为一体、"魔幻"又不失真实的独特艺术风格。从本质上说,魔幻现实主义文学所要表现的,并非魔幻,而是现实。"魔幻"仅是表现手法,反映"现实"才是最终目的。

属于这一流派的代表作家及作品有:危地马拉作家米格尔·安赫尔·阿斯图里亚斯的小说《总统先生》、墨西哥的作家胡安·鲁尔福的小说《佩德罗·帕拉莫》、秘鲁作家马利奥·略萨的小说《城市与狗》以及哥伦比亚作家加西亚·马尔克斯的小说《百年孤独》等。

其他思潮和流派

玄学诗派

玄学诗派是 17 世纪初在英国形成的一个诗歌流派。此派的主要代表有约翰·多恩（1573~1631 年），其代表作有《世界的解剖》《关于灵魂的历程》《神圣的十四行诗》等。后来德莱顿批评多恩"诗中的玄学成分太多"，后来以多恩为首的一派诗人就被称为玄学派。除了多恩外，此派还包括赫伯特、马韦尔、亨利·金、克拉肖、特勒贺恩、克利夫兰、沃恩、凯利、考利、拉夫莱斯等。其中有些诗人在风格与内容上介于"玄学派"与"骑士派"之间，如克利夫兰、凯利、拉夫莱斯。

继德莱顿的批评后，18 世纪英国批评家约翰逊又进一步对玄学派的特点进行了分析，他认为"玄学派诗人都是学者"，他们在诗歌中"把截然不同的意象结合在一起，从外表绝不相似的事物中发现隐藏着的相似点"，"把最不伦不类的思想观念勉强地束缚在一起"。

玄学派诗歌的形式主要有爱情诗、宗教诗、挽歌、诗简、讽刺诗、冥想诗等。爱情诗以辩论说理的方式，从哲学、科学、神学中摄取意象，反映出玄学诗人对文艺复兴时期流行的彼特拉克式"甜蜜的"抒情诗的反对。他们的宗教诗和其他诗歌则多侧重表达信仰上的苦闷、疑虑、探索与和解。此派诗歌讲究内容复杂，多充满了浓郁的宗教神秘色彩。他们的诗歌中充满了紧张的心情以及对人的感情所做的议论与分析。此派诗人擅于运用新奇的形象、机巧的比喻与多变的节奏，从而表达诗人对爱情和信仰的玄思冥想，反映了诗人对灵与肉两方面平衡性的追求。玄学派诗人还追求精雕细琢的形式，多采用出人意料的比喻。

玄学派诗歌被认为是对文艺复兴时期人文主义诗歌的反响，它反映了 17 世纪初人文主义肯定生活、歌颂爱情与个性解放的思想传统所遇到的危机。玄学派诗歌的情绪与"一战"后普遍存在的怀疑气氛很符合，同时也符合对维多利亚和爱德华两朝的温情和庸俗道德观念的不满情绪的反映，体现了作家追求新的生活体验与表现方式的要求。尽管如此，它仍成为 17 世纪英国文学的衰落的标志。

骑士派

17 世纪上半叶的英国，在诗歌方面的主要代表除了玄学派还有骑士派。骑士派诗人大多为朝臣、骑士，他们在内战中积极为国王效力，他们是革命战争中查理一世的忠实拥护者，他们的诗歌也多取材于爱情，在艺术上骑士派师法本·琼森，主张诗歌创作的音调优美,明白晓畅。在诗歌的语言运用以及技巧表达上骑士派也甚为讲究。此派以罗伯特·赫里克(1591~1674年)为首的封建没落骑士派为主要成员。

"骑士派"的诗歌主要描写了宫廷中的调情作乐与好战骑士为君杀敌的荣誉感,他们宣扬及时行乐。此外赫里克还写过不少清新的田园抒情诗和爱情诗,例如《樱桃熟了》《致水仙》《快摘玫瑰花苞》《疯姑娘之歌》等诗篇都是英国诗歌中广为传颂的名作。他的许多诗还曾被谱曲传唱。现今传世的赫里克的诗歌约有1400首诗,分别收录在《雅歌》与《西方乐土》中。除了赫里克外,骑士派的代表作家还有托马斯·步鲁(1595~1639年)、约翰·萨克金(1609~1642年)以及理查德·勒甫雷斯(1618~1657年)等。

"玄学诗派"与"骑士派"作为17世纪上半叶英国诗歌的两大流派,其共同特征是二者都宣扬玄虚浮华、雕章琢句。而两派中又以"玄学诗派"影响更为深远,20世纪这种思想流派在叶芝和艾略特身上均有明显反映。

沙龙文学

"沙龙"本为法语"Salon"的译音,它原意是指法国上层人物住宅中豪华的会客厅。自17世纪开始,巴黎的名人,其中多半为名媛贵妇经常把客厅变成著名的社交场所。进出沙龙者,既有诗人、小说家、戏剧家、音乐家、画家,又有哲学家、评论家和政治家等。他们来自各个领域,他们的志趣相投,欢聚一堂通常都是一边呷着饮料,欣赏典雅的音乐,一边就共同感兴趣的各种问题抱膝长谈。这种谈话讲究无拘无束。后来,人们将这种形式的聚会命名为"沙龙",此后这种文化形式风靡于欧美各国文化界,19世纪沙龙文学进入它的鼎盛时期。正宗的"沙龙"一般具有如下特点:定期在晚间举行,因为灯光常常可以营造出一种朦胧的、浪漫主义的美感,这种氛围会极大地激起与会者的情趣、谈锋和灵感;人数不多,仅在小圈子里活动;三三两两,自愿结合,各抒己见,注重谈论自由。

沙龙文学是17世纪出现于西欧上流社会的一种贵族文学流派。这种文学多是指在文艺座谈中朗诵或演出的文艺作品,其中又多以小说,诗歌为主,在作品中侧重表达了那些失去往日尊贵地位的封建贵族对中世纪的缅怀,作品中还有许多男女悲欢离合的艳情故事的描写,同时对田园牧歌式的生活也有叙述。沙龙文学多为矫揉造作、晦涩难懂之作,其中充满了没落贵族庸俗无聊的趣味。法国的大戏剧家莫里哀曾于1659年创作了喜剧《可笑的女才子》,便是对沙龙文学故作姿态的风尚进行辛辣讽刺的经典之作。

新现实主义

新现实主义是 20 世纪 40 年代中期在意大利兴起的一种文艺思潮。它是抵抗运动的产物,是对抵抗运动的理想与要求的反映。从诞生到衰退这一文艺思潮大致历经十余年,并经过了不同发展阶段。拥护这一派的作家多为经过反法西斯战争洗礼的进步作家、艺术家,他们高举争取社会进步、民主、平等的思想旗帜,坚持以忠实地反映历史真实与社会现实为艺术纲领。在选择题材上,新现实主义者着重突出南方问题,成功塑造了现代意大利文学史上反法西斯战士、游击队员、夺取土地的暴动者等一批新主人公形象。新现实主义的作品形式大体有特写、回忆录、长篇小说等,其语言真挚、朴实,生活气息浓郁,闪耀着民主精神的光芒。由于他们的努力.使意大利文学重回现实主义的道路,并具有了新的特征,因此得名新现实主义。

尽管如此,早期新现实主义的作品仍然存在不容忽视的缺陷。新现实主义作家不能正确、深刻地理解自己描绘的事实,他们缺乏对事实本身的艺术概括与揭示。他们虽然尖锐地提出问题,但却无法挖掘问题的症结,更不清楚解决办法,因而在他们的作品中常常流露出小资产阶级意识与哀伤的情调。因此,新现实主义者对资本主义制度的批判是软弱的、有限度的。

新现实主义者继承了 19 世纪末 20 世纪初意大利真实主义文学的传统,开创了战后意大利文学的新局面。这一流派不仅影响了同时代的作家,当代许多著名作家,如莫拉维亚、普拉托利尼、维多里尼、卡尔维诺等,其成就的取得也在一定程度上与新现实主义是不可分割的。

唯美主义文学

唯美主义文学是 19 世纪后期在英国艺术和文学领域中出现的一场组织松散的运动。它提倡"为艺术而艺术"。强调超然于生活的纯粹美,力图实现对形式完美和艺术技巧的追求,它的兴起是对社会功利哲学、市侩习气及庸俗作风的挑战。通常,人们将唯美主义和彼时发生在法国的象征主义或颓废主义运动视出一脉,将"唯美主义文学"看成是这场国际性文艺运动的英国分支。它发生在维多利亚时代晚期,大致从 1868 年延续至 1901 年,在学术界一般以奥斯卡·王尔德被捕作为唯美主义运动结束的标志。这场运动成为反维多利亚风潮的一部分,它同时具有后浪漫主义的特征。

所谓"唯美主义",即主张以艺术的形式美作为绝对的美。这里所说的"美",主要指脱离现实的技巧美。因此,有时学术界也将唯美主义称为"耽美主义"或

"美的至上主义"。19世纪末英国唯美主义运动的形成,主要受两大要素的影响:一是佩特(1839~1894年)的快乐主义的批评;二是莫里斯(1834~1896年)的生活艺术化的思想。比德认为,掌握知识,罗列材料,以满足正确的美的定义并非文艺批评家的职责所在,他认为文艺批评家应该具有一种特殊的气质,即善于感受美的对象的能力,将自己与书本中的内容紧密联系起来的能力,从探讨中得到快感和乐趣的追求,这才是审美批评的根本。莫里斯认为,自由地伸展是改造社会的目的,竭力实现日常生活的艺术化。任何一个文明社会,如若不能为它的成员提供此种环境,那么世界的存在就失去了意义。佩特和莫里斯的上述观点,为唯美主义的发展奠定了理论基础。后来英国诗坛中又出现了先拉斐尔派的主要代表罗塞蒂(1828~1882年)以及史文朋(1837~1909年)等许多著名文学研究者,经过他们的努力,终于促成了唯美主义运动的展开。

帕尔纳斯派

帕尔纳斯派,或称"高蹈派",它是19世纪法国的文学流派,他们因专辑《当代帕尔纳斯》而得名,戈蒂耶是帕尔纳斯派的先驱。帕尔纳斯派是反对浪漫派的一种新潮流,他们主张诗歌的客观化,同时要求诗歌科学化,重视分析,崇尚理性,企图在诗歌中融入自然科学、历史学和哲学的观点。在诗歌形式上,帕尔纳斯派反对浪漫派宣扬的诗歌的自由、松散,他们提倡严格的诗律。这一文学流派的出现是19世纪后半期科学思想和实证主义哲学在诗歌领域的反映。因此也可以说帕尔纳斯派是诗歌发展中自然主义潮流的表现。

勒孔特·德·李勒为当时帕尔纳斯派的主要领袖,此外加入帕尔纳斯派创作活动的,还有何塞·马里亚·德·埃雷迪亚、泰奥多尔·德·邦维尔、卡蒂尔·孟戴斯、维利耶·德·利尔·亚当、苏利·普吕多姆、科佩、莱昂·迪耶尔克斯、阿克曼夫人、兰波、魏尔伦、马拉美等数十人。他们都将戈蒂耶遵奉为宗师。戈蒂耶(1811年~1872年)是唯美主义倡导者,他曾在《〈莫班小姐〉序》中明确提出"为艺术而艺术"的口号。自此追随其后的帕尔纳斯派便将"为艺术而艺术"作为本派座右铭,同时又由于受当代科学及古希腊文化的影响,他们的诗歌创作在追求雕塑美、造型美、静观美方面出现刻意化的倾向,结果导致了他们在反驳浪漫主义直露、随意的同时,自己却走向了冰冷死寂,缺乏诗意的境地。尽管如此,这一思想流派对一代诗风的形成仍然起了一定的作用,例如邦维尔曾写出《法国诗歌格律简论》,这部作品在当时被视为诗歌写作的指南。

新浪漫主义

新浪漫主义是19世纪末20世纪初在欧洲广为流行的一种文学流派。在德国和奥地利新浪漫主义常常被认为是象征主义文学的一部分。新浪漫主义诗歌主张艺术产品的产出过程,就是在单纯实践态度与符号化态度之间的转化,是取消了感觉的理性秩序,而使诗人与读者共同达到本性的还原,进而投身于原始混沌幻想的一种直接感知与审美的过程。在语言的具体运用上,新浪漫主义提出了"反修辞"的特种修辞概念,他们同时认为,辞格、辞藻与辞趣在诗人的创作过程中应该有同等的机会被自动或自觉地使用。因此,这些修辞具有同等重要的意义。新浪漫主义进一步提出诗歌创作必须抒情。他们的这一主张是基于其艺术本源、语言动机及文化背景而提出的,这种提法同时囊括了纯粹抒情诗以及由边缘艺术领域衍生发展而来的诗小说、散文诗、现代诗剧艺术和有声诗歌等多种形式。新浪漫主义反对将"唯灵"或"唯美"作为新生代诗歌的方向。他们更赞成诗人在自由本性的驱使下,以艺术规律来驾驭语言文字,以美学的角度来对艺术产品的真伪进行品评,高举真诚的诗歌创作的旗帜。

"新浪漫主义"的作品多着力于对心灵的刻画与揭示,强调神秘的直觉体验,对反映客观现实世界的内容则多予以回避。但是,这种文学创作的理念导致了新浪漫主义者对奇特怪异的情节和语言之美刻意追求,致使作品往往晦涩难懂。他们还以叔本华悲观主义和尼采的超人哲学作为其思想理论基础。这一派的代表作家有德国诗人盖欧尔格、英国小说家斯蒂文森、比利时剧作家梅特林克等。

决意派

决意派是 20 世纪 60 年代在加拿大魁北克地区出现的一个激进文学流派。这一文学流派的成员以《决意》杂志(1963~1968 年)为核心进行创作,其成员主要为加拿大法语区的青年作家。

在第二次世界大战后国际民族解放运动日渐高涨的形势下,法裔加拿大人的民族意识逐渐觉醒。他们开始寻求摆脱英国和美国的影响,为成为一个有独立语言文化的政治实体而努力。60 年代伴随魁北克的政治、经济形势的急剧变化,这种要求也发生了改变。1963 年。一些青年作家,根据法国作家萨特提出的"我们作家在写作生涯中,在文章和著作中,每天都要表明我们的主意",他们以"表明主意"为名称,创办了《决意》杂志及"决意"出版社。他们认为文学作品应基于鲜明的立场,认为资产阶级自由派所进行的反教会统治及争取民族独立的革命太平静,不彻底。他们认为反教会、争取民族独立的斗争应该与争取社会主义的斗争紧密结合;他们强调作家的创作应以现实为出发点,注重为"此时""此地"写作,对逃避现实,缅怀过去的做法他们通常持反对态度;他们赞同以蒙特利尔工人区流行的称之为"朱阿勒"的口语进行写作。"朱阿勒"是一种混杂大量英语词汇,在发音、语法方面均不符合法语规范的通俗口语,他们主张以这种语言写作,并非对"朱阿勒"的肯定,而只是希望通过此种语言形式来揭露魁北克在文化语言方面受压制、被奴役的现状。《决意》杂志曾就"朱阿勒"能否作为文学语言展开讨论,此讨论在魁北克社会引起了巨大反响,在唤醒魁北克人的民族意识方面起到了推动作用,反映了魁北克人对自己身份确认的愿望。

蒙特利尔文学社

蒙特利尔文学社是 19 世纪末 20 世纪初在加拿大蒙特利尔市兴起的文学团体。1867 年加拿大改为联邦制,魁北克省加入联邦政府,从而改变了法裔人由于殖民统治而造成的长期与外界完全隔绝的局面。这时魁北克出现了一批知识分子。他们不满于加拿大法语文学的现状,要求更广泛了解各国的文化新发展,以便丰富本民族的文学。1895 年冬,蒙特利尔文学社正式成立,其成员有学生、艺术家、新闻记者、律师和医生等,著名诗人弗雷歇特任该社的名誉主席。蒙特利尔文学社的成员定期举行聚会。对国际上文学艺术和科学的最新成就及时介绍,同时他们也介绍本地区青年诗人的创作,该社成员经常以公开演出或朗诵的形式传播魁北克作家的剧作或诗歌,这在魁北克文化界产生了极大影响。文学社还曾经出版过两期社刊——《拉姆泽堡之夜》和《蒙特利尔文学社之夜》,上面主要刊登了社员的创作及评论文章。20 世纪初他们还曾出版文学刊物《乡土》,提倡乡土文学。文学社积极鼓励青年作家进行创作,他们的创新主张,打破了文学上长期以来沉寂的局面,从而推动了 20 世纪加拿大法语文学的发展。

文学社最有成就的诗人是埃米尔·内利冈,他被认为是加拿大法语文学中最具才华的诗人。他的诗深受法国象征派诗人影响,多讲究色彩、音韵与意境,着重表达诗人挣扎于现实与理想的不可调和的矛盾中间所产生的内心痛苦,其著名的诗篇有《饮酒抒情》《金舟》等。除了内利冈以外,文学社还有沙尔·吉尔、阿蒂·德·比西耶尔、贡扎夫·德索尼耶、让·沙博诺和日耳曼·博利约等许多诗人。

新批评派

新批评派是 20 世纪 20~50 年代在英美批评界影响较大的一支批评流派,它得名于美国约·兰塞姆所著的论文集《新批评》。这部文集对托马斯·艾略特等人的批评见解与以文字分析为主的批评方法大加赞扬,因而被称之为"新批评",以区别于 19 世纪以来学院派提出的传统的批评。

20 世纪初英国作家休姆和美国作家庞德提出了强调准确的意象和语言艺术的主张,这成为新批评派理论的开端。20 年代艾略特和理查兹又分别提出象征主义的诗歌主张和文字分析的批评方法,从而为新批评派的发展又进一步奠定了基本理论基础,二人自此也成为新批评派的主要代表人物。新批评派成员众多,主张庞杂,但他们具有一些共同的倾向:他们往往以象征派的美学观点为立足点,把作品看成是独立的、客观的象征物,是与外界绝缘的自给自足的有机体,并称为"有机形式主义";他们还认为文学的本质无非就是一种特殊的语言形式,批评的任务即对作品进行文字分析,探究作品各部分间的相互作用与隐秘关系,即"字义分析"。新批评派以象征主义的美学理论为基础,在具体方法上主要采用字义分析进行评论。

艾略特的著名论文《传统与个人才能》从反浪漫主义的角度提出了"非人格化"的学说。针对浪漫主义者提出的诗歌是诗人感情表现的观点,艾略特认为主观的感受仅为素材。要想真正进入作品,必须要经过非人格化的,将个人情绪转变为普遍性、艺术性情绪,将经验转化为艺术的过程。对浪漫派主张的直接抒情的表现手法,艾略特在《哈姆雷特》一文中指出"在艺术形式中唯一表现情绪的途径是寻找'客观对应物'"。这正符合象征主义以特定事物来暗示情思的创作方法。

理查兹还曾提出诗歌语言是一种特殊的、不反映客观真实的情绪性语言,他认为诗歌文字由于受上下文的影响而多具有复杂的意义,这些见解的提出对新批评派强调文字分析和诗歌含义的丰富性与复杂性起到了推动作用。

除了艾略特和理查兹两位新批评派的代表作家,20世纪三四十年代新批评派还涌现出很多卓有成就的作家,主要有燕卜荪、兰塞姆、布鲁克斯、泰特等。

精神分析派

精神分析派即将弗洛伊德精神分析学理论应用于文学作品分析的现代批评流派。精神分析学的创始人弗洛伊德(1856~1939年)曾是维也纳的一位精神病医生,他当时正处在近代科学,尤其是生命科学蓬勃发展的兴旺时期。在当时的学术界。达尔文进化论的提出将人与其他生命形式有机地联系起来,使人最终成为自然科学研究的对象。德国科学家费希纳也对人的精神活动可以进行定量分析做出了论证,从而使当时的心理学取得了与其他自然科学同等的地位。

所谓精神分析,就是指通过心理现象的分析达到对隐匿在内心深处的精神原因的揭示。弗洛伊德认为,这些原因基本都是深藏在潜意识领域,而且大多与性欲有关,此两点构成了弗洛伊德精神分析学理论的基本前提。弗洛伊德特别强调精神活动的潜意识方面,他将人的精神活动比作一座冰山,露于水面之上的是意识领域,仅占很小的部分。淹没于意识水平之下的为潜意识领域,是精神活动的绝大部分,而且是具有重要决定意义的部分。对于潜意识领域他还进一步加以区分,把十分容易进入意识领域的部分称为"前意识",而将很难或很少进入意识领域的部分称为"潜意识"。弗洛伊德认为精神过程主要受三个决定因素的影响,即"本我"

"自我"和"超我"。"本我"经常处于隐意识领域,"自我"和"超自我"一般来讲则可以进入意识领域,一个人的性格和心理状态的形成主要取决于这三者之间的关系。

虽然精神分析派的解释稍显牵强,但它的某些概念和术语被现代各种新的批评流派广泛地运用,例如梅尔维尔在《白鲸》中就采用了本我、自我、超我的理论。

黑幕揭发运动

黑幕揭发运动是19世纪末20世纪初美国在社会问题成堆的历史环境下,一批新闻记者和文学家等知识分子主要针对当时的社会弊端而发起的一场社会文化批判运动。"黑幕揭发"是当时美国的新闻记者参与社会并监督其发展的主要运作方式,这场运动直接推动了美国进步主义的改革。其中致力于社会改革和社会正义的作家、新闻工作者被称为"黑幕揭发者",其代表人物为辛克莱。他们广泛利用当时已经大众化的传媒——期刊,借助深度的解析与犀利的言论抨击了在社会转型过程中所产生的种种不公和腐败现象,这些黑幕揭发者还与政界、商界及知识界的其他进步力量团结一起,他们通过激活公众舆论、促使民众觉醒及支持立法等各种方式,抑制了社会达尔文主义思潮的传播,避免了当时可能出现的社会失序倾向,从而巩固了生产力发展的成果和既有的社会体制。

黑幕揭发者主要对国家政府、地方机构以及大工业集团中存在的营私舞弊现象进行尖刻的揭露,他们还借助这种宣传的影响力进而迫使有关部门对相关问题予以解决。从其渗透面来讲,黑幕揭发者们不仅善于发现问题并及时督促政府解决了其中的相当一部分,同时他们的举措还对当时的社会价值转型以及社会良知的觉醒起到了一定的催化作用,实质上黑幕揭发运动可以看成是20世纪初在美国掀起的一场新文化运动。

不可否认,为了追求轰动的效应,一些黑幕揭发者在报道中多采取了煽情的手法。但从总体上看,黑幕揭发者的主流目标在于对社会黑暗的积极批判以及对麻木民众的唤醒。此后美国发生的进步主义改革在很大程度上与黑幕揭发运动都是不可分离的。尽管黑幕揭发运动历时不久,然而其影响的深广度在新闻和文学史界则是罕见的,在动荡又复杂的社会变革中黑幕揭发运动的发起有助于美国人形成共识,它为最终完成社会转型进行了全民族的心理调适准备。黑幕揭发报道也成为美国当今威力最强大的新闻舆论监督样式——调查性报道的先声。

魏玛古典主义

德国文学史上的"魏玛古典主义"时期指的是1786年歌德进行第一次意大利

旅行之后的一个历史阶段,是以有着亲密关系的歌德和席勒为主要代表的文学繁荣时代。由于两人形成了大致相同的将古典人道主义作为崇高理想的美学观,又在同居都魏玛,因此而得名。这段时期始于 1794 年,终于 1805 年。魏玛古典主义的作品诞生于一个非常动荡的历史时期,是对启蒙运动的乐观主义、理性主义。以及狂飙突进运动的个人主义、创造事业的激情的总和。魏玛古典主义在政治上反对德国大革命的激进,力求通过审美教育来陶冶性情,从而培养出完整和谐的个性。在艺术上,则以古希腊艺术为榜样,把"高贵的单纯"和"静穆的伟大"作为最高理想,追求庄严肃穆、完整和谐。它克服了两个运动的单一性弊端(启蒙运动注入了太多的理性,而狂飙突进运动则存在过多的感情),其目标是消除极端,促使不同力量之间和谐发展。

魏玛古典主义最重要的主题是人道和宽容,最重要的体裁是戏剧。优美的语言在那时的文学中是具有典型意义的。歌德与席勒合作了十年,他们的努力促成了德国文学的繁荣和"古典时期"的到来。但实际上,魏玛古典主义是德国启蒙文学发展的最后一个阶段,它于 1805 年伴随着席勒的逝世而宣告终结。